Stefan Meßmer, Jochen Bernhard (Hrsg.)
Praxishandbuch Kartellrecht im Unternehmen
De Gruyter Praxishandbuch

Praxishandbuch Kartellrecht im Unternehmen

Herausgegeben von
Dr. Stefan Meßmer, Rechtsanwalt
Dr. Jochen Bernhard, Rechtsanwalt

2. Auflage

Bearbeitet von
Dr. Reto Batzel, Syndikusanwalt, METRO AG, Düsseldorf
Dr. Jochen Bernhard, Rechtsanwalt, Menold Bezler Rechtsanwälte, Stuttgart
Prof. Dr. Andreas Felder, Syndikusanwalt, Vetter Pharma-Fertigung GmbH & Co. KG, Ravensburg
Ines Heuchert, Syndikusanwältin, Daimler AG, Stuttgart
Zeno Hilbring, LL.M., Syndikusanwalt, Ströer Dialog Group GmbH, Köln
Dr. Stefan Meßmer, Rechtsanwalt, Menold Bezler Rechtsanwälte, Stuttgart
Dr. Alexander Wesselburg, Richter am Landgericht, Düsseldorf

DE GRUYTER

Zitiervorschlag: Meßmer/Bernhard/*Bearbeiter*, 2. Aufl. 2018, Kap. 1 Rn 32

Hinweis:
Alle Angaben in diesem Werk sind nach bestem Wissen unter Anwendung aller gebotenen Sorgfalt erstellt worden. Trotzdem kann von dem Verlag und den Autoren keine Haftung für etwaige Fehler übernommen werden.

ISBN 978-3-11-054985-0
e-ISBN (PDF) 978-3-11-055054-2
e-ISBN (EPUB) 978-3-11-054991-1

Library of Congress Control Number: 2018935083

Bibliografische Information der Deutschen Nationalbibliothek
Die Deutsche Nationalbibliothek verzeichnet diese Publikation in der Deutschen Nationalbibliografie; detaillierte bibliografische Daten sind im Internet über http://dnb.d-nb.de abrufbar.

Einbandabbildung: Martin Barraud/OJO Images/getty images
Datenkonvertierung/Satz: jürgen ullrich typosatz, Nördlingen
Druck: CPI books GmbH, Leck

MIX
Papier aus verantwortungsvollen Quellen
FSC® C083411

www.degruyter.com

Vorwort

Die Erstauflage unseres Praxishandbuchs vor drei Jahren hat ihre Zielgruppe erreicht. Wir haben zahlreiche Rückmeldungen von Unternehmensjuristen erhalten, für die wir herzlich danken. Die stets konstruktiven Anregungen haben wir in diese Neuauflage eingearbeitet.

An der Konzeption des Praxishandbuchs hat sich seit der Vorauflage nichts geändert. Wir beschränken uns auf das, was für die kartellrechtliche Selbsteinschätzung und eine gesunde Risikoanalyse von Unternehmen relevant ist: die aktuelle Rechtsprechung und ständige Spruchpraxis der Kartellbehörden. Bei der Themenauswahl haben wir diejenigen Sachthemen in den Fokus gestellt, die sich nicht nur auf unseren eigenen Schreibtischen, sondern auch in den Rechtsabteilungen unserer Mitautoren immer wiederkehrend finden und raschen Lösungsbedarf erfordern.

Neue Ausführungen finden sich zu Wettbewerbsbeschränkungen durch elektronische Schnittstellen, zum Ersatzteilvertrieb, zum Outsourcing von Kartellrechtsverstößen auf Dritte, zu technischen Standardisierungsvereinbarungen und zu Gebiets- und Kundenaufteilungen durch Geoblocking. Die Umsetzung der EU-Kartellschadensersatzrichtlinie hat es erforderlich gemacht, das Kapitel 8 zur Durchsetzung des Kartellrechts vor den Zivilgerichten komplett neu zu gestalten. Wir haben zudem alle weiteren Änderungen der Rechtslage durch die 9. GWB-Novelle und durch die neue Rechtsprechung der deutschen und EU-Gerichte mit Stand 15. März 2018 eingearbeitet.

Großer Dank gebührt erneut unseren Mitautoren, die sich neben ihrer beruflichen Einbindung im Unternehmen oder bei Gericht die Zeit genommen haben, ihre Erfahrungen zu Papier zu bringen, um diese Neuauflage so aktuell und praxisrelevant wie möglich zu gestalten. Unsere Kollegin Anne Schneiderhan hat uns wertvolle Unterstützung bei den Korrekturarbeiten und der Aktualisierung geleistet. Der Verlag de Gruyter, so insbesondere die Verlagsleitung sowie Frau Birte Treder, hat uns erneut die Veröffentlichung dieses Werks ermöglicht. Ein herzlicher Dank gilt Frau Claudia Loehr und Frau Katja Brockmann für die akribische Umsetzung unserer Änderungen im Vergleich zur Erstauflage.

Möge dieses Buch einem regen Erfahrungsaustausch zum kartellrechtskonformen Verhalten dienen und kostspieligen Kartellgeldbußen vorbeugen!

Stuttgart, im April 2018

Dr. Stefan Meßmer Dr. Jochen Bernhard

https://doi.org/10.1515/9783110550542-202

Vorwort zur Erstauflage

Das Kartellrecht ist Freund und Feind von Unternehmen zugleich. Es schützt und fördert den „gesunden" Wettbewerb und spornt Unternehmen an, sich durch ständige Innovation einen Vorsprung vor ihren Konkurrenten zu verschaffen. Allerdings lassen sich auch vielfach Fallstricke erkennen, denen Geschäftsleitung, Unternehmensmitarbeiter, Rechtsabteilungen und im Kartellrecht tätige Rechtsanwälte ausgesetzt sind. Vor diesem Hintergrund haben sich die Herausgeber entschieden, zusammen mit fünf weiteren im Kartellrecht erfahrenen Praktikern ein innovatives Handbuch zur Minimierung kartellrechtlicher Risiken im Unternehmen zu erarbeiten.

Unser Praxishandbuch hat ein Ziel: Tragfähige Wege zu finden, um wirtschaftlich erfolgreiches und zugleich kartellrechtskonformes Verhalten im Geschäftsverkehr zu ermöglichen. Das Werk soll Unternehmensangehörigen ohne vertiefte kartellrechtliche Vorkenntnisse die Möglichkeit eröffnen, auf raschem Wege erste Antworten auf die wesentlichen Fragen des Kartellrechts im Unternehmen zu finden. Wir haben die rechtlichen Eckpfeiler daher in erster Linie anhand der aktuellen Rechtsprechung und Praxis der Kartellbehörden herausgearbeitet und auf eine vertiefte Auseinandersetzung mit abweichenden Meinungen in der Literatur verzichtet.

Großer Dank gebührt unseren Mitautoren, die engagiert zu der Realisierung des Werks beigetragen haben. Unsere Kollegin Solvei Stender hat zahlreiche hilfreiche Anmerkungen und Ergänzungsvorschläge zu einzelnen Kapiteln eingebracht. Herr Fabian Jägerhuber hat uns große Unterstützung bei den Korrekturarbeiten geleistet. Wir bedanken uns bei Monika Käding für die zuverlässige Übernahme der Schreib- und Formatierungsarbeiten. Ulrich Wittek und Jessica Gutsche haben im Auftrag des Verlags die Entstehung des Buchs von Anfang an begleitet und gefördert. Der Verlag de Gruyter, so insbesondere die Verlagsleitung sowie Frau Karin Hergl und Frau Maria Erge, hat uns die Veröffentlichung des Werks ermöglicht.

Möge dieses Buch in der Praxis regen Anklang finden und möglichst vielen Unternehmen kostspielige Kartellgeldbußen ersparen!

Stuttgart, im November 2014

Dr. Stefan Meßmer Dr. Jochen Bernhard

Bearbeiterverzeichnis

Dr. Reto Batzel ist Head of Competition & Compliance der METRO GROUP und berät in dieser Funktion die Konzernobergesellschaft METRO AG und deren Vertriebslinien weltweit zu allen Fragen des Kartellrechts.

Dr. Jochen Bernhard ist Co-Leiter der Praxisgruppe Compliance bei Menold Bezler Rechtsanwälte in Stuttgart und nimmt einen Lehrauftrag an der Ruprecht-Karls-Universität Heidelberg wahr.

Prof. Dr. Andreas Felder ist Vice President Legal & Corporate Compliance und General Counsel der Vetter Pharma-Fertigung GmbH. Er lehrt als Honorarprofessor an der Naturwissenschaftlich-Technischen Akademie Prof. Dr. Grübler gGmbH in Isny/Allgäu.

Ines Heuchert ist Legal Counsel der Daimler AG mit Schwerpunkt im Kartellrecht und war zuvor als Rechtsanwältin in einer internationalen wirtschaftsberatenden Kanzlei am Standort Brüssel tätig.

Zeno Hilbring, LL.M., ist Rechtsanwalt und Syndikus der Ströer Dialog Group GmbH und hat zuvor in einem international tätigen Unternehmen die rechtliche Begleitung eines Bußgeldverfahrens des Bundeskartellamts und die Einführung von Maßnahmen zur Kartellrechts-Compliance verantwortet.

Dr. Stefan Meßmer ist Partner bei Menold Bezler Rechtsanwälte in Stuttgart und leitet dort den Fachbereich Kartell- und Beihilfenrecht. Er ist Dozent an der Verwaltungsakademie Baden-Württemberg und referiert für die FORUM Institut für Management GmbH.

Dr. Alexander Wesselburg ist stellvertretender Vorsitzender der Kartellstreitkammer des Landgerichts Düsseldorf und war zuvor als Rechtsanwalt in der Praxisgruppe Kartellrecht einer internationalen Wirtschaftskanzlei in Düsseldorf tätig.

https://doi.org/10.1515/9783110550542-203

Inhaltsübersicht

https://doi.org/10.1515/9783110550542-204

Inhaltsverzeichnis

https://doi.org/10.1515/9783110550542-205

Kapitel 5
Kooperationen mit Wettbewerbern — 157

Kapitel 7
Unternehmens- und Immobilientransaktionen — 241

Abkürzungsverzeichnis

%	Prozent
§	Paragraph
a.A.	anderer Ansicht
a.E.	am Ende
a.F.	alte Fassung
ABl.	Amtsblatt
Abs.	Absatz
AEUV	Vertrag über die Arbeitsweise der Europäischen Union
AG	Amtsgericht
AktG	Aktiengesetz
Alt.	Alternative
a.M.	am Main
ArbG	Arbeitsgericht
ArbNErfG	Arbeitnehmererfindungsgesetz
Aufl.	Auflage
Az.	Aktenzeichen
ausf.	ausführlich
BAG	Bundesarbeitsgericht
BB	Betriebs-Berater (Zeitschrift)
Bd.	Band
BeckOK	Beck'scher Online-Kommentar
BGB	Bürgerliches Gesetzbuch
BGH	Bundesgerichtshof
BGHZ	Entscheidungen des Bundesgerichtshofs in Zivilsachen (Entscheidungssammlung)
Beschl.	Beschluss
BKartA	Bundeskartellamt
BT-Drucks.	Bundestags-Drucksache
bzw.	beziehungsweise
CCZ	Corporate Compliance Zeitschrift (Zeitschrift)
d.h.	das heißt
Entsch.	Entscheidung
etc.	et cetera
Europ.	Europäische
EU	Europäische Union
EuG	Gericht der Europäischen Union
EuGH	Europäischer Gerichtshof
EuGVVO	Europäische Gerichtsstands- und Vollstreckungsverordnung
e.V.	eingetragener Verein
EWiR	Entscheidungen zum Wirtschaftsrecht (Zeitschrift)
EuZW	Europäische Zeitschrift für Wirtschaftsrecht (Zeitschrift)
EWS	Europäisches Wirtschafts- und Steuerrecht (Zeitschrift)

https://doi.org/10.1515/9783110550542-206

f.	folgende
FAQ	Frequently Asked Questions
ff.	fortfolgende
Fn	Fußnote
FOC	Fashion Outlet Center
FRAND	Fair, reasonable and non-discriminatory
FS	Festschrift
FuE/F&E	Forschung und Entwicklung
ggf.	gegebenenfalls
GmbH	Gesellschaft mit beschränkter Haftung
GmbH & Co KG	Gesellschaft mit beschränkter Haftung & Compagnie Kommanditgesellschaft
GmbHG	Gesetz betreffend die Gesellschaften mit beschränkter Haftung
GRUR	Gewerblicher Rechtsschutz und Urheberrecht (Zeitschrift)
GS	Großer Senat
GVO	Gruppenfreistellungsverordnung
GWB	Gesetz gegen Wettbewerbsbeschränkungen
Hdb.	Handbuch
h.M.	herrschende Meinung
Hs.	Halbsatz
IDW	Institut der Wirtschaftsprüfer
IFG	Informationsfreiheitsgesetz
insb.	insbesondere
IP	Intellectual Property
i.S.d.	im Sinne des
i.S.v.	im Sinne von
i.V.m.	in Verbindung mit
Kap.	Kapitel
KartR	Kartellrecht
Kfz	Kraftfahrzeug
KG	Kommanditgesellschaft
KK	Karlsruher Kommentar
KSzW	Kölner Schrift zum Wirtschaftsrecht (Zeitschrift)
LG	Landgericht
lit.	Buchstabe
LKartB	Landeskartellbehörde
Mio.	Million
Mrd.	Milliarde
MünchKomm	Münchener Kommentar
m.w.N.	mit weiteren Nachweisen
MwSt.	Mehrwertsteuer
NJW	Neue Juristische Wochenschrift (Zeitschrift)
NJW-RR	Rechtsprechungsreport der Neuen Juristischen Wochenschrift (Zeitschrift)
NStZ	Neue Zeitschrift für Strafrecht (Zeitschrift)

Nr.	Nummer
n.rkr.	nicht rechtskräftig
n.v.	nicht veröffentlicht
NZA	Neue Zeitschrift für Arbeitsrecht (Zeitschrift)
NZG	Neue Zeitschrift für Gesellschaftsrecht (Zeitschrift)
NZKart	Neue Zeitschrift für Kartellrecht (Zeitschrift)
OHG	offene Handelsgesellschaft
OLG	Oberlandesgericht
OWiG	Ordnungswidrigkeitengesetz
PharmR	Pharma Recht (Zeitschrift)
PR	Public Relations (Öffentlichkeitsarbeit)
PS	Prüfungsstandard
RegE	Regierungsentwurf
RiStBV	Richtlinien für das Strafverfahren und das Bußgeldverfahren
Rn	Randnummer
RPW	Recht und Politik des Wettbewerbs (Sammlung der schweizerischen Wettbewerbskommission)
Rs.	Rechtssache
Rspr.	Rechtsprechung
S.	Seite
SFF	Schweizerischer Fleischfachverband
Slg.	Sammlung
sog.	sogenannt
StGB	Strafgesetzbuch
StPO	Strafprozessordnung
Teilurt.	Teilurteil
TT	Technologietransfer
u.a.	unter anderem
UMAG	Gesetz zur Unternehmensintegrität und Modernisierung des Anfechtungsrechts
Urt.	Urteil
UVP	unverbindliche Preisempfehlung
v.	vom
vgl.	vergleiche
VO	Verordnung
WettbewerbsR	Wettbewerbsrecht
WRP	Wettbewerb in Recht und Praxis (Zeitschrift)
WuW	Wirtschaft und Wettbewerb (Zeitschrift)
WuW/E	Entscheidungssammlung Wirtschaft und Wettbewerb (Zeitschrift)
Ziff.	Ziffer
zit.	zitiert
ZPO	Zivilprozessordnung

ZWeR	Zeitschrift für Wettbewerbsrecht (Zeitschrift)
ZVertriebsR	Zeitschrift für Vertriebsrecht (Zeitschrift)

Literaturverzeichnis

Ann, Christoph/Loschelder, Michael/Grosch, Marcus, Praxishandbuch Know-how-Schutz, Köln 2010 (zit.: Ann/Loschelder/Grosch/*Bearbeiter*)

Bamberger, Heinz Georg/Roth, Herbert, Beck'scher Online-Kommentar zum Bürgerlichen Gesetzbuch, München, 44. Edition, Stand: 25. Januar 2018 (zit.: BeckOK BGB/*Bearbeiter*)

Bechtold, Rainer/Bosch, Wolfgang, Kartellgesetz: GWB, Kommentar, 8. Aufl., München 2015 (zit.: *Bechtold/Bosch*, GWB)

Bechtold, Rainer/Bosch, Wolfgang/Brinker, Ingo, EU-Kartellrecht: Kommentar, 3. Aufl., München 2014 (zit.: *Bechtold/Bosch/Brinker*, EU-KartellR)

Bernhard, Jochen, Kartellrechtlicher Individualschutz durch Sammelklagen, Tübingen 2010

Bornkamm, Joachim/Montag, Frank/Säcker, Franz Jürgen, Münchener Kommentar zum Europäischen und Deutschen Wettbewerbsrecht (Kartellrecht), Band 1: Europäisches Wettbewerbsrecht, 2. Aufl., München 2015 (zit.: MünchKommEUWettbR/*Bearbeiter*)

Bornkamm, Joachim/Montag, Frank/Säcker, Franz Jürgen, Münchener Kommentar zum Europäischen und Deutschen Wettbewerbsrecht (Kartellrecht), Band 2: Gesetz gegen Wettbewerbsbeschränkungen (GWB), 2. Aufl., München 2015 (zit.: MünchKommGWB/*Bearbeiter*)

Büscher, Wolfgang/Erdmann, Willi/Haedicke, Maximilian/Köhler, Helmut/Loschelder, Michael, Festschrift für Joachim Bornkamm zum 65. Geburtstag, München 2014 (zit.: FS-Bornkamm)

Dreier, Thomas, Kompensation und Prävention, Tübingen 2002

Emmerich, Volker, Kartellrecht, 13. Aufl., München 2014

Ezrachi Ariel, EU Competition Law – An Analytical Guide to the Leading Cases, 5. Aufl. Oxford 2016

Giesler, Jan Patrick/Güntzel, Volker, Vermarktungs- und Vertriebsverträge, Köln 2014

Goette, Wulf/Habersack, Mathias, Münchener Kommentar zum Aktiengesetz (AktG), Band 2: §§ 76–117, MitbestG, DrittelbG, 4. Aufl., München 2014 (zit.: MünchKommAktG/*Bearbeiter*)

Grabitz, Eberhard/Hilf, Meinhard/Nettesheim, Martin, Das Recht der Europäischen Union, Kommentar, Loseblatt, Stand: 62. Ergänzungslieferung, München 2017 (zit.: Grabitz/Hilf/Nettesheim/*Bearbeiter*, Das Recht der Europäischen Union)

Hauschka, Christoph E./Moosmayer, Klaus/Lösler, Thomas, Corporate Compliance, 3. Aufl., München 2016 (zit.: Hauschka/Moosmayer/*Lösler*/*Bearbeiter*)

Immenga, Ulrich/Mestmäcker, Ernst-Joachim, Wettbewerbsrecht, Kommentar, Band 1: EU-Wettbewerbsrecht, 5. Aufl., München 2012 (zit.: Immenga/Mestmäcker/*Bearbeiter*, EU-WettbewerbsR)

Immenga, Ulrich/Mestmäcker, Ernst-Joachim, Wettbewerbsrecht, Kommentar, Band 2: GWB, 5. Aufl., München 2014 (zit.: Immenga/Mestmäcker/*Bearbeiter*, Dt. WettbewerbsR)

Jaeger, Wolfgang/Pohlmann, Petra/Schroeder, Dirk/Kulka, Michael: Frankfurter Kommentar zum Kartellrecht, Loseblatt, Stand: 89. Erg-Lieferung September 2017 (zit. FK-Kartellrecht/*Bearbeiter*)

Jäger, Axel/Campos Nave, José A/Rödl, Christian, Praxishandbuch Corporate Compliance, Weinheim 2009 (zit.: *Jäger/Campos Nave/Rödl*)

Kartmann, Norbert/Ronellenfitsch, Michael, Compliance, Eine besondere Form der Rechtstreue, Tübingen 2013

Kersting, Christian/Podszun, Rupprecht, Die 9. GWB-Novelle, München 2017 (zit. Kersting/Podszun/*Bearbeiter*, 9. GWB-Novelle)

Krapp, Andreas/Weidemann, Bernd, Pädagogische Psychologie, 5. Aufl., Weinheim 2006

Krüger, Wolfgang, Münchener Kommentar zum Bürgerlichen Gesetzbuch (BGB), Band 2: Schuldrecht – Allgemeiner Teil, 7. Aufl., München 2016 (zit.: MünchKommBGB/*Bearbeiter*)

Langen, Eugen/Bunte, Hermann-Josef, Kommentar zum deutschen und europäischen Kartellrecht, Band 1: Deutsches Kartellrecht, 13. Aufl., Neuwied 2018 (zit.: Langen/Bunte/*Bearbeiter*, Dt. KartellR)

https://doi.org/10.1515/9783110550542-207

Langen, Eugen/Bunte, Hermann-Josef, Kommentar zum deutschen und europäischen Kartellrecht, Band 2: Europäisches Kartellrecht, 13. Aufl., Neuwied 2018 (zit.: Langen/Bunte/*Bearbeiter*, EU-KartellR)

Loewenheim, Ulrich/Meessen, Karl M./Riesenkampff, Alexander/Kersting, Christian/Meyer-Lindemann, Hans Jürgen, Kartellrecht, Kommentar, 3. Aufl., München 2016 (zit.: Loewenheim/Meessen/Riesenkampff/*Bearbeiter*, KartellR)

Martinek, Michael/Semler, Franz-Jörg/Flohr, Eckhard, Handbuch des Vertriebsrechts, 4. Aufl., München 2016 (zit.: Martinek/Semler/Flohr/*Bearbeiter*, Hdb. Vertriebsrecht)

Moosmayer, Klaus, Compliance, 3. Aufl., München 2015

Meyer-Goßner, Lutz/Schmitt Bertram, StPO, 60. Aufl., München 2017 (zit.: Meyer-Goßner/Schmitt/*Bearbeiter*, StPO)

Milbradt, Claudia, F&E-Verträge – Das ist zu beachten, Stuttgart 2011 (zit.: Milbradt/*Bearbeiter*, F&E-Verträge)

Mitsch, Wolfgang, Karlsruher Kommentar zum Ordnungswidrigkeitengesetz, 5. Aufl., München 2018 (zit.: KK-OWiG/*Bearbeiter*)

Palandt, Heinrich, Bürgerliches Gesetzbuch: BGB, Kommentar, 77. Aufl., München 2018 (zit.: Palandt/*Bearbeiter*, BGB)

Pfläging, Niels, Führen mit flexiblen Zielen, 2. Aufl., Frankfurt/New York 2011

Säcker, Franz Jürgen, Münchener Kommentar zum Bürgerlichen Gesetzbuch (BGB), Band 1: Allgemeiner Teil, 7. Aufl., München 2015 (zit.: MünchKommBGB/*Bearbeiter*)

Schneider, Thomas/Geckert, Carina, Verhaltensorientierte Compliance, Berlin 2016 (zit. Schneider/Geckert, Verhaltensorientierte Compliance)

Scholz, Franz, Kommentar zum GmbH-Gesetz, Band 2, 11. Aufl., Köln 2013 (zit.: Scholz, GmbHG)

Schultze, Jörg-Martin/Pautke, Stephanie/Wagener, Dominique S., Vertikal-GVO, Praxiskommentar, 3. Aufl., Frankfurt a. M. 2011

Staudinger, Justus von/Rieble, Volker, Kommentar zum Bürgerlichen Gesetzbuch – Buch 1: Allgemeiner Teil §§ 134–138 (Allgemeiner Teil 4a – Gesetzliches Verbot und Sittenwidrigkeit), 16. Aufl., Berlin 2017 (zit.: Staudinger/*Bearbeiter*, BGB)

Staudinger, Justus von/Löwisch, Manfred, Kommentar zum Bürgerlichen Gesetzbuch – Buch 2: Recht der Schuldverhältnisse §§ 255–304 (Leistungsstörungsrecht 1), 17. Aufl., Berlin 2014 (zit.: Staudinger/*Bearbeiter*, BGB)

Streinz, Rudolf, EUV/AEUV, Kommentar, 2. Aufl., München 2012 (zit.: Streinz/*Bearbeiter*, EUV/AEUV)

Vorwerk, Volker/Wolf, Christian, Beck'scher Online-Kommentar zur Zivilprozessordnung, München, 26. Edition, Stand: 15. September 2017 (zit.: BeckOK ZPO/*Bearbeiter*)

Wecker, Gregor/Ohl, Bastian, Compliance in der Unternehmerpraxis, 3. Aufl., Wiesbaden 2013 (zit.: Wecker/Ohl/*Bearbeiter*)

Wesselburg, Alexander, Drittschutz bei Verstößen gegen das Kartellverbot, Baden-Baden 2010

Wiedemann, Gerhard, Handbuch des Kartellrechts, 3. Aufl., München 2016 (zit.: Wiedemann/*Bearbeiter*, Hdb. Kartellrecht)

Winzer, Wolfgang, Forschungs- und Entwicklungsverträge, 2. Aufl., München 2011

Zöller, Richard, Zivilprozessordnung, Kommentar, 32. Aufl., Köln 2018 (zit.: Zöller/*Bearbeiter*, ZPO)

Kapitel 1
Häufige Fragen zum Verständnis des Kartellrechts[1]

A. Allgemeines

I. Was ist ein „Kartell“?

1 Ein Kartell („charta“) ist nach der Definition in § 33 Abs. 2 Satz 2 des deutschen Gesetzes gegen Wettbewerbsbeschränkungen (GWB) ausschließlich eine „**Absprache oder abgestimmte Verhaltensweise zwischen zwei oder mehr Wettbewerbern** zwecks Abstimmung ihres Wettbewerbsverhaltens auf dem Markt oder Beeinflussung der relevanten Wettbewerbsparameter“. **Verboten** ist jegliche Abstimmung des unternehmerischen Verhaltens im Wettbewerb, so etwa die Absprache von Preisen oder die Aufteilung von Kundengruppen oder Vertriebsgebieten zwischen Wettbewerbern. Ob diese Abstimmung geheim oder öffentlich, schriftlich oder mündlich geschieht oder sogar notariell beurkundet wird, ist rechtlich irrelevant. Es kommt auch nicht darauf an, ob sich die Unternehmen – rechtlich, tatsächlich oder moralisch – verpflichtet fühlen, absprachegemäß zu handeln.[2] Ausreichend ist, dass sich die Beteiligten auf Grundlage eines gemeinsamen Bewusstseins über die gegenseitige Abstimmung ihres Verhaltens einig sind. Schon der einseitige Versuch einer Verhaltensabstimmung ist verboten. **Erlaubt** ist hingegen, sich am Verhalten eines Wettbewerbers zu orientieren. Erhöht dieser etwa die Preise, so steht es Konkurrenten jederzeit frei, infolge einer eigenen unternehmerischen Entscheidung ebenfalls eine Preiserhöhung vorzunehmen. Mehr dazu in **Kapitel 2**.

II. Betrifft das Kartellrecht ausschließlich Kartelle?

2 Nein. Der Anwendungsbereich des Kartellrechts geht weit über wettbewerbsbeschränkende Vereinbarungen zwischen **Wettbewerbern** hinaus. Es umfasst jegliches Verhalten von **Unternehmen**, das zu einer Beschränkung des Wettbewerbs führt oder eine **Wettbewerbsbeschränkung** jedenfalls beabsichtigt. Vom Kartellrecht erfasst werden auch Verhaltensweisen, die zwar keine Vereinbarung enthalten, aber in ihrer **Wirkung** einer wettbewerbsbeschränkenden Vereinbarung gleichkom-

1 Diese Einführung beruht auf einer Auswahl von Teilnehmerfragen aus Compliance-Schulungen der Herausgeber und soll – ohne Beachtung sämtlicher Verästelungen und Ausnahmetatbestände – ausschließlich einer raschen Erfassung der kartellrechtlichen Grundbegriffe dienen. Für ein vertieftes Verständnis sei auf die nachfolgenden Kapitel verwiesen.

2 EuG, Urt. v. 8.7.2008, Rs. T-53/03, Rn 82 – *BPB/Kommission*.

https://doi.org/10.1515/9783110550542-001

men. Dies gilt etwa für die (auch einseitige) Kommunikation wettbewerbssensibler Informationen zwischen Konkurrenten oder die gezielte Ankündigung von Preiserhöhungen, Investitionsvorhaben oder Produkteinführungen, um einen Gleichlauf des Wettbewerbsverhaltens im Markt zu erreichen.

Ebenfalls vom Kartellrecht erfasst sind einseitige Verhaltensweisen, die zu einer missbräuchlichen Einschränkung wettbewerblicher Spielräume (**„Missbrauch einer marktbeherrschenden Stellung“**) führen, so etwa durch langfristige Ausschließlichkeitsbindungen von Vertriebspartnern oder das Herausdrängen von Wettbewerbern aus dem Markt durch eine Kampfpreispolitik.

Die Kartellbehörden nehmen darüber hinaus eine Vorabkontrolle von Unternehmenszusammenschlüssen (**„Fusionskontrolle“**) wahr, um das Entstehen übermäßiger Marktmacht einzelner oder mehrerer Unternehmen durch externes Wachstum (so etwa im Wege von Fusionen und Unternehmensübernahmen) präventiv zu vermeiden. Mehr dazu in den **Kapiteln 2** bis **7**.

III. Hat das Kartellrecht eine Systematik?

3 Ja. Oberstes Gebot im Kartellrecht ist der Schutz des Wettbewerbs. Jedes Verhalten, das den Wettbewerb beschränkt, ist daher im Grundsatz gesetzlich verboten (**„Kartellverbot“**).[3] Nur ausnahmsweise sind Wettbewerbsbeschränkungen zulässig – und zwar dann, wenn entweder das Gesetz selbst eine Ausnahme vorsieht (**„Gruppenfreistellung“** oder **„Einzelfreistellung“**) oder wenn eine Kartellbehörde oder ein Gericht eine bestimmte Verhaltensweise als nicht vom Kartellverbot umfasst ansieht (**„notwendige Nebenabrede“**). Sinnbildlich kann man sich das Kartellrecht somit als Straße voller roter Ampeln vorstellen. Nur wenn eine Ampel auf grün geschaltet wird, darf man die Straße ausnahmsweise betreten, d.h. dann darf ein Unternehmen ausnahmsweise den Wettbewerb beschränken.

IV. Welchen Zweck verfolgt das Kartellrecht?

4 Die kartellrechtlichen Regelungen verfolgen den Zweck, einen **funktionierenden Wettbewerb zu erhalten**. Sie sind weder Teil des Verbraucherschutzrechts noch sollen sie besonders starke Unternehmen vor Konkurrenz schützen. Nach dem kartellrechtlichen Idealbild soll das Angebot im Markt durch Leistungsfähigkeit, Innovationsfreude und günstige Preise gekennzeichnet sein. Kein Unternehmen soll sich

3 Im Gegensatz zum normalen Leben gilt somit nicht der Grundsatz „Alles, was nicht verboten ist, ist erlaubt“, sondern umgekehrt gilt im Kartellrecht das Prinzip „Alles, was nicht ausdrücklich erlaubt ist, ist verboten“.

darauf ausruhen können, dass „die Preise sicher sind“ oder es einen „uneinholbaren Vorsprung“ vor seinen Konkurrenten hat. Unternehmen sollen vielmehr stets den Anreiz haben, für ihre Kunden die attraktivsten (d.h. leistungsstärksten, innovativsten und zugleich preisgünstigsten) Produkte zu entwickeln, um sich dadurch von der Konkurrenz abzusetzen. Mehr dazu in den **Kapiteln 2** und **5**.

V. Unter welchen Voraussetzungen sind Unternehmen „Wettbewerber“?

Unternehmen sind „Wettbewerber“, wenn sie Konkurrenzprodukte oder konkurrierende Dienstleistungen auf **demselben sachlich und räumlich relevanten Markt** anbieten. Um welchen relevanten Markt es sich handelt, richtet sich im Normalfall nach der Nachfrage der unmittelbaren Abnehmer. 5

Sehen die unmittelbaren Abnehmer bestimmte Produkte als austauschbar an, so handelt es sich bei beiden Produkten um einen einheitlichen **„sachlich relevanten Markt“**. Der Europäische Gerichtshof musste etwa darüber entscheiden, ob Bananen und Äpfel miteinander austauschbar sind und somit einen gemeinsamen Markt für Frisch-Obst bilden.[4] Die Richter haben dies mit dem Argument verneint, dass Kunden, die Bananen nachfragen, selbst bei einem erheblichen Preisanstieg nicht auf Äpfel umschwenken würden, da Bananen andere Eigenschaften (Konsistenz, Säuregehalt, saisonunabhängige Verfügbarkeit etc.) haben als Äpfel. Insbesondere seien Bananen auch für Säuglingsnahrung geeignet, was bei Äpfeln aufgrund ihres Säuregehalts nicht der Fall sei. Folglich existiert ein eigenständiger „sachlich relevanter Markt“ für Bananen. 6

In räumlicher Hinsicht hängt die Ausdehnung des Markts ebenfalls davon ab, wie weit die Kundennachfrage reicht. Lassen sich Produkte (wie etwa Rohöl[5]) über weite Strecken zu annehmbaren Kosten transportieren und ist die Nachfrage weltweit vergleichbar, spricht vieles für einen weltweiten **„räumlich relevanten Markt“**. Lassen sich Produkte (wie etwa flüssiger Transportbeton[6]) hingegen nur über kurze Strecken transportieren oder werden sie nur lokal nachgefragt (wie etwa Regionalzeitungen[7]), ist der relevante Markt räumlich begrenzt. In diesem Fall sind grundsätzlich nur die Unternehmen auf diesem regional begrenzten Markt „Wettbewerber“ im Sinne des Kartellrechts. 7

Aufgrund dieser Technik der **„Marktabgrenzung“** kommt es häufig vor, dass Unternehmen hinsichtlich bestimmter Produkte Wettbewerber sind und bezüglich anderer Produkte nicht. Ebenso kann es sein, dass Unternehmen nur in bestimmten 8

4 EuGH, Urt. v. 14.2.1978, Rs. 27/76, Rn 23 ff. – *United Brands*.
5 Europ. Kommission, Beschl. v. 28.2.2002, Fall COMP/M.2208, Rn 8 – *Chevron/Texaco*.
6 Europ. Kommission, Beschl. v. 15.7.2008, Fall COMP/M.5158, Rn 29 – *Strabag/Kirchhoff*.
7 BKartA, Beschl. v. 25.4.2014, Az. B 6 – 98/13, Rn 193 – *Springer/Funke*.

regionalen Gebieten Wettbewerber sind und in anderen nicht. Dies kann auch dazu führen, dass das Kartellrecht für ein und dasselbe Unternehmen je nach Geschäftsbereich oder geographischer Geschäftstätigkeit in unterschiedlicher Ausprägung Anwendung findet. Mehr dazu in den **Kapiteln 2** und **5**.

VI. Gilt das Kartellrecht auch zwischen Herstellern und Händlern?

9 Ja. Das Kartellrecht betrifft sowohl das unmittelbare Verhalten von Wettbewerbern (**Horizontalverhältnis**) als auch das Verhalten zwischen Lieferanten und Abnehmern (**Vertikalverhältnis**) mit mittelbaren Auswirkungen auf den Wettbewerb auf der Hersteller- oder Handelsebene. Vom Kartellrecht umfasst ist etwa auch die einseitige Druckausübung von Herstellern auf Händler, um diese bei bestimmten Produkten zu einer einheitlichen Preisgestaltung zu bewegen. Beugen sich alle Händler dem Druck der Hersteller und verlangen faktisch alle dieselben Preise, so kommt der Preiswettbewerb auf der Handelsebene zum Erliegen. Besonders geschäftstüchtige Händler können sich in diesem Fall nicht mehr durch günstigere Preise von anderen Händlern abheben. Gerade dies versucht das Kartellrecht zu verhindern. Mehr dazu in **Kapitel 4**.

VII. Wann gilt deutsches Kartellrecht, wann gilt EU-Kartellrecht?

10 Wirkt sich ein Kartellrechtsverstoß nur in Deutschland aus, findet das deutsche **Gesetz gegen Wettbewerbsbeschränkungen (GWB)** Anwendung. Hat ein Kartellrechtsverstoß hingegen grenzüberschreitende Auswirkungen innerhalb der Europäischen Union, greifen die Art. 101 bis 106 des **Vertrags über die Arbeitsweise der Europäischen Union (AEUV)** und weitere europarechtliche Verordnungen, so insbesondere die Verfahrensverordnung 1/2003, die Vertikal-Gruppenfreistellungsverordnung 330/2010[8] (Vertikal-GVO) und die Fusionskontrollverordnung 139/2004 ein. Auch in den weiteren Mitgliedstaaten der Europäischen Union gilt das **„Auswirkungsprinzip“**: Beschränkt der Kartellrechtsverstoß den Wettbewerb nur im betreffenden Mitgliedstaat, findet das jeweilige nationale Recht Anwendung. Entsprechend gelten auch außerhalb der Europäischen Union jeweils eigene nationale Kartellrechtsordnungen, so etwa in der Schweiz das Kartellgesetz, in den USA der Sherman Antitrust Act und der Clayton Act, in China das Anti-Monopoly Law und in Brasilien das Lei de Defesa da Concorrência. Mehr dazu in **Kapitel 8**.

---

8 Verordnung Nr. 330/2010 der Kommission vom 20. April 2010 über die Anwendung von Artikel 101 Absatz 3 des Vertrags über die Arbeitsweise der Europäischen Union auf Gruppen von vertikalen Vereinbarungen und abgestimmten Verhaltensweisen, ABl L 102/1 vom 23.4.2010.

VIII. Gilt das Kartellrecht für Unternehmen und Verbraucher gleichermaßen?

Nein. Das Kartellrecht ist in erster Linie ein **Unternehmensrecht**. Die kartellrechtlichen **Verbote** betreffen nur wettbewerbsbeschränkende Vereinbarungen zwischen **„Unternehmen"**. Ebenso ist nur der Missbrauch der Marktmacht eines Unternehmens gegenüber einem anderen Unternehmen verboten. Vergleichbare Verhaltensweisen zwischen Privatpersonen sind hingegen erlaubt. 11

Beispiel
Vereinbaren zwei Berufseinsteiger (Privatpersonen), die sich bei einem Unternehmen bewerben, eine Stelle in einem bestimmten Fachbereich nicht unter einem bestimmten Mindesteinstiegsgehalt anzunehmen, wäre dies ein kartellrechtlich völlig unbedenkliches Verhalten.
Vereinbaren hingegen zwei konkurrierende Dienstleister (Unternehmen), ihre Beratungsleistungen gegenüber einem Unternehmen nicht unter einem bestimmten Mindesthonorar zu erbringen, wäre dies eine unzulässige Kartellabsprache.

Die **Unternehmenseigenschaft** im Kartellrecht wird durch jede selbständige Tätigkeit im geschäftlichen Verkehr begründet, die auf den Austausch von Waren oder gewerblichen Dienstleistungen gerichtet ist und sich nicht auf die Deckung des privaten Lebensbedarfs beschränkt.[9] Eine Gewinnerzielungsabsicht ist nicht erforderlich. Somit können auch Einzelpersonen, Vereine und Finanzinvestoren „Unternehmen" nach dem kartellrechtlichen Begriffsverständnis sein. Es kommt allein auf die Funktion an, die die betreffende Einheit in wirtschaftlicher Hinsicht ausübt (**„funktionaler Unternehmensbegriff"**). Auch Einrichtungen der öffentlichen Hand (z.B. Krankenhäuser) können somit im Kartellrecht als Unternehmen anzusehen sein, obwohl die Unternehmenseigenschaft in anderen Rechtsgebieten verneint wird.[10] Auf rein hoheitliche Tätigkeiten findet das Kartellrecht hingegen keine Anwendung, da es dann auch an einer „unternehmerischen" Tätigkeit fehlt.[11] 12

Es ist zudem auch wörtlich zu nehmen, dass die Vereinbarung **„zwischen"** Unternehmen bestehen muss, denn **„innerhalb" eines Unternehmens** gilt das Kartellrecht **nicht**. Der kartellrechtliche Unternehmensbegriff bezieht sich auf die gesamte Unternehmensgruppe. Das bedeutet, dass das Kartellrecht auf wettbewerbsbeschränkende Vereinbarungen zwischen Mutter-, Tochter- und Schwestergesellschaften im Falle der Beherrschung durch eine gemeinsame Konzernmutter keine 13

9 BGH, Urt. v. 6.11.2013 – KZR 58/11 = NZKart 2014, 31, 32 – *VBL-Gegenwert*.
10 BGH, Beschl. v. 16.1.2008, Az. KVR 26/07 = BGHZ 175, 333 – *Kreiskrankenhaus Bad Neustadt*; abweichend für Nachfragetätigkeiten der öffentlichen Hand EuGH, Urt. v. 11.7.2006, Rs. C-205/03, Slg. 2006, I-6295, Rn 26 – *FENIN*.
11 EuGH, Urt. v. 26.3.2009, Rs. C-113/07, Slg. 2009, I-2207, Rn 70 – *SELEX Sistemi Integrati*; BGH, Urt. v. 6.11.2013, Az. KZR 58/11 = NZKart 2014, 31 (33) – *VBL-Gegenwert*.

Anwendung findet („**Konzernprivileg**"). Solche Vereinbarungen sind stets zulässig, soweit sie lediglich konzerninterne Auswirkungen haben.

14 Die kartellrechtliche **Haftung** kann aber nicht nur **Unternehmen**, sondern auch **natürliche Personen** treffen, so etwa Unternehmensmitarbeiter, die aktiv an einem Kartellrechtsverstoß beteiligt waren, oder Führungskräfte, die nicht alles Erforderliche unternommen haben, um Kartellrechtsverstöße ihrer nachgeordneten Mitarbeiter zu verhindern.

15 **„Nutznießer"** des Kartellrechts können **private Endverbraucher** gleichermaßen wie **Unternehmen** sein. Sie alle sind berechtigt, die Unterlassung kartellrechtswidriger Verhaltensweisen zu verlangen und im Falle einer kartellbedingt erlittenen Schädigung Schadensersatzansprüche gegenüber den Kartellbeteiligten geltend zu machen. Mehr dazu in den **Kapiteln 3** und **8**.

IX. Können nur Menschen oder auch Maschinen Kartelle bilden?

16 Maschinen können genauso Kartelle bilden wie Menschen. Auch das Bußgeldrisiko für Unternehmen ist vergleichbar hoch, wenn sie etwa elektronische Schnittstellen („**repricing tools**") einsetzen, um eine Synchronisierung ihrer Preise mit Wettbewerberpreisen herbeizuführen.[12] Dies gilt insbesondere dann, wenn Unternehmen zusammen mit Wettbewerbern über eigene Plattformen vertreiben und auf diese Weise die Möglichkeit erhalten, auf eine Anpassung der jeweiligen Preise Einfluss zu nehmen.

17 Eine **zentrale Rabattsteuerung** für alle Plattformteilnehmer durch einen IT-Dienstleister wäre dabei ebenso unzulässig[13] wie eine Aufteilung von Märkten oder Kunden zwischen konkurrierenden Händlern innerhalb der Europäischen Union durch elektronische **Geoblocking-Vorkehrungen**[14].

18 Bereits 2001 haben die Kartellbehörden gegenüber den Betreibern einer elektronischen Vertriebsplattform verfügt, dass diese aufgrund ihrer „Flaschenhalsfunktion" auch für Wettbewerber geöffnet sein muss.[15] Neuerdings werden die Kartellbehörden auch dann tätig, wenn marktstarke Unternehmen **Algorithmen** einsetzen, um ihre **eigenen Produkte oder Inhalte stets vorrangig vor Wettbewerberprodukten** zu bewerben[16] oder um die Preise von Wettbewerbern kontinuierlich zu unterbieten.

---

12 Competition & Markets Authority UK, Entsch. v. 12.8.2016, Case 50223 – *Trod Limited.*

13 EuGH, Urt. v. 21.1.2016, Rs. C-74/14 = EuZW 2016, 435 – *Eturas.*

14 Europ. Kommission, Verfahrenseinleitung gegen GUESS, Pressemitteilung IP 17-1549 vom 6.6.2017.

15 BKartA, Beschl. v. 25.9.2000, Az. B 5 – 34100 – U 40/00 – *Covisint*; Europ. Kommission, Entsch. v. 31.7.2001, Sache COMP/38.064/F2 – *Covisint.*

16 Europ. Kommission, Übermittlung der Beschwerdepunkte an Google vom 15.4.2015, Sache AT.39740.

Der Betrieb eines elektronischen Preismeldesystems, das Wettbewerbern den Zugriff auf nicht-öffentliche, individuelle Preise von Konkurrenten erlaubt, wäre als unzulässiger Informationsaustausch zu bewerten, da auf diese Weise der Geheimwettbewerb ausgeschaltet wird. Nach der Rechtsprechung des EuGH würde der Betreiber des Meldesystems auch dann ein Bußgeld riskieren, wenn er selbst kein Wettbewerber derjenigen Unternehmen ist, die ihre Preise in das elektronische System einspeisen.[17] 19

Das „Outsourcing" von Kartellrechtsverstößen auf elektronisch gesteuerte Maschinen lohnt sich daher nicht. Was nicht zu vergessen ist: Hinter jeder Maschine steht ein Mensch.[18] Daher können nicht nur gegen Unternehmen, die die Maschinen betreiben, sondern auch gegen deren Mitarbeiter, die die Maschinen zum Zwecke einer Wettbewerbsbeschränkung programmiert haben, Geldbußen verhängt werden. Umgekehrt können Maschinen jedoch auch Kartellrechtsverstöße verhindern, so etwa durch elektronische Zugriffsbeschränkungen auf wettbewerbssensible Informationen. Mehr dazu in den **Kapiteln 4** und **5** und **6**. 20

X. Können Wettbewerbsbeschränkungen ausnahmsweise zulässig sein?

Ja. Kartelle sind dann zulässig, wenn sie **wettbewerbsfördernd** sind oder ihre Vorteile gegenüber der Wettbewerbsbeschränkung überwiegen. Wettbewerbsfördernd ist eine vorübergehende Zusammenarbeit zwischen Wettbewerbern etwa immer dann, wenn die einzelnen Unternehmen allein nicht in der Lage wären, ein bestimmtes Produkt herzustellen oder eine bestimmte Dienstleistung zu erbringen. Ohne die Zusammenarbeit gäbe es folglich einen Wettbewerber weniger; die Kooperation mit dem Konkurrenten wird daher in diesem Fall als kartellrechtlich zulässige **„Arbeitsgemeinschaft"** anerkannt. Auch in anderen Fällen ist eine Zusammenarbeit zwischen Wettbewerbern wünschenswert, um den Wettbewerb zu stärken. Die Kartellbehörden erkennen etwa die gemeinsame Entwicklung eines Innovationsprodukts durch Wettbewerber als rechtmäßig an. Ebenso sehen sie ein berechtigtes Interesse dafür, dass Wettbewerber in begrenztem Rahmen in Einkaufsverbünden und Vertriebsgemeinschaften miteinander kooperieren. 21

---

17 Vgl. EuGH, Urt. v. 22.10.2015, Rs. C-194/14 P = NZKart 2015, 528 – *AC Treuhand*.

18 In einem Interview mit der Süddeutschen Zeitung vom 27.12.2017 wehrte der Präsident des Bundeskartellamts, Andreas Mundt, den Einwand der Lufthansa, dass die um rund 30% gestiegenen Flugpreise nach dem insolvenzbedingten Wegfall des Wettbewerbers Air Berlin auf bereits zuvor existierenden Algorithmen ihrer Computer beruhten, mit dem Argument ab, dass die Computerprogramme „nicht vom lieben Gott geschrieben seien". Das Bundeskartellamt hatte am 13. November 2017 ein Missbrauchsverfahren gegen Lufthansa eingeleitet.

22 Außerdem können Kartellrechtsverstöße im Einzelfall **gerechtfertigt** sein. Eine Rechtfertigung greift automatisch ein, wenn eine bestimmte Verhaltensweise nach einer der gesetzlichen **„Gruppenfreistellungsverordnungen"** vom Kartellverbot freigestellt ist. Ausnahmsweise kann eine Rechtfertigung auch außerhalb der Gruppenfreistellungsverordnung in Betracht kommen. Eine **„Individualfreistellung"** (oder synonym „Einzelfreistellung") nach § 2 GWB bzw. Art. 101 Abs. 3 AEUV hängt vom kumulativen Vorliegen zweier positiver und zweier negativer Voraussetzungen ab: Zum einen muss durch die Wettbewerbsbeschränkung in positiver Hinsicht ein Beitrag zur Verbesserung der Warenerzeugung oder -verteilung oder zur Förderung des technischen oder wirtschaftlichen Fortschritts geleistet werden und eine angemessene Beteiligung der Verbraucher an dem entstehenden Gewinn garantiert sein; zum anderen ist in negativer Hinsicht die Unerlässlichkeit der auferlegten Wettbewerbsbeschränkungen erforderlich sowie die Unmöglichkeit, für einen wesentlichen Teil der betreffenden Waren den Wettbewerb auszuschalten.[19] Mehr dazu in den **Kapiteln 4** und **5**.

XI. Wie kann sich ein Unternehmen im Falle eines Kartellrechtsverstoßes eigener Mitarbeiter möglichst schadlos halten?

23 Wird ein Kartellrechtsverstoß **unmittelbar nach seiner Begehung** festgestellt, verbleibt oftmals noch die Möglichkeit, sich gegenüber den weiteren Beteiligten unverzüglich von dem Verhalten zu distanzieren, um auf diese Weise „Straffreiheit" (oder jedenfalls eine gute Ausgangsposition in einem späteren Verfahren der Kartellbehörde) zu erlangen. Eine **Distanzierung** setzt üblicherweise drei Schritte voraus.[20] Der Erklärende teilt mit, dass

- der Kartellrechtsverstoß nicht von ihm ausging und dass er sich nicht daran beteiligten wollte,
- er etwaige erlangte Informationen nicht weiterverwenden und insbesondere nicht zu einer Beschränkung des Wettbewerbs nutzen wird,
- er künftig keine vergleichbaren Informationen mehr erhalten bzw. nicht mehr in vergleichbare Gespräche verwickelt werden möchte.

24 Besteht die oben genannte Distanzierungsmöglichkeit nicht, können Kartellbeteiligte im Rahmen der **Kronzeugenregelungen** der Europäischen Kommission[21] und der

19 OLG Düsseldorf, Urt. v. 26.2.2014, Az. VI – U (Kart) 7/12, Rn 71 – *Presse-Grosso*.

20 Verallgemeinerung aus EuGH, 7.2.2013, Rs. C-68/12 = EuZW 2013, 438 – *Slovakische Banken* und EuGH, Urt. v. 21.1.2016, Rs. C-74/14 = EuZW 2016, 435 – *Eturas*.

21 Europ. Kommission, Mitteilung über den Erlass und die Ermäßigung von Geldbußen in Kartellsachen, ABl C 298 v. 8.12.2006.

nationalen Kartellbehörden[22] ihr Verhalten gegenüber der oder den zuständigen Kartellbehörden offenlegen, soweit sie nicht die treibende Kraft („Rädelsführer") hinter dem Kartellrechtsverstoß waren. Sie müssen in diesem Fall so viele Informationen vorlegen, dass diese die Kartellbehörde(n) entweder in die Lage versetzen, eine Durchsuchung durchzuführen oder – soweit es bereits zu einer Durchsuchung kam – den Kartellrechtsverstoß nachzuweisen, sofern dies ohne die Informationen des Kronzeugen nicht möglich wäre. Wer die Informationen zuerst übermittelt hat, kann eine vollständige Befreiung von einem Bußgeld erlangen. Wer zwar nicht der erste war, aber dennoch einen erheblichen Mehrwert zu der Aufklärung des Kartellrechtsverstoßes geleistet hat, kann eine Bußgeldreduktion im Umfang von 50%–25% erhalten. Ausdrücklich gewarnt sei vor selbstverfassten Kronzeugenerklärungen ohne Einbindung eines kartellrechtlich spezialisierten und mit Kronzeugenanträgen vertrauten Rechtsanwalts. Eine schlecht verfasste Kronzeugenerklärung kann die wirtschaftlichen Auswirkungen eines Kartellrechtsverstoßes für das als Kronzeuge auftretende Unternehmen eher gravierend verschlimmern als seine Rechtsposition zu verbessern.

Kommt auch die Möglichkeit einer Inanspruchnahme der Kronzeugenregelung 25 nicht in Betracht, verbleiben zur Bußgeldminimierung nur noch die Kooperation mit den Kartellbehörden und der darauf beruhende Abschluss eines **„Settlements"**. Hier kann jedoch bei Kartellen zwischen Wettbewerbern allenfalls noch ein Abschlag i.H.v. 10% von der regulären Geldbuße erlangt werden.[23] Im Übrigen kann nur noch das Verhandlungsgeschick der Unternehmensvertreter oder ihrer Anwälte zu einer Verringerung des Bußgeldrahmens führen. Nachweisliche Besserungsbemühungen und Compliance-Vorkehrungen vor und nach dem Kartellrechtsverstoß können dabei – jedenfalls mittelbar – in die Bewertung der Schwere des Verstoßes einfließen und somit auch Auswirkung auf die Bußgeldhöhe haben. Nicht in Betracht kommt, den an einem Kartell beteiligten Mitarbeiter auf Rückerstattung der Unternehmensgeldbuße zu verklagen. Die Unternehmensgeldbuße betrifft nur das Unternehmen selbst und der Mitarbeiter darf nicht damit belastet werden.[24] Er haftet jedoch unter Umständen persönlich ebenfalls gegenüber der oder den zuständigen Kartellbehörde(n). Mehr dazu in **Kapitel 3**.

22 BKartA, Bekanntmachung Nr. 9/2006 über den Erlass und die Reduktion von Geldbußen in Kartellsachen (Bonusregelung) vom 7.3.2006.

23 BKartA, Merkblatt zum Settlement-Verfahren des Bundeskartellamts in Bußgeldsachen vom 2.2.2016; Verordnung (EG) Nr. 622/2008 der Europ. Kommission vom 30.6.2008 hinsichtlich der Durchführung von Vergleichsverfahren in Kartellfällen, ABl EU L 171 vom 1.7.2008, S. 3; Mitteilung der Europ. Kommission über die Durchführung von Vergleichsverfahren, ABlEU Nr. C 167 vom 2.7.2008, S. 1.

24 LAG Nordrhein-Westfalen, Urt. v. 20.1.2015, Az. 16 Sa 459/14 = NZKart 2015, 277 – *Schienenkartell*.

XII. Wie werden Kartellrechtsverstöße aufgedeckt?

26 In den häufigsten Fällen werden Kartellrechtsverstöße durch kartellbeteiligte Unternehmen selbst gegenüber den Kartellbehörden aufgedeckt, um unter Inanspruchnahme der kartellrechtlichen **Kronzeugenregelung** eine Befreiung von einer Geldbuße zu erlangen.

27 In anderen Fällen werden kartellrechtlich relevante Sachverhalte durch **Beschwerden von Konkurrenten oder unzufriedenen Geschäftspartnern** an die Kartellbehörden übermittelt. Das Bundeskartellamt stellt etwa auf seiner Internetseite einen „anonymen Briefkasten" zur Verfügung, in den Beschwerden ohne elektronische Nachverfolgbarkeit ihrer Herkunft eingereicht werden können.[25] Kartellrechtsverstöße gelangen auf diesem Weg oftmals infolge privater oder geschäftlicher Zerwürfnisse zu den Kartellbehörden. In vielen Fällen haben (ehemalige) Mitarbeiter eines Unternehmens über kartellrechtswidrige Praktiken ausgesagt, um „reinen Tisch" zu machen, nachdem sie das Unternehmen verlassen haben. Von Kartellbeamten hört man auch, dass sie schon mehrfach Unterlagen von (Ex-)Ehefrauen ranghoher Unternehmensmitarbeiter zugespielt erhielten, die sich auf diese Weise an ihren auf privaten oder beruflichen Abwegen befindlichen Ehemännern „rächen" wollten.

28 Die Kartellbehörden ermitteln zudem auch **von Amts wegen**. Ergeben sich etwa aus Medienberichten Hinweise auf fragwürdige Praktiken oder zeigt eine Marktstudie wettbewerbliche Unregelmäßigkeiten auf, nehmen die Kartellbeamten die jeweiligen Märkte gegebenenfalls näher unter die Lupe. Mehr dazu in **Kapitel 3**.

XIII. Wann verjähren Kartellrechtsverstöße?

29 Die Möglichkeit der Ahndung eines Kartellrechtsverstoßes durch die **Kartellbehörden** verjährt nach deutschem und Europäischem Recht nach **fünf Jahren** ab dem Zeitpunkt, in dem das kartellrechtswidrige Verhalten beendet ist und der Kartellrechtsverstoß keine wettbewerblichen Nachwirkungen im Markt mehr hat.[26] Handelt es sich um mehrere miteinander in Verbindung stehende Verstöße, ist erst die Beendigung des letzten Verstoßes maßgeblich für die Verjährung aller weiterer zuvor begangener Verstöße („**einheitliche und fortgesetzte Zuwiderhandlung**").

30 Die Möglichkeit einer **zivilrechtlichen** Geltendmachung kartellbedingter Ansprüche verjährt grundsätzlich nach **drei Jahren**, nachdem der potenziell Geschä-

---

25 http://www.bundeskartellamt.de/DE/Kartellverbot/Anonyme_Hinweise/anonymehinweise_node. html;jsessionid=A5225DAE109E0828968F12CCB7413156.1_cid387, zuletzt abgerufen am 15.3.2018.

26 Vgl. zum Europäischen Kartellrecht Art. 25 Abs. 1 lit. b) VO 1/2003; zum deutschen Kartellrecht § 81 Abs. 8 Satz 2 GWB i.V.m. § 31 Abs. 3 OWiG.

digte Kenntnis von dem Kartellrechtsverstoß erlangt hat. Die Verjährungsfrist wird jedoch während des Zeitraums eines laufenden Kartellverfahrens unterbrochen. Nach spätestens zehn Jahren ist die Geltendmachung zivilrechtlicher Ansprüche endgültig ausgeschlossen.[27]

Beabsichtigt ein Unternehmen, eine Kartellabrede nach Eintritt der Verjährung 31 ohne Inanspruchnahme der Kronzeugenregelung der Kartellbehörden formell aufzukündigen, ist stets auch ein zeitliches Fortwirken der Wettbewerbsbeschränkung zu beachten. Gerade im Fall von Preiskartellen kann von einem **Nachwirkungszeitraum von zwei Jahren oder länger** auszugehen sein, da sich erfahrungsgemäß erst nach Ablauf dieses Zeitraums die Preise aller Marktbeteiligten wieder auf ein übliches Marktniveau einpendeln. In einem Schreiben an die Mitkartellanten wäre daher festzuhalten, dass in der Vergangenheit getroffene Abreden schon seit sieben Jahren (im Einzelfall gegebenenfalls auch länger) nicht mehr eingehalten werden und die frühere Zusammenarbeit nunmehr auch formell aufgekündigt werden soll. In diesem Fall bestünde zwar immer noch die Gefahr, dass ein Mitkartellant einen Kronzeugenantrag beim Bundeskartellamt stellen wird. Allerdings könnte sich das Unternehmen dann auf die Einrede der Verjährung berufen. Restrisiken würden jedoch dann verbleiben, wenn die ermittelnde Kartellbehörde nachweisen könnte, dass die Nachwirkungen länger andauerten als der Zeitraum seit der Beendigung des Kartells. Mehr dazu in den **Kapiteln 3** und **8**.

XIV. Kann man „kritische" Vertragsklauseln den Kartellbehörden vorab zur Freigabe vorlegen?

Normalweise nein. Ein Rechtsanspruch auf Prüfung kartellrechtlich zweifelhafter 32 Vertragsklauseln durch die Kartellbehörden, um eine rechtsverbindliche „Freigabe" im Einzelfall zu erhalten, besteht nicht. Auch die frühere Praxis einer „informellen" Begutachtung von Verträgen, um den Parteien eine Richtungsweisung zu geben, haben die Kartellbehörden weitgehend aufgegeben. Seit dem Jahr 2003 gilt im Kartellrecht (außerhalb der Fusionskontrolle) der **Grundsatz der Selbstveranlagung**. Dies bedeutet, dass Unternehmen stets vorab selbst einschätzen müssen, ob ihr Verhalten kartellrechtskonform oder kartellrechtswidrig ist. Dass dies gerade in rechtlichen Grauzonen mit erheblicher Rechtsunsicherheit für Unternehmen verbunden ist, nimmt der Gesetzgeber bewusst hin, um die Kartellbehörden in ihrem Arbeitsaufkommen zu entlasten und die Unternehmen im Zweifelsfall zu einer möglichst „kartellfesten", d.h. eher vorsichtigen Vertragsgestaltung zu bewegen.

27 Vgl. §§ 195, 199 Abs. 1 BGB, § 33 Abs. 5 GWB und § 199 Abs. 4 BGB.

33 Nur in **umstrittenen Fallkonstellationen**, die bislang weder gerichtlich geklärt sind, noch eine eindeutige Tendenz zur rechtlichen Beurteilung erkennen lassen, erklärt sich die Europäische Kommission in Einzelfällen bereit, ihre (unverbindliche) **vorläufige Rechtsauffassung** zu vorgelegten Sachverhalten oder Vertragsklauseln mit Bezug zum Europäischen Kartellrecht vorab gegenüber den beteiligten Unternehmen in einem sog. **Beratungsschreiben** zu kommunizieren.[28] So hat das Bundeskartellamt beispielsweise in einer Pressemitteilung zur Beschränkung des Vertriebs über das Internet in einem selektiven Vertriebssystem geäußert, dass „das Bundeskartellamt grundsätzlich für Gespräche und eine Prüfung von Vorschlägen bereit steht, soweit Hersteller konkrete Fragen zur wettbewerbskonformen Ausgestaltung ihrer Selektivsysteme haben".[29] Die Erfahrung zeigt jedoch, dass die Kartellbehörden in der überwiegenden Zahl der Fälle nicht zu einer Hilfestellung bereit sind. Gerne verweist etwa das Bundeskartellamt auf die Möglichkeit einer Klärung der streitigen Frage durch die betroffenen Unternehmen vor den Zivilgerichten. Eine „informelle" Anfrage ist daher gut zu überlegen, zumal das Bundeskartellamt dabei regelmäßig um Nennung des betroffenen Unternehmens bittet. In diesem Fall erhält die Kartellbehörde Kenntnis von einem kartellrechtlich relevanten Sachverhalt, ohne dass dem Betroffenen ein Rechtsanspruch auf eine Vorabprüfung zusteht.

XV. Erhält ein Unternehmen ein Schreiben einer Kartellbehörde, ist es dann in jedem Fall Gegenstand eines Kartellverfahrens?

34 Nein. Ein Unternehmen ist grundsätzlich nur dann Gegenstand eines Kartellverfahrens, wenn es in dem kartellbehördlichen Schreiben als **„Nebenbetroffener"** (neben dem Mitarbeiter, der einen Kartellrechtsverstoß begangen haben soll) bezeichnet ist. Die Bezeichnung als **„Abmahnschreiben"** (Darstellung des vorläufigen Ermittlungsergebnisses) lässt hingegen nicht zwingend darauf schließen, dass der Adressat einen Kartellrechtsverstoß begangen hat. Ein Abmahnschreiben versendet das Bundeskartellamt etwa auch dann, wenn es im Rahmen der Fusionskontrolle die Untersagung eines angestrebten Zusammenschlusses von Unternehmen beabsichtigt.

35 In anderen Fällen, so etwa auch bei einem formellen **Auskunftsbeschluss** oder **Herausgabeverlangen**, ist ein Unternehmen als Adressat des Schreibens grundsätzlich nur zu einer wahrheitsgemäßen Beantwortung der gestellten Fragen oder

28 Europ. Kommission, Bekanntmachung v. 27.4.2004 über informelle Beratung bei neuartigen Fragen zu den Artikeln 81 und 82 des Vertrages, die in Einzelfällen auftreten, 2004/C 101/06.

29 BKartA, Pressemitteilung vom 28.4.2014, „Bundeskartellamt sieht Beschränkungen des Online-Vertriebs bei ASICS kritisch".

zur Herausgabe der angeforderten Dokumente verpflichtet, ohne selbst Gegenstand der kartellbehördlichen Ermittlungen zu sein. Stets ist jedoch zu beachten, dass unter Umständen auch ein zunächst als Zeuge behandeltes Unternehmen im Falle einer Selbstbelastung oder der Belastung durch einen Dritten schnell zu einem „Nebenbetroffenen" werden kann. Auch die Beantwortung von Auskunftsbeschlüssen oder Herausgabeverlangen sollte daher stets mit einem kartellrechtlich spezialisierten Juristen abgestimmt werden.

Handelt es sich lediglich um ein kartellbehördliches Anschreiben, in dem ohne 36
nähere Begründung um Auskunft „ersucht" oder in dem die Herausgabe von Dokumenten „erbeten" wird, liegt in aller Regel ein rein **informelles Schreiben** einer Kartellbehörde vor, dessen Nichtbeantwortung keine rechtlichen Konsequenzen nach sich zieht. Dies lässt sich häufig daran erkennen, dass ein solches Schreiben keine Rechtsbehelfsbelehrung enthält. Da aber auch die Abgrenzung zwischen einem informellen und einem formellen kartellbehördlichen Schreiben nicht immer zweifelsfrei ist, sollte auch bei Erhalt eines „informell" aussehenden Schreibens einer Kartellbehörde ein kartellrechtlich spezialisierter Jurist hinzugezogen werden.

XVI. Wird jeder Kartellrechtsverstoß mit einer Geldbuße geahndet?

Nein. Den Kartellbehörden steht ein Ermessen in zweierlei Hinsicht zu. Sie können 37
zunächst entscheiden, ob sie ein kartellrechtlich bedenkliches Verhalten überhaupt prüfen (**„Aufgreifermessen"**). Die Kartellbehörden sind dabei weitgehend frei und legen oftmals intern Prioritäten hinsichtlich bestimmter Märkte (Bsp.: Lebensmitteleinzelhandel) oder bestimmter Arten von Verstößen (Bsp.: Beschränkung des Vertriebs über das Internet) fest, auf die sie sich innerhalb eines bestimmten Zeitraums schwerpunktmäßig konzentrieren.

Hat sich die zuständige Kartellbehörde entschieden, ein bestimmtes kartell- 38
rechtlich bedenkliches Verhalten aufzugreifen, steht ihr ein weiterer Ermessensspielraum hinsichtlich der Frage zu, ob sie eine Geldbuße verhängt, die Abstellung des Kartellrechtsverstoßes verfügt oder den Verstoß lediglich ohne Sanktionierung feststellt (**„Rechtsfolgeermessen"**). Im Falle schwerwiegender Verstöße wie Absprachen zwischen Konkurrenten über Preise, Verkaufsquoten, Vertriebsgebiete oder zu bedienende Kundengruppen verhängen die Kartellbehörden regelmäßig Geldbußen. Bei Verstößen mit nur geringfügigen wettbewerblichen Auswirkungen oder im Falle höchstgerichtlich ungeklärter Sachverhalte belässt es jedenfalls das Bundeskartellamt häufig bei einem Beschluss, der die betreffenden Unternehmen zur Abstellung ihrer Praktiken verpflichtet. Die Europäische Kommission tendiert hingegen dazu, auch Kartellrechtsverstöße, die bislang noch keiner Prüfung durch die Europäischen Gerichte unterlagen, mit einer Geldbuße zu ahnden.

XVII. Wie berechnet sich eine Geldbuße im Einzelfall?

39 Kartellrechtsverstöße können mit einer Geldbuße in einer Höhe von bis zu 10% des konzernweiten Umsatzes im Vorjahr vor der Verhängung der Geldbuße geahndet werden. Diese Maximalhöhe ist aber eher theoretischer Natur und wird im Normalfall nicht erreicht. Die tatsächliche Höhe der Geldbuße richtet sich nach Dauer, Schwere und Häufigkeit des Kartellrechtsverstoßes. Die Bemessung im Einzelfall richtet sich nach den **Bußgeldleitlinien** der Europäischen Kommission[30] und des Bundeskartellamts[31].

40 Zum einfacheren Verständnis sei nachfolgend anhand der Bußgeldleitlinien des Bundeskartellamts ein **konkretes Fallbeispiel** gebildet:

Beispiel

Ein Unternehmen ist während fünf Jahren an einem Preiskartell beteiligt. Mit den kartellierten Produkten wurde ein tatbezogener Umsatz in Höhe von EUR 150 Mio. pro Jahr erzielt. Den verantwortlichen Mitarbeitern war die Rechtswidrigkeit ihres Verhaltens bewusst. Im Jahr vor der Verhängung der kartellbehördlichen Geldbuße hat das Unternehmen einen konzernweiten Gesamtumsatz in Höhe von EUR 450 Mio. erzielt. Das Bundeskartellamt ist zuständig für die Ahndung des Verstoßes. Nach den aktuellen Bußgeldleitlinien geht das Bundeskartellamt bei der Bemessung der Geldbuße in zwei Schritten vor: Zunächst ermittelt es den Bemessungsspielraum für die Geldbuße im konkreten Fall (Bußgeldrahmen). In der Folge legt es die konkrete Bußgeldhöhe fest.

Bei der Bemessung des **Bußgeldrahmens** legt das Bundeskartellamt als ersten Faktor nach Randziffer 10 der Bußgeldleitlinien ein **Gewinn- und Schadenspotenzial in Höhe von jährlich 10% des erzielten tatbezogenen Umsatzes** des Unternehmens zugrunde. Dies wäre hier im Falle eines tatbezogenen Umsatzes von EUR 150 Mio. pro Jahr und einer Kartelldauer von fünf Jahren ein Faktor von 5 x EUR 15 Mio. = EUR 75 Mio.

Als zweiten Faktor nach Randziffer 13 der Bußgeldleitlinien **multipliziert** das Bundeskartellamt diesen Betrag **je nach Gesamtumsatz** des Unternehmens (konzernbezogene Betrachtung) mit einem bestimmten **Faktor**. Im Falle eines Gesamtvorjahresumsatzes von EUR 100 Mio. bis EUR 1 Mrd. ist ein Faktor von 3 bis 4 heranzuziehen. Bei einem hier vorliegenden Gesamtvorjahresumsatz von EUR 450 Mio. wird mit hoher Wahrscheinlichkeit der Faktor 3 herangezogen werden. Dies führt zu einem Zwischenergebnis von 3 x EUR 75 Mio. = EUR 225 Mio. Allerdings ist nach Randziffer 8 der Bußgeldleitlinien die **Obergrenze des Bußgeldrahmens** in Höhe von **10% des konzernweiten Gesamtvorjahresumsatzes** als Maximalbetrag der Geldbuße zu beachten. Dementsprechend würde der Betrag von EUR 225 Mio. hier auf EUR 45 Mio. als Bußgeldobergrenze reduziert.

Der Bußgeldrahmen des Bundeskartellamts in diesem konkreten Fall liegt somit nach den Bußgeldleitlinien zwischen EUR 5,– (Mindestgeldbuße nach § 17 Abs. 1 OWiG) und max. EUR 45 Mio.

Die **genaue Bußgeldhöhe im Einzelfall** bemisst sich in der Folge zum einen nach **tatbezogenen Kriterien** (so etwa Art und Dauer des Kartellrechtsverstoßes, geographische Reichweite, Organisationsgrad unter den Kartellbeteiligten, Bedeutung der beteiligten Unternehmen und der betroffenen Märkte). Zum anderen werden auch **täterbezogene Kriterien** (insbesondere die Rolle des Unternehmens im

30 Vgl. Europ. Kommission, Leitlinien vom 1.9.2006 für das Verfahren zur Festsetzung von Geldbußen gemäß Artikel 23 Absatz 2 Buchstabe a) der Verordnung (EG) Nr. 1/2003, 2006/C 210/02.

31 BKartA, Leitlinien vom 26.5.2013 für die Bußgeldzumessung im Kartellordnungswidrigkeitenverfahren.

Kartell, die Stellung des Unternehmens auf dem betroffenen Markt, der Grad des Vorsatzes oder der Fahrlässigkeit und die wirtschaftliche Leistungsfähigkeit des Unternehmens) zu Grunde gelegt. Das Bundeskartellamt berücksichtigt auch, ob ein Unternehmen bereits in der Vergangenheit Kartellrechtsverstöße begangen hat und daher als Wiederholungstäter strenger zu sanktionieren ist. Nicht zuletzt hängt die genaue Höhe des Bußgeldes – auch wenn dies rechtsstaatlich bedenklich erscheinen mag – vom Verhandlungsgeschick der beteiligten Anwälte und Beamten der Kartellbehörde ab.

Oftmals wird vergessen, dass es sich bei den Bußgeldleitlinien lediglich um **Verwaltungsrichtlinien** der Kartellbehörden handelt. Dementsprechend ist auch nur die jeweilige Kartellbehörde im Rahmen des allgemeinen Gleichbehandlungsgebots an ihre eigene Verwaltungsrichtlinie gebunden. Gerichte, die über Rechtsmittel gegen den Bußgeldbescheid der Kartellbehörde entscheiden müssen, können hingegen losgelöst von den Bußgeldleitlinien urteilen. Dementsprechend gilt auch die Obergrenze der Bußgeldleitlinien nicht. Eine gerichtliche Entscheidung kann sogar eine Bußgeldverschärfung enthalten und somit schlechter ausfallen als die kartellbehördliche Entscheidung. Da das OLG Düsseldorf eine andere Sichtweise zur Bußgeldbemessung vertritt als das Bundeskartellamt, hat es in der jüngeren Vergangenheit als Beschwerdeinstanz regelmäßig die Bußgelder zu Lasten der Kartellbeteiligten deutlich erhöht, wenn der Konzernumsatz hoch und der kartellbefangene Umsatz vergleichsweise gering war.[32] Kartellbeteiligte Unternehmen sollten daher stets sorgfältig das Risiko abwägen, ob sich die Einlegung von Rechtsmitteln gegen einen kartellbehördlichen Bußgeldbescheid im Einzelfall tatsächlich „lohnen“ kann oder mit höherer Wahrscheinlichkeit zu einer Erhöhung des Bußgelds führt. Zu berücksichtigen ist dabei auch die neue Rechtsprechung des Bundesgerichtshofs, wonach ein effektives Compliance Management System zur Vorbeugung von Rechtsverstößen bußgeldmindernd zu berücksichtigen ist.[33] Dieser Aspekt ist bislang in den Bußgeldleitlinien der Kartellbehörden (noch) nicht enthalten. Mehr dazu in **Kapitel 3.** 41

XVIII. Können Kartellgeldbußen von der Steuer abgesetzt werden?

Im Normalfall nein. Geldbußen können nur dann steuerlich geltend gemacht werden, wenn sie als Gewinnabschöpfung anzusehen sind. Dann würde eine Besteue- 42

32 Erhöhung der Geldbuße von ursprünglich EUR 180 Mio. auf EUR 244 Mio. in OLG Düsseldorf, Urt. v. 16.4.2013, Az. VI-4 Kart 2–6/10 (OWi) – *Flüssiggas*; Erhöhung von ursprünglich EUR 14 Mio. auf EUR 21 Mio. in OLG Düsseldorf, Urt. v. 26.1.2017, Az. V-4 Kart 4/15 OWI) – *Süßwaren*; Erhöhung von ursprünglich EUR 17 Mio. auf EUR 19 Mio. in OLG Düsseldorf, Urt. v. 12.10.2017, Az. V-2 Kart 1/17 OWi – *Tapetenkartell*; Erhöhung von ursprünglich 5,25 Mio auf EUR 30 Mio in OLG Düsseldorf, Urt. v. 28.2.2018, Az. V-4 Kart 3/17 OWi – *Kaffeeröster*.

33 BGH, Urt. v. 9.5.2017, Az. 1 StR 265/16, Rn 118 = WuW 2017, 456 (457).

rung des nicht mehr vorhandenen, da abgeschöpften, Gewinns eine Doppelbelastung des Unternehmens darstellen. Nach Ansicht der Rechtsprechung enthält eine vom Bundeskartellamt festgesetzte Kartellgeldbuße jedoch in aller Regel keine Abschöpfung des aus dem Kartellverstoß erzielten Gewinns.[34] Bei Bußgeldern der Europäischen Kommission, die anhand des Grundbetrags von 10% des Jahresumsatzes berechnet werden, handelt es sich ebenfalls nicht um eine Gewinnabschöpfung.[35] Auch die Tatsache, dass die Höhe der Geldbuße anhand des tatbezogenen Umsatzes berechnet wird, bedeutet nicht automatisch, dass der unrechtmäßig erlangte Mehrerlös abgeschöpft wurde. Vielmehr steht es im Ermessen der Kartellbehörde, ob der Gewinn abgeschöpft oder lediglich eine Sanktion verhängt werden soll.[36] Nur wenn eindeutig aus dem Bußgeldbescheid hervorgeht, dass es sich um eine Gewinnabschöpfung handelt (was typischerweise nicht der Fall ist), kann diese steuerlich berücksichtigt werden. Dies gilt ebenso für den Abzug des Bußgelds als Betriebsausgabe.

XIX. Welche weiteren Folgen neben einer Geldbuße können Kartellrechtsverstöße nach sich ziehen?

43 Neben der Verhängung eines kartellbehördlichen Bußgelds sehen sich kartellbeteiligte Unternehmen oftmals **Schadensersatzforderungen** geschädigter Kunden, Wettbewerber oder Lieferanten ausgesetzt. Nach der Rechtsprechung des Europäischen Gerichtshofs können sowohl kartellbedingt überhöhte Preise als auch entgangene Gewinne als Schadensersatz eingefordert werden.[37] In der Praxis werden diese Summen häufig in Preisverhandlungen nach Aufdeckung eines Kartells einbezogen. Gelingt hier keine einvernehmliche Lösung, werden die entsprechenden Schäden in der Regel gerichtlich eingeklagt.

44 Einhergehend mit den unmittelbaren finanziellen Folgen von Kartellrechtsverstößen sind die mittelbaren Auswirkungen, die infolge des kartellbedingten Vertrauens- und Reputationsverlusts im Markt eintreten. Dies sind namentlich die **Kündigung bestehender Verträge**, der **Verlust zukünftiger Aufträge**, die **Eintragung** in das beim Bundeskartellamt geführte **Wettbewerbsregister** (§ 124 GWB) und der **Ausschluss von Ausschreibungen.** Auch das Erfordernis von PR-Maßnahmen nach negativer Presse und die Durchführung umfassender Compliance- und Selbstreinigungsmaßnahmen zur Wiederherstellung des Vertrauens verursachen erhebliche Mehrkosten. Kartellbeteiligte Mitarbeiter riskieren regelmäßig den **Verlust ihres Arbeitsplatzes.** Führungskräfte sehen sich zusätzlich immer häufiger Schadensersatz-

---

34 BFH, Urt. v. 9.6.1999, Az. I R 64–97; FG Köln, Urt. v. 24.11.2016, Az. 10 K 659/16.
35 BFH, Urt. v. 7.11.2013, Az. IV R 4/12.
36 FG Köln, Urt. v. 24.11.2016, Az. 10 K 659/16, Rn 50 f.
37 EuGH, Urt. v. 20.9.2001, Rs. C-453/99 – *Courage*.

forderungen ihrer ehemaligen Arbeitgeber ausgesetzt, wenn sie keine hinreichenden Compliance-Vorkehrungen zur Vorbeugung von Kartellrechtsverstößen getroffen haben.[38]

Wird der Kartellrechtsverstoß im Ausland begangen, kommt in einigen Staaten (so etwa in den USA) sogar eine **Haftstrafe** für kartellbeteiligte Personen in Betracht. Ein italienischer Staatsbürger wurde aufgrund von Preisabsprachen im Vorfeld einer Ausschreibung („Submissionskartell") von der Bundesrepublik Deutschland an die USA ausgeliefert, nachdem das OLG Frankfurt a.M. die Auslieferung als rechtmäßig beurteilt hatte.[39] 45

Selbst wenn die Kartellbehörden einen kartellrechtlich bedenklichen Sachverhalt nicht aufgreifen, kann ein Kartellrechtsverstoß zu gravierenden Konsequenzen führen. Kartellrechtswidrige Vertragsklauseln sind von Anfang an nichtig. Hängen sie untrennbar mit den sonstigen vertraglichen Regelungen zusammen, kommt sogar eine **rückwirkende Unwirksamkeit** des gesamten Vertrags in Betracht. Gerade besonders „scharfe" Vertragsklauseln können sich dabei als Bumerang erweisen. Schließt ein Unternehmen etwa ein besonders weitreichendes Wettbewerbsverbot mit einem Subunternehmer ab, das diesen weltweit und zeitlich unbegrenzt in jeglichen wettbewerblichen Aktivitäten beschränken soll, kann es im Falle einer Auseinandersetzung über die Aufnahme von Konkurrenztätigkeiten eine böse Überraschung geben, wenn sich das vermeintlich besonders effektive Wettbewerbsverbot als kartellrechtlich unwirksam erweist. Mehr dazu in den **Kapiteln 6** und **8.** 46

XX. Kann die Ahndung eines Kartellrechtsverstoßes durch eine gesellschaftsrechtliche Umstrukturierung vermieden werden?

Grundsätzlich nein. Seit der Neuregelung von § 30 Abs. 2a OWiG zum 30. Juni 2013 besteht keine Möglichkeit mehr, die kartellrechtliche Verantwortlichkeit durch Verschmelzung eines kartellbefangenen Unternehmensteils mit einem anderen Unternehmen aus einer anderen Branche und der damit verbundenen Beseitigung der früheren „Unternehmensidentität" entfallen zu lassen. Weitere Gesetzeslücken wurden zwischenzeitlich ebenfalls geschlossen. Seit der 9. GWB-Novelle vom 9. Juni 2017 ist in § 81 Abs. 3b GWB geregelt, dass im Falle einer Umstrukturierung der Gesamtrechtsnachfolger für den Kartellrechtsverstoß haftet. Der Wert ist dabei nicht wie in § 30 Abs. 2a OWiG auf den Wert des übernommenen Unternehmens beschränkt. Zudem hat der deutsche Gesetzgeber nun auch das bislang nur in der 47

---

38 Vgl. LAG Nordrhein-Westfalen, Urt. v. 20.1.2015, Az. 16 Sa 459/14 = NZKart 2015, 277, 278 f. – *Schienenkartell*; diverse weitere vergleichbare Klagen sind derzeit bei Zivilgerichten anhängig, jedoch noch nicht entschieden.

39 OLG Frankfurt a.M., Beschl. v. 22.1.2014, Az. 2 Ausl A 104/13.

Rechtsprechung der EU-Gerichte geltende Prinzip der „wirtschaftlichen Nachfolge“ in § 81 Abs. 3c GWB übernommen. Demnach haftet diejenige juristische Person für die Kartellgeldbuße, die das kartellbeteiligte Unternehmen in wirtschaftlicher Hinsicht fortführt. Eine Entreicherung des Kartelltäters durch Übertragung der Vermögenswerte in Form eines „asset deals“ führt nicht mehr zu einer Umgehung der Geldbuße. Vielmehr haftet nach der neuen Gesetzeslage der Erwerber der Vermögenswerte als wirtschaftlicher Nachfolger. Ob die Neuregelungen allesamt verfassungsrechtlich zulässig sind, ist allerdings noch nicht geklärt. Mehr dazu in **Kapitel 3**.

XXI. Gibt es Bagatellschwellen für die Anwendung des Kartellrechts?

48 Ja. In bestimmten Fällen werden wettbewerbsbeschränkende Verhaltensweisen nicht aufgegriffen, wenn die Kartellbehörden sie als **nicht „spürbar“** ansehen.[40] Unter welchen Voraussetzungen normalerweise von einer fehlenden Spürbarkeit auszugehen ist, lässt sich den Bagatellbekanntmachungen der Europäischen Kommission[41] und des Bundeskartellamts[42] entnehmen. Die Europäische Kommission und das Bundeskartellamt sehen eine Vereinbarung zwischen Wettbewerbern als nicht spürbar an, wenn der gemeinsame Marktanteil der beteiligten Unternehmen im sachlich und räumlich relevanten Markt 10% nicht überschreitet. Handelt es sich um ein Verhalten zwischen Nicht-Wettbewerbern, wird die Spürbarkeit sogar bis zu einem jeweiligen Marktanteil von 15% verneint.

49 Allerdings greifen die Bagatellschwellen für besonders schwerwiegende Kartellrechtsverstöße nicht ein. So findet das Kartellrecht **immer** – also auch bei Unterschreiten der Bagatellgrenzen – Anwendung, wenn es sich bei dem betreffenden wettbewerbsbeschränkenden Verhalten um Preis- oder Konditionenabsprachen, eine Gebiets- oder Kundengruppenaufteilung oder Beschränkungen der Produktion, der Lieferung oder der Abnahme von Waren oder Dienstleistungen handelt. Die Europäische Kommission geht zudem immer dann von einem „spürbaren“ Kartellrechtsver-

---

40 Vorsicht Falle! Der Begriff der „Spürbarkeit der Wettbewerbsbeschränkung“ ist nicht mit dem Erfordernis der „spürbaren Beeinträchtigung des zwischenstaatlichen Handels“ zu verwechseln, das Voraussetzung für die Anwendung des Europäischen Kartellrechts ist (vgl. Europ. Kommission, Bekanntmachung v. 27.4.2004, 2004/C 101/07, Ziff. 4). Fehlt es an einer spürbaren Beeinträchtigung des zwischenstaatlichen Handels, ist dennoch das deutsche Kartellrecht anwendbar, wenn eine „spürbare Wettbewerbsbeschränkung“ vorliegt (vgl. OLG Hamburg, Urt. v. 12.12.2013, Az. 3 U 38/11 = BeckRS 2014, 01310).

41 Europ. Kommission, Bekanntmachung v. 25.6.2014 über Vereinbarungen von geringer Bedeutung, die den Wettbewerb gemäß Artikel 101 Absatz 1 des Vertrags über die Arbeitsweise der Europäischen Union nicht spürbar beschränken (de minimis), C (2014) 4136 final.

42 BKartA, Bekanntmachung Nr. 18/2007 über die Nichtverfolgung von Kooperationsabreden mit geringer wettbewerbsbeschränkender Bedeutung.

stoß aus, wenn die Wettbewerbsbeschränkung **bezweckt** ist, d.h. wenn sie schon ihrer Natur nach für den Wettbewerb schädlich ist (so insbesondere bei Preisabsprachen, Mengenbeschränkungen, Gebiets- und Kundenzuweisungen und Absprachen in öffentlichen Ausschreibungen).[43] Ebenso gilt das Kartellrecht auch unterhalb der Bagatellgrenzen, wenn das betreffende Verhalten als **Kernbeschränkung** nach einer der europäischen Gruppenfreistellungsverordnungen einzuordnen ist. Mehr dazu in den **Kapiteln 2, 4** und **5**.

XXII. Gelten für alle Unternehmen die gleichen Regeln?

Nein. Je nach Marktanteil des Unternehmens hinsichtlich eines bestimmten Pro- 50
dukts variieren die kartellrechtlichen Regelungen erheblich.

Bei einem gemeinsamen Marktanteil von Wettbewerbern in Höhe von höchstens 51
10% bzw. im Falle von Nicht-Wettbewerbern in Höhe von jeweils höchstens 15% findet das Kartellrecht bei „leichteren" Wettbewerbsbeschränkungen schon mangels **Spürbarkeit** (Bagatellschwelle, s.o.) keine Anwendung.

Beträgt der gemeinsame Marktanteil mehrerer Unternehmen maximal 20%, sind 52
Vereinbarungen zwischen ihnen über die **Spezialisierung in bestimmten Bereichen sowie Vereinbarungen über die Übertragung von Rechten des geistigen Eigentums** nach den Voraussetzungen der Spezialisierungs-Gruppenfreistellungsverordnung 1218/2010 bzw. der Technologietransfer-Gruppenfreistellungsverordnung 316/2014 vom Kartellverbot freigestellt.

Haben die Beteiligten einer wettbewerbsbeschränkenden Vereinbarung im 53
Rahmen **gemeinsamer Forschung und Entwicklung** einen gemeinsamen Marktanteil von höchstens 25%, so sind weite Bestandteile ihrer Zusammenarbeit nach der Forschungs- und Entwicklungs-Gruppenfreistellungsverordnung 1217/2010 vom Kartellverbot freigestellt.

Handelt es sich bei sonstigen wettbewerbsbeschränkenden Vereinbarungen um 54
Nicht-Wettbewerber und liegt ihr jeweiliger Marktanteil bei höchstens 30%, ist eine Vielzahl vertraglicher Regelungen in **Vertriebsvereinbarungen** zwischen ihnen nach der Vertikal-GVO vom Kartellverbot freigestellt.

Hat ein Unternehmen hingegen hinsichtlich bestimmter Produkte einen Markt- 55
anteil von mindestens 40%, gilt es als marktbeherrschend und muss sich an **erhöhte gesetzliche Anforderungen** halten. Mehr dazu in den **Kapiteln 2** bis **7** sowie in **Checkliste 5**.

---

43 Europ. Kommission, Guidance on restrictions of competition „by object", Revised version of 03/06/2015, SWD (2014) 198 final.

XXIII. Welche Sachverhalte regeln die Kartellbehörden und welche Sachverhalte regeln die Zivilgerichte?

56 Die Kartellbehörden nehmen eine hoheitliche Prüfung und gegebenenfalls Ahndung eines Kartellrechtsverstoßes vor. Die Zivilgerichte beurteilen hingegen Streitigkeiten zwischen Unternehmen über kartellrechtlich relevante Verhaltensweisen. Im Wege der Unterlassungsklage eines Betroffenen kann faktisch jeder Sachverhalt, der im Rahmen einer Beschwerde an die Kartellbehörden übermittelt werden kann, auch vor einem Zivilgericht geklärt werden. Während die Kartellbehörde aber – ähnlich einer Staatsanwaltschaft – eigene Ermittlungen vornimmt, muss der Kläger den Kartellrechtsverstoß vor dem Zivilgericht grundsätzlich selbst beweisen.

57 Das Kartellverwaltungsrecht ist **parallel** zum Kartellzivilrecht anwendbar. Die Kartellbehörden können daher ein Verfahren einleiten, obwohl eine Kartellstreitigkeit bereits vor einem Zivilgericht anhängig ist. Umgekehrt kann ein betroffener Marktteilnehmer auch die Unterlassung eines kartellrechtswidrigen Verhaltens vor einem Zivilgericht einklagen, obwohl die Kartellbehörde bereits ein Verfahren eingeleitet hat.[44] Im Gegensatz zu den Zivilgerichten haben die Kartellbehörden – außer in der Fusionskontrolle – ein Ermessen, ob sie einen mutmaßlichen Kartellrechtsverstoß aufgreifen oder nicht („**Aufgreifermessen**"). Im Falle von Arbeitsüberlastung oder anderweitiger Prioritätensetzung kann es daher vorkommen, dass die Kartellbehörden die Einleitung eines Verfahrens ablehnen.[45] Die für Kartellsachen zuständigen Zivilgerichte können die Annahme einer Kartellstreitigkeit hingegen nicht zurückweisen und sind folglich gezwungen, über einen kartellrechtlich relevanten Sachverhalt zu entscheiden. Mehr dazu in **Kapitel 8.**

B. Verschärfte Regeln für marktbeherrschende Unternehmen

I. Warum gelten für marktbeherrschende Unternehmen strengere Regelungen?

58 Das Kartellrecht fördert nicht den Erfolg einzelner Unternehmen, sondern ist im Wesentlichen auf die Erhaltung eines gesunden Maßes an Wettbewerb ausgerichtet.

---

44 Dies ist etwa hinsichtlich „Radiusklauseln" von Outlet-Centern der Fall, die den Mietern untersagen, innerhalb eines bestimmten Radius um das Outlet-Center eine weitere Outlet-Ladenfläche zum Verkauf von Waren bestimmter Marken zu betreiben. Ein konkurrierender Outlet-Center-Betreiber klagte auf Unterlassung der Verwendung dieser Klausel vor dem Landgericht Mannheim. Parallel dazu hatte er eine Beschwerde zum Bundeskartellamt eingereicht. Das Bundeskartellamt hat daraufhin unter Az. B 1 – 62/13 ein Kartellverfahren gegen den Verwender der Radiusklauseln eingeleitet und die Verwendung der Klausel schließlich mit Beschluss vom 26.2.2015 untersagt, noch bevor das Landgericht Mannheim in der Sache geurteilt hatte.

45 Zu den Voraussetzungen dazu vgl. EuG, Urt. v. 23.10.2017, Rs. T-712/14 = NZKart 2017, 658 – *CEAHR.*

Marktbeherrschende Unternehmen sind oftmals schon allein aufgrund ihrer Größe, Bekanntheit und wirtschaftlichen Leistungsfähigkeit in der Lage, sich im Wettbewerb **unabhängig vom Verhalten ihrer Wettbewerber** zu verhalten. Das Wissen, dass Kunden auf den Bezug bestimmter Produkte bei dem Unternehmen angewiesen sind, kann etwa dazu führen, dass ein marktbeherrschendes Unternehmen trotz sinkender Nachfrage und Preissenkungen der Konkurrenz die eigenen Preise massiv erhöht. Durch ein solches Verhalten könnte das marktbeherrschende Unternehmen immer größere Gewinne erzielen und sich immer weiter von den Wettbewerbern absetzen. In letzter Konsequenz würde dies dazu führen, dass die Wettbewerber allmählich aus dem Markt gedrängt werden, das marktbeherrschende Unternehmen ein Monopol innehat und den Markt dementsprechend so lange nach Belieben dominieren kann, bis an die Stelle des marktbeherrschenden Produkts ein Innovationsprodukt eines Konkurrenten tritt.

Sinnbildlich mag man sich ein marktbeherrschendes Unternehmen als ein un- 59
berechenbares Tier vorstellen, das immer stärker und gefährlicher wird. Um ein Ausufern dieser Gefahr im Wettbewerb zu verhindern, nimmt das Kartellrecht das marktbeherrschende Unternehmen „an die Leine". Die verschärften Regelungen gelten aber nur, solange das Unternehmen tatsächlich marktbeherrschend ist. Ergeben sich Anhaltspunkte (etwa durch ein Absinken der Marktanteile) dafür, dass das Unternehmen hinsichtlich bestimmter Produkte nicht mehr marktbeherrschend ist, so ist es in diesem Bereich auch nicht mehr an die strengeren kartellrechtlichen Regelungen gebunden. Mehr dazu in den **Kapiteln 4, 5** und **6.**

II. Unter welchen Voraussetzungen ist ein Unternehmen „marktbeherrschend"?

Im deutschen und Europäischen Recht wird die Marktbeherrschung eines Unter- 60
nehmens grundsätzlich **produktbezogen** beurteilt.[46] Hat das Unternehmen für ein Produkt innerhalb eines bestimmten sachlich und räumlich relevanten Markts einen **Marktanteil von 40% oder mehr**, wird die **„Einzelmarktbeherrschung"** des Unternehmens im Bereich dieses Produkts nach deutschem und Europäischem Kartellrecht nach § 18 GWB bzw. Art. 102 AEUV[47] vermutet.

Was vielen nicht bewusst ist: **Nahezu jedes Unternehmen ist marktbeherr-** 61
schend hinsichtlich bestimmter Original-Ersatzteile. Nach der Rechtsprechung existiert ein eigenständiger Marktanteil für Original-Ersatzteile („OEM-Teile"), soweit die Abnehmer typischerweise auf den Einbau von Original-Ersatzteilen mit

46 Im Einzelfall können je nach Nachfrageverhalten der Abnehmer auch ganze Produktgruppen, Sortimente oder Dienstleistungen betroffen sein, vgl. dazu oben Rn 3 ff.

47 § 18 GWB bzw. Art. 102 AEUV i.V.m. Rn 14 der Prioritätenmitteilung der Europ. Kommission, 2009/C 45/02.

Markenlogo bestehen. Das ist häufig bei außen sichtbaren Ersatzteilen von Markenprodukten (so etwa bei der Tür eines Kühlschranks mit Markenlogo) und für die technische Funktionsweise und Langlebigkeit eines Produkts maßgeblichen Ersatzteilen der Fall (so etwa bei getunten Automobilen).[48]

62 Im Einzelfall kann aber auch schon bei **unter 40%** liegenden Marktanteilen eine marktbeherrschende Stellung bestehen, wenn der Abstand zu den Marktanteilen der kleineren Wettbewerber so groß ist, dass das Unternehmen relativ gesehen ebenfalls marktbeherrschend ist.[49]

Beispiel
Unternehmen A hat einen Marktanteil von 30% auf dem Produktmarkt für Staubsauger und liegt somit unter der Marktbeherrschungsvermutung von 40%. Allerdings hat der nächstkleinere Wettbewerber B lediglich einen Marktanteil von 3% im selben Produktmarkt, der Wettbewerber C lediglich 1,5%. Relativ gesehen ist A daher marktbeherrschend, da er aufgrund seiner Größe in Relation zur Größe der Wettbewerber im Markt eine wirtschaftliche Macht hat, die es ihm ermöglicht, weitgehend unabhängig von den Wettbewerbern zu agieren.

63 Eine **„gemeinsame marktbeherrschende Stellung"** mehrerer Wettbewerber wird nach deutschem Kartellrecht vermutet, wenn entweder drei oder weniger Unternehmen zusammen einen Marktanteil von 50% erreichen oder wenn fünf oder weniger Unternehmen zusammen einen Marktanteil von zwei Dritteln erreichen (**„Oligopolvermutung"**). Nach § 18 Abs. 6 GWB gilt dann jedes dieser Unternehmen als marktbeherrschend.

64 Die Marktbeherrschungsvermutung kann aber **widerlegt** werden, wenn das betreffende Unternehmen nachweist, dass wesentlicher Wettbewerb im Markt herrscht (und aus diesem Grund im Laufe der Zeit erhebliche Marktanteilsschwankungen festzustellen sind) oder dass es nur wenige Wettbewerber im Markt gibt, die aber im Verhältnis zu dem relevanten Unternehmen ebenfalls große Marktanteile haben (und aus diesem Grund kein „wettbewerbliches Ungleichgewicht" besteht). Während die Widerlegung der Oligopolvermutung gerade in Märkten für Spezialprodukte häufig gelingt, kommt eine Widerlegung der Einzelmarktbeherrschungsvermutung in der Praxis äußerst selten vor.

65 Aufgrund der produktbezogenen Beurteilung der Marktbeherrschung eines Unternehmens ist es möglich, dass ein Unternehmen in bestimmten Produktbereichen marktbeherrschend ist und in anderen nicht. Hinsichtlich der letzteren Produkte ist

48 Zur genauen Marktabgrenzung zwischen Original-Ersatzteilen mit Markenzeichen („Original-Equipment-Manufacturer-Teile"), von Original-Teile-Anbietern (Zulieferern) hergestellten Ersatzteilen („Original-Equipment-Service-Teile") und von Drittherstellern produzierten Ersatzteilen (Ident-After-Market-Teile") vgl. BGH, Urt. v. 6.10.2015, Az. KZR 87/13, Ziff. II.2.a) = GRUR-RR 2016, 134 – *Auto-Tuning*.

49 *Bechtold/Bosch*, GWB, § 18 GWB Rn 33.

das Unternehmen nicht an die verschärften Regelungen für marktbeherrschende Unternehmen gebunden.

Nach deutschem Kartellrecht gelten die verschärften Regelungen für marktbeherrschende Unternehmen auch für „marktstarke Unternehmen“. Dabei handelt es sich nach § 20 GWB um Unternehmen, die zwar nicht aufgrund ihrer Marktanteile marktbeherrschend sind, aber dennoch aufgrund ihres Sortiments oder ihrer Bekanntheit im Markt eine so starke Marktmacht innehaben, dass kleine oder mittlere Unternehmen als Anbieter oder Nachfrager bestimmter Waren oder Dienstleistungen von ihnen abhängig sind. Mehr dazu in den **Kapiteln 4** und **6**. 66

III. Welches Verhalten marktbeherrschender Unternehmen ist missbräuchlich?

Kartellrechtlich missbräuchlich ist ein Verhalten des marktbeherrschenden Unternehmens zum einen dann, wenn das Verhalten des marktbeherrschenden Unternehmens darauf abzielt, kleinere Wettbewerber unter Ausnutzung der eigenen Marktmacht aus dem Markt hinauszudrängen oder ihnen den Marktzutritt von vornherein zu verwehren. Zum anderen handelt ein marktbeherrschendes Unternehmen auch dann missbräuchlich, wenn es gegenüber seinen Abnehmern unangemessene Konditionen zu seinen Gunsten erzwingt, die es ohne seine Marktmacht nicht hätte durchsetzen können. 67

Im Wesentlichen sind **drei Missbrauchsformen** zu unterscheiden: Behinderungsmissbrauch gegenüber Wettbewerbern, Ausbeutungsmissbrauch gegenüber Lieferanten und Diskriminierungsmissbrauch gegenüber Abnehmern. 68

Ein **Behinderungsmissbrauch** liegt immer dann vor, wenn das marktbeherrschende Unternehmen andere Wettbewerber unmittelbar oder mittelbar in ihren wettbewerblichen Betätigungsmöglichkeiten nachteilig beeinträchtigt.[50] Dabei ist es nicht erforderlich, konkret entstandene Nachteile nachzuweisen. Es genügt schon, wenn sich der Sachverhalt objektiv zur Beeinträchtigung der wettbewerblichen Handlungsfreiheit eignet.[51] 69

Ein **Ausbeutungsmissbrauch** ist zu bejahen, wenn ein marktbeherrschendes Unternehmen gegenüber seinen Lieferanten oder Abnehmern unangemessene Preise, Konditionen oder sonstige Geschäftsbedingungen fordert, die es bei einem unterstellten wirksamen Wettbewerb im Markt nicht hätte durchsetzen können.[52] 70

Ein **Diskriminierungsmissbrauch** wird hingegen angenommen, wenn ein marktbeherrschendes Unternehmen trotz vergleichbarer Sachverhalte von seinen 71

50 BGH, Urt. v. 22.9.1981, Az. KVR 8/80 = NJW 1982, 46 (47) – *Original-VW-Ersatzteile II.*

51 BGH, Beschl. v. 6.11.2012, Az. KVR 54/11, Rn 41 – *Gasversorgung Ahrensburg.*

52 *Bechtold*/Bosch, GWB, § 19 GWB Rn 55.

Abnehmern oder Lieferanten unterschiedliche Konditionen fordert, ohne dass eine sachliche Rechtfertigung hierfür gegeben ist. Mehr dazu in den **Kapiteln 2, 4** und **6.**

IV. Können bestimmte Verhaltensweisen marktbeherrschender Unternehmen gerechtfertigt sein?

72 Ja. Auch ein grundsätzlich als missbräuchlich zu bewertendes Verhalten eines marktbeherrschenden Unternehmens kann im Einzelfall gerechtfertigt sein. Am ehesten lässt sich ein Verhalten dann rechtfertigen, wenn das betreffende Verhalten aus **außerhalb des marktbeherrschenden Unternehmens liegenden Gründen** objektiv erforderlich ist. So ist etwa eine Lieferverweigerung stets zulässig, wenn dem marktbeherrschenden Lieferanten die Belieferung aufgrund eines Versorgungsengpasses unmöglich ist.[53] Ebenfalls als tauglicher Rechtfertigungsgrund heranzuziehen, aber im Einzelfall schwerer nachweisbar, ist die **Wahrung berechtigter wirtschaftlicher Interessen** des marktbeherrschenden Unternehmens. So kann sich etwa ein marktbeherrschendes Unternehmen im Einzelfall darauf berufen, nicht zur Belieferung eines Wettbewerbers zum eigenen Schaden verpflichtet zu sein.[54] Ebenfalls als Rechtfertigungsgrund anerkannt, aber in der Praxis nur schwer nachweisbar, sind **Effizienzvorteile, die im Interesse der Verbraucher liegen**, wobei es zu keiner Ausschaltung wirksamen Wettbewerbs kommen darf. Denkbar wäre eine solche Rechtfertigung etwa im Falle der Koppelung zweier unterschiedlicher Produkte, die von den Verbrauchern ohnehin stets gemeinsam nachgefragt werden und die zu Einsparungen bei den Verpackungs- und Vertriebskosten führt, welche an die Verbraucher weitergegeben werden.[55] Mehr dazu in den **Kapiteln 2, 4** und **6.**

C. Fusionskontrolle

I. Welche Aufgaben nehmen die Kartellbehörden im Rahmen der „Fusionskontrolle" wahr?

73 Die Kartellbehörden haben im Rahmen der Fusionskontrolle die Aufgabe, geplante Zusammenschlüsse von Unternehmen zu beurteilen und im Falle wettbewerblicher Unbedenklichkeit freizugeben. Es handelt sich dabei im Gegensatz zu den sonstigen Bereichen des Kartellrechts um eine **präventive Vorabkontrolle**, um die zukünfti-

53 Langen/Bunte/*Bulst*, EU-KartellR, Art. 102 AEUV Rn 140.
54 BGH GRUR 1995, 287 (292) – *Gasdurchleitung*; BGH WuW/E 2755 (2759) – *Aktionsbeträge.*
55 Langen/Bunte/*Bulst*, EU-KartellR, Art. 102 AEUV Rn 243.

ge Entstehung oder Verstärkung einer marktbeherrschenden Stellung des Erwerbers zu verhindern. Das Fusionskontrollrecht erfüllt damit eine Schutzfunktion sowohl zu Gunsten der Wettbewerber der fusionierenden Unternehmen als auch gegenüber den Abnehmern im Markt. Anderenfalls könnte externes Wachstum, das zur Marktbeherrschung eines Unternehmens führt, unkontrollierbare Verhaltensspielräume der neu entstandenen Einheit im Markt mit sich bringen, die sich negativ auf die gesamte Marktstruktur auswirken. Dies bezieht sich insbesondere auf nachteilige Veränderungen der Wettbewerbsbedingungen für andere im Markt tätige Unternehmen, wenn diese aufgrund der Größe des marktbeherrschenden Unternehmens in ihren wettbewerblichen Spielräumen eingeschränkt würden. Jedenfalls mittelbar würden dadurch auch die Verbraucher benachteiligt, da sie im Falle geringeren Wettbewerbs typischerweise mit höheren Preisen zu rechnen hätten. Ohne die Fusionskontrolle könnten folglich die „gesunden" Wirkungen des Marktes wie beispielsweise die Disziplinierung der Wettbewerber untereinander, eine „angemessene" Preispolitik oder der Zugang neuer Unternehmen zum Markt, ausgehebelt werden.

Um den Kartellbehörden diese Vorabkontrolle überhaupt zu ermöglichen, sehen 74 das deutsche und das Europäische Kartellrecht eine **gesetzliche Anmeldepflicht für bestimmte Zusammenschlusstatbestände** vor. Als „Zusammenschlusstatbestand" werden zum einen Fusionen und die Gründung von Joint-Ventures klassifiziert, zum anderen aber auch der **Erwerb wesentlicher Vermögensbestandteile** eines anderen Unternehmens, so insbesondere von dessen Maschinen- oder Personalbestand. Bis zur Freigabe des Zusammenschlusses durch die Kartellbehörde oder dem Ablauf einer einmonatigen Frist ab der Anmeldung unterliegt die Transaktion einem **Vollzugsverbot**, d.h. irreversible Dispositionen dürfen während der Prüfungsphase nicht getroffen werden. Mehr dazu in **Kapitel 7**.

II. Unter welchen Voraussetzungen müssen Transaktionen zur Fusionskontrolle angemeldet werden?

Sowohl der Erwerb von Anteilen an einer Gesellschaft („Geschäftsanteile") als 75 auch der Erwerb eines wesentlichen Teils des Vermögens eines anderen Unternehmens muss zur Fusionskontrolle bei einer oder mehreren zuständigen Kartellbehörde(n) angemeldet werden, wenn die beteiligten Unternehmen bestimmte **Umsatzschwellen** überschritten haben. Das Überschreiten dieser Schwellen kann entweder eine für die ganze EU geltende Anmeldepflicht zur Europäischen Kommission oder eine Anmeldepflicht zu einer oder mehreren nationale(n) Kartellbehörde(n) auslösen. Unternehmen haben kein Wahlrecht, ob sie bei der Europäischen Kommission oder den nationalen Kartellbehörden anmelden. Je nach Umsatz der beteiligten Unternehmen im Geschäftsjahr vor der geplanten Transaktion besteht eine gesetzlich begründete Zuweisung der Anmeldepflicht zu einer der Kartellbehörden.

76 Eine Fusionskontrollanmeldung zur Europäischen Kommission ist nach Art. 1 der europäischen Fusionskontrollverordnung (FKVO) erforderlich, wenn eine der beiden nachfolgenden Voraussetzungen vorliegt:

ENTWEDER
- die beteiligten Unternehmen haben **zusammen weltweit** einen Umsatz von mehr als **EUR 5 Mrd.** erzielt UND
- mindestens zwei Unternehmen haben **jeweils** einen Umsatz in der **Europäischen Union** von mehr als **EUR 250 Mio.** erzielt

ODER
- die beteiligten Unternehmen haben **zusammen** einen **weltweiten** Umsatz von **EUR 2,5 Mrd.** erzielt UND
- die beteiligten Unternehmen haben **zusammen** mindestens in **drei Mitgliedstaaten jeweils** einen Gesamtumsatz von mehr als **EUR 100 Mio.** erzielt UND
- in jedem von diesen **Mitgliedstaaten** übersteigt der Umsatz von mindestens **zwei Unternehmen** jeweils **EUR 25 Mio.** UND
- mindestens **zwei** am Zusammenschluss beteiligte **Unternehmen** haben **jeweils** einen Umsatz in der **Europäischen Union** von mehr als **EUR 100 Mio.** erzielt.

77 Besteht keine Anmeldepflicht zur Europäischen Kommission, kommt dennoch eine Anmeldepflicht zum Bundeskartellamt in Betracht. Diese setzt nach § 35 GWB voraus, dass

ENTWEDER
- die beteiligten Unternehmen **zusammen weltweit** Umsatzerlöse von mehr als **EUR 500 Mio.** erzielt haben UND
- mindestens **ein beteiligtes Unternehmen** in Deutschland Umsatzerlöse von mehr als **EUR 25 Mio.** und ein **anderes beteiligtes Unternehmen** einen Umsatz von mehr als **EUR 5 Mio.** erzielt hat UND
- die jeweiligen Umsätze von **keinem** der beteiligten Unternehmen **weltweit unter EUR 10 Mio.** liegen

ODER
- die beteiligten Unternehmen **zusammen weltweit** Umsatzerlöse von mehr als **EUR 500 Mio.** erzielt haben UND
- **ein beteiligtes Unternehmen** in Deutschland Umsatzerlöse von mehr als **EUR 25 Mio.**, aber weder das zu erwerbende Unternehmen noch ein anderes beteiligtes Unternehmen jeweils einen Umsatzerlös von mehr als **EUR 5 Mio.** erzielt hat UND
- der **Wert der Gegenleistung** für den Zusammenschluss (i.d.R. der Kaufpreis) mehr als **EUR 400 Mio.** beträgt UND

– das zu erwerbende Unternehmen **in erheblichem Umfang in Deutschland tätig** ist.

Vollziehen die an dem Zusammenschluss beteiligten Unternehmen die Transaktion, ohne zu den Kartellbehörden anzumelden oder ohne deren Freigabe abzuwarten, droht ihnen die Verhängung eines Bußgelds in Höhe von bis zu 10% des Vorjahresumsatzes. Mehr dazu in **Kapitel 7**. 78

III. In welchem Umfang gilt die Freigabe eines Zusammenschlussvorhabens?

Die Freigabe reicht nur so weit, wie die jeweilige Kartellbehörde im Rahmen der Fusionskontrolle rechtlich zuständig ist. Dies gilt sowohl in sachlicher als auch in geographischer Hinsicht. 79

In **geographischer Hinsicht** bestehen Abgrenzungsprobleme für das **Bundeskartellamt**, wenn sich ein **Auslandszusammenschluss** auch in Deutschland auswirkt. Wenn sich in diesen Fällen der Zusammenschluss aufteilen lässt, muss sich die Kartellbehörde auf den abtrennbaren deutschen Teil des Zusammenschlusses konzentrieren und darf auch nur diesen Teil freigeben oder untersagen. Dies ist beispielsweise der Fall, wenn ausländische Unternehmen im Ausland fusionieren, aber jeweils auch **Tochtergesellschaften in Deutschland** haben. Das Bundeskartellamt darf dann lediglich die Auswirkungen des Zusammenschlusses der Tochtergesellschaften bewerten und sich nicht im Wesentlichen mit dem Zusammenschluss der ausländischen Muttergesellschaften befassen.[56] Anders stellt sich die Lage dar, wenn sich das Zusammenschlussvorhaben nicht aufteilen lässt und seinen Schwerpunkt im Ausland hat, sich aber auch **im deutschen Markt auswirkt**. Dann muss die Kartellbehörde entscheiden, ob sie die wettbewerblichen Auswirkungen des Zusammenschlusses dennoch prüft.[57] Aufgrund der Inlandsauswirkungen steht ihr diese Möglichkeit grundsätzlich offen, wobei sie sich dann bei der Prüfung – insbesondere im Hinblick auf eine Untersagung – zurückhalten muss, wenn sie mit vorrangigen wettbewerblichen Interessen eines ausländischen Staates kollidiert, in dem der eigentliche Schwerpunkt der Transaktion liegt.[58] 80

Die **Europäische Kommission** prüft einen Zusammenschluss hingegen **unabhängig** von seinen geographischen Auswirkungen. Sie ist auch dann zuständig, wenn die Umsatzschwellenwerte überschritten sind und der Zusammenschluss ausschließlich Unternehmen in Drittstaaten außerhalb der Europäischen Union betrifft. 81

---

56 Langen/Bunte/*Kallfaß*, Dt. KartellR, § 40 GWB Rn 10.

57 Dazu näher BKartA, Merkblatt Inlandsauswirkungen in der Fusionskontrolle vom 30.9.2014.

58 OLG Düsseldorf, Urt. v. 26.11.2008, Az. VI-Kart 8/07 (V), Rn 50 – *Phonak II*.

82 In **sachlicher Hinsicht** reicht die Freigabe nur so weit, wie die Zuständigkeit der jeweiligen Kartellbehörde **im Rahmen der Fusionskontrolle** reicht. Das Bundeskartellamt darf etwa die fusionskontrollrechtliche Freigabe für ein Joint Venture (Gemeinschaftsunternehmen) nach § 40 GWB nur unter dem Gesichtspunkt erteilen, dass das Zusammenschlussvorhaben nicht zum Entstehen einer marktbeherrschenden Stellung führen wird und daher keine Beeinträchtigung der **Marktstruktur** droht. Damit ist aber noch **nicht** gesagt, dass das Joint Venture zwischen Wettbewerbern auch den Vorgaben des **Kartellverbots** (Verbot von Preisabsprachen) Rechnung trägt. Ergeben sich etwa Anhaltspunkte dafür, dass die beteiligten Unternehmen im Rahmen der gemeinsamen Vermarktung ihrer Produkte im Gemeinschaftsunternehmen die Preise koordinieren, darf das Bundeskartellamt trotz fusionskontrollrechtlicher Freigabe des Zusammenschlusses ein Kartellverfahren wegen Verstoßes gegen § 1 GWB einleiten.[59] Mehr dazu in **Kapitel 7**.

D. Deutsches und Europäisches Kartellrecht

I. Wann findet das deutsche Kartellrecht Anwendung und wann das Europäische Kartellrecht?

83 Im Bereich des Kartellverbots und der Missbrauchskontrolle ist für die Frage, wann das Europäische und wann das deutsche materielle Kartellrecht anzuwenden ist, das **Auswirkungsprinzip** entscheidend. Hiernach ist für die Anwendung der jeweiligen Rechtsnormen ausschlaggebend, ob sich die wettbewerbsbeschränkende Maßnahme ausschließlich in Deutschland (dann rein deutsches Kartellrecht) oder grenzüberschreitend auch im Europäischen Binnenmarkt (dann rein Europäisches Kartellrecht) auswirkt. Die Europäische Kommission hat Leitlinien zu der Frage veröffentlicht, unter welchen Voraussetzungen der Handel zwischen den Mitgliedstaaten spürbar beeinträchtigt ist.[60] Unter Umständen können die deutschen Wettbewerbsbehörden nach § 22 GWB und Art. 3 VO 1/2003 verpflichtet sein, Europäisches Kartellrecht parallel zum deutschen Kartellrecht anzuwenden, wenn die Wettbewerbsbeschränkung auch den Handel zwischen den Mitgliedstaaten beeinträchtigt.

59 So ging das Bundeskartellamt etwa im Fall der geplanten gemeinsamen Online-Plattform „Germany's Gold" von ARD und ZDF vor. Das Bundeskartellamt gab das Gemeinschaftsunternehmen fusionskontrollrechtlich wegen Verneinung einer marktbeherrschenden Stellung auf dem Markt für Video-On-Demand-Plattformen frei, leitete aber zugleich ein Kartellverfahren ein, weil die Sender die Preise und Auswahl der Videos miteinander koordinieren wollten. Die Sender sahen daraufhin von der Realisierung der gemeinsamen Online-Plattform ab (BKartA, Meldung vom 16.9.2013, „Pläne für ARD und ZDF Online-Plattform „Germany's Gold" aufgegeben").

60 Europ. Kommission, Leitlinien über den Begriff der Beeinträchtigung des zwischenstaatlichen Handels vom 27.4.2004, ABl 2004 Nr. C 101/81.

Die Frage, nach welchen Vorschriften das Fusionskontrollverfahren durchgeführt werden muss, wird allein anhand der einschlägigen Schwellenwerte beurteilt. Sind die europäischen Schwellenwerte erreicht, muss der Zusammenschluss bei der Europäischen Kommission angemeldet werden. Diese ist dann allein entscheidungsbefugt und zieht zur Entscheidung ausschließlich die europäischen Regelungen heran. Sind die europäischen Schwellenwerte nicht erreicht, aber werden die Umsatzschwellen nach dem deutschen Kartellrecht überschritten, prüft das Bundeskartellamt anhand der deutschen fusionskontrollrechtlichen Vorgaben. Mehr dazu in **Kapitel 7**. 84

Die Geltendmachung von Schadensersatz- oder Unterlassungsansprüchen beruht stets auf einer Anspruchsgrundlage nach nationalem Recht. Jedoch gilt auch in diesen Fällen das **„Effektivitätsprinzip"**. Danach dürfen im Falle einer Zivilklage wegen Verstoßes gegen Europäisches Kartellrecht die mitgliedstaatlichen Regelungen nicht so ausgestaltet und angewendet werden, dass die Durchsetzung des Europäischen Kartellrechts unmöglich wird. Das Europarecht ist daher auch vor den nationalen Gerichten zu beachten. Mehr dazu in **Kapitel 8**. 85

II. Unter welchen Voraussetzungen ist das Bundeskartellamt zuständig und unter welchen Voraussetzungen die Europäische Kommission?

Für die Feststellung und Abstellung von Verstößen gegen das Europäische Kartellrecht ist nach Art. 3 und 7 VO 1/2003 grundsätzlich die **Europäische Kommission** zuständig. Sie prüft somit ausschließlich Sachverhalte mit grenzüberschreitender Auswirkung. Wirkt sich ein wettbewerbsbeschränkendes Verhalten hingegen nur in Deutschland aus, ist nach § 48 Abs. 2 Satz 1 GWB grundsätzlich das **Bundeskartellamt** für die Beurteilung und gegebenenfalls Ahndung zuständig. Die deutschen **Landeskartellbehörden** sind nach § 48 Abs. 2 Satz 2 GWB zuständig, wenn sich eine wettbewerbswidrige Maßnahme allein in dem jeweiligen Bundesland auswirkt und nicht darüber hinausgeht.[61] 86

Allerdings bestehen sowohl im Europäischen Kartellrecht als auch im deutschen Recht **Verweisungsvorschriften**. So kann die Europäische Kommission beim Bundeskartellamt anhängige Verfahren an sich ziehen. Dazu muss sie lediglich ein eigenes Ermittlungsverfahren einleiten und die mitgliedstaatlichen Kartellbehörden zuvor konsultieren (Art. 11 Abs. 6 VO 1/2003). 87

61 So ermittelte etwa im Jahr 2015 die Landeskartellbehörde Thüringen gegen Marktbeschicker wegen Absprachen über Glühweinpreise auf dem Erfurter Weihnachtsmarkt. Die Landeskartellbehörde Baden-Württemberg leitete 2017 Ermittlungen gegen Tübinger Eisdielen wegen deren einheitlicher Preiserhöhung auf EUR 1,50 pro Kugel ein.

88 Auch das Bundeskartellamt kann ein vor einer Landeskartellbehörde geführtes Verfahren an sich ziehen, wenn die Landesbehörde auf Antrag zu einer Abgabe der Sache bereit ist. Zur Abgabe an das Bundeskartellamt ist die Landeskartellbehörde jedoch nicht verpflichtet (§ 49 Abs. 3 GWB). Umgekehrt kann die Landeskartellbehörde auch die Abgabe einer Rechtssache durch das Bundeskartellamt beantragen. Das Bundeskartellamt kann daraufhin entscheiden, ob es den Fall abgibt oder ihn selbst weiter bearbeitet. Melden allerdings mehrere Landeskartellbehörden Interesse an einem Fall an, darf das Bundeskartellamt den Fall nicht abgeben (§ 49 Abs. 4 GWB).

III. Unter welchen Voraussetzungen sind die deutschen Gerichte zuständig und unter welchen Voraussetzungen die Europäische Gerichtsbarkeit?

89 Obwohl es sich bei Verfahren des **Bundeskartellamts** um Angelegenheiten des Verwaltungs- oder Ordnungswidrigkeitenrechts handelt, ist für Rechtsmittel gegen Verwaltungsverfügungen (§ 63 Abs. 4 GWB) oder Bußgeldbescheide (§ 83 Abs. 1 GWB) kraft gesetzlicher Spezialzuständigkeit das **Oberlandesgericht Düsseldorf** zuständig. Für Rechtsmittel gegen Maßnahmen im Ermittlungsverfahren (Durchsuchungen, Auskunftsverlangen, Androhung von Ordnungsgeldern wegen Zeugnisverweigerung etc.) ist nach § 81 Abs. 10 GWB i.V.m. §§ 46, 62 Abs. 2 Satz 1, 68 Abs. 1 Satz 1 OWiG das **Amtsgericht Bonn** zuständig.

90 Für Klagen gegen Entscheidungen der **Europäischen Kommission** in Kartellsachen sind nach Art. 263 Abs. 4 AEUV i.V.m. Art. 256 Abs. 1 AEUV i.V.m. Art. 51 EuGH-Satzung in erster Instanz das **Gericht der Europäischen Union (EuG)** und in zweiter Instanz der **Europäische Gerichtshof (EuGH)** zuständig.

91 Für **Kartellzivilverfahren**, so insbesondere Schadensersatzklagen gegen Kartellbeteiligte, sind die **nationalen Gerichte** in den einzelnen Mitgliedstaaten zuständig. Dies gilt sowohl für Streitigkeiten wegen Verstößen gegen Europäisches Kartellrecht (Art. 6 VO 1/2003) als auch gegen deutsches Kartellrecht (§ 87 GWB). Welches Gericht innerhalb der Europäischen Union für die jeweilige Streitigkeit zuständig ist, richtet sich nach der **Europäischen Gerichtsstands- und Vollstreckungsverordnung.**[62] Maßgeblich sind hier im Wesentlichen der Begehungsort des Kartellrechtsverstoßes und dessen Auswirkung in den einzelnen Mitgliedstaaten. Innerhalb Deutschlands ist nach § 32 ZPO das Zivilgericht zuständig, in dessen Bezirk der Kartellrechtsverstoß begangen wurde. Da auch hier sowohl der Handlungs- als auch der Auswirkungsort in Betracht kommen, besteht oftmals eine Wahlmög-

---

62 Verordnung Nr. 1215/2012 des Europäischen Parlaments und des Rates vom 12.12.2012 über die gerichtliche Zuständigkeit und die Anerkennung und Vollstreckung von Entscheidungen in Zivil- und Handelssachen („Brüssel-Ia-VO“).

lichkeit nach § 35 ZPO zwischen verschiedenen Gerichtsständen. Innerhalb der jeweiligen Gerichtsbezirke haben die Bundesländer jedoch nach §§ 89, 95 GWB durch Rechtsverordnungen bestimmten Landgerichten und Oberlandesgerichten mit spezialisierten Richtern eine **Spezialzuständigkeit für Kartellzivilstreitigkeiten** zugewiesen. So sind etwa in Baden-Württemberg die Landgerichte Mannheim und Stuttgart und die Oberlandesgerichte Karlsruhe und Stuttgart für Kartellzivilsachen ausschließlich zuständig. Hat eines dieser Gerichte im Rahmen einer Kartellzivilstreitigkeit jedoch vernünftige Zweifel an der Auslegung europarechtlicher Regelungen, kommt wieder der **Europäische Gerichtshof** ins Spiel. An ihn dürfen bzw. müssen im Einzelfall die nationalen Gerichte im Rahmen eines Vorabentscheidungsverfahrens nach Art. 267 AEUV Fragen zur Auslegung des Europarechts stellen, wenn die Auslegung für den Ausgang des konkreten Zivilrechtsstreits entscheidungserheblich ist. Mehr dazu in **Kapitel 8**.

Kapitel 2
Überblick – Relevanz des Kartellrechts für die unternehmerische Praxis

Das Kartellrecht ist für die unternehmerische Praxis überaus relevant, da es allen Bereichen eines Unternehmens, von der Geschäftsführung über den Einkauf hin zum Vertrieb, **Verhaltensgrenzen** setzt. Verstöße gegen diese Verhaltensgrenzen werden mit hohen **Bußgeldern** geahndet. Es ist daher enorm wichtig, dass Unternehmen die **Berührungspunkte** ihrer Praxis mit dem Kartellrecht kennen. Eine erste Einteilung risikorelevanten Verhaltens gibt das Kartellrecht selbst vor: 1

- Das **Kartellverbot** (§§ 1ff. GWB und Art. 101 AEUV) erfasst im Grundsatz jede Kontaktaufnahme mit Wettbewerbern sowie die geschäftlichen Bindungen mit Geschäftspartnern.
- Das **Missbrauchsverbot** (§§ 19f. GWB und Art. 102 AEUV) erfasst den Einsatz von Marktmacht gegenüber Wettbewerbern und Geschäftspartnern.[1]

A. Wettbewerber kontaktieren

Das Kartellverbot muss beachtet werden, sobald Kontakt mit Konkurrenten aufgenommen werden soll. In der unternehmerischen Praxis besteht dieser Kontakt vor allem bei **Vereinbarungen** mit Konkurrenten oder im bloßen Austausch von **Informationen** mit ihnen.[2] 2

I. Vereinbarungen eingehen

Vereinbarungen mit Konkurrenten sind dann kartellrechtlich relevant – und möglicherweise auch verboten – wenn sie geeignet sind, die **wettbewerbliche Handlungsfreiheit** eines der Beteiligten einzuschränken. Das ist oft der Fall, denn Vereinbarungen mit Wettbewerbern sind regelmäßig darauf angelegt, das Marktverhalten mindestens eines Partners der Vereinbarung zu beeinflussen. Kartellrechtlich verboten sind typischerweise Absprachen zwischen Wettbewerbern über Preise, die gegen- 3

---

1 Zum Verhältnis zwischen Europäischem und deutschem Kartellrecht siehe bereits Kap. 1 Rn 83f. Für die Zwecke dieses Kapitels 2 kann weitgehend auf eine Unterscheidung beider Rechtsordnungen verzichtet werden. Soweit das nicht der Fall ist, wird darauf hingewiesen.

2 Irrelevant ist, ob die Vereinbarung ein Vertrag im Rechtssinne ist. Es reicht letztlich jede Willensübereinstimmung, vgl. Langen/Bunte/*Krauß*, Dt. KartellR, § 1 GWB Rn 67.

https://doi.org/10.1515/9783110550542-002

seitige Zuweisung verschiedener Kundengruppen oder die räumliche Aufteilung von Vertriebsgebieten.

Beispiel
Eine unzulässige Beeinträchtigung der wettbewerblichen Handlungsfreiheit folgt etwa aus einer Vereinbarung zwischen drei Transportbetonherstellern, die sich darüber absprechen, welche Mengen Beton jeder von ihnen im Vergleich zu den anderen in einem bestimmten Jahr herstellen und anbieten darf.[3]

1. Vereinbarung „zwischen Wettbewerbern“

4 Eine wettbewerbsbeschränkende Vereinbarung, soll sie denn auch *zwischen Wettbewerbern* stattfinden, setzt voraus, dass es sich bei den Beteiligten der Vereinbarung tatsächlich um **Wettbewerber** handelt.[4] Daran fehlt es jedenfalls dann, wenn die beteiligten Unternehmen auf unterschiedlichen Märkten tätig und nicht einmal potenzielle Wettbewerber sind.[5] Tatsächlich ist es so, dass das Kartellrecht auch Beschränkungen potenziellen Wettbewerbs verbietet, weil auch potenzieller Wettbewerb einen **realen Einfluss** auf die bestehenden Wettbewerbsverhältnisse hat und dieser Einfluss daher schutzwürdig ist.

5 Der Begriff des Wettbewerbers ist weit zu verstehen. Unternehmen sind **aktuelle Wettbewerber**, wenn sie Produkte oder Dienstleistungen anbieten, die miteinander funktional austauschbar sind. Nach einer gängigen Definition ist **potenzieller Wettbewerber**, wer im Falle einer geringfügigen, aber spürbaren Erhöhung des Preisniveaus aufgrund seiner Ressourcen in absehbarer Zeit (maximal drei Jahre) aus eigener Kraft wahrscheinlich in den Markt eintreten wird.[6]

Beispiel
Eine Vereinbarung zwischen Presse-Grossisten verstößt gegen das Kartellverbot, wenn durch die Vereinbarung den Grossisten eigene Vertriebsgebiete für den Verkauf von Zeitungen und Zeitschriften an Einzelhändler zugewiesen werden. Hiergegen hatten Presse-Grossisten in einem vor dem OLG Düsseldorf verhandelten Fall erfolglos vorgetragen, dass zwischen ihnen von vornherein kein beschränkbarer Wettbewerb bestehe. Die Presse-Grossisten begründeten dies – im Ergebnis ebenso erfolglos – damit, dass Einzelhändler kein Interesse daran hätten, Teilsortimente von verschiedenen Großhändlern zu beziehen. Zudem verursache das Vordringen eines Grossisten in benachbarte Gebiete höhere Kosten in der Akquisition des Einzelhandels und der Logistik, die durch den

3 BKartA, Entsch. v. 1.12.2009, Az. B1-281/04.

4 Hierzu näher Kap. 5 Rn 2.

5 *Bechtold/Bosch/Brinker*, EU-KartellR, Art. 101 AEUV Rn 74.

6 Es kommt nur auf den Zeitraum für die realistische Möglichkeit eines Marktzutritts an, so die Mitteilung der Kommission über Leitlinien zur Anwendbarkeit von Artikel 101 des Vertrags über die Arbeitsweise der Europäischen Union auf Vereinbarungen über horizontale Zusammenarbeit („Horizontal-Leitlinien“), ABl Nr. C 11 S. 1 Rn 10.

Umsatzzuwachs nicht kompensiert werden könnten.[7] Das Gericht sah die Presse-Grossisten hingegen als potenzielle Wettbewerber an.

Wettbewerb zwischen Unternehmen kann aber aus verschiedenen Gründen praktisch ausgeschlossen sein, so dass die Unternehmen nicht als gegenseitige Wettbewerber gelten. 6

So sind Unternehmen dann **nicht** Wettbewerber, wenn sie Teil desselben Konzerns sind. Sie unterliegen vielmehr beide derselben Führung einer gemeinsamen, sie beherrschenden Muttergesellschaft und können ihr Verhalten zueinander daher nicht autonom bestimmen. Zwischen solchen Konzerngesellschaften gelten daher auch die Regeln des Kartellrechts nicht (**Konzernprivileg**).[8] 7

Ebenfalls keine Wettbewerber sind Unternehmen, die erst durch die fragliche Vereinbarung zwischen ihnen in die Lage versetzt werden, überhaupt am Markt teilzunehmen (**Arbeitsgemeinschaftsgedanke**). Zum Beispiel konkurrieren bei Ausschreibungen für industrielle Großaufträge Unternehmen nicht miteinander, wenn sie nicht über die erforderliche Kapazität verfügen, um „in wirtschaftlich zweckmäßiger und kaufmännisch vernünftiger Weise" alleine an der Ausschreibung teilzunehmen.[9] In so einem Fall sind Abstimmungen zwischen Unternehmen, die nötig sind, um an der Ausschreibung gemeinsam teilzunehmen und den Auftrag gemeinsam durchzuführen, keine wettbewerbsbeschränkenden Vereinbarungen und somit nicht vom Kartellverbot umfasst.[10] 8

Allerdings kann ein Unternehmen sich an wettbewerbsbeschränkenden Vereinbarungen zwischen Konkurrenten beteiligen, auch wenn es selbst nicht im Wettbewerb mit diesen Unternehmen steht (**Beschränkung von Drittwettbewerb**). Eine solche Beteiligung ist vom Kartellverbot umfasst. Das sich beteiligende Drittunternehmen kann genauso belangt werden wie die Wettbewerber, die mit Hilfe des Drittunternehmens eine kartellrechtswidrige Vereinbarung getroffen haben. 9

Beispiel
Eine Unternehmensberatung, die das kartellrechtswidrige Verhalten zweier Konkurrenten koordiniert, kann gegen das Kartellverbot verstoßen.[11]

Beobachten Unternehmen das wettbewerbliche Verhalten der Konkurrenz nur und richten ihr eigenes Verhalten daran aus, fehlt es hingegen an einer kartellrechtswid- 10

---

7 OLG Düsseldorf, Urt. v. 26.2.2014, Az. VI-U (Kart) 7/12; in der Folge offen gelassen von BGH, Urt. v. 6.10.2016, Az. KZR 17/14 = NJW 2016, 1652, 1654 – *Zentrales Verhandlungsmandat*.
8 Immenga/Mestmäcker/*Emmerich*, EU-WettbewerbsR, Art. 101 Abs. 1 AEUV Rn 47.
9 BGH, Urt. v. 13.12.1984, Az. KRB 3/83.
10 *Bechtold/Bosch/Brinker*, EU-KartellR, Art. 101 AEUV Rn 125–127.
11 Vgl. EuGH, Urt. v. 22.10.2015, Rs. C-194/14 P = EuZW 2016, 19 (21) – *AC Treuhand AG*.

rigen Vereinbarung; es handelt sich dann vielmehr um ***einseitiges* Verhalten**, das grundsätzlich kartellrechtlich irrelevant ist.[12]

11 Die eigenständige Orientierung am Marktverhalten von Wettbewerbern, zum Beispiel durch das Beobachten von öffentlich zugänglichen Verkaufspreisen in Verkaufsstellen oder in den Medien, ist daher erlaubt. Dieses Verhalten ist gerade deswegen wettbewerbsfördernd, weil es den Unternehmen ermöglicht, Fehlstellungen in ihren eigenen Verkaufspreisen zu korrigieren oder gezielte preisliche Vorstöße gegenüber der Konkurrenz zu unternehmen.[13]

Beispiel
Zwei Discounter setzen jeweils Werksstudenten ein, um jeweils das Preissetzungsverhalten des anderen anhand von dessen Preisschildern tagesaktuell beobachten zu lassen, und senken bzw. erhöhen ihre Verkaufspreise entsprechend.

2. „Spürbar wettbewerbsbeschränkender Zweck" oder „spürbar wettbewerbsbeschränkende Wirkung" der Vereinbarung

12 Eine Vereinbarung ist nur dann kartellrechtlich relevant, wenn sie entweder schon aufgrund ihrer Natur zu einer Beeinträchtigung der wettbewerblichen Handlungsfreiheit in der unternehmerischen Praxis führt („bezweckte Wettbewerbsbeschränkung") oder eine solche im konkreten Einzelfall festgestellt wird („bewirkte Wettbewerbsbeschränkung").

13 Neben einer Beeinträchtigung der wettbewerblichen Handlungsfreiheit setzt eine kartellrechtswidrige Vereinbarung außerdem als Folge eine **spürbar nachteilige Veränderung** des Marktes voraus.

Praxistipp
Nachteilige Marktveränderungen werden anhand entsprechender Veränderungen der **Wettbewerbsparameter** sichtbar:
- höhere Preise
- geringere Mengen

12 Das einseitige Verhalten sog. marktmächtiger Unternehmen, in Rn 77 ff. dieses Kapitels behandelt, ist hingegen durchaus kartellrechtlich relevant.

13 Das Beobachten von veröffentlichten Preisen wird erst auf stark transparenten bzw. konzentrierten Märkten zu einem wettbewerblichen Problem, weil hier einzelne wettbewerbliche Vorstöße für die Konkurrenz sofort sichtbar und durch entsprechende wettbewerbliche Gegenmaßnahmen – ohne Vorteil für den Vorstoßenden – schnell vereitelt werden können. Die Folge ist, dass die Vorstöße ganz unterbleiben, was den Wettbewerb erlahmen lässt (oligopolistisches Parallelverhalten). Das ist zwar wettbewerbspolitisch unerwünscht, wie man am Beispiel des deutschen Tankstellenmarktes sieht, doch kartellrechtlich nicht verboten, weil es an der für einen Verstoß erforderlichen Willensübereinstimmung zwischen Wettbewerbern fehlt, vgl. BKartA, Abschlussbericht der Sektoruntersuchung Kraftstoffe v. 1.5.2011, S. 30.

- schlechtere Qualität
- weniger Vielfalt
- verlangsamte Innovation.

Ob die Marktveränderungen **spürbar** nachteilig sind, hängt in der kartellbehördlichen Praxis von den **Marktanteilen** der an der jeweiligen Vereinbarung beteiligten Unternehmen ab:[14]
- **Vereinbarungen zwischen Wettbewerbern** sind spürbar, wenn die beteiligten Unternehmen einen **gemeinsamen Marktanteil** von insgesamt mehr als **10%** auf den von der Vereinbarung betroffenen Märkten haben;
- **Vereinbarungen zwischen Nichtwettbewerbern** sind spürbar, wenn mindestens eines der beteiligten Unternehmen einen **Marktanteil** von mehr als **15%** auf einem der von der Vereinbarung betroffenen Märkte hat.

Nur im Falle sog. **bewirkter Wettbewerbsbeschränkungen**[15] (insb. Wettbewerbsverbote und Kundenschutzklauseln zwischen Lieferanten und ihren Abnehmern) müssen die vorstehend genannten Voraussetzungen für die Spürbarkeit **positiv geprüft** werden.[16] 14

Andere Vereinbarungen gelten hingegen bereits aufgrund ihrer besonders nachteiligen Wirkung auf den Wettbewerb **immer als spürbar**.[17] Es handelt sich um Vereinbarungen, die aufgrund der von ihnen verfolgten Ziele bereits ihrer Natur nach zu einer Beschränkung des Wettbewerbs führen (**bezweckte Wettbewerbsbeschränkungen**).[18] Bei ihnen kommt es für die Annahme der Spürbarkeit folglich auf die Marktanteile der beteiligten Unternehmen nicht an. Solche **Kernbeschränkungen („schwarze Klauseln")** bezwecken: 15
- die Festsetzung von Preisen beim Verkauf von Erzeugnissen an Dritte (**Preiskartelle**);
- die Beschränkung der Produktion oder des Absatzes (**Produktions- oder Mengenkartelle**);
- die Aufteilung von Märkten oder Kunden (**Marktaufteilungs- oder Quotenkartelle**).[19]

---

14 Bekanntmachung der Kommission v. 25.6.2014 über Vereinbarungen von geringer Bedeutung, die den Wettbewerb gemäß Artikel 101 Absatz 1 des Vertrags über die Arbeitsweise der Europäischen Union nicht spürbar beschränken („de minimis"-Bekanntmachung), ABl Nr. C 291, S. 1 Rn 8a); Bekanntmachung Nr. 18/2007 des Bundeskartellamts v. 13.3.2007 über die Nichtverfolgung von Kooperationsabreden mit geringer wettbewerbsbeschränkender Bedeutung („Bagatellbekanntmachung"), Rn 8.

15 Das „Bewirken" stellt auf die *tatsächlichen Auswirkungen* ab, die aufgrund des jeweils betrachteten Verhaltens zu erwarten sind, vgl. EuGH, Urt. v. 11.9.2014, Rs. C-67/13 P – *Cartes Bancaires*.

16 EuGH, Urt. v. 26.11.2015, Rs. C-345/14 = EuZW 2016, 180, 182 – *Maxima Latvija*.

17 EuGH, Urt. v. 13. 12. 2012 – C-226/11 = EuZW 2013, 113, 116 – *Expedia*; offen gelassen in BGH, Urt. v. 17.10.2017, Az. KZR 59/16 = NZKart 2018, 52 – *Almased*.

18 EuGH, Urt. v. 28.3.1984, Rs. 29/83 = BeckEuRS 1984, 111857 – *CRAM u. Rheinzink*.

19 Europ. Kommission, „de minimis"-Bekanntmachung 2014/C 291/01, Rn 11 Nr. 1; BKartA, Bagatellbekanntmachung Nr. 18/2007, Rn 13 ff.

Praxistipp

Kernbeschränkungen treten nicht selten **gleichzeitig** nebeneinander auf. So hat das BKartA zum Beispiel mehrere Mühlenunternehmen bebußt, weil sie sich über die Verkaufspreise von Mehlprodukten abgestimmt haben sollen. Außerdem sollen sie ihre Kunden (unter anderem Großbäckereien und Handelsunternehmen) untereinander aufgeteilt und die Reduktion hoher Produktionskapazitäten durch die Stilllegung einzelner Mühlen verabredet haben.[20]

3. Möglichkeiten einer Freistellung (ausnahmsweise Zulässigkeit)

16 Beschränkt eine Vereinbarung unter Konkurrenten im Ergebnis spürbar den Wettbewerb, so kann sie gleichwohl unter den Voraussetzungen des § 2 GWB bzw. Art. 101 Abs. 3 AEUV vom Kartellverbot **freigestellt** sein. Damit ist die Vereinbarung – obwohl sie wettbewerbsbeschränkend ist – nicht rechtswidrig. Der Grund für die Freistellung einer Vereinbarung ist letztlich, dass deren wettbewerbliche Vorteile die wettbewerblichen Nachteile insgesamt überwiegen und deswegen die Vereinbarung selbst letztlich wettbewerbspolitisch erwünscht ist.

a) Einzelfreistellungen

17 **Einzelfreistellungen** (oder synonym „Individualfreistellungen") setzen in erster Linie nennenswerte Effizienzgewinne voraus. Den bereits erwähnten Kernbeschränkungen fehlen in der Regel diese Effizienzgewinne.[21] Vereinbarungen, die typischerweise Effizienzgewinne aufweisen und prinzipiell einzelfreigestellt sein können (**Kooperationen**) sind zum Beispiel:

18 – **Produktionskooperationen.** Sie umfassen die Zusammenlegung von **Produktionskapazitäten** (etwa in gemeinsamen Anlagen), die **Spezialisierung** auf bestimmte Erzeugnisse oder die **Zulieferung** von Produkten zwischen Wettbewerbern. Die Freistellungsfähigkeit dieser Kooperationen ergibt sich oft daraus, dass durch die Zusammenarbeit doppelte Kosten vermieden oder Größenvorteile (dank größerer Produktionsanlagen) realisiert werden.[22]

19 – **Einkaufskooperationen.** Sie regeln die Modalitäten gemeinsamer **Einkaufsverhandlungen** mit Lieferanten und gegebenenfalls auch gemeinsamen **Warentransport** oder die gemeinsame **Warenlagerung.** Für Einkaufskooperationen kommt eine Freistellung vor allem dann in Betracht, wenn die niedrigeren Einkaufspreise bzw. sonstigen Kosteneinsparungen an die nachgelagerte Marktstufe in Form niedrigerer Verkaufspreise **weitergereicht** werden.[23]

20 BKartA, Entsch. v. 19.2.2013, Az. B11-13/06.

21 Vgl. etwa Immenga/Mestmäcker/*Fuchs*, Dt. WettbewerbsR, § 2 GWB Rn 230.

22 Europ. Kommission, Horizontal-Leitlinien 2011/C 11/01, Rn 183.

23 Europ. Kommission, Horizontal-Leitlinien 2011/C 11/01, Rn 217.

- **Vermarktungskooperationen.** Sie können nicht nur die Zusammenarbeit im **Verkauf**, sondern gegebenenfalls eine gemeinsame **Logistik** oder **Werbung** zum Gegenstand haben. Eine Freistellung kommt in Betracht, wenn vermarktungs- bzw. vertriebsspezifische Tätigkeiten zusammengelegt und dadurch Kosten eingespart werden. Die bloße Festlegung eines gemeinsamen Verkaufspreises hingegen wirkt im Wesentlichen wie ein Preiskartell – ihr fehlen die nötigen Effizienzgewinne, so dass sie nicht freistellungsfähig ist.[24] 20
- **Forschungs- und Entwicklungskooperationen.** Sie umfassen die gemeinsame Arbeit am Erwerb von **Know-how** und gewerblichen **Schutzrechten** und können auch in die anschließende Verwertung durch Herstellung und Vertrieb entsprechender Produktentwicklungen übergehen. Solche Kooperationen sind vor allem dann freistellungsfähig, wenn sie den Kooperationspartnern ermöglichen, durch das Einbringen von Vermögenswerten und komplementären Fähigkeiten kostensparend innovative Produkte zu entwickeln.[25] 21

Praxistipp i

Das deutsche Kartellrecht kennt eine besondere Einzelfreistellungsmöglichkeit für miteinander konkurrierende kleinere und mittlere Unternehmen nach § 3 GWB. Die Effizienzgewinne durch die Zusammenarbeit liegen in der Rationalisierung wirtschaftlicher Vorgänge (also in der Verbesserung des Verhältnisses zwischen Aufwand und Ertrag, gemessen in Produktionseinheiten). Die Norm soll insbesondere mittelständischen Unternehmen helfen, wirksam gegen größere Unternehmen zu konkurrieren (**Mittelstandskooperationen**).[26]

b) Freistellung bestimmter typischer Fallkonstellationen (Gruppenfreistellung)

In bestimmten gesetzlich festgeschriebenen Konstellationen sind ganze Gruppen von Vereinbarungen freigestellt. Hiernach gelten typische vertragliche Regelungen, die in gesetzlichen „Gruppenfreistellungsverordnungen“ aufgeführt sind, als kartellrechtlich zulässig.[27] Die europäischen Gruppenfreistellungen gelten nach § 2 Abs. 2 GWB ausnahmslos auch für das deutsche Kartellrecht. 22

Die derzeit geltenden Gruppenfreistellungen für Horizontalvereinbarungen sind: 23

- VO 316/2014 vom 21.3.2014 über Technologietransfer-Vereinbarungen (ABl 2014 Nr. L 93/17)
- VO 1218/2010 vom 14.12.2010 über Spezialisierungsvereinbarungen (ABl 2010 Nr. L 335/43);

24 Europ. Kommission, Horizontal-Leitlinien 2011/C 11/01, Rn 248.

25 Europ. Kommission, Horizontal-Leitlinien 2011/C 11/01, Rn 141.

26 Merkblatt des Bundeskartellamts über Kooperationsmöglichkeiten für kleinere und mittlere Unternehmen v. März 2007, Rn 26 ff.

27 Dazu näher Kap. 4 Rn 34 und Kap. 5 Rn 44.

- VO 1217/2010 vom 14.12.2010 über Forschungs- und Entwicklungs-Vereinbarungen (ABl 2010 Nr. L 335/36);
- VO 267/2010 vom 24.3.2010 (ABl 2010 Nr. L 81/1) für Vereinbarungen von Versicherungsunternehmen;
- VO 906/2009 für Vereinbarungen zwischen Seeschifffahrtsunternehmen (Konsortien) vom 29.9.2009 (ABl 2009 Nr. L 256/31).

II. Informationen austauschen

24 Der Kontakt mit Wettbewerbern kann auch darin bestehen, dass bloße Informationen untereinander ausgetauscht werden. Dieser Austausch ist dann kartellrechtlich unzulässig, wenn er die **Ungewissheit** über das Verhalten der am Austausch beteiligten Unternehmen **beseitigt** oder zumindest erheblich verringert, so dass eine Verhaltensabstimmung möglich wird.[28] Einer „Vereinbarung" im Sinne einer Absprache mit Wettbewerbern bedarf es in diesem Fall nicht. Bereits der bloße Austausch (und sogar schon das einseitige Angebot) wettbewerblich sensibler Informationen ist kartellrechtswidrig. Selbst eine unaufgeforderte einseitige Informationsweitergabe kann im Einzelfall gegen das Kartellrecht verstoßen.[29] Der Empfänger unaufgefordert erhaltener wettbewerbssensibler Informationen kann einen Kartellrechtsverstoß nur vermeiden, wenn er sich unverzüglich aktiv davon distanziert. Dazu muss er zumindest dem Absender der Informationen mitteilen, dass er (1) die Informationen nicht angefordert hat, (2) die Informationen nicht verwenden wird und (3) künftig keine vergleichbaren Informationen mehr wünscht.[30] Ob der Austausch durch natürliche Personen oder durch elektronische Schnittstellen oder Algorithmen erfolgt, ist unerheblich. In beiden Fällen ist eine Eignung zur Wettbewerbsbeschränkung indiziert, die von den am Informationsaustausch beteiligten Unternehmen widerlegt werden muss.[31]

---

i **Praxistipp**
Für eine **vorläufige Einschätzung** der kartellrechtlichen Relevanz eines Informationsaustauschs empfiehlt sich die Frage: *„Ist die auszutauschende Information für das andere Unternehmen in Hinblick auf dessen zukünftiges Verhalten im Wettbewerb von Interesse?"* Wird die Frage bejaht, ist Vorsicht geboten.

---

28 Europ. Kommission, Horizontal-Leitlinien 2011/C 11/01, Rn 61.
29 Siehe hierzu Kap. 9 Rn 86.
30 EuGH, Urt. v. 21.1.2016, Rs. C-74/14 = EuZW 2016, 737 – *Eturas*.
31 BGH, Urt. v. 12.4.2016, Az. KZR 31/14 = NZKart 2016, 371 (372) – *Gemeinschaftsprogramme*; zu den Fallgruppen des elektronischen Informationsaustauschs vgl. *Salaschek/Serafimova*, WuW 2018, 8 (12ff.).

1. Zulässiger Informationsaustausch

Im Ergebnis kann eine Vielzahl von Informationen vom Kartellverbot erfasst sein. 25
Es gibt allerdings **Kategorien** von Informationen, die typischerweise keine Rückschlüsse auf zukünftiges geschäftliches Verhalten gestatten, so dass der Austausch **regelmäßig zulässig** ist. Es handelt sich dabei um:[32]

a) Informationen ohne Marktbezug

Informationen ohne Marktbezug stehen in keiner Weise mit dem wettbewerblichen 26
Geschehen im Zusammenhang. Inbegriff solcher Informationen ist der **Small talk**, also das belanglose oder triviale Gespräch, das der Unterhaltung oder der Kontaktpflege dient und beispielsweise das Wetter, den Sport oder die Pläne für den nächsten Urlaub zum Gegenstand hat. Mit zunehmendem Marktbezug nimmt das kartellrechtliche Risiko eines Informationsaustausches aber zu. Informationen mit dem größtmöglichen Marktbezug betreffen die klassischen **Wettbewerbsparameter** wie geheime Preisbestandteile, zukünftige Preiserhöhungen oder noch nicht veröffentlichte unternehmensindividuelle Innovationsvorhaben.

Praxistipp

Der Marktbezug hängt vom **Kontext** ab! Eine Unterhaltung über den nächsten Spielertransfer bei Bayern München ist zunächst einmal völlig unbedenklich. Wird diese Unterhaltung aber von Trainern der Bundesliga geführt, liegt ein eindeutiger Marktbezug (Ressourceneinkauf) vor. Ist einer der Trainer auch noch derjenige von Bayern München und der andere ein Trainer von einem am Transfer unbeteiligten Verein, so ist die Grenze zum kartellrechtlich Zulässigen möglicherweise überschritten.

---

b) Echt öffentliche Informationen

Ebenfalls regelmäßig zulässig ist der Austausch echt öffentlicher Informationen, 27
also solcher Informationen, die für alle Marktteilnehmer (Wettbewerber, Lieferanten und Kunden), und nicht nur für die am Austausch Beteiligten, **gleichermaßen zugänglich** sind.[33]

Beispiel

Bei einem gemeinsamen Abendessen erzählt ein Geschäftsführer einem Geschäftsführer der Konkurrenz, dass er in sechs Monaten eine örtliche Fertigungsstätte schließen werde. Dieser Austausch betrifft ohne weiteres wettbewerblich sensible Informationen (Produktionsstandorte bzw. -kapazitäten), da der Wettbewerber hierdurch frühzeitig ein zukünftiges Verhalten seines Konkurrenten im Markt vorhersehen kann, von dem andere Konkurrenzunternehmen keine Kenntnis haben. Er könnte sich durch diese Kenntnis einen unbilligen Wettbewerbsvorsprung gegenüber seinen unwissenden Konkurrenten verschaffen, indem er potenziellen Kunden in diesem Gebiet anbietet, diese nahtlos im

---

32 Siehe dazu auch Europ. Kommission, Horizontal-Leitlinien 2011/C 11/01, Rn 86 ff.
33 Europ. Kommission, Horizontal-Leitlinien 2011/C 11/01, Rn 92.

Anschluss an die Betriebsschließung weiter zu beliefern. Auf diese Weise hätte er sich das Gebiet aufgrund der erlangten Informationen „gesichert", bevor seine Konkurrenten (gegebenenfalls auch mit günstigeren und qualitativ besseren Angeboten) zum Zuge kommen können. Eine Weitergabe und Entgegennahme solcher Informationen, die den freien Wettbewerb um Kunden beschränken können, ist daher grundsätzlich verboten. Stand die Information über die Betriebsschließung aber schon am Morgen in der Tagespresse, ist sie „echt öffentlich" und somit kartellrechtlich unbedenklich.

28 Ist eine ausgetauschte Information für manche Marktteilnehmer nur zu höheren Kosten zugänglich, ist die Information nicht „echt öffentlich", sondern nur „**im öffentlichen Bereich**". Ein Austausch ist dann zwar nicht notwendigerweise kartellrechtswidrig, aber je nach Höhe der zusätzlichen Zugangskosten mit gewissen kartellrechtlichen Bedenken behaftet.

c) Historische Informationen

29 Informationen, die so **alt** sind, dass sie für zukünftige Verhaltensweisen irrelevant sind, dürfen ebenfalls grundsätzlich ohne Bedenken ausgetauscht werden. Wann aber eine Information **historisch** ist, hängt von den Eigenschaften des jeweiligen Marktes ab. Preisinformationen gelten meist als historisch, wenn in der Zwischenzeit schon mehrere Preisverhandlungen stattgefunden haben.[34] Entscheidend ist aber immer, ob aus der jeweiligen Information Rückschlüsse auf konkretes zukünftiges Verhalten gezogen werden können.

i **Praxistipp**
Tauschen sich zwei Stahlhersteller über den Kaufpreis aus, den jeder von ihnen für den letzten Großauftrag – den Bau eines bestimmten Typus' von Hochofen – bezahlt hat, so macht es wenig Unterschied, ob jene Großaufträge ein Jahr oder schon fünf Jahre zurückliegen, wenn die jeweils dafür gezahlten Kaufpreise nützliche Anhaltspunkte für den Kaufpreis des nächsten Großauftrags bieten. Ein solcher Austausch wäre daher wahrscheinlich unzulässig.

d) Hinreichend aggregierte Informationen

30 Im Grundsatz sensible Informationen (vor allem: unternehmens- oder produktspezifische Kennzahlen wie beispielsweise Preise, Kosten oder Umsätze) dürfen ausgetauscht werden, wenn sie hinreichend aggregiert sind, also mit anderen, gleichartigen Informationen als **Durchschnittswerte** abgebildet werden, so dass Rückschlüsse auf die unternehmensindividuellen Werte nicht möglich sind („*... das durchschnittliche Angebot der insgesamt elf an der Ausschreibung beteiligten Futtermittelhersteller lag bei € 560 pro Tonne ...*").

34 Vgl. Europ. Kommission, Horizontal-Leitlinien 2011/C 11/01, Rn 90.

Praxistipp
Achtung! Es gibt **keine klaren Vorgaben**, aus wie vielen Individualwerten ein Durchschnittswert bestehen muss, um Rückschlüsse auszuschließen. Soweit dem Informationsempfänger einer der Individualwerte bekannt ist (weil es sich etwa um einen unternehmenseigenen Wert handelt), müssen in jedem Fall mindestens zwei weitere Werte (d.h. insgesamt drei) in dem Durchschnittswert aufgehen, um Rückschlüsse auszuschließen. Sind die Individualwerte besonders sensibel und bietet der Kontext zusätzliche Informationen, die Rückschlüsse erleichtern, wird man aber regelmäßig fünf oder mehr Werte aggregieren müssen.[35]

e) Unkenntlich gemachte Informationen

Natürlich ist der (schriftliche) Informationsaustausch auch dann problemlos mög- 31
lich, wenn der Unternehmensname und sonstige **Identifizierungsmerkmale** (z.B. Personennamen, Anschrift, etwaige Alleinstellungsmerkmale etc.) unkenntlich gemacht werden und für den Informationsempfänger auch nicht anderweitig erkennbar sind. Alternativ kann auch nur die wettbewerblich **sensible Information** entfernt werden. Zahlen wie Preise, Leistungskennziffern, technische Spezifikationen oder Abmessungen können zum Beispiel geschwärzt oder als hinreichend große Spannenwerte, jeweils mit Mindest- und Maximalwert, abgebildet werden.

2. Unzulässiger Informationsaustausch

Wenn die auszutauschenden Informationen **nicht** einer der fünf vorgenannten Kate- 32
gorien unterfallen, ist Vorsicht angebracht. Dann liegt nahe, dass ein Informationsaustausch zwischen Vertretern von Wettbewerbern **kartellrechtlich unzulässig** ist.

Auch wenn eine wettbewerbssensible Information gezielt in die Öffentlichkeit 33
gebracht wird (etwa durch eine Pressemitteilung), um Wettbewerber hinsichtlich eines bestimmten individuellen Marktverhaltens „vorwarnen" zu können, kann von einem unzulässigen Informationsaustausch ausgegangen werden.

Beispiel – Signalling
In der Regel ist es nicht erforderlich (und sogar aufgrund drohenden Kundenabflusses wirtschaftlich nachteilig), zukünftige Preiserhöhungen des eigenen Unternehmens im Internet oder in der Presse anzukündigen. Pressemitteilungen über zukünftige Preiserhöhungen können daher kartellrechtlich bedenklich sein, wenn es ausreichend gewesen wäre, die einzelnen Bestandskunden über den Zeitpunkt und die Höhe der anstehenden Preiserhöhung zu informieren. Die Europäische Kommission ging daher dem Verdacht nach, dass verschiedene Containerlinien-Reedereien Pressemitteilungen über anstehende Preiserhöhungen lanciert hatten, um ihre Wettbewerber frühzeitig „vorzuwarnen", dass diese zum gegebenen Zeitpunkt ihre Preise ebenfalls erhöhen sollen.[36] Besonders

35 *Stancke*, BB 2009, 914; BKartA, Fallbericht v. 29.6.2011, Az. B2-118/10 – *Rohmilchpreise*.
36 Europ. Kommission, Verfahrensabschluss durch Verpflichtungszusage vom 7.7.2016 – *GRI Announcements*.

problematisch war, dass die Reedereien nur die Erhöhung einzelner Preisbestandteile kommunizierten, ohne dass dies ihren Kunden Rückschlüsse auf den jeweiligen künftigen Gesamtpreis ermöglichte. Im konkreten Fall ließ sich offenbar über Jahre nachvollziehen, dass den jeweiligen Pressemitteilungen stets Preiserhöhungen in der gesamten Branche gefolgt waren, ohne dass Absprachen darüber zwischen den Unternehmen nachgewiesen werden konnten.

34 Zur Vermeidung einer unzulässigen „Vorwarnung“ von Wettbewerbern durch öffentliche Ankündigung künftiger Preiserhöhungen sieht die Europäische Kommission die Einhaltung der folgenden Eckpunkte als maßgeblich an:[37]

Checkliste

- Die Ankündigung künftiger Preisankündigungen muss für die Kunden von Nutzen sein. Zu diesem Zweck dürfen nur Zahlen bekannt gemacht werden, die mindestens die fünf wichtigsten Bestandteile des Gesamtpreises enthalten (für Reedereien sind dies der Grundpreis, Bunkerzuschläge, Sicherheitsgebühren, Terminalumschlagsgebühren und gegebenenfalls ein Hochsaisonzuschlag).
- Die Preisankündigungen werden für das jeweilige Unternehmen für den angegebenen Geltungszeitraum als Höchstpreise verbindlich sein (die Unternehmen dürfen jedoch Preise verlangen, die unter diesem Höchstpreis liegen).
- Veröffentlichungen im Internet und in der Presse über anstehende Preiserhöhungen werden frühestens 31 Tage vor der geplanten Einführung der neuen Preise gemacht. Maßgeblich ist der Zeitpunkt, in dem die Kunden konkrete Planungen zum Bezug bestimmter Produkte oder zur Buchung bestimmter Leistungen eines Unternehmens anstellen (dies kann je nach Branche auch über den Zeitraum von 31 Tagen hinausgehen).

35 Auch der Informationsaustausch ist nur kartellrechtswidrig, wenn er **eine spürbare nachteilige Veränderung** der Marktverhältnisse bewirken kann.[38] Ist das der Fall, kann der Austausch gleichwohl ausnahmsweise vom Kartellverbot freigestellt sein (§ 2 GWB bzw. Art. 101 Abs. 3 AEUV), auch hier zu allererst in der Gestalt einer **Einzelfreistellung**. Die dafür erforderlichen Effizienzgewinne werden beispielsweise dann erzielt, wenn der Informationsaustausch hilft, Kostenstrukturen der Konkurrenten zu verstehen, um dadurch eigene Kostenprobleme zu identifizieren und zu beseitigen (**Benchmarking**). Informationen über andere Unternehmen können auch helfen, Nachfrageentwicklungen auf Märkten zu verstehen und das eigene **Angebotsverhalten** diesen Entwicklungen anzupassen. Solche Informationen können außerdem helfen, **Lagerbestände** zu reduzieren und **Angebotsüberschüsse** umzuleiten in Gebiete oder an Kunden mit Nachfrageüberhang.[39]

37 Europ. Kommission, Verfahrensabschluss durch Verpflichtungszusage vom 7.7.2016 – *GRI Announcements*.

38 Dazu bereits oben Rn 10 ff.

39 Europ. Kommission, Horizontal-Leitlinien 2011/C 11/01, Rn 95 ff.

Exkurs – Informationsaustausch in Gremien und Verbänden

i

Der Informationsaustausch ist besonders in der **Gremien- und Verbandsarbeit** kartellrechtlich relevant, weil Gremien- und Verbandsmitglieder oft Konkurrenten sind; hier ist also besondere Vorsicht angesagt.[40] Die insoweit typischerweise ausgetauschten Informationen haben viele **Erscheinungsformen:**
- Einladungsschreiben, Tagesordnungen, Sitzungsprotokolle, Wortmeldungen, Tischvorlagen, Präsentationen und Statistiken;
- Pressemitteilungen, Rundschreiben, Stellungnahmen, Leitfäden, Positionspapiere und entsprechende Entwürfe.

Zu folgenden Themen dürfen sich aber Gremien- und Verbandsmitglieder regelmäßig in kartellrechtlich **zulässiger Weise** austauschen:
- Gesetzes- und Regulierungsvorhaben, behördliche Verwaltungspraxis und Rechtsprechung (Informationen ohne Marktbezug);
- Aus Fachveröffentlichungen bekannte Branchenentwicklungen, Zusammenschlussvorhaben und Personalmeldungen (echt öffentliche Informationen);
- Marktinformationen, soweit Rückschlüsse auf einzelne Unternehmen ausgeschlossen sind (hinreichend aggregierte Informationen).

Fettnapf

!

Die Veröffentlichung von Daten in hinreichend aggregierter Form, so etwa in einer Marktstudie des Verbands, ist dennoch nicht kartellrechtlich „sauber", wenn bei der Erstellung der Marktstudie Unternehmensvertreter in ihrer Funktion als Verbandsmitglieder Einsicht in wettbewerbssensible unternehmensindividuelle Daten ihrer Wettbewerber nehmen konnten. Bereits diese Einsichtnahme ist kartellrechtlich unzulässig, unabhängig davon, ob die Informierten in ihrer Eigenschaft als Unternehmensvertreter oder als Verbandsfunktionäre handelten.

Werden in Gremien- oder Verbandssitzungen kartellrechtlich unzulässige Themen 36 besprochen, sollten die Anwesenden, auch wenn sie sich nicht an dem Gespräch aktiv beteiligt haben, sich ausdrücklich von dem Austausch **distanzieren** und dies unter Angabe von Namen und Uhrzeit **protokollieren** lassen. Damit stellen sie sicher, dass sie nicht als vermeintliche Beteiligte eines unzulässigen Informationsaustausches im Nachhinein belangt werden.[41] Setzt sich der unzulässige Informationsaustausch fort, empfiehlt es sich, die Sitzung zu **verlassen** und sicherzustellen, dass auch dies entsprechend protokolliert wird.[42]

In der Gremien- und Verbandsarbeit sind natürlich auch **Vereinbarungen** 37 und **Beschlüsse** kartellrechtlich relevant. In diesem Zusammenhang ist vor allem auf den Inhalt von Verbandsbeschlüssen, Verbandsempfehlungen und Selbstver-

40 Dazu vertieft Kap. 3 Rn 98 ff.

41 Nach der Rechtsprechung des EuGH gilt es als Indiz einer Beteiligung an einer wettbewerbsbeschränkenden Verhaltensabstimmung, wenn Unternehmen bei der Verhaltensabstimmung anwesend sind, sich aber nicht ausdrücklich hiervon distanzieren, vgl. EuGH, Urt. v. 4.6.2009, Rs. C-8/08.

42 Dazu vertieft Kap. 3 Rn 110.

pflichtungserklärungen zu achten. Beschränkt dieser den Wettbewerb oder zielt er darauf ab, ist die entsprechende Beschlussfassung in der Regel kartellrechtswidrig.

Beispiel
Die Verabschiedung eines Branchenstandards, wonach Transportkosten stets dem Kunden aufzuerlegen sind, wäre kartellrechtswidrig.

B. Geschäftspartner binden

38 Das Kartellverbot wird nicht nur im Umgang mit Wettbewerbern relevant, sondern auch, wenn es um Vereinbarungen mit Lieferanten und Kunden (Geschäftspartnern) geht. Voraussetzung ist wieder zunächst, dass die Vereinbarung den Geschäftspartner in seiner wirtschaftlichen **Handlungsfreiheit beschränkt**, hier allerdings **in Bezug auf Dritte**.[43]

I. Vertragsinhalte beeinflussen

39 Die Beschränkung des Geschäftspartners kann darin bestehen, dass man ihn hinsichtlich bestimmter **vertraglicher Inhalte** bindet, die er mit Dritten vereinbart (Inhaltsbindungen). Diese Vertragsinhalte können beispielsweise **Preise**, **Geschäftsbedingungen,** aber auch **andere Inhalte** sein. Das Kartellrecht steht einem solchen „Vertragsdurchgriff" grundsätzlich entgegen.

Beispiel
Eine Art von Inhaltsbindungen sind **Meistbegünstigungsklauseln**. Sie verpflichten den Anbieter gegenüber dem Abnehmer, (i) anderen Abnehmern keine günstigeren Preise oder Konditionen zu gewähren (**echte** Meistbegünstigung) oder (ii) dem jeweiligen Abnehmer die günstigsten Preise bzw. Konditionen einzuräumen (**unechte** Meistbegünstigung).[44]

40 Die negativen Marktauswirkungen der Einflussnahme auf Vertragsinhalte müssen außerdem **spürbar** sein.[45] Es gibt eine Inhaltsbindung, die eine **Kernbeschränkung** darstellt und somit immer spürbar negative Marktauswirkungen herbeiführt: die **Preisbindung der zweiten Hand**. Sie bezweckt, einen Abnehmer in der Möglich-

43 In vertikalen Konstellationen wird auch von „Bindungen" gesprochen.
44 Langen/Bunte/*Bahr*, Dt. KartellR, Anhang zu §§ 1 und 2 GWB Rn 287.
45 Dazu oben Rn 10 ff. sowie Europ. Kommission, „de minimis"-Bekanntmachung 2014/C 291/01, Rn 11 Nr. 2 a); BKartA, Bagatellbekanntmachung 18/2007, Rn 14.

keit zu beschränken, seine Verkaufspreise selbst festzusetzen. Als Preisbindung erfasst ist die Vereinbarung von

- **Fixpreisen** („... *Wiederverkäufer GmbH & Co KG erklärt sich damit einverstanden, dass das Produkt zu einem Stückabgabepreis von EUR 3,99 inkl. MwSt. angeboten wird ...*"); oder 41
- **Mindestpreisen** („... *Lieferant oHG und Händler KG vereinbaren, dass Händler KG das Produkt in der Werbung für einen Verkaufspreis von nicht unter EUR 19,99 anbieten wird.*"). 42

Praxistipp

Eine Preisbindung der zweiten Hand liegt aber dann nicht vor, wenn der vermeintlich gebundene Abnehmer tatsächlich ein **Handelsvertreter** ist, der nicht auf eigene Rechnung handelt, sondern im Wege der Absatzvermittlung dem Anbieter beim Verkauf seiner Produkte unterstützt. Handelsvertreter ist aber nur, wer keine oder nur **unbedeutende verkäufertypischen Risiken** bzw. **Kosten** trägt; dazu gehört unter anderem in der Regel, dass der Handelsvertreter kein Eigentum am Produkt erwirbt und somit kein Absatzrisiko trägt.[46]

Preisbindungen können auch auf indirektem Weg herbeigeführt werden, zum Beispiel durch Vereinbarungen mit dem Abnehmer über die **Spanne** zwischen Einkaufspreis und Verkaufspreis oder über **Nachlässe**, die auf einen vorgegebenen Preis höchstens gewährt werden dürfen.[47] 43

Exkurs – Hub & Spoke Kartell

Ein Händler (Abnehmer) wird sich unter Umständen gar nicht erst auf eine Bindung seiner Verkaufspreise einlassen, wenn seine Konkurrenten den vorgegebenen Preis ständig unterbieten. Um dem vorzubeugen, wird der Anbieter eventuell auch versuchen, Preisbindungen mit seinen übrigen Händlern zu vereinbaren. Setzen sich wettbewerbliche Vorstöße einzelner Händler trotzdem fort, wird der Anbieter möglicherweise dazu übergehen, auf diese Händler einzuwirken und die übrigen Händler über das Ergebnis zu informieren, letztlich mit dem Ziel, alle „*bei der Stange zu halten*". Eine solche, vom Anbieter **koordinierte Kommunikation** kann zu einer Verhaltensabstimmung der Händler untereinander führen, ohne dass jemals zwischen ihnen ein direkter Kontakt zustande kommt. Auch eine solche mittelbare Wettbewerbsbeschränkung auf der Handelsebene kann kartellrechtlich unzulässig sein. Die Voraussetzungen eines solchen „Sternkartells" oder „Hub & Spoke"-Kartells sind im Einzelnen noch rechtlich ungeklärt.[48]

Die kernbeschränkende Preisbindung ist abzugrenzen von der rechtlich zulässigen 44
Möglichkeit des Anbieters, Verkaufspreise für seine Produkte zu empfehlen. Eine solche **Preisempfehlung** muss aber **unverbindlich** bleiben, also weder mit der Androhung von **Nachteilen**, noch mit der Gewährung von **Vorteilen** einhergehen

46 Vgl. Europ. Kommission, Vertikal-Leitlinien 2010/C 130/01, Rn 18 ff; Immenga/Mestmäcker/*Ellger*, EU-WettbewerbsR, Art. 2 Vertikal-GVO Rn 23; Bechtold/Bosch/Brinker, Art. 101 AEUV Rn 60.

47 Europ. Kommission, Vertikal-Leitlinien 2010/C 130/01, Rn 48.

48 Vgl. hierzu *Polley/Rhein*, KSzW 2011, 15 ff.

(vgl. § 21 Abs. 3 GWB), da sie anderenfalls wie ein verbotener Fest- oder Mindestverkaufspreis wirkt. So ist beispielsweise nicht zulässig,
- einem Abnehmer zu drohen, dass seine **Konditionen verschlechtert** oder **Lieferungen ganz verweigert** werden, wenn er sich nicht an die (vermeintlich unverbindliche) Preisempfehlung hält;
- dem Abnehmer **Preisnachlässe** oder sonstige **Vorteile** für die Einhaltung eines bestimmten Verkaufspreisniveaus oder für den Verzicht auf Verkaufspreissenkungen zu gewähren.[49]

i **Praxistipp**
Unter Umständen kann selbst die wiederholte Kontaktaufnahme beim Abnehmer zu einer kartellrechtlich unzulässigen Druckausübung seitens des Anbieters führen. So ist ein Hersteller von Kontaktlinsen wegen Preisbindung bebußt worden, weil er die Verkaufspreise seiner Produkte im Internet systematisch beobachtete und solche Internethändler, die über einen längeren Zeitraum seine Preisempfehlungen unterschritten hatten, wiederholt um Anhebung der Verkaufspreise gebeten hat.[50] Der Bundesgerichtshof sah es zudem im Einzelfall schon als unzulässig an, wenn ein Außendienstmitarbeiter des Anbieters über die Übersendung einer unverbindlichen Preisempfehlung hinaus einem Abnehmer telefonisch die mangelnde betriebswirtschaftliche Nachvollziehbarkeit der Kalkulation von dessen Preisen signalisierte.[51]

45 Anbieter **dürfen** hingegen mit ihren Abnehmern Höchstpreise im Sinne von Preisobergrenzen vereinbaren. Lieferanten verwenden zuweilen solche **Höchstpreisbindungen**, um sicherzustellen, dass alte Bestände abverkauft werden, bevor eine neue Produktserie auf den Markt gebracht wird oder dass ihr Produkt während eines Aktionszeitraums nicht über dem Werbepreis verkauft wird. Die Höchstpreise dürfen jedoch nicht so niedrig angesetzt sein, dass sie wie Fixpreise wirken, weil die Abnehmer keine Preissetzungsspielräume mehr haben.[52]

46 Liegt im Ergebnis eine spürbar wettbewerbsbeschränkende Inhaltsbindung vor, kommt gleichwohl eine Freistellung in Betracht (§ 2 GWB bzw. Art. 101 Abs. 3 AEUV), zunächst in Form einer **Gruppenfreistellung**.

i **Praxistipp**
Voraussetzungen der Gruppenfreistellung vertikaler Bindungen (Art. 2 Vertikal-GVO) sind vor allem:[53]

49 Europ. Kommission, Vertikal-Leitlinien 2010/C 130/01, Rn 48.
50 BKartA, Entsch. v. 25.9.2009, Az. B3-123/08.
51 BGH, Beschl. v. 6.11.2012, Az. KZR 13/12.
52 Europ. Kommission, Vertikal-Leitlinien 2010/C 130/01, Rn 48.
53 Die weitere Darstellung orientiert sich an der Verordnung Nr. 330/2010 der Kommission v. 20.4.2010 über die Anwendung von Artikel 101 Abs. 3 des Vertrags über die Arbeitsweise der Europäischen Union auf Gruppen von vertikalen Vereinbarungen und abgestimmten Verhaltensweisen, ABl Nr. L 102 S. 1 („Vertikal-GVO"), die grundsätzlich für alle Vertikalvereinbarungen gilt, soweit

1. **Die 30%-Marktanteilsschwellen werden nicht überschritten.** Die an der Bindung beteiligten Anbieter und Abnehmer haben zum einen auf ihrem jeweiligen Markt (Angebots- bzw. Nachfragemarkt) **jeweils** einen **Marktanteil** von höchstens **30%** (Art. 3 Vertikal-GVO);
2. **Es liegt keine gesetzliche Ausnahme zu einer Gruppenfreistellung vor.** Es dürfen zum anderen weder **Kernbeschränkungen** (Art. 4 Vertikal-GVO), sog. schwarze Klauseln, noch sonstige nicht freistellungsfähige Beschränkungen, sog. **„graue Klauseln"** (Art. 5 Vertikal-GVO), vorliegen.[54] Enthält eine Vereinbarung eine oder mehrere Kernbeschränkungen (schwarze Klauseln), so entfällt die Freistellung für die gesamte Vereinbarung, da Kernbeschränkungen nicht als abtrennbar von den übrigen vertraglichen Vereinbarungen angesehen werden. Im Gegensatz dazu sind graue Klauseln selbst zwar nicht freigestellt, lassen jedoch die Freistellung des übrigen Teils der Vereinbarung unberührt.

Im Falle von Inhaltsbindungen ist zu beachten, dass die **Preisbindung der zweiten Hand** prinzipiell von der Gruppenfreistellung ausgeschlossen ist, weil es sich um eine **Kernbeschränkung** handelt.[55] **Andere Inhaltsbindungen** sind hingegen weder Kernbeschränkungen noch handelt es sich bei ihnen um graue Klauseln.[56] 47

Ist eine Gruppenfreistellung nicht möglich, kommt gegebenenfalls noch eine **Einzelfreistellung** der Inhaltsbindung in Betracht. Dies gilt in seltenen Fällen auch für die Preisbindung der zweiten Hand, wenngleich ihr als Kernbeschränkung die für eine Freistellung erforderlichen Effizienzgewinne regelmäßig fehlen. Ausnahmen sind denkbar, soweit Preisbindungen bewirken, dass die Abnehmer neue Produkte im Rahmen zeitlich befristeter Einführungsphasen **intensiv bewerben**, um Nachfrage zu erzeugen, die anderenfalls mangels Produktbekanntheit möglicherweise nicht zustande käme.[57] 48

II. Ausschließlichkeit bewirken

Die wirtschaftliche Handlungsfreiheit von Geschäftspartnern kann auch beschränkt werden, indem man es ihnen erschwert, (konkurrierende) Produkte von Dritten zu 49

---

nicht eine der beiden spezielleren Gruppenfreistellungsverordnungen anwendbar ist: (i) VO 461/2010 für Vertikalvereinbarungen im Kraftfahrzeugsektor (ABl 2010 L 129/52); (ii) VO 316/2014 vom 21.3.2014 über Technologietransfer-Vereinbarungen.

54 Im Gegensatz zu den Kernbeschränkungen (schwarzen Klauseln) nach Art. 4 Vertikal-GVO lassen die grauen Klauseln nach Art. 5 Vertikal-GVO nicht eine etwaige Gruppenfreistellung für die gesamte Vereinbarung entfallen, sondern nur für die konkret betroffene Bindung, vgl. dazu Immenga/Mestmäcker/*Ellger*, EU-WettbewerbsR, Art. 5 Vertikal-GVO Rn 1.

55 Art. 4 lit. a) Vertikal-GVO.

56 Art. 5 Vertikal-GVO. Kartellrechtlich unzulässig können solche Inhaltsbindungen (etwa im Hinblick auf die Verwendung von Ersatzteilen) dann sein, wenn eines oder mehrere der an der Inhaltsbindung beteiligten Unternehmen marktmächtig sind, vgl. unten Rn 62.

57 Europ. Kommission, Vertikal-Leitlinien 2010/C 130/01, Rn 225.

beziehen oder an sie abzugeben (**Ausschließlichkeitsbindungen**). Eine entsprechende Bindung kann explizit vereinbart werden („... *Abnehmer GmbH bezieht die Vertragsprodukte nur über die Anbieter KG ...*") oder sich aus vertraglich vorgesehenen Anreizen ergeben.

Beispiel

Eine **„englische Klausel"** dürfte regelmäßig dieselbe Wirkung haben wie eine ausdrücklich vereinbarte Ausschließlichkeit. Eine solche Klausel verpflichtet den jeweiligen Abnehmer dazu, ein günstigeres Angebot, als jenes, das er vom Anbieter erhält, diesem zu melden und auf das Angebot nur einzugehen, soweit der Anbieter nicht in das Konkurrenzangebot einsteigt.[58] Der Anbieter wird sich die Chance, die Konkurrenz zu unterbieten, regelmäßig nicht entgehen lassen. Dies führt dazu, dass er den Kunden langfristig an sich bindet.

---

50 Ausschließlichkeitsbindungen können zu **negativen Marktauswirkungen** führen, weil sie durch die Anbindung des Geschäftspartners Wettbewerber von der Marktteilnahme ausschließen können. Diese Wirkung muss aber wiederum **spürbar** sein.[59] Da Ausschließlichkeitsbindungen nicht kernbeschränkend sind, sind sie jedenfalls nicht per se spürbar.[60]

51 Soweit die Ausschließlichkeitsbindung den Wettbewerb spürbar beschränkt, kommt ausnahmsweise eine Freistellung in Betracht (§ 2 GWB, Art. 101 Abs. 3 AEUV), zunächst in der Form einer **Gruppenfreistellung**. Die Gruppenfreistellung setzt auch hier voraus, dass die jeweiligen Marktanteile des Anbieters und Abnehmers 30% nicht überschreiten. Was die gesetzlichen Ausnahmen einer Gruppenfreistellung betrifft, so gibt es zwar keine **kernbeschränkenden** Ausschließlichkeitsbindungen,[61] doch kann eine Gruppenfreistellung für einzelne Regelungen daran scheitern, dass eine der **grauen Klauseln** einschlägig ist – sie betreffen sogar durchgehend Ausschließlichkeitsbindungen.[62] Es handelt es sich um folgende Fälle:[63]

52 1. **Wettbewerbsverbot während der Dauer der Vertragslaufzeit**. Definitions gemäß verpflichten oder veranlassen **vertragliche Wettbewerbsverbote** einen Abnehmer, während der Vertragslaufzeit **mehr** als **80%** seines Bedarfs auf einem bestimmten Markt bei einem einzigen Anbieter zu decken.[64] Im Ergebnis wird der Abnehmer durch die Regelung daran gehindert, konkurrierende Produkte zu kaufen, weiterzuverkaufen oder in eigene Produkte einzubauen.

---

58 Langen/Bunte/*Nolte*, EU-KartellR, Art. 101 AEUV Rn 280.

59 Dazu oben Rn 12ff.

60 Vgl. die in Europ. Kommission, „de minimis"-Bekanntmachung 2014/C 291/01, Rn 13 Satz 3 genannten Kernbeschränkungen: Unter lit a) ist der Fall der Preisbindung (Inhaltsbindung) genannt, unter lit b) sind Varianten von Verwendungsbindungen aufgeführt.

61 Vgl. Artikel 4 Vertikal-GVO.

62 Vgl. Art. 5 Vertikal-GVO.

63 Dazu ausführlich Kap. 6 Rn 36ff.

64 Siehe Art. 1 Abs. 1 lit. d) Vertikal-GVO.

Vertragliche Wettbewerbsverbote sind nur gruppenfreigestellt, soweit sie eine Laufzeit von **fünf Jahren** nicht überschreiten. Gilt das Wettbewerbsverbot auf unbestimmte Zeit oder verlängert es sich nach Ablauf der Fünfjahresfrist stillschweigend (Evergreen-Klausel), so ist es nicht gruppenfreigestellt.[65]

2. **Wettbewerbsverbot nach Ende der Vertragslaufzeit.** Nachvertragliche Wettbewerbsverbote verhindern, dass ein Abnehmer nach Ablauf eines Vertrags bestimmte Produkte herstellt, bezieht, verkauft oder weiterverkauft. 53
   Nachvertragliche Wettbewerbsverbote sind nur unter den folgenden kumulativen Voraussetzungen gruppenfreistellungsfähig: (i) Das nachvertragliche Wettbewerbsverbot ist **unerlässlich**, um vom Anbieter auf den Abnehmer übertragenes Know-how zu schützen;[66] (ii) Das Wettbewerbsverbot beschränkt sich auf **Räumlichkeiten** und **Grundstücke**, von denen aus der Abnehmer während der Vertragslaufzeit seine Geschäfte betrieben hat; (iii) Die Dauer des Wettbewerbsverbots ist auf höchstens **ein Jahr** beschränkt.[67]
3. **Wettbewerbsverbote in selektiven Vertriebssystemen.** Vertriebssysteme sind **selektiv**, wenn sich der Anbieter verpflichtet, Produkte unmittelbar oder mittelbar nur an Händler zu verkaufen, die anhand festgelegter Merkmale ausgewählt werden. Die Händler verpflichten sich wiederum, die betreffenden Produkte nicht an andere Händler zu verkaufen, die innerhalb des vom Anbieter festgelegten Vertriebsgebietes nicht zum Vertrieb zugelassen sind.[68] 54
   Verpflichtungen, die Mitglieder des Vertriebssystems mittelbar oder unmittelbar veranlassen, Marken **bestimmter konkurrierender Anbieter** nicht zu verkaufen, sind nicht gruppenfreigestellt.[69] Beschränkungen, die nicht bestimmte konkurrierende Anbieter betreffen, sondern allgemein gelten (Markenausschließlichkeit), sind hingegen frei.[70]

---

65 Die Fünfjahresfrist gilt aber dann nicht, wenn (i) der Abnehmer die Vertragsprodukte in Räumlichkeiten und auf Grundstücken des Anbieters verkauft oder der Anbieter diese mietet bzw. pachtet von Dritten, die nicht mit dem Abnehmer verbunden sind und (ii) das Wettbewerbsverbot nicht über den Zeitraum hinausreicht, in dem der Abnehmer diese Räumlichkeiten und Grundstücke nutzt. Gestattet ist in jedem Fall, nach Ablauf der fünf Jahre ein weiteres Wettbewerbsverbot für maximal weitere fünf Jahre abzuschließen, vgl. Art. 5 Abs. 1 lit. a) i.V.m. Abs. 2 Vertikal-GVO. Siehe dazu Kap. 6 Rn 39.

66 Die Vertikal-GVO definiert Know-how als eine Gesamtheit nicht patentgeschützter praktischer Kenntnisse, die der Anbieter durch Erfahrung und Erprobung gewonnen hat und die geheim, wesentlich und identifizierbar sind, vgl. Art. 1 Abs. 1 lit. g) Vertikal-GVO.

67 Vgl. Art. 5 Abs. 1 lit. b) i.V.m. Abs. 3 Vertikal-GVO.

68 Art. 1 Abs. 1 lit. e) Vertikal-GVO.

69 Art. 5 Abs. 1 lit. c) Vertikal-GVO.

70 Immenga/Mestmäcker/*Ellger*, EU-WettbewerbsR, Art. 5 Vertikal-GVO Rn 48.

55 Scheidet die Gruppenfreistellung aus, bleibt es bei der Möglichkeit einer **Einzelfreistellung**. Bei folgenden Ausschließlichkeitsbindungen bestehen typischerweise Effizienzgewinne, wie sie für eine Einzelfreistellung erforderlich sind:

56 1. **Markenzwang-Vereinbarungen**. Sie verpflichten oder veranlassen den Abnehmer, mindestens 80% seines Bedarfs für ein bestimmtes Produkt auf einen Anbieter oder eine von dessen Marken zu konzentrieren, sei es durch die bereits erwähnten vertraglichen Wettbewerbsverbote oder durch Mengenvorgaben, wie sie sich aus Mindestbezugsverpflichtungen, englischen Klauseln oder gleichwirkenden Regelungen ergeben können. Eine Freistellung kommt beispielsweise auch für Anbieter mit einem Marktanteil von über 30% in Betracht, wenn die Ausschließlichkeit die **Amortisierung** langfristiger Investitionen wie z.B. Maschinen oder Anlagen absichert, die für den jeweiligen Abnehmer getätigt wurden und nicht anderweitig verwertet werden können.[71]

57 2. **Alleinbelieferungsvereinbarungen**. Sie verpflichten oder veranlassen den Anbieter, seine Produkte ausschließlich oder hauptsächlich an einen Abnehmer zu verkaufen. Dies kann ausdrücklich vereinbart werden (Alleinbelieferungsklausel) oder durch entsprechende Mengenvorgaben oder wirtschaftliche Anreize. Alleinbelieferungen sind vor allem dann freistellungsfähig, wenn sie – wie Markenzwang-Vereinbarungen – durch ihre Konzentrationswirkung **Investitionen schützen**, in diesem Fall aber die des Abnehmers. Alleinbelieferungsvereinbarungen kommen häufig im Automobilsektor und anderen Branchen vor, in denen die Lieferung von Zwischenprodukten eine wichtige Rolle spielt.[72]

58 Es gibt weitere Arten von Ausschließlichkeitsbindungen, die grundsätzlich kartellrechtlich bedenklich sind, aber aufgrund von Effizienzgewinnen einzelfreigestellt sein können. Dies betrifft insbesondere:

59 – **Kopplungsvereinbarungen**: Sie verpflichten den Abnehmer eines Produkts (Kopplungsprodukt), ein anderes ausgewähltes Produkt (gekoppeltes Produkt) zu kaufen. Durch die (gegebenenfalls nur faktische) Verpflichtung, auch das gekoppelte Produkt zu beziehen, kann der Abnehmer nicht auf andere Anbieter ausweichen.[73]

60 – **Vorauszahlungen für den Zugang**: Sie verpflichten Anbieter, die Zutritt zu Vertriebssystemen oder Service-Leistungen des Abnehmers begehren, zur Zahlung von entsprechenden Eintrittsgebühren. Aufgrund ihrer Höhe können diese Gebühren bewirken, dass ein Anbieter sein Angebot auf nur einen der Abneh-

---

71 Europ. Kommission, Vertikal-Leitlinien 2010/C 130/01, Rn 144 ff.
72 Europ. Kommission, Vertikal-Leitlinien 2010/C 130/01, Rn 200 f.
73 Europ. Kommission, Vertikal-Leitlinien 2010/C 130/01, Rn 214 ff.

mer konzentriert oder dass kleine Anbieter, welche die Gebühr erst gar nicht aufbringen können, von der Marktteilnahme ausgeschlossen werden.[74]

- **Produktgruppenmanagement-Vereinbarungen**: Sie sind im Handel anzutreffen und sehen vor, dass der Anbieter gegenüber dem Händler für eine ganze Produktgruppe Empfehlungen zur Verkaufsförderung ausspricht oder Informationen übermittelt, wie das von ihm gelieferte Produkt besser präsentiert werden kann. Durch Einfluss auf die Marketingentscheidungen des Händlers kann der Anbieter den Bezug konkurrierender Produkte beschränken.[75] 61

III. Verwendungen einschränken

Eine Beschränkung des Geschäftspartners in seiner wirtschaftlichen Handlungsfreiheit kann nicht zuletzt darin bestehen, dass man seine Möglichkeiten einschränkt, an ihn gelieferte Produkte weiter zu verwenden (**Verwendungsbindungen**). Beschränkt wird oftmals nicht nur die **Verwertung** des Produkts (z.B. durch Einbau in ein anderes Produkt), sondern auch und vor allem dessen **Weiterverkauf**, wie es typisch für selektive Vertriebssysteme ist.[76] 62

Verwendungsbindungen können sich vor allem deswegen **nachteilig** auf den Markt **auswirken**, weil sie dem bindenden Unternehmen die Möglichkeit geben, das Angebot auf dem nachgelagerten Markt durch Einschränkungen des Weiterverkaufs oder der Verwertung zu reduzieren bzw. zu verschlechtern. Hinsichtlich der **Spürbarkeit** ist darauf zu achten, dass Verwendungsbeschränkungen stets spürbare **Kernbeschränkungen** sind, soweit sie folgendes bezwecken: 63

1. **Gebiets- und Kundengruppenbeschränkungen**. Sie beschränken den Abnehmer darin, in ein Gebiet oder an eine bestimmte Kundengruppe zu verkaufen.[77] Gebiets- oder Kundengruppenbeschränkungen sind aber ausnahmsweise **nicht** kernbeschränkend in den folgenden Fällen: 64
   - **Aktiver Verkauf in vorbehaltene Gebiete oder Kundengruppen**: Der Anbieter darf den Abnehmer daran hindern, aktiv auf Kunden innerhalb eines bestimmten Gebietes oder als Teil einer bestimmten Kundengruppe zuzugehen (**aktiver Verkauf**), wenn der Anbieter sich dieses Gebiet oder diese Kundengruppen selbst vorbehalten oder einem anderen Abnehmer zugewiesen hat. Der Verkauf des Kunden des Abnehmers darf dadurch aber nicht beschränkt werden, was letztlich bedeutet, dass das Verbot aktiver 65

74 Europ. Kommission, Vertikal-Leitlinien 2010/C 130/01, Rn 203 ff.

75 Europ. Kommission, Vertikal-Leitlinien 2010/C 130/01, Rn 209 ff.

76 Zur Definition eines selektiven Vertriebssystems siehe Art. 1 Abs. 1 lit. e) Vertikal-GVO sowie oben Rn 50.

77 Art. 4 lit. b) Vertikal-GVO.

Verkaufspolitik nur auf einer Vertriebsstufe freigestellt ist.[78] Außerdem darf der Anbieter dem Abnehmer nicht den **passiven Verkauf** verbieten, also den Verkauf an Kunden, die unaufgefordert und aus eigenem Antrieb auf den Abnehmer zugehen.[79]

Praxistipp

Soweit Gebietsvereinbarungen ausnahmsweise keine Kernbeschränkungen sind, darf der Anbieter auch die Vertriebsstelle oder das Lager des Abnehmers auf einen bestimmten Ort beschränken, um zu verhindern, dass Niederlassungen am Rande zugewiesener Vertragsgebiete die Vertragsgebiete anderer Abnehmer faktisch überschneiden.[80]

---

66 – **Sprunglieferungen des Großhandels an Endbenutzer:** Der Anbieter darf dem Großhändler verbieten, die Produkte an den Endbenutzer zu verkaufen. Der Grund hierfür liegt darin, dass Großhändler aufgrund ihrer geringeren Belastungen und höheren Einkaufsvolumina gegenüber Einzelhändlern einen Wettbewerbsvorsprung haben.[81]

67 – **Außenseiterbelieferung im Selektivvertrieb:** Der Betreiber eines selektiven Vertriebssystems darf seinen Mitgliedern verbieten, innerhalb des Vertriebsgebiets die Produkte an nicht zugelassene Händler zu verkaufen. Verkäufe an nicht zugelassene Händler außerhalb des selektiven Vertriebsgebiets bleiben hingegen frei.[82]

Praxistipp

Es gibt zwei Arten von selektivem Vertrieb. Im **qualitativen Selektivvertrieb** wird der Abnehmer ausschließlich nach objektiven Kriterien ausgewählt. Im **quantitativen Selektivvertrieb** beschränken zusätzliche Kriterien die Anzahl der Abnehmer. Qualitativer Selektivvertrieb fällt gar nicht erst unter das Kartellverbot, soweit die Händler des Vertriebssystems nach objektiven qualitativen Kriterien ausgewählt werden, die sich nach den Anforderungen des betreffenden Produkts richten und diskriminierungsfrei angewendet werden (**rein qualitativer Selektivvertrieb** bzw. **einfache Fachhandelsbindung**).[83]

---

68 – **Weiterverkauf von gelieferten Einbauteilen:** Der Anbieter darf den Abnehmer in der Möglichkeit beschränken, Bestandteile, die zwecks Einfügung in andere Erzeugnisse geliefert werden, an Kunden zu verkaufen, welche diese Bestandteile für die Herstellung derselben Art von Erzeugnissen

---

78 Immenga/Mestmäcker/*Ellger*, EU-WettbewerbsR, Art. 4 Vertikal-GVO Rn 64.
79 Immenga/Mestmäcker/*Ellger*, EU-WettbewerbsR, Art. 4 Vertikal-GVO Rn 51 f.
80 Immenga/Mestmäcker/*Ellger*, EU-WettbewerbsR, Art. 4 Vertikal-GVO Rn 33 und 44.
81 Langen/Bunte/*Nolte*, EU-KartellR, Nach Art. 101 AEUV Rn 517.
82 Immenga/Mestmäcker/*Ellger*, EU-WettbewerbsR, Art. 4 Vertikal-GVO Rn 69.
83 Europ. Kommission, Vertikal-Leitlinien 2010/C 130/01, Rn 175.

wie diejenigen des Anbieters verwenden. Diese Regelung soll die Lieferung von Einbauteilen an Unternehmen verhindern, die konkurrierende Einbauteile herstellen. Sie ist in erster Linie anwendbar auf industrielle Zulieferverträge, vor allem im Kfz-Sektor.

Beispiel
Ein Zulieferer für Lichtmaschinen darf einem Autobauer, der die Lichtmaschinen für den Einbau in seine Autos bezieht, verbieten, die Lichtmaschinen an konkurrierende Zulieferer weiter zu veräußern.

Neben Gebiets- und Kundengruppenbeschränkungen sind außerdem folgende Verwendungsbindungen kernbeschränkend (und mithin stets spürbar), soweit sie folgende Beschränkungen bezwecken:[84] 69

2. **Verkauf an Endverbraucher in selektiven Vertriebssystemen.** In selektiven Vertriebssystemen darf weder der aktive noch der passive Verkauf durch Einzelhändler an Endverbraucher beschränkt werden. Diese Regelung hindert den Hersteller aber nicht daran, den Geschäftsbetrieb aus nicht zugelassenen Niederlassungen zu beschränken. 70
3. **Querlieferungen in selektiven Vertriebssystemen.** Nicht beschränkt werden dürfen Querlieferungen zwischen Abnehmern innerhalb eines selektiven Vertriebssystems, auch wenn die Abnehmer auf unterschiedlichen Handelsstufen tätig sind. Dadurch sollen systeminterne Arbitragegelegenheiten und Parallelimporte möglich bleiben.[85] 71
4. **Beschränkungen des Ersatzteileverkaufs.** Nicht verhindert werden darf, dass Bestandteile, die der Abnehmer in Erzeugnisse einfügt, vom Anbieter als Ersatzteile an Endverbraucher, Reparaturwerkstätten oder andere Dienstleister verkauft werden, obwohl der Abnehmer diese nicht mit der Reparatur oder Wartung seiner eigenen Erzeugnisse betraut hat.[86] 72

Liegt im Ergebnis eine spürbare Verwendungsbindung vor, so kommt weiterhin eine **Gruppenfreistellung** in Betracht. Gesetzlich von der Gruppenfreistellung ausgenommen sind nur die vorgenannten, **kernbeschränkenden** Verwendungsbindungen;[87] andere Verwendungsbindungen sind hingegen freigestellt, sofern die weiteren Voraussetzungen der Vertikal-GVO vorliegen. 73

Liegen die Voraussetzungen für eine Gruppenfreistellung nicht vor, ist noch eine **Einzelfreistellung** zu prüfen. Den genannten kernbeschränkenden Verwendungs- 74

84 Art. 4 lit. b) Vertikal-GVO.
85 Immenga/Mestmäcker/*Ellger*, EU-WettbewerbsR, Art. 4 Vertikal-GVO Rn 96.
86 Auch diese Regelung ist in erster Linie anwendbar auf industrielle Zulieferverträge, wie sie für den Kfz-Sektor typisch sind.
87 Vgl. Art. 5 Vertikal-GVO.

bindungen fehlen regelmäßig die für eine Einzelfreistellung erforderlichen Effizienzgewinne. Freistellungsfähig können hingegen Verwendungsbindungen sein, wie sie in folgenden Vereinbarungen typischerweise enthalten sind:

75 1. **Alleinvertriebsvereinbarungen**. Sie verpflichten den Anbieter, seine Produkte zum Zwecke des Weiterverkaufs in einem bestimmten Gebiet nur an einen Händler zu verkaufen. Im Gegenzug verpflichtet sich der Händler, die Produkte nicht aktiv in andere, vorbehaltene Gebiete zu verkaufen. Eine Freistellung kommt regelmäßig dann in Betracht, wenn beispielsweise der Alleinvertrieb erforderlich ist, um die Investitionen des Händlers in den Weiterverkauf (zum Beispiel in das Markenimage des Produktes) zu schützen. Alleinvertrieb kann außerdem zu Einsparungen führen, zum Beispiel bei den Logistikkosten.[88]

Praxistipp
Eine Abwandlung der Alleinvertriebsvereinbarung ist die **Kundenbeschränkungsvereinbarung**. Auch hier wird eine Ausschließlichkeit zugunsten eines Händlers vereinbart, der Weiterverkauf des Händlers bezieht sich allerdings nicht auf ein bestimmtes Gebiet, sondern auf eine bestimmte Kundengruppe. Hier kommt eine Freistellung beispielsweise in Betracht, wenn dadurch Investitionen des Händlers geschützt werden, wobei es sich hier entsprechend vor allem um kundenspezifische Investitionen handelt, zum Beispiel in Ausrüstungen, Fertigkeiten oder Know-how.[89]

---

76 2. **Selektivvertriebsvereinbarungen**. Wie bei Alleinvertriebs- und Kundenbeschränkungsvereinbarungen werden hier neben der Anzahl der Abnehmer auch die Weiterverkaufsmöglichkeiten beschränkt, da die Händler nur andere, ebenfalls systemzugelassene Händler oder Endverbraucher beliefern dürfen. Eine Freistellung des Selektivvertriebs kommt auch für Unternehmen mit einem Marktanteil von über 30% vor allem dann in Betracht, um erforderliche Investitionen der Händler in das Markenimage zu schützen und Trittbrettfahrerei unter den Händlern auszuschließen, was vor allem bei Beratungen für neue und komplexe Produkte der Fall ist.[90]

C. Marktmacht einsetzen

77 Marktbeherrschende Unternehmen und – nach deutschem Recht – Unternehmen mit relativer (§ 20 Abs. 1 und 2 GWB) und überlegener Marktmacht (§ 20 Abs. 3 und 4 GWB)[91] können gegen das kartellrechtliche **Missbrauchsverbot** verstoßen, wenn sie ihre Geschäftspartner ausbeuten oder Konkurrenten behindern.

---

88 Europ. Kommission, Vertikal-Leitlinien 2010/C 130/01, Rn 164.
89 Europ. Kommission, Vertikal-Leitlinien 2010/C 130/01, Rn 172.
90 Europ. Kommission, Vertikal-Leitlinien 2010/C 130/01, Rn 185.
91 Hierzu näher Kap. 4 Rn 120.

I. Unangemessene Geschäftsbedingungen durchsetzen

78 Setzen Unternehmen ihre Marktmacht ein, um gegenüber Geschäftspartnern die Einhaltung bestimmter **Geschäftsbedingungen** durchzusetzen, so handeln sie missbräuchlich, wenn diese Forderungen **unangemessen** sind (§ 19 Abs. 2 Nr. 2 GWB; Art. 102 Abs. 2 lit. a AEUV). Alle Arten von Geschäftsbedingungen können potenziell unangemessen sein (so etwa auch eine vertragliche Verpflichtung zur Herausgabe persönlicher Nutzerdaten, gegen die aufgrund der Marktverhältnisse faktisch keine Abwehrmöglichkeiten bestehen[92]). Praktisch relevant sind aber in erster Linie unangemessen hohe Verkaufspreise (**Preishöhenmissbrauch**), die gegenüber Abnehmern gefordert werden.

79 Preisunangemessenheit setzt ein **starkes Missverhältnis** zwischen der Höhe der Preisforderung und dem wirtschaftlichen Wert des Produktes voraus. Weil der wirtschaftliche Wert anhand eines Wettbewerbspreises auf Märkten mit nur einem starken Anbieter oder Abnehmer gerade nicht direkt ermittelt werden kann, sind zwei Ansätze entwickelt worden, um diesen wirtschaftlichen Wert *indirekt* zu ermitteln:
- **Produktkosten des marktmächtigen Unternehmens.** Es werden die Vollkosten des Produktes ermittelt, für das das Unternehmen den vermeintlich unangemessenen Preis fordert;
- **Produktpreise auf wettbewerblichen Märkten.** Es werden die Preise für Produkte herangezogen, die auf sachlich vergleichbaren oder räumlich benachbarten Märkten im Wettbewerb angeboten werden.[93]

80 Ein **Verkaufspreis** ist erst missbräuchlich, wenn er in keinem vertretbaren Verhältnis zu dem ermittelten wirtschaftlichen Produktwert steht. Von Nachfragern geforderte **Einkaufspreise** sind hingegen unangemessen, wenn sie nicht einmal die Erzeugungs- bzw. Bereitstellungskosten des Produkts abdecken.[94] In aller Regel ist das Erzwingen unangemessener Preise oder Geschäftsbedingungen nicht sachlich zu rechtfertigen.[95]

Praxistipp i

Ein gesetzlicher Sonderfall eines Forderns unangemessener Geschäftsbedingungen nach deutschem Kartellrecht ist der sog. **Strukturmissbrauch** (§ 19 Abs. 2 Nr. 3 GWB – auch **Preis-** bzw. **Konditionenspaltung** genannt). Er setzt voraus, dass ein Unternehmen von einem anderen Unternehmen aufgrund seiner Marktmacht Geschäftsbedingungen fordern kann, die deutlich von solchen Geschäftsbedingungen abweichen, die das Unternehmen von anderen, aber gleichartigen Abnehmern

---

92 Vgl. BKartA, Vorläufige Einschätzung gegenüber Facebook, Hintergrundpapier vom 19.12.2017, S. 2.

93 Langen/Bunte/*Nothdurft*, Dt. KartellR, § 19 GWB Rn 136 ff.

94 Langen/Bunte/*Bulst*, EU-KartellR, Art. 102 AEUV Rn 166.

95 Als Rechtfertigungsgrund kommt allenfalls in Betracht, dass der noch angemessene Preis unterhalb der Selbstkosten des fordernden Unternehmens liegt.

auf gleichartigen Märkten fordert.[96] Solche Forderungen können aber gerechtfertigt sein, wenn sie erforderlich sind, um die eigenen Kosten zu decken.
Das deutsche Kartellrecht verbietet Unternehmen außerdem, ihre Marktstellung als **Nachfrager** auszunutzen, um Anbieter dazu aufzufordern oder zu veranlassen, **ungerechtfertigte Vorteile** zu gewähren (§ 19 Abs. 2 Nr. 5; § 19 Abs. 3; § 20 Abs. 2 GWB). Damit sollen schwächere Wettbewerber geschützt werden, die nicht in den Genuss vergleichbarer Vorteile kommen. Leistungsgerechte Vorteile wie beispielsweise größere Abnahmemengen sind jedoch grundsätzlich gerechtfertigt.[97]

II. Diskriminierend handeln

81 Unternehmen mit einem bestimmten Maß an Marktmacht dürfen ihre Geschäftspartner nicht ohne sachlichen Grund diskriminieren (§ 19 Abs. 2 Nr. 1; § 19 Abs. 3; § 20 Abs. 1 Satz 1 GWB; Art. 102 Abs. 2 lit.c AEUV). **Diskriminierungen** werden dabei weit gefasst: Es handelt sich um die Gleichbehandlung ungleichartiger Geschäftspartner oder die Ungleichbehandlung gleichartiger Geschäftspartner.[98]

82 Diskriminierungen durch das Setzen unterschiedlicher Preise (**Preisdiskriminierungen**) sind besonders praxisrelevant. Aber auch andere Geschäftsbedingungen können diskriminierend angewendet werden, ebenso wie Verhaltensweisen wie beispielsweise Ausschließlichkeitsbindungen, Rabatte oder Geschäftsverweigerungen.

83 Preisdiskriminierungen sind grundsätzlich sachlich **gerechtfertigt**, soweit sie auf unterschiedliche Kosten (zum Beispiel im Bereich Rohstoffe, Produktion, Transport oder Vertrieb) zurückzuführen sind. Ebenso rechtfertigend kann die Tatsache sein, dass die verglichenen Produkte eine unterschiedliche Qualität aufweisen oder in unterschiedlichen Mengen abgenommen werden.[99] **Geschäftsgetriebene Erwägungen** wirken regelmäßig rechtfertigend, im Gegensatz zu willkürlichen oder geschäftsfremden Erwägungen.

III. Ausschließlichkeit bewirken

84 Marktmächtige Unternehmen dürfen keine **Ausschließlichkeitsbindungen** mit ihren Geschäftspartnern vereinbaren, soweit dies dazu führt, dass Wettbewerber vom Marktgeschehen ferngehalten werden (§ 19 Abs. 2 Nr. 1; § 19 Abs. 3; § 20 Abs. 1 Satz 1 GWB; Art. 102 Abs. 1 AEUV). Dabei kommt es nicht darauf an, ob ein Anbieter oder ein Nachfrager die Ausschließlichkeit gewünscht hat oder ob sie sich aus entsprechenden Anreizmechanismen ergibt.

---

96 Langen/Bunte/*Nothdurft*, Dt. KartellR, § 19 GWB Rn 171 ff.
97 Langen/Bunte/*Nothdurft*, Dt. KartellR, § 19 GWB Rn 219.
98 MünchKommEuWettbR/*Eilmansberger/Bien*, Art. 102 AEUV Rn 273.
99 MünchKommEuWettbR/*Eilmansberger/Bien*, Art. 102 AEUV Rn 281.

Beispiel
Wie eine Ausschließlichkeitsbindung wirkt etwa die vertragliche Verpflichtung eines Kioskbesitzers gegenüber einem Hersteller von Speiseeis, wonach der Kioskbesitzer die Tiefkühltruhen, die der Hersteller ihm kostenlos zur Verfügung gestellt hat, ausschließlich zur Lagerung dessen Eissortiments zu verwenden hat.[100]

Ausschließlichkeitsbindungen sind vor allem dann missbräuchlich, wenn sie einen großen Teil des am Markt verfügbaren Angebots (bzw. der verfügbaren Nachfrage) mit der Folge binden, dass Wettbewerbern über einen längeren Zeitraum hinweg keine **ungebundenen Mengen** mehr zur Verfügung stehen.[101] Ausschließlichkeitsbindungen können allerdings im Einzelfall gerechtfertigt sein, etwa dann, wenn sie Investitionen absichern. 85

IV. Boni und Rabatte mit Sogwirkung gewähren

Auch Boni und Rabatte können den Markt abschotten, wenn Unternehmen mit hinreichend Marktmacht sie mit ihren Geschäftspartnern vereinbaren (§ 19 Abs. 2 Nr. 1; § 19 Abs. 3; § 20 Abs. 1 Satz 1 GWB; Art. 102 Abs. 1 AEUV). Das ist vor allem der Fall, wenn Boni und Rabatte aufgrund ihrer Ausgestaltung eine **Sogwirkung** hin zum marktmächtigen Unternehmen entfalten.[102] Dann können sie Geschäftspartner an das Unternehmen binden mit der Folge, dass Konkurrenten des marktmächtigen Unternehmens nicht mehr zum Zuge kommen. 86

Eine Sogwirkung geht grundsätzlich von **Boni** marktmächtiger Anbieter aus, die **rückwirkend bei Erreichen oder Steigerung einer bestimmten Bezugsmenge** innerhalb eines bestimmten Referenzzeitraums (z.B. ein Jahr) gewährt werden. Beziehen sie sich nicht ausschließlich auf die Menge, die der Abnehmer aufgrund seiner Kundennachfrage ohnehin bei dem marktmächtigen Unternehmen beziehen würde, führt die Aussicht auf den Bonus dazu, dass der Abnehmer die Produkte ab Erreichen dieser ohnehin bestehenden Nachfrage („unbestreitbare Menge“) nur noch kauft, um in den Genuss des Bonus zu gelangen. Wettbewerber des marktmächtigen Anbieters werden somit im Umfang dieser Menge von diesem Kunden wirtschaftlich abgeschottet, selbst wenn sie günstigere oder qualitativ höherwertige Produkte im Sortiment hätten. 87

Auch **Rabatte**, die Preisnachlässe auf die **Konzentration** des Bezugs beim marktmächtigen Rabattanbieter gewähren, können eine Sogwirkung entfalten. Dies gilt vor allem bei stark progressiven Rabattsätzen („... *ab einem Bezug von 100 Ein-* 88

100 EuG, Urt. v. 23.10.2003, Rs. T-65/98 – *Masterfoods*.
101 Immenga/Mestmäcker/*Fuchs*/*Möschel*, EU-WettbewerbsR, Art. 102 AEUV Rn 222, 216.
102 Hierzu vertieft Kap. 4 Rn 143ff.

heiten werden 2% Rabatt gewährt, ab einem Bezug von weiteren 100 Einheiten werden 4% gewährt und ab einem Bezug von noch weiteren 100 Einheiten werden 6% gewährt …“). Auch in diesem Fall werden die Abnehmer ab einer bestimmten Bezugsmenge die Produkte des marktmächtigen Unternehmens nicht mehr aus Qualitätsgesichtspunkten, sondern vorrangig aufgrund des besonders hohen Rabatts kaufen. Je höher die Rabatte, je länger der Bezugszeitraum und je größer die Gesamtbezugsmenge, desto eher ist von einer Sogwirkung der Rabatte auszugehen.

89 Denselben Effekt haben Rabatte, die sich an der maximalen Abnahmefähigkeit des Geschäftspartners orientieren (**individualisierte Rabatte**).[103] Werden sie etwa nur unter der Bedingung gewährt, dass der Abnehmer mehr als 80% seines jährlichen Gesamtbedarfs bei dem marktmächtigen Unternehmen deckt, kommen sie in rechtlicher Hinsicht einer Ausschließlichkeitsbindung gleich. Sogwirkung entfalten natürlich außerdem solche Rabatte, die ausdrücklich nur unter der Bedingung des ausschließlichen Bezugs bei einem Anbieter gewährt werden (**Treuerabatt**).[104] Diese Rabattarten sind nur im Ausnahmefall sachlich gerechtfertigt. Da die Anforderungen an eine solche Rechtfertigung extrem hoch sind – so müsste etwa durch das rabattgewährende Unternehmen nachgewiesen werden, dass ein hypothetisch gleich effizienter Wettbewerber ebenfalls in der Lage wäre, vergleichbare Rabatte zu gewähren[105] – empfiehlt sich schon aus Compliance-Gründen, auf rückwirkende Rabatte zu verzichten, soweit sie marktbeherrschende Produkte oder Dienstleistungen betreffen.

90 Als **grundsätzlich kartellrechtlich unbedenklich** werden hingegen **Stufenrabatte** angesehen, die bei Erreichen bestimmter Umsatz- oder Mengenstufen auf die jeweils dieser Stufe nachfolgenden Bezugsmengen gewährt werden. Dies setzt jedoch voraus, dass die jeweiligen Umsatzstufen so gewählt werden, dass sie nicht erst dann wirtschaftlich attraktiv für die Abnehmer werden, wenn diese faktisch ihren Gesamtbedarf bei dem marktmächtigen Anbieter decken.

91 Rabatte können auch missbräuchlich sein, soweit sie diskriminierend angewendet werden.[106] Eine solche Diskriminierung wird etwa bei Gewährung spürbar abweichender Mengenrabatte gegenüber verschiedenen Kunden trotz vergleichbarer Bezugsmengen angenommen.

V. Niedrigpreise setzen

92 Marktmächtige Unternehmen können gegen das Missbrauchsverbot verstoßen, wenn sie Niedrigpreisstrategien einsetzen, um Konkurrenten von der Marktteilnah-

---

103 Langen/Bunte/Bulst, EU-KartellR, Art. 102 AEUV Rn 346.
104 Vgl. dazu MünchKommEuWettbR/*Eilmansberger/Bien*, Art. 102 AEUV Rn 560.
105 Vgl. EuGH, Urt. v. 6.9.2017, Rs. C-413/14 P = NZKart 2017, 525 (529 ff.) – *Intel*.
106 Dazu oben in diesem Kapitel unter Rn 81 f.

me fernzuhalten bzw. sie vom Markt zu drängen. Das ist aber nur dann der Fall, wenn es sich bei den Niedrigpreisen um **Kampfpreise** handelt, bei denen das Unternehmen bewusst erhebliche Verluste in Kauf nimmt, um Wettbewerb zu verhindern (§ 19 Abs. 2 Nr. 1; § 19 Abs. 3; § 20 Abs. 1 Satz 1 GWB; Art. 102 Abs. 1 AEUV). Kampfpreise sind danach

- Preise, die unter den durchschnittlichen **variablen Kosten** des Unternehmens liegen, das die niedrigen Preise einsetzt;
- Preise, die unter den durchschnittlichen **Gesamtkosten** liegen, aber nur, soweit das Unternehmen die Preissetzung als Teil eines **Verdrängungsplans** verfolgt.[107]

Praxistipp

i

Nach deutschem Kartellrecht werden auch Verkaufspreise marktmächtiger Unternehmen als missbräuchlich niedrig angesehen, die unter **Einstandspreis** liegen, jedenfalls soweit es sich um Lebensmittel handelt (§ 20 Abs. 3 Satz 2 Nr. 1 GWB). Sonstige Waren und gewerbliche Dienstleistungen dürfen hingegen zumindest dann unter Einstandspreis verkauft werden, wenn es nur **gelegentlich** passiert (§ 20 Abs. 3 Satz 2 Nr. 2 GWB). Solche Niedrigpreise können aber sachlich gerechtfertigt sein. Werden beispielsweise Lebensmittel verkauft, so ist der Verkauf unter Einstandspreis gerechtfertigt, wenn er den Verderb oder die drohende Unverkäuflichkeit der Ware verhindern kann (§ 20 Abs. 3 Satz 3 GWB).[108]

VI. Geschäfte koppeln

Ein **Kopplungsgeschäft** knüpft ein Hauptgeschäft an den Abschluss eines Neben- 93
geschäfts. Die Kopplung kann bewirkt werden:

- **technisch**, weil das eine Produkt nur mit dem anderen (bau- bzw. machartbedingt) funktioniert;
- **vertraglich**, weil der Bezug des einen Produkts nur im Falle des Bezugs auch des anderen gestattet ist;
- **wirtschaftlich**, weil der Bezug des einen Produkts nur zusammen mit dem anderen finanziell sinnvoll ist (beispielsweise aufgrund entsprechender Rabatte).[109]

Marktmächtige Unternehmen können die Verknüpfung als **Hebel** einsetzen, um 94
ihre starke Stellung auf dem Markt des Hauptgeschäfts auf den Markt des Nebengeschäfts zu übertragen und so Wettbewerber von der Marktteilnahme auszuschließen (§ 19 Abs. 2 Nr. 1; § 19 Abs. 3; § 20 Abs. 1 Satz 1 GWB; Art. 102 Abs. 2 lit. d AEUV). Auch Kopplungsgeschäfte können gerechtfertigt sein, wenn beispielsweise die

---

107 Sog. „Akzo-Formel", vgl. dazu Langen/Bunte/*Nothdurft*, Dt. KartellR, § 19 GWB Rn 345.
108 Schon gar keine Behinderung liegt vor, wenn die Lebensmittel an gemeinnützige Einrichtungen zur Verwendung im Rahmen ihrer Aufgaben abgegeben werden, vgl. § 20 Abs. 3 Satz 4 GWB.
109 Langen/Bunte/*Bulst*, EU-KartellR, Art 102 AEUV Rn 228.

Kopplung zweier Produkte zu Kostenersparnissen führt[110] oder wenn eine technische Koppelung unerlässlich für das Funktionieren des Gesamtprodukts ist[111].

VII. Geschäfte verweigern

95 Unternehmen mit Marktmacht können auf missbräuchliche Weise Wettbewerber behindern, wenn sie diesen ein Produkt **verweigern**, das sowohl das Unternehmen als auch der Wettbewerber als Input benötigen, um auf einem nachgelagerten Markt tätig zu werden (§ 19 Abs. 2 Nr. 5; § 19 Abs. 3 Satz 1; § 20 Abs. 2 GWB; Art. 102 Abs. 1 AEUV).

96 Der Anbieter kann aber nur in engen Grenzen gezwungen werden, durch eine Belieferung Wettbewerb gegen sich selbst zu fördern. Es müssen dann folgende kumulative Voraussetzungen vorliegen:

- Das verweigerte Produkt ist **objektiv notwendig**, um auf dem nachgelagerten Markt konkurrieren zu können;
- Die Geschäftsverweigerung schaltet den wirksamen Wettbewerb auf dem nachgelagerten Markt aus;
- Die Verhinderung wirksamen Wettbewerbs wird wahrscheinlich dem Verbraucher schaden.

97 Das deutsche Recht kennt eine Sonderregelung nach § 19 Abs. 2 Nr. 5 GWB für Geschäftsverweigerungen, soweit ein Unternehmen den Zugang zu den eigenen Netzen oder anderen Infrastruktureinrichtungen verweigert. Hiernach ist die Verweigerung des Zugangs kartellrechtswidrig und verboten, wenn es dem zugangsbegehrenden Unternehmen aus rechtlichen oder tatsächlichen Gründen ohne die Mitbenutzung nicht möglich ist, auf dem vor- oder nachgelagerten Markt als Wettbewerber des marktbeherrschenden Unternehmens tätig zu werden. Dies setzt allerdings voraus, dass die Mitbenutzung auch möglich und zumutbar ist.

i **Exkurs – § 21 GWB**

Nach deutschem Kartellrecht (§ 21 GWB) sind zusätzlich einige **einseitige** Verhaltensweisen, vor allem gegenüber Wettbewerbern, verboten. Eine besondere Form von Marktmacht, insbesondere eine marktbeherrschende Stellung, wird dabei aber **nicht** vorausgesetzt. Verboten danach ist:

- Andere Unternehmen oder Unternehmensvereinigungen zu Liefer- oder Bezugssperren aufzufordern (**Boykott**), um bestimmte Unternehmen zu beeinträchtigen;
- Andere Unternehmen durch Androhen von Nachteilen oder durch das Versprechen oder Gewähren von Vorteilen zu kartellrechtswidrigem Verhalten zu **veranlassen**;

110 Langen/Bunte/*Bulst*, EU-KartellR, Art. 102 AEUV Rn 228.

111 Immenga/Mestmäcker/*Fuchs*/*Möschel*, EU-WettbewerbsR, Art. 102 AEUV Rn 290.

- Andere Unternehmen zur Beteiligung an **legalisierten**, insbesondere kartellrechtlich freigestellten Wettbewerbsbeschränkungen oder Zusammenschlüssen zu zwingen;
- Anderen wirtschaftliche Nachteile zuzufügen, weil sie das **Einschreiten** einer Kartellbehörde beantragt oder angeregt haben.

VIII. Zugang zu technischen Schnittstellen und sonstigen „essential facilities" verweigern

Nicht nur besondere Wirtschaftskraft, sondern auch besonderes Know-how oder 98 wesentliche Technologien (sog. ***essential facilities***) als Zugangsvoraussetzung zu bestimmten Märkten können einem Unternehmen Marktmacht verleihen. Verweigert es Dritten den Zugang dazu ohne sachlich gerechtfertigten Grund, kann dies als missbräuchliche – und somit kartellrechtswidrige – Ausnutzung der Marktmacht angesehen werden.

Im Gegensatz zur oben unter **VI.** genannten Fallgruppe der Geschäftsverweige- 99 rung betrifft die Zugangsverweigerung zu *essential facilities* nicht den Austausch von Waren und Dienstleistungen im Rahmen der „gewöhnlichen" Geschäftstätigkeit mit Dritten, sondern Zugang zu **Einrichtungen, die primär für die eigenen internen Geschäftsvorgänge vorgesehen sind.** Aus diesem Grund sind an die zwangsweise Zugangsgewährung mittels des Kartellrechts **besonders hohe Anforderungen** zu stellen.

Voraussetzung ist zunächst, dass es sich bei dem besonderen technischen Gut 100 oder besonderen Know-how um eine **„wesentliche" Einrichtung für den Zugang zu einem bestimmten Markt** handelt. Dies ist nur dann der Fall, wenn der Zugang zu der Einrichtung unentbehrlich ist, da keine tatsächliche oder potentielle Alternative als Ersatz für die begehrte Ware, Dienstleistung, Schnittstelle, Schutzrechte oder technische Vorkehrung besteht.[112] An der Wesentlichkeit fehlt es hingegen, wenn die Inanspruchnahme von Alternativen Dritter lediglich kostenintensiver wäre oder wenn der Zugangspetent selbst – auch mit hohem Aufwand – in der Lage wäre, sich einen alternativen Zugangsweg zu verschaffen.[113] Sinnbildlich kann man sich eine wesentliche Einrichtung somit als „einzig möglichen Zugang" zu einem sachlichen oder räumlichen Markt vorstellen. Tatsächlich bezogen sich grundlegende Entscheidungen der deutschen und europäischen Gerichte zur essential facilities-Doktrin stets auf Infrastruktureinrichtungen wie Hafenzugänge[114] oder Schnittstellen zu Telekommunikationsnetzen[115]. Heutzutage wird der Begriff weiter gefasst.

112 Vgl. EuGH, Urt. v. 26.11.1998, Rs. C-7/97 = NJW 1999, 2259, 2261 – *Bronner*.
113 Vgl. EuGH, Urt. v. 26.11.1998, Rs. C-7/97 = NJW 1999, 2259, 2262 – *Bronner*.
114 EuGH, Urt. v. 10.12.1991, Rs. C-179/90 = Slg. 1991, I-5889 – *Hafen von Genua I*; EuGH, Urt. v. 17.5.1994, Rs. C-18/93 = Slg. 1994, I-1812, 1824 – *Corsica Ferries*.
115 BGH, *Urt.* v. 29.6.2010, Az. KZR 31/08 = GRUR Int. 2011, 165 – *GSM-Wandler*.

So werden insbesondere Schnittstellen bei Computerprogrammen[116] als wesentliche Einrichtung angesehen, wenn ohne sie keine Neuheiten auf dem relevanten Markt entwickelt werden können.[117] Gerade in der heutigen Industrie 4.0 kann der Schnittstellenzugang somit eine wesentliche Rolle spielen. Hingegen ist der Zugang zu Vertriebsnetzen nicht wesentlich, soweit es dem Zugangspetenten jedenfalls rechtlich möglich ist, ein eigenes Vertriebsnetz aufzubauen.[118]

101 Die Zugangsverweigerung zu der betreffenden Einrichtung muss darüber hinaus geeignet sein, **jeglichen Wettbewerb auf dem nachgelagerten Markt** durch denjenigen, der die Dienstleistung begehrt, auszuschalten. Dies wäre etwa dann der Fall, wenn der fehlende Zugang zur Schnittstelle für die Anbindung an ein marktbeherrschendes Betriebssystem jeglichen Wettbewerb auf dem diesem Vertriebssystem nachgelagerten Softwaremarkt ausschließt.[119]

102 Zudem darf die Zugangsverweigerung nicht **sachlich gerechtfertigt** sein.[120] Als Rechtfertigungsgründe kommen insbesondere Kapazitätsengpässe des Inhabers der Einrichtung bzw. des Netzes in Betracht. Ihm obliegt grundsätzlich selbst die Auslastungssteuerung und Kapazitätenplanung. Auch das Kartellrecht kann ihn nicht zwingen, Dritten Kapazitäten einzuräumen, wenn die vorhandenen Kapazitäten bereits durch ihn selbst belegt sind.

---

116 Europ. Kommission, Beschl. v. 24.3.2004, Fall COMP/C-3/37.792 = WuW 2004, 673 – *Microsoft*. Die Kommission verpflichtete Microsoft, die Schnittstellenprotokolle der eigenen Serversoftware anderen Herstellern von Software zur Verfügung zu stellen, damit diese ihre Programme so gestalten können, dass sie mit Microsoftservern kommunizieren können, zu diesen also kompatibel sind, und zu den Programmen von Microsoft in Wettbewerb treten können.

117 Zu den Einzelheiten Immenga/Mestmäcker/*Fuchs*/*Möschel*, Deutsches Wettbewerbsrecht, § 19 GWB, Rn 319 und 322.

118 EuGH, Urt. v. 26.11.1998, Rs. C-7/97 = NJW 1999, 2259, 2262 – *Bronner*.

119 Europ. Kommission, Beschl. v. 24.3.2004, Fall COMP/C-3/37.792 = WuW 2004, 673 – *Microsoft*, bestätigt durch EuG, Urt. v. 17.9.2007, Rs. T-201/04 = WuW/E 1301, 1315 ff.

120 EuGH, Urt. v. 26.11.1998, Rs. C-7/97 = NJW 1999, 2259, 2262 – *Bronner*.

Kapitel 3
Haftung von Unternehmen und Verbänden

A. Grundlagen

Wird von der kartellrechtlichen „Haftung" gesprochen, sind stets zwei wichtige Differenzierungen zu beachten: 1

Die eine Abgrenzung betrifft die Unterscheidung zwischen dem **Kartellordnungswidrigkeitenrecht** und dem **Kartellzivilrecht**. Ein Vergleich mit dem Strafrecht mag helfen: Neben einer Strafverfolgung durch die Staatsanwaltschaft sind zivilrechtliche Ansprüche von Nebenklägern nicht ausgeschlossen. Auch im Kartellrecht können Abnehmer und Wettbewerber kartellbeteiligter Unternehmen Unterlassungs- und Schadensersatzansprüche unabhängig von der Verhängung von Bußgeldern durch die Kartellbehörden geltend machen. 2

Die andere Abgrenzung bezieht sich auf die **Haftung des Unternehmens gegenüber Außenstehenden** (Kartellbehörden, Konkurrenten, Geschäftspartner, Kunden) neben der **Haftung kartellbeteiligter Unternehmensmitarbeiter gegenüber ihrem eigenen Unternehmen** im Innenverhältnis. Es ist inzwischen gängige Praxis, dass ein Unternehmen zunächst im Außenverhältnis in Anspruch genommen wird und sich die geforderte Bußgeld- oder Schadensersatzsumme nachträglich im Wege des Regresses von seinen kartellbeteiligten Mitarbeitern „zurückholt". 3

B. Verantwortlichkeit für kartellrechtskonformes Verhalten

Der europäische Gesetzgeber hat im Jahr 2003 entschieden, das Kartellrisiko ausschließlich den handelnden Marktteilnehmern aufzuerlegen. Unternehmen sind daher zu einer Selbsteinschätzung („**Selbstveranlagung**") verpflichtet. Sie müssen selbst entscheiden, ob ihr Verhalten kartellrechtskonform ist oder nicht. Auch im deutschen Kartellrecht liegt die kartellrechtliche Vorab-Einschätzung ausschließlich im Verantwortungsbereich der handelnden Unternehmen. Begeht ein Mitglied der Unternehmensleitung einen Kartellrechtsverstoß, haftet das Unternehmen für dessen **aktives** Tun. Handelt ein Mitarbeiter kartellrechtswidrig und hat die Unternehmensleitung nicht alles Erforderliche getan, um ein entsprechendes Verhalten zu vermeiden, haftet das Unternehmen für das **Unterlassen** hinreichender Organisationsmaßnahmen durch die Unternehmensleitung („**Organisationsverschulden**"). 4

https://doi.org/10.1515/9783110550542-003

I. Rechtliche Selbsteinschätzung ist Pflicht

5 Im deutschen und Europäischen Kartellrecht gilt der Grundsatz der Selbstveranlagung, d.h. **jede natürliche Person, jedes Unternehmen und jeder Verband muss selbst abschätzen, ob ein bestimmtes Verhalten kartellrechtskonform ist oder nicht.**[1]

6 Für die Einschätzung sind die geltende Gesetzeslage, die Rechtsprechung und die Handreichungen durch die Kartellbehörden heranzuziehen. Der Grundsatz der Selbstveranlagung gilt auch für Nichtjuristen. Fehlt es einem Unternehmensmitarbeiter an Kenntnissen im Kartellrecht, so ist er vor der Vornahme rechtsverbindlicher Handlungen verpflichtet, Rechtsrat bei einem fachlich spezialisierten Juristen einzuholen.

II. Hohe Anforderungen an Entschuldigungsgründe

7 Ein **entschuldbarer Verbotsirrtum**, d.h. der Einwand, der betreffende Mitarbeiter habe nicht gewusst oder habe nicht wissen können, dass sein Handeln rechtswidrig war, liegt nur in den wenigsten Fällen vor.

8 Im **deutschen Kartellrecht** ist ein Rechtsirrtum nur dann entschuldigt, wenn der Handelnde schon die bloße **Rechtsunsicherheit trotz sorgfältiger Prüfung nicht erkennen** konnte oder wenn ihm auch unter Berücksichtigung der schutzwürdigen Interessen des anderen Teils nicht zugemutet werden kann, eine Klärung der Rechtsfrage herbeizuführen.[2] Diese hohen Voraussetzungen werden aber im Geschäftsalltag **faktisch nie** überwunden. Bereits bei einem Handeln in einer vermeintlichen rechtlichen „Grauzone" geht die Rechtsprechung regelmäßig davon aus, dass der betreffende Mitarbeiter die rechtlichen Unwägbarkeiten erkennen musste.[3] Dabei gab es – jedenfalls in den veröffentlichten Entscheidungen deutscher Gerichte – noch keinen Fall, in dem es für den betreffenden Mitarbeiter als unzumutbar angesehen wurde, zunächst zur Rechtsabteilung oder zu einem Rechtsanwalt Kontakt aufzunehmen, um die Kartellrechtskonformität seines geplanten Vorgehens abzuklären.

! **Fettnapf**
Die häufigsten Ausreden bei Kartellrechtsverstößen lauten: „Ich habe nicht gewusst, dass das Verhalten nicht zulässig war, denn ich bin ja kein Jurist" und „Das ist ein ganz normales Verhalten im Markt – jeder in der Branche macht das so".

---

1 Zum deutschen Kartellrecht vgl. *Bechtold*, GWB, § 2 GWB Rn 5; zum Europäischen Recht vgl. Immenga/Mestmäcker/*Dannecker*/*Biermann*, EU-WettbewerbsR, Art. 23 VO 1/2003 Rn 87.

2 BGH, Urt. v. 16.12.1986, Az. KZR 36/85 = WuW/E BGH 2341 (2345) – *Taxigenossenschaft*.

3 Vgl. OLG Düsseldorf, Urt. v. 13.11.2013, Az. VI-U (Kart) 11/13 = NZKart 2014, 68 (70 f.) – *Fachhandelsvereinbarung Sanitär*.

Beide Argumente werden von den Kartellbehörden und Gerichten **nicht** als Entschuldigungsgrund anerkannt und verschonen somit weder den Mitarbeiter noch das Unternehmen vor der Verhängung eines Bußgelds.

Ein Hinweis an die Mitarbeiter, dass bei rechtlichen Unsicherheiten **vor einer rechtsverbindlichen Handlung stets Rechtsrat einzuholen** ist, ist aus Unternehmenssicht dringend geboten. Zwar kann selbst ein Gutachten eines im Kartellrecht spezialisierten Rechtsanwalts oder Akademikers das Unternehmen nicht vollständig von seiner kartellrechtlichen Verantwortung „freizeichnen". Allerdings können die Kartellbehörden im Rahmen ihres Rechtsfolgenermessens von einer Geldbuße absehen oder zumindest die Höhe der Geldbuße reduzieren, wenn sich ein Unternehmen vorab zur kartellrechtlichen Bewertung bestimmter Verhaltensweisen hat beraten lassen und der im Kartellrecht spezialisierte Jurist zu dem nachvollziehbaren Ergebnis gekommen ist, dass das Verhalten kartellrechtlich unbedenklich oder jedenfalls verteidigbar ist. 9

Der wichtigste Aspekt in diesem Zusammenhang ist häufig, die **Hemmschwelle** von Unternehmensmitarbeitern zu überwinden, überhaupt Rechtsrat einzuholen. Jedem Mitarbeiter muss bewusst sein, dass es kein Zeichen von Schwäche, sondern vielmehr zwingend ist, mit dem Abschluss eines Vertrags oder einer Entscheidung über ein bestimmtes Vorgehen zu warten, solange die Inhalte nicht als kartellrechtlich unbedenklich bewertet wurden. 10

Es empfiehlt sich, diesen Hinweis in unregelmäßigen Abständen zu wiederholen und stets zu dokumentieren. Ein Abstellen auf einen „gegebenen Anlass" kann in psychologischer Hinsicht Wunder wirken, da der Hinweis dann wesentlich ernster genommen wird als wenn er lediglich abstrakt verfasst wird. 11

Beispiel

Liebe Kolleginnen und Kollegen,

aus gegebenem Anlass möchten wir ***dringend*** *darauf hinweisen, dass* ***im Fall rechtlicher Unsicherheiten*** *jeder Mitarbeiter verpflichtet ist, <u>vor</u> der Abgabe mündlicher oder schriftlicher rechtlich relevanter Erklärungen* ***stets die Rechtsabteilung zu konsultieren.*** *In der Vergangenheit sind mehrfach Fälle aufgetreten, in denen Mitarbeiter „auf eigene Faust" gehandelt haben, was für das Unternehmen erhebliche rechtliche Risiken und enorme Mehrkosten eingebracht hat.*
Denken Sie daran, dass Sie gerade als Nichtjurist bestimmte Situationen rechtlich nicht einschätzen können. Auch ohne juristische Kenntnisse sind Sie ***verpflichtet, sich an die gesetzlichen Regelungen zu halten.*** *Scheuen Sie daher nicht davor zurück, unsere Experten zu fragen. Nur auf diese Weise können wir sicherstellen, dass unser Unternehmen keinen Schaden nimmt.*
Beachten Sie diese Verpflichtung unbedingt. Im Falle künftiger Verstöße ist unser Unternehmen verpflichtet, ***disziplinarische Maßnahmen*** *zu ergreifen.*

Mit freundlichen Grüßen

Arndt
Geschäftsführer

12 Im **Europäischen Kartellrecht** sind die Anforderungen an die Anerkennung eines entschuldigten Verbotsirrtums noch höher. Hier gilt der Entschuldigungsgrund nur, wenn die **zuständige Kartellbehörde eine präzise Zusicherung** gegeben hat, dass ein bestimmtes Handeln kartellrechtskonform ist.[4] Die deutschen und europäischen Kartellbehörden geben jedoch in der jüngeren Vergangenheit kaum mehr verbindliche Auskünfte zur rechtlichen Vorabeinschätzung bestimmter Verhaltensweisen. Es bleibt den Unternehmen folglich nur übrig, selbst Vorkehrungen zur möglichst weitreichenden Vermeidung von Kartellrechtsverstößen ihrer Führungskräfte und Angestellten zu treffen. Unternehmen mit effektiver Compliance-Struktur bieten ihren Mitarbeitern daher insbesondere **Schulungen für juristische Laien, Kartellrechts-Leitfäden mit spezifischen Handlungsanweisungen und Ansprechpartner bei Fragen zum richtigen Verhalten in kartellrechtlich „kritischen" Situationen im Geschäftsverkehr** an, um auf diese Weise das Problembewusstsein zu schärfen.[5] Derartige Compliance-Maßnahmen entfalten neuerdings selbst dann einen finanziellen Nutzen für das Unternehmen, wenn es zu einem Rechtsverstoß gekommen ist: Im Jahr 2017 hat der Bundesgerichtshof erstmals geurteilt, dass ein effektives Compliance Management System bei der Berechnung einer Unternehmensgeldbuße bußgeldmindernd zu berücksichtigen ist.[6]

C. Verantwortlichkeit von Unternehmen und ihren Mitarbeitern

13 Das Kartellrecht bezieht sich zunächst nur auf die Verhaltenspflichten von Unternehmen und Unternehmensvereinigungen (Verbände). Als **„Unternehmen"** im Sinne des Kartellrechts ist jede eine wirtschaftliche Tätigkeit ausübende Einheit, unabhängig von ihrer Rechtsform und der Art ihrer Finanzierung, anzusehen.[7] Die Unternehmenseigenschaft wird daher durch jede selbständige Tätigkeit im geschäftlichen Verkehr begründet, die auf den Austausch von Waren oder gewerblichen Leistungen gerichtet ist, und sich nicht auf die Deckung des privaten Lebensbedarfs beschränkt.[8] Auf eine Gewinnerzielungsabsicht kommt es nicht an. Unternehmen im kartellrechtlichen Sinne können somit auch Einzelkaufleute, Finanzinvestoren oder Vereine sein. Maßgeblich ist stets, dass die Ausübung einer wirtschaftlichen Tätigkeit im Mittelpunkt steht.[9]

14 Das Kartellrecht bezieht auch die **Unternehmensmitarbeiter** in die Bußgeldhaftung ein. *Neben* der Geldbuße für das Unternehmen kann auch gegen kartellbe-

4 EuGH, Urt. v. 18.6.2013, Rs. C-681/11, Rn 41 = NJW 2013, 3083 (3085) – *BWB/Schenker*.
5 Näher dazu *Hauschka/Moosmayer/Lösler*, Corporate Compliance, § 26 Rn 74 ff.
6 BGH, Urt. v. 9.5.2017, Az. 1 StR 265/16, Rn 118 = WuW 2017, 456 (457).
7 EuGH, Urt. v. 19.2.2002, Rs. C-309/99 = NJW 2002, 877 (878) – *Wouters*.
8 BGH, Urt. v. 6.11.2013, Az. KZR 58/11 = NZKart 2014, 31 (31) – *VBL-Gegenwert*.
9 Dazu bereits im Einzelnen Kap. 1 Rn 12.

teiligte oder aufsichtspflichtige Mitarbeiter ein persönliches Bußgeld verhängt werden. So sieht etwa im deutschen Kartellrecht § 81 Abs. 4 Satz 1 GWB ausdrücklich die Verhängung einer Geldbuße i.H.v. bis zu EUR 1 Mio. gegenüber Personen vor, die nicht Unternehmen oder Unternehmensvereinigung nach § 81 Abs. 4 Satz 2 GWB sind. Im Europäischen Kartellrecht sind zwar nur die Unternehmen selbst Adressat der Bußgeldhaftung. Die Unternehmensmitarbeiter können hier aber nach § 33 Abs. 3 GWB auf dem Zivilrechtsweg im Rahmen von Schadensersatzklagen in Anspruch genommen werden.

Nach der Rechtsprechung des EuG haften Unternehmen zudem für Kartellrechts- 15
verstöße ihrer **Handelsvertreter**, wenn diese aufgrund ihres Außenauftritts als „verlängerter Arm" ihres Auftraggebers (Prinzipal) anzusehen sind. Eine Haftungszurechnung komme immer dann in Betracht, wenn es sich um ein „echtes" Handelsvertreterverhältnis handelt. Dafür kommt es auf zwei Kriterien an: Zum einen darf der Handelsvertreter kein eigenes wirtschaftliches Risiko tragen und zum anderen muss der Handelsvertreter ausschließlich oder fast ausschließlich für den Hersteller tätig sein und darf somit nicht in erheblichem Umfang als Eigenhändler auf dem relevanten Markt tätig sein.[10] Weder die fehlende Kenntnis des Unternehmens von dem Kartellrechtsverstoß des Handelsvertreters, noch die Tatsache, dass der Handelsvertreter auch für andere Unternehmen tätig ist, hindern nach Auffassung des EuG die Haftungszurechnung für das Verhalten des Handelsvertreters. Diese strenge Auffassung zielt vor allem ergebnisorientiert darauf ab, ein „Outsourcing" von Kartellrechtsverstößen zu vermeiden.

Die kartellrechtliche Verantwortlichkeit von Unternehmen und ihren Mitarbeitern 16
beginnt nicht erst mit einem Kartellrechtsverstoß. Sie umfasst immer auch den Umgang mit Haftungsrisiken **vor** der Begehung etwaiger Kartellrechtsverstöße. Dieser Bereich vorbeugender Maßnahmen wird unter dem Begriff **„Compliance"** zusammengefasst und betrifft alle erforderlichen Maßnahmen der Geschäftsleitung und nachgeordneter Verantwortlicher zur Vermeidung von Rechtsverstößen im Unternehmen. Entsprechend der oben genannten Rechtsprechung des EuGH sind auch Handelsvertreter in Compliance-Maßnahmen von Unternehmen (insbesondere Schulungen zur Vermeidung von Kartellrechtsverstößen) einzubeziehen.

I. Verantwortlichkeit für vorbeugende Maßnahmen zur Vermeidung kartellrechtlicher Risiken (Compliance)

Schon im Vorfeld möglicher Kartellrechtsverstöße kann für die Unternehmenslei- 17
tung eine Pflicht zur Vermeidung kartellrechtswidriger Handlungsweisen bestehen.

10 EuG, Urt. v. 15.7.2015, Az. T-418/10 = NZKart 2015, 345 – *Voestalpine*.

Bereits bloßes Nichtstun reicht für die Verhängung einer Geldbuße aus, wenn die Unternehmensleitung durch ihr Nichtstun einen Rechtsverstoß geschehen lässt, obwohl sie ihn durch geeignete Vorkehrungen hätte abwenden können. Trifft die Unternehmensleitung keine hinreichenden **Präventions- und Kontrollmaßnahmen** zur Verhinderung von Kartellrechtsverstößen, macht sie sich unter Umständen schadensersatzpflichtig und im Einzelfall sogar strafbar. Eine – jedenfalls teilweise – Enthaftung der Unternehmensleitung ist nur möglich, wenn sie ihren Überwachungs- und Kontrollpflichten selbst nachkommt oder diese Aufgaben auf eine oder mehrere zuverlässige Personen mit eindeutig zugewiesenen Kompetenzen und regelmäßigen Berichtspflichten an die Unternehmensleitung delegiert. Geeignete Vorkehrungen zur Vermeidung von Kartellrechtsverstößen sind üblicherweise **Compliance-Schulungen** sowie **Verhaltens- und Kommunikationsleitfäden** zu Situationen im Geschäftsalltag, in denen es typischerweise zu Kartellrechtsverstößen kommt. Infolge der neuen EuG-Rechtsprechung zur Mithaftung des Auftraggebers für das Verhalten von Handelsvertretern[11] sollten nicht nur die Unternehmensmitarbeiter selbst, sondern auch Handelsvertreter und vergleichbare Vermittler (nicht jedoch Vertragshändler) zur Teilnahme an einer Compliance-Schulung zum Kartellrecht verpflichtet werden.

18 Das Landgericht München I hat ein Vorstandsmitglied wegen mangelnder Vorkehrungsmaßnahmen zur Verhinderung von Rechtsverstößen im Unternehmen (§§ 93 Abs. 2, 76 Abs. 1, 91 Abs. 2 AktG) zu **Schadensersatz** i.H.v. EUR 15 Mio. verurteilt. Die Feststellungen des Gerichts, die sich im Wesentlichen auf Bestechungsstraftaten bezogen, sind ohne weiteres auf das Kartellrecht übertragbar. Hiernach muss der Vorstand im Rahmen der **Legalitätspflicht** dafür Sorge tragen, dass das Unternehmen so organisiert und beaufsichtigt wird, dass keine Gesetzesverletzungen stattfinden. Dieser Maßstab gilt nicht nur für Aktiengesellschaften, sondern auch im GmbH-Recht. Die Organisations- und Überwachungspflicht trifft daher im Rahmen der allgemeinen Sorgfaltspflicht nach § 43 Abs. 1 GmbHG gleichermaßen auch die Geschäftsführung.[12] Kommen die Mitglieder des Vorstands bzw. der Geschäftsführung ihrer **Organisationspflicht** nicht nach, machen sie sich unter Umständen schadensersatzpflichtig gegenüber der Gesellschaft. Seiner Organisationspflicht genügt der Vorstand bzw. Geschäftsführer bei entsprechender Gefährdungslage nur dann, wenn er eine auf **Schadensprävention** und **Risikokontrolle** angelegte **Compliance-Organisation** einrichtet. Um die getroffenen Maßnahmen effektiv abzusichern, sind insbesondere die folgenden Grundsätze zu beachten:[13]

---

11 EuG, Urt. v. 15.7.2015, Az. T-418/10 = NZKart 2015, 345 – *Voestalpine*.

12 *Beckmann*, GmbHR 2014, R113 (R113 f.); näher *U.H. Schneider*, in: Scholz, GmbHG, § 43 GmbHG Rn 2.

13 LG München I, Urt. v. 10.12.2013, Az. 5 HK O 1387/10 = NZG 2014, 345 (347 ff.), n. rkr.

- Das für Compliance verantwortliche Vorstandsmitglied ist verpflichtet, sich in regelmäßigen Abständen darüber in Kenntnis setzen zu lassen, welche Ergebnisse interne Ermittlungen brachten, ob personelle Konsequenzen gezogen worden sind und vor allem, ob und wie ein dahinterstehendes System bekämpft wird.
- Die mit der Überwachung der Compliance-Vorgaben beauftragten Personen müssen hinreichende Befugnisse haben, Konsequenzen aus Verstößen zu ziehen.
- Der Gesamtvorstand ist verpflichtet, zu überprüfen, ob das implementierte System geeignet ist, Verstöße gegen zwingendes Gesetzesrecht zu unterbinden.

Bestehen bereits konkrete Anhaltspunkte für die Begehung einer Straftat im Unternehmen, kann sich die Unternehmensleitung oder eine von ihr mit der Überwachung rechtskonformen Handelns beauftragte Person im Falle fehlenden Einschreitens sogar selbst **strafbar** machen. Im Bereich des Kartellrechts kommt eine Strafbarkeit nach § 298 StGB wegen Submissionsbetrugs, d.h. Absprachen zwischen Wettbewerbern im Vorfeld einer Ausschreibung, in Betracht. Voraussetzung für eine Strafbarkeit wegen Unterlassens vorbeugender Maßnahmen ist eine **„Garantenstellung“** nach § 13 StGB. Die Garantenstellung kann für Geschäftsleiter, nachgeordnete Führungsebenen und Compliance-Beauftragte bestehen, wenn ihr gesetzlicher oder vertraglicher Pflichtenkreis darauf gerichtet ist, Taten zu verhindern, die aus dem Unternehmen heraus begangen werden. Der BGH hat bislang die Strafbarkeit eines Compliance-Verantwortlichen im Zusammenhang mit einem Betrugssachverhalt bejaht.[14] Diese Rechtsprechung ist aber auf die Beteiligung an einer kartellrechtlichen Ordnungswidrigkeit nach § 81 GWB durch **Unterlassen hinreichender Verhinderungsmaßnahmen nach § 8 OWiG** ohne weiteres übertragbar.[15] 19

Im Ordnungswidrigkeitenrecht kann einem Unternehmensleiter oder sonstigen Compliance-Verantwortlichen zudem der Vorwurf einer **Aufsichtspflichtverletzung** nach § 130 OWiG gemacht werden, wenn er konkrete Anhaltspunkte für die Begehung eines Kartellrechtsverstoßes im Unternehmen hatte und nichts unternahm, um die Umsetzung des Verstoßes zu verhindern. Das Bundeskartellamt darf gegen den Aufsichtspflichtigen ein Bußgeld i.H.v. bis zu EUR 1 Mio. verhängen. 20

Grundsätzlich kann die Aufsichtspflicht in **fünf Stufen**[16] unterteilt werden: 21

1. Stufe: Sorgfältige Auswahl von Mitarbeitern und Aufsichtspersonen
2. Stufe: Lückenlose Organisation und Verteilung der Aufsichtsmaßnahmen

14 BGH, Urt. v. 17.7.2009, Az. 5 StR 394/08 = NJW 2009, 3172 (3175).
15 Vgl. *Raum*, CCZ 2012, 197 (197); *Warneke*, NStZ 2010, 312 (317).
16 *Thomas*, in: Kartmann/Ronellenfitsch, Compliance – eine besondere Form der Rechtstreue, S. 29 (37f.).

3. Stufe: Aufklärung der Mitarbeiter über Aufgaben und Pflichten im Rahmen von Schulungen und Leitfäden mit konkreter Verhaltensanweisung
4. Stufe: Überwachung und Kontrolle der Mitarbeiter durch Stichproben
5. Stufe: Konsequentes Einschreiten gegen Rechtsverstöße

22 Der **Umfang der Verantwortlichkeit** im konkreten Fall ergibt sich regelmäßig aus dem jeweiligen Anstellungsvertrag im Unternehmen. Liegt keine Einschränkung vor, erstreckt sich die Garantenpflicht zwar sachlich nur auf den eigenen Geschäftsbereich, aber auf jegliche Art rechtlicher Risiken, die von Geschäften im jeweiligen Zuständigkeitsbereich ausgehen. Dies betrifft neben Betrugs-, Korruptions- und Umweltdelikten klassischerweise auch das Kartellrecht.[17]

II. Verantwortlichkeit nach Begehung eines Kartellrechtsverstoßes

23 Ergeben sich – etwa im Rahmen eines internen Compliance-Audits oder aufgrund des Hinweises eines Mitarbeiters – Anhaltspunkte dafür, dass ein Unternehmensmitarbeiter einen Kartellrechtsverstoß begangen hat, stellt sich die Frage nach den **Handlungspflichten der Unternehmensleitung** (hierzu nachfolgend **1.**).

24 Wird der Kartellrechtsverstoß hingegen durch eine Kartellbehörde aufgedeckt, stellt sich die Frage, wer wegen des Kartellrechtsverstoßes **haftet.**

25 Zu unterscheiden ist hier zwischen dem **Außenverhältnis** im Rahmen der Bußgeldhaftung des Unternehmens (hierzu nachfolgend **2.**), der persönlichen Bußgeldhaftung von Unternehmensmitarbeitern (**3.**), der Strafbarkeit bestimmter wettbewerbsbeschränkender Verhaltensweisen (**4.**) und Schadensersatzpflichten des kartellbeteiligten Unternehmens und seiner Mitarbeiter gegenüber geschädigten Unternehmen und Verbrauchern (**5.**).

26 Ein weiterer Aspekt der Haftung betrifft das **Innenverhältnis** zwischen Mitarbeitern und dem Unternehmen, d.h. die Frage, inwieweit die Mitarbeiter wegen begangener Kartellrechtsverstöße gegenüber ihrem eigenen Unternehmen zum Regress (Schadensersatz) verpflichtet sein können (hierzu nachfolgend **6.**).

1. Handlungspflichten bei Anhaltspunkten für einen Kartellrechtsverstoß im Unternehmen

27 Zeigen sich in einem Unternehmen Anhaltspunkte für die Begehung eines Kartellrechtsverstoßes, ist die Unternehmensleitung verpflichtet, entsprechenden **Hinweisen nachzugehen** und etwaiges kartellrechtswidriges Verhalten **unverzüglich ab-**

17 Für die Einzelheiten der zu beachtenden Vorsichtsmaßnahmen und Optionen für den Aufbau eines effektiven Compliance-Systems sei auf Kap. 9 Rn 72ff. verwiesen.

zustellen. Die Unternehmensleitung hat keinen Ermessensspielraum in Bezug auf die Beendigung des Kartellrechtsverstoßes, da sich der gesetzlich zugewiesene unternehmerische Entscheidungsspielraum nach der Wertung des § 93 Abs. 1 Satz 2 AktG („Business judgment rule") nicht auf die Duldung rechtswidrigen Verhaltens erstreckt.[18]

Der Unternehmensleitung verbleibt jedoch ein Ermessensspielraum darüber, ob 28 sie im Fall eines Kartells einen **Kronzeugenantrag** gegenüber einer Kartellbehörde stellt oder ob sie den Kartellrechtsverstoß ohne Offenlegung des Sachverhalts gegenüber den Kartellbehörden beendet. Eine gesetzliche Offenbarungspflicht gegenüber den Kartellbehörden besteht nicht. In aller Regel empfiehlt es sich jedoch, so weit wie möglich von Kronzeugenregelungen[19] Gebrauch zu machen, da das Unternehmen in diesem Fall eine vollständige oder teilweise Bußgeldbefreiung erlangen kann und einer Offenlegung des Kartells durch andere Beteiligte zuvorkommt. Nur im Einzelfall dürften weitere drohende Konsequenzen von Kartellrechtsverstößen – so etwa Schadensersatzforderungen, Teilnahmesperren in Vergabeverfahren und Reputationsverluste – die Vorteile einer Inanspruchnahme der Kronzeugenregelung überwiegen.

Praxistipp

Nicht für **alle** Arten von Kartellrechtsverstößen kann eine Bußgeldbefreiung durch Offenlegung des vollständigen Sachverhalts bei den Kartellbehörden erlangt werden. Die Kronzeugenregelungen der Europäischen Kommission und einzelner nationaler Kartellbehörden greifen ihrem Wortlaut nach **nur bei Kartellabsprachen zwischen Wettbewerbern** ein. Eine Befreiung von der Bußgeldhaftung kommt daher nur dann in Betracht, wenn derartige Verstöße im Horizontalverhältnis wie etwa Absprachen über die Festsetzung von Preisen oder Absatzquoten, oder über die Aufteilung von Märkten und Submissionsabsprachen gegenüber den Kartellbehörden offengelegt werden. Zu einer analogen Anwendung der Kronzeugenregelung auf andere Verstöße sind die Kartellbehörden nicht verpflichtet. Sie können diese vielmehr trotz „freiwilliger" Offenbarung mit hohen Geldbußen ahnden. Insbesondere vor der leichtfertigen Offenlegung von Kartellrechtsverstößen im Vertikalverhältnis sei daher gewarnt. Weder die Einwirkung von Herstellern auf Verkaufspreise des Handels (Preisbindung zweiter Hand) noch der Missbrauch einer marktbeherrschenden Stellung sind von den Kronzeugenregelungen erfasst.

Was ebenfalls gern vergessen wird: Die Kronzeugenregelungen gelten **nur für den geographischen Zuständigkeitsbereich der jeweiligen Kartellbehörde** – Kartellrechtsverstöße finden aber häufig im Zuständigkeitsbereich mehrerer Kartellbehörden statt. Oftmals sind daher parallel Kronzeugenanträge gegenüber mehreren Kartellbehörden zu stellen. Da in vielen Fällen nicht von vornherein klar ist, ob es sich um einen Sachverhalt mit rein nationaler oder grenzüberschreitender Auswirkung handelt, ist gegebenenfalls auch eine parallele Antragstellung an die nationalen Kartellbehörden und die Europäische Kommission erforderlich.

---

18 Begr. zum RegE UMAG, BT-Drucks. 15/5092, S. 11; MünchKommAktG/*Spindler*, § 93 Rn 45.

19 So insb. Europ. Kommission, Mitteilung über den Erlass und die Ermäßigung von Geldbußen in Kartellsachen, ABl C 298 v. 8.12.2006; BKartA, Bekanntmachung Nr. 9/2006 vom 7.3.2006 über den Erlass und die Reduktion von Geldbußen in Kartellsachen (Bonusregelung).

29 Nimmt ein Unternehmen die Kronzeugenregelung im Falle eines Kartells nicht rechtzeitig in Anspruch oder greift die Kronzeugenregelung für die konkrete Art des Kartellrechtsverstoßes nicht ein, droht die Verhängung eines Bußgelds gegen das Unternehmen und gegebenenfalls auch gegen einzelne Mitarbeiter.

2. Verhängung von Geldbußen gegen Unternehmen

30 Nach **Europäischem Kartellrecht** kann die zuständige Kartellbehörde gegen Unternehmen, deren Mitarbeiter gegen das Kartellrecht verstoßen haben, gem. Art. 23 Abs. 2 Satz 2 VO 1/2003 ein Bußgeld in Höhe von bis zu 10% des Konzernumsatzes im vorangegangenen Geschäftsjahr verhängen. Das Unternehmen muss nicht zur Erreichung sämtlicher Ziele, die die anderen Kartellbeteiligten verfolgten, beigetragen haben. Es genügt bereits die Teilnahme an einzelnen kartellrechtswidrigen Handlungen.[20]

31 Auch nach **deutschem Kartellrecht** kann die zuständige Kartellbehörde gem. § 81 Abs. 1, Abs. 2 i.V.m. Abs. 4 Satz 2 GWB i.V.m. § 30 OWiG ein Bußgeld gegen ein kartellbeteiligtes Unternehmen in Höhe von bis zu 10% des Konzernumsatzes in dem Geschäftsjahr, das der Bußgeldentscheidung voranging, verhängen. Auch hier ist grundsätzlich schon die erfolgsursächliche Beteiligung an einzelnen Bestandteilen eines Kartellrechtsverstoßes ausreichend, um Adressat eines Bußgeldbescheids zu werden.

a) Grundsätze der Bußgeldhaftung von Unternehmen

32 Die Gründe für die Verhängung von Geldbußen gegen Unternehmen wegen eines Kartellrechtsverstoßes sind vielfältig. „Schlupflöcher“ gibt es auf der Tatbestandsebene kaum mehr. Sind Unternehmensmitarbeiter **aktiv** an einem Kartellrechtsverstoß beteiligt, löst dies eine Bußgeldhaftung des Unternehmens aus. Auch die **passive** Beteiligung an einem Kartellrechtsverstoß durch bloße Anwesenheit eines Mitarbeiters während der Besprechung wettbewerbsbeschränkender Verhaltensweisen kann zur Verhängung einer Geldbuße gegen sein Unternehmen führen. Nur wenn sich der Unternehmensmitarbeiter offen von dem kartellrechtswidrigen Verhalten distanziert (etwa durch ausdrückliche Erklärung und Verlassen des Raumes) oder den Kartellrechtsverstoß bei den zuständigen Kartellbehörden angezeigt hat, wird seine Anwesenheit nicht als stillschweigende Billigung oder Gutheißen des kartellrechtlich unzulässigen Verhaltens angesehen.[21] Auch bloße **Beratungs- oder Organisationsleistungen**, so etwa durch einen Unternehmensberater, Rechtsanwalt oder Informationenmittler, können zur Verhängung einer Geldbuße gegen das

---

20 EuGH, Urt. v. 6.12.2012, Rs. C-441/11 P, Rn 43 ff. – *Coppens*.

21 EuGH, Urt. v. 7.2.2013, Rs. C-68/12, Rn 27 – *Slovakische Banken*.

Beratungsunternehmen führen – und zwar auch dann, wenn es auf dem kartellbetroffenen sachlich relevanten Markt nicht tätig ist und seinen Sitz außerhalb des räumlich relevanten Markts hat.[22]

aa) Bußgeldhaftung im Europäischen Kartellrecht

Nach der Rechtsprechung des EuGH haftet die **Muttergesellschaft** für Kartellrechtsverstöße ihrer Tochtergesellschaften gegen EU-Kartellrecht, wenn die betreffende Tochtergesellschaft ihr Marktverhalten im Wesentlichen nach den Weisungen der Mutter ausrichtet (**„Konzernhaftung“**).[23] Der Muttergesellschaft wird ein Kartellrechtsverstoß ihrer Tochtergesellschaft zugerechnet, wenn die Mutter- und die Tochtergesellschaft Teil einer **„wirtschaftlichen Einheit“** sind. 33

Von einer solchen wirtschaftlichen Einheit ist nach der Rechtsprechung des EuGH auszugehen, wenn die Tochtergesellschaft ihr Marktverhalten nicht autonom bestimmen kann.[24] Dies setzt voraus, dass 34
- eine enge **kapitalmäßige Verflechtung** zwischen Mutter- und Tochtergesellschaften vorliegt, die auch auf weitere Tochtergesellschaften durchschlägt und auch zwischen diesen eine Verflechtung herstellt,
- tatsächlich eine **einheitliche Leitung über die kartellbeteiligten Unternehmen und weitere Tochtergesellschaften** ausgeübt wird und
- das kartellrechtswidrige Verhalten unter dem **Einflussbereich** der einheitlichen Leitung erfolgt ist.[25]

Erforderlich ist somit, dass die Muttergesellschaft einen bestimmenden Einfluss auf das Verhalten ihrer Tochter nicht nur ausüben kann, sondern auch tatsächlich ausübt. Letzteres wird widerleglich **vermutet**, wenn die Muttergesellschaft eine 100%-ige Beteiligung am Kapital der Tochter hält.[26] Im Übrigen werden als Indizien für die tatsächliche Beherrschung sämtliche Gesichtspunkte im Zusammenhang mit den wirtschaftlichen, organisatorischen und rechtlichen Verbindungen der Tochter zur Mutter herangezogen. Reichen diese Indizien für die Annahme einer tatsächlichen Beherrschung durch die Muttergesellschaft aus, darf die Europäische Kommission ein Bußgeld gegen die Muttergesellschaft verhängen – und zwar unabhängig davon, ob die Mutter von dem Kartellrechtsverstoß ihrer Tochter wusste oder selbst in das Verhalten verstrickt war. 35

---

22 EuG, Urt. v. 8.7.2008, Rs. T-99/04, Rn 129ff. – *AC Treuhand AG*.
23 St. Rspr. seit EuGH, Urt. v. 14.7.1972, Slg. 1972, 619, Rn 133 – *ICI/Kommission*.
24 EuGH, Urt. v. 10.9.2009, Rs. C-97/08 P, Rn 58 – *Akzo Nobel*.
25 EuGH, Urt. v. 16.11.2000, Rs. C-286/98, Rn 80 – *Stora*.
26 EuGH, Urt. v. 11.7.2013, Rs. C-440/11 P, Rn 40 – *Kommission/Stichting Administratiekantoor Portielje*.

36 Die Europäische Rechtsprechung stellt somit für die Haftungszurechnung nicht allein auf das Vorliegen einer wirtschaftlichen Verbindung zwischen mehreren Gesellschaften, sondern auf die Weisungsgebundenheit einer Gesellschaft (typischerweise Tochtergesellschaft) gegenüber einer anderen Gesellschaft (typischerweise Konzernmutter) ab.[27] Die bußgeldrechtliche Zurechnung des Verhaltens von Schwestergesellschaften ist daher regelmäßig ausgeschlossen, da es hier typischerweise an der Gebundenheit der einen Gesellschaft an Weisungen seiner Schwestergesellschaft fehlt.[28] Auch eine Tochtergesellschaft, die keinen bestimmenden Einfluss auf die Muttergesellschaft ausübt, kann daher nicht für einen Kartellrechtsverstoß der Konzernmutter in Haftung genommen werden.[29] Hat hingegen eine Schwestergesellschaft ausnahmsweise bestimmenden Einfluss auf eine andere Schwester im Konzern, so haftet sie auch für deren kartellrechtswidriges Verhalten.[30]

37 Besteht eine parallele Bußgeldhaftung mehrerer zusammengehöriger Gesellschaften, steht der Europäischen Kommission nach Auffassung des EuG ein **Wahlrecht** zu, ob sie die Mutter- *oder* die Tochtergesellschaft bebußt oder ob sie die Geldbuße sogar gesamtschuldnerisch gegen die Mutter- *und* Tochtergesellschaft verhängt.[31]

bb) Bußgeldhaftung im deutschen Kartellrecht

38 Im deutschen Ordnungswidrigkeitenrecht galt bislang einheitlich das „Rechtsträgerprinzip“, wonach nur gegen die juristische Person oder Personenvereinigung, die das rechtswidrig handelnde Unternehmen betreibt, ein Bußgeld verhängt werden darf.[32] Hatte sich eine Tochtergesellschaft kartellrechtswidrig verhalten, musste demnach auch allein sie für die bußgeldrechtlichen Konsequenzen einstehen.[33] Mit Inkrafttreten des neuen deutschen Kartellrechts am 30. Juni 2017 wurde das Rechtsträgerprinzip durch den **Grundsatz der Konzernhaftung** ersetzt. Nach der Neuregelung von § 81 Abs. 3a GWB darf das Bundeskartellamt ein Bußgeld nun gegen jede juristische Per-

---

27 EuGH, Urt. v. 10.9.2009, Rs. C-97/08 P, ECLI:EU:C:2009:536, Rn 58 – *Akzo Nobel*; EuGH; Urt. v. 11.7.2013, Rs. C-440/11 P, ECLI:EU:C:2013:514, Rn 38 – *Stichting*; EuGH, Urt. v. 10.4.2014, verb. Rs. C-231/11 P bis C-233/11 P, ECLI:EU:C:2014:256, Rn 46 – *Siemens/Kommission*; EuGH, Urt. 5.3.2015, verb. Rs. C-93/13 P und C-123/13 P, ECLI:EU:C:2015:150, Rn 40 – *Versalis*.

28 EuGH, Urt. v. 2.10.2003, Rs. C-196/99 = Slg. 2003, I-11005, Rn 96 ff. – *Aristrain*; Immenga/Mestmäcker/*Dannecker/Biermann*, EU-WettbewerbsR, Vorbem. zu Art. 23 f. VO 1/2003 Rn 101; a.A. *Kersting*, ZHR 2018, 8, 15.

29 *Kersting*, ZHR 2018, 8, 16.

30 EuG, Urt. v. 27.9.2006, Rs. T-43/02, ECLI:EU:T:2006:270, Rn 102 ff. – *Jungbunzlauer*.

31 EuG, Urt. v. 14.12.2006, verb. Rs. T-259/02 bis T-264/02, Rn 286 – *Lombard Club*.

32 OLG Düsseldorf, Urt. v. 29.10.2012, Az. V-1 Kart 1–6/12 OWi, Rn 229 – *Silostellgebühren I*.

33 BGH, Beschl. v. 1.12.1981, Az. KRB 3/79 = WuW/E BGH 1871 (1876) – *Transportbeton-Vertrieb*; BGH, Beschl. v. 10.8.2011, Az. KRB 2/10, Rn 11.

son innerhalb eines Konzerns verhängen, die zum Zeitpunkt des Kartellverstoßes einen unmittelbaren oder mittelbaren „bestimmenden Einfluss" auf das Unternehmen hatte, in dem der Kartellrechtsverstoß begangen wurde. Ob es hier auf den tatsächlichen Einfluss oder lediglich auf die Möglichkeit zur Einflussnahme ankommt, ist bislang noch nicht geklärt.[34]

Nach § 81 Abs. 4 Satz 3 GWB darf das Bundeskartellamt bei der **Bemessung des Bußgeldrahmens** gegenüber der Tochtergesellschaft den Umsatz **aller** natürlichen und juristischen Personen im Konzern zugrunde legen, soweit diese als **wirtschaftliche Einheit** operieren.[35] Wie im Europäischen Kartellrecht ist auch nach deutschem Kartellrecht von einer wirtschaftlichen Einheit auszugehen, wenn 39

- eine enge **kapitalmäßige Verflechtung** zwischen Mutter- und Tochtergesellschaften vorliegt, die auch auf weitere Tochtergesellschaften durchschlägt und auch zwischen diesen eine Verflechtung herstellt,
- tatsächlich eine **einheitliche Leitung über die kartellbeteiligten Unternehmen und weitere Tochtergesellschaften** ausgeübt wird und
- das kartellrechtswidrige Verhalten unter dem **Einflussbereich** der einheitlichen Leitung erfolgt ist.[36]

Anders als im Europäischen Kartellrecht darf aber im deutschen Kartell-Ordnungswidrigkeitenrecht das Vorliegen einer wirtschaftlichen Einheit **nicht** aufgrund der bloßen Beteiligungshöhe **vermutet** werden. Nach dem Amtsermittlungsgrundsatz bedarf es vielmehr der vollen richterlichen Überzeugung aufgrund Vorliegens entsprechender **Tatsachen.**[37] Da es sich um ein generell anwendbares strafprozessrechtliches Prinzip handelt, gilt diese Anforderung auch nach der Einführung der Konzernhaftung durch die Neufassung des GWB fort. 40

b) Bußgeldhaftung bei Joint Ventures (Gemeinschaftsunternehmen)

aa) Haftungsverteilung im Europäischen Kartellrecht

Im **Europäischen Kartellrecht** greift der Grundsatz der Konzernhaftung auch dann ein, wenn die Muttergesellschaften lediglich jeweils 50% am Kapital der kartellbeteiligten Tochtergesellschaft halten.[38] Diese Situation besteht insbesondere dann, wenn zwei Unternehmen ein Joint Venture gegründet haben. Im Falle eines solchen **paritätischen Gemeinschaftsunternehmens** können nach der Rechtsprechung 41

34 Vgl. *Mäger/Schreitter*, NZKart 2017, 264.

35 Für ein Beispiel zur Berechnung einer Geldbuße durch das Bundeskartellamt vgl. Kap. 1 Rn 40.

36 MünchKommGWB/*Vollkommer*, § 81 GWB Rn 132.

37 Langen/Bunte/*Raum*, Dt. KartellR, § 81 GWB Rn 167.

38 EuGH, Urt. v. 26.9.2013, Rs. C-172/12 P, Rn 47 – *Du Pont*; EuGH, Urt. v. 26.9.2013, Rs. C-179/12 P, Rn 58 – *Dow Chemical*.

der Europäischen Gerichte gegen **beide Muttergesellschaften** Bußgelder verhängt werden. Allerdings darf der gemeinsame bestimmende Einfluss im Normalfall nicht allein aufgrund der 50/50-Beteiligung vermutet werden. Maßgeblich für die Zurechnung des kartellrechtswidrigen Verhaltens des Gemeinschaftsunternehmens zu den Muttergesellschaften sind vielmehr auch hier die tatsächlichen wirtschaftlichen, organisatorischen und rechtlichen Verbindungen. Eine solche Zurechnung soll sich nach der europäischen Rechtsprechung etwa dann ergeben, wenn die Muttergesellschaften ein Komitee zur Führung des Gemeinschaftsunternehmen gemeinsam besetzt und ein gemeinsames Compliance Audit im Joint Venture durchgeführt haben.[39] Dabei kann sowohl auf strategische als auch auf operative Entscheidungsbefugnisse abzustellen sein.[40] Folgt man der Rechtsprechung, kann ein gemeinsamer bestimmender Einfluss auch dann angenommen werden, wenn eine Muttergesellschaft gegenüber Entscheidungen der anderen Muttergesellschaft nur Vetorechte und keine anderen Einflussmöglichkeiten hat.[41]

42 Im Falle eines **nicht-paritätischen Gemeinschaftsunternehmens**, so etwa bei einer 40/60-Beteiligung, ist eine **gemeinsame Haftung der Muttergesellschaften** ebenfalls denkbar.[42] Diese setzt wiederum voraus, dass strategische oder operative Entscheidungen nur gemeinsam getroffen werden können (so etwa im Fall von Vetorechten der Minderheitsgesellschafterin). Bestehen jedoch tatsächliche Anhaltspunkte dafür, dass nur eine der Muttergesellschaften einen bestimmenden Einfluss ausübt, darf auch **nur gegen diese** ein Bußgeld verhängt werden.[43]

43 Im Ergebnis kann daher eine Konzernhaftung im Falle von Gemeinschaftsunternehmen nur dann mit Sicherheit verneint werden, wenn eine Muttergesellschaft weder rechtliche noch faktische Einflussmöglichkeiten auf das wettbewerbliche Verhalten des Gemeinschaftsunternehmens hat.

bb) Haftungsverteilung im deutschen Kartellrecht

44 Seit der 9. GWB-Novelle gilt auch im **deutschen Kartellrecht** die Konzernhaftung (s.o. Rn 38). Inwieweit das für Gemeinschaftsunternehmen gilt, ist bislang noch nicht geklärt. Nach dem Wortlaut des § 81 Abs. 3a GWB kommt es lediglich darauf an, ob das verbundene Unternehmen bestimmenden Einfluss ausgeübt hat. Demnach wäre auch bei Joint Ventures eine Haftung der Muttergesellschaften insoweit gegeben, als diese bestimmenden Einfluss auf das Gemeinschaftsunternehmen ausüben.

---

39 EuG, Urt. v. 2.2.2012, Rs. T-77/08, Rn 88 – *Dow Chemical*.

40 EuG, Urt. v. 11.7.2014, Rs. T-543/08, Rn 31, 62 – *RWE AG*.

41 EuGH, Urt. v. 26.9.2013, Rs. C-172/12 P, Rn 35 ff. – *Du Pont*.

42 EuG, Urt. v. 12.7.2011, Rs. T-132/07, Rn 173 ff. – *Fuji Electric*.

43 EuG, Urt. v. 11.7.2014, Rs. T-541/08, Rn 124 ff. – *Sasol*.

c) Bußgeldrisiko von Finanzinvestoren

Aufgrund der weitreichenden Haftungszurechnung droht im Europäischen Kartellrecht auch Finanzinvestoren das Risiko einer Bußgeldverhängung, wenn sich Unternehmen aus ihrem Beteiligungsportfolio kartellrechtswidrig verhalten. In einem Kartellverfahren wegen Preisabsprachen zwischen Herstellern von Hochspannungskabeln verhängte die Europäische Kommission etwa eine Geldbuße in Höhe von EUR 37 Mio. gegen den Finanzinvestor Goldman Sachs, der zum Zeitpunkt des angeblichen Kartellrechtsverstoßes eine Minderheitsbeteiligung an dem Kabelhersteller Prysmian hielt.[44] Obwohl es sich dabei nicht um eine strategische Investition handelte, wandte die Europäische Kommission die allgemeinen Grundsätze der Konzernhaftung an. Sie bejahte eine Haftungszurechnung auch hier allein aufgrund der wirtschaftlichen, organisatorischen und rechtlichen Verbindungen der Tochtergesellschaft zu dem Finanzinvestor als Muttergesellschaft. Das Gericht der Europäischen Union hatte bereits zuvor ein vergleichbares Vorgehen der Europäischen Kommission gegenüber einem Private Equity Investor wegen der Beteiligung eines Portfoliounternehmens an einem Kartell von Calciumcarbid- und Magnesiumherstellern gebilligt.[45] 45

d) Haftung des Unternehmenserwerbers (Rechtsnachfolge)

aa) Bußgeldverteilung im Europäischen Kartellrecht

Wechselt ein Unternehmen während eines Kartellrechtsverstoßes den Eigentümer und setzt der Erwerber den Kartellrechtsverstoß fort, so haften im **Europäischen Kartellrecht** sowohl der Veräußerer als auch der Erwerber. Die Bußgeldhaftung wird hier **entsprechend der Zeiträume der jeweiligen Eigentümerstellung auf die betreffenden Unternehmen aufgeteilt**, d.h. bis zum Zeitpunkt der Veräußerung haftet der Veräußerer und nach diesem Zeitpunkt haftet der Erwerber jeweils anteilig.[46] Diese zeitliche Aufteilung gilt auch für die Bemessung der Bußgeldkappungsgrenze i.H.v. 10% des jeweiligen konzernbezogenen Vorjahresumsatzes nach Art. 23 Abs. 2 VO 1/2003. Die Kappungsgrenze ist daher jeweils gesondert für die jeweiligen wirtschaftlichen Einheiten im Zeitraum vor und nach der Veräußerung zu bemessen.[47] 46

Auch die bußgeldmindernde Wirkung einer **Kronzeugenaussage** gilt nur für diejenigen Unternehmen, die zum Zeitpunkt der Kronzeugenaussage Teil der wirtschaftlichen Einheit des Kronzeugen sind. Eine **„Rückwirkung"** für bereits veräußerte Unternehmensteile entfaltet die Kronzeugenaussage **nicht**. So kann der Kronzeugenbeitrag eines Unternehmensteils nicht zu einer Bußgeldreduktion für andere Unternehmensteile führen, wenn diese zwar während der Dauer des Kartellrechts- 47

44 Europ. Kommission, Beschl. v. 2.4.2014, Fall AT.39610, Rn 14 ff. – *Starkstromkabel.*
45 EuG, Urt. v. 23.1.2014, Rs. T-395/09, Rn 49 ff. – *Gigaset.*
46 Europ. Kommission, Beschl. v. 27.11.2002, ABl 2004 L 38/18, Rn 207 – *Methylglukamin.*
47 EuGH, Urt. v. 4.9.2014, Rs. C-408/12 P, Rn 58 ff. – *YKK Corporation.*

verstoßes zu der wirtschaftlichen Einheit gehört haben, aber zum Zeitpunkt, in dem das Unternehmen eine Kronzeugenaussage getätigt hat, bereits an einen Dritten veräußert waren.[48] Anderenfalls kämen sie qua Zurechnung in den Genuss der kartellrechtlichen Kronzeugenregelung, obwohl sie keinen Beitrag zur Aufdeckung des Kartellrechtsverstoßes geleistet haben.

48 Grundsätzlich gilt im Europäischen Kartellrecht das Prinzip der persönlichen Verantwortlichkeit. Das bedeutet, dass grundsätzlich der **Veräußerer** eines kartellbeteiligten Unternehmens **allein** für die Geldbuße einstehen muss, wenn der Erwerber den Kartellrechtsverstoß **nicht** fortführt.[49] Dies gilt auch dann, wenn der betreffende Betriebsteil nach Übergang auf den Erwerber eine eigene Rechtspersönlichkeit innehat und somit eigenständiger Adressat eines Bußgeldbescheids sein könnte.[50]

49 Etwas anderes gilt jedoch, wenn zwischen dem kartellbeteiligten Unternehmen bzw. Unternehmensbereich und der Tätigkeit des neu erworbenen Unternehmens oder Unternehmensbereiches **wirtschaftliche Kontinuität** besteht. Wirtschaftliche Kontinuität kann nach der Rechtsprechung der Europäischen Gerichte in zwei Konstellationen auftreten. Zum einen haftet der Erwerber dann für die Zahlung der Geldbuße, wenn die ursprünglich haftende juristische Person **nicht mehr existiert** und der Erwerber das kartellbeteiligte Unternehmen als **„wirtschaftlicher Nachfolger"** fortführt.[51] Dies setzt voraus, dass alle Rechte und Verbindlichkeiten der alten Gesellschaft in dem kartellbefangenen Tätigkeitsbereich auf die neue Gesellschaft übergangen sind.[52] Zum anderen liegt wirtschaftliche Kontinuität vor, wenn die kartellbeteiligten wirtschaftlichen Aktivitäten an ein anderes Unternehmen übertragen wurden, das **strukturelle Verbindungen zu dem Veräußerer** hat.[53] Dies ist insbesondere der Fall, wenn Veräußerer und Erwerber derselben Muttergesellschaft oder derselben öffentlichen Stelle unterstehen.

bb) Rechtsnachfolge in die Bußgeldhaftung im deutschen Kartellrecht

50 Im **deutschen Kartellrecht** hat der Gesetzgeber zunächst im Juni 2013 in § 30 Abs. 2a OWiG eine **eigene gesetzliche Regelung zur Gesamtrechtsnachfolge** in die Bußgeldhaftung eingefügt, um früher bestehende Haftungslücken zu schließen.

---

48 EuGH, Urt. v. 19.6.2014, C-243/12 P, Rn 85 ff. – *FLS Plast A/S.*

49 Europ. Kommission, Beschl. v. 27.11.2002, ABl 2004 L 38/18, Rn 206 – *Methylglukamin.*

50 EuGH, Urt. v. 16.11.2000, Slg. 2000, I-10101, Rn 27 – *SCA Holding Ltd.*

51 EuG, Urt. v. 17.5.2013, Rs. T-146/09 Rn 42 ff. – *Parker-Hannifin*; EuG, Urt. v. 11.3.1999, Rs. T-134/94 Rn 127 ff. – *NMH Stahlwerke.*

52 EuGH, Urt. v. 16.12.1975, Rs. 40/73 Rn 84 – *Suiker Unie*; EuGH, Urt. v. 7.1.2004, EuGH, Urt. v. 8.7.1999, Slg. 1999, I-4125, Rn 145 – *Anic Partecipazioni SpA* EuG, Urt. v. 11.3.1999, Rs. T-134/94 Rn 127 ff. – *NMH Stahlwerke.*

53 EuGH, Urt. v. 7.1.2004, Rs. C-204/00 P Rn 354 ff. – *Aalborg Portland*; EuGH, Urt. v. 11.12.2007, Rs. C-280/06 Rn 83 ff. – *ETI.*

Mit der 9. GWB-Novelle wurde die Haftung des Gesamtrechtsnachfolgers auch 51 in das GWB aufgenommen. Gleichzeitig hat der deutsche Gesetzgeber die europäische Rechtsprechung zum Prinzip der wirtschaftlichen Kontinuität in das deutsche Recht übertragen. Nach § 81 Abs. 3b GWB darf eine Kartellgeldbuße direkt gegen den Gesamtrechtsnachfolger sowie den partiellen Gesamtrechtsnachfolger verhängt werden. Die Kappungsgrenze des § 30 Abs. 2a Satz 2 OWiG, wonach die Geldbuße gegen den Rechtsnachfolger den Wert des übernommenen Vermögens sowie die Höhe der gegenüber dem Rechtsvorgänger angemessenen Geldbuße nicht übersteigen darf, findet im Kartellrecht keine Anwendung.[54] Nach § 81 Abs. 3c GWB haftet nunmehr auch der „wirtschaftliche Nachfolger" eines Kartellanten vollumfänglich für dessen Kartellverstoß. „Wirtschaftlicher Nachfolger" ist, wer das Unternehmen in wirtschaftlicher Kontinuität fortführt. Das bedeutet, dass im Falle eines Asset Deals auch ein am Kartellverstoß selbst völlig unbeteiligtes Unternehmen haften kann, wenn die wirtschaftlichen Vorteile aus dem verbotenen Verhalten auf den Erwerber übergehen. Die Haftungslücke, die nach altem Recht für die Veräußerung von Unternehmensteilen an Einzelrechtsnachfolger bestand, ist somit geschlossen.

Praxistipp

Vor dem Hintergrund einer drohenden Rechtsnachfolge in die Bußgeldhaftung sollten Unternehmen und Finanzinvestoren **im Vorfeld einer etwaigen Beteiligung** stets abklären, inwiefern ein Unternehmen möglicherweise in Kartellrechtsverstöße verstrickt ist, die zu einer späteren Verhängung eines Bußgelds gegen den Erwerber führen könnten. Treten solche Risiken im Rahmen einer **due diligence** zu Tage, bleibt die Möglichkeit, noch vor Erwerb einen Kronzeugenantrag zu stellen oder nach erfolgter Risikoabschätzung von dem Erwerb abzusehen. Unverzichtbar sind im Übrigen eine hinreichende **Garantie des Veräußerers, dass keine Kartellrechtsverstöße begangen wurden**, und eine **Freistellungsverpflichtung** des Veräußerers, falls es dennoch zur Sanktionierung eines Verstoßes kommen sollte. Aufgrund der beträchtlichen Höhe der Bußgelder bietet eine Freistellungsverpflichtung wirtschaftlich freilich nur dann eine ausreichende Absicherung, wenn der Veräußerer zum Zeitpunkt der Bußgeldverhängung über ausreichende Mittel verfügt.

3. Verhängung von Geldbußen gegen natürliche Personen

a) Keine persönliche Bußgeldhaftung im Europäischen Kartellrecht

Im **Europäischen Kartellrecht** werden gegen natürliche Personen **keine** Geldbu- 52 ßen verhängt, sofern diese nicht als „Unternehmen" im kartellrechtlichen Sinne (also etwa als Einzelkaufmann) agieren. Für eine persönliche Bußgeldhaftung fehlt schlichtweg eine Rechtsgrundlage.

54 *Mäger/Schreitter*, NzKart 2017, 264, (267).

b) Persönliche Bußgeldhaftung im deutschen Kartellrecht

53 Im **deutschen Kartellrecht** kann hingegen nicht nur gegenüber dem Unternehmen („Nebenbetroffener"), sondern auch gegenüber Unternehmensmitarbeitern als natürliche Personen („Betroffene") eine Geldbuße verhängt werden. Die persönliche Bußgeldhaftung kann sich sowohl aus einer **aktiven Beteiligung an einem Kartellrechtsverstoß** als auch aus einer **Verletzung von Aufsichtspflichten nichtkartellbeteiligter Führungskräfte** ergeben.

aa) Bußgeldhaftung kartellbeteiligter Mitarbeiter

54 Verstößt ein Mitarbeiter eines Unternehmens vorsätzlich oder fahrlässig gegen das Kartellrecht, so begeht er eine Ordnungswidrigkeit nach § 81 Abs. 1, Abs. 2 GWB i.V.m. § 9 Abs. 1 Nr. 1 OWiG. In diesem Fall kann gem. § 81 Abs. 4 Satz 1 GWB gegen ihn persönlich eine Geldbuße in Höhe von **bis zu EUR 1 Mio.** verhängt werden. Im Falle der Beteiligung mehrerer Täter genügt es nach § 14 Abs. 1 Satz 2 OWiG für die Verhängung einer Geldbuße gegen alle Beteiligten, wenn lediglich bei einem Kartellbeteiligten alle Merkmale eines haftungsbegründenden Verhaltens positiv festgestellt sind. Vorsätzlich handelt ein Kartelltäter, wenn er die tatsächlichen Umstände seines Verhaltens kennt und das Eintreten einer Wettbewerbsbeschränkung jedenfalls für möglich hält und billigend in Kauf nimmt. Fahrlässiges Verhalten ist im Falle der Beteiligung an einem Kartellrechtsverstoß schon dann zu bejahen, wenn der Täter die Verwirklichung des Kartellrechtsverstoßes nicht erkannt oder vorausgesehen hat, weil er die erforderliche Sorgfalt im Rahmen seines Verhaltens außer Acht gelassen hat.[55]

55 Bei der Bemessung der Geldbuße wird berücksichtigt, ob der beteiligte Mitarbeiter vorsätzlich oder fahrlässig handelte. Oftmals gehen die Kartellbehörden in der Praxis von einem Jahresbruttogehalt als angemessene Geldbuße aus und nehmen je nach Art und Dauer der Beteiligung Zu- oder Abschläge vor.

bb) Bußgeldhaftung von Betriebsinhaber und Führungspersonal

56 Auch im Falle **fehlender aktiver Beteiligung** an einem Kartellrechtsverstoß kommt eine persönliche Bußgeldhaftung in Betracht. Nach § 130 OWiG handelt der Betriebsinhaber ordnungswidrig, wenn er vorsätzlich oder fahrlässig die **erforderlichen Aufsichtsmaßnahmen** zur Vermeidung von Kartellrechtsverstößen **unterlässt.** Gemeint sind damit hinreichende **Compliance-Vorkehrungen**, so insbesondere die je nach Art und Größe des Unternehmens zumutbaren Organisationsmaßnahmen für die Auswahl, Schulung und Überwachung der Mitarbeiter. Anknüpfungspunkt für die

55 Zu den Einzelheiten vgl. Langen/Bunte/*Raum*, Dt. KartellR, § 81 GWB Rn 49.

Geldbuße ist hier nicht das aktive Tun, sondern das Unterlassen der erforderlichen Maßnahmen.

Die Regelungen über die Bußgeldhaftung gelten nicht nur für den **Betriebsinhaber** selbst (§ 130 OWiG), sondern auch für all diejenigen Personen, die dem Inhaber des Betriebs „gleichstehen". Dies sind nach § 9 OWiG die vertretungsberechtigten Organe oder Organwalter einer juristischen Person und die vertretungsberechtigten Gesellschafter einer rechtsfähigen Personengesellschaft. Gegen sonstige Beauftragte (insbesondere nachgeordnete Vertriebs- und Einkaufsmitarbeiter mit Personalverantwortung) kann nur dann ein Bußgeld verhängt werden, wenn in ihrem konkret festgelegten Verantwortungsbereich gegen Kartellrecht verstoßen wurde.[56] Von einer Bußgeldhaftung betroffen sein können somit je nach Gesellschaftsform sowohl die persönlich haftenden Gesellschafter als auch der **Vorstand, die Geschäftsführung und Bereichsleiter**, wie auch sonstige mit der Aufsicht über bestimmte Unternehmensmitarbeiter beauftragte Personen, so etwa **Compliance-Verantwortliche** mit einem konkret beschränkten Tätigkeitsfeld oder Projektmitarbeiter mit Personal- und Führungsverantwortung. 57

Nach § 81 Abs. 1 GWB i.V.m. § 46 Abs. 1 OWiG i.V.m. § 130 Abs. 1 Satz 1 OWiG 58 kommt die Verhängung einer Geldbuße gegenüber diesen Personen insbesondere dann in Betracht, wenn sie die ihnen obliegenden Aufsichtspflichten verletzt haben und nachgeordnete Mitarbeiter aus diesem Grund erst in die Lage versetzt wurden, einen Kartellrechtsverstoß zu begehen. Begeht folglich ein zu beaufsichtigender Mitarbeiter einen Kartellrechtsverstoß und ist der Führungsverantwortliche seinen Aufsichtspflichten in Form sorgfältiger Auswahl, Schulung und Überwachung des Mitarbeiters (etwa durch stichprobenartige Kontrolle ohne Vorankündigung)[57] vorsätzlich oder fahrlässig nicht nachgekommen, droht somit nicht nur dem Mitarbeiter selbst, sondern auch dem Führungsverantwortlichen ein persönliches Bußgeld nach § 130 Abs. 1 Satz 2 OWiG. Die Höchstgrenze der persönlichen Geldbuße beträgt auch hier jeweils EUR 1 Mio.

Fettnapf !

Das bloße Abhalten einer Mitarbeiterschulung oder die Verteilung eines Merkblatts „Kartellrechtskonformes Verhalten im Unternehmen" genügt **nicht**, um den Vorwurf einer Aufsichtspflichtverletzung zu entkräften. Auch wenn es eine unangenehme Aufgabe sein mag – neben die Schulung und schriftliche Verstetigung der Verhaltensregeln zum Kartellrecht müssen eine **Kontrolle** der Mitarbeiter in unregelmäßigen Abständen treten und **klare Verantwortlichkeiten** mit **Berichtspflichten** an die übergeordneten Ebenen festgelegt werden, um die Haftungsrisiken wegen Verletzung der Aufsichtspflicht zu minimieren. Die Kenntnisse der Mitarbeiter sind spätestens alle ein bis zwei Jahre aufzufrischen, im Falle wesentlicher Änderungen der Rechtslage auch früher.

---

56 Näher KK-OWiG/*Rogall*, § 9 OWiG Rn 44.

57 Vgl. BGH, Beschl. v. 24.3.1981, Az. KRB 4/80 = WuW/E BGH 1799 (1799) – *Revisionsabteilung*; BGH, Beschl. v. 25.6.1985, KRB 2/85 = WuW/E BGH 2202 (2203) – *Brückenbau Hopener Mühlenbach.*

cc) Keine Bußgeldhaftung von Aufsichtsratsmitgliedern

59 Eine Verhängung von Geldbußen gegen Aufsichtsratsmitglieder einer Aktiengesellschaft wegen Unterlassens der erforderlichen Aufsichtspflichten kommt nach den gesetzlichen Regelungen **nicht** in Betracht. Die ordnungswidrigkeitenrechtliche Zurechnungsnorm des §9 OWiG greift auch hinsichtlich der kartellrechtlichen Bußgeldhaftung nach §81 GWB i.V.m. §130 Abs.1 OWiG nur ein, wenn eine natürliche Person „als Mitglied eines **vertretungsberechtigten Organs** einer juristischen Person handelt". Die Vertretung der Gesellschaft nach außen nimmt aber nach §78 Abs.1 AktG ausschließlich der Vorstand und nicht der Aufsichtsrat wahr. Dementsprechend scheidet eine weitergehende Erstreckung der kartellrechtlichen Bußgeldnormen auf den Aufsichtsrat schon wegen dessen fehlender Verantwortlichkeit aus.[58]

c) Möglichkeiten der internen Erstattung persönlicher Bußgelder

60 Angesichts der vorgenannten Risiken von Führungskräften im Unternehmen, auch ohne aktive Beteiligung an einem Kartellrechtsverstoß Adressat eines Bußgeldbescheids zu werden, stellt sich die Frage, wie diese Personen vor einer derartigen Haftungsverpflichtung geschützt werden können. Es ist inzwischen gängige Praxis, insbesondere Compliance-Verantwortliche weitgehend von der Haftung freizustellen. Ob dies aber rechtlich zulässig ist, bleibt weiterhin umstritten.

aa) Unzulässigkeit vorheriger Freistellungs- oder Erstattungszusagen

61 Gerade Vorstandsmitglieder und Geschäftsführer sollen nach dem Wunsch vieler Unternehmensinhaber eine möglichst weitgehende unternehmerische Entscheidungsfreiheit haben. Um diese auch im Hinblick auf kartellrechtliche Vorgaben so wenig wie möglich einzuschränken, ist es daher häufige Praxis, dass Unternehmen ihren leitenden Angestellten schon bei Abschluss des Anstellungsvertrags zusagen, sie von Kartellgeldbußen freizustellen oder diese im Falle einer persönlichen Verhängung zu erstatten.

62 Vortatliche Freistellungs- oder Erstattungszusagen, die sich auf Geldbußen wegen kartellrechtswidrigen Verhaltens beziehen, sind nach § 138 BGB **sittenwidrig** und somit unwirksam.[59] Dies beruht auf der Erwägung, dass die „Freistellung vom Kartellrisiko" die vorsätzliche Begehung rechtswidriger Taten geradezu fördere und damit den guten Sitten zuwiderlaufe. Darüber hinaus kann eine vorherige Erstattungszusage auch **unter gesellschaftsrechtlichem Blickwinkel unzulässig** sein.

---

58 So auch *Kapp/Gärtner*, CCZ 2009, 168 (171).

59 BAG, Urt. v. 25.1.2001, Az. 8 AZR 465/00 = NJW 2001, 1962 (1963) – *Lenkzeitenüberschreitung; Hasselbach/Seibel,* GmbHR 2009, 354 (358); a.A. hinsichtlich fahrlässig begangener Taten, MünchKomm-BGB/*Armbrüster*, § 138 Rn 42.

So widerspricht etwa eine uneingeschränkte Erstattungszusage in einer Aktiengesellschaft der zwingenden und unabdingbaren Haftungsverpflichtung des Vorstands nach § 93 Abs. 2 AktG und ist daher unzulässig.

bb) Zulässigkeit nachträglicher Erstattungszusagen

Die Erstattung einer Geldbuße **nach** ihrer Verhängung ist **zivilrechtlich grundsätzlich wirksam.**[60] Hier konnte der betreffende Unternehmensmitarbeiter die Erstattung nicht von vornherein erwarten und wäre somit auch nicht in der Lage gewesen, einen Kartellrechtsverstoß ohne das Risiko einer Sanktionierung zu begehen. Die Präventionswirkung des Ordnungswidrigkeitenrechts wird daher nicht beeinträchtigt. 63

Allerdings setzt das **Gesellschaftsrecht** einer nachträglichen Erstattungszusage teilweise Grenzen. Nach § 93 Abs. 4 Satz 3 AktG ist etwa der Verzicht auf die Geltendmachung eines Schadensersatzanspruchs der **Aktiengesellschaft** gegenüber einem Vorstandsmitglied erst drei Jahre nach der Entstehung des Schadensersatzanspruchs und nur bei Zustimmung der Hauptversammlung zulässig. Diese Voraussetzungen gelten grundsätzlich auch für die nachträgliche Erstattung einer Kartellgeldbuße – jedenfalls dann, wenn das Vorstandsmitglied durch die Handlung, die Gegenstand des Ordnungswidrigkeitenverfahrens war, auch seine Pflichten gegenüber der Gesellschaft verletzt hat.[61] Hingegen ist die Entschließungsfreiheit der Gesellschafterversammlung in einer **GmbH** weitgehend unbeschränkt. Hier ist die nachträgliche Erstattung einer persönlichen Geldbuße wie eine Zusatzvergütung der Geschäftsführung zu behandeln und wird somit als grundsätzlich zulässig angesehen.[62] 64

cc) Zulässigkeit des Abschlusses einer D&O-Versicherung für persönliche Geldbußen

Auch der Abschluss einer D&O-Versicherung zur Erstattung von Geldbußen aufgrund **vorsätzlichen** kartellrechtswidrigen Verhaltens ist sittenwidrig und somit **unwirksam** nach § 138 BGB, da eine Versicherungsmöglichkeit die Abschreckungswirkung des Ordnungswidrigkeitenrechts unterläuft.[63] Eine Versicherbarkeit der Risiken für den Fall einer Bußgeldverhängung wegen **fahrlässigen** kartellrechtswidrigen Verhaltens wird zwar grundsätzlich als **zulässig** angesehen. Allerdings schließen nahezu alle bekannten D&O-Versicherungen standardmäßig die Erstattung von Strafen, Geldbußen oder Entschädigungen mit Strafcharakter aus – und 65

---

60 *Kapp/Gärtner*, CCZ 2009, 168 (173); *Hasselbach/Seibel*, GmbHR 2009, 354 (358); *Hasselbach*, DB 2010, 2037 (2039).

61 Vgl. BGH, Urt. v. 8.7.2014, Az. II ZR 174/13, Rn 19.

62 *Kapp/Gärtner*, CCZ 2009, 168 (173).

63 *Blaurock*, in: FS-Bornkamm, S. 107 (117).

zwar unbeschadet einer vorsätzlichen oder fahrlässigen Tatbegehung. Eine Versicherung von kartellrechtlichen Bußgeldrisiken steht somit rechtlich auf tönernen Füßen und kann jedenfalls gegenwärtig in der Praxis kaum erlangt werden.

4. Strafbarkeit bestimmter Arten von Kartellrechtsverstößen

66 Im **Europäischen Kartellrecht** existiert **keine** Regelung zur Strafbarkeit von Kartellrechtsverstößen. Allerdings können bestimmte Arten von Kartellrechtsverstößen nach den gesetzlichen Regelungen einzelner Mitgliedstaaten zu einer Geld- oder sogar Haftstrafe der beteiligten Personen führen. Auch außerhalb der Europäischen Union stehen Kartellrechtsverstöße im Einzelfall unter Strafe.

67 Nach **deutschem Strafrecht** wird die Beteiligung an **Submissionsabsprachen** (Ausschreibungskartelle) nach § 298 Abs. 1 StGB mit Freiheitsstrafe bis zu fünf Jahren oder mit Geldstrafe bestraft. Strafbar sind ausschließlich die **beteiligten Personen**, nicht aber deren Unternehmen. Dabei handelt es sich um Absprachen im Vorfeld öffentlicher Ausschreibungen oder freihändiger Vergaben, denen ein Teilnahmewettbewerb vorausgegangen ist. Die strafrechtliche Verantwortlichkeit trifft zunächst die **Bieter untereinander**, falls diese die Höhe ihrer Angebote gegenseitig absprechen.[64]

Beispiel

Die Vertriebsleiter der größten deutschen Mülltonnenhersteller M, N, O, P und Q vereinbaren miteinander, dass sie sich über ihre Angebote in Ausschreibungen der städtischen Entsorgungsbetriebe in den Bundesländern Baden-Württemberg, Rheinland-Pfalz und Hessen abstimmen. Dazu lassen sie sich jeweils untereinander Listen der gegenständlichen Ausschreibungen zukommen und sprechen ihre jeweiligen Angebotskonditionen miteinander ab. Im Wechsel soll je nach Ausschreibung zunächst M, dann N und später O, P und Q das jeweils wirtschaftlichste Angebot abgeben. Die anderen Unternehmen sollen dabei jeweils weniger wirtschaftliche Angebote abgeben. Auf diese Weise erhoffen sich die Unternehmen, den Markt „freundschaftlich“ aufzuteilen und einen Preiskrieg untereinander zu vermeiden.

---

68 Nach der neueren Rechtsprechung können auch angestellte oder verbeamtete **Mitarbeiter der ausschreibenden Stelle** bestraft werden, wenn sie sich an der Absprache über eines oder mehrere Angebote beteiligen – so etwa, um einem der Bieter einen Wettbewerbsvorteil zu verschaffen. Der BGH begründet dies mit der Ausdehnung des Anwendungsbereichs von § 1 GWB auf Absprachen im Vertikalverhältnis zwischen Auftragnehmer und Auftraggeber.[65]

---

64 BGH, Beschl. v. 22.6.2004, Az. 4 StR 428/03 = NZBau 2004, 513 (514 ff.) – *Planungsbüro*.

65 BGH, Beschl. v. 25.7.2012, Az. 2 StR 154/12 = NJW 2012, 3318 (3319) – *Kommunale Wohnungsgesellschaft*.

Beispiel
Aufgrund der langjährigen Freundschaft mit einem Bauunternehmer möchte der Geschäftsführer einer kommunalen Wohnbaugesellschaft ausschließlich mit dessen Bauunternehmen zusammenarbeiten. Das lästige Vergaberecht umgeht er durch einen „Trick“: Er nimmt nach Rücksprache mit dem Bauunternehmer in mehreren beschränkten Ausschreibungen nur Handwerker in den Bieterkreis auf, die nach seiner Kenntnis kein Interesse an den konkret ausgeschriebenen Aufträgen haben. Durch gezielte Informationsweitergabe über einen Dritten wurde veranlasst, dass die von den Handwerkern abgegebenen Angebote jeweils über denjenigen des bevorzugten Bauunternehmens lagen. Dieses erhielt daraufhin in mehreren Fällen den Zuschlag.
Eine Strafbarkeit nach § 298 StGB kommt hier sowohl für den Geschäftsführer der kommunalen Wohnbaugesellschaft als auch für den Bauunternehmer in Betracht.

Zuständig für die **strafrechtlichen Ermittlungen** ist allein die **Staatsanwaltschaft.** 69
Zeigen sich im Rahmen kartellbehördlicher Ermittlungen Anhaltspunkte für eine Strafbarkeit, ist das **Bundeskartellamt** nach § 41 OWiG verpflichtet, den entsprechenden Sachverhalt der Staatsanwaltschaft mitzuteilen.[66] Bejaht die Staatsanwaltschaft einen hinreichenden Tatverdacht, leitet sie ein Ermittlungsverfahren ein. Im Hinblick auf die kartellbeteiligte **natürliche Person** verliert das Bundeskartellamt in diesem Fall die Kompetenz zur Verfolgung der Ordnungswidrigkeit nach § 81 Abs. 1, 2 GWB.[67]

Die Kartellbehörde bleibt aber nach § 82 Satz 1 GWB zur Verfolgung der Ord- 70
nungswidrigkeit gegenüber dem Unternehmen als **juristischer Person** zuständig. Sie kann das Verfahren auch insoweit nach § 82 Satz 2 GWB an die Staatsanwaltschaft abgeben, ist dazu aber nicht verpflichtet.

5. Schadensersatzpflicht gegenüber Kartellgeschädigten

a) Schadensersatzpflicht des Unternehmens im Außenverhältnis

Jedes Unternehmen, dessen Mitarbeiter einen Verstoß gegen deutsches oder Europäi- 71
sches Kartellrecht begangen haben, ist nach § 33a Abs. 1 GWB **zum Ersatz des daraus entstandenen Schadens** verpflichtet. Sowohl Kunden (etwa im Fall eines Preiskartells) als auch Wettbewerber (etwa im Fall eines Missbrauchs von Marktmacht) können potentielle Schadensersatzkläger sein. Die Schadensersatzhaftung erstreckt sich nicht nur auf unmittelbare Folgen des Kartellrechtsverstoßes (beispielsweise überhöhte Einkaufspreise im Vertrag zwischen dem Kartellbeteiligten und dem direkten Abnehmer), sondern auch auf mittelbare Schäden (etwa aufgrund gestiegener Preise nicht-kartellbeteiligter Dritter, die erst infolge eines Preiskartells erhöht wurden).[68]

66 Eine umgekehrte Mitteilungspflicht der Staatsanwaltschaft an das Bundeskartellamt besteht hingegen nicht. Die Behörden stehen jedoch in regelmäßigem Austausch. Das Bestreben nach einer „vertrauensvollen gegenseitigen Abstimmung“ ist auch in Nr. 242 Abs. 1 Satz 2 RiStBV festgehalten.
67 Langen/Bunte/*Raum*, Dt. KartellR, § 81 GWB Rn 13.
68 EuGH, Urt. v. 5.6.2014, Rs. C-557/12, Rn 22 – *Kone*; vgl. hierzu auch Kap. 8 Rn 129.

72 Sofern an dem Kartellrechtsverstoß mehrere Unternehmen beteiligt sind, haftet **jedes** beteiligte Unternehmen als **Gesamtschuldner** vollumfänglich für den entstandenen Schaden (§ 33d GWB). Demnach kann der Geschädigte sich aussuchen, gegen welchen oder welche Kartellteilnehmer er Klage erhebt.[69]

b) Schadensersatzpflicht von Unternehmensmitarbeitern im Außenverhältnis

73 **Leitungsverantwortliche Unternehmensmitarbeiter**, die **nicht** aktiv an einem Kartellrechtsverstoß beteiligt waren, aber auch keine hinreichenden Vorkehrungen zu dessen Vermeidung getroffen haben (wie z.B. der Vorstand einer AG oder der Geschäftsführer einer GmbH), haften gegenüber den Geschädigten – also im Außenverhältnis[70] – grundsätzlich **nicht**. Sie werden in §33a GWB als zentralem Schadensersatztatbestand des Kartellrechts nicht als Normadressaten genannt.[71] Auch die Regelungen der §§1ff. GWB bzw. Art. 101ff. AEUV richten sich nur an Unternehmen und nicht an natürliche Personen. Der BGH hat es zudem in der Vergangenheit abgelehnt, die ordnungswidrigkeitenrechtliche Zurechnungsnorm des §130 OWiG als Schutzgesetz im Sinne von §823 Abs. 2 BGB anzuerkennen.[72] Diese Wertung kann auch auf §33a GWB als lex specialis zu § 823 Abs. 2 BGB i.V.m. § 1 GWB übertragen werden.

74 Nach der Rechtsprechung des OLG Düsseldorf sollen ausnahmsweise auch die persönlich Handelnden auf **Schadensersatz** in Anspruch genommen werden können, wenn sie das Unternehmen zum Kartellrechtsverstoß **angestiftet** oder **Beihilfe** hierzu geleistet haben.[73] Dies folgt nach Auffassung des Gerichts aus den deliktischen Regelungen der §§830 Abs. 2, 840 BGB, die auch bei einem Schadensersatzanspruch gem. §33a GWB heranzuziehen sind. In der Praxis werden die kartellbeteiligten Mitarbeiter aber nur selten von Kartellgeschädigten in Anspruch genommen. Schadensersatzkläger gehen hier in der Regel direkt gegen das zahlungskräftigere Unternehmen vor.

6. Schadensersatzpflicht von Mitarbeitern gegenüber dem eigenen Unternehmen (Innenregress)

75 Häufiger kommt es vor, dass kartellbeteiligte Unternehmen nachträglich von den verantwortlichen Mitarbeitern Schadensersatz verlangen, um die kartellbeding-

---

69 Für die Einzelheiten sei auf Kap. 8 Rn 133ff. dieses Buchs verwiesen.

70 Eine Haftung der Leitungsverantwortlichen kann sich jedoch mittelbar ergeben, wenn sie im Innenverhältnis von dem Unternehmen in Anspruch genommen werden (so kann etwa ein Vorstand einer AG gemäß § 93 Abs. 2 AktG im Regresswege haften).

71 *K. Schmidt*, ZWeR 2010, 15 (29f.); *Vollrath*, NZKart 2013, 434 (438); a.A. Loewenheim/Meessen/Riesenkampff/*Rehbinder*, KartellR, § 33 GWB Rn 34.

72 BGH, Urt. v. 13.4.1994, Az. II ZR 16/93 = NJW 1994, 1801 (1803f.).

73 OLG Düsseldorf, Urt. v. 13.11.2013, Az. VI-U (Kart) 11/13 = NZKart 2014, 68 (72).

ten finanziellen Schäden zumindest teilweise kompensieren zu können (**Innenregress**).

Nach §§ 111 Abs. 1, 112 AktG i.V.m. §§ 116, 93 Abs. 2 Satz 1 AktG sind **Unternehmen** durch ihren Aufsichtsrat **verpflichtet**, Schadensersatzansprüche gegenüber ihrem Vorstand zu **prüfen**. Geschäftsführer einer GmbH können gleichermaßen nach § 43 Abs. 2 GmbHG haften. Kommt eine sorgfältig und sachgerecht durchgeführte Risikoanalyse zu dem Ergebnis, dass sich der Vorstand bzw. die Geschäftsführung schadensersatzpflichtig gemacht hat, ist die Gesellschaft verpflichtet, die Ansprüche durch den Aufsichtsrat **geltend zu machen**.[74] Nur ausnahmsweise darf der Aufsichtsrat von der Geltendmachung **absehen**, wenn gewichtige Gründe des Gesellschaftswohls dagegen sprechen und diese Umstände die Gründe, die für eine Rechtsverfolgung sprechen, überwiegen oder ihnen gegenüber zumindest gleichwertig sind.[75] 76

Verfolgt der Aufsichtsrat die Ansprüche entgegen seiner vorgenannten Pflicht nicht und entsteht dem Unternehmen dadurch ein Schaden, macht er sich selbst schadensersatzpflichtig. Zur Vermeidung einer solchen Schadensersatzpflicht müssen Unternehmen auch gegenüber Mitgliedern ihrer eigenen Geschäftsleitung vorgehen, wenn nicht gewichtige Gründe dagegen sprechen. Folgerichtig beschäftigen sich inzwischen auch die deutschen Gerichte mit Schadensersatzklagen gegen Vorstandsmitglieder wegen Vernachlässigung ihrer Sorgfaltspflichten zur Vermeidung von Kartellrechtsverstößen. Im Fall des „Schienenkartells" hat Thyssen Krupp einen früheren Manager auf rund EUR 103 Mio. Schadensersatz verklagt. Die Gerichte betreten dabei Neuland im Kartellrecht. Ungeklärt ist bislang vor allem, ob die internen Schadensersatzansprüche der Höhe nach begrenzt sind. Ein Anhaltspunkt dafür bietet § 81 Abs. 4 GWB, der die persönliche Bußgeldhaftung auf EUR 1 Mio. begrenzt. In kartellrechtlichen Schadensersatzprozessen wurde anhand dieser Norm argumentiert, dass der Rechtsgedanke, eine Existenzvernichtung der betroffenen Person vermeiden zu wollen, auch auf den Innenregress übertragen werden müsse. Es würde dem Regelungszweck des § 81 Abs. 4 GWB zuwiderlaufen, wenn das Kartellgesetz zwar die persönliche Bußgeldhaftung auf EUR 1 Mio. begrenze, zugleich aber die betroffenen Unternehmen die Unternehmensgeldbuße i.H.v. bis zu 10% des Konzernumsatzes im Wege des Innenregresses von ihren Leitungsverantwortlichen ersetzt verlangen könnten. Als erstes Gericht ist das Arbeitsgericht Essen dieser Auffassung gefolgt.[76] An einer umfassenden Begrenzung der Schadensersatzpflicht im Innenverhältnis bestehen aber erhebliche Zweifel. § 81 Abs. 4 GWB steht lediglich einer Verlagerung der Unternehmensgeldbuße auf eine natürliche Person entgegen. Hinsichtlich sonstiger Scha- 77

74 BGH, Urt. v. 21.4.1997, Az. II ZR 175/95 = NJW 1997, 1926 (1927) – *ARAG Garmenbeck*.

75 BGH, Urt. v. 21.4.1997, Az. II ZR 175/95 = NJW 1997, 1926 (1928) – *ARAG Garmenbeck*; näher *Götz*, NJW 1997, 3275 (3276) sowie nachfolgend Rn 93 in diesem Kapitel.

76 ArbG Essen, Urt. v. 19.12.2013, Az. 1 Ca 657/13, Rn 145; der Rechtsstreit wurde zwischenzeitlich durch das BAG an die ordentliche Gerichtsbarkeit verwiesen, vgl. BAG, Urt. v. 29.6.2017, Az. 2 AZR 597/16.

denspositionen, die im Wege des Innenregresses geltend gemacht werden (so etwa Schadensersatzverpflichtungen gegenüber Dritten, entgangener Gewinn aufgrund Verlusts von Kunden, Ausschluss von Ausschreibungen), sieht jedenfalls das Gesetz keine Haftungsbegrenzung vor. Die Entwicklung ist hier noch im Fluss.

Praxistipp

Da eine Schadensersatzklage des Unternehmens gegen die eigenen Mitarbeiter den Betriebsfrieden empfindlich stören kann, sollten vor ihrer Erhebung drei wesentliche Überlegungen angestellt werden: Hat der Vorstand den Kartellrechtsverstoß nach Kenntniserlangung unverzüglich abgestellt und so seiner Legalitätspflicht genüge getan? Falls ja – besteht dennoch eine Pflicht zur Geltendmachung von Regressansprüchen? Falls ja – inwiefern und in welcher Höhe wären diese voraussichtlich mit überwiegender Erfolgsaussicht durchsetzbar? Nur wenn die Erfolgsaussichten überwiegen und die Schadensersatzsumme über den voraussichtlichen Prozesskosten liegt, besteht eine **rechtliche Pflicht** zur Geltendmachung von Schadensersatz.

Sollten diese Voraussetzungen nicht vorliegen und eine Klage nicht völlig aussichtslos sein, steht es dem Unternehmen gleichwohl im Rahmen der internen Compliance-Regeln – etwa, um eine „Zero-tolerance-Strategie" zu verfolgen – frei, eine Schadensersatzklage gegen aktuelle oder ehemalige Mitarbeiter anzustrengen. Die Entscheidung darüber muss die Unternehmensleitung im Rahmen der allgemeinen Business-Judgment Rule („Geschäftsleiterermessen") treffen.

---

a) Schadensersatzpflicht kartellbeteiligter Mitarbeiter

78 Führt die Beteiligung eines Mitarbeiters zur Verhängung einer Geldbuße gegen das Unternehmen oder zur Erhebung einer Schadensersatzklage durch Dritte, so kann das Unternehmen grundsätzlich gegenüber seinem Mitarbeiter Schadensersatz nach §§ 280 Abs. 1, 619a BGB wegen Verletzung seiner (arbeits)vertraglichen Pflichten geltend machen. Dabei finden die allgemeinen Regelungen zum innerbetrieblichen Schadensausgleich Anwendung.[77] Danach ist der Arbeitnehmer bei Vorsatz und grober Fahrlässigkeit in aller Regel verpflichtet, den gesamten Schaden zu tragen. Bei leichter Fahrlässigkeit haftet er nicht. Bei mittlerer Fahrlässigkeit ist der Schaden regelmäßig zwischen Arbeitnehmer und Arbeitgeber aufzuteilen.[78] Trifft ein Mitarbeiter Preisabsprachen mit Wettbewerbern, ist in der Regel von vorsätzlichem Verhalten auszugehen. Schließt ein Mitarbeiter hingegen versehentlich eine zeitlich zu weit reichende Kundenschutzklausel mit einem Subunternehmer, würde wohl nur fahrlässiges Verhalten angenommen werden.

b) Schadensersatzpflicht nicht-kartellbeteiligter Führungskräfte

79 **Vorstandsmitglieder einer Aktiengesellschaft** machen sich gegenüber der Gesellschaft nach § 93 Abs. 2 AktG schadensersatzpflichtig, wenn sie die ihnen aufer-

---

77 *Fabisch*, ZWeR 2013, 91 (117).

78 BAG GS, Beschl. v. 27.9.1994, Az. GS 1/89 (A) = NZA 1994, 1083 (1084).

legten Sorgfaltspflichten hinsichtlich der Einhaltung der rechtlichen Normen im Unternehmen (Legalitätspflicht) verletzen.[79] Sofern ein **Geschäftsführer einer GmbH** betroffen ist, haftet er nach § 43 Abs. 2 GmbHG. Für einen angestellten Bereichsleiter kommt unter Umständen eine Haftung nach §§ 280 Abs. 1, 619a BGB in Verbindung mit dem Arbeitsvertrag in Betracht.

Das Unternehmen muss nachweisen, dass ihm aufgrund einer schuldhaft be- 80
gangenen **Pflichtverletzung** der betreffenden Führungskraft ein Schaden entstanden ist. Die Pflichtverletzung durch Unterlassen kann dabei an zwei Aspekte angeknüpft werden: Ein Betriebsleiter kann zum einen allein schon deshalb in Regress genommen werden, weil er hinreichende Compliance-Maßnahmen unterlassen hat, um den Kartellrechtsverstoß zu vermeiden. Zum anderen kommt eine Haftung auch bei Bestehen eines Compliance-Management-Systems in Betracht, wenn die verantwortliche Führungskraft Rechtsverstöße dennoch bewusst geduldet hat oder es an hinreichenden Kontrollmaßnahmen für die Einhaltung der Compliance-Vorgaben hat fehlen lassen. Sofern eine klare Zuordnung der Verantwortlichkeiten geregelt ist, haftet die Führungsperson nur für Kartellrechtsverstöße in ihrem Zuständigkeitsbereich. Fehlt es an einer solchen Zuordnung, haftet in einem Kollegialorgan jedes Mitglied der Geschäftsleitung für Rechtsverstöße in den einzelnen Regelungsbereichen.[80]

Das Unternehmen muss die Pflichtverletzung **positiv nachweisen**. Die Bin- 81
dungswirkung eines rechtskräftig festgestellten Kartellrechtsverstoßes nach § 33b GWB greift im Fall des Innenregresses **nicht** ein. Selbst wenn die Führungskraft als Betroffener im Bußgeldbescheid genannt ist, entfaltet diese Feststellung keine Tatsachenwirkung für das Zivilverfahren. Der Wortlaut von § 33b GWB ist einschränkend auszulegen. Die gesetzliche Bindungswirkung bezieht sich nur auf das Unternehmen, soweit dieses Adressat des Bußgeldbescheids ist. Es wäre rechtsstaatlich nicht hinzunehmen, die Bindungswirkung in diesem Fall auch auf natürliche Personen zu erstrecken. Diese haben als Nebenbetroffene keine Möglichkeit, Rechtsmittel gegen den gegenüber dem Unternehmen verhängten Bußgeldbescheid einzulegen.[81] Ein Rückgriff auf die Bindungswirkung käme hingegen dann in Betracht, wenn der Bußgeldbescheid gegen die natürliche Person selbst verhängt worden wäre.

Will sich der Führungsverantwortliche darauf berufen, dass ihn kein **Verschul-** 82
den trifft, muss er nachweisen, dass er die Sorgfalt eines ordentlichen und gewissenhaften Geschäftsleiters angewandt hat. Dabei darf er grundsätzlich einen weiten unternehmerischen Ermessensspielraum zu Grunde legen, der sich jedoch an der Einhaltung des geltenden Rechts orientieren muss.[82] An einer verschuldeten Pflicht-

---

79 BGH, Urt. v. 15.1.2013, Az. II ZR 90/11 = NJW 2013, 1958 (1959).
80 LG München I, Urt. v. 10.12.2013, Az. 5 HK O 1387/10 = NZG 2014, 345 (348).
81 ArbG Essen, Urt. v. 19.12.2013, Az. 1 Ca 658/13, Rn 134.
82 BGH, Urt. v. 15.1.2013, Az. II ZR 90/11 = NJW 2013, 1958 (1959).

verletzung fehlt es nach der Wertung von § 93 Abs. 1 Satz 2 AktG stets, wenn die verantwortliche Führungskraft bei ihrer unternehmerischen Entscheidung „vernünftigerweise annehmen durfte, auf Grundlage angemessener Information zum Wohle des Unternehmens zu handeln".

! **Fettnapf**

Auf den ersten Blick mag es auch „im Unternehmenswohl" liegen, wenn eine Kartellabsprache darauf abzielt, die Preise zu erhöhen oder einen Preiskampf zu verhindern und somit zu einer Steigerung der Umsätze oder Gewinnmarge führt. Mitglieder der Unternehmensleitung berufen sich manchmal sogar darauf, dass die Höhe einer möglichen Kartellgeldbuße bereits in die Kartellabsprache „eingepreist" war und das Unternehmen somit unter keinen Umständen einen Schaden nehmen konnte. Diese Argumentation zählt aber bei den Gerichten nicht! Die Gerichte sehen rechtswidriges Verhalten nie als „im Unternehmenswohl liegend" an, da sie anderenfalls einen „Freischein" für die Geschäftsleitung geben würden, rechtswidriges Verhalten im Unternehmen zu tolerieren oder gar aktiv zu fördern.

Man stelle sich vor, der Vorstand hätte argumentiert, dass ein von ihm gebilligter Diebstahl einer Maschine von einem Wettbewerber ebenfalls „im Unternehmenswohl" liege. In diesem Fall hätte wohl jedermann eingeleuchtet, dass ein solches Verhalten nicht hätte gebilligt werden dürfen. Bei einem Kartellrechtsverstoß ist die rechtliche Wertung nicht anders.

---

83 Ein „Verhalten im Unternehmenswohl" kann nur ein Handeln sein, das entweder rechtmäßig ist oder das die Geschäftsleitung nach entsprechender qualifizierter rechtlicher Beratung bei unklarer Rechtslage zumindest für rechtmäßig halten durfte. An dieser rechtlichen Wertung ändert sich auch nichts, wenn ein Gericht später dennoch zu Ungunsten des Unternehmens entschieden hat.[83] Bereits die bloße vorherige Einholung qualifizierten Rechtsrats zu einer rechtlich umstrittenen Frage auf Basis eines richtigen und vollständigen Sachverhalts, die Einhaltung der rechtlichen Vorgaben des in der Materie spezialisierten Rechtsberaters und vor allem die Dokumentation, dass der Rechtsberater das Verhalten als rechtmäßig eingeordnet hat, führt im Regelfall zu einer Entlastung der Geschäftsleitung im Rahmen ihrer Sorgfaltspflicht. Aber Achtung: Diese Entlastung gilt nur im Rahmen der Haftung im *Innenverhältnis* zwischen Geschäftsleitung und Unternehmen. Vor der Verhängung einer kartellbehördlichen Geldbuße gegenüber dem Unternehmen selbst schützt die Befolgung anwaltlichen Rechtsrats nicht.[84]

84 Der **kartellbedingte Schaden** kann sowohl in Mehrkosten für das Unternehmen (etwa aufgrund anwaltlicher Beratungshonorare) als auch in Schadensersatzpflichten gegenüber Dritten sowie in entgangenem Gewinn – etwa aufgrund von Kundenverlusten oder dem Ausschluss von Ausschreibungen – liegen. Nicht ersatzfähig ist hingegen eine gegenüber dem Unternehmen verhängte Kartellgeldbuße, da

---

83 *Fabisch*, ZWeR 2013, 91 (96); *Krause*, BB-Spezial 8/2007, 2 (5).

84 EuGH, Urt. v. 18.6.2013, Rs. C-681/11 = NJW 2013, 3083 (3085) – *BWB/Schenker*.

eine Regressmöglichkeit dem Abschreckungs- und Präventionscharakter der Geldbuße entgegenstünde und eine Doppelbeanspruchung der Führungskraft durch Tragung einer persönlichen und unternehmensbezogenen Geldbuße vermieden werden soll.[85] Grundsätzlich ist das Unternehmen gegenüber der Geschäftsleitung darlegungs- und beweispflichtig für den Schadenseintritt. Der beklagten Führungskraft steht der Gegenbeweis offen, dass der Schaden auch bei rechtlich korrektem Verhalten eingetreten wäre.[86]

Inwieweit in die Schadensberechnung auch finanzielle Vorteile in Form von 85
Kartellgewinnen, die durch Preisabsprachen eingetreten sind, miteinbezogen werden dürfen, ist bislang nicht eindeutig geklärt. Die Rechtsprechung schließt den Abzug sogenannter „Unrechtsgewinne" von Schadensersatzsummen im Wege der Vorteilsausgleichung nicht generell aus.[87] Begründet wird dies damit, dass auch im Haftungsrecht eine Bereicherung des Unternehmens vermieden werden muss. Folglich sind **Vorteile aus einem haftungsbegründenden Ereignis bei der Berechnung des Schadens zu berücksichtigen**, soweit
- das haftungsrelevante Verhalten zu zurechenbaren Vorteilen für das Unternehmen geführt hat,
- deren Anrechnung das Unternehmen nicht unzumutbar belastet und
- der Beklagte durch die Anrechnung nicht unbillig begünstigt wird.

Ein beklagtes Mitglied der Geschäftsleitung kann sich daher durchaus darauf beru- 86
fen, dass dem Unternehmen kein Schaden entstanden ist, weil das Unternehmen schlussendlich einen mindestens gleich hohen finanziellen Nutzen aus dem Kartellrechtsverstoß gezogen hat, als die durch Bußgelder und Schadensersatzforderungen Dritter entstandenen Nachteile.[88] Die Darlegungs- und Beweislast für kartellbedingt erzielte Gewinne des Unternehmens liegt bei der beklagten Führungskraft.

c) Schadensersatzpflicht des Aufsichtsrats

In Aktiengesellschaften und in GmbHs mit obligatorischem Aufsichtsrat kommt im 87
Innenverhältnis neben der Vorstandshaftung auch eine eigenständige Haftung des Aufsichtsrats in Betracht. Diese greift zum einen dann ein, wenn der Aufsichtsrat seine Kontrollpflichten gegenüber der Geschäftsleitung verletzt hat. Zum anderen kommt ein Innenregress dann in Betracht, wenn es der Aufsichtsrat pflichtwidrig

---

85 LAG Nordrhein-Westfalen, Urt. v. 20.1.2015, Az. 16 Sa 459/14 = NZKart 2015, 277, 278 f. – *Schienenkartell.*

86 Näher zur Beweislastverteilung *Fabisch*, ZWeR 2013, 91 (96 f.).

87 BGH, Urt. v. 15.1.2013, Az. II ZR 90/11 = NJW 2013, 1958 (1959); spezifisch zum Kartellrecht und § 43 Abs. 2 GmbHG vgl. LAG Nordhein-Westfalen, Urt. v. 20.1.2015, Az. 16 Sa 460/14.

88 ArbG Essen, Urt. v. 19.12.2013, Az. 1 Ca 658/13, Rn 97.

unterlassen hat, seinerseits Schadensersatzansprüche gegen den Vorstand geltend zu machen.

aa) Haftung des Aufsichtsrats bei unterlassener Kontrolle des Vorstands

88 Nach § 111 Abs. 1 AktG ist der Aufsichtsrat verpflichtet, die durch den Vorstand gem. § 76 Abs. 1 AktG ausgeübte Geschäftsführung zu überwachen. Kommt der Aufsichtsrat seiner Überwachungspflicht hinsichtlich eines oder mehrerer Vorstandsmitglieder nicht nach und ermöglicht diese fehlende Kontrolle einen Kartellrechtsverstoß, kann die Gesellschaft gegenüber dem Aufsichtsrat Schadensersatz nach § 116 Satz 1 AktG i.V.m. § 93 AktG – so etwa in Höhe der verhängten Geldbuße – geltend machen.

89 Maßgeblich für die Haftung des Aufsichtsrats ist die Ausgestaltung von Inhalt und Umfang seiner Überwachungspflicht. Grundsätzlich obliegt ihm nur die Kontrolle von Maßnahmen der Geschäftsführung, d.h. Leitungsmaßnahmen und wesentliche Einzelmaßnahmen des Vorstands.[89] Die Kontrolle muss sich dabei auf die Rechtmäßigkeit, Ordnungsmäßigkeit, Zweckmäßigkeit und Wirtschaftlichkeit beziehen.[90] Die Haftungsverantwortlichkeit des Aufsichtsrats hängt stets davon ab, welche Kontrolle der Vorstand im Einzelfall überhaupt ermöglichte. Dementsprechend richtet sich der Haftungsmaßstab im Wesentlichen nach den Informationen, die der Vorstand dem Aufsichtsrat im Rahmen seiner Berichtspflicht nach § 90 Abs. 1 AktG vorgelegt hat. Ergeben sich aus diesen Informationen Hinweise auf die erfolgte oder drohende Begehung eines Kartellrechtsverstoßes oder liegen dem Aufsichtsrat Anhaltspunkte vor, dass ihm entsprechende Informationen vorenthalten werden, muss er fehlende Informationen nachfordern und geeignete Vorkehrungen treffen, um das kartellrechtswidrige Verhalten zu vermeiden bzw. sofort abzustellen. Das entsprechende Verhalten kann je nach Einzelfall von einer Erörterung geeigneter Maßnahmen mit dem Vorstand bis zu einer Abberufung einzelner Vorstandsmitglieder nach § 84 Abs. 3 AktG reichen. Ein Absehen von entsprechenden Maßnahmen, um eine Aufdeckung des Kartellrechtsverstoßes zu vermeiden und somit „das Unternehmenswohl nicht zu gefährden“ ist hingegen stets als pflichtwidrig anzusehen.

90 Macht die Gesellschaft sowohl gegenüber dem Vorstand als auch gegenüber dem Aufsichtsrat Schadensersatzansprüche geltend, haften diese gesamtschuldnerisch.

---

89 Näher *Kapp/Gärtner*, CCZ 2009, 168 (171).

90 BGH, Urt. v. 25.3.1991, Az. II ZR 188/89 = NJW 1991, 1830 (1831) – *Beratungsvertrag mit Aufsichtsratsmitglied*.

bb) Haftung des Aufsichtsrats bei pflichtwidrigem Verzicht auf die Geltendmachung von Schadensersatz gegenüber dem Vorstand

Den Aufsichtsrat trifft die Pflicht, eigenverantwortlich das Bestehen von Schadens- 91
ersatzansprüchen der Gesellschaft gegenüber Vorstandsmitgliedern zu **prüfen** und – soweit die gesetzlichen Voraussetzungen für eine Geltendmachung vorliegen – solche Ansprüche unter Beachtung des Gesetzes- und Satzungsrechts der Gesellschaft und der ihm darin vorgegebenen Maßstäbe zu verfolgen.[91] Ob der Aufsichtsrat zur **Durchsetzung** der Ansprüche verpflichtet ist, hängt allein vom Ausgang einer sorgfältigen und fachgerechten Risikoanalyse ab. Führt diese zum Ergebnis, dass der Gesellschaft voraussichtlich Schadensersatzansprüche gegen zumindest eines ihrer Vorstandsmitglieder zustehen und diese mit hinreichender Erfolgsaussicht durchgesetzt werden können, ist der Aufsichtsrat grundsätzlich zu ihrer – gegebenenfalls auch klageweisen – Geltendmachung verpflichtet. Ein unternehmerischer Ermessensspielraum steht ihm in diesem Fall nicht zu.

Nur **im Ausnahmefall** darf der Aufsichtsrat von der Durchsetzung der Regress- 92
ansprüche gegenüber dem Vorstand **absehen**. Dies betrifft Konstellationen, in denen gewichtige Interessen und Belange der Gesellschaft dafür sprechen, den entstandenen Schaden hinzunehmen. Allerdings taugen weder die Berufung auf vergangene Verdienste eines Vorstandsmitglieds um das Unternehmenswohl, noch der Wunsch nach einer Schonung des Vorstandsmitglieds und seiner Familie aus sozialen Gründen als Argument, um ausnahmsweise auf die Anspruchsdurchsetzung verzichten zu dürfen. Erforderlich sind vielmehr erhebliche negative Auswirkungen auf die Geschäftstätigkeit und das Ansehen in der Öffentlichkeit, eine Behinderung der Vorstandsarbeit oder eine schwerwiegende Beeinträchtigung des Betriebsklimas.[92] Die Darlegungs- und Beweislast für das Vorliegen dieser Ausnahmegründe trifft den Aufsichtsrat. Gelingt ihm der Nachweis nicht, macht er sich selbst schadensersatzpflichtig gegenüber der Gesellschaft.

D. Verantwortlichkeit von Verbänden

Gerne gerät in Vergessenheit, dass nicht nur Unternehmen, sondern gleichermaßen 93
auch Verbände als „Unternehmensvereinigung" i.S.v. Art. 101ff. AEUV und §§ 1ff. GWB zur Einhaltung der kartellrechtlichen Vorschriften verpflichtet sind. Wettbewerbsbeschränkendes Verhalten von Mitgliedsunternehmen ist auch im Rahmen der Verbandsarbeit nicht privilegiert. Erlangt etwa ein Unternehmensmitarbeiter im Rahmen seiner ehrenamtlichen Verbandsarbeit Kenntnis von wettbewerblich sensi-

91 BGH, Urt. v. 21.4.1997, Az. II ZR 175/95 = NJW 1997, 1926 (1928) – *ARAG Garmenbeck*.
92 BGH, Urt. v. 21.4.1997, Az. II ZR 175/95 = NJW 1997, 1926 (1928) – *ARAG Garmenbeck*.

blen Daten eines Wettbewerbers, kann unter Umständen sowohl gegen ihn als auch gegen den Verband eine Geldbuße wegen kartellrechtswidrigen Informationsaustauschs verhängt werden. Auch Verbände müssen daher besondere Vorkehrungen treffen, um sich kartellrechtskonform zu verhalten. Es empfiehlt sich, die Anforderungen an eine kartellrechtskonforme Zusammenarbeit im konkreten Verband stets in einem für alle Verbandsmitglieder verbindlichen Code of Conduct zu dokumentieren.

I. Verbände als Haftungsverantwortliche im Kartellrecht

94 Sowohl Verbände als auch sonstige Interessenvereinigungen mit interner Organisationsstruktur sind Adressaten des Kartellrechts, soweit sie oder ihre Mitglieder eine wirtschaftliche Tätigkeit ausüben. Als „Unternehmensvereinigungen" im Sinne von Art. 101ff. AEUV bzw. §§ 1ff. GWB unterliegen sie uneingeschränkt dem Kartell- und Missbrauchsverbot.

95 Eine **Unternehmensvereinigung** besteht aus zwei oder mehr Unternehmen, die eine organisatorische Bindung vereint, durch welche die Vereinigung auf die Mitglieder Einfluss ausüben kann. Das Kartellrecht gilt jedoch nur, wenn die **Verbände selbst oder ihre Mitglieder unternehmerisch tätig** sind und die Mitglieder in ihren unternehmerischen Handlungen von der Tätigkeit des Verbands betroffen sind.[93] Öffentlich-rechtliche Verbände und Körperschaften können im Einzelfall ebenfalls als Unternehmensvereinigungen anzusehen sein (so etwa Industrie- und Handelskammern, Rechtsanwaltskammern oder Ärztekammern).[94]

96 Nach **deutschem Recht** kann gegen den Verband eine Geldbuße i.H.v. bis zu 10% seines Vorjahresumsatzes verhängt werden (§ 81 Abs. 4 Satz 2 GWB). Im Falle einer aktiven Beteiligung eines Verbandsmitarbeiters an dem Kartellrechtsverstoß kann das Bundeskartellamt gegen ihn persönlich gem. § 81 Abs. 4 Satz 1 GWB eine Geldbuße i.H.v. bis zu EUR 1 Mio. verhängen.

97 Im **Europäischen Kartellrecht** kann gegen den Verband eine Geldbuße i.H.v. bis zu 10% seines Vorjahresumsatzes bzw. bis zu 10% des Vorjahresumsatzes derjenigen Verbandsmitglieder, die auf dem kartellbetroffenen Markt tätig sind (Art. 23 Abs. 2 Satz 3 VO 1/2003), verhängt werden. Auf die Umsätze der Verbandsmitglieder wird regelmäßig nur dann Bezug genommen, wenn die Umsätze des Verbands selbst so gering sind, dass ein daran bemessenes Bußgeld keine Sanktionswirkung entfalten würde. Gegen **natürliche Personen** (so insbesondere Verbandsorgane oder -mitarbeiter) darf nach Europäischem Recht hingegen **keine** Geldbuße verhängt werden, da es an einer Rechtsgrundlage fehlt.

---

93 Langen/Bunte/*Krauß*, Dt. KartellR, § 1 GWB Rn 61.
94 Langen/Bunte/*Krauß*, Dt. KartellR, § 1 GWB Rn 62.

Auch in Bezug auf Verbände besteht im Einzelfall die Möglichkeit einer kartellrechtlichen **Gruppenfreistellung** bestimmter Verhaltensweisen. So sind etwa nach Art. 2 Abs. 2 Vertikal-GVO wettbewerbsbeschränkende Vereinbarungen einer Unternehmensvereinigung im Verhältnis zu ihren Mitgliedern und Lieferanten vom Kartellverbot freigestellt, sofern es sich nicht um eine Kernbeschränkung handelt, alle Mitglieder der Vereinigung Wareneinzelhändler sind und keines ihrer Mitglieder einschließlich verbundener Unternehmen einen jährlichen Gesamtumsatz von mehr als EUR 50 Mio. erwirtschaftet. Darüber hinaus sind die Voraussetzungen einer Einzelfreistellung nach Art. 101 Abs. 3 AEUV bzw. § 2 GWB auch auf Verbände anwendbar. 98

II. Typische kartellrechtliche Haftungsrisiken in der Verbandsarbeit

1. Kartellrechtswidriger „Beschluss einer Unternehmensvereinigung"

Verbandserklärungen wie beispielsweise Empfehlungen, Rundschreiben oder auch Boykottaufrufe verstoßen gegen das Kartellrecht, wenn sie eine wettbewerbsbeschränkende Wirkung haben.[95] Durch solche Erklärungen kann der Verband seinen Mitgliedern ermöglichen, ihr Wettbewerbsverhalten gleichförmig anzupassen, ohne eine „Vereinbarung" i.S.v. Art. 101 AEUV bzw. § 1 GWB mit ihren Wettbewerbern treffen zu müssen. 99

Gibt ein Verband beispielsweise eine Empfehlung oder einen Aufruf, ein Unternehmen mit Liefer- oder Bezugssperren zu belegen (Boykott), so können sich die Mitglieder, wenn sie der Empfehlung oder dem Boykott folgen, einheitlich und abgestimmt am Markt verhalten.[96] In jedem Fall unzulässig sind **verbindliche Empfehlungen** an Verbandsmitglieder oder entsprechende Aufrufe in der Öffentlichkeit, die darauf abzielen, dass sämtliche Mitgliedsunternehmen dasselbe Verhalten am Markt zeigen. Hierunter fallen beispielsweise Preis- oder Margenempfehlungen. Ebenfalls unzulässig sind Empfehlungen, die zwar als **unverbindlich** deklariert sind, in Verbindung mit Druckausübung oder Anreizsystemen jedoch faktisch verbindlich wirken. Ebenso unzulässig sind Empfehlungen, die zwar unverbindlich sind, den Unternehmen jedoch ein kartellrechtswidriges Verhalten anraten.[97] 100

Unzulässig können auch Reglements von Verbänden sein, deren Zweck primär nicht wirtschaftlich ist, die aber wirtschaftliche Tätigkeiten betreffen. Die Zulässigkeit hängt davon ab, ob ein legitimes Ziel verfolgt wird, und ob die wettbewerbsbe- 101

95 Langen/Bunte/*Krauß*, Dt. KartellR, § 1 GWB Rn 119.

96 BKartA, Beschl. v. 12.11.2008, Az. B 2 – 100/08 – *Bundesverband Deutscher Milchviehhalter – Boykottaufruf.*

97 *Kapp/Hummel*, CCZ 2013, 240 (243).

schränkende Wirkung des Reglements im Hinblick auf das legitime Ziel erforderlich und verhältnismäßig ist.[98]

Praxistipp

Selbst öffentliche Appelle an den Handel, den Verbandsmitgliedern Preiserhöhungen in einer bestimmten Höhe zuzugestehen, können kartellrechtlich bedenklich sein – selbst wenn diese in der guten Absicht geschehen, die Mitgliedsunternehmen „schützen" zu wollen. Sobald diese Erklärung von den Mitgliedsunternehmen als Empfehlung verstanden werden kann, eine Preiserhöhung in einer bestimmten Höhe zu fordern, kann der Verband in den Fokus der Kartellbehörden geraten. Abzuraten ist daher beispielsweise von einer Formulierung, die der schweizerische Fleischfachverband (SFF) in einer Medienmitteilung vom 30. April 2014 zu den Folgen ansteigender Schlachttierpreise wählte:[99]

„Auf die Dauer ist der zunehmende Margenabbau nicht mehr verkraftbar [...]. Auf der Grundlage der aufgezeigten Entwicklungen zwischen 2012 und 2013 erachtet es der SFF als notwendig, dass sowohl der Detailhandel wie auch der Außerhausverpflegungsbereich per sofort für Schweinefleisch (frisch und Produkte) Preiserhöhungen von durchschnittlich 15% vornehmen. Für Wurstwaren geht er zudem von einer Erhöhung der mittleren Verkaufspreise um 10% aus, was beispielsweise pro 100 g Cervelas rund 15 Rappen und pro 100 g Wienerli bzw. Schweinsbratwurst rund 22 Rappen ausmacht."

Ob die schweizerische Wettbewerbskommission diese Mitteilung im Rahmen ihres Aufgreifermessens untersuchte, ist zwar nicht bekannt. Es sollte aber bereits das Risiko eines kartellbehördlichen Aufgreifens vermieden werden. Daher sind auch Pressemitteilungen von Verbänden äußerst vorsichtig zu formulieren.[100]

---

2. Kartellrechtswidrige Ablehnung einer Verbandsmitgliedschaft

102 Ein Verband, der eine Monopolstellung oder sonstige wirtschaftliche Machtstellung innehat, kann nach § 33 Abs. 1 GWB bzw. § 20 Abs. 5 GWB **zur Aufnahme eines Bewerbers verpflichtet** sein, wenn ein wesentliches oder grundlegendes Interesse am Erwerb der Mitgliedschaft besteht.[101] Maßgeblich sind die berechtigten Interessen des Bewerbers an der Mitgliedschaft und die Bedeutung der damit verbundenen Rechte und Vorteile. Diese müssen gegenüber dem Interesse des Vereins oder des Verbandes, den Bewerber aus bestimmten Gründen von der Mitgliedschaft fernzuhalten, überwiegen. Nur dann, wenn nach einer Abwägung der beiderseitigen Inte-

---

98 OLG Frankfurt, Urt. v. 2.2.2016, Az. 11 U 70/15 (Kart) – *Deutscher Fußballbund.*

99 *Schweizerischer Fleischfachverband*, Medienmitteilung vom 30.4.2014, „Übermässiger Margendruck nicht mehr länger haltbar – Preisanpassungen dringendst notwendig", zuletzt abgerufen am 15.3.2018 unter http://www.metzgerei.ch/de-wAssets/docs/medienmitteilungen/2014_04_30Medienmitteilung-SFF_2014-2_MargendruckFleischbranche_D.pdf.

100 Europ. Kommission, Vertikal-Leitlinien 2010/C 130/01, Rn 175.

101 BGH, Urt. v. 10.12.1985, Az. KZR 2/85 = GRUR 1986, 332 (333) – *Aikido-Verband.*

ressen die Zurückweisung des Bewerbers als unbillig anzusehen ist, besteht ein Anspruch auf Aufnahme.[102]

Beispiel
Lehnt ein Verband von Elektrogerätehändlern die Aufnahme eines Handelsunternehmens ab, weil es Produkte nicht nur im stationären Handel, sondern auch im Internet vertreibt, so erscheint dies zunächst unbillig.
Enthält die Satzung des Verbands jedoch eine Bestimmung, wonach Versandhändler dem Verband nicht als Mitglied beitreten dürfen, ist die Ablehnung der Mitgliedschaft grundsätzlich gerechtfertigt, da der Bewerber die satzungsgemäßen Voraussetzungen für die Aufnahme nicht erfüllt.[103] Eine unzulässige Beschränkung des Internetvertriebs geht damit nicht einher, da es auch Nichtmitgliedern offensteht, ihre Waren über das Internet zu vertreiben.

Erfüllt ein Unternehmen die **satzungsgemäßen Voraussetzungen** für die Aufnahme, so ist seine Ablehnung nicht nur eine Ungleichbehandlung gegenüber den bereits aufgenommenen Verbandsmitgliedern, sondern auch grundsätzlich sachlich nicht gerechtfertigt. Ein Aufnahmeanspruch wird in diesem Fall indiziert. Die **Satzungsgestaltung** ist somit das wesentliche Lenkungsinstrument marktmächtiger Verbände, um zu steuern, welche Unternehmen sie als Mitglieder aufnehmen müssen und welche nicht. Aber auch die Satzungsgestaltung selbst muss sich an den Anforderungen des Kartellrechts messen lassen. Grenzt die Satzung bestimmte Unternehmen unbillig von einer Verbandsmitgliedschaft aus, kann die **Aufnahmebeschränkung in der Satzung unwirksam** sein, wenn der mit der Aufnahmebeschränkung verfolgte Zweck auch durch eine andere, „mildere" Satzungsgestaltung erreicht werden kann, die die Mitgliedschaft des Bewerbers ermöglichen würde.[104] 103

Beispiel
Enthält die Satzung eines Bundessportverbands die Bestimmung, dass für jede Sportart nur ein einziger Sportverband Mitglied werden darf, kann dies zu einer langfristigen Monopolisierung führen. Es liegt daher nahe, dass eine solche Satzungsbestimmung kartellrechtlich unwirksam ist.
Das Ziel einer ausgeglichenen Repräsentation mehrerer Sportarten kann auch durch eine anderweitige Satzungsgestaltung erreicht werden, so etwa durch die Bestimmung, die eine bestimmte Mindestzahl von Mitgliedern oder eine gleichermaßen ausgewogene Mitgliederstruktur des aufzunehmenden Verbands vorsieht.

102 BGH, Urt. v. 10.12.1985, Az. KZR 2/85 = GRUR 1986, 332 (333) – *Aikido-Verband*; OLG München, Urt. v. 25.6.2009, Az. U (K) 5327/08 = WuW/DE-R 2695 (2696) – *Taekwondo*.
103 OLG Düsseldorf, Urt. v. 23.1.2013, Az. VI – U (Kart) 5/12 = NZKart 2013, 125 (127) – *Großhandelsverband Haustechnik*.
104 BGHZ 63, 282 (291 ff.) – *Rad- und Kraftfahrerbund Solidarität e.V. I*; BGH, Urt. v. 10.12.1985, Az. KZR 2/85 = NJW-RR 1986, 583 (584) – *Aikido-Verband*.

104 **Kartellrechtlich zulässig** ist die Ablehnung der Mitgliedschaft eines Unternehmens, wenn die Satzung **rechtskonform** ausgestaltet ist und der Bewerber die **satzungsgemäßen Voraussetzungen nicht erfüllt**. Ebenfalls kartellrechtskonform ist die Ablehnung der Mitgliedschaft, wenn der Bewerber die satzungsgemäßen Aufnahmevoraussetzungen zwar erfüllt, aber **außerhalb der Satzung** sachliche Rechtfertigungsgründe für die Ablehnung bestehen. Auch insoweit ist eine Interessenabwägung erforderlich. Der Bewerber darf dann gleichwohl abgelehnt werden, wenn etwa seine fehlende Vertrauenswürdigkeit oder eine drohende Schädigung des Ansehens des Verbands gegenüber dem Interesse des Bewerbers an einer Aufnahme in den Verband überwiegen.[105]

Praxistipp

Auch die Einführung **interner Compliance-Regelungen** eines Verbands kann dazu führen, dass bestimmte Unternehmen **abgelehnt** oder **nachträglich ausgeschlossen** werden dürfen. So kann in den Compliance-Richtlinien etwa verankert werden, dass die Mitgliedsunternehmen bestimmte Maßnahmen treffen müssen, um Kartellrechtsverstöße zu vermeiden. Erfüllt ein Unternehmen zwar die satzungsmäßigen Voraussetzungen für eine Aufnahme, kommt aber den Compliance-Anforderungen des Verbands nicht nach, kann dies für eine fehlende Vertrauenswürdigkeit des Mitgliedsinteressenten sprechen. Dies kann die Ablehnung einer Mitgliedschaft im Einzelfall rechtfertigen.

---

105 Es wäre sogar **zulässig**, dass ein Verband einen Aufnahmeantrag eines von ihm nicht erwünschten Unternehmens zum Anlass für eine **Satzungsänderung** nimmt und sich die geänderten Aufnahmekriterien auch (und gerade) gegen die von dem Unternehmen begehrte Aufnahme richten. Der Aufnahmeinteressent besitzt kein berechtigtes und schutzwürdiges Vertrauen, dass die Satzungslage bis zum Abschluss seines Aufnahmeverfahrens unverändert bleibt und sie nicht in einem zulässigen Umfang zu seinem Nachteil verändert wird.[106] Verbände haben somit auch **nach Vorbringen des Aufnahmebegehrens eines nicht „erwünschten" Unternehmens** noch die Möglichkeit, die Zugangsvoraussetzungen für eine Aufnahme in den Verband durch sachlich zulässige Kriterien in einer Weise zu regeln, die dem nicht erwünschten Unternehmen den Zugang verwehren.

106 Nicht nur die Ausgestaltung, sondern auch die **Handhabung der Satzung** muss kartellrechtskonform erfolgen. Die Satzung eines marktmächtigen Verbands muss diskriminierungsfrei angewendet werden. Eine verbotene Diskriminierung nach § 20 Abs. 5 GWB liegt vor, wenn die satzungsgemäßen Aufnahmekriterien gegenüber einem Bewerber angewendet werden und gleichzeitig andere Mitglieder

---

105 LG Köln, Urt. v. 22.8.2007, Az. 28 O 495/06 = WuW/DE-R 2090 (2092) – *Hundezuchtverband*.
106 OLG Düsseldorf, Urt. 23.1.2013, Az. VI – U (Kart) 5/12 = NZKart 2013, 125 (126) – *Großhandelsverband Haustechnik*.

von den betreffenden Satzungsanforderungen frei gestellt werden.[107] Ein Verband darf somit an Mitgliedsinteressenten keine Anforderungen stellen, die er nicht auch von den gegenwärtigen Mitgliedern und anderen Mitgliedsinteressenten verlangt.

3. Verband als beteiligter „Veranstalter" von Kartellrechtsverstößen seiner Mitglieder

Verbände müssen stets darauf achten, ihren Mitgliedern keine Plattform zu bieten, 107
um sich über ihr Marktverhalten abzustimmen. So kommen auf Verbandstreffen typischerweise Wettbewerber zusammen, die bei dem Treffen die Möglichkeit haben, sich untereinander abzustimmen. Dies kann in Form eines Austauschs wettbewerbssensibler Informationen geschehen oder auch durch die gezielte Absprache von Preisen, Marktanteilen oder Gebietsaufteilungen. So hat das OLG Düsseldorf nicht nur gegen einzelne Süßwarenhersteller, die dem Arbeitskreis „Konditionenvereinigung" angehörten, eine Geldbuße wegen kartellrechtswidrigen Informationsaustauschs verhängt, sondern auch gegen den Bundesverband der Deutschen Süßwarenindustrie.[108]

Selbst wenn ein Verband kein Eigeninteresse an der Verwirklichung eines Kar- 108
tellrechtsverstoßes hat, begeht er nach § 81 Abs. 4 Satz 2 GWB i.V.m. § 9 OWiG eine Ordnungswidrigkeit, wenn sich seine Mitglieder im Rahmen einer Verbandsveranstaltung kartellrechtswidrig verhalten. Ausreichend dafür ist, dass die Verbandsleitung jedenfalls eine **Vorstellung der wesentlichen Dimensionen** des kartellrechtswidrigen Verhaltens hat. Es kommt nicht darauf an, ob ihr Einzelheiten des Kartellrechtsverstoßes bekannt sind. Dies gilt auch dann, wenn die Verbandsleitung nicht weiß, wann, wo, wem gegenüber und unter welchen Umständen die Kartellabsprache umgesetzt werden soll.[109] Der Verband leistet in diesem Fall als „Organisator" oder „Veranstalter" der Plattform Beihilfe zur Begehung des Kartellrechtsverstoßes.[110]

Auch wenn der Verband ein Treffen nicht zu einem kartellrechtswidrigen 109
Zweck veranstaltet, muss er dennoch das Verhalten der Teilnehmer im Blick behalten. Es ist ratsam, die Teilnehmer darauf hinzuweisen, dass sie keinerlei Absprachen treffen oder Informationen austauschen dürfen. Dieser Hinweis sollte stets **dokumentiert** werden, damit sich der Verband entlasten kann. Die Verbandsmitarbeiter haben darauf zu achten, dass Sitzungen nicht zu kartellrechts-

---

107 OLG Düsseldorf, Urt. v. 23.1.2013, Az. VI – U (Kart) 5/12 = NZKart 2013, 125 (127) – *Großhandelsverband Haustechnik*.

108 OLG Düsseldorf, Urt. v. 26.1.2017, Az. V-4 Kart 4/15 OWI – *Süßwarenkartell*.

109 Vgl. BGH, Urt. v. 24.3.1987, Az. KRB 8/86 = WuW/E BGH 2394 (2396).

110 BKartA, Beschl. v. 24.1.1964, Az. Z 2 – 12 00 00 – 344/63 = WuW/E BKartA 802 (803) – *Ratio-Verbrauchermarkt*.

widrigen Zwecken genutzt werden. Eine Berufung auf fehlende Rechtskenntnisse hilft nicht. Sowohl das Verbandspersonal als auch die Verbandsmitglieder sollten daher regelmäßig **geschult** und in einem **verbandsinternen Leitfaden** ausdrücklich darauf hingewiesen werden, welches Verhalten zulässig ist und welches nicht.

---

i **Praxistipp**

Zeichnet sich im Vorfeld einer Verbandssitzung ab, dass wettbewerblich sensible Themen besprochen werden, empfiehlt es sich, einen **kartellrechtlich spezialisierten Juristen** zur Sitzung hinzuzuziehen. Soll etwa zwischen Wettbewerbern über **Normen** oder **Standards** gesprochen werden und ist deren genauer Inhalt noch nicht bekannt, obliegt es dem betreffenden Juristen, zu unterscheiden, welche Vereinbarungen kartellrechtlich zulässig sind und welche nicht. So kann ein „Standard" über Mindestmaße eines Transportcontainers kartellrechtlich völlig unbedenklich sein, während ein „Standard", die Transportkosten stets den Kunden aufzuerlegen, mit hoher Wahrscheinlichkeit kartellrechtswidrig wäre.

Werden unzulässige Themen angesprochen, ist die Sitzung auf Veranlassung des anwesenden Juristen sofort zu **unterbrechen** und mit einem neuen Thema fortzusetzen. Dies ist sauber zu **protokollieren**.

---

110 Zudem muss in Verbandssitzungen die zuvor festgelegte und kartellrechtlich unbedenklich formulierte **Tagesordnung** strikt eingehalten werden, um keinen Raum für eventuelle kartellrechtswidrige Verhaltensweisen zu lassen.[111] Insbesondere Diskussionen in Fachgremien eignen sich dazu, Informationen auszutauschen oder Verhaltensweisen untereinander abzustimmen. Hier muss von Verbandsseite verstärkt darauf geachtet werden, dass derartige Gespräche weder in noch am Rande von Sitzungen aufkommen.

111 Für die **Verbandsmitglieder** gilt, dass sie sich schon durch die bloße Teilnahme an der Verbandssitzung kartellrechtswidrig verhalten, wenn das Treffen erkennbar den Zweck hat, kartellrechtswidrige Abstimmungen hervorzubringen.[112] Bereits die bloße Anwesenheit genügt; ob die Absprachen schlussendlich umgesetzt werden, ist nicht relevant. Kommt es daher zu Gesprächen über kartellrechtlich „kritische" Themen, ist dringend zu raten, sich noch in der Sitzung ausdrücklich von dem Verhalten zu **distanzieren**, dies im **Sitzungsprotokoll** vermerken zu lassen und die Verbandssitzung zu **verlassen**.

---

111 *Kapp/Hummel*, CCZ 2013, 240 (242).

112 EuGH, Urt. v. 7.2.2013, Rs. C-68/12, Rn 27 – *Slovakische Banken*; zu den Grenzen des Indizienbeweises vgl. allerdings EuG, Urt. v. 12.4.2013, Rs. T-410/08, Rn 70 ff. – *GEMA/Kommission*.

4. Sonderfall: Verband als Katalysator eines Marktinformationssystems

Um nicht dem Vorwurf der Beteiligung an unzulässigem Informationsaustausch ausgesetzt zu sein, sollten Verbände im Rahmen von **Marktanalysen** für ihre Mitgliedsunternehmen stets nur Ergebnisse mit aggregierten Daten (Durchschnittswerte ohne Rückschlussmöglichkeit auf individuelle Unternehmensdaten) veröffentlichen oder in das Intranet stellen. Auch hier finden die Grundsätze zum Informationsaustausch über wettbewerblich sensible Daten uneingeschränkt Anwendung.[113] 112

Je aktueller Daten sind, die eine Identifizierung der einzelnen Marktteilnehmer durch mögliche Rückschlüsse zulassen, desto eher ist ihre Weitergabe an Wettbewerber unzulässig. Nicht zu identifizierende Daten, die keinen Rückschluss auf die einzelnen Marktteilnehmer zulassen, räumen den Unternehmen hingegen keinen Vorteil in Bezug auf die Markttransparenz ein und dürfen daher durch den Verband auch an konkurrierende Mitgliedsunternehmen weitergegeben werden. 113

Selbst wenn die Veröffentlichung der Ergebnisse nur in aggregierter Fassung erfolgt, sollte die **Erhebung** der individuellen Unternehmensdaten nur durch zur Verschwiegenheit verpflichtete Dritte und nicht durch Vertreter konkurrierender Mitgliedsunternehmen erfolgen. Anderenfalls erhielten die Unternehmensvertreter einen Einblick in wettbewerbssensible Daten ihrer Wettbewerber, den sie ohne die Hilfe des Verbandes nicht erlangen könnten. Dadurch können Wettbewerbsvorteile entstehen, die sich wettbewerbsbeschränkend auswirken. Bereits die Ermöglichung einer solchen Einsichtnahme in individuelle Unternehmensdaten kann wiederum zu einer kartellrechtlichen Bußgeldhaftung des Verbands und der mit der Datenverarbeitung befassten Unternehmensvertreter führen. 114

Beispiel

Ein Verband stellt Informationen zu Umsatz und Absatzzahlen aller Marktteilnehmer zusammen. Die Aufstellung der Einzeldaten lässt Rückschlüsse auf die Marktanteile der einzelnen Marktteilnehmer zu. Die Errechnung von Durchschnittsdaten zu einzelnen Produktgruppen ermöglicht hingegen keine solchen Rückschlüsse.

Werden nur **aggregierte Ergebnisse**, d.h. die durchschnittlichen Umsätze für bestimmte Produktgruppen, veröffentlicht und lassen die Ergebnisse auch keinen Rückschluss auf die Marktanteile der einzelnen Marktteilnehmer zu, so ist die **Veröffentlichung** grundsätzlich zulässig. Zusätzlich muss der Verband Vorkehrungen treffen, dass die Mitgliedsunternehmen auch im Rahmen der **Erhebung und Verarbeitung** keine Kenntnis von individuellen Unternehmensdaten ihrer Wettbewerber erlangen. Unternehmensvertreter der betreffenden Wettbewerber dürfen daher nicht in die Marktanalyse miteinbezogen sein. Sonstige mit der Marktanalyse befassten Verbandsmitarbeiter oder Dritte müssen durch strafbewehrte Vertraulichkeitsvereinbarungen zur strikten Geheimhaltung verpflichtet sein.

---

113 Hierzu Kap. 2 Rn 24 ff.

115 **Meldesysteme** über Marktbewegungen, in denen der Verband als „Meldungsempfänger" agiert, sind kartellrechtlich bedenklich. Kartellrechtswidrig ist insbesondere die Verpflichtung von Mitgliedsunternehmen, dem Verband solche Mitgliedsunternehmen zu melden, die von zuvor empfohlenen Preisen oder anderweitigen Vorgaben abweichen. In diesen Fällen instrumentalisiert der Verband ein Mitgliedsunternehmen, um die Nicht-Befolgung eines bestimmten angestrebten Marktverhaltens Dritter zu melden und auf diese Weise eine Druckausübung auf diese Dritten zu ermöglichen. Die Zulässigkeit solcher Marktinformationssysteme ist stark einzelfallabhängig. Im Zweifel ist jedoch auf verbindliche Meldepflichten der Verbandsmitglieder zu verzichten.

116 Gleiches gilt für die Kommunikation bestimmter von den Verbandsmitgliedern abgesprochener oder jedenfalls angestrebter wettbewerbsbeschränkender Verhaltensweisen in **Pressemitteilungen**. Veröffentlicht ein Verband etwa die Ergebnisse einer Arbeitskreissitzung seiner Mitglieder, die auf einer kartellrechtswidrigen Absprache beruhen, setzt er sich – selbst wenn er nicht Organisator der Kartellabsprache war – einem Bußgeldrisiko aus. So verhängte das Bundeskartellamt etwa gegen den Deutschen Kaffeeverband e.V. eine Geldbuße i.H.v. EUR 90.000, nachdem dieser auf Bitte mehrerer Mitgliedsunternehmen eine Pressemitteilung herausgegeben hatte, wonach im Außer-Haus-Bereich kurzfristig mit einer Kaffeepreiserhöhung in Größenordnung der um 35% gestiegenen Rohkaffeenotierung zu rechnen sei. Die betreffenden Mitgliedsunternehmen hatten zuvor eine Preiserhöhung in dieser Höhe abgesprochen.[114]

III. Ausfallhaftung der Verbandsmitglieder für den Verband

117 Sowohl nach Europäischem als auch deutschem Kartellrecht kann der **Verband selbst** Adressat eines Bußgeldbescheids sein.

118 Im **deutschen Kartellrecht** erstreckt sich die Zahlungsverpflichtung nur auf den Verband selbst.

119 Das **Europäische Kartellrecht** enthält hingegen die Besonderheit einer **Ausfallhaftung der Verbandsmitglieder** für die Geldbuße, die gegen den Verband verhängt wurde. Kann der Verband die Geldbuße wegen Zahlungsunfähigkeit nicht bezahlen, muss der Verband zunächst selbst versuchen, das Bußgeld bei den Mitgliedern einzufordern. Bleibt dies innerhalb einer von der Europäischen Kommission gesetzten Frist ohne Erfolg, kann die Kommission die Zahlung der Geldbuße nach Art. 23 Abs. 4 VO 1/2003 unmittelbar von den Mitgliedsunternehmen fordern, deren Vertreter Mitglieder in den kartellbefangenen Entscheidungsgremien des Verbands waren.

114 BKartA, Fallbericht v. 6.8.2010, Az. B 11 – 19/08 – *Kaffeeröster*.

Kapitel 4
Vertriebssysteme und Kartellrecht

A. Aufbau eines Vertriebssystems und Reichweite des Kartellrechts

I. Grundsätzliche strategische Vorfragen

Hauptanwendungsbereich des Kartellrechts in der täglichen Geschäftspraxis ist der Vertrieb. Beteiligte Akteure sind dabei auf der einen Seite Hersteller, Importeure oder sonstige Lieferanten und auf der anderen Seite Absatzmittler im weitesten Sinne, so etwa Handelsvertreter, Vertragshändler, sonstige „reine" Händler oder Franchisenehmer. Vertriebssysteme sind notwendig, um den Absatz von Waren, Technologien und Dienstleistungen an Endverbraucher oder – im Falle von mehrstufigen Absatzsystemen – an nachgeordnete Vertriebsstufen zu organisieren und sicherzustellen. Die einzelnen Vertragsbestandteile sind aber nur dann rechtlich verbindlich für den jeweiligen Vertragspartner, wenn sie kartellrechtskonform ausgestaltet sind. Kartellrechtswidrige Vertragsklauseln sind hingegen von Anfang an unwirksam und können im Einzelfall sogar zur (rückwirkenden) Nichtigkeit des gesamten Vertrags führen. 1

Die Entscheidung für ein bestimmtes Vertriebssystem, dessen jeweilige Vor- und Nachteile sowie dessen Aufbau und Steuerung ist eine wesentliche Voraussetzung für unternehmerischen Erfolg. Je nach Art und Ausgestaltung des Vertriebssystems muss es sich in unterschiedlichem Maße an den kartellrechtlichen Vorgaben messen lassen. Dabei begeben sich Unternehmen stets auf eine Gratwanderung zwischen der Leistungsfähigkeit des Vertriebssystems und der rechtlichen Durchsetzungsfähigkeit der einzelnen Vorgaben gegenüber ihren Vertriebspartnern. Nur ein leistungsfähiges Vertriebssystem versetzt Unternehmen in die Lage, ihre Waren und Dienstleistungen flächendeckend und mit größtmöglichem Erfolg zu vermarkten. Aber nur ein kartellrechtskonformes Vertriebssystem gibt Unternehmen die Möglichkeit, die darin enthaltenen Vorgaben vollumfänglich durchzusetzen. 2

1. Folgenabwägung bei unterschiedlichen Ausgestaltungsformen

Beim Aufbau eines Vertriebssystems sind verschiedene Aspekte zu berücksichtigen: 3
Wichtig ist für viele Unternehmen, dass sie einen möglichst weitreichenden Einfluss auf ihre Vertriebspartner nehmen können. Auf diese Weise kann der Absatz der von einem Unternehmen hergestellten bzw. vertriebenen Produkte bestmöglich gesteuert und organisiert werden. Der größtmögliche Einfluss ist dabei sichergestellt, wenn ein Unternehmen den Vertrieb selbst in „eigener Hand", d.h. durch eigene Arbeitnehmer, durchführt. Vorteil des **Eigen-** bzw. **Direktvertriebs** ist insbesondere, dass der Hersteller ohne Verstoß gegen das Kartellrecht den Preis der Produkte

https://doi.org/10.1515/9783110550542-004

bestimmen kann. Dem stehen allerdings die Kosten für die eigenen Vertriebsmitarbeiter sowie Werbung und Lagerhaltung gegenüber, die vom Unternehmen selbst getragen werden müssen.[1]

4 Sofern Eigen- bzw. Direktvertrieb nicht möglich oder nicht gewünscht ist, müssen Hersteller im Vertrieb **mit anderen Unternehmen** zusammenarbeiten. In diesen Fällen ist es notwendig, selbständige Händler möglichst weitgehend in das Vertriebskonzept und das jeweilige System eines Herstellers zu integrieren. Die Selbständigkeit der Händler hat aber zur Folge, dass diese grundsätzlich nicht der Weisungsabhängigkeit des Herstellers unterliegen und eine solche Weisungsabhängigkeit auch nur in eingeschränktem Umfang hergestellt werden kann. Daher werden sie kartellrechtlich als eigenständige Unternehmen angesehen, die sich im Wettbewerb weitgehend autonom bewegen sollen. Beschränkungen ihres Verhaltens sind daher nur in sehr engem Maße zulässig. Die eingeschränkten Einwirkungsmöglichkeiten des Herstellers auf seine Vertriebspartner sind der „Preis" für die Übernahme finanzieller Risiken und bestimmter Unternehmensfunktionen durch die nachgelagerte Vertriebsstufe.[2]

2. Anwendung des Kartellrechts auf unterschiedliche Vertriebsformen

5 Die Anwendbarkeit der kartellrechtlichen Vorschriften im Vertrieb folgt grundsätzlich der Einteilung zwischen dem Eigen- bzw. Direktvertrieb einerseits und dem Vertrieb durch unabhängige, rechtlich selbständige Absatzmittler andererseits:

6 Der Vertrieb der Produkte durch eigene Mitarbeiter ist kartellrechtlich nicht relevant. Dies bedeutet, dass das Unternehmen beim Absatz seiner Produkte durch eigene Mitarbeiter feste Preisvorgaben machen darf, von denen die Vertriebsmitarbeiter nicht abweichen dürfen.

7 Demgegenüber kommt das Kartellrecht im Verhältnis zwischen Herstellern/Lieferanten auf der einen Seite und rechtlich selbständigen Absatzmittlern (Vertragshändler, Franchisenehmer und sonstige Vertriebshändler) auf der anderen Seite grundsätzlich uneingeschränkt zur Anwendung.

a) Handelsvertreter und Kartellrecht

8 **Handelsvertreter** sind selbständige Unternehmer, die für den Geschäftsherrn Liefergeschäfte vermitteln oder in dessen Namen abschließen (sog. „Vermittlungsvertreter" bzw. „Abschlussvertreter"). Demgegenüber treten **Kommissionäre** in eigenem Namen für fremde Rechnung auf. In kartellrechtlicher Hinsicht ist dies jedoch

1 Näher Martinek/Semler/Flohr/*Oechsler*, Hdb. Vertriebsrecht, § 5 Rn 45 ff.
2 *Giesler/Güntzel*, Vermarktungs- und Vertriebsverträge, A. Einleitung, S. 3.

irrelevant, d.h. Kommissionäre werden wie Handelsvertreter behandelt, da sie weitgehend in die Absatzorganisation des Herstellers eingebunden sind.

Auf Handelsvertreter finden die kartellrechtlichen Vorschriften **uneingeschränkt** Anwendung, wenn sich Wettbewerbsbeschränkungen auf das **horizontale Verhältnis der Hersteller** untereinander auswirken. Dies gilt insbesondere für Wettbewerbsverbote, die den Handelsvertreter daran hindern sollen, für dritte Unternehmen tätig zu werden, die mit dem Geschäftsherrn in Wettbewerb stehen. Vereinbaren Hersteller mit vergleichsweise hohen Marktanteilen mit ihren Handelsvertretern solche Wettbewerbsverbote, kann dies zu einer Marktabschottung gegenüber anderen Herstellern führen, da diese nicht mehr auf die – ohnehin nur begrenzt verfügbaren – Handelsvertreter zurückgreifen können.[3] Dies kann sich als erheblicher Wettbewerbsnachteil erweisen. 9

Im Hinblick auf **anderweitige vertragliche Regelungen** gegenüber Handelsvertretern ist zu differenzieren: 10

Für Handelsvertreter ist im Grundsatz davon auszugehen, dass die in typischen Handelsvertreterverträgen enthaltenen Wettbewerbsbeschränkungen im Regelfall nicht vom Kartellverbot umfasst sind. Begründung hierfür ist die weitgehende Eingliederung von Handelsvertretern in die Absatzorganisation des Geschäftsherrn und ihre daraus resultierende faktische Weisungsgebundenheit (trotz rechtlicher Selbständigkeit). Vereinfacht gesagt: Der Handelsvertreter wird als faktischer Bestandteil des Herstellers angesehen. Innerhalb des Herstellerunternehmens findet das Kartellverbot aber keine Anwendung, da es hier schon an einer Vereinbarung „zwischen" Unternehmen fehlt. Soweit folglich lediglich das „Innenverhältnis" zwischen Hersteller und Handelsvertreter betroffen ist, soll hier auch das Kartellverbot nicht eingreifen. 11

Dieser Grundsatz ist in den vergangenen Jahren zunehmend durchbrochen worden. In den Vertikal-Leitlinien aus dem Jahr 2000 differenzierte die Europäische Kommission erstmals zwischen **„echten"** und **„unechten" Handelsvertreterverhältnissen.**[4] Nur „echte" Handelsvertreter sollen hiernach vom Kartellverbot ausgenommen sein (sog. **„Handelsvertreterprivileg"**). In den neuen Leitlinien aus dem Jahr 2010 ist diese sprachliche Differenzierung zwar aufgegeben worden.[5] Eine wesentliche inhaltliche Änderung ist damit jedoch nicht verbunden. Die Europäische Kommission stellt insoweit maßgeblich darauf ab, ob der Handelsvertreter keine geschäftlichen oder finanziellen Risiken hinsichtlich der ihm vom Geschäftsherrn übertragenen Tätigkeiten und der geschäftsspezifischen Investitionen für das betreffende Geschäftsfeld trägt („echter" Handelsvertreter). Obliegen dem Handelsvertreter insofern keine bzw. nur unbedeutende Risiken, unterfällt der Handelsver- 12

3 Europ. Kommission, Vertikal-Leitlinien 2010/C 130/01, Rn 19.
4 Europ. Kommission, Vertikal-Leitlinien 2010/C 130/01, Rn 12ff.
5 Europ. Kommission, Vertikal-Leitlinien 2010/C 130/01, Rn 12ff.

tretervertrag mit dem Geschäftsherrn grundsätzlich nicht dem Kartellverbot. Muss der Handelsvertreter hingegen solche Risiken übernehmen, nähert sich die Ausgestaltung des Handelsvertreterverhältnisses derjenigen eines Vertriebshändlers an („unechter" Handelsvertreter). Der unechte Handelsvertreter unterliegt deshalb uneingeschränkt dem Kartellrecht und den jeweiligen Anforderungen der Vertikal-GVO[6]. In diesen Fällen der Risikoübernahme durch den Handelsvertreter greift somit die kartellrechtliche Privilegierung nicht ein.

13 Während die Europäische Kommission davon ausgeht, dass für diese Abgrenzung irrelevant ist, ob ein Handelsvertreter für ein oder mehrere Unternehmen tätig ist, stellt der EuGH demgegenüber auf die Eingliederung des Handelsvertreters in die Absatzorganisation des Geschäftsherrn als maßgebliches Kriterium ab. Dies hat zur Folge, dass der EuGH in Fällen einer **Mehrfirmenvertretung** bislang die Eingliederung als integriertes Hilfsorgan verneint und dementsprechend die Freistellung von den kartellrechtlichen Vorgaben abgelehnt hat.[7]

14 Die Vertikal-Leitlinien enthalten einen **Katalog von Risiken**[8], bei deren Übernahme der Handelsvertreter als „unechter" Handelsvertreter anzusehen ist, auf den das Kartellverbot grundsätzlich anwendbar ist. Ein nicht den kartellrechtlichen Vorschriften unterliegendes „echtes" Handelsvertreterverhältnis liegt danach nur vor, wenn der Handelsvertreter

- sich nicht an den Kosten der Lieferung der betreffenden Waren einschließlich der Beförderungskosten beteiligt,
- nicht auf eigenes Risiko ein Vorratslager für die Waren unterhält,
- nicht die Produkthaftung gegenüber Dritten übernimmt,
- nicht das Ausfallrisiko trägt (Haftung für die Nichterfüllung des Kunden), ausgenommen den Verlust seiner Provision,
- nicht verpflichtet ist, Investitionen in die Verkaufsförderung (z.B. Werbung) zu tätigen,
- keine marktspezifischen Investitionen in Ausrüstungen, Gebäude oder Personal tätigt,
- keine anderen Tätigkeiten auf Verlangen des Auftraggebers auf demselben sachlich relevanten Markt wahrnehmen muss, es sei denn, der Auftragnehmer übernimmt die Kosten hierfür in vollem Umfang.

15 Soweit ein Vertragsverhältnis als „echter" Handelsvertretervertrag in diesem Sinne zu bewerten ist, fallen sämtliche Verpflichtungen, die diesem „echten" Handelsvertreter im Hinblick auf sein Auftreten gegenüber Kunden auferlegt wurden, **nicht** unter den Anwendungsbereich des Kartellverbots. Dies bedeutet, dass Gebietsbe-

---

6 Verordnung (EU) Nr. 330/2010 v. 20. 4. 2010, ABl EG Nr. L 102 S. 1.

7 EuGH, Urt. v. 1.10.1987, Rs. C-311/85 – *Reisevermittler*.

8 Europ. Kommission, Vertikal-Leitlinien 2010/C 130/01, Rn 16.

schränkungen, Kundenbeschränkungen und Preis- und Konditionenbindungen kartellrechtlich nicht erfasst werden. Dieses Privileg bietet einen großen Vorteil gegenüber anderen Vertriebsformen, da insoweit Beschränkungen hinsichtlich des Gebiets, in dem der Vertreter die Waren oder Dienstleistungen verkaufen darf, sowie Beschränkungen hinsichtlich der Kunden, an die der Vertreter die Waren oder Dienstleistungen verkaufen darf, ausgesprochen werden können. Darüber hinaus ist der Hersteller in diesem Fall auch berechtigt, die Preise und Bedingungen, zu denen der Vertreter seine Waren oder Dienstleistungen verkaufen oder beziehen darf, festzulegen und entsprechende Weisungen zu erteilen.

Soweit „echte" Handelsvertreterverträge darüber hinaus auch Bestimmungen 16 für das Verhältnis zwischen Geschäftsherrn und Handelsvertreter enthalten, gehen die Vertikal-Leitlinien davon aus, dass **Alleinvertreterklauseln** in der Regel zulässig sind.[9] Diese Beschränkungen hindern den Geschäftsherrn daran, auch andere Vertreter für ein bestimmtes Gebiet oder bestimmte Kunden zu ernennen. Sie hindern aber den Handelsvertreter nicht daran, für andere Hersteller tätig zu werden.

Für viele Unternehmen spricht in der Praxis trotz dieser weitreichenden kartell- 17 rechtlichen Privilegierung ein wesentlicher Gesichtspunkt gegen den Absatz von Produkten und Dienstleitungen über Handelsvertreter: Nach § 89b HGB kann dem Handelsvertreter ein **nachvertraglicher Ausgleichsanspruch** zustehen, um ihn für die Übertragung neu akquirierter Kundenbeziehungen an den Hersteller zu entschädigen. Viele Unternehmen scheuen diese komplexe Materie und die häufig damit verbundenen gerichtlichen Auseinandersetzungen und verzichten deshalb allein aus diesem Grund auf die Einbindung von Handelsvertretern in ihre Vertriebssysteme. Ob dieses Risiko als so wesentlich anzusehen ist, dass allein deshalb ein Vertrieb über Handelsvertreter bzw. Kommissionäre (für die § 89b HGB analog gilt) nicht in Betracht kommt, richtet sich nach dem jeweiligen Einzelfall.

In der folgenden Tabelle werden die Vor- und Nachteile des Handelsvertreter- 18 systems kurz zusammengefasst:

Vorteile Handelsvertretersystem	Nachteile Handelsvertretersystem
Kartellrecht in weiten Bereichen nicht anwendbar: Hersteller behält Preishoheit	Hersteller trägt Absatzrisiko und Zahlungsausfallrisiko
Hersteller hat vollständige Kontrolle über Ausgestaltung des Werbematerials, der Preisverzeichnisse und der AGB gegenüber dem Endkunden	Hersteller trägt Kosten für Aufbau und Erhaltung des Handelsvertretersystems
Provision wird erfolgsorientiert ausgezahlt (keine „überschüssige" Marge)	Absatzerfolg des Herstellers hängt von Einsatz des Handelsvertreters ab

9 Europ. Kommission, Vertikal-Leitlinien 2010/C 130/01, Rn 19.

Vorteile Handelsvertretersystem	Nachteile Handelsvertretersystem
Provision als Anreiz kann zu „Unternehmerbewusstsein" des Handelsvertreters führen	Provision ist gegebenenfalls überflüssiger Posten, wenn Produkt auch ohne erhöhte Absatzanstrengungen des Handelsvertreters stark nachgefragt wird („Selbstläufer")
Hersteller hält durch Handelsvertreter unmittelbaren Kontakt zum Nachfragemarkt (Berichterstattungspflicht des Handelsvertreters: auch Informationsweitergabe über Rabattforderungen der eigenen Kunden sowie deren Begründung zulässig)	Hersteller ist gegenüber dem Handelsvertreter zur Ausgleichszahlung für überlassene Vorteile (Neukunden, gesteigerter Altkundenumsatz etc.) verpflichtet
Hersteller kann geographische Reichweite und Kundengruppen des Handelsvertreters bestimmen	Handelsvertreter erhält gegebenenfalls auch für passive Käufe in seinem Bezirk ohne sein Zutun Provision

b) Kartellrechtliche Behandlung anderer Vertriebsformen

19 Hersteller haben neben dem Vertrieb über Handelsvertreter oder Kommissionäre auch noch weitere Möglichkeiten, ihre Produkte abzusetzen. In Betracht kommen hier insbesondere Vertragshändler, sonstige Händler und Franchisenehmer.

aa) Vertragshändler

20 Vertragshändler sind ebenso wie Kommissionäre und Handelsvertreter in die Absatzorganisation des Herstellers eingebunden. Allerdings tragen sie im Gegensatz zu letzteren regelmäßig das gesamte Absatzrisiko. Sofern dies der Fall ist, sind die kartellrechtlichen Regelungen auf den Vertragshändler uneingeschränkt anwendbar.[10] Verbleibt das wirtschaftliche Risiko jedoch überwiegend beim Hersteller, dann unterfallen die Vereinbarungen nicht dem Kartellrecht. Der Vertragshändler wird in diesem Fall kartellrechtlich wie ein „echter" Handelsvertreter behandelt. Dabei ist es unschädlich, wenn der Vertragshändler nach außen als solcher auftritt, die Risikoverteilung im Innenverhältnis jedoch zu Lasten des Herstellers geht.[11]

21 Nachfolgend werden die Vor- und Nachteile des Vertragshändlersystems kurz zusammengefasst:

Vorteile Vertragshändlersystem	Nachteile Vertragshändlersystem
Vertragshändler trägt wirtschaftliches Absatzrisiko	Kartellrecht ist uneingeschränkt anwendbar: Keine Möglichkeit der Einflussnahme des Herstellers bzgl. Preisen und Rabatten

10 BGH, Urt. v. 23.9.1975, Az. KZR 14/74 – *EDV-Zubehör*.

11 Loewenheim/Meessen/Riesenkampff/*Nordemann*, KartellR, § 1 GWB Rn 30.

Vorteile Vertragshändlersystem	Nachteile Vertragshändlersystem
Vertragshändler handelt in eigenem Namen und grundsätzlich in eigener Verantwortlichkeit	Keine vollständige Haftungsüberwälzung auf Vertragshändler möglich (Produkthaftung des Herstellers)
Vertragshändler kann in selektivem Vertriebssystem verpflichtet werden, qualitative Anforderungen des Herstellers zu erfüllen	Informationspflichten des Vertragshändlers gegenüber dem Hersteller dürfen sich nur auf aggregierte Daten beziehen, die keine Nachrechnung der konkreten Weiterverkaufspreise ermöglichen
Mindestumsatz als Kriterium für Vertragsschluss- und -verlängerung zulässig	Auch erfolglose Vertragshändler dürfen während des Vertragszeitraums die Marke des Herstellers nutzen
Vertragshändler kann zur Vorhaltung eines Waren- und Ersatzteillagers sowie bestimmter Einrichtungen (Modelle, Vorführanlagen etc.) auf eigene Kosten verpflichtet werden	Eine Beschränkung der Annahme passiver Käufe (Kundenanfragen) aus den Gebieten anderer Vertragshändler ist kartellrechtlich unzulässig

bb) Sonstige Händler

Sonstige Händler sind nicht in die Absatzorganisation des Herstellers eingegliedert. 22
Sie tragen das volle wirtschaftliche Risiko, sind häufig für mehrere Hersteller tätig und gegenüber dem Hersteller auch nicht weisungsgebunden, weshalb das Kartellrecht in diesen Fällen ebenfalls uneingeschränkt Anwendung findet.[12]

cc) Franchisenehmer

Arbeiten Hersteller beim Vertrieb ihrer Produkte mit Franchisenehmern zusammen, 23
dann übernimmt der Franchisenehmer nicht nur das Geschäftskonzept (insb. Geschäftsbezeichnung, Marke, Geschäftsmethode) des Herstellers (Franchisegeber), sondern auch dessen Know-how. Im Gegenzug zahlt der Franchisenehmer ein Entgelt für die Nutzung des Geschäftskonzepts.[13] Das **Franchising** ist daher durch eine besonders enge Zusammenarbeit zwischen Franchisegeber und Franchisenehmer gekennzeichnet. Dabei kann sich der Franchisegeber über beschränkende Klauseln einen dauerhaften Einfluss auf die Umsetzung des Franchisekonzepts durch den Franchisenehmer sichern.[14] Franchiseverträge werden ebenfalls vom Kartellverbot erfasst.

---

12 Europ. Kommission, Vertikal-Leitlinien 2010/C 130/01, Rn 18.
13 EuGH, Urt. v. 28.1.1986, Rs. 161/84, Rn 33 – *Pronuptia*.
14 *Schultze/Pautke/Wagener*, Vertikal-GVO, Rn 396.

3. Zusammenfassung

24 Bis auf den Eigen- bzw. Direktvertrieb durch eigene Mitarbeiter des Herstellers sind sämtliche Vertriebsformen im Grundsatz kartellrechtlich relevant und unterfallen dem Kartellverbot.

25 Allerdings sind Handelsvertreterverträge und Verträge mit Kommissionären typischerweise vom Kartellverbot freigestellt, soweit sie nicht zu einer Beschränkung des Wettbewerbs auf der Herstellerebene führen. Eine uneingeschränkte Anwendung des Kartellrechts kommt jedoch dann in Betracht, wenn Handelsvertreter oder Kommissionäre im Verhältnis zum Hersteller wesentliche geschäftliche oder finanzielle Risiken übernehmen. In diesen Fällen greift die Privilegierung der Freistellung vom Kartellverbot nicht ein.

II. Vertriebssysteme mit qualifiziertem Anforderungsprofil, insbesondere selektiver Vertrieb

1. Allgemeine Erwägungen

26 Heute gehen viele Unternehmen dazu über, ihren Vertriebsmittlern qualitative Vorgaben für den Absatz zu machen. Auf diese Weise können Hersteller lenken, welche Händler sie zum Vertrieb ihrer Produkte zulassen und welche nicht. Eine solche **Lenkung des Vertriebs** ist insbesondere im Rahmen selektiver Vertriebssysteme möglich. Gleichzeitig kann der Hersteller durch die Vorgabe von Qualitätsanforderungen an die Absatzmittler einen einheitlichen Qualitätsstandard sicherstellen. Dies ist insbesondere für Hersteller von hochwertigen, beratungsintensiven Produkten und Luxusgütern von Vorteil. Durch eine zusätzliche Begrenzung der Anzahl der Absatzmittler können sie zudem eine gewisse Exklusivität ihrer Produkte wahren. Selektive Vertriebssysteme haben in den vergangenen Jahren, nicht zuletzt vor dem Hintergrund einer möglichen Einflussnahme und Steuerungswirkung auf den Internetvertrieb, eine Renaissance erfahren. Je höher die qualitativen Anforderungen an den Vertrieb sind, desto eher lassen sich Billig-Anbieter im Internet, die ihre Marge im Wesentlichen über die Masse verkaufter Produkte erzielen, ausschließen.

27 Ein selektives Vertriebssystem beruht auf vertraglichen Regelungen über vergleichbare **qualitative Vorgaben** für alle Händler, die bestimmte Produkte des Herstellers vertreiben. Bei selektiven Vertriebssystemen wird einerseits die Anzahl der zugelassenen Vertragshändler begrenzt und andererseits die Weiterverkaufsmöglichkeit der Vertragshändler an Dritte beschränkt:[15] Die Händleranzahl wird zum einen dadurch begrenzt, dass nur Händler, die die objektiven „Zulassungskriterien" des Herstellers erfüllen, in das Vertriebssystem aufgenommen werden. Zum ande-

15 Europ. Kommission, Vertikal-Leitlinien 2010/C 130/01, Rn 174.

ren ist im Einzelfall auch eine **quantitative Beschränkung** der Händlerzahl in Form eines „numerus clausus" möglich.

Beispiel

Das Automobilunternehmen X betreibt ein qualitativ-quantitatives selektives Vertriebssystem. Es hat festgelegt, dass im Landkreis L nur acht Autohäuser seine Fahrzeuge vertreiben dürfen. Diese acht Autohäuser müssen bestimmte qualitative Vorgaben zur Warenpräsentation erfüllen.

Bei diesem Vertriebssystem handelt es sich um eine Mischform des quantitativ und qualitativ selektiven Vertriebs.

Im Regelfall wird den Systemmitgliedern durch vertragliche Regelung untersagt, die 28
vom Hersteller bezogenen Waren an Nicht-Systemmitglieder zu verkaufen. Durch dieses **Verkaufsverbot an „Außenseiter"** sollen Umgehungen des Vertriebssystems verhindert und die Absatzkontrolle gesichert werden. Damit kommt ein Wiederverkauf für die Systemmitglieder neben dem Verkauf an andere Systemmitglieder nur an Endkunden in Betracht.[16] Das Verkaufsverbot an Nicht-Systemmitglieder darf sich **sowohl auf aktive als auch passive Verkäufe** beziehen. Im Fall des aktiven Verkaufs spricht der Händler potenzielle Kunden aktiv an. Bei einem passiven Verkauf kommt der Kunde mit einer Anfrage auf den Händler zu, ohne dass dieser den Kunden zuvor durch Werbemaßnahmen angesprochen oder sogar zum konkreten Kauf aufgefordert hat.[17]

2. Qualitative und quantitative Vertriebssysteme

Bei selektiven Vertriebssystemen ist zwischen qualitativen und quantitativen Selek- 29
tivvertriebssystemen zu unterscheiden:

Qualitative Selektivvertriebssysteme zeichnen sich dadurch aus, dass die 30
Händler ausschließlich nach objektiven, produktbezogenen Kriterien ausgewählt werden. Solche Kriterien können beispielsweise spezielle Schulungs- oder Ausbildungsanforderungen, der in der Verkaufsstätte angebotene Service und die Produktpräsentation oder auch ein bestimmter Umfang der angebotenen Produktpalette sein.[18] Ob ein Händler, der die Zulassungskriterien erfüllt, einen Aufnahme- oder Belieferungsanspruch hat, richtet sich nach nationalem Recht.[19] Im deutschen Recht kann ein Zulassungs- bzw. Belieferungsanspruch bei jedenfalls relativer Marktmacht des Lieferanten aus § 20 GWB resultieren. Dies ist jedoch nur dann der Fall,

---

16 Europ. Kommission, Vertikal-Leitlinien 2010/C 130/01, Rn 174.

17 Europ. Kommission, Vertikal-Leitlinien 2010/C 130/01, Rn 174.

18 Europ. Kommission, Vertikal-Leitlinien 2010/C 130/01, Rn 175.

19 EuG, Urt. v. 18.9.1992, Rs. T-24/90, Rn 50 – *Automec*; BGH, Urt. v. 12.5.1998, Az. KZR 23/96 – *Depotkosmetik*; *Bechtold*, NJW 2003, 3729 (3731).

wenn das Vertriebssystem als solches zulässig ist, der Bewerber alle objektiven Zulassungsvoraussetzungen erfüllt und die zuvor vom Hersteller/Lieferanten festgelegte Höchstzahl zuzulassender Vermittler noch nicht erreicht ist. Die zahlenmäßige Beschränkung der zuzulassenden Händler muss zuvor eindeutig und nachvollziehbar festgelegt worden sein. Sofern die zahlenmäßige Begrenzung unzulässig ist, besteht auch ein Zulassungsanspruch, wenn die festgelegte Höchstzahl an Vermittlern bereits erreicht wurde.[20]

31 Vereinbarungen über einen qualitativen Selektivvertrieb fallen nicht **unter das Kartellverbot**, wenn sie folgende drei Voraussetzungen erfüllen:

- Die **Beschaffenheit der Waren und Dienstleistungen** muss den selektiven Vertrieb rechtfertigen. Dies bedeutet, dass nur durch die Einführung des selektiven Vertriebssystems die Sicherung der Qualitätsanforderungen und der richtige Gebrauch der Produkte gewährleistet werden kann.[21] Dies ist insbesondere bei hochwertigen und beratungsintensiven Markenprodukten und Luxusartikeln wie Schmuck, Uhren und Kosmetika der Fall, deren Verkauf sich durch eine angemessene Präsentation und eine fachkundige Verkaufsberatung auszeichnet.[22]
- Die Wiederverkäufer müssen nach **objektiven, qualitativen Kriterien** ausgewählt werden. Die Kriterien sind einheitlich festzulegen, allen potenziellen Händlern vor Vertragsschluss zur Verfügung zu stellen und bei der Auswahl unterschiedslos auf alle Händler anzuwenden.[23]
- Die Auswahlkriterien dürfen nicht über das hinausgehen, was für die Verwirklichung des selektiven Vertriebs und die Erhaltung der Qualität **erforderlich** ist.[24] So gehen beispielsweise Zulassungskriterien wie ein bestimmter zu erreichender Mindestumsatz, die Pflicht, zum Aufbau des Vertriebssystems beizutragen oder die Pflicht zur Lagerhaltung der Produkte über das für die Erhaltung der Qualität des Produktes Erforderliche hinaus.[25]

32 Ist mindestens eine der vorgenannten Voraussetzungen nicht erfüllt, weil beispielsweise die Beschaffenheit der Waren den selektiven Vertrieb nicht rechtfertigt, findet das Kartellrecht auch auf einen solchen „selektiven" Vertriebsvertrag unein-

---

20 *Emde*, WRP 2013, 355 (363); vgl. zu den Voraussetzungen des Zulassungsanspruchs die Ausführungen in Kap. 8 Rn 88.

21 EuGH, Urt. v. 11.12.1980, Rs. C-31/80, Rn 16 – *L'Oréal*; Europ. Kommission, Vertikal-Leitlinien 2010/C 130/01, Rn 175; Langen/Bunte/*Nolte*, EU-KartellR, Nach Art. 101 AEUV Rn 518.

22 *Nolte*, BB 2014, 1155 (1159).

23 EuGH, Urt. v. 11.10.1983, Rs. C-210/81, Rn 2 – *Demo-Studio Schmidt*; Europ. Kommission, Vertikal-Leitlinien 2010/C 130/01, Rn 175.

24 EuGH, Urt. v. 11.12.1980, Rs. C-31/80, Rn 16 – *L'Oréal*; Europ. Kommission, Vertikal-Leitlinien 2010/C 130/01, Rn 175.

25 EuGH, Urt. v. 25.10.1977, Rs. C-26/76, Rn 27 – *Metro/SABA*.

geschränkt Anwendung.[26] In diesen Fällen bleibt aber eine Freistellung des selektiven Vertriebssystems nach der Vertikal-GVO oder eine Einzelfreistellung möglich.

Quantitative Selektivvertriebssysteme werden grundsätzlich vom Kartellver- 33
bot erfasst. Dabei werden die am Vertriebssystem teilnehmenden Händler von vornherein zahlenmäßig begrenzt. Dies kann etwa dadurch erreicht werden, dass die Anzahl der Vertriebsstätten beschränkt wird.[27] Des Weiteren kann eine Begrenzung aber auch mittelbar durch die Vorgabe bestimmter Mindest- oder Höchstumsätze[28] verwirklicht werden. Auch in diesen Fällen ist eine Gruppen- oder Individualfreistellung denkbar.[29]

B. Die Vertikal-GVO – Kartellrechtliche Spielregeln für den Vertrieb

Die Vertikal-GVO ist das zentrale kartellrechtliche Regelungswerk, das sich mit 34
Wettbewerbsbeschränkungen in Vertriebssystemen („vertikale" Wettbewerbsbeschränkungen) befasst. Die Europäische Kommission legt darin auf Ermächtigung des Europäischen Rats[30] fest, welche typischen vertraglichen Regelungen bei Nicht-Überschreiten der Marktanteilsschwelle von 30% vom Kartellverbot freigestellt sind und welche anderen Regelungen stets unzulässig sind („Kernbeschränkungen"). Bei der Gruppenfreistellung handelt es sich um unmittelbar geltendes Europäisches Recht. Nach § 2 Abs. 2 GWB gelten die Freistellungen der Vertikal-GVO auch im deutschen Kartellrecht.

Um vom Kartellverbot freigestellt zu sein, müssen der Anwendungsbereich der 35
Vertikal-GVO eröffnet sein (hierzu unter I.) und die relevanten Marktanteilsschwellen eingehalten werden (hierzu unter II.). Des Weiteren darf der Vertriebsvertrag keine sog. „Kernbeschränkung" (= „schwarze Klauseln", hierzu unter III.) und keine „grauen" Vertragsklauseln (= nicht freigestellte Beschränkung, hierzu unter IV.) enthalten.

---

26 EuGH, Urt. v. 11.12.1980, Rs. C-31/80, Rn 17 – *L'Oréal.*
27 EuG, Urt. v. 27.2.1992, Rs. T-19/91, Rn 67 – *Vichy/Kommission.*
28 Europ. Kommission, Vertikal-Leitlinien 2010/C 130/01, Rn 175.
29 EuGH, Urt. v. 14.6.2012, Rs. C-158/11, Rn 26 ff. – *Auto 24.*
30 VO (EG) Nr. 1215/1999 des Rates zur Änderung der VO Nr. 19/65/EWG über die Anwendung von Art. 81 Abs. 3 des Vertrages auf Gruppen von Vereinbarungen und aufeinander abgestimmte Verhaltensweisen, ABl EG 1999 Nr. L 148/1.

I. Anwendungsbereich der Vertikal-GVO

1. Verhältnis der Vertikal-GVO zu anderen Gruppenfreistellungsverordnungen

36 Vor Anwendung der Vertikal-GVO muss stets zunächst geprüft werden, ob **andere Gruppenfreistellungsverordnungen vorrangig** anzuwenden sind. Die Vertikal-GVO tritt hinter anderen Gruppenfreistellungsverordnungen zurück, wenn der Anwendungsbereich einer spezielleren Gruppenfreistellungsverordnung eröffnet ist:[31]

37 So sind beispielsweise **Technologietransfer-Vereinbarungen** zwischen einem **Lizenzgeber und einem Lizenznehmer**, die hauptsächlich die Übertragung oder Nutzung von Rechten am geistigen Eigentum für die Herstellung eines Produkts zum Gegenstand haben, kartellrechtlich vorrangig nach der TT-GVO zu behandeln.[32] Wenn die Lizenzierung jedoch nicht Hauptgegenstand der Vereinbarung ist oder sich nur auf die Nutzung, den Verkauf oder den Weiterverkauf der lizenzierten Waren und Dienstleistungen bezieht, ist die Vertikal-GVO anzuwenden.[33] Vereinbarungen zwischen dem **Lizenznehmer und dessen Abnehmer** sind immer anhand der Vertikal-GVO zu überprüfen, da Gegenstand des Vertrages nicht mehr die Lizenzierung, sondern das vertikale Vertragsverhältnis ist.[34]

38 Im **Automobilbereich** ist zwischen dem Neufahrzeugvertrieb und dem sog. Kfz-Anschlussmarkt zu unterscheiden. Der Bezug, Verkauf und Weiterverkauf **neuer Fahrzeuge** fällt in den Anwendungsbereich der Vertikal-GVO. Vereinbarungen im **Kfz-Anschlussmarkt** (Instandsetzungs- und Wartungsdienstleistungen, Ersatzteilverkauf) unterfallen hingegen weiterhin der Kfz-GVO.[35]

39 Die Beurteilung der vertikalen Beziehungen im Bereich der **Forschung und Entwicklung** sowie der **Spezialisierung in einzelnen Tätigkeitsbereichen** erfolgt vorrangig anhand der „F&E-GVO“[36] sowie der „Spezialisierungs-GVO“[37].

2. Anwendbarkeit zwischen Lieferanten und Abnehmern

40 Die Vertikal-GVO ist **anwendbar**, wenn es sich um
- Vereinbarungen und abgestimmte Verhaltensweisen
- zwischen zwei oder mehr Unternehmen handelt,
- die für die Zwecke der Vereinbarung auf unterschiedlichen Stufen der Produktions- und Vertriebskette tätig sind und

---

31 Art. 2 Abs. 5 Vertikal-GVO.
32 Bekanntmachung der Kommission v. 28.3.2014, ABl EG Nr. C 89 S. 3, Rn 76 f.
33 Art. 2 Abs. 3 Vertikal-GVO.
34 Bekanntmachung der Kommission v. 28.3.2014, ABl EG Nr. C 89 S. 3, Rn 76.
35 Verordnung (EU) Nr. 461/2010 v. 27.5.2010, ABl EG Nr. L 129 S. 52.
36 Verordnung (EU) Nr. 1217/2010 v. 14.12.2010, ABl EG Nr. L 335 S. 36.
37 Verordnung (EU) Nr. 1218/2010 14.12.2010, ABl EG Nr. L 335 S. 43.

- die den Bezug oder den Vertrieb von Waren oder Dienstleistungen regeln[38] und
- wenn der jeweilige Marktanteil des Lieferanten und des Abnehmers auf dem sachlich und räumlich relevanten Markt nicht über 30% liegt.[39]

Die Vertikal-GVO erfasst somit grundsätzlich alle Vertriebs- und Absatzvereinbarungen zwischen Unternehmen auf unterschiedlichen Stufen der Absatzkette. Auf unterschiedlichen Stufen der Produktions- und Vertriebskette sind Unternehmen insbesondere tätig, wenn es sich beim ersten Unternehmen um den Hersteller eines Produktes handelt, der das Produkt an einen Großhändler liefert, welcher die Produkte wiederum an ein Einzelhandelsunternehmen veräußert. 41

Ergänzend zur Vertikal-GVO kann im Einzelfall die **„Zulieferbekanntmachung“ der Europäischen Kommission**[40] heranzuziehen sein. In dieser Verwaltungsrichtlinie aus dem Jahr 1978 erläutert die Europäische Kommission, welche Vereinbarungen sie kartellrechtlich nicht aufgreift, wenn der Auftragnehmer als „verlängerte Werkbank“ des Auftraggebers agiert. Typischer Anwendungsfall der Zulieferbekanntmachung ist die Auftragsfertigung von Produkten durch den Auftragnehmer, die ohne die Verwendung geheimen Know-hows des Auftraggebers nicht möglich wäre. Die Zulieferbekanntmachung bindet ausschließlich die Europäische Kommission, nicht aber das Bundeskartellamt oder andere nationale Kartellbehörden. 42

3. Anwendbarkeit gegenüber Verbrauchern und Wettbewerbern

Verträge, die ein Unternehmen mit privaten Endkunden abschließt, fallen **nicht** in den Anwendungsbereich der Vertikal-GVO.[41] 43

Auch auf vertikale Vereinbarungen zwischen **tatsächlichen oder potenziellen Wettbewerbern**[42] (so etwa aushilfsweise Belieferung bei Produktionsengpässen) wird die Vertikal-GVO grundsätzlich nicht angewandt. 44

Ausnahmsweise **greift** die Vertikal-GVO aber **ein**, wenn der Anbieter zugleich Hersteller und Händler der Waren ist, der Abnehmer aber nur Händler ist, der keine mit den Vertragswaren im Wettbewerb stehenden Waren herstellt.[43] Von dieser Ausnahme erfasst ist auch der **zweigleisige Vertrieb („dual distribution“)**. Darunter werden 45

38 Art. 2 Abs. 1, Art. 1 Abs. 1 lit. a) Vertikal-GVO.
39 Art. 3 Abs. 1 Vertikal-GVO.
40 Bekanntmachung der Kommission vom 18. Dezember 1978 über die Beurteilung von Zulieferverträgen nach Artikel 85 Absatz 1 des Vertrages zur Gründung der Europäischen Wirtschaftsgemeinschaft, ABl C 1 vom 3.1.1979, S. 2–3.
41 Langen/Bunte/*Nolte*, EU-KartellR, Nach Art. 101 AEUV Rn 317.
42 Vgl. Art. 1 Abs. 1 lit. c) Vertikal-GVO.
43 Art. 2 Abs. 4 lit. a) Vertikal-GVO.

Situationen erfasst, in denen der Hersteller seine Waren parallel selbst vertreibt und somit auf der Vertriebsebene im Wettbewerb mit unabhängigen Händlern steht.[44]

46 Eine weitere Ausnahme gilt für den Fall, in dem der Anbieter auf mehreren Handelsstufen als Dienstleister tätig ist, der Abnehmer aber nur Waren und Dienstleistungen auf der Einzelhandelsstufe anbietet und gleichzeitig auf der Handelsstufe, auf der er die Waren bezieht, nicht im Wettbewerb mit dem Anbieter steht.[45] Auch in diesem Fall findet die Vertikal-GVO Anwendung.

Beispiel
Das Bahnunternehmen B betreibt neben der Durchführung von Bahnfahrten gleichzeitig Reisebüros, in denen es durch eine Tochtergesellschaft Bahnreisen mit Programm unter dem Markennamen „B-Tours“ vertreibt. Mit dem Reisebüro R vereinbart B, dass ihre „B-Tours“-Reisen auch über R vertrieben werden. R verfügt nur über ein Netz von Reisebüros, ist jedoch selbst kein Veranstalter von Bahnreisen.[46]
In dieser Ausnahmekonstellation ist die Vertikal-GVO anwendbar, obwohl B und R auf der Vertriebsebene Wettbewerber sind.

II. Marktanteilsschwellen

47 Die Vertikal-GVO findet nur Anwendung auf Vereinbarungen oder abgestimmte Verhaltensweisen, bei denen die hieran beteiligten Unternehmen eine bestimmte Marktanteilsschwelle nicht überschreiten („Safe-Harbour-Bereich“).[47] Nur in diesen Fällen geht die Europäische Kommission davon aus, dass es trotz einzelner wettbewerbsbeschränkender Regelungen noch genügend Restwettbewerb gibt. Die relevante Marktanteilsschwelle hat die Europäische Kommission in der Vertikal-GVO mit 30% festgelegt. Eine Freistellung nach der Vertikal-GVO ist nur möglich, wenn der **Marktanteil des Anbieters** auf dem Markt, auf dem er die Vertragswaren und -dienstleistungen anbietet **und der Marktanteil des Abnehmers**, auf dem er die Vertragswaren und -dienstleistungen bezieht, **jeweils 30%** nicht überschreitet. Maßgeblich ist jeweils der sachlich und räumlich relevante Markt.[48]

48 Bei der Berechnung der Marktanteile werden der Marktanteil des Anbieters anhand seines Absatzes im vorangegangenen Kalenderjahr und der Marktanteil des Abnehmers anhand seiner Bezugsmengen im vorangegangenen Kalenderjahr ermittelt. Falls hierzu keine Angaben vorliegen, ist im Regelfall eine Schätzung ausreichend, die auf anderen, verlässlichen Marktdaten unter Einschluss der Absatz- und Bezugsmengen beruht. Bei Marktanteilen über 30% können Vereinbarungen bzw.

44 Europ. Kommission, Vertikal-Leitlinien 2010/C 130/01, Rn 28.
45 Art. 2 Abs. 4 lit. b) Vertikal-GVO.
46 Abgeleitet von *Schultze/Pautke/Wagener*, Vertikal-GVO, Rn 454.
47 Art. 3 Vertikal-GVO.
48 Zur Definition des sachlich und räumlich relevanten Markts siehe Kap. 1 Rn 5ff.

abgestimmte Verhaltensweisen nur noch über eine Einzelfreistellung nach Art. 101 Abs. 3 AEUV oder § 2 Abs. 1 GWB vom Kartellverbot freigestellt werden.

Für den Fall, dass die Marktanteile eines Unternehmens schwanken und daher den relevanten Marktanteil von 30% einmal über- und ein anderes Mal unterschreiten, enthalten Art. 7 lit. d) und e) Vertikal-GVO **Toleranzschwellen**. Sofern ein Unternehmen ursprünglich maximal **30% Marktanteil** hatte und diesen dann **überschreitet** (bis maximal 35%), gilt die Freistellung dennoch für **zwei weitere Kalenderjahre**, nachdem die Schwelle erstmals überschritten wurde. Falls der Marktanteil jedoch auch die **Schwelle von 35% überschreitet**, gilt die Freistellung im Anschluss an das Jahr, in dem die 35% Schwelle erstmal überschritten wurde, nur noch für **ein weiteres Jahr**. 49

III. Kernbeschränkungen („schwarze Klauseln")

Um vom Kartellverbot nach der Vertikal-GVO gruppenfreigestellt zu sein, dürfen die wettbewerbsbeschränkenden Vereinbarungen **keine Kernbeschränkungen** („schwarze Klauseln") enthalten.[49] 50

Liegt eine der in Art. 4 Vertikal-GVO abschließend aufgezählten Kernbeschränkungen vor, hat dies zur Folge, dass sämtliche Inhalte des Vertrags nicht gruppenfreistellungsfähig sind, unabhängig davon, ob sie ebenfalls Kernbeschränkungen enthalten oder nicht.[50] In diesen Fällen ist eine Einzelfreistellung zwar theoretisch denkbar. Jedoch müssen die Unternehmen dann nachweisen, dass sich die Kernbeschränkung in der Vereinbarung wettbewerbsfördernd auswirkt und Effizienzgewinne erwarten lässt.[51] Dieser Nachweis wird sich in fast allen Fällen nicht erbringen lassen. 51

Insbesondere folgende wettbewerbsbeschränkende Vereinbarungen werden als Kernbeschränkung angesehen: 52

- **Unzulässig** ist die Beschränkung der Möglichkeit des Abnehmers zur eigenständigen **Festsetzung seines Verkaufspreises.**
  Zulässig ist es jedoch, wenn der Lieferant Höchstverkaufspreise (Preisobergrenzen) festsetzt oder unverbindliche Preisempfehlungen ausspricht, sofern sich diese nicht infolge der Ausübung von Druck oder der Gewährung von Anreizen tatsächlich wie Fest- oder Mindestverkaufspreise auswirken.
- **Unzulässig** ist eine **Beschränkung des Gebiets oder der Kundengruppe**, in das oder an die der Abnehmer verkaufen darf.[52]

---

49 Art. 4 Vertikal-GVO.

50 Europ. Kommission, Vertikal-Leitlinien 2010/C 130/01, Rn 47.

51 Europ. Kommission, Vertikal-Leitlinien 2010/C 130/01, Rn 47.

52 Weitergehend zur Beschränkung des Verkaufs an bestimmte Kundengruppen siehe Kap. 6 Rn 73 ff. und zu Gebietsbeschränkungen Kap. 6 Rn 82 ff.

Zulässig sind in diesem Rahmen aber dennoch unter anderem die folgenden Beschränkungen:
- Beschränkungen in Bezug auf den Ort der Niederlassung,
- Beschränkungen des **aktiven Verkaufs** in Gebiete oder an Kundengruppen, die sich der Lieferant selbst vorbehalten oder Dritten zugewiesen hat. Dabei ist jedoch darauf zu achten, dass die Kunden des Abnehmers wiederum in ihren eigenen Weiterverkaufsmöglichkeiten nicht beschränkt werden dürfen. Auch der **passive Verkauf** an Kunden, die ohne vorhergehende Aufforderung auf den Abnehmer zukommen und von diesem bedient werden wollen, darf nicht verboten werden.
- Beschränkung des Verkaufs an Endverbraucher durch Abnehmer, die auf der Großhandelsstufe tätig sind,
- Im selektiven Vertriebssystem: **Zulässig** ist die Beschränkung des Verkaufs an „Außenseiter" (nicht zum selektiven Vertrieb zugelassene Händler) durch die Mitglieder eines selektiven Vertriebssystems innerhalb des Gebiets des selektiven Vertriebssystems.

- Im selektiven Vertriebssystem: **Unzulässig** sind Beschränkungen des aktiven oder passiven **Verkaufs an Endverbraucher** durch auf der Einzelhandelsstufe tätige Mitglieder des Vertriebssystems; den Mitgliedern des Vertriebssystems kann allerdings untersagt werden, Geschäfte von nicht zugelassenen Niederlassungen aus zu betreiben.
- Im selektiven Vertriebssystem: **Unzulässig** sind Beschränkungen von **Querlieferungen** zwischen den Händlern des Vertriebssystems.[53]

IV. Nicht freigestellte Beschränkungen („graue Klauseln")

53 Enthält eine Vereinbarung gemäß Art. 5 Vertikal-GVO eine **nicht freigestellte Beschränkung** (sog. „graue Klausel"), dann ist (nur) diese Beschränkung im Vertrag nicht nach der Vertikal-GVO gruppenfreistellungsfähig. Lässt sich die Beschränkung von dem Rest der Vereinbarung abtrennen, dann kann der übrige Teil dennoch nach der Vertikal-GVO freigestellt werden.[54] Auch ist die gesamte Vereinbarung inklusive der nicht gruppenfreigestellten Beschränkung noch einer Einzelfreistellung zugänglich.

54 Als „graue Klauseln" sind die folgenden Beschränkungen **nicht** vom Kartellverbot freigestellt:
- Unmittelbare und mittelbare **Wettbewerbsverbote** während der Vertragslaufzeit, die für eine unbestimmte Dauer oder eine Dauer von mehr als fünf Jahren

53 Ergänzend wird auf die Ausführungen in Kap. 2 Rn 71 ff. verwiesen.
54 Europ. Kommission, Vertikal-Leitlinien 2010/C 130/01, Rn 65.

vereinbart werden. Sofern vereinbart wird, dass sich das Verbot nach fünf Jahren stillschweigend verlängert, dann gilt es als für eine unbestimmte Dauer vereinbart. Von diesem Verbot gibt es wenige Ausnahmen, die jedoch in den seltensten Fällen einschlägig sein werden.[55]

- Unmittelbare oder mittelbare Verpflichtungen, die dem Abnehmer für einen Zeitraum von mehr als einem Jahr nach Beendigung der Vereinbarung untersagen, die Vertragswaren oder -dienstleistungen herzustellen, zu beziehen, zu verkaufen oder weiterzuverkaufen. Von diesem Verbot gibt es einige Ausnahmen, so insbesondere zum Schutz geheimen Know-hows, das ein Vertragspartner der anderen Partei zur Durchführung des Vertrags zur Verfügung gestellt hat.
- Im selektiven Vertrieb: Unmittelbare oder mittelbare Verpflichtung der Mitglieder, Marken von bestimmten konkurrierenden Anbietern nicht zu verkaufen.[56]

C. Einflussnahme auf die Preisgestaltung von Vertriebspartnern

I. Unterschiede bei verschiedenen Vertriebssystemen

Wesentlicher Gesichtspunkt bei der Ausgestaltung von Vertriebssystemen ist für viele 55
Unternehmen die Möglichkeit der Einflussnahme auf die Preisgestaltung der Vertriebspartner. Hersteller haben naturgemäß ein Interesse daran, die Weiterverkaufspreise ihrer Vertragshändler zu kontrollieren, um ihr Produkt mit einem bestimmten „Image" zu einem bestimmten Preisniveau im Markt zu platzieren. Die Möglichkeit eines jeden Händlers, seine eigenen Verkaufspreise im Vertrieb selbst festzulegen, ist aber wesentlicher Parameter und Grundlage für wirksamen Wettbewerb auf der Vertriebsebene und wird deshalb von den Kartellbehörden besonders geschützt. In den vergangenen Jahren lag der Ermittlungsschwerpunkt der nationalen Kartellbehörden in der EU und dabei insbesondere des Bundeskartellamts darin, verbotene Einflussnahmen von Lieferanten auf die Ausgestaltung der Weiterverkaufspreise ihrer Absatzmittler an die nachgelagerten Kunden zu sanktionieren („Verbot der Preisbindung der zweiten Hand").[57]

55 Vgl. Kap. 6 Rn 36ff.

56 Für weitere nach der Vertikal-GVO nicht freigestellte Beschränkungen wird auf Kap. 2 Rn 63ff. verwiesen.

57 Bundeskartellamt, Entsch. v. 3.8.2016; 4.11.2016; 30.11.2016; 15.12.2016, Az. B1-164/13; B1-167/13; B1-87/14; B1-47/15 – *Vertrieb von Möbeln* (Geldbuße i.H.v. EUR 4,43 Mio.); österreichisches Kartellgericht auf Antrag der Bundeswettbewerbsbehörde, Beschl. v. 9.11.2017, Az. 128 Kt 5/17f – *Pioneer & Onkyo Europe GmbH* (Geldbuße i.H.v. EUR 120.000); schweizerische Wettbewerbskommission, Verfügung vom 29.6.2015, RPW 2016/3, 722 – *Musik Olar* (Geldbuße i.H.v. CHF 65.000); französische Autorité de la concurrence, Entsch. v. 21.12.2017, Az. 17-D-27 – *Brenntag* (Geldbuße i.H.v. EUR 30 Mio.).

56 Kartellrechtlich kann dabei eine eindeutige Abgrenzung derjenigen Konstellationen, in denen entsprechende Einflussnahmen möglich sind, von allen anderen Fallgruppen, in denen eine solche Ausnahme nicht möglich ist, wie folgt vorgenommen werden:

- Wie bereits ausgeführt, darf ein Hersteller im Fall des **Eigen- bzw. Direktvertriebs** seinen Vertriebsmitarbeitern vorgeben, zu welchen Preisen und an welche Kunden diese die Produkte absetzen dürfen.
- Dasselbe gilt für diejenigen Fälle, in denen ein Hersteller **Handelsvertreter** einsetzt, die bei ihrer Tätigkeit keinen wirtschaftlichen Risiken unterliegen. In Fällen der Einbeziehung **„echter" Handelsvertreter** ist eine verbindliche Vorgabe der Preise und Konditionen, zu denen der Vertreter die Waren oder Dienstleistungen verkaufen oder beziehen darf, kartellrechtlich zulässig.[58]
- **Im Übrigen** müssen Vertragshändler, sonstige Händler und Franchisenehmer in der Gestaltung ihrer Weiterverkaufspreise frei bleiben. Ausnahmsweise dürfen die Lieferanten Preisobergrenzen vorgeben, so etwa zur Festlegung des höchstens zulässigen Preises während eines Angebotszeitraums („Sonderangebot"). In allen anderen Fällen stellt die Preisbindung der Händler einen schwerwiegenden Kartellrechtsverstoß dar, der von den Kartellbehörden durch die Verhängung hoher Bußgelder geahndet wird.

---

i **Praxistipp**

Da das Verbot der Preisbindung der zweiten Hand heute in den meisten Unternehmen bekannt ist, sind Regelungen in Vertriebsvereinbarungen zur Einhaltung fester (Mindest-)Verkaufspreise nur noch selten zu finden. In vielen Fällen lässt sich eine verbotene Preisbindung der zweiten Hand lediglich aus verschiedenen tatsächlichen Umständen herleiten. Ein solches in einem Unternehmen tatsächlich praktiziertes Verhalten kann beispielsweise in vertraglichen Formulierungen wie „Der Vertriebspartner ist in der Gestaltung seiner Absatzpreise frei. Er bekennt sich aber zu den Grundsätzen kaufmännischer Vernunft." – wenn auch nur andeutungsweise – zum Ausdruck kommen.

Zur Durchsetzung dieses angedeuteten Ziels bedienen sich Hersteller oft der (in der Regel mündlichen) Druckausübung durch Vertriebsmitarbeiter oder der Setzung wirtschaftlicher Anreize zur Einhaltung eines bestimmten Preisniveaus. Dies schützt aber nicht vor einer Verfolgung durch die Kartellbehörden! Denn melden mehrere Händler die subtile Einflussnahme auf ihre Preissetzung bei den Kartellbehörden, so haben diese schnell genügend Beweismaterial zusammen, um einen Bußgeldbescheid gerichtsfest begründen zu können.

---

57 Eine verbotene Preisbindung kann auch dann vorliegen, wenn die Vertriebspartner durch den Lieferanten verpflichtet werden, diesem Marketing- und Absatzpläne vorzulegen und diese Pläne die von den Vertriebspartnern vorgesehenen Verkaufspreise bzw. zu gewährenden Rabatte beinhalten. Aus solchen Vorlagepflichten kann

58 Vgl. obenstehend Rn 8 ff.

bei Hinzutreten weiterer Umstände ebenfalls abgeleitet werden, dass der Hersteller eine Preiskontrolle gegenüber den mit ihm zusammenarbeitenden Vertriebspartnern ausübt.

II. Unverbindliche Preisempfehlungen und verbotene Preisbindung der zweiten Hand

1. Grundsätze

Eines der kartellrechtlichen „Grundgesetze“ im Vertriebsbereich lautet, dass es im Anwendungsbereich des Kartellrechts verboten ist, die Möglichkeiten des Abnehmers zu beschränken, seinen Weiterverkaufspreis frei festzulegen. Feste Preisvorgaben und der – vertragliche oder faktische – Ausschluss der Möglichkeit des Abnehmers, seine Verkaufspreise selbst zu bestimmen, sind damit unzulässig. Zuwiderhandlungen gegen diesen Grundsatz werden als besonders schwere Kartellrechtsverstöße geahndet. 58

Beispiel
Der Aufdruck des Endverkaufspreises auf ein Warenetikett durch den Hersteller ist als Preisbindung des Vertriebspartners anzusehen, da die Preisauszeichnung einen Spielraum des Händlers – wie sie etwa mit der Angabe „unverbindliche Preisempfehlung“ möglich wäre – gerade nicht erkennen lässt.[59] Dieses Vorgehen kann auch nicht mit dem Argument gerechtfertigt werden, dass der Händler den aufgedruckten Preis durchstreichen oder überkleben könnte, wenn er die Waren zu einem anderen Preis verkaufen wollte. Denn der Händler muss den Aufdruck des Preises durch den Hersteller bei verständiger Auslegung nach §§ 133, 157 BGB so verstehen, dass er nach dem Willen des Herstellers genau diesen Preis für die betreffende Ware von seinen Kunden verlangen muss. Der Aufwand eines Durchstreichens oder Überklebens jedes einzelnen Preisschilds wäre im Übrigen nicht zumutbar.

Demgegenüber ist der Ausspruch von **unverbindlichen Preisempfehlungen** und **Preisobergrenzen** kartellrechtlich zulässig, solange sie sich nicht tatsächlich wie Fix- oder Mindestpreisbindungen auswirken.[60] 59

Beispiel
Der Aufdruck einer unverbindlichen Preisempfehlung durch den Hersteller mit entsprechender ausdrücklicher Kennzeichnung auf der Ware ist zulässig, da hier für den Händler wie auch dessen Kunden eindeutig ist, dass es sich lediglich um eine „Empfehlung“ des Herstellers handelt und der Händler die Ware dennoch jederzeit – etwa durch Aufstellen eines Angebotsschilds am Regal – zu einem abweichenden Preis verkaufen könnte, ohne die Ware neu auszeichnen zu müssen.

59 LG Düsseldorf, Urt. v. 18.3.2010, Az. 14c O 24/09 – *Knoblauchwurst*.
60 Art. 4 lit. a) Vertikal-GVO.

2. Druckausübung und wirtschaftliche Anreize als verbotene Preisbindung der zweiten Hand

60 Ausdrückliche Festpreisvorgaben gibt es in der Praxis selten, da insoweit in den meisten Unternehmen zumindest ein gewisses kartellrechtliches „Grundbewusstsein" bzw. „schlechtes Gefühl" vorhanden ist („Bei uns gibt es das nicht"). In der Regel sind deshalb vor allem versteckte Formen der verbotenen Preisbindung der zweiten Hand anzutreffen. Der Wunsch nach einer Einflussnahme auf die Gestaltung der Weiterverkaufspreise führt in der Praxis bisweilen zu „kreativen" Ansätzen:

61 Regelmäßig versuchen Unternehmen, ihren Händlern wirtschaftliche Anreize zu bieten, damit diese die vom Hersteller empfohlenen unverbindlichen Preisempfehlungen (UVP) einhalten oder jedenfalls eine bestimmte Rabattschwelle nicht unterschreiten. Solche **positiven Anreize** werden oft mit Mechanismen kombiniert, mit denen die Einhaltung der vorgegebenen Verkaufspreise durch den Hersteller/Lieferanten überwacht werden können. Auch eine solche Anreizsetzung ist aber in aller Regel kartellrechtswidrig.

62 Wichtig ist stets, dass **Rückmeldungen des Händlers zur UVP oder zu Preisvorschlägen an den Hersteller** nicht als „Zusage" gewertet werden können, dass der Händler die unverbindlich empfohlenen Preise einhalten werde.[61] Erläutert umgekehrt der **Hersteller gegenüber dem Händler** die Kalkulation von UVP oder nimmt er auf Ergebnisse von Untersuchungen von Marktforschungsinstituten als Grundlage für die Preisgestaltung Bezug, ist dies für sich genommen zulässig. Es handelt sich lediglich um eine **unverbindliche subjektive Meinungsäußerung** des Herstellers im Hinblick auf die aus seiner Sicht geeignete Einordnung des Produkts im Marktpreisgefüge. Der Hersteller darf jedoch gegenüber dem Händler nicht den Eindruck erwecken, dass sich letzterer an diese Kalkulation halten müsse. Anderenfalls läge keine (zulässige) unverbindliche Preisempfehlung, sondern eine (unzulässige) verbindliche Kalkulationsvorgabe für die Weiterverkaufspreise vor. Bei einem so sensiblen Thema ist es besonders wichtig, dass der Hersteller und der Händler – im beiderseitigen Interesse – **unmissverständliche Formulierungen** in der Kommunikation wählen.

63 In der Praxis ebenfalls häufig anzutreffen sind – durch den Einsatz von Testkunden oder elektronischer Suchfilter betriebene – Preiskontrollsysteme, in deren Rahmen der Lieferant den Vertriebspartnern **Sanktionen** bei Abweichungen von der UVP androht. Mögliche Sanktionen können Verschlechterungen (Kürzungen) der Konditionen im Vergleich zu anderen Vertriebspartnern sein. Denkbar ist aber auch die Androhung bzw. der tatsächliche Ausspruch von Lieferstopps oder der Kündigung von Vertriebsverträgen wegen Verstößen gegen die „Preiseinhaltungsdisziplin".

---

61 BKartA, Hinweise zum Preisbindungsverbot im Bereich des stationären Lebensmitteleinzelhandels, 12. Juli 2017, Rn 57 f.

In der unternehmerischen Praxis ist es häufig schwierig zu unterscheiden, ob eine Kündigung eines Vertriebspartners aus sonstigen, rechtlich nicht zu beanstandenden Gründen erfolgt ist, oder ob – in Wirklichkeit – ein Verstoß gegen die vom Lieferanten eingeforderte „Preisdisziplin" durch den Vertriebspartner vorlag, der durch eine entsprechende Ahndung im Wege der Kündigung „sanktioniert" werden sollte. Dabei verfolgen Unternehmen oftmals das Ziel, durch eine harte Gangart gegenüber einzelnen Vertriebspartnern „Abschreckungswirkung" gegenüber den anderen Vertriebspartnern zu entfalten, um diese ihrerseits zu künftiger „Preisdisziplin" bzw. „Preistreue" anzuhalten. 64

In der Vertriebspraxis werden hier unternehmensintern häufig plastische bzw. drastische Formulierungen verwendet, auch wenn sich diese dann in der Außenkommunikation ganz anders lesen. 65

Beispiel

Vertriebsleiter V erteilt seinem Mitarbeiter M die Anweisung, „das Preisschwein P zu schlachten". Man habe P oft genug gewarnt, er habe sich aber nicht an die Warnungen gehalten. Nun müsse man ihn „kreuzigen".

M schreibt daraufhin an den Händler P den folgenden Brief:

Sehr geehrter Herr P,

wir danken Ihnen für die langjährige Geschäftsbeziehung und das uns entgegengebrachte Vertrauen. Wir werden ab dem 1. Januar 2015 neue Prioritäten im Vertrieb setzen und haben uns daher entschieden, Sie zukünftig nicht mehr zu beliefern. Wir werden daher vom Abschluss einer neuen Jahresvereinbarung mit Ihnen absehen und danken Ihnen für Ihr Verständnis.

Mit freundlichen Grüßen
M.

Konnte man in der Vergangenheit manchmal noch davon ausgehen, dass ein wegen mangelhafter „Preisdisziplin" gekündigter Vertriebspartner sich gegen eine solche Kündigung nicht zur Wehr setzen würde, entspricht dies heute nicht mehr der Realität. Da auch Vertriebsmittler ihre Rechte und die Grenzen zwischen noch zulässigem und verbotenem Verhalten kennen, bestehen in der Praxis im Einzelfall hohe Risiken, dass sich ein Vertriebsmittler gegen eine solche Kündigung gerichtlich zur Wehr setzt oder jedenfalls – anonym oder nicht-anonym – das Bundeskartellamt über den Vorgang informiert. 66

Gerade bei Kündigungen wegen fehlender „Preisdisziplin" besteht höchste Gefahr. Die Kartellbehörden bewerten auch eine Kündigung bzw. bereits eine angedrohte Kündigung eines Vertriebsvertrags als eine verbotene Preisbindung, wenn diese Kündigung durch das angebliche preisliche Fehlverhalten des Vertriebspartners motiviert ist.[62] 67

62 BKartA, Hinweise zum Preisbindungsverbot im Bereich des stationären Lebensmitteleinzelhandels, 12. Juli 2017, Rn 86ff.

68 Bei der Kommunikation von Kündigungen gegenüber Vertriebspartnern, bei denen eine mangelnde „Preisdisziplin" im Raum steht, ist deshalb Vorsicht geboten: Selbst wenn die Kündigung dieses Vertriebspartners aus anderen, insbesondere vertraglich angelegten Gründen objektiv gerechtfertigt ist, ist unbedingt zu vermeiden, dass der gekündigte Vertriebspartner Argumentationshilfen dafür gewinnen kann, dass die Kündigung letztlich nur deshalb erfolgt sei, um sich von einem ungeliebten „Preistreiber" zu trennen. Maßgeblich für die Rechtmäßigkeit der Kündigung ist stets, dass diese nicht wegen der Nichteinhaltung des gewünschten Preisniveaus, sondern aus anderen gerechtfertigten Gründen (so etwa die Nichteinhaltung vertraglich vereinbarter qualitativer Vorgaben) erfolgte.

---

i **Praxistipp**
Fehlt es an einem objektiven Kündigungsgrund, empfiehlt es sich, auf die Nennung eines vorgeschobenen Kündigungsgrunds gegenüber dem Vertragspartner ganz zu verzichten und lediglich mit hinreichend zeitlichem Vorlauf die ordentliche Beendigung des Vertragsverhältnisses zu erklären. Im Falle späterer Streitigkeiten kann dann immer noch versucht werden, auf einen – wie auch immer gearteten – sachlich gerechtfertigten Grund für die Kündigung zurückzugreifen. Steht hingegen ein vorgeschobener Kündigungsgrund im Raum, der sich im Nachhinein als nicht-existent erweist, liegt es nahe, dass ein Gericht den wahren Kündigungsgrund schlussendlich doch in der mangelnden Einhaltung der „Preisdisziplin" sieht und aus diesem Grund von einem kartellrechtswidrigen Verhalten ausgeht.

---

69 Auch im Fall einer objektiv zulässigen ordentlichen Kündigung eines Vertriebsmittlers ist darauf zu achten, dass unnötiges „Säbelrasseln" im Vorfeld der Kündigung und eine fehlerhafte Kommunikation – sei es intern oder extern – vermieden wird. Anderenfalls könnte der gekündigte Vertriebspartner diese Aussagen aufgreifen, um im Rahmen eines gerichtlichen Verfahrens oder gegenüber dem Bundeskartellamt darzulegen, dass es letztlich nur darum ging, den Vertriebspartner „loszuwerden" und die anderen Kündigungsgründe lediglich der Form halber vor- bzw. nachgeschoben wurden.

70 Die Kündigung eines Vertriebspartners darf im Übrigen auch **nicht missbräuchlich** oder **widersprüchlich** sein: Verstoßen beispielsweise zehn Vertriebspartner gegen verschiedene vertragliche Vorgaben und wird nur gegenüber einem Vertriebspartner eine Kündigung des Vertriebsvertrags ausgesprochen (und zwar gegenüber demjenigen, der zugleich auch durch mangelnde „Preisdisziplin" auffällt), so liegt es nahe, dass es dem Lieferanten/Hersteller gar nicht um die Einhaltung der vertraglichen Vorgaben, sondern um die Schaffung eines Kündigungsgrundes ging. Der Teufel steckt hier oft im Detail. Insbesondere kann eine solche Kündigung nach § 242 BGB unwirksam sein.

---

i **Praxistipp**
In der betrieblichen Praxis sollte vermieden werden, sich unüberlegt zu vorschnellen Kündigungen oder zur ungleichen Behandlung gleichartiger Sachverhalte hinreißen zu lassen. Solche Verhal-

tensweisen können stets Indizien dafür darstellen, dass letztlich die fehlende „Preistreue" sanktioniert werden sollte.

Da Verstöße gegen das Verbot der Preisbindung der zweiten Hand, wie bereits ausgeführt, in der Regel nicht in den Vertriebsverträgen angelegt sind, haben die Kartellbehörden ihre **Ermittlungsmethoden zur Aufdeckung von vertikalen Preisbindungen** deutlich verfeinert: So hat das Bundeskartellamt in dem Verfahren gegen die TTS Tooltechnic Systems Deutschland GmbH auf eine Durchsuchung des Unternehmens verzichtet, sondern stattdessen **verschiedene Händler** als **Zeugen** befragt. Um die Händler zu einer Aussage gegenüber dem Bundeskartellamt zu bewegen und ihnen zugleich die Berufungsmöglichkeit auf ein Auskunftsverweigerungsrecht nach § 55 Abs. 1 StPO zu versagen, sicherte das Bundeskartellamt den befragten Vertriebspartnern eine Nichtverfolgung ihrer möglichen eigenen Kartellrechtsverstöße in diesem Zusammenhang zu. In einem mit der Überschrift „Mündlichkeit schützt vor Strafe nicht" überschriebenen Fallbericht stellt das Bundeskartellamt dar, dass sich aufgrund der Zeugenaussagen ergeben habe, dass die TTS Tooltechnic Systems Deutschland GmbH ein verbotenes Preisbindungssystem mit Druckausübung angewendet habe. Wörtlich heißt es dort: 71

> *„Von den Händlern wurde die strikte Einhaltung der „unverbindlichen Preisempfehlung" (UVP) gefordert. Nötigenfalls wurde mit Drohungen gearbeitet – die Händler mussten mit Konditionenverschlechterung (Herabsetzung bis auf 0% Einkaufsrabatt) bzw. der Kündigung ihres Vertrags rechnen. Dies wurde von den Außendienstmitarbeitern sowie von deren Vorgesetzten stets mündlich kommuniziert, um den Nachweis zu erschweren. Teilweise wurden die Drohungen tatsächlich umgesetzt, wenn Händler die UVP nicht einhielten. Die Kontrolle der Wiederverkaufspreise wurde durch Testkäufe der TTS Tooltechnic Systems Deutschland GmbH selbst überprüft. Außerdem gingen die Außendienstmitarbeiter den Beschwerden „preistreuer" Händler nach und ließen sich von abweichenden Händlern z.B. deren Rechnungsunterlagen vorlegen. Händler mussten zudem ihre Werbemaßnahmen mit dem jeweiligen Gebietsverkaufsleiter der TTS Tooltechnic Systems Deutschland GmbH vorher abstimmen."*[63]

Praxistipp

i

Wie sich regelmäßig in Compliance-Schulungen zeigt, gelten auch heute noch Anrufe bei „nichtpreistreuen Händlern" im Vertrieb als Bagatelldelikt, wenn nicht sogar als wirtschaftliche Notwendigkeit für einen guten Vertriebsmitarbeiter. Insbesondere bei nicht-leitenden Mitarbeitern im Vertrieb werden Hinweise auf das Verbot der Einflussnahme auf die Preissetzung der Vertriebspartner häufig mit einem Grinsen oder Augenzwinkern quittiert. Das Risiko eines Aufgreifens solcher Verstöße durch die Kartellbehörden wird vielfach unterschätzt, gerade in mittelständischen Unternehmen. Bei Verstößen gegen das Verbot der Preisbindung der zweiten Hand verstehen die Kartellbehörden aber keinen Spaß und gewähren auch mittelständischen Unternehmen keinerlei „Sonderbonus" oder mildernde Umstände. Es kann deshalb nur eindringlich davor gewarnt werden,

63 BKartA, Fallbericht v. 8.10.2012, Az. B5-20/10 – *TTS Tooltechnic.*

möglicherweise überkommene Systeme der verbotenen Preisbindung der zweiten Hand weiterhin im Unternehmen zu dulden oder sogar noch zu fördern und zu intensivieren.

---

72 Gerade bei den vermeintlich „gebundenen" Händlern herrscht vielfach der Irrglaube vor, dass nur der Preisbindende, d.h. der Hersteller/Lieferant, einem Bußgeldrisiko unterliegt. In der Vergangenheit hatten die Kartellbehörden aus Ermessensgründen regelmäßig von Geldbußen gegen an einer vertikalen Preisbindung beteiligte Händler abgesehen, obwohl es sich im Falle der Befolgung einer Preisbindung um eine (konkludent geschlossene) **beiderseitige Vereinbarung** handelt und somit auch die Händler an dem Kartellrechtsverstoß beteiligt waren. Zwischenzeitlich hat das Bundeskartellamt seine Verwaltungspraxis geändert. Sowohl im Bereich des Lebensmitteleinzelhandels als auch im Textilhandel verhängte das Bundeskartellamt im Jahr 2017 **Geldbußen auch gegen Handelsunternehmen** wegen der Befolgung von Vorgaben der Hersteller hinsichtlich der Weiterverkaufspreise.[64] Erschwerend wirkt zu Lasten von Händlern, wenn sie nicht nur selbst die Preisvorgaben des betreffenden Herstellers eingehalten haben, sondern den Hersteller zugleich aufforderten, andere, von diesen Vorgaben abweichende Händler abzumahnen oder zu kündigen.[65] Das *Bonmot* „Schmeiß' den raus, er macht uns die Preise kaputt", ist im Vertrieb noch immer weitverbreitet.

73 Da das Bundeskartellamt die überwiegende Zahl der Fälle einer verbotenen Preisbindung der zweiten Hand im Wege einer einvernehmlichen Verfahrensbeendigung („Settlement") abschließt,[66] gibt es nur wenige gerichtliche Leitentscheidungen zu dieser Thematik. Eine Ausnahme hiervor ist das Verfahren in der Sache **Almased.** Hier ging es um die Möglichkeit für Apotheken, während eines befristeten Aktionszeitraums 30% Bar-Rabatt auf den Einkauf von 12 bis 90 Dosen eines Schlankheitsmittels zu bekommen. Im Gegenzug verpflichtete der Hersteller die Apotheken, das Produkt besonders zu präsentieren und einen Mindestverkaufspreis einzuhalten. Das OLG Celle sah darin zwar eine Preisbindung, hielt diese jedoch nicht für kartellrechtswidrig, da der Wettbewerb nicht spürbar beeinträchtigt worden sei.[67] Der BGH hat dieses Urteil des OLG Celle aufgehoben, da eine vertikale Preisbindung eine Kernbeschränkung des Wettbewerbs sei, die sich stets spürbar

---

64 BKartA, Fallbericht v. 8.8.2017, Az. B2-62/16 – *Wellensteyn.*

65 BKartA, Hinweise zum Preisbindungsverbot im Bereich des stationären Lebensmitteleinzelhandels vom 12. Juli 2017, Rn 48.

66 Vgl. nur BKartA, Bußgeldbescheid v. 25.9.2009, Az. B 3-123/08 – *Kontaktlinsen*; Fallbericht v. 28.6.2010, Az. B 5-100/09 – *mobile Navigationsgeräte*; Pressemitteilung vom 22.8.2014, „Erstes Bußgeld wegen vertikaler Preisbindung im Matratzenfall"; Fallbericht v. 18.5.2015, Az. B 10-041/14 – *Ritter Sport*; Fallbericht v. 14.12.2016, Az. B 10-040/14 – *Haribo*; Fallbericht v. 11.1.2017, Az. B1-164/13; B1-167/13; B1-87/14; B1-47/15 – *Möbelhersteller.*

67 OLG Celle, Urt. v. 7.4.2016, Az. 13 U 124/15 (Kart) – *Almased.*

auf den Wettbewerb auswirke.[68] Auf die **Spürbarkeit** der Preisbindung kommt es damit **nicht** an. Sie ist **stets kartellrechtswidrig**.

Im Zusammenhang mit der verbotenen Preisbindung der zweiten Hand ist zu berücksichtigen, dass bereits der bloße Versuch einer Einflussnahme des Herstellers auf die Ausgestaltung der Weiterverkaufspreise für die Annahme eines Kartellrechtsverstoßes ausreicht. Maßgeblich für die kartellrechtliche Bewertung ist dabei nicht, was der Hersteller **gesagt** hat, sondern **wie** der Händler das Gesagte **verstehen** musste. Unter Umständen ist bei Auslegung der Erklärung aus Sicht eines verständigen Empfängers (§§ 133, 157 BGB) sogar schon ein **einmaliges telefonisches Nachhaken** bei einem Händler durch den Hersteller als unzulässige Einflussnahme auf die Weiterverkaufspreise zu verstehen. So kann schon die Aussage „wir können die betriebswirtschaftliche Kalkulation ihrer Weiterverkaufspreise nicht nachvollziehen" im Gesamtkontext als wettbewerblich schädlich angesehen werden und reicht für die Bejahung eines Kartellrechtsverstoßes nach § 21 Abs. 2 GWB aus.[69] Nur wenn der Händler aufgrund seiner Marktmacht davon ausgehen kann, dass er im Falle einer Nichtbefolgung etwaiger Einflussnahmeversuche des Herstellers mit keinerlei wirtschaftlichen Nachteilen rechnen muss, ist ein Kartellrechtsverstoß zu verneinen.[70] 74

In der Praxis sind viele Detailfragen bislang noch nicht abschließend geklärt. Gleichwohl sind alle Unternehmen zur Vorabeinschätzung ihres Verhaltens verpflichtet. Als Auslegungshilfe für ihr Verhalten können Unternehmen ein Hinweispapier des Bundeskartellamts vom 12. Juli 2017 heranziehen.[71] Dieses bezieht sich zwar unmittelbar nur auf den stationären Lebensmitteleinzelhandel. Die in dem Hinweispapier enthaltenen Erläuterungen sind aber – jedenfalls im Grundsatz – auch auf andere Branchen übertragbar. In dem Hinweispapier stellt das Bundeskartellamt ausführlich verschiedene Formen der Einflussnahme auf die Preisgestaltung dar und ordnet diese als zulässig oder unzulässig ein. 75

Nach Auffassung des Bundeskartellamts sind in der Regel unzulässig: 76

- Festsetzung der Wiederverkaufspreise durch Vertragsbestimmungen bzw. abgestimmte Verhaltensweisen;
- Indirekte Preisbindung: Abmachungen über Absatzspannen oder Preisnachlässe, die auf ein vorgegebenes Preisniveau höchstens gewährt werden dürfen;
- Unterstützung von Werbemaßnahmen des Handels durch produktbezogene Vergütungen oder Pauschalrabatte seitens des Lieferanten, wenn konkrete Aktionspreise verlangt werden;

68 BGH, Urt. v. 17.10.2017, Az. KZR 59/16 – *Almased*.

69 Vgl. BGH, Urt. v. 6.11.2012, Az. KZR 13/12 – *Schulranzen*.

70 BKartA, Hinweise zum Preisbindungsverbot im Bereich des stationären Lebensmitteleinzelhandels vom 12. Juli 2017, Rn 51.

71 BKartA, Hinweise zum Preisbindungsverbot im Bereich des stationären Lebensmitteleinzelhandels vom 12. Juli 2017, vgl. dazu *Walzel*, ZvertriebsR 2017, 71.

- Benennung von verbindlichen Wiederverkaufspreisen/-untergrenzen durch den Lieferanten und unveränderte Verwendung durch das Handelsunternehmen.

77 Des Weiteren führt das Bundeskartellamt explizit auf, dass das Androhen von Nachteilen bzw. das Versprechen oder Gewähren von Vorteilen für die Nichteinhaltung bzw. Einhaltung der Preisempfehlung oder von Preisuntergrenzen in jedem Fall unzulässig ist. Als Nachteile kommen hier insbesondere Strafen in Form von Rechnungskürzungen, Liefersperren, Konditionenverschlechterungen oder Kündigungen in Betracht. Als Vorteile sind besondere Rabatte, Rückvergütungen oder Aktionspreisunterstützungen denkbar.

3. Zulässige Möglichkeiten der Preisbindung und -steuerung

78 Trotz des Risikos, dass Preisempfehlungen in Verbindung mit anderen tatsächlichen Umständen in eine verbotene Preisbindung der zweiten Hand „umschlagen" können, ist die bloße Herausgabe von unverbindlichen Preisempfehlungen als solche zulässig. Erlaubt ist es darüber hinaus, die Beweggründe für die Preisempfehlung im Rahmen der Veröffentlichung bzw. Bekanntgabe der Preisempfehlungen zu kommunizieren bzw. zu erläutern. Jede Kommunikation, die über diese Inhalte hinausgeht, birgt kartellrechtliche Risiken und ist deshalb kritisch zu hinterfragen.

79 Zulässig ist es auch, Preisobergrenzen festzulegen. Die Festsetzung von Höchstverkaufspreisen ist nach Art. 4 lit. a) Vertikal-GVO grundsätzlich zulässig, sofern sich diese Festsetzung nicht in Folge der Ausübung von Druck oder der Gewährung von Anreizen tatsächlich wie Fest- oder Mindestverkaufspreise auswirken.

Beispiel

Zulässig wäre grundsätzlich eine vertragliche Regelung wie: „Der Weiterverkaufspreis für das Produkt P darf nicht höher liegen als EUR 49,99".

Unzulässig wäre die Regelung aber, wenn die Preisobergrenze von EUR 49,99 so gewählt wurde, dass der Händler bei jedem Unterschreiten praktisch seiner ganzen oder nahezu ganzen Marge beraubt wäre und es daher schon aus wirtschaftlichen Gründen faktisch nie zu einem Verkauf unterhalb der Preisobergrenze kommen würde.

---

80 In folgenden Fällen kann eine „feste" Preisbindung der zweiten Hand (d.h. ohne Spielräume des Händlers) **ausnahmsweise** zulässig sein:

- Im Falle der Preisbindung eines Handelsvertreters ohne eigenes Absatzrisiko („echter" Handelsvertreter) findet das Kartellrecht keine Anwendung („Handelsvertreterprivileg").[72]

72 Vgl. hierzu Kap. 4 Rn 12.

- Nach Auffassung der Europäischen Kommission ist es zulässig, im Rahmen der **„Markteinführungsphase"**, in der ein Hersteller ein neues Produkt auf den Markt bringen will, eine Preisbindung der zweiten Hand auszusprechen.[73] Allerdings ist bislang in der Rechtsprechung und kartellbehördlichen Praxis nicht geklärt, in welchen Fällen eine echte Markteinführung in diesem Sinne vorliegt, d.h. ein Produkt „neu" ist. Darüber hinaus lässt die Europäische Kommission in diesem Zusammenhang auch offen, für welchen Zeitraum sie eine feste Preisvorgabe zur Unterstützung der Markteinführung des neuen Produkts für (noch) zulässig erachtet. Aus diesem Grund ist die praktische Anwendung dieses Ausnahmetatbestands bislang ohne größere Bedeutung geblieben.
- Feste Weiterverkaufspreise und nicht nur Preisobergrenzen können erforderlich und damit zulässig sein, um in einem Franchisesystem oder einem ähnlichen Vertriebssystem mit einheitlichen Vertriebsmethoden eine **kurzfristige Sonderangebotskampagne** (in den meisten Fällen zwei bis sechs Wochen) zu koordinieren.[74]
- Die Europäische Kommission deutet in den Vertikal-Leitlinien auch an, dass eine Preisbindung der zweiten Hand und die dadurch gewonnene zusätzliche Marge die Einzelhändler in die Lage versetzen könnte, eine (zusätzliche) Kundenberatung vor dem Verkauf anzubieten, insbesondere wenn es um Erfahrungsgüter oder komplizierte Produkte geht. Die Preisbindung der zweiten Hand könne somit helfen, Trittbrettfahren auf der Vertriebsebene durch solche Vertriebspartner, die derartige Beratungen nicht anbieten, zu verhindern.[75] Die Ausführungen der Europäischen Kommission zur Vermeidung der Trittbrettfahrer-Problematik aus dem Jahr 2010 sind aber zwischenzeitlich nicht mehr haltbar. Denn nach Auffassung des EuGH ist eine Preisbindung im Handel nur dann zulässig, wenn zwingende Gründe (insbesondere der Schutz von Leib und Leben) für ihre Erforderlichkeit sprechen.[76] Als Ausnahmekonstellation sind entsprechende Fälle restriktiv auszulegen und kommen in der Praxis nur äußerst selten vor.
- Schließlich ist eine Preisbindung auch zulässig bei europarechtskonform regulierten Preisen wie der Buchpreisbindung nach dem Buchpreisbindungsgesetz oder der Preisbindung für Zeitungen und Zeitschriften nach § 30 GWB.

Praxistipp

i

Vorsicht bei der Buchpreisbindung! Das Buchpreisbindungsgesetz erlaubt nur die Preisbindung gegenüber dem Endverbraucher, d.h. die Vorgabe des Verlags, zu welchem Preis der Letztverkäufer

---

73 Europ. Kommission, Vertikal-Leitlinien 2010/C 130/01, Rn 225.
74 Europ. Kommission, Vertikal-Leitlinien 2010/C 130/01, Rn 225.
75 Europ. Kommission, Vertikal-Leitlinien 2010/C 130/01, Rn 225.
76 EuGH, Urt. v. 13.10.2011, Rs. C-439/09 – *Pierre Fabre*.

das Buch an den Endverbraucher zu verkaufen hat. Hingegen gilt die kartellrechtliche Privilegierung nicht im Verhältnis zwischen dem Verlag und dem Großhändler oder auf weiteren Zwischenebenen in der Lieferkette. Der Verlag darf daher den Großhändler nicht verpflichten, ein Buch nur zu einem bestimmten Preis an den Einzelhandel weiterzuverkaufen. Das Buchpreisbindungsgesetz gilt für Verlagserzeugnisse, die weder Zeitungen noch Zeitschriften sind. Für Zeitungen und Zeitschriften greift die kartellrechtliche Privilegierung nach § 30 GWB ein, die – im Gegensatz zum Buchpreisbindungsgesetz – eine Preisbindung über alle Weiterverkaufsebenen zulässt.

4. Risiken bei der Berufung auf nicht-existente Preisbindungen

81 In der Praxis gibt es immer wieder das Phänomen, dass sich Vertriebspartner im Rahmen ihrer Vertriebspolitik auf eine angebliche Preisbindung des Herstellers berufen, um so missliebige Rabattforderungen ihrer Nachfrager abwehren zu können. Dabei fällt oftmals die Aussage, dass keine Rabatte gewährt werden könnten, weil ansonsten der Hersteller damit drohen würde, den Vertriebspartner auszulisten. Gibt es tatsächlich eine solche Praxis des Herstellers, so liegen die kartellrechtlichen Risiken für den Hersteller auf der Hand. Die Kartellbehörden haben schon aufgrund der Aussage des Händlers die Möglichkeit, den Sachverhalt aufzugreifen.

82 Besteht dagegen **keine dahingehende Praxis**, so birgt eine solche – vermeintlich trickreiche – Aussage erhebliche Risiken für alle Beteiligten: Zunächst ist nicht auszuschließen, dass der Endkunde sich beim Bundeskartellamt beschwert. Gerade größere Unternehmen sind hier oft nicht zurückhaltend. Leitet das Bundekartellamt sodann ein Verfahren ein und stellt sich nachträglich heraus, dass sich ein Vertragspartner lediglich in Anwendung „kaufmännischer List" auf eine angebliche Preisbindung berufen hat, kann ihn der angebliche „Übeltäter", in diesem Fall der Hersteller, auf Unterlassung verklagen und unter Umständen sogar **Schadensersatz** wegen sittenwidriger Schädigung verlangen. Es kann somit nur empfohlen werden, mit solchen Äußerungen vorsichtig zu sein.

D. Internetvertrieb

I. Häufige Frage- und Problemstellungen

83 Nur wenige kartellrechtliche Fragen wurden in den letzten Jahren so kontrovers diskutiert wie die Beschränkungs- oder Untersagungsmöglichkeiten des Vertriebs im Internet. Hier treffen nicht nur erbitterte Positionen von Vertretern verschiedener Vertriebs-„Philosophien" aufeinander. Die Behandlung praktischer Fälle ist auch dadurch erschwert, dass die Entscheidungspraxis der Kartellbehörden und -gerichte der Entwicklung der tatsächlichen Verhältnisse im Bereich des Online-Vertriebs hinterherhinkt. Da sich der Handel im elektronischen Verkehr sehr schnell verändert, können diese Entscheidungen stets nur Entwicklungen nachzeigen und begleiten, während es in der Zwischenzeit bereits neue „Trends" und Entwicklungen gibt, die rechtlich

wiederum (noch) nicht geklärt sind. Gleichwohl tragen gerichtliche und behördliche Auseinandersetzungen zunehmend zur Rechtsklarheit in verschiedenen Bereichen bei. So gibt es inzwischen bestimmte Mindest-Standards für zulässige bzw. unzulässige Beschränkungen des Internetvertriebs.

Beschränkungen des Internetvertriebs stehen unter kommerziellen Gesichts- 84
punkten einer unzulässigen Preisbindung nahe, da beide Verbote aus kaufmännischer Sicht insbesondere deshalb vereinbart werden, um eine Marken- oder Preispflege zu betreiben und/oder einer vom Hersteller unerwünschten „Verramschung" seiner Produkte zu begegnen.

1. Totalverbot des Internetvertriebs

Inzwischen ist gesichert, dass ein Totalverbot der Nutzung des Internets zu Ver- 85
triebszwecken **unzulässig** ist. Dies gilt selbst dann, wenn in einem selektiven Vertriebssystem der Vertrieb nur über Händler zugelassen ist, die die qualitativen und/oder quantitativen Kriterien des Herstellers erfüllen.[77]

2. Verbot des Vertriebs über Internet-Plattformen

Nach Auffassung der Europäischen Kommission ist es **zulässig**, dass ein Anbieter 86
Qualitätsanforderungen an die Verwendung des Internets zum Weiterverkauf seiner Waren stellt, genauso wie er Qualitätsanforderungen an Geschäfte, den Versandhandel oder Werbe- und Verkaufsförderungsmaßnahmen im Allgemeinen stellen darf. So wie der Hersteller nach Auffassung der Europäischen Kommission verlangen kann, dass ein Händler über **einen oder mehrere physische Verkaufspunkte oder Ausstellungsräume** verfügen muss, wenn er ein Mitglied eines Vertriebssystems werden will, darf er die Händler auch dazu verpflichten, für den Online-Vertrieb der Vertragsprodukte nur Plattformen Dritter zu nutzen, die im Einklang mit den Normen und Voraussetzungen stehen, die der Hersteller mit den Händlern für deren Nutzung des Internets vereinbart hat. Befindet sich die Website des Händlers auf der Plattform eines Dritten, könnte der Anbieter verlangen, dass Kunden die Website des Händlers nicht über eine Website aufrufen, die den Namen oder das Logo dieser Plattform trägt.[78]

Aus diesen Ausführungen in den Vertikal-Leitlinien der Europäischen Kommis- 87
sion wurde in der Praxis vielfach gefolgert, dass ein Verbot des Verkaufs von Produkten über ebay oder andere **Online-Plattformen** auf diese Formulierungen gestützt werden könnte.

---

77 EuGH, Urt. v. 13.10.2011, Rs. C-439/09 – *Pierre Fabre* ; Urt. v. 6.12.2017, Rs. C-230/16 – *Coty*.
78 Europ. Kommission, Vertikal-Leitlinien 2010/C 130/01, Rn 54.

88 Insbesondere das Bundeskartellamt hat insoweit jedoch einen restriktiveren Ansatz vertreten. Nach Auffassung des Bundeskartellamts ist ein Ausschluss von Online-Plattformen bei selektiven Vertriebssystemen grundsätzlich nur dann zulässig, wenn auf der Plattform „vergleichbare" Anforderungen wie für den Präsenzhandel nicht erreicht werden. So hat das Bundeskartellamt beispielsweise ein Verfahren gegen adidas geführt. Adidas wurde vorgeworfen, den Vertriebspartnern den Verkauf der Vertragsprodukte insbesondere über die großen Online-Marktplätze wie ebay oder Amazon Marketplace weitgehend zu verbieten. Nach entsprechenden Hinweisen durch das Bundeskartellamt hat adidas seine e-Commerce Bedingungen überarbeitet. Nunmehr steht es den Einzelhändlern frei, eigene Online-Shops und Shops auf Online-Marktplätzen zu betreiben sowie adidas als Markenbegriff bei der Suchmaschinenwerbung für eigene Shops zu verwenden. Daraufhin hat das Bundeskartellamt das Verfahren eingestellt.[79]

89 In einem weiteren Verfahren ist das Bundeskartellamt gegen den Sportartikelhersteller Asics vorgegangen.[80] Asics verbot in seinem selektiven Vertriebssystem den Verkauf der Produkte über Online-Plattformen und die Nutzung der Markenzeichen auf Internetseiten Dritter. Darüber hinaus durften die Händler auch keine Preisvergleichsmaschinen unterstützen. Das Bundeskartellamt und das OLG Düsseldorf, welches die Entscheidung der Kartellbehörde bestätigte, sahen in diesen Vorgaben eine unzulässige Kernbeschränkung.[81]

90 Demgegenüber hat die deutsche Rechtsprechung den Ausschluss des Vertriebs über Online-Plattformen in bestimmten Ausnahmekonstellationen für denkbar erachtet. Sowohl das Kammergericht Berlin als auch das Oberlandesgericht Schleswig erkennen ein berechtigtes Interesse an einem Verbot des Verkaufs über Internet-Plattformen im selektiven Vertrieb an.[82] Folgt man dem Landgericht Düsseldorf, soll es auch zulässig sein, dem Händler zu verbieten, über bestimmte Plattformen an Einzelhändler zu verkaufen, wenn der Kaufpreis zwischen dem Hersteller und dem Händler zuvor nur deshalb besonders günstig angesetzt wurde, weil der Händler zugesichert hatte, lediglich an Großhändler zu verkaufen.[83] Das Oberlandesgericht Frankfurt a.M. hat das in dem selektiven Vertriebssystem des Rucksackherstellers Deuter enthaltene Verbot, über die Plattform Amazon zu vertreiben, als zulässig erachtet. Das Gericht stellt insbesondere auf die Beratungsbedürftigkeit der Verbraucher im Hinblick auf die Deuter-Produkte ab und hielt das Verbot für gerechtfertigt, da es auf amazon.de

---

79 BKartA, Fallbericht v. 19.8.2014 – *adidas*.

80 BKartA, Pressemitteilung v. 28.4.2014 – *Asics*.

81 OLG Düsseldorf, Beschl. v. 5.4.2017, Az. VI-Kart 13/15 (V) – *Asics*.

82 KG Berlin, Urt. v. 19.9.2013, Az. 2 U 8/09 – *Schulranzen*; OLG Schleswig, Urt. v. 5.6.2014, Az. 16 U (Kart) 154/13 – *Digitalkamera*.

83 LG Düsseldorf, Urt. v. 16.1.2014, Az. 14c O 226/12, Ziff. I.2.b).

nicht möglich sei, die gehobene Produktqualität und hohe Funktionalität der Produkte angemessen darzustellen.[84]

Ende 2017 hat der EuGH für Klarheit hinsichtlich des selektiven Vertriebs von Waren aus dem Luxussegment über Drittplattformen wie ebay.de oder amazon.de gesorgt.[85] Die im Streit stehende Vertragsklausel lautete dabei sinngemäß: „*Die erkennbare Einschaltung eines Drittunternehmens, welches nicht ein autorisierter Depositär des Herstellers ist, ist ausdrücklich untersagt.*" Der EuGH bestätigte, dass es kartellrechtlich zulässig ist, autorisierten Händlern in einem selektiven Vertriebssystem den Vertrieb über Internetplattformen wie ebay und Amazon zu untersagen. 91

Eine solche Klausel ist nach Auffassung des EuGH von vornherein nicht als Wettbewerbsbeschränkung zu bewerten, wenn folgende Kriterien kumulativ erfüllt sind: 92

- Der Hersteller vertreibt seine Waren oder einen Teil davon nur über bestimmte Vertriebspartner, die anhand objektiver Gesichtspunkte qualitativer Art ausgewählt werden.
- Dieses selektive Vertriebssystem ist im Wesentlichen darauf gerichtet, das Luxusimage der Waren des Herstellers sicherzustellen.
- Die Selektionskriterien müssen einheitlich für alle in Betracht kommenden Wiederverkäufer festgelegt und ohne Diskriminierung angewendet werden.
- Die festgelegten Auswahlkriterien dürfen nicht über das Maß hinausgehen, das zur Wahrung des Luxusimages der Waren erforderlich ist.
- Das Erfordernis bestimmter werblicher Darstellung zur Wahrung des Luxusimages des Herstellers muss vertraglich sowohl für den stationären Vertrieb als auch den Online-Handel festgelegt sein.
- Das vertragliche Vertriebsverbot darf sich nur auf Drittplattformen beziehen, deren Nutzung für den Verbraucher (etwa anhand der Abbildung von deren Logo) erkennbar ist.
- Der Hersteller darf mangels eigener vertraglicher Beziehung mit der Drittplattform keine Möglichkeit haben, dieser die Gestaltung ihrer Homepage zur Wahrung seines Luxusimages vorschreiben zu können.

Neben dieser Tatbestandsausnahme vom Kartellverbot kommt nach dem EuGH auch eine gesetzliche Freistellung eines solchen Plattformverbots nach der Vertikal-GVO in Betracht.[86] 93

Der EuGH lässt sich von dem Gedanken leiten, dass der Hersteller die Art und Weise seiner Markendarstellung im Internet selbst in der Hand haben muss. Das ist 94

84 OLG Frankfurt, Urt. v. 22.12.2015, Az. 11 U 84/14 (Kart) – *Deuter*.
85 EuGH, Urt. v. 6.12.2017, Rs. C-230/16 – *Coty*.
86 EuGH, Urt. v. 6.12.2017, Rs. C-230/16 = NZKart 2018, 36 (37 f.) – *Coty*; ebenso bereits Europ. Kommission, Abschlussbericht über die Sektoruntersuchung zum elektronischen Handel vom 10.5.2017, COM (207) 229 final, Rn 41 f.

ihm nur möglich, wenn er selbst vertraglich darauf einwirken kann, dass die Plattform sein Luxusimage wahrt. Auf den Vertrieb seiner autorisierten Händler über Plattformen wie Amazon oder ebay hat er jedoch keine Einflussmöglichkeit, wenn es an einer Vertragsbeziehung zwischen dem Hersteller und der Drittplattform fehlt. Hersteller dürfen die Nutzung von Drittplattformen, auf deren werbliche Darstellung sie keinen Direktzugriff haben, daher generell ausschließen. Sie müssen den autorisierten Vertriebspartnern in diesem Fall die Plattformnutzung auch dann nicht ausnahmsweise erlauben, wenn die Plattform von sich aus oder auf Veranlassung des Händlers hin die Anforderungen an die werbliche Gestaltung zur Wahrung des Luxusimages erfüllt.

95 Auch wenn die Entscheidung in Sachen Coty wichtige Weichenstellungen bringt, bleiben Fragen offen: So ist unklar, wann von „Luxus"-Produkten auszugehen ist. Der EuGH spricht von „Prestigecharakter und luxuriöser Ausstrahlung", die für den Verbraucher ein Unterscheidungsmerkmal zu anderen Waren bilden. Dennoch erscheint der Begriff „Luxus" jedenfalls in gewissem Umfang als dehnbar. So scheint eine Erstreckung von Uhren über Küchengeräte bis hin zu Möbeln oder Kleidung denkbar.

96 Offen ist auch, ob diese Rechtsprechung auch auf Bereiche übertragbar ist, in denen ein selektives Vertriebssystem ebenfalls gerechtfertigt ist, etwa aufgrund des hohen Beratungsbedarfs. Hier kommt es weniger auf die Werbung als solche als auf die Beratungsleistungen für die Kunden über die Internetplattform an. Autorisierte Händler hätten hier zumindest die Möglichkeit, auch bei einem Vertrieb über eine Internetplattform die Beratung durch eine eigene Telefon-Hotline oder Live-Video-Schaltung sicherzustellen. Sollte im Einzelfall eine Wettbewerbsbeschränkung zu bejahen sein, käme aber ein Rückgriff auf die weniger strengen Voraussetzungen für eine Gruppenfreistellung nach der Vertikal-GVO in Betracht.

97 Schließlich bleibt auch offen, ob die Rechtsprechung des EuGH auch für Hersteller gilt, die ihre Waren selbst über Amazon vertreiben und aufgrund dieser Vertragsbeziehung auch die Möglichkeit hätten, Amazon die werbliche Darstellung des Vertriebs von Marketplace-Anbietern vorzuschreiben.

3. Territoriale Vertriebsbeschränkungen für Online-Händer

98 Bei Vertriebsbeschränkungen gegenüber Online-Händlern ist darauf zu achten, dass diese nicht zu einem **passiven Verkaufsverbot** führen.[87] Dies ist regelmäßig dann der Fall, wenn Händler daran gehindert werden, mehr und andere Kunden zu erreichen, indem ihnen verboten wird, Kunden, die an sie herantreten, zu bedienen. Der Internetvertrieb wird dabei in der Regel als passive Verkaufsform betrachtet, da sich

87 Art. 4 lit. b) Vertikal-GVO.

die Kunden über das Internet an einen Händler wenden können, ohne dass dieser zuvor den jeweiligen Kunden aktiv angesprochen hat.[88]

Nach Ansicht der Europäischen Kommission sind insbesondere folgende Fälle als **passives Verkaufsverbot** einzuordnen und damit als **verbotene Kernbeschränkung** anzusehen:[89] 99

- Der Lieferant vereinbart mit dem Händler, dass Kunden aus einem anderen, dem Händler nicht zugewiesenen Gebiet die Website des Händlers nicht einsehen dürfen oder eine automatische Umleitung auf die Website eines anderen Händlers oder des Herstellers eingerichtet wird (sog. Geoblocking[90]). Allerdings ist es zulässig, dass die Website Links zu anderen Händlern oder dem Hersteller enthält, die der Kunde optional anklicken kann.
- Der Lieferant verpflichtet den Händler, Zahlungsvorgänge abzubrechen, wenn die Adresse der Kreditkarte offenbart, dass der Käufer aus einem anderen, dem Händler nicht zugewiesenen Gebiet stammt.
- Der Lieferant verpflichtet den Händler, den über das Internet getätigten Anteil am Gesamtverkauf der Produkte zu begrenzen. Allerdings ist es umgekehrt zulässig, den Händler zu verpflichten, das jeweilige Produkt in einer bestimmten Menge oder in Höhe eines bestimmten Wertes offline zu verkaufen (soweit dadurch nicht zugleich der Online-Vertrieb eingeschränkt wird). Dadurch soll sichergestellt werden, dass der stationäre Verkauf in ausreichendem Umfang erfolgt.

Praxistipp

Stets ist zu berücksichtigen, dass sich ein Hersteller nicht zu den eigenen Vorgaben an die Vertriebspartner in Widerspruch setzen darf. Verbietet ein Hersteller seinen Vertriebspartnern, seine Produkte über Internet-Plattformen zu verkaufen, weil er eine „Verramschung" seiner Produkte befürchtet, dann ist es ihm verwehrt, sich auf diese Beschränkungen zu berufen, wenn er gleichzeitig selbst Restposten seiner Produkte über Discounter und andere niedrigpreisige Anbieter verkauft.[91]

---

4. Untersagung der Nutzung von Preisvergleichsportalen

Ein Verbot, Preisvergleichsportale zu nutzen, stellt nach Ansicht des OLG Düssel- 100
dorf keine qualitative Vertriebsbeschränkung dar und verstößt daher gegen das Kartellverbot. Eine derartige Beschränkung der Händler ist auch nicht zur Wahrung der

88 Europ. Kommission, Vertikal-Leitlinien 2010/C 130/01, Rn 52; OLG Schleswig, Urt. v. 5.6.2014, Az. 16 U (Kart) 154/13 – *Digitalkamera*.

89 Europ. Kommission, Vertikal-Leitlinien 2010/C 130/01, Rn 52.

90 Siehe dazu in diesem Buch Kap. 6, Rn 85.

91 KG Berlin, Urt. v. 19.9.2013, Az. 2 U 8/09 – *Schulranzen*.

Produktqualität erforderlich.[92] Das OLG Frankfurt a.M. hat ein Verbot der Werbung auf Preissuchmaschinen ebenfalls für unzulässig gehalten.[93]

5. Doppelpreissysteme

101 Ein weiterer Schwerpunkt des Bundeskartellamts im Bereich des Internetvertriebs ist die Verhinderung sogenannter **„Doppelpreissysteme"**. Dies sind Vertriebssysteme, in denen für Online-/Offline-Verkäufe unterschiedliche Konditionen seitens des Herstellers gewährt werden. Meist beruht eine entsprechende Konditionengestaltung auf dem Bestreben, den Internetvertrieb einzudämmen oder nur „zu vernünftigen Preisen" zu ermöglichen. Der vermeintliche „Vorteil" der geringeren Kosten bei einem Verkauf über das Internet soll durch geringere Rabatte/Boni für diesen Anteil der Produkte abgeschöpft werden. Mittelbar soll dies auch einer Stützung des stationären Handels dienen, dessen kostenbedingte Nachteile auf diese Weise ausgeglichen werden sollen.

102 Nach Auffassung des Bundeskartellamts, die durch das OLG Düsseldorf bestätigt wurde,[94] ist eine Differenzierung zwischen Online- und Offline-Verkäufen unzulässig und stellt ein **verbotenes Doppelpreissystem** dar. Unzulässig ist nach derzeitiger Praxis des Bundeskartellamts auch, Händlerrabatte beim Verkauf im Internet zu kürzen. Das Bundeskartellamt hat in mehreren Verfahren durchgesetzt, dass Differenzierungen des Herstellers bei der Gewährung von Rabatten abhängig von der Vertriebsform (Online- vs. Offline-Vertrieb) nicht mehr aufrecht erhalten werden.[95]

103 Allerdings ist es **zulässig**, dem Internethandel schlechtere Konditionen zu gewähren, wenn es sich dabei nicht um eine „Bestrafung" des Internethandels als solchem handelt und die Schlechterstellung beispielsweise wegen schlechteren Verhandlungen, geringerer Abnahmemengen oder weniger Serviceleistungen sachlich gerechtfertigt ist. Die Schlechterstellung ist erst dann **unzulässig**, wenn sie eine wirtschaftliche „Bestrafung" für den Internetvertrieb entfaltet. Dies ist regelmäßig der Fall, wenn der Internetvertrieb dem Händler faktisch oder wirtschaftlich unmöglich gemacht wird.[96]

---

92 OLG Düsseldorf, Beschl. v. 5.4.2017, Az. VI-Kart 13/15 (V) – *Asics*.

93 OLG Frankfurt, Urt. v. 22.12.2015, Az. 11 U 84/14 (Kart) – *Deuter*.

94 OLG Düsseldorf, Urt. v. 13.11.2013, Az. VI-U (Kart) 11/13 – *Sanitärarmaturen*.

95 BKartA, Fallbericht v. 13.12.2011, Az. B 5-100/10 – *Sanitärarmaturen*; BKartA, Fallbericht v. 5.12.2013, Az. B 5-144/13 – *Gardena*; BKartA, Fallbericht v. 23.12.2013, Az. B 7-11/12 – *Bosch Siemens Hausgeräte*.

96 LG Düsseldorf, Urt. v. 16.1.2014, Az. 14c O 226/12, Ziff. I.2.b).

6. Bestpreisklauseln im Online-Handel

Ist der Marktanteil eines Anbieters und eines Abnehmers höher als 30%, ist auch die Vereinbarung sog. „Bestpreisklauseln", die häufig im Zusammenhang mit Buchungsportalen verwendet werden, kartellrechtlich bedenklich. Das Buchungsportal tritt in diesen Konstellationen als Vermittler für Hotelzimmer auf. Der Hotelier stellt die Preise selbst im Buchungsportal ein. Die Bestpreisklausel verpflichtet den Vertragspartner des Portals, das Produkt über das Buchungsportal nicht teurer anzubieten als über seine eigene Website. So hatte etwa das Hotelportal HRS die Hotelpartner verpflichtet, über HRS jedenfalls auch den jeweils niedrigsten Hotelpreis, die höchstmögliche Zimmerverfügbarkeit und die jeweils günstigsten Buchungs- und Stornierungskonditionen im Internet anzubieten. Darin sah das OLG Düsseldorf einen Wettbewerbsverstoß, da die Klausel verhindere, dass an anderer Stelle niedrigere Hotelpreise angeboten werden. Dies schränke die Handlungsfreiheit der Hotelunternehmen im Vertikalverhältnis ein und erschwere auch den Markteintritt neuer Plattformanbieter, die häufig auf günstigere Angebote angewiesen seien, um sich im Markt etablieren zu können.[97] Zwischenzeitlich weichen diese strengen Grundsätze allmählich auf: Das OLG Düsseldorf sieht eine Bestpreisklausel der Internetplattform Expedia als freistellungsfähig nach der Vertikal-GVO an[98] und deutete in der mündlichen Verhandlung zur Bestpreisklausel des Hotelbuchungsportals booking.com an, dass die Bestpreisklausel als „notwendige Nebenabrede" vom Kartellverbot ausgenommen sein könnte.[99] 104

7. Förderung des stationären (Offline-)Handels

Eine **zulässige Beschränkung** des Internetvertriebs liegt dagegen dann vor, wenn vom Abnehmer verlangt wird (ohne damit die Online-Verkäufe des Händlers zu beschränken), dass er das Produkt mindestens in einem **nach Wert oder Menge bestimmten absoluten Umfang** offline verkauft, um einen effizienten Betrieb seines physischen Verkaufspunkts zu gewährleisten. Dabei kann der absolute Umfang der geforderten Offline-Verkäufe für alle Abnehmer identisch sein oder anhand objektiver Kriterien, beispielsweise der Größe des Abnehmers im Vertriebsnetz oder seiner geografischen Lage, im Einzelfall festgelegt sein.[100] Zulässig ist es darüber hinaus, sicherzustellen, dass das Online-Geschäft des Händlers mit dem Vertriebsmodell des Anbieters in Einklang steht.[101] 105

---

97 OLG Düsseldorf, Beschl. v. 9.1.2015, Az. VI Kart 1/14 (V)– *HRS*.

98 OLG Düsseldorf, Urt. v. 4.12.2017, Az. VI-U (Kart) 5/17 – *Expedia*.

99 OLG Düsseldorf, Mündliche Verhandlung vom 8.2.2017, Az. VI-Kart 1/14 (V) = MMR-Aktuell 2017, 386794 – *booking.com*.

100 Europ. Kommission, Vertikal-Leitlinien 2010/C 130/01, Rn 52.

101 Europ. Kommission, Vertikal-Leitlinien 2010/C 130/01, Rn 52.

106 Weiter ist es **zulässig**, dass ein Anbieter mit dem Abnehmer eine feste Gebühr vereinbart (d.h. keine variable Gebühr, die den erzielten Offline-Umsatz steigern würde), um dessen Offline- oder Online-Verkaufsanstrengungen zu unterstützen.[102]

Beispiel

Der Lampenhersteller L hat sich entschieden, stationären Händlern einen monatlichen „Ladenzeilenzuschuss" in Höhe von 10% der Miete zu gewähren, um diese dafür zu belohnen, dass sie den Kunden ein „haptisches Einkaufserlebnis" ermöglichen.

107 Die Vereinbarung einer fixen Gebühr zur Unterstützung der Verkaufsanstrengungen im Präsenzhandel ist bislang noch nicht Gegenstand einer förmlichen kartellbehördlichen oder gerichtlichen Entscheidung gewesen. Bei der Festlegung der Höhe einer solchen fixen Prämie zur Unterstützung der Verkaufsanstrengungen in einem bestimmten Vertriebsweg ist aber stets zu beachten, dass die finanzielle Förderung angemessen sein muss. Sie muss dem Ausgleich finanzieller Mehrbelastungen dienen, d.h. ihre Höhe muss sich an Erfahrungswerten oder sonstigen objektiven Kriterien ausrichten. Nach Auffassung der Kartellbehörden besteht bei fixen Zuschüssen etwa für bestimmte Ausstellungsflächen oder Mitarbeiterzahlen im stationären Bereich anders als bei variablen, umsatzabhängigen Rabatten grundsätzlich keine Gefahr, den Händler durch entsprechende Anreize beim Online-Absatz zu behindern. Vielmehr zielen solche fixen Zuschüsse unmittelbar auf den entstandenen stationären Aufwand des Händlers ab, ohne seinen Internetvertrieb zu berühren. Denkbar wäre ein solcher fester Zuschuss etwa, um die hohen Mietkosten des Händlers für einen „Flagship-Store" in einer Premium-Lage im Innenstadtbereich teilweise zu kompensieren.

108 Das Bundeskartellamt hat allerdings in seinem Fallbericht „Bosch Siemens Hausgeräte" angedeutet, dass auch fixe Zuschüsse im Einzelfall auf ihre wettbewerblichen Auswirkungen hin zu überprüfen sind. Dies bedeutet, dass die fixen Zuschüsse nicht willkürlich ausgestaltet sein dürfen, um – möglicherweise über Umwege – letztlich doch den Online-Vertrieb zu behindern. Das Bundeskartellamt geht in diesem Fallbericht insbesondere davon aus, dass es keine durchgängig höheren Gesamtkosten beim stationären Vertrieb im Vergleich zum Online-Vertrieb gebe.[103]

102 Europ. Kommission, Vertikal-Leitlinien 2010/C 130/01, Rn 52.

103 BKartA, Fallbericht v. 23.12.2013, Az. B 7-11/12 – *Bosch Siemens Hausgeräte.*

II. Gestaltungsspielräume im selektiven Vertrieb

Im Rahmen von **selektiven Vertriebssystemen** ist es im Einzelfall zulässig, an die zugelassenen Niederlassungen auch qualitative Anforderungen an den Internetvertrieb zu stellen. Denkbar sind insbesondere: 109
- Festlegung von Höchstverkaufsmengen an alle Vertriebspartner;
- Bereitstellungsfristen für Online-Verkäufe;
- Vorgaben im Hinblick auf die Einrichtung einer Online-Kundendienststelle;
- Verpflichtung zur Übernahme der Kosten bei Rückgabe eines Produkts;
- Vorgaben zur Anwendung sicherer Zahlungssysteme.[104]

Der von vielen Herstellern und stationären Händlern gewünschte **vollständige Ausschluss des Internetvertriebs** ist auch im selektiven Vertriebssystem **nicht** möglich.[105] Neben dem vom EuGH grundsätzlich anerkannten Verbot des Vertriebs über Drittplattformen darf der Lieferant die von ihm belieferten Händler jedoch verpflichten, sich nicht ausschließlich auf den Online-Vertrieb zu stützen, sondern zusätzlich jeweils einen oder mehrere **Ausstellungsräume** vorzuhalten.[106] Dies kann je nach Produkt sachlich gerechtfertigt sein, da selektive Vertriebssysteme oftmals auf den unmittelbaren Kontakt zum Kunden abzielen[107] und den Kunden die Möglichkeit gegeben werden soll, die Produkte physisch zu betrachten, anzufassen und auszuprobieren.[108] Auch soll das Umfeld dem Kunden beim Einkauf von Luxusartikeln die „Aura des Exklusiven"[109] vermitteln. Aus diesem Grund darf der Lieferant in einem selektiven Vertriebssystem auch den Verkauf seiner Waren im Internet an hohe Qualitätsanforderungen knüpfen und entsprechende Kriterien für Vertriebs- und Werbemaßnahmen im Internet aufstellen. Mit einer solchen Verpflichtung zur Einhaltung spezieller Voraussetzungen im Online-Handel kann der oftmals befürchteten „Verramschung" der Marke zumindest teilweise entgegengewirkt werden.[110] 110

Wichtig ist, dass die **Qualitätsanforderungen** für den Online-Vertrieb mit den Anforderungen für die stationären Ladenlokale nicht identisch, aber **vergleichbar** sein müssen. Dies ist der Fall, wenn die Kriterien für den Online- und den Offline-Verkauf dieselben Ziele verfolgen. Unterschiede zwischen den Kriterien dürfen sich nur aus dem unterschiedlichen Wesen der beiden Verkaufsformen ergeben und 111

---

104 Europ. Kommission, Vertikal-Leitlinien 2010/C 130/01, Rn 56.
105 EuGH, Urt. v. 13.10.2011, Rs. C-439/09, Rn 46 – *Pierre Fabre.*
106 BGH, Urt. v. 4.11.2003, Az. KZR 2/02 – *Depotkosmetik im Internet.*
107 Langen/Bunte/*Nolte*, EU-KartellR, Nach Art. 101 AEUV Rn 836.
108 Europ. Kommission, Vertikal-Leitlinien 2010/C 130/01, Rn 54.
109 BGH, Urt. v. 4.11.2003, Az. KZR 2/02 – *Depotkosmetik im Internet.*
110 OLG Karlsruhe, Urt. v. 25.11.2009, Az. 6 U 47/08 Kart. – *Schulranzen*; OLG Frankfurt, Urt. v. 22.12.2015, Az. 11 U 84/14 (Kart) – *Deuter.*

nicht etwa aus einer beabsichtigten Beschränkung des Online-Vertriebs (sog. „Äquivalenztest).[111]

Beispiel

Zu den grundsätzlich **zulässigen Qualitätsanforderungen** zählen daher insbesondere folgende Vorgaben:[112]

- Der Händler wird verpflichtet eine Website einzurichten, die sich schnell aufbaut und leicht zu navigieren ist.
- Der Händler wird verpflichtet, dem Kunden auf seiner Website einen Besuch des physischen Ausstellungsraums zu empfehlen; dabei darf auch verlangt werden, dass ein Verweis auf den Standort und die dort angebotene Verkaufsberatung erfolgt.
- Der Händler kann verpflichtet werden, bestimmte Links auf seiner Website zu anderen Händlern oder zum Hersteller zur Verfügung zu stellen.[113]
- Der Händler kann verpflichtet werden, die Website oder Teile davon im „Corporate Design" des Herstellers zu gestalten.
- Der Händler kann verpflichtet werden, eine bestimmte Anzahl von Waren immer auf Lager zu haben, damit Kunden zeitnah mit den Produkten beliefert werden können.
- Der Händler kann verpflichtet werden, das Sortiment im Internet ebenso breit auszugestalten wie das Sortiment im Ladenlokal.
- Der Händler kann verpflichtet werden, lediglich sichere Zahlungsmittel zu verwenden.[114]

E. Rabatt- und Bonussysteme

I. Kartellrechtliche Relevanz der Rabatt- und Bonusgestaltung

112 Unter **Rabatt** wird üblicherweise ein sofort von der Ware bzw. Dienstleistung abzuziehender Preisnachlass verstanden. Zum Zeitpunkt des Vertragsschlusses besteht damit Gewissheit darüber, ob und in welcher Höhe Rabatte gewährt werden. Demgegenüber ist ein **Bonus** eine nachträgliche Prämie für das Erreichen eines zuvor definierten Ziels, etwa einer bestimmten Umsatzschwelle oder Bezugsmenge. Mittels der Vereinbarung eines Bonus wird versucht, den Vertragspartner zu besonderen Einkaufs- oder Verkaufsanstrengungen zu motivieren. Zwar werden auch Boni bereits zum Zeitpunkt des Vertragsschlusses vereinbart. Ob und in welcher Höhe ein Bonus aber schließlich erzielt wird, steht erst im Nachhinein nach Ablauf des jeweiligen Referenzzeitraums fest. Sowohl bei Rabatten als auch bei Boni

111 Europ. Kommission, Vertikal-Leitlinien 2010/C 130/01, Rn 56.
112 *Nolte*, BB 2014, 1155 (1160).
113 Europ. Kommission, Vertikal-Leitlinien 2010/C 130/01, Rn 52.
114 Europ. Kommission, Vertikal-Leitlinien 2010/C 130/01, Rn 56.

existiert eine Vielzahl von Erscheinungsformen, deren Terminologie zudem oftmals uneinheitlich verwendet wird.[115]

Rabatte und Boni sind wesentliche Bestandteile der Preisgestaltung und damit in gleicher Weise kartellrechtlich relevant wie Preise selbst. Dementsprechend stellen sich viele der „allgemeinen" kartellrechtlichen Fragen auch für die Gestaltung von Rabatten und Boni. 113

Absprachen zwischen Wettbewerbern über die von Dritten gewährten Rabatte/Boni sind ebenso kartellrechtswidrig wie Absprachen über die Endverkaufspreise. Dies betrifft sowohl Absprachen zwischen verschiedenen Lieferanten wie auch Absprachen zwischen verschiedenen Abnehmern. Absprachen zwischen Wettbewerbern über die Rabatt- und Bonusgewährung können dabei nicht nur die Höhe der Rabatte als solche, sondern auch weitere Einzelheiten wie etwa deren Art, räumlicher Geltungsbereich, Erstreckung auf bestimmte Kundengruppen oder deren jeweilige spezifischen Voraussetzungen betreffen.[116] 114

Auch der **Austausch von Informationen** zwischen Wettbewerbern über die an eigene Kunden gewährten Rabatte oder über Rabatte, die Dritte auf dem Markt gewährt haben, ist kartellrechtlich unzulässig.[117] Die Ergebnisse von Verhandlungen mit Lieferanten und die daraus resultierenden Rabatte müssen gegenüber Wettbewerbern geheim gehalten werden. Dies gilt auch dann, wenn ein Unternehmen Kenntnis über die Konditionen Dritter und die von diesen erzielten oder gewährten Rabatte erlangt hat. Gleiches gilt für „Wasserstandsmeldungen" während laufender Konditionenverhandlungen. Ein Austausch mit Wettbewerbern über den jeweiligen Stand der Rabattverhandlungen („Wieviel habt Ihr bekommen? Wir sind momentan bei X Prozent.") kann als unzulässiger Informationsaustausch bewertet werden. Dies beruht darauf, dass das noch in Verhandlungen befindliche Unternehmen aufgrund der „Wasserstandsmeldung" des Wettbewerbers erfährt, zu welcher maximalen Rabatthöhe die Gegenseite bereit wäre. Dies kann den Nachfragewettbewerb erheblich beschränken. 115

Zudem ist es unter dem Gesichtspunkt der Preisbindung der zweiten Hand verboten, den Vertriebspartnern Vorgaben im Hinblick auf die Ausgestaltung ihrer Boni und Rabatte beim Weiterverkauf der Produkte zu machen. Das Verbot der **Preisbindung der zweiten Hand** gilt nicht nur für die Festsetzung der Weiterverkaufspreise als solche, sondern auch für einzelne Preisbestandteile wie Rabatte und Boni. Lieferanten dürfen keinen Druck auf die Vertriebspartner ausüben, keine Rabatte/Boni zu gewähren bzw. bestimmte Rabatt- oder Bonushöhen nicht zu über- 116

---

115 Ausf. *Meßmer/Bernhard*, BB 2014, 2499 (2499) sowie Martinek/Semler/Flohr/*Meßmer*, Hdb. Vertriebsrecht, § 42.

116 BKartA, Beschl. v. 10.8.2011, Az. B 12-15/09 – *Betonrohre*.

117 BKartA, Pressemitteilung v. 1.8.2012 – *Haribo*; Pressemitteilung v. 31.1.2013, Az. B11-11/08 – *Süßwarenhersteller*, bestätigt durch OLG Düsseldorf, Urt. v. 26.1.2017, Az. V-4 Kart 4/15 OWI.

schreiten. Unzulässig ist es auch, Vertriebspartner durch finanzielle Anreize zur Gewährung/Nichtgewährung bestimmter Rabatte oder Boni gegenüber ihren eigenen Kunden zu bewegen. In solchen Fällen wird eine wettbewerbsbeschränkende Wirkung der Preisbindung der zweiten Hand und eine fehlende Freistellungsmöglichkeit vermutet.[118] Eine Widerlegung dieser Vermutung im Einzelfall gelingt nur selten.

117 Schließlich sollte auch vermieden werden, die Gewährung von Rabatten und Boni dazu zu nutzen, um bestimmte **Vertriebswege, insbesondere den Internetvertrieb, zu beschränken**. Unzulässig ist zum einen, einen „Internet-Verhinderungsbonus" für solche Verkäufe zu gewähren, die im stationären Ladengeschäft getätigt werden. Dasselbe gilt – umgekehrt – auch für Fälle, in denen Rabatte für diejenigen Produkte gestrichen oder gekürzt werden, die im Internet verkauft wurden. Beide Vorgehensweisen führen zu einem faktischen „Doppelpreissystem" für Online-/Offline-Verkäufe, das den Internetvertrieb in unzulässiger Weise benachteiligt.[119]

II. Besonderheiten für marktbeherrschende und marktstarke Unternehmen

118 Verschärfte kartellrechtliche Anforderungen bestehen für marktbeherrschende und marktstarke Unternehmen. Diese Unternehmen dürfen andere Marktteilnehmer weder unbillig behindern noch diskriminieren. Aus Vorsichtsgründen empfiehlt es sich, diese Anforderungen bereits dann zu beachten, wenn eine marktbeherrschende Stellung oder jedenfalls eine marktstarke Position des rabattgewährenden Unternehmens zumindest nicht ausgeschlossen ist.

119 Das Vorliegen einer **marktbeherrschenden Stellung** nach Art. 102 AUEV bzw. § 18 GWB wird widerlegbar vermutet, wenn ein Unternehmen auf einem bestimmten Produktmarkt einen **Marktanteil von mindestens 40%** innehat. Eine **gemeinsame marktbeherrschende Stellung** mehrerer Wettbewerber wird nach § 18 Abs. 6 GWB vermutet, wenn entweder drei oder weniger Unternehmen zusammen einen Marktanteil von 50% oder fünf oder weniger Unternehmen zusammen einen Marktanteil von zwei Dritteln erreichen („**Oligopolvermutung**").

120 Ein Unternehmen befindet sich in einer **marktstarken Stellung** nach § 20 GWB, wenn es zwar nicht nach den vorgenannten Grundsätzen marktbeherrschend ist, es aber dennoch eine so starke Marktmacht hat, dass kleine oder mittlere Unternehmen als Anbieter oder Nachfrager bestimmter Waren oder Dienstleistungen von ihm abhängig sind, weil ausreichende und zumutbare Möglichkeiten, auf andere Unternehmen auszuweichen, nicht bestehen.

---

118 Europ. Kommission, Vertikal-Leitlinien 2010/C 130/01, Rn 223.
119 OLG Düsseldorf, Urt. v. 13.11.2013, Az. VI-U (Kart) 11/13 – *Sanitärarmaturen.*

Marktbeherrschende und marktstarke Unternehmen sind erhöhten kartellrechtlichen Anforderungen unterworfen, da sie schon kraft ihrer Größe und wirtschaftlichen Leistungsfähigkeit einen Wettbewerbsvorsprung gegenüber kleineren Unternehmen haben. Diese starke Stellung am Markt wird wettbewerbsrechtlich kritisch gesehen. Marktbeherrschende und marktstarke Unternehmen dürfen deshalb ihre „Sonderstellung" im Markt nicht missbrauchen. 121

III. Kartellrechtliche Einordnung verschiedener Formen von Rabatten und Boni

Während Rabatte und Boni nicht-marktbeherrschender Unternehmen auch so ausgestaltet werden können, dass verschiedene Abnehmer unterschiedlich behandelt werden oder hierdurch Wettbewerber vom Markt verdrängt werden, unterliegen Boni und Rabatte marktbeherrschender und -starker Unternehmen weitergehenden kartellrechtlichen Anforderungen. Dabei ist zwischen dem Diskriminierungsmissbrauch und dem Behinderungsmissbrauch zu unterscheiden: 122

Ein **Diskriminierungsmissbrauch** betrifft stets die Ungleichbehandlung von **Abnehmern** oder **Lieferanten** des marktbeherrschenden oder marktstarken Unternehmens.[120] 123

Missbräuchlich im Wettbewerb behindern kann das marktstarke oder marktbeherrschende Unternehmen hingegen sowohl seine **Abnehmer**, die **eigenen Wettbewerber** und die **Wettbewerber seiner Abnehmer.** 124

1. Diskriminierungsmissbrauch

Um sich nicht dem Vorwurf einer kartellrechtlich diskriminierenden Rabattgestaltung auszusetzen, sollten marktbeherrschende und marktstarke Unternehmen vermeiden, vergleichbaren Abnehmern ohne sachlichen Grund unterschiedliche Rabatte und Boni zu gewähren. Die Kartellbehörden und Gerichte haben in der Vergangenheit sowohl „offene" Diskriminierungstatbestände als auch „versteckte" Diskriminierungen in Form der Rabattspreizung als kartellrechtswidrig angesehen. 125

a) Rabattdiskriminierung

Ein marktbeherrschendes oder marktstarkes Unternehmen handelt missbräuchlich, wenn es **bei vergleichbaren Sachverhalten Rabatte in unterschiedlicher Höhe** gewährt und dies nicht durch einen sachlichen Grund gerechtfertigt werden kann.[121] Es handelt sich dabei um eine offene Rabattdiskriminierung. 126

---

120 Zur Definition marktbeherrschender und marktstarker Unternehmen vgl. Kap. 1 Rn 60 ff.
121 BGH, Beschl. v. 24.2.1976, Az. KVR 3/75 – *Asbach-Fachgroßhändlervertrag*.

Beispiel
Kunde A erhält für die Abnahme von 100 Stück des Produktes P einen Rabatt in Höhe von 3%. Der vergleichbare Kunde B erhält für die Abnahme von 100 Stück des Produktes P einen Rabatt in Höhe von 7%.

127 Um eine Rabattdiskriminierung zu vermeiden, sollten **objektive Kriterien** festgelegt werden, anhand derer die Rabatte für alle Abnehmer unterschiedslos gewährt werden. Dies gilt sowohl für quantitative Kriterien für die Gewährung eines **Mengenrabatts** (Abnahmemenge, Gesamtumsatz etc.) als auch für qualitative Kriterien zur Gewährung eines **Funktionsrabatts** (Beratung, Marketing, Erreichbarkeit etc. als funktionale „Gegenleistung" für die Rabattgewährung).

b) Rabattspreizung

128 Eine „Rabattspreizung" liegt vor, wenn ein marktbeherrschendes oder marktstarkes Unternehmen seinen Händlern mengen- oder umsatzbezogene Rabatte gewährt, die **Rabattstaffeln** aber **nicht proportional** zum zugrundeliegenden Umsatz oder zur bezogenen Menge ansteigen. Dies hat eine Ungleichbehandlung der Händler zur Folge, da Händler, die einen hohen Umsatz erzielen, im Verhältnis zu Händlern mit niedrigeren Umsätzen aufgrund der „Spreizung" der einzelnen Rabattstufen einen überproportional hohen Rabatt eingeräumt bekommen.[122] Der Wettbewerb auf der Abnehmerstufe wird dadurch beschränkt, dass sich größere Abnehmer ihre Marktposition aufgrund der besseren Konditionen „sichern" können, während kleinere Abnehmer den Abstand zur Konkurrenz aufgrund fehlender wirtschaftlicher Handlungsmöglichkeiten im Wettbewerb nicht verringern können.

Beispiel
Das Pharmazieunternehmen P gewährt allen seinen Abnehmern bis zu einer Bezugsmenge von 5.000 Packungen eines bestimmten Medikaments einen Rabatt i.H.v. 3%, für eine Bezugsmenge von 5.001 bis 10.000 Packungen i.H.v. 6%, für eine Bezugsmenge von 10.001 bis 15.000 Packungen i.H.v. 15% und für eine Bezugsmenge von über 15.000 Packungen i.H.v. 18%.
Nur vier Pharmagroßhändler nehmen regelmäßig Mengen von über 10.000 Packungen ab. Die Abnahmemengen der kleineren Händler bewegen sich regelmäßig zwischen 2.000 und 7.000 Packungen. Durch die vorgenannte Rabattgestaltung werden die kleineren Händler diskriminiert, da sie nicht in der Lage sind, die hohen Rabattstufen zu erreichen und somit auch beim Weiterverkauf keine vergleichbaren Rabatte wie ihre größeren Wettbewerber geben können.

122 BKartA, Fallbericht v. 19.5.2011, Az. B3-139/10 – *Merck*.

Es ist zwar anerkannt, dass Unternehmen ein Interesse daran haben können, ihre Abnehmer durch höhere Rabatte zu erhöhten Verkaufsanstrengungen zu animieren. Jedoch dürfen die jeweiligen Rabattstaffelungen nicht übermäßig voneinander abweichen. Das Bundeskartellamt hat in der Vergangenheit eine Abweichung von mehr als 7% zwischen den einzelnen Stufen als zu weitreichend angesehen.[123] Somit bestehen unterhalb dieser Schwelle auch für marktbeherrschende und -starke Unternehmen noch gewisse Spielräume für eine Rabattspreizung. Zur Vermeidung einer verbotenen Rabattspreizung und zur Erreichung einer größtmöglichen Rechtssicherheit dürfte es sich aber in vielen Fällen anbieten, die Rabattstaffel möglichst linear auszugestalten. 129

2. Behinderungsmissbrauch

Rabatte und Boni marktbeherrschender und -starker Unternehmen sind kartellrechtlich immer dann bedenklich und mit Art. 102 AEUV bzw. §§ 19, 20 GWB unvereinbar, wenn sie eine rechtliche Ausschließlichkeitsbindung oder jedenfalls eine faktische Ausschließlichkeitswirkung mittels eines langfristigen „Sogs" des Kunden hin zu einem oder mehreren marktbeherrschenden Unternehmen entfalten. 130

Dies bedeutet aber nicht, dass jegliche Form von Rabattgewährung durch marktbeherrschende Unternehmen unzulässig ist. Vielmehr bleiben **Funktionsrabatte, Barzahlungsrabatte und Markteinführungsrabatte** als Gegenleistung für die Erbringung bestimmter **qualitativer** Leistungen oder als **Ausgleich für besondere Sondersituationen** auch für marktbeherrschende Unternehmen **zulässig**, sofern sie diskriminierungsfrei gewährt werden. 131

Im Falle einer **quantitativen** Gegenleistung ist hingegen zu unterscheiden zwischen kartellrechtlich unbedenklichen **„Mengenrabatten"**, bei denen sich die Höhe des Rabatts nach der abgenommenen Menge richtet[124] und kartellrechtlich bedenklichen **„Treuerabatten"**, die darauf abzielen, den Kunden durch rechtliche Ausschließlichkeitsbindungen oder jedenfalls wirtschaftliche Anreize zu einer möglichst weitreichenden Deckung seines Gesamtbedarfs bei dem marktbeherrschenden oder marktstarken Unternehmen zu bewegen.[125] 132

---

123 BKartA, Beschl. v. 19.5.2011, Az. B3-139/10 – *Merck*; BGH, Beschl. v. 12.7.2013, Az. KVR 11/12 – *Merck*.

124 EuGH, Urt. v. 15.3.2007, Rs. C 95/04, Rn 62ff. – *British Airways*.

125 Vgl. hierzu bereits den Überblick in Kapitel 2 Rn 84.

a) Kartellrechtlich unbedenkliche Rabatte und Boni

133 Kartellrechtlich grundsätzlich unbedenklich sind **Barzahlungsrabatte**[126], **Markteinführungsrabatte**[127] und **Funktionsrabatte**[128]. Barzahlungsrabatte werden gewährt, wenn der Abnehmer die zu zahlende Summe bar begleicht und dem Lieferanten damit zusätzliche Kosten einer elektronischen Zahlung sowie das Warten auf die Zahlung erspart. Markteinführungsrabatte werden gewährt, weil bei der Einführung eines Produktes in den Markt aufgrund der Unbekanntheit regelmäßig erhöhte Kosten wie beispielsweise Werbekosten auf den Abnehmer zukommen.[129] Funktionsrabatte wiederum werden eingeräumt, wenn der Abnehmer bestimmte Aufgaben übernimmt, die über die Rabatte „vergütet" werden. Auch die Gewährung dieser Rabatte muss sich im Falle marktbeherrschender bzw. marktstarker Unternehmen am kartellrechtlichen Diskriminierungsverbot messen lassen, entfaltet aber per se keine wettbewerbsbeschränkende Wirkung.

Beispiel
Bei Funktionsrabatten wird dem Abnehmer ein Rabatt dafür eingeräumt, dass dieser bestimmte Aufgaben des Herstellers (Lagerhaltung, Beratung, Bearbeitung von Garantiefällen) übernimmt bzw. wahrnimmt und somit den Endabnehmern eine Versorgungssicherheit sowie die gleichbleibende Qualität der Produkte sichert.[130]

134 Eine Ausgestaltung von Markteinführungs- bzw. Funktionsrabatten in Form der Gewährung eines entsprechenden Bonus ist kartellrechtlich zulässig. Insoweit besteht lediglich ein Unterschied darin, dass dieser Bonus nur gewährt wird, wenn die Erbringung der definierten und vereinbarten Leistungen am Ende des relevanten Zeitraums auch tatsächlich nachgewiesen werden kann.

135 Bei der Gewährung der genannten Rabatte und Boni ist stets das Diskriminierungsverbot zu beachten. Die Rabatt- und Bonusbedingungen müssen bei gleichwertigen Leistungen deshalb einheitlich angewendet werden.

b) Mengenrabatte und -boni

136 Mengenrabatte werden als Gegenleistung für den vertraglich vereinbarten Bezug einer bestimmten (Mindest-)Produktmenge gewährt. Sie werden **sofort vom Preis abgezogen** und nicht erst nachträglich – wie ein Bonus – rückwirkend bei Erreichen einer bestimmten Bezugsmenge als Gutschrift oder Auszahlung gewährt.

126 EuGH, Urt. v. 9.11.1983, Rs. 322/81, Rn 66 – *Michelin/Kommission*.
127 EuGH, Urt. v. 13.2.1979, Rs. 85/76, Rn 96 – *Hoffmann-La Roche/Kommission*.
128 EuGH, Urt. v. 13.2.1979, Rs. 85/76, Rn 96 – *Hoffmann-La Roche/Kommission*.
129 Wiedemann/*de Bronett*, Hdb. Kartellrecht, § 22 Rn 111.
130 EuGH, Urt. v. 13.2.1979, Az. 85/76 – *Hoffmann-La Roche/Kommission*.

Rabatte, die gegenüber allen Abnehmern als **Gegenleistung für die Abnahme einer bestimmten (Mindest-)Menge** gewährt werden, sind kartellrechtlich **grundsätzlich unbedenklich.** Diese Rabatte ergeben sich meist daraus, dass bei einer größeren Liefermenge regelmäßig geringere Kosten beim Anbieter anfallen, was er wiederum an seinen Abnehmer weitergeben kann.[131] Allerdings ist auch bei solchen Mengenrabatten darauf zu achten, dass die Rabattbedingungen bei gleichwertigen Leistungen gegenüber den verschiedenen Abnehmern nicht unterschiedlich angewendet werden, da ansonsten ein Verstoß gegen das kartellrechtliche Diskriminierungsverbot vorliegen kann.[132] 137

Wird die Mindestbezugsmenge, für deren Bezug der Rabatt gewährt wird, hingegen individuell an den jeweiligen Abnehmer angepasst und so kalkuliert, dass sie mehr als 80% des voraussichtlichen Gesamtbedarfs des Abnehmers im Bezugszeitraum betrifft, so kommt der Mengenrabatt einem Treuerabatt gleich und kann daher **kartellrechtlich bedenklich** sein. 138

c) Treuerabatte und -boni

Treuerabatte und -boni zielen typischerweise darauf ab, den Abnehmer dazu zu bewegen, eine möglichst hohe Menge im Bezugszeitraum bei dem rabattgewährenden Unternehmen zu beziehen. Entsprechend gestaltete Rabatt- und Bonussysteme marktbeherrschender und marktstarker Unternehmen werden von den Kartellbehörden äußerst kritisch angesehen, da die rabattgewährenden Unternehmen ihre wirtschaftliche Macht dazu nutzen, um ihre Kunden vollständig oder jedenfalls möglichst weitgehend an sich zu binden und den Bezug von Konkurrenten wirtschaftlich unattraktiv zu machen. 139

Für die kartellrechtliche Beurteilung solcher Rabatte und Boni bietet sich eine zweistufige Prüfung an: (1) Ist die Gewährung des Rabatts oder Bonus von einem Ausschließlichkeitsbezug oder einem Bezug nahezu aller benötigter Waren oder Dienstleistungen bei dem marktbeherrschenden Unternehmen abhängig? Falls diese Frage mit „Ja" zu beantworten ist, ist die Ausgestaltung des Rabatts oder Bonus durch das marktbeherrschende Unternehmen per se unzulässig. (2) Fehlt es an einer rechtlichen Ausschließlichkeitsbindung, ist gleichwohl zu prüfen, ob der Rabatt eine wirtschaftliche „Sogwirkung" zu Gunsten des Marktbeherrschers entfaltet. Falls diese Frage wiederum mit „Ja" zu beantworten ist, stellen sich die Folgefragen, (3) ob der Rabatt eine Verdrängungswirkung gegenüber den Wettbewerbern des marktbeherrschenden Unternehmens entfaltet und (4) falls ja, ob die Rabatt- und Bonusgestaltung gerechtfer- 140

131 Wiedemann/*de Bronett*, Hdb. Kartellrecht, § 22 Rn 109.
132 EuGH, Urt. v. 29.3.2001, Az. C-163/99, Rn 50 – *Portugal/Kommission*.

tigt werden kann. Eine solche Rechtfertigung ist nur in absoluten Ausnahmefällen denkbar.[133]

aa) Ausschließlichkeits- bzw. Gesamtrabatte

141 Ausschließlichkeitsrabatte werden typischerweise unter der rechtlichen Bedingung gewährt, dass der Abnehmer während der Vertragslaufzeit seinen gesamten oder nahezu gesamten Bedarf an einem oder mehreren Produkten bei dem marktbeherrschenden Anbieter deckt.[134] Von einer **Gesamtbedarfsdeckung** in diesem Sinne ist nach der Wertung von Art. 1 Abs. 1 lit. d) Vertikal-GVO bereits dann auszugehen, wenn der Abnehmer **mehr als 80%** seines Gesamtbezugs an den betreffenden Waren oder Dienstleistungen von dem marktbeherrschenden Unternehmen beziehen muss, um den Rabatt oder Bonus zu erhalten.

Beispiel

Reifenhersteller R (Marktanteil: 44%) und Autohersteller A (Marktanteil: 28%) arbeiten schon seit Jahren zusammen. Anfang 2014 schließen sie eine Vereinbarung, dass A einen Rabatt i.H.v. 3% auf den Bezug jedes Reifens eingeräumt bekommt und im Gegenzug im Jahr 2014 sämtliche Reifen von R beziehen wird.

142 Nach der jüngsten Rechtsprechung des EuGH in der Rechtssache **Intel** sind entgegen der Auffassung der Europäischen Kommisson und des EuG **echte Ausschließlichkeitsrabatte** marktbeherrschender Unternehmen **nicht per se** als **missbräuchlich** zu betrachten. Intel hatte vier führenden Computerherstellern unter der Bedingung Rabatte gewährt, dass sie nahezu alle x86-Prozessoren bei Intel beziehen. Ein Rabattsystem kann, auch wenn es sich um Ausschließlichkeitsrabatte handelt, zulässig sein, wenn es nicht geeignet ist, den Wettbewerb zu beeinträchtigen. Dies ist insbesondere durch den **„as efficient competitor"-Test** zu ermitteln.[135] Nach diesem Test ist davon auszugehen, dass keine Beeinträchtigung des Wettbewerbs vorliegt, wenn ein ebenso effizienter Wettbewerber mit dem Preisverhalten des marktbeherrschenden Unternehmens konkurrieren kann. Nach der Prioritätenmitteilung 2009/C 45/02 der Europäischen Kommission ist hiervon auszugehen, solange der effektive Preis eines marktbeherrschenden Unternehmens konstant über seinen langfristigen durchschnittlichen Grenzkosten liegt.[136] Angesichts des

133 Vgl. *Meßmer/Bernhard*, BB 2014, 2499 (2503).

134 Wiedemann/*de Bronnet*, Hdb. Kartellrecht, § 22 Rn 109.

135 EuGH, Urt. v. 6.9.2017, Rs. C-413/14 P – *Intel*.

136 Mitteilung 2009/C 45/02 der Kommission – Erläuterungen zu den Prioritäten der Kommission bei der Anwendung von Artikel 82 des EG-Vertrags auf Fälle von Behinderungsmissbrauch durch marktbeherrschende Unternehmen, Rn 25 ff., 43.

erheblichen Aufwands und der äußerst ungewissen Erfolgsaussichten hinsichtlich der Rechtfertigung eines echten Ausschließlichkeitsrabatts sei Unternehmen weiterhin angeraten, für den Vertrieb marktbeherrschender Produkte keine Ausschließlichkeitsrabatte zu gewähren.

Praxistipp

i

Treuerabatte können auch nicht kartellrechtskonform ausgestaltet werden, wenn sie mit einer sog. **„englischen Klausel"** versehen werden. Diese Vertragsklausel erlaubt dem Abnehmer einen Wechsel des Lieferanten während der Vertragslaufzeit ohne Verlust seiner Rabattansprüche, wenn ein Dritter dem Abnehmer ein günstigeres Angebot unterbreitet, der Abnehmer dem Lieferanten dieses Angebot vorlegt und der Lieferant es ablehnt, dem Abnehmer ein ebenso günstiges Angebot zu unterbreiten.[137]

Die englische Klausel scheint zwar auf den ersten Blick die Wettbewerbsbeschränkung zu verringern, da der Abnehmer im Falle eines günstigeren Konkurrenzangebots jederzeit den Anbieter wechseln könnte. Allerdings hat es schlussendlich der Anbieter in der Hand, ob er diesen Wechsel überhaupt zulässt oder ob er in das günstigere Angebot „einsteigt". Da der Abnehmer verpflichtet ist, dem Anbieter das Angebot des Konkurrenten vorzulegen, erlangt der Anbieter Kenntnis von den Preisen und Konditionen seiner Wettbewerber. Dieser Marktüberblick kann ihm bei entsprechender Marktmacht einen weiteren Wettbewerbsvorteil verschaffen, da er seine Preise entsprechend anpassen kann.[138] Nach Ansicht des EuGH verringern englische Klauseln somit die Wettbewerbsbeschränkung nicht, sondern verstärken sogar noch den missbräuchlichen Charakter der Kundenbindung.[139] Denn der Anbieter hat unter Umständen einen besseren Überblick über das Preisverhalten der Wettbewerber und kann seine Preise schnell anpassen. Die englische Klausel begünstigt daher einerseits den Anbieter, der durch die Konkurrenzangebote eine erhöhte Markttransparenz erhält, und benachteiligt andererseits die Wettbewerber, die kaum Chancen haben, in das jeweilige Geschäft einzusteigen.[140]

bb) Rabatte und Boni mit „Sogwirkung"

In den Fällen, in denen keine rechtliche Verpflichtung zum ausschließlichen oder 143
nahezu ausschließlichen Bezug beim marktbeherrschenden Unternehmen besteht, ist die Rabatt- und Bonusgestaltung dann kartellrechtswidrig, wenn die Rabatte und Boni eine verbotene „Sogwirkung" aufweisen. Eine solche „Sogwirkung" ist insbesondere bei sog. Ziel- oder Steigerungsrabatten bzw. -boni denkbar: **Zielrabatte** sind Preisabzüge, die nur dann gewährt werden, wenn der Kunde eine individuell für ihn vom Hersteller vorfestgelegte Produktmenge innerhalb eines bestimmten Zeitraumes abnimmt.[141] Zielrabatte sind regelmäßig dann **kartellrechtlich bedenk-**

---

137 EuGH, Urt. v. 13.2.1979, Rs. 85/76, Rn 102 ff. – *Hoffmann-La Roche/Kommission.*
138 Europ. Kommission, Entsch. v. 19.12.1990, Az. IV/33.133-C, Rn 60 f.
139 EuGH, Urt. v. 13.2.1979, Rs. 85/76 Rn 108 – *Hoffmann-La Roche/Kommission.*
140 Europ. Kommission, Entsch. v. 19.12.1990, Az. IV/33.133-C, Rn 60 f.
141 Europ. Kommission, Entsch. v. 22.1.1997, Az. IV/M.794, Rn 212 (dort Fn 1) – *Coca-Cola/Amalgamated Beverages GB.*

lich, wenn die Abnahmemenge, für deren Erreichen der Rabatt gewährt wird, individuell an den jeweiligen Abnehmer angepasst und so kalkuliert wird, dass sie mehr als 80% des voraussichtlichen Gesamtbedarfs des Abnehmers im Bezugszeitraum betrifft. Dies kommt einer faktischen Ausschließlichkeitswirkung gleich.

144 **Zielboni bzw. Steigerungsboni** sind Gutschriften oder Auszahlungen, die rückwirkend bezogen auf den gesamten Umsatz mit den betreffenden Waren an den Abnehmer ausgereicht werden, wenn er ein bestimmtes Absatz- oder Umsatzziel erreicht bzw. gesteigert hat.

145 Die **Kartellrechtswidrigkeit** von Ziel- oder Steigerungsboni wird **widerlegbar vermutet**, wenn sie eine wirtschaftliche **„Sogwirkung"** hin zum marktbeherrschenden Unternehmen entfalten können. Um einen möglichst hohen Bonus zu erzielen, vereinbaren die Parteien in der Regel eine Vertragslaufzeit von einem Jahr oder länger.

146 Nach der Europäischen Rechtsprechung liegt eine solche **Sogwirkung** vor, wenn ein wirtschaftlich rational handelnder Kunde ab einer bestimmten Bezugsmenge oder ab Erreichen eines bestimmten Umsatzes die Produkte des marktbeherrschenden Unternehmens nur noch kauft, um den zugesicherten Rabatt oder Bonus zu bekommen und selbst bei günstigeren oder qualitativ hochwertigeren Produkte von Wettbewerbern trotzdem beim marktbeherrschenden Unternehmen bezieht.[142]

Beispiel

Der Getränkehersteller G (Marktanteil: 10%) vereinbart mit dem Dosenhersteller D (Marktanteil: 47%), dass er bei Erreichen einer Abnahmemenge von 1 Mio. Dosen im Jahr 2014 einen rückwirkenden Bonus in Höhe von 10% auf die gesamte Einkaufsmenge erhält.

Schon die wirtschaftliche Vernunft spricht hier dafür, dass G ab Erreichen von 900.000 Stück die verbleibenden 100.000 Stück beim dem marktbeherrschenden D kaufen wird, da er sie, durch den Bonus refinanziert, quasi gratis bekommt. Diese Menge entgeht aber kleineren Dosenherstellern – und zwar auch dann, wenn ihre Produkte besser oder preisgünstiger sind.

---

147 Der Druck auf den Käufer, die vorbestimmte Menge zu erreichen, wächst insbesondere am Ende des festgelegten Zeitraums.[143] Denn nur durch das Erreichen bzw. Überschreiten der vorab festgelegten Absatzmenge kann er in den Genuss des Bonus gelangen und gegebenenfalls auch einen Verlust bei Nichterreichen der relevanten Menge vermeiden.[144] Je länger also der festgelegte Zeitraum für die Erreichung des Ziel- oder Steigerungsbonus ist, desto stärker ist die Sogwirkung und desto eher ist das Bonussystem kartellrechtswidrig.

---

142 EuGH, Urt. v. 19.4.2012, Rs. C-549/10, Rn 70 – *Tomra*.

143 EuGH, Urt. v. 15.3.2007, Rs. C-95/04 P, Rn 71 ff – *British Airways*.

144 EuGH, Urt. v. 9.11.1983, Rs. 322/81, Rn 81 – *Michelin/Kommission*.

Auch Rabatte mit einer Rückzahlungsverpflichtung bei einer verfehlten Umsatzzielerreichung haben eine „Sogwirkung" und bewirken damit eine wirtschaftliche Ausschließlichkeitsbindung. So wandelt sich ein zulässiger „Mengenrabatt" zum unzulässigen Treuerabatt, wenn er bei Verfehlung eines Umsatzziels zumindest teilweise zurückzuzahlen ist. Kartellrechtlich kommt es insoweit auf die vertraglich verankerte Rückzahlungspflicht und nicht erst auf deren tatsächliche Durchsetzung an. Unerheblich ist auch, in wie vielen Fällen und gegenüber wie vielen Kunden das Rabattsystem angewendet wurde.[145] 148

Bereits die bloße Eignung von Rabatten oder Boni, eine „Sogwirkung" hin zu dem marktbeherrschenden Unternehmen und somit eine Verdrängungswirkung zu Lasten kleinerer Wettbewerber zu entfalten, reicht nach Auffassung der Europäischen Gerichte für einen Kartellrechtsverstoß aus.[146] Eines Nachweises der tatsächlichen Abschottungswirkung zu Lasten kleinerer Wettbewerber bedarf es nicht. Ebenso soll auch die bloße subjektive Zielrichtung, kleinere Wettbewerber zu verdrängen, für den Nachweis der Kartellrechtswidrigkeit eines Treuerabatts genügen – und zwar auch dann, wenn die zu gewährenden Rabatte oder Boni tatsächlich nicht zu einer Verdrängung führten.[147] 149

Die Annahme der Sogwirkung kann – jedenfalls in der Theorie – widerlegt werden, wenn das marktbeherrschende Unternehmen nachweist, dass die betreffenden Rabatte und Boni keine Marktabschottungswirkung zu Lasten der Wettbewerber entfalten. Dieser Nachweis kann beispielsweise geführt werden, wenn der Abnehmer aufgrund der Nachfrage seiner eigenen Kunden die jeweiligen Produkte auch ohne die Rabattgestaltung ohnehin von dem marktbeherrschenden Unternehmen bezogen hätte. In der Praxis ist dieser Gegenbeweis jedoch bislang in keinem einzigen ersichtlichen Fall geglückt. 150

Nur bei kurzen Bezugszeiträumen bis zu **3 Monaten** dürfte es an einer spürbaren Sogwirkung fehlen und die **Kartellrechtswidrigkeit von vornherein zu verneinen** sein.[148] Insbesondere die Gewährung von **Stufenrabatten oder Stufenboni** auf die jeweils nachfolgende Bezugsmenge nach Erreichen einer bestimmten Umsatzstufe innerhalb eines solchen Quartalszeitraums wird als kartellrechtlich grundsätzlich unbedenklich angesehen.[149] 151

---

145 EuGH, Urt. v. 6.10.2015, Rs. C-23/14 – *Post Danmark II*; dazu näher *Meßmer/Jägerhuber*, ZVertriebsR 2016, 155

146 EuGH, Urt. v. 19.4.2012, Rs. C-549/10, Rn 37 ff. – *Tomra*; EuG, Urt. v. 12.6.2014, Rs. T-286/09, Rn 87 – *Intel*; EuG, Urt. v. 30.9.2003, Rs. T-203/01, Slg. 2003, II-4071, Rn 110 – *Michelin II*.

147 EuGH, Urt. v. 19.4.2012, Rs. C-549/10, Rn 68 – *Tomra*.

148 Vgl. EuG, Urt. v. 30.9.2003, Rs. T-203/01, Rn 85 – *Michelin/Kommission*.

149 Europ. Kommission, Prioritätenmitteilung 2009/C 45/02, Ziff. 46.

d) Sonderfälle des Behinderungsmissbrauchs: „Hochzeitsrabatte", „Paketrabatte" und „Kosten-Preis-Schere"

152 Einen Sonderfall des Behinderungsmissbrauchs stellen „**Hochzeitsrabatte**" dar. Dies sind Vorteile, die der Abnehmer aufgrund eines Zusammenschlusses mit einem anderen Unternehmen („Hochzeit") und daraus angeblich resultierender Synergieeffekte vom Lieferanten einfordert. Während in der Mehrzahl der Fälle der Hersteller/Lieferant seine marktbeherrschende bzw. marktstarke Stellung ausnutzt, hat im Fall der Hochzeitsrabatte das Handelsunternehmen als Abnehmer die stärkere Stellung und nutzt seine Nachfragemacht missbräuchlich aus. Typischerweise handelt es sich um ein missbräuchliches Verhalten, wenn sich die angeblichen Effizienzgewinne nicht quantifizieren lassen, pauschale Sonderboni ohne Gegenleistung verlangt werden und das marktbeherrschende Unternehmen für die gesamte Bezugsmenge die jeweils besseren bisherigen Konditionen der ursprünglich unabhängig voneinander agierenden Zusammenschlussbeteiligten oder sogar darüber hinaus gehende Vergünstigungen einfordert („Rosinenpicken").

153 Inwieweit die Durchsetzung von Sonderkonditionen kausal auf die marktbeherrschende Stellung des Nachfragers zurückzuführen ist und unter welchen Umständen eine sachliche Rechtfertigung möglich ist, war Gegenstand des Verfahrens *Edeka Hochzeitsrabatte*[150]. Hintergrund dieses Verfahrens war die Übernahme der Plus-Filialen durch EDEKA, im Zuge derer EDEKA von Lieferanten Vorteile verlangt hatte, denen keine unmittelbaren Gegenleistungen gegenüberstanden. So wurden Sonderkonditionen wie beispielsweise günstigere Bezugskonditionen, längere Zahlungsziele und unterschiedliche Bonusgestaltungen wie „Synergiebonus", „Partnerschaftsvergütung" oder „Sortimentserweiterungsbonus" gefordert. Zudem wurden pauschale Sonderboni verlangt, die als „Belohnung" für die den Lieferanten angeblich aus der Übernahme entstehenden Kosten- und Umsatzvorteile gewährt werden sollten. Darüber hinaus wurden Vorteile, die lediglich den Plus-Filialen gewährt worden waren, für die gesamte EDEKA-Gruppe eingefordert. Das Bundeskartellamt hatte dieses Ansinnen als missbräuchlichen Verstoß gegen das „Anzapfverbot" gegenüber Geschäftspartnern eingestuft, da die Rabatte und Boni unter Ausnutzung der eigenen Marktmacht (etwa durch Androhung einer Auslistung) erzwungen wurden. Der BGH hat diese Auffassung weitgehend bestätigt.[151]

154 Ein weiterer Fall der Behinderung liegt in den Fällen der Zwangskoppelung durch „**Paketrabatte**" vor: Verfügt ein Unternehmen über beträchtliche Marktmacht auf einem bestimmten Markt, gewährt Rabatte/Boni aber nur unter der Bedingung, dass Abnehmer zugleich auch andere Waren von ihm kaufen, bei denen es bislang nicht marktbeherrschend ist, kann dies als unzulässige Maßnahme zur Ausweitung der Marktmacht von dem einen auf den anderen Produktmarkt angese-

---

150 BKartA, Beschl. v. 3.7.2014, Az. B 2-58/09, Rn 56 ff. – *Edeka Konditionenforderungen.*

151 BGH, Urt. v. 23.1.2018, Az. KVR 3/17 – *Hochzeitsrabatte.*

hen werden. Die Rabattgestaltung wird hier als wirtschaftliches Äquivalent einer rechtlichen Zwangskopplung bewertet, da der Bezug eines marktbeherrschenden Produkts ohne den Bezug weiterer nicht-marktbeherrschender Produkte teurer ist als der gebündelte Kauf beider Produkte.[152]

Schließlich ist ein Behinderungsmissbrauch auch denkbar, wenn marktbeherr- 155
schende und -starke Unternehmen mit parallelem Eigen- und Drittvertrieb von kleineren Wettbewerbern auf der Vertriebsebene für deren Belieferung ohne sachliche Rechtfertigung nach Abzug aller Rabatte einen höheren Preis fordern als den, zu dem sie selbst die betreffenden Waren oder Dienstleistungen gegenüber dem Endkunden auf diesem Markt anbieten. Bei einem entsprechenden Verhalten setzen sich marktbeherrschende bzw. -starke Unternehmen dem Vorwurf einer unzulässigen **„Kosten-Preis-Schere"** aus:

Vertikal integrierte Unternehmen mit überlegener Marktmacht sind zwar grund- 156
sätzlich berechtigt, Dritten beim Vertrieb ihrer Waren schlechtere Konditionen zu gewähren als den eigenen Vertriebseinheiten. Gestaltet der marktbeherrschende Lieferant die Rabattkonditionen des Dritten jedoch so, dass dieser die Waren seinen Kunden selbst bei gleicher Effizienz im Drittvertrieb faktisch niemals zum gleichen Preis anbieten könnte, wie das marktbeherrschende Unternehmen im Eigenvertrieb selbst, kann die Preispolitik des marktbeherrschenden Unternehmens als missbräuchliche Margenbeschneidung angesehen werden.[153]

Maßgeblich sind dabei die Nettopreise einschließlich Rabatten. Typischerweise 157
liegt ein Missbrauch vor, wenn der Einkaufspreis für den Groß- oder Einzelhandel höher festgesetzt wird als der eigene Verkaufspreis des marktbeherrschenden Unternehmens für das Neuprodukt auf dem Endkundenmarkt. Von einer Kosten-Preis-Schere kann aber auch dann auszugehen sein, wenn das marktbeherrschende Unternehmen Rabatte nur seiner eigenen Vertriebseinheit gewährt oder aufgrund der Ausgestaltung der Rabattkonditionen nur die eigene Vertriebseinheit aufgrund ihrer wirtschaftlichen Leistungsfähigkeit in der Lage ist, bestimmte Rabattstufen zu erreichen.[154]

---

152 *Meßmer/Bernhard*, BB 2014, 2499 (2502 f.).

153 Vgl. Europ. Kommission, Beschl. v. 18.12.2013, COMP/AT.39678 und COMP/AT.39731, Rn 42 ff. – *Deutsche Bahn I/II*; BKartA, Beschl. v. 2.7.2015, Az. B9-128/12 – *Deutsche Post*; zu möglichen Rechtsfolgen *Schmillen*, NZKart 2014, 261 (261 f.); vgl. auch Martinek/Semler/Flohr/*Meßmer*, Hdb. Vertriebsrecht, § 42 Rn 117 ff.

154 Grabitz/Hilf/Nettesheim/*Jung*, Das Recht der Europäischen Union, Art. 102 AEUV Rn 317.

3. Faustformeln für die Praxis

158 Unter Berücksichtigung der bisherigen Entscheidungspraxis der Kartellbehörden und -gerichte lassen sich folgende „Faustformeln“[155] für die Rabatt- und Bonusgestaltung ableiten:

- Je kürzer der Referenzzeitraum des eingeräumten Rabatts ist (ca. < 6 Monate), desto weniger kartellrechtliche Bedenken bestehen.
- Je geringer der Grad der Marktbeherrschung des den Rabatt gewährenden Unternehmens ist (ca. < 50%), desto geringer sind die kartellrechtlichen Bedenken.
- Je geringer der Rabatt ist, der für die Produkte oder Dienstleistungen eingeräumt wird (ca. < 3%), desto weniger ist der zugrundeliegende Vertrag kartellrechtlich bedenklich.
- Je geringer die zu erreichenden Umsatzschwellen im Vergleich zur Referenzmenge ist (ca. < 90%), desto weniger bedenklich ist die Rabattgewährung.
- Je geringer die eingeräumten Rabattstufen und Bezugsmengen sind, desto weniger kartellrechtliche Bedenken bestehen in der Praxis.

---

155 In Anlehnung an Grabitz/Hilf/Nettesheim/*Jung*, Das Recht der Europäischen Union, Art. 102 AEUV Rn 207.

Kapitel 5
Kooperationen mit Wettbewerbern

A. Gegenstand dieses Kapitels und kurze Einordnung im System des Kartellrechts[1]

1 Kooperationen zwischen Wettbewerbern (horizontale Vereinbarungen) sind im heutigen – häufig grenzüberschreitenden – Wirtschaftsleben keine Seltenheit. Teilweise sind sie unumgänglich. In vielen Bereichen ist die für ein Vorhaben erforderliche Expertise nicht mehr vollständig in einem einzelnen Unternehmen vorhanden. Projekte sind zu komplex, um von einem Unternehmen allein gestemmt zu werden, sei es in finanzieller oder in fachlicher Hinsicht.

2 Unter den Begriff der **Wettbewerber** fallen sowohl tatsächliche als auch potenzielle Wettbewerber. Um **tatsächliche Wettbewerber** handelt es sich immer dann, wenn Unternehmen auf demselben relevanten Markt tätig sind.[2] **Potenzieller Wettbewerb** besteht hingegen, wenn allein die Fähigkeit zum künftigen Markteintritt eines Nichtwettbewerbers den wirtschaftlichen Entscheidungs- und Verhaltensspielraum eines Unternehmens bereits beeinflusst.[3] Dabei genügt jedoch die rein theoretische Möglichkeit eines Markteintritts noch nicht. Ebenfalls ist für die Annahme einer potenziellen Wettbewerberstellung nicht ausreichend, dass ein Unternehmen wirtschaftlich in der Lage wäre, bestimmte Sparten hinzuzukaufen, um dadurch sein Tätigkeitsfeld zu erweitern. Es muss vielmehr wahrscheinlich sein, dass das betreffende Unternehmen innerhalb kurzer Zeit aus eigenen Kräften in der Lage ist, aktuellen Wettbewerb aufzunehmen.[4] Der „kurze Zeitraum" für die Aufnahme potenziellen Wettbewerbs wird dabei vergleichsweise großzügig bemessen. Maßgeblich ist die Zeitspanne zwischen dem potenziellen Markteintrittsdatum und dem Zeitpunkt, ab dem die derzeitigen Marktteilnehmer ihr Verhalten im Normalfall aufgrund der Aussicht auf den potenziellen Markteintritt verändern würden.[5] Benötigt ein Unternehmen voraussichtlich länger als drei Jahre für einen zukünftigen Markteintritt in einem bestimmten Produktbereich, ist eine potenzielle Wettbewerberstellung im Regelfall zu verneinen.[6]

---

1 Bitte bedenken Sie in jedem Fall, dass diese Abhandlung nur eine erste Einschätzung an die Hand geben kann und es sich in jedem Fall empfiehlt, sachkundigen Rechtsrat einzuholen.

2 Mitteilung der Kommission über die Leitlinien zur Anwendbarkeit von Artikel 101 des Vertrages über die Arbeitsweise der Europäischen Union auf Vereinbarungen über horizontale Zusammenarbeit (Horizontal-Leitlinien), ABl C 11 vom 14.1.2011, S. 1ff., Rn 10.

3 OLG Düsseldorf, Urt. v. 26.2.2014, Az. VI – U (Kart) 7/12, Rn 42.

4 OLG Düsseldorf, Urt. v. 26.2.2014, Az, VI – U (Kart) 7/12, Rn 42.

5 Europ. Kommission, Horizontal-Leitlinien 2011/C 11/01, Rn 10, dort Fn 3.

6 Vgl. Art. 1 Abs. 1 lit. t) FuE-GVO und Art. 1 Abs. 1 lit. n) Spezialisierungs-GVO.

https://doi.org/10.1515/9783110550542-005

3 **Nicht-Wettbewerber** sind im Gegensatz dazu solche Unternehmen, die nicht auf demselben relevanten Markt tätig sind und bei denen die Wahrscheinlichkeit gering ist, dass sie demnächst auf demselben Markt tätig werden.

4 Dieses Kapitel behandelt die wichtigsten Fälle wirtschaftlicher Zusammenarbeit zwischen Wettbewerbern. Dies sind insbesondere Arbeitsgemeinschaften zur gemeinsamen Durchführung einzelner Projekte, Einkaufs- oder Vertriebsgemeinschaften zur Bündelung von Angebot oder Nachfrage, Forschungs- und Entwicklungskooperationen, Technologietransfer-Vereinbarungen über die Nutzung von Know-how und Rechten des geistigen Eigentums sowie Vereinbarungen über die Spezialisierung in bestimmten Geschäftsbereichen. Aufgrund der Häufigkeit solcher Kooperationsformen hat sich dafür eine einheitliche Bewertungspraxis herausgebildet, die in Verordnungen und Leitlinien[7] der Europäischen Kommission zusammengefasst und weiter konkretisiert ist. So gehören beispielsweise die Horizontal-Leitlinien[8] der Europäischen Kommission zu den grundlegenden Auslegungshilfen für Vereinbarungen zwischen Wettbewerbern. Darüber hinaus gibt es in einigen Bereichen spezielle Gruppenfreistellungsverordnungen, die bestimmte Kooperationsformen vom Kartellverbot des Art. 101 Abs. 1 AEUV freistellen.

I. Art. 101 AEUV und § 1 GWB

5 Ob eine Kooperation mit Wettbewerbern zulässig oder unzulässig ist, wird im Wesentlichen durch Art. 101 AEUV[9] und § 1 GWB geregelt. Demnach sind solche Vereinbarungen zwischen Unternehmen, Beschlüsse von Unternehmensvereinigungen und aufeinander abgestimmte Verhaltensweisen verboten, die eine (spürbare) Verhinderung, Einschränkung oder Verfälschung des Wettbewerbs bezwecken oder bewirken[10]. Zur Abgrenzung der Anwendbarkeit des Art. 101 AEUV und § 1 GWB so-

7 Die EU-Verordnungen haben Gesetzescharakter und sind sowohl im Europäischen Wettbewerbsrecht als auch nach § 2 Abs. 2 GWB im deutschen Kartellrecht rechtsverbindlich. Die Leitlinien der Europäischen Kommission und Bekanntmachungen des Bundeskartellamts sind hingegen rechtlich unverbindlich und begründen lediglich eine Selbstbindung der jeweiligen Kartellbehörde. Sie bieten jedoch einen Anhaltspunkt für die Rechtsauffassung der betreffenden Kartellbehörden, von der die europäischen und mitgliedstaatlichen Gerichte aber jederzeit abweichen können.

8 Europ. Kommission, Horizontal-Leitlinien 2011/C 11/01.

9 Durch den „Vertrag von Lissabon" vom 13.12.2007 wurde das Kartellverbot in Art. 101 AEUV normiert. Davor fand es sich seit dem „Vertrag von Amsterdam" vom 2.10.1997 in Art. 81 EGV, davor wiederum in Art 85 EGV. Soweit ältere Kommentierungen also auf Art. 81 EGV verweisen, ist die heutige Vorschrift des Art. 101 AEUV gemeint.

10 *Milbradt/Besen*, F-&E-Verträge – das ist zu beachten, S. 67 (68); EuG, Urt. v. 14.5.1998, Rs. T-347/94, Slg. 1998-II, 1751, Rn 65 – *Mayr-Melnhof*; EuGH, Urt. v. 11.1.1990, Rs. C-277/87, Slg. 1990-I, 45, Rn 12 – *Sandoz*. Eine „Vereinbarung" in diesem Sinne kann sogar in einer stillschweigenden Zustimmung gesehen werden, etwa wenn es eine Partei unterlässt, sich trotz Kenntnis einer aufein-

wie der Frage, was unter einer „Vereinbarung“ in diesem Sinne zu verstehen ist, sei auf **Kapitel 2 A I 1.** verwiesen. Grundsätzlich ist jedoch die Prüfungslogik des Art. 101 AEUV und des § 1 GWB im Wesentlichen gleich:

Checkliste

- Liegen zwischen Unternehmen Vereinbarungen oder abgestimmte Verhaltensweisen oder liegen Beschlüsse von Unternehmensvereinigungen vor?
- Führt dies zu einer Wettbewerbsbeschränkung?
- Liegt ein zwischenstaatliches/grenzüberschreitendes Element vor (bei Art. 101 AEUV) oder wirkt sich das wettbewerbsbeschränkende Verhalten nur in Deutschland aus (§ 1 GWB)?
- Ist die Spürbarkeit gegeben?
- Besteht eine Tatbestandsausnahme vom Kartellrecht (= „notwendige Nebenabrede“)?
- Besteht eine Freistellung vom Kartellverbot (= ausnahmsweise Zulässigkeit der Vereinbarung) durch eine Gruppenfreistellungsverordnung?
- Falls keine Gruppenfreistellung besteht: Besteht die Möglichkeit einer einzelfallbezogenen Freistellung vom Kartellverbot nach Art. 101 Abs. 3 AEUV

Rechtsfolge eines Verstoßes gegen das Kartellverbot ist die Nichtigkeit der entspre- 6
chenden Klausel bzw. der ganzen Vereinbarung.[11] Art. 101 AEUV enthält neben den Verbotstatbeständen in Absatz 3 auch Ausnahmen von diesen Verboten. Demnach sind bestimmte Verhaltensweisen grundsätzlich kartellrechtskonform, wenn sie nach Art. 101 Abs. 3 AEUV oder einer Gruppenfreistellungsverordnung zulässig sind. Die Kehrseite dieses Legalausnahmesystems ist, dass einerseits keine Anmelde- oder Erlaubnispflicht für die Unternehmen besteht, auf der anderen Seite aber in aller Regel auch keine Rechtssicherheit dahingehend erlangt werden kann, dass die Europäische Kommission ein Vorhaben im Voraus durch einen „Comfort Letter“ oder ein Negativattest als kartellrechtlich zulässig bestätigt.[12]

In den meisten Fällen ist es ausreichend, wenn die Regelungen des Europäi- 7
schen Kartellrechts (Art. 101 ff. AEUV) zur Prüfung herangezogen werden. Zum einen stimmen die Vorschriften der §§ 1 und 2 Abs. 1 GWB weitgehend mit denen des Art. 101 Abs. 1 und 3 AEUV überein. Zum anderen verweist § 2 Abs. 2 GWB für das deutsche Recht auf die entsprechende Anwendung der europäischen Gruppenfreistellungsverordnungen.[13] Daher wird im Rahmen dieses Kapitels auch weitgehend

ander abgestimmen Verhaltensweise, öffentlich von dieser zu distanzieren oder sie bei den Behörden anzuzeigen (EuGH, Urt. v. 21.1.2016, AZ. C-74/14 = EuZW 2016, 435, 438 – *Eturas*).

11 Siehe hierzu *Wolf*, WRP 2013, 885; *Winzer*, Forschungs- und Entwicklungsverträge, Rn 367. Die Rechtsfolge ergibt sich für Art. 101 AEUV aus dessen Absatz 2 und für § 1 GWB aus § 139 BGB. In Verträgen sind in der Regel salvatorische Klauseln enthalten.

12 Siehe *Winzer*, Forschungs- und Entwicklungsverträge, Rn 394, der davon ausgeht, dass die Voraussetzungen eines Comfort Letters selten vorliegen.

13 *Winzer*, Forschungs- und Entwicklungsverträge, Rn 772 ff. und 779, der an anderer Stelle, Rn 403, anschaulich zeigt, wie gering der Anwendungsbereich rein deutscher kartellrechtlicher nur auf die Regelungen des AEUV eingegangen. Die Bestimmungen des deutschen GWB werden lediglich dann herangezogen, wenn sich ein wesentlicher Unterschied in der Prüfung des jeweiligen Sachverhalts ergibt. Dies kann beispielsweise bei § 3 GWB der Fall sein, der abweichende Regelungen für die sogenannten „Mittelstandskartelle" enthält.[14] Folgendes Beispiel verdeutlicht jedoch, dass das Kartellverbot nicht nur international handelnde Großkonzerne betrifft und auch das GWB einen eigenständigen Anwendungsbereich behält:

Beispiel
Die Betreiber von drei Eisdielen in der deutschen Stadt T sehen sich steigenden Rohstoff-, Personal- und Energiepreisen ausgesetzt. Ihres Erachtens wäre es gegenüber den jeweils anderen Eisdielenbetreibern „unfair", wenn einer von ihnen die Preise nicht erhöhen würde. Sie vereinbaren daher, den Preis für eine Kugel Eis jeweils in gleicher Höhe um 25% von 1,20 € auf 1,50 € zu erhöhen.[15]

II. Örtlicher und sachlicher Anwendungsbereich

8 Räumlich gesehen finden die kartellrechtlichen Bestimmungen für Kooperationen zwischen Wettbewerbern im gesamten Geltungsbereich der Europäischen Union und (von einigen Ausnahmen abgesehen) des Europäischen Wirtschaftsraumes Anwendung. Dies ergibt sich aus Art. 52 EUV, Art. 355 AEUV und Art. 53 und 54 EWR-Vertrag. Dabei werden alle Handlungen umfasst, die Wirkungen auf dem Gemeinsamen Markt entfalten.[16]

9 Dies gilt uneingeschränkt auch für Großbritannien, bis zum Zeitpunkt des Brexit. Danach bleiben die kartellrechtlichen Bestimmungen des AEUV für britische Unternehmen nur, soweit sie in einem oder mehreren Mitgliedstaaten der Gemeinschaft wirtschaftlich tätig sind, anwendbar. Für Unternehmen, die nur auf dem britischen Markt tätig sind, wird nur noch das britische Kartellrecht Anwendung finden. Inwiefern dieses in Zukunft stärker von den Vorschriften des Europäischen Kartellrechts abweichen wird als bisher, ist noch unklar. Für alle Unternehmen, die sowohl in Großbritannien als auch den Mitgliedstaaten der Gemeinschaft tätig sind, bedeutet dies jedoch einen Prüfungsschritt mehr. Für sie wird sich die Herausforde-

Vorschriften sein dürfte: Die Unternehmen müssen alle im selben Mitgliedstaat ihren Sitz haben und dürfen alle nicht grenzüberschreitend tätig sein.

14 Mit weiteren Nachweisen: *Winzer*, Forschungs- und Entwicklungsverträge, Rn 777.

15 Angelehnt an einen tatsächlichen Fall, vgl. Badische Zeitung vom 28. März 2017 online: http://www.badische-zeitung.de/suedwest-1/preisabsprache-ausgeplaudert-jetzt-ermittelt-das-kartellamt-135040092.html (zuletzt abgerufen am 15.3.2018).

16 Zum „Auswirkungsprinzip" ausdrücklich EuG, Urt. v. 25.3.1999, Rs. T-102/96, Slg. 1999-II, 753, Rn 76 ff., 89 ff. – *Gencor-Lonrho*, Urt. v. 12.6.2014, Rs. T-286/09 Rn 233 – *Intel* (insoweit bestätigt durch EuGH, Urt. v. 6.9.2017, Rs. C-413/14 P).

rung ergeben, dass sie sowohl die lokalen britischen Regelungen, als auch die kartellrechtlichen Bestimmungen des AEUV berücksichtigen müssen. Dies erhöht auch das Bußgeldrisiko für Unternehmen, da sich künftig Konsequenzen aus mehr Vorschriften als bisher ergeben und behördliche Untersuchungen sowie Konsequenzen bei Verstößen in mehreren Jurisdiktionen parallel geahndet werden können. Einfacher wäre die Lage, wenn Großbritannien nach dem Brexit zumindest EWR-Mitglied bliebe. Da im EWR einheitliche kartellrechtliche Regeln entsprechend den Art. 101, 102 AEUV gelten, würde sich dann inhaltlich kaum etwas ändern.

In sachlicher Hinsicht umfassen die Art. 101 und 102 AEUV bzw. §§ 1ff. GWB 10 grundsätzlich **alle Wirtschaftsbereiche.**[17] Allerdings sollen gemäß Art. 103 Abs. 2 lit. c AEUV Konflikte mit einzelnen sensiblen Wirtschaftsbereichen dadurch vermieden werden, dass für bestimmte Bereiche Modifikationen vorgesehen sein können. Bei diesen Bereichen handelt es sich um Landwirtschaft, Verkehr und Rüstungsindustrie,[18] die gesonderten gesetzlichen Regelungen unterliegen.

B. Einzelne horizontale Kooperationen

I. Arbeitsgemeinschaften

1. Wesen der Arbeitsgemeinschaft

Eine Arbeitsgemeinschaft wird zwischen Unternehmen gebildet, wenn ein Projekt 11 die gemeinsame Durchführung erfordert.[19] Ein Projekt in diesem Sinne ist dadurch gekennzeichnet, dass es – auch wenn die Durchführung in Einzelfällen mehrere Jahre dauern kann – vorübergehender Natur ist.

2. Besonderheiten bei Arbeitsgemeinschaften

Arbeitsgemeinschaften können verschiedene Ausprägungen haben:[20] 12

Wenn die beteiligten Unternehmen **nicht** im Wettbewerb zueinander stehen 13 und nur deshalb zusammenarbeiten, weil jedes für sich alleine die ganze Leistung

17 Anders das deutsche GWB, das Teilbereiche ausnimmt (sogenannte Ausnahmebereiche).

18 Hierzu beispielsweise Verordnung (EWG) Nr. 1017/68 des Rates vom 19.7.1968 über die Anwendung von Wettbewerbsregeln auf dem Gebiet des Eisenbahn-, Straßen und Binnenschiffverkehrs, ABl L 175 vom 23.7.1968 und Verordnung (EWG) Nr. 4055/86 des Rates vom 22.12.1986 zur Anwendung des Grundsatzes des freien Dienstleistungsverkehrs auf die Seeschifffahrt zwischen Mitgliedstaaten sowie zwischen Mitgliedstaaten und Drittländern, ABl L 378 vom 31.12.1986; Art. 346 Absatz 1 lit. b) und 347 AEUV.

19 Allgemein zu den kartellrechtlichen Aspekten von Arbeitsgemeinschaften: Grabitz/Hilf/Nettesheim/*Schroeder*, Das Recht der Europäischen Union, Art. 101 AEUV Rn 528 ff.

20 Beispiele mit Nachweisen bei Wiedemann/*Lübbig*, Hdb. Kartellrecht, § 9 Rn 230.

nicht erbringen kann, bestehen kartellrechtlich keine Bedenken.[21] Der Wettbewerb wird hier nicht beschränkt, sondern vielmehr gefördert. Denn werden Unternehmen durch die Zusammenarbeit mit dem jeweils anderen Unternehmen erst in die Lage versetzt, überhaupt am Markt teilzunehmen, so treten sie als neuer Wettbewerber in diesen Markt ein. Diese Konstellation betrifft regelmäßig die Fälle, in denen es einem Unternehmen zur alleinigen Durchführung eines Projekts an Technologie oder Kenntnissen mangelt.

Beispiel
Unternehmen A soll einmalig eine bestimmte Menge eines Produktes produzieren. Dieses soll keimfrei in Glasfläschchen abgefüllt werden. A hat zwar Expertise in der Herstellung, nicht aber in der keimfreien Abfüllung. Unternehmen B hingegen kann keimfrei abfüllen, nicht aber das bestimmte Produkt herstellen. A und B bilden aus diesem Grund für eine bestimmte Dauer eine Arbeitsgemeinschaft.[22]

14 Kartellrechtlich zulässig ist auch eine Arbeitsgemeinschaft **zwischen Wettbewerbern**, wenn diese Wettbewerber für sich genommen eigenständig entweder gar nicht oder nicht in wirtschaftlich zweckmäßiger und kaufmännisch vernünftiger Weise[23] in der Lage wären, alleine ein Projekt durchführen zu können.[24] Auch hier fördert die Arbeitsgemeinschaft den Wettbewerb, da sich die jeweiligen Einzelunternehmen nicht um die Durchführung des konkreten Projekts hätten bewerben können. Diese Konstellation betrifft insbesondere die Fälle, in denen es einem Unternehmen zur alleinigen Durchführung eines Projekts an finanziellen Ressourcen oder personellen Kapazitäten mangelt oder schlicht das wirtschaftliche Risiko für ein Unternehmen alleine zu hoch ist.[25]

Beispiel
Ein großes Flughafenbauprojekt erfordert neben immenser technischer Ausrüstung, die Unternehmen A nicht hat und auch nicht erwerben (kaufen oder mieten) kann, auch umfangreiche personelle Kapazitäten, die bei A nicht vorhanden sind. Ebenso verhält es sich bei den Wettbewerbern von A, den Unternehmen B und C. Gemeinsam können A, B und C aber sowohl Geräte als auch Kapazitäten aufbringen und einsetzen.

21 Wiedemann/*Lübbig*, Hdb. Kartellrecht, § 9, Rn 229.
22 Angelehnt an den Fall *Elopak/Metal Box – Odin* (KOME 90/410/EWG), ABl vom 8.8.1990 L 209/15, Rn 24 ff.
23 Vgl. BGH, Urt. v. 12.12.1983, Az. KRB 3/83 = GRUR 1984, 379 (379); OLG Düsseldorf, Beschl. v. 2.11.2005, Az. VI Kart 30/04 (V).
24 BGH, Urt. v. 13.12.1984, Az. KRB 3/83.
25 Hierzu mit Verweisen auf viele Beispielfälle: Grabitz/Hilf/Nettesheim/*Schroeder*, Das Recht der Europäischen Union, Art. 101 AEUV Rn 533 ff.

Eine Arbeitsgemeinschaft kann daher bei Vorliegen der folgenden Voraussetzungen 15
ausnahmsweise vom Kartellverbot ausgenommen sein, obwohl die Voraussetzungen einer Wettbewerbsbeschränkung grundsätzlich vorlägen. Wenn die nachfolgenden Fragen (Fragen zwei und drei können alternativ oder kumulativ vorliegen) positiv beantwortet werden, kann davon ausgegangen werden, dass die Arbeitsgemeinschaft kartellrechtlich zulässig ist. Die Beantwortung sollte restriktiv erfolgen.[26]

Checkliste
- Ist die beabsichtigte Zusammenarbeit vorübergehend, und
- kann das beabsichtigte Projekt deshalb nicht alleine durchgeführt werden, weil die erforderliche Technologie nicht vollständig im jeweiligen einzelnen Unternehmen vorhanden ist, und/oder
- kann das beabsichtigte Projekt deshalb nicht alleine durchgeführt werden, weil personelle Kapazitäten und finanzielle Mittel nicht verfügbar sind oder das Risiko alleine nicht getragen werden kann?

3. Bietergemeinschaften

Auch im Vorfeld einer Zusammenarbeit von Wettbewerbern im Rahmen der gemein- 16
samen Bewerbung um einen Auftrag gilt nichts anderes als für Arbeitsgemeinschaften. Während Bietergemeinschaften zwischen Unternehmen unterschiedlicher Branchen kartellrechtlich unbedenklich sind, soweit die Unternehmen zueinander regelmäßig in keinem aktuellen oder potenziellen Wettbewerbsverhältnis stehen, unterliegt die Zulassung von Bietergemeinschaften branchenangehöriger Unternehmen sowohl bei industriellen Ausschreibungen als auch öffentlichen Vergaben engen kartellrechtlichen Grenzen. Insbesondere besteht hier kein „Vergaberechtsprivileg" für Bietergemeinschaften. Zwar sind nach den vergaberechtlichen Vorschriften[27] Bietergemeinschaften grundsätzlich zulässig und müssen Einzelbewerbern gleichgestellt werden – aber nur, wenn die Bietergemeinschaft kartellrechtskonform ist. Nach der jüngeren Rechtsprechung ist eine Bietergemeinschaft nur dann kartellrechtlich zulässig, wenn
- jedes der beteiligten Unternehmen für sich genommen aufgrund seiner betrieblichen oder geschäftlichen Verhältnisse (so etwa wegen fehlender personeller Ressourcen oder fehlenden Know-hows) nicht in wirtschaftlich zweckmäßiger

26 Wiedemann/*Lübbig*, Hdb. Kartellrecht, § 9, Rn 229 weist zu Recht darauf hin, dass stets erforderlich ist, dass „die Unternehmen die Leistung nicht nur nicht alleine erbringen wollen, sondern es alleine auch nicht können". Diese Abgrenzung ist natürlich fließend in den Fällen der Unwirtschaftlichkeit und bei Risikoerwägungen. Reine Effizienzgründe reichen jedenfalls nicht.

27 § 6 Abs. 1 Satz 1 VOL/A, § 6 EG Abs. 2 Satz 2 VOL/A, § 6 Abs. 1 Nr. 2 VOB/A, § 6 EG Abs. 1 Nr. 1d VOB/A.

und kaufmännisch vernünftiger Weise zu einer eigenständigen Teilnahme an der Ausschreibung in der Lage wäre **und**
- erst der Zusammenschluss zu einer Bietergemeinschaft die Unternehmen in die Lage versetzt, sich mit Aussicht auf Erfolg an der Ausschreibung zu beteiligen **oder**
- die an der Bietergemeinschaft beteiligten Unternehmen den Wettbewerb nicht spürbar beschränken können.[28]

17 Die bloße Ausnutzung von Synergiepotentialen genügt als kartellrechtliche Rechtfertigung für das Eingehen einer Bietergemeinschaft nicht.[29] Ebenso wenig taugt für eine Rechtfertigung die Annahme, dass das Angebot einer Bietergemeinschaft höhere Erfolgsaussichten habe als Einzelangebote der jeweiligen Unternehmen.[30] Hingegen wäre die gemeinsame Nutzung verschiedener technischer Einrichtungen grundsätzlich ein taugliches Argument für die Bildung einer Bietergemeinschaft, soweit dadurch erst die für die Auftragsdurchführung erforderlichen Kapazitäten erreicht werden.

Praxistipp
Stets empfiehlt es sich, den Grund für die Bildung der Bietergemeinschaft hinreichend zu dokumentieren und auch ihre rechtliche Zulässigkeit bereits vor der Angebotsabgabe schriftlich prüfen zu lassen. Die Vorlage entsprechender Dokumente kann im Falle eines Vergabenachprüfverfahrens dazu dienen, der Rüge hinsichtlich der kartellrechtlichen Unzulässigkeit der Bietergemeinschaft mit Erfolg entgegenzutreten.

4. Einspringen bei Lieferengpässen

18 Auch ein vorübergehendes Einspringen eines Unternehmens bei einem Lieferengpass seines Wettbewerbers kann nach den Grundsätzen über die Zulässigkeit einer Arbeitsgemeinschaft eingeordnet werden. Ist der Wettbewerber aufgrund fehlender wirtschaftlicher Leistungsfähigkeit vorübergehend nicht in der Lage, seine Kunden zu beliefern und kann den Auftrag somit nur mit Hilfe seines Konkurrenten erfüllen, so ist das Einspringen für den Zeitraum des Lieferengpasses grundsätzlich zulässig. Die Zusammenarbeit muss aber strikt auf die Behebung des Lieferengpasses be-

28 Streitig ist, ob hinsichtlich des Spürbarkeitskriteriums auf einen nur unerheblichen Marktanteil der Mitglieder der Bietergemeinschaft abzustellen ist (vgl. BGH NJW 2002, 2176 (2178) – *Jugendnachtfahrten*; KG Berlin, Beschl. v. 24.10.2013, Az. Verg 11/13 = NZBau 2013, 792 (794); OLG Düsseldorf, Beschl. v. 17.2.2014, Az. VII-Verg 2/14) oder ob es auch bei hohen Marktanteilen an der Spürbarkeit fehlen kann, wenn der vergebenden Stelle aufgrund einer hohen Zahl von Angeboten hinreichend Ausweichalternativen zu der Arbeitsgemeinschaft zur Verfügung standen (vgl. OLG Brandenburg, Beschl. v. 16.2.2012, Verg W 1/12).

29 KG Berlin, Beschl. v. 24.10.2013, Az. Verg 11/13 = NZBau 2013, 792 (794).

30 OLG Düsseldorf, Beschl. v. 17.2.2014, Az. VII-Verg 2/14.

schränkt sein. Anderenfalls würde eine kartellrechtlich bedenkliche „Kollegenlieferung“ (längerfristige Belieferung mit Konkurrenzprodukten) vorliegen.[31]

Im Rahmen der vorübergehenden Zusammenarbeit darf auch kein unzulässiger Informationsaustausch stattfinden.[32] So muss etwa der mit Kapazitätsengpässen kämpfende Wettbewerber die Produkte und Dienstleistungen des Konkurrenten auf eigene Rechnung hinzukaufen und darf diesem nicht seine eigene Preisgestaltung gegenüber dem Kunden zugänglich machen. Ebenso wäre unzulässig, dem Konkurrenten wettbewerbssensible Informationen zu übermitteln, die dieser für das Einspringen im Rahmen des Lieferengpasses nicht zwingend benötigt. Darüber hinaus ist auch stets zu hinterfragen, ob es sich noch um eine (kartellrechtlich zulässige) temporäre Belieferung eines Konkurrenten zur Abwendung von dessen Lieferengpass handelt oder ob schon ein (kartellrechtlich unzulässiger) Abkauf von Wettbewerb vorliegt. Ein Abkauf von Wettbewerb wäre dann zu bejahen, wenn ein Unternehmen seinem Wettbewerber Produkte und Dienstleistungen mit der Zielsetzung abkauft, eine Belieferung seiner Kunden durch diesen Wettbewerber zu vermeiden. 19

Praxistipp i

Zur Abgrenzung des kartellrechtlich unzulässigen Abkaufs von Wettbewerb vom kartellrechtlich zulässigen temporären Einspringen zur Behebung eines Lieferengpasses bietet sich die Testfrage an, ob der um ein Einspringen gebetene Wettbewerber rechtlich und tatsächlich in der Lage wäre, den zu beliefernden Kunden seinem Konkurrenten abzuwerben und nunmehr selbst zu beliefern (so dass das Einspringen in diesem Fall nicht nötig wäre). Ist die Testfrage zu bejahen, liegt ein kartellrechtlich unzulässiger Abkauf von Wettbewerb nahe. Ist eine Abwerbung hingegen – etwa aufgrund fortbestehender vertraglicher Exklusivbindungen – rechtlich nicht möglich oder – etwa aufgrund in Aussicht gestellter Rabatte des ursprünglichen Lieferanten – für den Kunden wirtschaftlich nicht attraktiv, ist ein kartellrechtlich zulässiges Einspringen zur Behebung eines Lieferengpasses zu bejahen.

5. Gemeinsame Nutzung von Produktions-, Lager- oder Transportkapazitäten

Soweit Wettbewerber gemeinsam Produktions-, Lager- oder Transporteinrichtungen nutzen, ist eine solche Kooperation kartellrechtlich zulässig, wenn sie sich auf das bloße Teilen der vorhandenen Kapazitäten beschränkt.[33] Werden hingegen die dafür entstandenen Kosten nicht gesondert berechnet, sondern untereinander aufgeteilt, liegt darin schon eine kartellrechtlich relevante Wettbewerbsbeschränkung. Diese ist grundsätzlich nur dann zulässig, wenn sie aufgrund geringer Marktanteile der beteiligten Unternehmen auf dem Nachfragemarkt nicht spürbar ist. Im Übrigen ist 20

31 EuGH, Urt. v. 16.12.1975, Rs. 40/73, Rn 58 ff. – *Suiker Unie*; näher Langen/Bunte/*Hengst*, EU-KartellR, Art. 101 AEUV Rn 195.

32 Dazu vertieft Kap. 2 Rn 24 ff.

33 Wiedemann/*Lübbig*, Hdb. Kartellrecht, § 9 Rn 230.

das bloße Argument verbesserter Kosteneffizienz nicht ausreichend, um eine gemeinsame Nutzung der Einrichtungen kartellrechtlich zu rechtfertigen. Nur im Ausnahmefall kommt eine Individualfreistellung in Betracht, wenn die Voraussetzungen von Art. 101 Abs. 3 AEUV oder § 2 GWB vorliegen.[34]

6. Bildung von Bieterkonsortien in M&A-Transaktionen

21 Grundsätzlich kartellrechtlich unbedenklich ist die Bildung von Bieterkonsortien zwischen Wettbewerbern im Hinblick auf den Erwerb eines Unternehmens oder einzelner Unternehmensbestandteile. Da der relevante Markt regelmäßig der weltweite M&A-Markt ist, auf dem neben Unternehmen auf Expansionskurs auch eine Vielzahl von Finanzinvestoren tätig ist, sind die Marktanteile der Bieterkonsortien oftmals so gering, dass die Spürbarkeitsschwelle i.H.v. 15% im Regelfall nicht überschritten wird. Selbst wenn die Bieter im Rahmen der Konsortienbildung den Angebotspreis abstimmen, greifen die Kartellbehörden diese Zusammenarbeit zwischen Wettbewerbern regelmäßig nicht auf. Denn die Konsortienbildung ermöglicht in den meisten Fällen erst eine Teilnahme am Bieterwettbewerb, da sich die Finanzierung des angestrebten Anteils- oder Vermögenserwerbs häufig erst durch den Zusammenschluss als Konsortium realisieren lässt. Um kartellrechtliche Risiken dennoch von vornherein auszuschließen, empfiehlt es sich, für die Kommunikation im Konsortium feste Regeln auszuarbeiten, die den Austausch wettbewerbssensibler Informationen, die nicht für die Angebotsabgabe im Einzelfall erforderlich sind, verbieten und jegliche Verhaltensabstimmung im Wettbewerb, die nicht die konkrete Angebotsabgabe betreffen, für unzulässig erklären.

II. Einkaufsgemeinschaften

1. Allgemeine Aspekte

22 Der gemeinsame Einkauf ist kartellrechtlich in vielerlei Hinsicht spannend. Auf der einen Seite können die Auswirkungen den Anbieter- und den Absatzmarkt betreffen, auf der anderen Seite kann ein gemeinsamer Einkauf auch durchaus den Wettbewerb fördern. Diesem Spannungsverhältnis versuchen die kartellrechtlichen Bestimmungen gerecht zu werden.[35]

---

34 Europ. Kommission, Entscheidungen vom 15.12.1975, ABl vom 5.2.1976, L 30/13 – *Bayer/Gist-Brocades* und vom 5.12.1969, ABl vom 24.12.1969, L 323/21 – *Dunlop/Pirelli*. Weiterhin: Wiedemann/*Lübbig*, Hdb. Kartellrecht, § 9 Rn 230.

35 Hierzu ausführlich Grabitz/Hilf/Nettesheim/*Schroeder*, Das Recht der Europäischen Union, Art. 101 AEUV Rn 546 ff.

2. Besonderheiten zum Aspekt der Wettbewerbsbeschränkung

Einkaufsgemeinschaften können – im hier betrachteten horizontalen Verhältnis 23
zwischen Wettbewerbern – in mehrerlei Hinsicht potenziell unter das Kartellverbot des Art. 101 AEUV fallen und eine Beschränkung des Wettbewerbs darstellen. Beispielsweise hindert ein Bezugszwang[36] innerhalb einer Einkaufsgemeinschaft die Teilnehmer daran, selbst Konditionen mit Lieferanten auszuhandeln oder einzelne Lieferanten zu wechseln. Auch die Festsetzung von Einkaufshöchstpreisen oder eine Verwendungsbeschränkung für die bezogene Ware[37] können eine Wettbewerbsbeschränkung darstellen.

Fettnapf !

Vermeiden Sie in Einkaufsgemeinschaften Vereinbarungen über

- die Ausschließlichkeit des Bezugs einer Ware von einem bestimmten Lieferanten,
- die Festlegung von für alle Beteiligten verbindlichen Preisen oder von Höchstpreisen, und
- über bestimmte Nutzungs- oder Verwendungszwecke der gemeinsam bezogenen Waren.

Aus kartellrechtlicher Sicht unproblematisch sind die Fallgruppen, in denen erst der 24
gemeinsame Einkauf den Parteien ermöglicht, die Einkäufe überhaupt zu tätigen. Ein solcher Fall ist beispielsweise gegeben, wenn seitens des Lieferanten Mindestbestell- oder Mindestabnahmemengen bestehen, die ein Händler allein nicht beziehen kann. Des Weiteren ist es kartellrechtlich unproblematisch, wenn der gemeinsame Einkauf wettbewerbsfördernd ist. Hier liegt gerade keine Beschränkung des Wettbewerbs vor.

Beispiel

Eine wettbewerbsfördernde Einkaufsgemeinschaft sah der EuGH in folgendem Fall:

- Eine landwirtschaftliche Genossenschaft hat den Zweck, ihren Mitgliedern unter anderem Futter- und Düngemittel günstiger zu verschaffen. Einige der Mitglieder sind mit den Preisen für Dünge- und Pflanzenschutzmittel unzufrieden und beginnen nun diese Produkte selbst einzuführen. Dafür arbeiten diese Mitglieder in Form einer Vereinigung zusammen.
- Die Genossenschaft ändert ihre Satzung in der Folge dahingehend, dass Mitglieder nicht zu anderen konkurrierenden Vereinigungen gehören oder an diesen beteiligt sein dürfen und sich entweder für die alleinige Mitgliedschaft in der Genossenschaft oder der Mitgliedschaft in anderen Vereinigungen entscheiden müssen.

Der EuGH stellte fest, dass „auf einem Markt, auf dem der Preis der Erzeugnisse von dem Auftragsvolumen abhängt, [...] der Umsatz der Bezugsgenossenschaften je nach der Zahl ihrer Mitglieder ein

---

36 Hierzu Europ. Kommission, Entsch. v. 5.12.1979, Az. 80/234/EWG, ABl vom 25.2.1980 L-51/19, Rn 21ff. und EuGH, Urt. v. 25.3.1981, Rs. C-61/80, Slg. 1981, 851, Rn 12f. – *Coöperatieve Stremselen Kleurselfabriek/Kommission.*

37 Europ. Kommission, Entsch. v. 9.7.1980, Az. 80/917/EWG, ABl vom 3.10.1980, L-260/24, Rn 52f. – *National Sulphuric Acid Association.*

bedeutsames Gegengewicht zu der Vertragsgestaltungsmacht der Großerzeuger bilden und einem wirksameren Wettbewerb förderlich sein" kann.[38]

3. Besonderheiten zum Aspekt der Spürbarkeit und der Freistellung

25 Eine Wettbewerbsbeschränkung beziehungsweise deren Spürbarkeit liegt jedoch dann regelmäßig nicht vor, wenn der gemeinsame Anteil der Parteien der Einkaufsgemeinschaft auf dem relevanten Einkaufs- und Absatzmarkt 15% nicht übersteigt.[39]

26 Eine Gruppenfreistellungsverordnung für Einkaufsgemeinschaften existiert nicht, weshalb in diesen Fällen nur die Einzelfreistellung nach Art. 101 Abs. 3 AEUV in Betracht kommt.[40] Die allgemeinen Kriterien finden auch hier Anwendung. Danach kommt eine Einzelfreistellung dann in Betracht, wenn die Vereinbarung über die Einkaufsgemeinschaft bei angemessener Verbraucherbeteiligung an dem entstehenden Gewinn zu einer Verbesserung der Warenerzeugung oder -verteilung[41] oder zu einer Förderung des technischen oder wirtschaftlichen Fortschritts beiträgt. Zusätzlich darf den beteiligten Unternehmen keine Beschränkung auferlegt sein, die für die Verwirklichung der vorgenannten Ziele nicht unerlässlich wäre oder die Möglichkeit eröffnet, den Wettbewerb für einen wesentlichen Teil der relevanten Ware auszuschalten.[42] An letztgenanntem Erfordernis scheitert regelmäßig die Zulässigkeit eines vollständigen Bezugszwangs.

III. Vertriebsgemeinschaften

27 In der Wirtschaft ist die Bildung von Vertriebsgemeinschaften ein beliebtes Mittel, um die Vertriebskosten effizient zu reduzieren. So führen beispielsweise die gemeinsame Nutzung von Verkaufsstellen, Ausstellungsräumen und Vertriebspartnern oder die Gründung einer gemeinsamen Vertriebsgesellschaft dazu, dass sich die Unternehmen, anstatt die Kosten alleine zu tragen, nur anteilig an den Maßnahmen beteiligen müssen. Ein weiterer Vorteil ist, dass relativ kleine Unternehmen mit einem geringen Marktanteil strategische Nachteile mit Hilfe der Vertriebskooperation ausgleichen können, indem sie durch die Zusammenarbeit mit ihren Ver-

38 EuGH Urt. v. 15.12.1994, Rs. C-250/92, Slg. 1994-I, 5641, Rn 32 – *Goettrup-Klim E.A. Grovvareforeninger/Dansk Landsbrugs Grovvareselskab AmbA (DLG).*

39 Europ. Kommission, Horizontal-Leitlinien 2011/C 11/01, Rn 208.

40 Siehe hierzu Kap. 2 Rn 19.

41 Diese Erfordernisse können im Einzelfall aufgrund des besseren Preises oder der geringeren Kosten erfüllt sein.

42 Grabitz/Hilf/Nettesheim/*Schroeder*, Das Recht der Europäischen Union, Art. 101 AEUV Rn 549 ff., 552.

triebspartnern Marktanteile bündeln und durch eine gemeinsame Vermarktung mehr Aufmerksamkeit am Markt erhalten.

Beispiel

Unternehmen A und B sind jeweils auf dem Handelsmarkt für Bohrmaschinen tätig. A hat hier einen Marktanteil von 5%, B einen Marktanteil von 7%. A und B verkaufen die Bohrmaschinen jeweils an Einzelhandelsunternehmen, die diese wiederum an den Endkunden veräußern. Da es weitaus größere Wettbewerber im Markt gibt, beschließen A und B, sich für die Zwecke des Verkaufs der Bohrmaschinen zusammenzutun und sämtliche Tätigkeiten im Zusammenhang mit dem Vertrieb der Maschinen wie beispielsweise das Marketing, Verkaufsstände bei Messen und die Abwicklung der Bestellungen gemeinsam vorzunehmen. Die Produktions- und Transportinfrastrukturen sollen jedoch jeweils getrennt bei A und B verbleiben.

---

1. Allgemeine Aspekte

Da sich Vertriebskooperationen aufgrund der regelmäßig engen Kooperation zwi- 28
schen den Unternehmen wettbewerbsbeschränkend auswirken und in diesen Fällen gegen das Kartellverbot nach Art. 101 AEUV verstoßen können, werden sie nur in engen Grenzen zugelassen.

Die wesentlichen Regelungen zu den Vertriebskooperationen finden sich in den 29
Horizontal-Leitlinien.[43] Darüber hinaus kommen zwischen Wettbewerbern auch spezielle Regelungen in den Gruppenfreistellungsverordnungen über Spezialisierungsvereinbarungen[44] (dort Art. 2 Abs. 3 lit. b) und Forschungs- und Entwicklungskooperationen[45] (dort Art. 3 Abs. 4) zur Anwendung. Handelt es sich um Unternehmen, die auf unterschiedlichen Handelsstufen tätig sind (Bsp.: Unternehmen A ist Hersteller und Händler, Unternehmen B ist nur Händler), dann findet die Vertikal-Gruppenfreistellungsverordnung 330/2010[46] (im Folgenden „Vertikal-GVO") Anwendung.

---

43 Mitteilung der Kommission über die Leitlinien zur Anwendbarkeit von Artikel 101 des Vertrages über die Arbeitsweise der Europäischen Union auf Vereinbarungen über horizontale Zusammenarbeit (Horizontalleitlinien), ABl C 11 vom 14.1.2011, S. 1 ff.

44 Verordnung (EU) Nr. 1218/2010 der Kommission über die Anwendung von Artikel 101 Absatz 3 des Vertrages zur Arbeitsweise der Europäischen Union auf Gruppen von Spezialisierungsvereinbarungen, ABl L 335 vom 18.12.2010, S. 43 ff.; vgl. hierzu die Ausführungen in diesem Kapitel unter Rn 81 ff.

45 Verordnung (EU) Nr. 1217/2010 der Kommission vom 14. Dezember 2010 über die Anwendung von Artikel 101 Abs. 3 des Vertrages über die Arbeitsweise der Europäischen Union auf bestimmte Gruppen von Vereinbarungen über Forschung und Entwicklung, Abl L 335 vom 18.12.2010, S. 36; vgl. hierzu die Ausführungen in diesem Kapitel unter Rn 37 ff.

46 Verordnung (EU) Nr. 330/2010 der Kommission über die Anwendung von Artikel 101 Absatz 3 des Vertrages zur Arbeitsweise der Europäischen Union auf Gruppen von vertikale Vereinbarungen und abgestimmten Verhaltensweisen, ABl L 102 vom 23.4.2010, S. 1 ff.

2. Vertriebskooperationen zwischen Wettbewerbern

30 Vertriebskooperationen zwischen tatsächlichen oder potenziellen Wettbewerbern werden aus kartellrechtlicher Sicht kritischer eingestuft als Kooperationen zwischen Nicht-Wettbewerbern. Dies liegt daran, dass Wettbewerber bei einer Kooperation durch ihre konkurrierende Stellung auf dem Markt viel eher den Wettbewerb beschränken oder sogar ausschalten können als Nicht-Wettbewerber, die nicht in Konkurrenz zueinander stehen, sondern lediglich Komplementärprodukte anbieten.

31 In jedem Fall kartellrechtlich bedenklich sind im Rahmen von Vertriebsgemeinschaften Vereinbarungen zwischen Wettbewerbern, die unmittelbar oder mittelbar
- die Preise der Wettbewerber aufeinander abstimmen bzw. festsetzen,
- die Produktionsmengen beschränken,
- die Märkte aufteilen oder den beteiligten Unternehmen Kunden bzw. Aufträge zuweisen,[47]
- zu einem Informationsaustausch über wettbewerblich sensible Aspekte innerhalb und/oder außerhalb der Zusammenarbeit führen oder
- eine Angleichung der Kosten bewirken.[48]

32 Besondere Vorsicht ist daher auch dann geboten, wenn ein Unternehmen Produkte von Wettbewerbern über eine eigene **Online-Plattform** vertreibt oder wenn Wettbewerber ihre Produkte über eine Drittplattform[49] vertreiben lassen. Ist in diesen Fällen von einer **„Synchronisierung der Preise durch Online-Schnittstellen"** oder einer **„zentralen Preissteuerung"** die Rede, handelt es sich meist um eine elektronische Preisabstimmung, die über den kartellrechtlich zulässigen Rahmen einer Vertriebskooperation hinausgeht. Auch die bloße **Kenntnis** der Wettbewerberverkaufspreise bei einem **Zusammenfassen von Direktvertrieb der eigenen Produkte und einer Vermittlertätigkeit für einen Wettbewerber** über eine Online-Plattform begründet die Vermutung eines kartellrechtswiderigen Informationsaustauschs.[50] Das Unternehmen, das als Plattformbetreiber Kenntnis von kundenspezifischen, nichtöffentlichen Weiterverkaufspreisen und -konditionen seiner Wettbewerber genommen hat, muss in diesem Fall darlegen und beweisen, dass es die betreffenden Daten nicht für die eigene Vertriebssteuerung – so insbesondere nicht zur Anpassung der eigenen Weiterverkaufspreise – verwendet hat. Ein Gegenbeweis erscheint etwa dann denkbar, wenn die Daten auf elektronischem Wege und durch die Geheimhaltungsverpflichtung der zugriffsberechtigten Personen so abgeschirmt werden, dass Vertriebsmitarbeiter keine Kenntnis von ihnen erlangen können („chinese walls").

---

47 Europ. Kommission, Horizontal-Leitlinien 2011/C 11/01, Rn 230 ff.

48 Europ. Kommission, Horizontal-Leitlinien 2011/C 11/01, Rn 236.

49 Dass der Plattformbetreiber selbst kein Wettbewerber ist, ist kartellrechtlich irrelevant, vgl. EuGH, Urt. v. 21.1.2016, Rs. C-74/14 = EuZW 2016, 435 (438) – *Eturas*.

50 BGH, Urt. v. 12.4.2016, Az. KZR 31/14 = NZKart 2016, 371 (373) – *Gemeinschaftsprogramme*.

Bei einer **Preisfestsetzung**, einer **Produktionsmengenbeschränkung** oder einer **Marktaufteilung** handelt es sich nach Auffassung der Europäischen Kommission in aller Regel um eine **bezweckte Wettbewerbsbeschränkung**, die unabhängig vom Marktanteil der Unternehmen gegen das Wettbewerbsverbot nach Art. 101 Abs. 1 AEUV bzw. § 1 GWB verstößt. In diesen Fällen kommt nur eine Individualfreistellung nach Art. 101 Abs. 3 AEUV bzw. § 2 GWB in Betracht, die aber nur bei Vorliegen besonderer Umstände denkbar ist.[51] 33

Auch wenn Unternehmen eine sog. **Andienungsverpflichtung** vereinbaren, die die Unternehmen wechselseitig verpflichtet, die Produkte im Ganzen oder in einem bestimmten Umfang ausschließlich über die Vertriebskooperation zu verkaufen, so verstößt dies mit hoher Wahrscheinlichkeit gegen das Kartellverbot nach Art. 101 Abs. 1 AEUV.[52] Gleiches gilt, wenn Unternehmen vereinbaren, außerhalb der Vertriebskooperation – etwa durch die Aufteilung von Vertriebsgebieten oder Kundengruppen – nicht in Wettbewerb zueinander zu treten. Je eher die Mitglieder der Vertriebskooperation jedoch einen eigenständigen Verkauf ihrer Produkte auch außerhalb der Vertriebskooperation zulassen und somit selbst in Wettbewerb zu der Vertriebskooperation treten, desto eher ist auch eine Wettbewerbsbeschränkung zu verneinen. 34

Außerhalb der vorgenannten Kernbeschränkungen ist eine Vertriebskooperation **kartellrechtlich unbedenklich**, wenn der gemeinsame Marktanteil der an ihr beteiligten Unternehmen **15%** nicht überschreitet.[53] Vertriebskooperationen zwischen Wettbewerbern sind kartellrechtlich ebenfalls eher unbedenklich, wenn sie dazu dienen, einem Unternehmen den **Zugang zum Markt** erst zu ermöglichen. Dies ist regelmäßig der Fall, wenn sich das Unternehmen ohne die anderen an der Kooperation beteiligten Unternehmen nicht im Markt behaupten könnte, weil beispielsweise die Markteintrittskosten zu hoch sind.[54] 35

3. Vertriebskooperationen zwischen Nicht-Wettbewerbern im Horizontalverhältnis

Vereinbaren Unternehmen, die nicht konkurrierende Produkte herstellen (bspw. Komplementärprodukte), die Gründung einer Vertriebskooperation, ist dies kartellrechtlich unbedenklich und daher regelmäßig zulässig. Nur wenn die Unternehmen eine **Andienungsvereinbarung** schließen, in der sie sich dazu verpflichten, die Produkte ausschließlich über die Vertriebskooperation zu verkaufen und keine Direktvermarktung mehr vorzunehmen, kann eine Wettbewerbsbeschränkung vorlie- 36

---

51 Europ. Kommission, Horizontal-Leitlinien 2011/C 11/01, Rn 234, 246 ff.

52 *Bechtold/Bosch*, GWB, § 1 GWB Rn 100.

53 Langen/Bunte/*Krauß*, Dt. KartellR, § 1 GWB, Rn 228; Europ. Kommission, Horizontal-Leitlinien 2011/C 11/01, Rn 240.

54 Europ. Kommission, Horizontal-Leitlinien 2011/C 11/01, Rn 237.

gen.[55] Obwohl es sich hier um Nicht-Wettbewerber auf der Herstellerebene handelt, ist in diesen Fällen eine Wettbewerbsbeschränkung verwirklicht, da die Unternehmen dann keine wettbewerbliche Handlungsfreiheit auf der Handelsebene mehr haben. Die vorgenannten engen Grenzen für Vertriebskooperationen zwischen Wettbewerbern finden daher in diesem Ausnahmefall auch auf Nicht-Wettbewerber Anwendung.

IV. Forschungs- und Entwicklungskooperationen

37 Einen weiteren wichtigen Bereich der horizontalen Kooperationen stellen Forschungs- und Entwicklungskooperationen dar.[56] Nachfolgend werden die Besonderheiten insbesondere im Hinblick auf die Gruppenfreistellungsverordnung für Forschungs- und Entwicklungskooperationen 1217/2014[57] (nachfolgend „F&E-GVO") erörtert.

1. Allgemeine Aspekte

38 Im Bereich der Forschungs- und Entwicklungskooperationen besteht ein natürliches Spannungsverhältnis[58]: Der Vorteil von Forschungs- und Entwicklungskooperationen ist die schnelle, effiziente und ressourcenschonende Erforschung neuer Produkte und Technologien.[59] Gleichzeitig hat die Vereinbarung einer Kooperation aber einen Abschottungseffekt, da nicht an der Kooperation beteiligte Wettbewerber regelmäßig von der Nutzung des Forschungsinhalts ausgeschlossen sind. Die Wettbewerbsbeschränkung kann sowohl den Produktmarkt (Verbesserung existierender Produkte), als auch den Innovationsmarkt (Schaffung eines neuen Produkts) und den Technologiemarkt (Vermarktung von Innovationen, z.B. durch Lizenzverträge) betreffen.[60] Verschiedene Phasen der Forschung (Grundlagenforschung, Produktforschung und Verwertungsphase) sind hierbei jeweils unterschiedlich zu beurteilen.

55 *Bechtold/Bosch*, GWB, § 1 GWB Rn 101.

56 Umfassend hierzu *Winzer*, Forschungs- und Entwicklungsverträge, Rn 361 ff.; Streinz/*Eilmansberger*, EUV/AEUV, Art. 101 Rn 267 ff.

57 Verordnung (EU) Nr. 1217/2010 der Kommission vom 14. Dezember 2010 über die Anwendung von Artikel 101 Abs. 3 des Vertrages über die Arbeitsweise der Europäischen Union auf bestimmte Gruppen von Vereinbarungen über Forschung und Entwicklung, Abl L 335 vom 18.12.2010, S. 36.

58 Zu diesem Spannungsverhältnis: Grabitz/Hilf/Nettesheim/*Schroeder*, Das Recht der Europäischen Union, Art. 101 AEUV Rn 562 ff.

59 Hierzu auch Milbradt/*Besen*, F-&E-Verträge – das ist zu beachten, S. 67 ff.

60 Grabitz/Hilf/Nettesheim/*Schroeder*, Das Recht der Europäischen Union, Art. 101 AEUV, Rn 563; Ann/Loschelder/Grosch/*Maume*, Praxishandbuch Know-how-Schutz, S. 228, Rn 15.

Eine Wettbewerbsbeschränkung im Sinne des Art. 101 AEUV kann im Bereich der Forschung und Entwicklung beispielsweise dann vorliegen, wenn die beabsichtigte Kooperation zweier oder mehrerer Wettbewerber auch eine Vereinbarung über die gemeinsame Vermarktung etwaiger Ergebnisse umfasst. Dadurch wird der Wettbewerb in diesem Bereich reduziert.[61] In folgenden Konstellationen kann dies der Fall sein: 39

- Kooperation von Wettbewerbern zur Verbesserung bestehender Produkte, wenn eine starke Marktstellung der Parteien gegeben ist, ein Markteintritt durch Dritte schwer ist und wenige Innovationsaktivitäten in diesem Markt erkennbar sind.[62]
- Kooperationen von Wettbewerbern, die zwar auf ein neues, innovatives Produkt gerichtet sind (und somit gar keine Auswirkung auf die Produktmärkte haben können), aber zu einem Zeitpunkt erfolgen, in dem jede Partei schon dicht vor der Markteinführung steht.[63]

Ein Verstoß gegen Art. 101 Abs. 1 AEUV scheidet aber aus, wenn sich das Vorhaben in einem reinen Parallelverhalten der Wettbewerber ohne konkrete Vereinbarung erschöpft. Weiterhin sind Arbeitsgemeinschaften mit Forschungs- und Entwicklungszwecken regelmäßig nicht vom Kartellverbot umfasst, bei denen die Parteien alleine nicht in der Lage wären, das Vorhaben durchzuführen.[64] 40

Nicht unter das Kartellverbot des Art. 101 Abs. 1 AEUV, § 1 GWB fallen häufig Kooperationen zwischen nicht konkurrierenden Unternehmen.[65] Dies betrifft insbesondere Fälle der Auftragsforschung oder -entwicklung, sofern die beauftragte Partei kein Wettbewerber des Auftraggebers ist und auch kein potenzielles Wettbewerbsverhältnis zu diesem entfaltet.[66] 41

Weiterhin sind bei den Forschungs- und Entwicklungskooperationen die Fälle der frühen und von einer wirtschaftlichen Verwertung ihrer Ergebnisse weit entfernten Grundlagenforschung keine Wettbewerbsbeschränkung im Sinne von Art. 101 42

---

61 Europ. Kommission, Horizontal-Leitlinien 2011/C 11/01, Rn 132ff.

62 Europ. Kommission, Horizontal-Leitlinien 2011/C 11/01, Rn 136.

63 Europ. Kommission, Horizontal-Leitlinien 2011/C 11/01, Rn 138.

64 MünchKommEUWettbR/*Chrocziel/v. Merveldt*, GVO Nr. 2659/2000, Art. 1 Rn 4.

65 Europ. Kommission, Horizontal-Leitlinien 2011/C 11/01, Rn 10; zum Begriff des „Wettbewerbers", aber auch Rn 130 zu Forschungs- und Entwicklungskooperationen zwischen nicht konkurrierenden Unternehmen. Dieser Aspekt ist allerdings mit Unwägbarkeiten verbunden, soweit die nicht konkurrierenden Unternehmen Parteien einer Auftragsforschung und -entwicklung sind. Diese Problematik wird anschaulich beschrieben von *Winzer*, Forschungs- und Entwicklungsverträge, Rn 943–953, der auch in Rn 442ff. zu Recht hinterfragt, ob diese vertikalen Beziehungen im Forschungs- und Entwicklungsbereich überhaupt als Forschungs- und Entwicklungsverträge bzw. -kooperationen bezeichnet werden sollten. Siehe auch *Besen/Slobodenjuk*, GRUR 2011, 300 (301); *Wolf*, WRP 2013, 885 (886).

66 Zu Auftragsforschung und -entwicklung siehe *Winzer* in vorstehender Fußnote. Weiterhin: *Besen/Slobodenjuk*, GRUR 2011, 300 (301). Zu kartellrechtlichen Fragen bei der Auftragsforschung oder -entwicklung siehe *Winzer*, Forschungs- und Entwicklungsverträge, Rn 367.

Abs. 1 AEUV bzw. § 1 GWB.[67] Da regelmäßig jedoch auch die Grundlagenforschung mit dem Ziel betrieben wird, irgendwann zu einer Verwertung zu führen, stellt sich hier die Kontrollfrage, ob im konkreten Fall eine wettbewerbliche Nutzung noch in weiter Ferne liegt oder schon ein Nutzen im Einzelfall erkennbar ist. Nur wenn der für den Innovationswettbewerb relevante Entwicklungsgegenstand schon erkennbar ist, ist der Anwendungsbereich des Kartellrechts überhaupt eröffnet. Auch im Bereich der Grundlagenforschung ist jedoch darauf hinzuweisen, dass eine große Marktmacht der beteiligten Unternehmen den Wettbewerb spürbar verringern kann. In diesen Fällen können kartellrechtliche Aspekte wieder relevant werden, insbesondere wenn kleinere Wettbewerber keinen Zugang zu den Forschungsergebnissen erhalten sollen.[68]

43 Ebenfalls ohne wettbewerbsbeschränkende Wirkung sind Vereinbarungen zwischen Wettbewerbern in der Forschungs- und Entwicklungsphase, die keine gemeinsame Verwertung vorsehen, sondern vielmehr jeder Partei die freie wirtschaftliche Verwertung der gemeinsam erarbeiteten Ergebnisse ermöglicht.[69] Dies sind die sogenannten „reinen Forschungs- und Entwicklungskooperationen“.

2. Regelungen nach der F&E-GVO

a) Anwendbarkeit der F&E-GVO

44 Die F&E-GVO ist dann anwendbar, wenn eine Forschungs- und Entwicklungsvereinbarung im Sinne des Art. 2 F&E-GVO vorliegt und keine speziellere Gruppenfreistellungsverordnung vorrangig herangezogen werden muss.

45 Die Gruppenfreistellungsverordnungen sind grundsätzlich nebeneinander anwendbar. Nur wenn der Schwerpunkt einer Vereinbarung eindeutig nur einen bestimmten Regelungsgegenstand enthält, ist es erforderlich, sich auf die Anwendung einer einzigen Gruppenfreistellungsverordnung zu beschränken.[70] Im Einzelfall spezieller und damit der F&E-GVO grundsätzlich vorgehende Regelungen können die Vertikal-Gruppenfreistellungsverordnung und die Spezialisierungs-Gruppenfreistel-

---

67 Europ. Kommission, Horizontal-Leitlinien 2011/C 11/01, Rn 129: Vereinbarungen „in einem eher frühen Stadium, weit entfernt von der Verwertung möglicher Ergebnisse“ fallen nicht unter Artikel 101 Absatz 1 AEUV. Vergleiche hierzu auch: *Wolf*, WRP 2013, 885 (886); *Winzer*, Forschungs- und Entwicklungsverträge, Rn 454 ff.; *Besen/Slobodenjuk*, GRUR 2011, 300 (301); Grabitz/Hilf/Nettesheim/*Schroeder*, Das Recht der Europäischen Union, Art. 101 AEUV Rn 565 ff.

68 *Besen/Slobodenjuk*, GRUR 2011, 300 (301); Milbradt/*Besen*, F-&E-Verträge – das ist zu beachten, S. 68; *Winzer*, Forschungs- und Entwicklungsverträge, Rn 455 ff.

69 Vgl. Europ. Kommission, Horizontal-Leitlinien 2011/C 11/01, Rn 132, 137. Siehe auch: *Winzer*, Forschungs- und Entwicklungsverträge, Rn 450 ff.; *Wolf*, WRP 2013, 885 (886); Grabitz/Hilf/Nettesheim/*Schroeder*, Das Recht der Europäischen Union, Art. 101 AEUV, Rn 565.

70 Vgl. zu den verschiedenen Fallkonstellationen ausführlich Langen/Bunte/*Jestaedt*, EU-KartellR, Nach Art. 101 AEUV Rn 1350 ff.

lungsverordnung sein.[71] Die Technologietransfer-Gruppenfreistellungsverordnung ist in den meisten Fällen nachrangig heranzuziehen.[72]

Im Rahmen der F&E-GVO ist eine Freistellung vorgesehen „für Forschungs- und Entwicklungsvereinbarungen, deren Bestimmungen sich auf die Übertragung von Rechten des geistigen Eigentums oder die Erteilung diesbezüglicher Lizenzen an eine oder mehrere der Parteien oder an eine von den Parteien für die Durchführung der gemeinsamen[73] Forschung und Entwicklung, der Auftragsforschung und -entwicklung oder der gemeinsamen Verwertung gegründete Einheit beziehen, sofern diese Bestimmungen nicht Hauptgegenstand solcher Vereinbarungen sind, sich aber unmittelbar auf deren Umsetzung beziehen und dafür erforderlich sind".[74] 46

Vereinfacht ausgedrückt ist die F&E-GVO danach sowohl anwendbar auf gemeinsame Forschung und Entwicklung als auch auf Auftragsforschung und -entwicklung von Vertragsprodukten oder -technologien – beide Varianten jeweils in den Konstellationen, dass die Verwertung der erzielten Ergebnisse entweder gemeinsam oder nicht gemeinsam erfolgen soll.[75] 47

b) Marktanteilsschwellen

Die Gruppenfreistellung greift nur ein, wenn bestimmte Marktanteilsschwellen nicht überschritten werden: 48

Bei (tatsächlichen oder potenziellen) Wettbewerbern[76] darf nach Art. 4 Abs. 2 lit. a) F&E-GVO der **gemeinsame Marktanteil** aller Parteien einer gemeinsamen Forschung und Entwicklung an den relevanten Produkt- und Technologiemärkten bei Abschluss der Vereinbarung **25%** nicht überschreiten. Im Falle einer Vereinbarung über Auftragsforschung und -entwicklung ist hier auf den gemeinsamen Marktanteil der finanzierenden Partei und aller Parteien, mit denen die finanzierende Partei Forschungs- und Entwicklungsvereinbarungen über dieselben Vertragsprodukte oder -technologien geschlossen hat, abzustellen.[77] 49

Zu beachten ist aber, dass auch ein Überschreiten der Marktanteilsschwellen nicht zwingend dazu führt, dass ein Vorhaben nach Art. 101 AEUV oder § 1 GWB kar- 50

71 Immenga/Mestmäcker/*Fuchs*, EU-WettbewerbsR, FuE-GVO Einl. Rn 28 ff.; *Wolf*, WRP 2013, 885 (886). Ausführlicher zur TT-GVO: Ann/Loschelder/Grosch/*Wuttke*, Praxishandbuch Know-how-Schutz, S. 302, Rn 120 ff.

72 Art. 9 Technologietransfer-Gruppenfreistellungsverordnung.

73 Der Begriff „gemeinsam" ist in Artikel 1 Absatz 1 lit. m) der F&E-GVO definiert. Siehe hierzu auch *Besen/Slobodenjuk*, GRUR 2011, 300 (302).

74 Artikel 2 Absatz 2 der F&E-GVO.

75 *Besen/Slobodenjuk*, GRUR 2011, 300 (301).

76 Zu den Nichtwettbewerbern, die nicht Gegenstand dieses Kapitels 5 sind, siehe *Besen/Slobodenjuk*, GRUR 2011, 300 (303).

77 *Besen/Slobodenjuk*, GRUR 2011, 300 (303 f.).

tellrechtswidrig ist. In diesem Fall kommt immer noch eine Individualfreistellung nach Art. 101 Abs. 3 AEUV oder § 2 GWB in Betracht. Weiterhin laufen Marktanteilsschwellen naturgemäß ins Leere, wenn ein entsprechender Markt noch gar nicht besteht.[78]

51 Die Freistellungsdauer beträgt **sieben Jahre**, wenn die Ergebnisse gemeinsam verwertet werden. Diese Frist beginnt mit dem Tag des ersten Inverkehrbringens der Vertragsprodukte oder Vertragstechnologien im EU-Markt. Nach Ablauf des Zeitraums von sieben Jahren ist der Marktanteil laufend zu überprüfen: Die Freistellung gilt solange weiter, wie der gemeinsame Anteil der Parteien an den relevanten Märkten 25% nicht überschreitet. Wird diese Grenze jedoch während eines laufenden Kalenderjahrs überschritten, kommen folgende Fälle in Betracht:

- Der Marktanteil liegt über 25%, bleibt aber unter 30%: Die Freistellung bleibt im Anschluss an dieses Jahr noch während zwei weiterer Kalenderjahre bestehen.
- Der Marktanteil steigt auf über 30%: Die weitere Freistellungsdauer verkürzt sich auf ein Kalenderjahr.

c) Kernbeschränkungen

52 Das Vorliegen einer der in Art. 5 F&E-GVO aufgeführten Kernbeschränkungen bzw. „schwarzen Klauseln" hat zur Folge, dass eine betroffene Vereinbarung zwischen Wettbewerbern insgesamt nicht gruppenfreigestellt ist. Eine Einzelfreistellung nach Art. 101 Abs. 3 AEUV bzw. § 2 GWB bleibt zwar grundsätzlich möglich, dürfte aber in der Praxis durch die darlegungs- und beweispflichtigen Unternehmen kaum durchsetzbar sein. Denn eine Kernbeschränkung enthält eine Vermutung der Rechtswidrigkeit,[79] so dass davon auszugehen ist, dass eine Widerlegung dieser Vermutung nur in den seltensten Fällen gelingen wird. Auch nach Auffassung der Europäischen Kommission kommt eine Individualfreistellung von Kernbeschränkungen in aller Regel nicht in Betracht.[80] Die Nichtigkeit der Kernbeschränkung ist daher der absolute Regelfall. Ob die übrigen Vertragsbestandteile wirksam bleiben, richtet sich nach § 139 BGB.

53 Folgende Kernbeschränkungen enthält Art. 5 F&E-GVO:

54 **Unzulässig** sind **überschießende Wettbewerbsverbote**, also Vereinbarungen, welche die Freiheit der Parteien beschränken, Forschung und Entwicklung in einem solchen Bereich zu betreiben, der nicht mit der Forschungs- und Entwicklungsvereinbarung zusammenhängt (lit. a).

---

78 *Besen/Slobodenjuk*, GRUR 2011, 300 (304).

79 Langen/Bunte/*Jestaedt*, EU-KartellR, Nach Art. 101 AEUV Rn 1331.

80 Bekanntmachung 2014/C 89/03 der Kommission zu den Leitlinien zur Anwendung von Artikel 101 des Vertrages zur Arbeitsweise der Europäischen Union auf Technologietransfer-Vereinbarungen, Rn 95.

Unzulässig sind weiterhin **Preisabsprachen**, also Vereinbarungen, die (zukünftige) Verkaufspreise für die Vertragsprodukte oder Gebühren für die Lizenzerteilung an Dritte festlegen (lit. c). 55

Beispiel
Zwei Medizinproduktehersteller regeln in einem Forschungs- und Entwicklungsvertrag, ob und in welcher Höhe die Hersteller ihren Händlern Rabatte oder Boni bei Kauf des Entwicklungsprodukts einräumen.

Ebenfalls **nicht zulässig** ist eine Vereinbarung, wonach **passive Verkäufe** oder Lizenzerteilungen in bestimmte Gebiete oder an bestimmte Kundengruppen eingeschränkt werden. Dies gilt jedoch nicht, wenn eine solche Einschränkung vorsieht, dass Lizenzen an Ergebnissen der gemeinsamen Forschung und Entwicklung ausschließlich einer anderen Partei zu erteilen sind (lit. d). Eine Vereinbarung über aktive Verkäufe ist dann zulässig, wenn die Zuweisung von Gebieten oder Kunden an eine Partei im Wege der Spezialisierung erfolgt (lit. e). 56

Unzulässig ist auch eine Verpflichtung der Parteien, **Aufträge von Kunden abzulehnen**, die im Gebiet einer anderen Partei ansässig sind, die im Wege der Spezialisierung einer anderen Partei zugewiesen sind, oder die die Vertragsprodukte in anderen Gebieten des Binnenmarktes vermarkten würden (lit. f). 57

Weiterhin ist auch die **Beschränkung der Produktion oder des Absatzes** einer Partei (lit. b) verboten. Für diese Kernbeschränkung existieren allerdings Ausnahmen. Die Festlegung von Produktions- und Absatzzielen ist hiernach zulässig, 58
- wenn von der gemeinsamen Verwertung der Ergebnisse auch die gemeinsame Herstellung der Vertragsprodukte beziehungsweise die gemeinsame Erteilung von Lizenzen für Vertragstechnologien umfasst ist oder
- wenn es sich um Verhaltensweisen handelt, die eine Spezialisierung im Rahmen der Verwertung darstellen, und
- wenn die Freiheit der Unternehmen nicht dahingehend beschränkt wird, dass die Unternehmen im Zeitraum der gemeinsamen Verwertung der Forschungs- und Entwicklungsergebnisse keine konkurrierenden Produkte, Technologien oder Verfahren herstellen, verkaufen, abtreten oder dafür Lizenzen vergeben dürfen.

Wichtig ist im Hinblick auf alle Kernbeschränkungen, dass deren Kriterien weit auszulegen sind. So erfüllt eine Vereinbarung auch dann die Voraussetzungen einer Kernbeschränkung, wenn die Vereinbarung nur indirekt einen der genannten unzulässigen Zwecke verfolgt. 59

Weiterhin ist hierfür auch der Kontext der Vereinbarung zu betrachten. Die Vereinbarung muss nicht aus sich heraus unter eine Kernbeschränkung fallen. Es genügt bereits, wenn Umstände, die durch die Parteien beeinflussbar sind, einen der genannten Zwecke verfolgen. 60

d) Nicht gruppenfreigestellte Beschränkungen

61 Ist eine Bestimmung in einer Vereinbarung zwischen Wettbewerbern eine nicht gruppenfreigestellte Beschränkung („graue Klausel") nach Art. 6 F&E-GVO, so ist nur diese einzelne Klausel von der Gruppenfreistellung ausgenommen. Für die übrigen Bestandteile der Vereinbarung bleibt eine Gruppenfreistellung hingegen möglich. Auch eine Individualfreistellung für die nicht gruppenfreigestellte Klausel und die übrigen Vertragsbestandteile bleibt möglich.

Solche nicht gruppenfreigestellten Beschränkungen sind:

- Die Verpflichtung, nach Abschluss der Forschung und Entwicklung die **Gültigkeit von Rechten des geistigen Eigentums nicht anzufechten**, die für diese Forschung und Entwicklung von Bedeutung sind oder die nach deren Ende die Ergebnisse schützen (lit. a).
- Die Verpflichtung, **Dritten keine Lizenzen** für die Herstellung der Vertragsprodukte oder für die Anwendung der Vertragstechnologien zu erteilen, sofern nicht die Verwertung der Ergebnisse durch mindestens eine der Parteien in der Vereinbarung vorgesehen ist und im Binnenmarkt gegenüber Dritten erfolgt (lit. b).

e) Weitere Freistellungsvoraussetzungen nach der F&E-GVO

62 Aus Praxissicht erübrigt sich die Prüfung der Freistellungsvoraussetzungen, wenn schon eine Kernbeschränkung vorliegt. Ist dies nicht der Fall, ist eine Vereinbarung zwischen Wettbewerbern – abgesehen von den vorgenannten grauen Klauseln – dann nach der F&E-GVO freigestellt, wenn darin (positiv) festgelegt ist, dass alle Parteien für weitere Forschungs- oder Verwertungszwecke „uneingeschränkten Zugang zu den Endergebnissen der gemeinsamen Forschung und Entwicklung" haben[81] („positive Freistellungsvoraussetzungen"), die Marktanteilsschwellen nicht überschritten sind und das Vorhaben von der Freistellungsdauer gedeckt ist.[82]

63 Die positiven Freistellungsvoraussetzungen sind folgende:

64 Der „Zugang zu den Endergebnissen der gemeinsamen Forschung und Entwicklung" umfasst alle Endergebnisse inklusive etwaiger geistiger Eigentumsrechte und Know-how. Zugang bedeutet dabei, dass die Parteien tatsächlich die Möglichkeit der Verwertung haben. Die bloße Möglichkeit der Kenntnisnahme genügt hingegen nicht.[83]

65 Trotz des Erfordernisses der „Uneingeschränktheit" des Zugangs zu den Endergebnissen der gemeinsamen Forschung und Entwicklung lässt die F&E-GVO in

---

81 Siehe Artikel 3 Absatz 2 F&E-GVO.

82 *Wolf*, WRP 2013, 885 (886).

83 Siehe hierzu *Wolf*, WRP 2013, 885 (886). Diese Gewährung des Zugangs zu den Ergebnissen erfolgt durch Lizenzvergabe.

Art. 3 Abs. 2 Satz 2 bis 4 die folgenden kartellrechtskonformen Einschränkungen zu:
- Einschränkung für die Zwecke der Verwertung im Einklang mit der F&E-GVO,
- Vereinbarung, dass die Ergebnisse ausschließlich für die weitere Forschung genutzt werden dürfen, wenn es sich bei einer Partei um eine Forschungseinrichtung handelt, da diese regelmäßig nicht in der gewerblichen Verwertung solcher Ergebnisse tätig sind[84] oder
- Erhebung einer Vergütung für den Zugang zu den Ergebnissen zur weiteren Verwertung, wobei die Vergütung nicht so hoch bemessen sein darf, dass sie einen Zugang faktisch verhindert.

Beispiel
Es wäre zulässig, wenn ein Unternehmen sich von einem anderen Unternehmen die Schutzrechte an einem Forschungsergebnis übertragen lässt und danach Lizenzgebühren für die Verwertung eines Forschungsergebnisses verlangt, soweit die Verwertung des Ergebnisses aufgrund der Höhe dieser Gebühren nicht faktisch verhindert wird.

Ist **keine gemeinsame Verwertung** durch die Parteien vorgesehen (Art. 3 Abs. 3 Satz 1 F&E-GVO), muss jeder Partei Zugang zum vorhandenen Know-how der anderen Parteien gewährt werden, sofern dieses Know-how für die Verwertung der Ergebnisse unerlässlich ist.[85] Die Begriffe „Know-how" und „unerlässlich" sind dabei weit auszulegen. Unter „Know-how" wird die „Gesamtheit nicht patentgeschützter praktischer Erkenntnisse, die durch Erfahrung und Erprobung gewonnen wurden und die geheim, wesentlich und identifiziert sind" verstanden (Art. 1 Abs. 1 lit. i) F&E-GVO). „Unerlässlich" ist dieses Know-how dann, wenn ohne dieses eine wirtschaftliche Verwertung nicht vernünftig möglich wäre. 66

Für diesen Austausch unerlässlichen Know-hows kann allerdings auch eine Vergütung gefordert werden, vorausgesetzt, dass diese nicht so hoch ist, dass durch sie der Zugang zu diesem Know-how praktisch verhindert würde. Allerdings umfasst dies keine Offenlegungspflicht des sogenannten Background IP.[86] 67

Beispiel
Der Quellcode einer Software muss nicht offengelegt werden.

Ist eine **gemeinsame Verwertung** der Parteien vorgesehen, kann eine Freistellung nach Art. 3 Abs. 4 F&E-GVO dann erfolgen, wenn diese Verwertung nur solche Er- 68

84 Dabei ist zu bedenken, dass solche Forschungseinrichtungen immer häufiger Gesellschaften gründen, deren Zweck gerade die Verwertung geistigen Eigentums ist.

85 Artikel 3 Absatz 3 Satz 1 F&E-GVO. Siehe hierzu auch *Besen/Slobodenjuk*, GRUR 2011, 300 (302).

86 *Besen/Slobodenjuk*, GRUR 2011, 300 (302).

gebnisse betrifft, die durch Rechte des geistigen Eigentums geschützt sind oder Know-how darstellen, und in beiden Fällen wiederum für die Verwertung unerlässlich sind.[87]

Checkliste
1. Fragen Sie sich zuerst, ob alle Parteien uneingeschränkten Zugang zu den Endergebnissen der gemeinsamen Forschung und Entwicklung haben sollen. Ist dies der Fall, weiter bei 3.
2. Ist dies nicht vorgesehen, ist eine Freistellung nach der F&E-GVO dann möglich, wenn eine der in Rn 65 genannten Ausnahmen vorliegt. Falls eine solche vorliegt, weiter bei 3. Ansonsten ist regelmäßig keine Freistellung nach der F&E-GVO möglich.
3. Fragen Sie sich nun, ob eine gemeinsame Verwertungsmöglichkeit vorgesehen ist. Ist dies der Fall, ist die F&E-GVO unter den oben genannten strengen Voraussetzungen anwendbar.
4. Ist eine gemeinsame Verwertung nicht vorgesehen, kann eine Freistellung nach der F&E-GVO dann erfolgen, wenn jeder Partei Zugang zum für die Verwertung der Ergebnisse unerlässlichen Know-how der anderen Parteien gewährt wird.

---

3. Einzelne Problembereiche und Beispiele

69 Ungeachtet vorstehender allgemeiner Ausführungen, existieren Konstellationen, die regelmäßig entweder besondere Probleme oder zusätzliche Fragen aufwerfen oder die eine eigenständige Betrachtung als sinnvoll erscheinen lassen. Auf einige dieser Fallkonstellationen wird nachfolgend eingegangen.

a) Forschungs- und Entwicklungsaufträge sowie Forschungs- und Entwicklungsverträge zwischen Industrieunternehmen und staatlichen oder privaten Forschungsunternehmen

70 Beiden Konstellationen ist gemeinsam, dass es sich bei den beteiligten Parteien eigentlich nicht um Wettbewerber handelt.[88] Die Einbeziehung in die vorliegende Betrachtung erfolgt aus dem Grund, dass diese Fallgestaltungen in die F&E-GVO einbezogen sind und somit von einer kartellrechtlichen Relevanz ausgegangen werden kann.

71 Grundsätzlich gelten die bereits beschriebenen allgemeinen Regeln – beispielsweise zu Forschungskooperationen und Auftragsforschung – auch in diesem Bereich.

72 Im genannten Verhältnis wird regelmäßig seitens des Industrieunternehmens ein hohes Interesse daran bestehen, einen wettbewerblichen Vorsprung durch das Vorhaben zu erlangen. Entsprechend häufig sind Regelungen vorgesehen, wonach

---

87 Details hierzu mit weiteren Nachweisen bei *Besen/Slobodenjuk*, GRUR 2011, 300 (302).
88 *Winzer*, Forschungs- und Entwicklungsverträge, Rn 367 f., 943 ff. und 1243 ff., der vorschlägt, die F&E-GVO für Auftragsforschung und -entwicklung auch bei Beteiligung einer Hochschule unberücksichtigt zu lassen.

das geistige Eigentum den Industrieunternehmen zustehen soll, Hochschulen aber eine Rücklizenz zur Nutzung für Forschung und Lehre bekommen.[89] Voranzustellen ist, dass sowohl im Rahmen der Prüfung von Art. 101 AEUV, als auch der F&E-GVO von einem weiten, sogenannten „funktionalen Unternehmensbegriff" auszugehen ist (siehe auch Kapitel 1 und Kapitel 3),[90] der auch Hochschulen und außeruniversitäre Forschungseinrichtungen umfasst.[91] Daher finden auch in diesem Verhältnis die kartellrechtlichen Vorschriften grundsätzlich Anwendung.

Dies bedeutet im Umkehrschluss aber auch, dass Art. 101 AEUV nicht anwendbar ist und somit ein Kartellrechtsverstoß schon gar nicht in Betracht kommt, wenn 73
- die Forschungs- und Entwicklungstätigkeit in solchen Einrichtungen stattfindet, die Ergebnisse nicht gewerblich verwerten.[92] Dies dürfte jedoch in Zeiten der Drittmitteleinwerbung und Verwertungsgesellschaften immer seltener der Fall sein,[93] oder
- eine Wettbewerbsbeschränkung nicht spürbar ist.

Weiterhin kann eine nach Art. 101 Abs. 1 AEUV zunächst nicht zulässige Bestimmung nach der F&E-GVO freigestellt sein. Hier kommt insbesondere die Fallkonstellation des Art. 3 Abs. 2 zum Tragen, wonach eine Vereinbarung kartellrechtlich zulässig ist, die den Parteien in der Entwicklungsphase Exklusivität gewährt und das Unternehmen Eigentum oder exklusive Verwertungsrechte unter der Voraussetzung erhält, dass die Hochschule berechtigt ist, das Ergebnis der gemeinsamen Forschung und Entwicklung für die weitere Forschung zu nutzen.[94] 74

b) Exklusivitätsvereinbarungen

Die Parteien einer Exklusivitätsvereinbarung im Bereich Forschung und Entwicklung verfolgen mit der Vereinbarung einer Ausschließlichkeit den Zweck, einen wettbewerblichen Vorteil zu erlangen. Dieser Vorteil kann gegenüber den anderen 75

89 *Wündisch/Hering*, GRUR Int. 2009, 106. Anzumerken ist, dass bereits der Begriff „Forschung" im Rahmen einer solchen Rücklizenz zu ungenau sein dürfte, soll auch die Auftragsforschung für einen Dritten eingeschränkt werden. Dieser Problembereich bedarf zusätzlicher rechtlicher Betrachtung folgender Rechtsgebiete: Zuwendungsbedingungen öffentlich geförderter Projekte, ArbNErfG etc, worauf in diesem Rahmen nicht eingegangen werden kann.

90 *Wündisch/Hering*, GRUR Int. 2009, 106 (107).

91 *Wündisch/Hering*, GRUR Int. 2009, 106 (107).

92 Dann fehlt es bereits an der Eigenschaft als „Wettbewerber". Siehe: Europ. Kommission, Horizontal-Leitlinien 2011/C 11/01, Rn 10 und 131; *Wündisch/Hering*, GRUR Int. 2009, 106 (107).

93 So auch *Wündisch/Hering*, GRUR Int. 2009, 106 (108), allerdings im Zusammenhang mit den Freistellungsvoraussetzungen der F&E-GVO.

94 *Winzer*, Forschungs- und Entwicklungsverträge, Rn 1243–1250, wobei „Forschung" dann auch die Auftragsforschung umfassen muss, weshalb eine gewisse Unsicherheit bestehen bleibt.

Parteien der gemeinsamen Forschung und Entwicklung bestehen, nämlich darin, dass bestimmte Ergebnisse der Kooperation nur einer Partei oder den anderen Parteien nur beschränkt zustehen (exklusiver Zugang einer Partei). Eine Vereinbarung kann aber auch auf die Exklusivität der kooperierenden Parteien gegenüber Dritten abzielen (Exklusivität der Zusammenarbeit = Wettbewerbsverbot).[95] In der Wirtschaft besteht hoher Bedarf an solchen Exklusivitätsvereinbarungen.

Beispiel
Pharmaunternehmen P hat in achtjähriger intensiver und teurer Forschungs- und Entwicklungstätigkeit einen Wirkstoff entwickelt. Es möchte mit einem grundsätzlich konkurrierenden Pharmaunternehmen U eine Forschungskooperation hinsichtlich dessen Darreichungsformen eingehen. P hat das Ziel, eine ideale Darreichungsform für seinen Wirkstoff zu erhalten. U beabsichtigt, neu entwickelte Darreichungsformen zu erproben.

76 Vorstehendes Beispiel verdeutlicht, dass das von der F&E-GVO für eine Freistellung zur Verfügung gestellte Instrument des gegenseitigen uneingeschränkten Zugangs zu den Endergebnissen inklusive etwaiger geistiger Eigentumsrechte und Know-how und der tatsächlichen Möglichkeit beider Parteien zur Verwertung hier weder passt, noch im Interesse beider Parteien ist. Noch gravierender stellt sich die Situation dar, wenn die Beiträge einer Kooperation erheblich ungleich sind.[96]

77 Möglichkeiten, einen gewissen Grad an Exklusivität zu erlangen, ohne die Freistellung zu gefährden, sind folgende:[97]

- Zu Background Know-how, also bereits vor Beginn der Forschungs- oder Entwicklungskooperation bestehendem Know-how, muss kein Zugang erteilt werden, um eine Freistellung nach Art. 3 Abs. 2 F&E-GVO zu erlangen.[98] Es empfiehlt sich, dies ausdrücklich zu regeln und das jeweils eingebrachte Background Know-how sauber zu definieren und zu dokumentieren.
- Da Art. 3 Abs. 2 F&E-GVO lediglich die Endergebnisse nennt, ist im Umkehrschluss nicht zwingend Zugang zu den Zwischenergebnissen zu gewähren.[99]

95 Zu beiden Konstellationen und schwerpunktmäßig zur den Gestaltungsmöglichkeiten: *Wolf*, WRP 2013, 885 (885 ff.).

96 Dieser Fall kann gegebenenfalls über Vergütungen geregelt werden. Dies wird aber auch nicht allen Konstellationen gerecht, vgl. *Wolf*, WRP 2013, 885 (887).

97 Umfassende Hintergründe und weitere Nachweise hierzu finden sich bei *Wolf*, WRP 2013, 885 (885 ff.). Nicht behandelt werden die (wohl eher selteneren) Fälle, in denen keine Freistellung einer Exklusivitätsvereinbarung durch die F&E-GVO erfolgt, eine solche Freistellung aber als Einzelfreistellung nach Artikel 101 Absatz 3 AEUV in Betracht kommt. Hierzu ebenfalls ausführlich *Wolf*, WRP 2013, 885 (889).

98 Dies ist streitig. Zum Meinungsstreit siehe *Wolf*, WRP 2013, 885 (887).

99 Auch dies ist wohl streitig. So sieht *Rosenberger*, GRUR Int. 2012, 721 (726), hierin nur eine Aussage über den Zeitpunkt des Zugänglichmachens, schließt aber nötige Zwischenergebnisse ein.

Diesbezüglich ist es empfehlenswert, den Zeitpunkt des Zugänglichmachens und die Tatsache, dass nur die Endergebnisse umfasst sind, festzulegen.
- Weiterhin sehen Art. 3 Abs. 2 Satz 2 und Art. 1 Abs. 1 lit. o) der F&E-GVO vor, dass der Zugang (auch zum Zweck der Verwertung) entsprechend der Spezialisierung beschränkt werden kann. Dies kann entlang der Grenzlinien der Aufgabenverteilung oder auch nach Anwendungsgebieten, Kunden oder Territorien geschehen. Voraussetzung ist aber immer, dass dadurch keine Kernbeschränkungen – hier insbesondere nach Art. 5 F&E-GVO – eintreten.

Beispiel
Im vorstehenden Beispielsfall könnten P und U daher folgende Regelungen treffen, ohne dass die Freistellung nach der F&E-GVO gefährdet wäre:
- Jeder Partei steht ihr Background Know-how zu. Die andere Partei erhält Zugang hierzu lediglich für den Zweck der Durchführung der Kooperation und nicht darüber hinaus (auch kein Verwertungsrecht).
- Die Parteien gewähren sich Zugang lediglich zu den Endergebnissen der gemeinsamen Forschung und Entwicklung.
- Alle Ergebnisse den Wirkstoff betreffend stehen ausschließlich P zu und alle Ergebnisse die Darreichungsform betreffend stehen ausschließlich U zu. P und U dürfen die Ergebnisse aber jeweils für Zwecke der eigenen Forschung und Entwicklung verwerten.

Eine **über die Freistellungstatbestände der FuE-GVO hinausgehende Exklusivität oder ein entsprechendes Wettbewerbsverbot** kann nur im Wege der **Einzelfreistellung** nach Art. 101 Abs. 3 AEUV bzw. § 2 GWB gerechtfertigt sein oder als **„notwendige Nebenabrede“** vom Kartellverbot ausgenommen werden. Ob eine notwendige Nebenabrede vorliegt, ist durch ein Gericht einzelfallabhängig zu beurteilen und mit hoher Rechtsunsicherheit behaftet. 78

Maßgeblich für das Vorliegen einer (stets vom Kartellverbot ausgenommenen) 79 notwendigen Nebenabrede ist, ob die Exklusivität in ihrer konkreten Ausgestaltung für die Durchführung der Forschung und Entwicklung als Vertragsgegenstand objektiv notwendig ist und zu ihren Zielen in einem angemessenen Verhältnis steht.[100] Entscheidend ist folglich, ob die Durchführung der konkreten Forschung und Entwicklung auch ohne die fragliche Beschränkung möglich wäre (dann liegt keine notwendige Nebenabrede vor) oder ob die Exklusivität für die Durchführung der Forschung und Entwicklung „strikt unerlässlich“ ist (dann liegt eine notwendige Nebenabrede vor). Der Umstand, dass die Maßnahme ohne die Beschränkung nur schwerer durchführbar oder weniger rentabel wäre, hat keine Bedeutung. Sobald „realistische Alternativen“ bestehen, die den Wettbewerb weniger einschränken als

100 OLG Celle, Beschl. v. 14.10.2016, Az. 13 Sch 1/15 (Kart) 7 Sch 3/15, Rn 78 ff. = BeckRS 2016, 124988.

die in Rede stehende Exklusivität, und die gleichwohl eine Durchführung der Forschung und Entwicklung ermöglichen, ist die Exklusivität nicht mehr kartellrechtlich verteidigbar.

80 Das OLG Celle hat ein während der zeitlich unbegrenzten Vertragslaufzeit geltendes Wettbewerbsverbot einschließlich einer Rückübertragungsverpflichtung von im Eigentum eines Vertragspartners befindlichen Zellkulturen als für die Durchführung einer Forschungs- und Entwicklungsvereinbarung unerlässlich angesehen. Das Gericht begründete dies mit der Annahme, dass kein rational handelnder Marktteilnehmer einem Dritten Zellkulturen als Forschungsmaterial zur Verfügung stellen würde, wenn er nicht sicher gehen könnte, dass ihn ein umfassendes Wettbewerbsverbot einschließlich weiterer Absicherungsmechanismen vor der illoyalen Ausbeutung seines Forschungsmaterials schützt, und er somit nicht fürchten muss, sich selbst infolge der Forschungszusammenarbeit einen neuen Wettbewerber aufzubauen.[101]

c) Lizenzgewährung zwischen Wettbewerbern

81 Die Gewährung einer Lizenz im Rahmen eines gemeinsamen Forschungs- und Entwicklungsprojektes zwischen Wettbewerbern kann bereits eine positive Voraussetzung der Freistellung nach der F&E-GVO sein.

82 Im Rahmen von Forschungs- und Entwicklungsvorhaben liegt es in der Natur der Sache, dass die Parteien sich Gedanken machen müssen, wie die erlangten Ergebnisse verwertet werden können sollen. Die Parteien haben daher ein Interesse daran, zu regeln, welche Rechte (Know-how und Erfindungen) am Ergebnis der gemeinsamen Forschung und Entwicklung wem zustehen sollen. Dies geht häufig einher mit dem Bedürfnis, auch Lizenzen an bestehenden Rechten (ebenfalls Know-how oder Schutzrechte, gemeinsam häufig „Background Intellectual Property“ genannt) insofern zu gewähren, als dies zur Nutzung der Ergebnisse erforderlich ist. Letztlich kann ein Interesse an der Vergabe von Unterlizenzen (an Dritte) bestehen.

83 Die Zulässigkeit der Lizenzgewährung hinsichtlich „Background Intellectual Property“ und an den Ergebnissen der gemeinsamen Forschung und Entwicklung richtet sich allein nach der F&E-GVO. Beabsichtigen die Parteien (einzeln oder gemeinsam) jedoch, Dritten eine Lizenz an den Forschungs- und Entwicklungsergebnissen einzuräumen, müssen die Voraussetzungen einer Freistellung nach der Technologietransfer-Gruppenfreistellungsverordnung 316/2014 (TT-GVO) vorliegen.

---

101 OLG Celle, Beschl. v. 14.10.2016, Az. 13 Sch 1/15 (Kart) 7 Sch 3/15, Rn 78 ff. = BeckRS 2016, 124988.

4. Zusammenfassung und Checkliste

Für die kartellrechtliche Einschätzung von Vereinbarungen zwischen Wettbewerbern bietet somit im Bereich Forschung und Entwicklung folgende Prüfung eine erste Orientierung: 84

Checkliste

1. Handelt es sich um einen kartellrechtlich relevanten Sachverhalt oder ein kartellfreies Vorhaben? Falls letzteres bereits eindeutig ist: Ende der Prüfung, da keine Wettbewerbsbeschränkung vorliegt und das Vorhaben nicht kartellrechtswidrig ist. Sonst weiter:
2. Liegt eine Kernbeschränkung nach der F&E-GVO vor? Falls ja: Ende der Prüfung einer Gruppenfreistellung, aber es ist die (in der Praxis äußerst seltene) Möglichkeit einer Individualfreistellung zu prüfen.
3. Ist die nicht unter eine Kernbeschränkung fallende Wettbewerbsbeschränkung spürbar? Falls nein: Ende der Prüfung, da das Vorhaben nicht kartellrechtswidrig ist. Sonst weiter:
4. Liegt ein Gruppenfreistellungstatbestand vor? Falls nein, Prüfung einer Individualfreistellung erforderlich. Falls letztere nicht in Betracht kommt, Ende der Prüfung, da das Vorhaben kartellrechtswidrig ist.
5. Ergeben sich Besonderheiten aus den übrigen Ausführungen der vorstehenden Kapitel?

V. Spezialisierungsvereinbarungen

1. Allgemeine Aspekte

Spezialisierungsvereinbarungen können in unterschiedlicher Ausgestaltung auftreten. So fallen hierunter Vereinbarungen zwischen Unternehmen, in denen sich entweder beide oder nur ein Unternehmen verpflichten, die Produktion bestimmter Produkte ganz oder zum Teil einzustellen und diese Produkte jeweils von dem anderen Unternehmen zu beziehen. Letzteres verpflichtet sich im Gegenzug zur Produktion und Lieferung der Produkte. Ebenfalls unter die Spezialisierungsvereinbarungen fallen Konstellationen, in denen sich die Unternehmen verpflichten, ein bestimmtes Produkt gemeinsam zu produzieren (**Produktionsvereinbarungen**). 85

Generell werden Spezialisierungsvereinbarungen – und in diesem Kontext insbesondere Produktionsvereinbarungen – als kartellrechtlich kritisch angesehen. Dies wird damit begründet, dass die Unternehmen im Rahmen dieser Vereinbarungen dazu verleitet werden, Preise, Produktionsmengen und andere wettbewerbsrelevante Parameter abzusprechen oder anzugleichen.[102] Des Weiteren sind Unternehmen im Zuge solcher Vereinbarungen geneigt, wettbewerbsrelevante Informationen auszutauschen. 86

Spezialisierungsvereinbarungen gibt es sowohl im Horizontalverhältnis (zwischen tatsächlichen oder potenziellen Wettbewerbern auf derselben Marktstufe) als 87

102 Europ. Kommission, Horizontal-Leitlinien 2011/C 11/01, Rn 157 ff.

auch im Vertikalverhältnis (Unternehmen auf unterschiedlichen Marktstufen). Bei letzteren finden die Vertikal-Leitlinien[103] und in Grenzen die Vertikal-GVO[104] Anwendung. Die nachfolgenden Ausführungen beziehen sich ausschließlich auf Spezialisierungsvereinbarungen im Horizontalverhältnis.

88 Für die Zulässigkeit solcher Vereinbarungen gilt grundsätzlich, dass eine solche Vereinbarung **nur** Regelungen über Produkte betreffen darf, die **von der Spezialisierung originär erfasst** werden. Soweit die Vereinbarung über die Produkte hinausgeht, die unmittelbar unter die Spezialisierungsvereinbarung fallen, ist sie kartellrechtlich unzulässig und nach Art. 101 AEUV bzw. § 134 BGB unwirksam („überschießende" Vereinbarung).[105]

2. Anwendbarkeit der Spezialisierungs-GVO

89 Für den Bereich der Spezialisierungsvereinbarungen existiert eine eigene Spezialisierungs-Gruppenfreistellungsverordnung 1218/2010[106] (im Folgenden „Spezialisierungs-GVO"). Darin ist festgelegt, in welchen typischen Konstellationen Spezialisierungsvereinbarungen vom Kartellverbot freigestellt sind.

a) Marktanteilsschwellen

90 Die Spezialisierungs-GVO findet nur Anwendung, wenn der gemeinsame Marktanteil der an der Vereinbarung beteiligten Unternehmen auf dem sachlich und räumlich relevanten Markt maximal 20% beträgt (Art. 3 Spezialisierungs-GVO). Übersteigen die zusammengerechneten Marktanteile der Unternehmen diese Marktanteilsschwelle, kommt keine Gruppenfreistellung, sondern nur noch eine Individualfreistellung nach Art. 101 Abs. 3 AEUV bzw. § 2 GWB in Betracht. Um eine Individualfreistellung zu erlangen, müssen die Parteien jedoch das Vorliegen sämtlicher gesetzlicher Freistellungsvoraussetzungen nachweisen. Diese können beispielsweise in einer Kostenersparnis durch Effizienzgewinne oder in der Entwicklung einer besseren Produktionstechnologie bestehen, wobei die erzielten Vorteile an die Ver-

---

103 Mitteilung der Kommission über die Leitlinien zur Anwendbarkeit von Artikel 101 des Vertrages über die Arbeitsweise der Europäischen Union auf vertikale Beschränkungen (Vertikal-Leitlinien), ABl C 130 v. 19.5.2010, S. 1 ff.

104 Verordnung (EU) Nr. 330/2010 der Kommission über die Anwendung von Artikel 101 Absatz 3 des Vertrages zur Arbeitsweise der Europäischen Union auf Gruppen von vertikale Vereinbarungen und abgestimmten Verhaltensweisen, ABl L 102 v. 23.4.2010, S. 1 ff.

105 Langen/Bunte/*Krauß*, Dt. KartellR, § 1 GWB Rn 235.

106 Verordnung (EU) Nr. 1218/2010 der Kommission über die Anwendung von Artikel 101 Absatz 3 des Vertrages zur Arbeitsweise der Europäischen Union auf Gruppen von Spezialisierungsvereinbarungen, ABl L 335 v. 18.12.2010, S. 43 ff.

braucher weitergegeben werden müssen und der Wettbewerb nicht ausgeschaltet werden darf.[107]

b) Kernbeschränkungen

Eine Freistellung nach der Spezialisierungs-GVO ist nicht möglich, wenn die Vereinbarung eine Kernbeschränkung nach Art. 4 Spezialisierungs-GVO enthält. In diesen Fällen ist für die gesamte Vereinbarung eine Gruppenfreistellung ausgeschlossen. Lediglich eine Individualfreistellung nach Art. 101 Abs. 3 AEUV bzw. § 2 GWB bleibt denkbar, wobei das Vorliegen der Freistellungsvoraussetzungen in der Praxis kaum nachweisbar sein dürfte. 91

Eine Kernbeschränkung besteht immer dann, wenn die Vereinbarung unmittelbar oder mittelbar den Zweck verfolgt, 92
- die Preise für den Verkauf der Produkte für nicht an der Vereinbarung beteiligte Dritte festzusetzen,
- die Produktion oder den Absatz zu beschränken oder
- den an der Vereinbarung beteiligten Unternehmen Märkte oder Kunden zuzuweisen.

Hiervon werden folgende Ausnahmen gemacht: Eine Kernbeschränkung liegt nicht vor, wenn 93
- die Preise für direkte Abnehmer nur im Rahmen des gemeinsamen Vertriebs festgesetzt werden,
- die Produktmengen und die Kapazitäten nur in Produktionsvereinbarungen festgelegt werden oder
- die Absatzziele nur im Rahmen eines gemeinsamen Vertriebs festgelegt werden.

VI. Technologietransfer-Vereinbarungen

1. Allgemeine Aspekte

Technologietransferverträge nehmen im europäischen Binnenmarkt, so etwa im Automobil-, Elektronik- oder IT-Sektor, eine herausragende Stellung ein. Solche Vereinbarungen ermöglichen es den Unternehmen, anderen Marktteilnehmern die Nutzung von Patenten, Know-how oder Software durch Lizenzierung zur Verfügung zu stellen. Dadurch wird die Verbreitung von Innovationen gefördert und das Wirtschaftswachstum verstärkt. Gleichzeitig führen Technologietransfer-Vereinbarungen aber auch immer dazu, dass Wettbewerber, denen die Technologien nicht 94

107 Europ. Kommission, Horizontal-Leitlinien 2011/C 11/01, Rn 183 ff.

mittels Lizenzvertrag zur Verfügung gestellt werden, für eine bestimmte Zeit von der Nutzung ausgeschlossen und somit im Wettbewerb beschränkt werden.[108] Der hierdurch entstehende Wettbewerbsvorteil der an der Vereinbarung beteiligten Parteien wird aufgrund der beschriebenen gesamtwirtschaftlichen Vorteile in Kauf genommen. Allerdings können einzelne Ausübungsformen kartellrechtlichen Grenzen unterliegen. Insbesondere darf die Ausübung der Rechte des geistigen Eigentums keine willkürliche Diskriminierung oder verschleierte Beschränkung des Handels zwischen den Mitgliedstaaten darstellen.[109] Dies hat die Europäische Kommission mit dem Erlass der Technologietransfer-Gruppenfreistellungsverordnung[110] (nachfolgend „TT-GVO“) und den flankierenden Technologietransfer-Leitlinien[111] (nachfolgend „TT-Leitlinien“) sichergestellt.

95 Die TT-Leitlinien befassen sich nicht nur mit Vereinbarungen im Anwendungsbereich der TT-GVO, sondern auch mit solchen, die wegen Überschreitens bestimmter Marktanteile nicht mehr von der Freistellungsmöglichkeit der TT-GVO erfasst werden und für die daher nur eine Individualfreistellung nach Art. 101 Abs. 3 AEUV in Betracht kommt.

2. Anwendbarkeit der TT-GVO

a) Konkurrenzverhältnis zu anderen Gruppenfreistellungsverordnungen

96 Die TT-GVO regelt Sachverhalte, in denen ein Unternehmen einem anderen gegen Entgelt die Rechte zur Nutzung innovativer Technologien zur Verfügung stellt, um so die Herstellung bestimmter vertraglich definierter Produkte zu ermöglichen.[112] Die TT-GVO ist **nachrangig** nach der F&E-GVO und der Spezialisierungs-GVO anzuwenden, wenn eine Lizenzabsprache in einer F&E- oder Spezialisierungsvereinbarung (im Folgenden „Spezialisierungs-GVO“) enthalten ist (Art. 9 TT-GVO). Die Regelungen für eine Gruppenfreistellung vertikaler Vereinbarungen (im Folgenden „Verti-

---

108 Das Patent gewährt kein positives Nutzungsrecht – selbstverständlich muss die Nutzung einer durch ein Patent geschützten Erfindung immer im Einklang mit dem geltenden Recht stehen.

109 EuGH, Urt. v. 29.2.1968, Rs. 24/67 = GRUR Int. 1968, 99 – *Parke Davis*; EuGH, Urt. v. 18.2.1971, Rs. 40/70 = GRUR Int. 1971, 279 – *Sirena/Novimpex*.

110 Verordnung (EU) Nr. 316/2014 der Kommission vom 21. März 2014 über die Anwendung von Artikel 101 Abs. 3 des Vertrages über die Arbeitsweise der Europäischen Union auf Gruppen von Technologietransfer-Vereinbarungen, ABl L 93 v. 28.3.2014, S. 17 ff.

111 Bekanntmachung der Kommission zu den Leitlinien zur Anwendung von Artikel 101 des Vertrages zur Arbeitsweise der Europäischen Union auf Technologietransfer-Vereinbarungen, ABl. C 89 v. 28.3.2014, S. 3 ff.

112 Bekanntmachung der Kommission zu den Leitlinien zur Anwendung von Artikel 101 des Vertrages zur Arbeitsweise der Europäischen Union auf Technologietransfer-Vereinbarungen, Rn 69 ff.

kal-GVO")[113] gelten allerdings **neben** den Vorgaben der TT-GVO. Somit unterliegt die Vereinbarung zwischen **Lizenzgeber und Lizenznehmer der TT-GVO**, die Vereinbarungen zwischen dem **Lizenznehmer und dem Abnehmer der Vertragsprodukte** unterliegen hingegen der **Vertikal-GVO.**[114]

b) Sachlicher Anwendungsbereich

In sachlicher Hinsicht ist die TT-GVO gemäß Art. 2 TT-GVO i.V.m. Ziff. 7 der Erwägungsgründe ausschließlich anwendbar auf Technologietransfer-Vereinbarungen zwischen einem Lizenznehmer und einem Lizenzgeber **zur Herstellung von Produkten oder Dienstleistungen.** Die Lizenzvergabe für die Nutzung von Markennamen oder Software ist daher von der TT-GVO **nicht** umfasst.[115] 97

Der Begriff der **Technologietransfer-Vereinbarung** ist in Art. 1 Abs. 1 lit. c) TT-GVO legaldefiniert, wobei hierunter eine von zwei Unternehmen geschlossene Vereinbarung über die Lizenzierung von Rechten an innovativen Technologien mit dem Ziel der Produktion von Vertragsprodukten durch den Lizenznehmer oder dessen Zulieferer zu verstehen ist. Ebenfalls erfasst werden solche Vereinbarungen, bei denen das mit der Verwertung der Technologie verbundene finanzielle Risiko zum Teil beim Lizenzgeber verbleibt. Dies ist beispielsweise dann der Fall, wenn Lizenzgeber und Lizenznehmer verabreden, dass die Höhe der zu zahlenden Lizenzgebühr von dem Umsatz des Lizenznehmers abhängt, den dieser aufgrund der Nutzung des Technologierechts erzielt. Zusätzlich ist zu beachten, dass die TT-GVO nur in Mitgliedstaaten gilt, in denen der Lizenzgeber auch entsprechende Technologierechte innehat.[116] Als Technologierechte kommen insbesondere Patente, Gebrauchsmuster, Geschmacksmuster und Software-Urheberrechte[117] in Betracht (Art. 1 Abs. 1 lit. b TT-GVO). Diese können grundsätzlich auch für mehr als eine Handelsstufe lizenziert werden. So sind von der TT-GVO auch Lizenzvereinbarungen erfasst, die sowohl die Herstellungsstufe als auch den Vertrieb betreffen, weil der Hersteller (Lizenzgeber) den Lizenznehmer darin verpflichtet, dessen Wiederverkäufern bezüglich der mit der Lizenz hergestellten Produkte bestimmte Konditionen aufzuerlegen.[118] 98

---

113 Verordnung (EU) Nr. 330/2010 der Kommission über die Anwendung von Artikel 101 Absatz 3 des Vertrages zur Arbeitsweise der Europäischen Union auf Gruppen von vertikale Vereinbarungen und abgestimmten Verhaltensweisen, ABl. L 102 v. 23.4.2010, S. 1ff.

114 Europ. Kommission, Technologietransfer-Leitlinien 2014/C 89/03, Rn 75ff.

115 Auf diese findet jedoch die Vertikal-GVO Anwendung, soweit die Lizenzgewährung im Zusammenhang mit einer Vertriebsvereinbarung steht.

116 Europ. Kommission, Technologietransfer-Leitlinien 2014/C 89/03, Rn 44.

117 Andere Urheberrechte sind hingegen nicht von der TT-GVO erfasst, vgl. Europ. Kommission, Technologietransfer-Leitlinien 2014/C 89/03, Rn 48.

118 Europ. Kommission, Technologietransfer-Leitlinien 2014/C 89/03, Rn 55.

99 Ausdrücklich ist die Anwendbarkeit der TT-GVO nur dann eröffnet, wenn es sich um eine Technologietransfer-Vereinbarung zwischen zwei Unternehmen handelt (Art. 1 Abs. 1 lit. c TT-GVO). Die Europäische Kommission wendet aber die Grundsätze der TT-GVO auch dann an, wenn eine Vereinbarung zwischen mehr als zwei Unternehmen[119] geschlossen wurde und sie ihrem Gegenstand nach unter die TT-GVO fällt. Sie begründet dies damit, dass die Sachlage jeweils vergleichbar ist und sich oft die gleichen zu klärenden Fragen stellen.[120]

100 Seit der Neufassung der TT-GVO ist nicht mehr erforderlich, dass der Technologietransfer den Hauptgegenstand der Vereinbarung bildet.[121] Nunmehr wird nur noch darauf abgestellt, ob die „Bestimmungen unmittelbar und ausschließlich mit der Produktion von Vertragsprodukten verbunden sind" (Art. 2 Abs. 3 TT-GVO). Diese Voraussetzung dürfte in den meisten Kooperationsverträgen erfüllt sein.

c) Marktanteilsschwellen

101 Die TT-GVO ist nur anwendbar, wenn die Parteien bestimmte Marktanteilsschwellen (den „Safe-Harbour-Bereich") nicht überschreiten. Damit werden nur Vereinbarungen vom Kartellverbot freigestellt, bei denen aufgrund der verhältnismäßig geringen Marktpräsenz der Parteien davon ausgegangen werden kann, dass sie die Voraussetzung des Art. 101 Abs. 3 AEUV erfüllen.[122] Sobald die Parteien den geschützten „Safe-Harbour-Bereich" verlassen, ist nur eine Individualfreistellung nach Art. 101 Abs. 3 AEUV möglich.

102 Für eine Gruppenfreistellung liegt der **gemeinsame Marktanteil** der Parteien auf dem relevanten Markt bei maximal **20%** (Art. 3 Abs. 1 TT-GVO), wenn es sich um eine Vereinbarung zwischen **Wettbewerbern** handelt. Bei **Nicht-Wettbewerbern** darf der individuelle Marktanteil **jeder Partei** auf dem relevanten Markt **30%** nicht überschreiten (Art. 3 Abs. 2 TT-GVO).

103 Der zu bestimmende Marktanteil ist nach den Vorgaben von Art. 8 lit. d) TT-GVO zu berechnen. Hierbei wird in einem ersten Schritt auf den Gesamtabsatz des Lizenzgebers und seiner Lizenznehmer abgestellt, den diese mit den Vertragsprodukten erzielen. In einem zweiten Schritt wird dieser Gesamtabsatz dem Absatz mit konkurrierenden Produkten gegenübergestellt – und zwar unabhängig davon, ob die konkurrierenden Produkte mit der lizenzierten Technologie hergestellt wurden oder nicht.[123]

---

119 Vgl. hierzu die Ausführungen in diesem Kapitel zum speziellen Fall der Technologiepools, Rn 121 ff.

120 Europ. Kommission, Technologietransfer-Leitlinien 2014/C 89/03, Rn 57.

121 Langen/Bunte/ *Jestaedt*, EU-KartellR, Nach Art. 101 AEUV, Rn 1304.

122 Europ. Kommission, Technologietransfer-Leitlinien 2014/C 89/03, Rn 79.

123 Europ. Kommission, Technologietransfer-Leitlinien 2014/C 89/03, Rn 86 f.

d) Kernbeschränkungen

Liegt eine der in Art. 4 TT-GVO genannten Kernbeschränkungen (sog. „schwarze Klausel") vor, kann keine Freistellung vom Kartellverbot nach einer Gruppenfreistellungsverordnung erfolgen. Kernbeschränkungen sind schwerwiegende Wettbewerbsbeschränkungen, bei deren Vorliegen sämtliche wettbewerbsbeschränkende Inhalte eines Vertrags der Gruppenfreistellung entzogen sind.[124] Es ist bei Vorliegen einer Kernbeschränkung lediglich denkbar, eine Individualfreistellung nach Art. 101 Abs. 3 AEUV zu erlangen. Um dies zu erreichen, muss der Antragsteller jedoch gewichtige Effizienzvorteile geltend machen können, die die Nachteile der Wettbewerbsbeschränkung deutlich überwiegen.[125] Dies ist in der Praxis kaum möglich. 104

Die Kernbeschränkungen sind für **Wettbewerber** und für **Nicht-Wettbewerber** unterschiedlich ausgestaltet. Zudem unterscheidet die TT-GVO zwischen **wechselseitigen** und **nicht wechselseitigen Vereinbarungen**. Dabei werden an wechselseitige Vereinbarungen strengere Anforderungen gestellt. Es handelt sich bei wechselseitigen Vereinbarungen immer um einen gegenseitigen Austausch von Technologielizenzen, die konkurrierende Technologien zum Gegenstand haben oder mit denen konkurrierende Produkte hergestellt werden können (Cross-Licensing).[126] Solche Vereinbarungen im Bereich von Konkurrenzprodukten werden als für den freien Wettbewerb gefährlicher eingestuft als nicht wechselseitige Vereinbarungen. Dies liegt daran, dass es bei einer wechselseitigen Vereinbarung immer zu einem Technologieaustausch zwischen den Wettbewerbern kommt, der leichter für wettbewerbsschädigende Beschränkungen wie beispielsweise Marktaufteilungen ausgenutzt werden kann.[127] Bei nicht wechselseitigen Vereinbarungen lizenziert hingegen nur eine Partei eine Technologie oder der Lizenzaustausch findet zwischen nicht miteinander konkurrierenden Produkten statt.[128] Eine Vereinbarung ist jedoch nicht allein deshalb als wechselseitig einzustufen, weil sie eine Rücklizenzierungsverpflichtung enthält oder weil der Lizenznehmer dem Lizenzgeber im Gegenzug eine Lizenz für seine eigenen Verbesserungen an der lizenzierten Technologie erteilt.[129] Vielmehr bedarf es einer Gesamtschau, die auch die jeweilige Konkurrenzsituation der Technologien mit in die Bewertung einbezieht. 105

---

124 Europ. Kommission, Technologietransfer-Leitlinien 2014/C 89/03, Rn 94, 95.
125 Europ. Kommission, Technologietransfer-Leitlinien 2014/C 89/03, Rn 94.
126 Europ. Kommission, Technologietransfer-Leitlinien 2014/C 89/03, Rn 98.
127 Immenga/Mestmäcker/*Fuchs*, EU-WettbewerbsR, VO (EG) 772/2004, Art. 1 Rn 31.
128 Europ. Kommission, Technologietransfer-Leitlinien 2014/C 89/03, Rn 98; in: Langen/Bunte/*Jestaedt*, EU-KartellR, Nach Art. 101 AEUV Rn 1334.
129 Europ. Kommission, Technologietransfer-Leitlinien 2014/C 89/03, Rn 98.

aa) Kernbeschränkungen zwischen Wettbewerbern

106 Zu den Kernbeschränkungen **zwischen Wettbewerbern** gehören insbesondere **Preisfestsetzungsbeschränkungen** (Art. 4 Abs. 1 lit. a) TT-GVO) sowie **Gebiets- und Kundenaufteilungen** (Art. 4 Abs. 1 lit. c) TT-GVO). Ausnahmsweise liegt jedoch trotz einer Gebiets- und Kundenaufteilung keine Kernbeschränkung vor, wenn eine nicht wechselseitige Vereinbarung eine Partei verpflichtet, mit der lizenzierten Technologie nicht in dem Exklusivgebiet zu produzieren, das einer anderen Partei zugewiesen ist. Ebenfalls ist es bei nicht wechselseitigen Vereinbarungen zulässig, einer Partei zu verbieten, an die der anderen Partei vorbehaltene Kundengruppe aktiv oder passiv zu verkaufen (Art. 4 Abs. 1 lit. c), lit. i) TT-GVO).

107 Eine weitere wichtige Kernbeschränkung enthält Art. 4 Abs. 1 lit. b TT-GVO in Form von gegenseitigen **Output-Beschränkungen.**[130] Hierbei handelt es sich um Vereinbarungen, bei denen die Parteien wechselseitig festlegen, wieviel sie produzieren und verkaufen dürfen. Durch diese Vorgaben wird der Output reduziert. Als beschränkend werden auch Vereinbarungen angesehen, die den Anreiz der Parteien zur Erhöhung des eigenen Outputs begrenzen. Dies ist beispielsweise der Fall, wenn Lizenzgebühren pro Einheit anfallen, die je nach Höhe des Outputs steigen oder fallen. Ebenfalls beschränkend ist die Auferlegung einer Zahlungspflicht bei Überschreiten einer gewissen Outputmenge.

108 Eine Ausnahme von den Kernbeschränkungen wird bei nicht wechselseitigen Produktions- und Absatzbeschränkungen gemacht. Diese sind nicht als Kernbeschränkung nach Art. 4 Abs. 1 lit. b) TT-GVO zu bewerten, da eine einseitige Beschränkung nicht notwendigerweise zu einem niedrigeren Output am Markt führen muss. Außerdem ist die Wahrscheinlichkeit, dass eine nicht wechselseitige Vereinbarung tatsächlich zu einer Zusammenführung sich ergänzender Technologien oder einen Effizienzvorteil bewirkt, größer. Man geht in diesen Fällen davon aus, dass dies häufig der einzige Grund sein wird, warum sich ein Lizenznehmer zu einer einseitigen Lizenzvereinbarung entschließt.

bb) Kernbeschränkungen zwischen Nicht-Wettbewerbern

109 Für **nicht miteinander im Wettbewerb stehende Unternehmen** enthält Art. 4 Abs. 2 TT-GVO gesonderte Vorschriften. Für den Fall, dass Unternehmen zunächst als nicht konkurrierende Unternehmen miteinander eine Vereinbarung schließen und erst später miteinander in Wettbewerb treten, ist trotz der nunmehr bestehenden Konkurrenzsituation die Regelung zwischen nicht konkurrierenden Wettbewerbern für den gesamten Zeitraum der Vereinbarung heranzuziehen (Art. 4 Abs. 3 TT-

130 Europ. Kommission, Technologietransfer-Leitlinien 2014/C 89/03, Rn 103 f.

GVO). Dies gilt allerdings nur, solange die Vereinbarung im Geltungszeitraum nicht wesentlich abgeändert wird.

e) Nicht gruppenfreigestellte Beschränkungen

Art. 5 TT-GVO regelt, welche Beschränkungen (sowohl zwischen Wettbewerbern als auch Nicht-Wettbewerbern) nicht gruppenfreigestellt sind, obwohl sie nicht als Kernbeschränkung gelten. Ein Verstoß gegen Art. 5 TT-GVO hat nicht die Nichtigkeit der gesamten Vereinbarung zur Folge, sondern schließt lediglich die Gruppenfreistellung der betreffenden Klausel aus („graue Klausel“). Der abtrennbare Rest der Vereinbarung kann weiterhin freigestellt sein. 110

Art. 5 TT-GVO hat zum Ziel, solche Gruppenfreistellungen zu verhindern, die sich negativ auf Innovationsanreize auswirken. 111

Nach der TT-GVO sind sowohl exklusive Rücklizenzierungsverpflichtungen[131] (Art. 5 Abs. 1 lit. a TT-GVO) als auch Nichtangriffs- und Kündigungsklauseln[132] (Art. 5 Abs. 1 lit. b TT-GVO) geeignet, den Innovationsanreiz von Unternehmen zu verringern. 112

aa) Exklusive Rücklizenzierungsverpflichtungen

Eine **exklusive Rücklizenzierungsverpflichtung** ist dann gegeben, wenn ein Lizenznehmer dem Lizenzgeber zusichert, ausschließlich ihm die Verbesserungen an seiner Technologie zurück zu übertragen. Dadurch entfällt der Anreiz für den Lizenznehmer, Verbesserungen der Technologie zu entwickeln. Denn durch die Pflicht zu Rücklizenzierung an den Lizenzgeber ist es für ihn ausgeschlossen, die Weiterentwicklung für sich selbst oder durch Lizenzvergabe an Dritte zu verwerten.[133] An diesem Ergebnis ändert sich grundsätzlich auch dann nichts, wenn der Lizenzgeber verpflichtet wird, im Gegenzug eine Gebühr für die Rückübertragung an den Lizenznehmer zu zahlen. Zwar ist es dann weniger wahrscheinlich, dass sich die Rücklizenzierungsverpflichtung negativ auf den Innovationsanreiz auswirkt. Da eine derartige Folge jedoch auch nicht ausgeschlossen werden kann, wird eine solche Verpflichtung nicht gruppenfreigestellt. In diesen Fällen kann die Vereinbarung lediglich im Rahmen einer Einzelfreistellung nach Art. 101 Abs. 3 AEUV überprüft werden. Wird für die Rückübertragung eine Gebühr verlangt und hat der Lizenzgeber nur geringe Marktanteile, wirkt sich dies positiv auf die kartellrechtliche Würdigung aus.[134] 113

---

131 Vgl. Europ. Kommission, Technologietransfer-Leitlinien 2014/C 89/03, Rn 129 ff.
132 Vgl. Europ. Kommission, Technologietransfer-Leitlinien 2014/C 89/03, Rn 133 ff.
133 Vgl. Europ. Kommission, Technologietransfer-Leitlinien 2014/C 89/03, Rn 129.
134 Europ. Kommission, Technologietransfer-Leitlinien 2014/C 89/03, Rn 130.

bb) Nichtangriffs- und Kündigungsklauseln

114 Verabreden die Parteien einen **Nichtangriffspakt**, dann verpflichtet sich der Lizenznehmer mittelbar oder unmittelbar, die Gültigkeit des geistigen Eigentums des Lizenzgebers nicht anzufechten. Vor dem Hintergrund des Ziels eines unverfälschten Wettbewerbs ist es jedoch erforderlich, Rechte am geistigen Eigentum möglichst zeitnah aufzuheben, wenn sie ungültig sind. Ungültige Rechte am geistigen Eigentum können die Innovationstätigkeit der Unternehmen einschränken, da diese weiterhin von den (wenn auch ungültigen) Schutzrechten profitieren können, ohne zu Innovationen gezwungen zu sein. Da es in solchen Fällen regelmäßig der Lizenznehmer ist, der die Gültigkeit des geistigen Eigentums am besten einschätzen kann und zur Vermeidung von Lizenzgebühren auch ein großes Interesse daran hat, die Ungültigkeit rechtlich durchzusetzen, soll er nicht durch eine vertragliche Nichtangriffsvereinbarung daran gehindert werden.

115 Diese Grundsätze gelten insbesondere, wenn es sich um eine wertvolle Technologie handelt und der Lizenznehmer für deren Nutzung eine Gebühr bezahlen muss. Fällt hingegen keine Gebühr an oder handelt es sich um eine überholte Technologie, fehlt es schon an einer Wettbewerbsbeschränkung. Dann bedarf es auch keiner Freistellung mehr.[135]

116 Die beim Nichtangriffspakt geltenden Grundsätze greifen häufig auch bei einer vereinbarten **Kündigungsmöglichkeit des Lizenzgebers** für den Fall ein, dass der Lizenznehmer die Gültigkeit des geistigen Eigentums anficht. Begründet wird dies damit, dass eine Kündigungsklausel dieselbe Wirkung wie ein Nichtangriffspakt haben kann. So kann die drohende Kündigung der Vereinbarung für den Lizenznehmer einen herben Verlust bedeuten, beispielsweise wenn er auf die lizenzierte Technologie angewiesen ist und im Falle der Kündigung hohe Einbußen zu befürchten hat. Hierdurch wird der Lizenznehmer davon abgehalten, das ungültige Recht anzufechten, so dass der Wettbewerb auch hier nachhaltig verfälscht wird.

117 Etwas anderes ergibt sich bei Kündigungsklauseln im Zusammenhang mit Exklusivlizenzen.[136] Da sich der Lizenzgeber durch die exklusive Lizenzierung der Technologie an einen Lizenznehmer selbst in ein Abhängigkeitsverhältnis begeben hat, wirkt sich eine Kündigungsklausel hier weniger wettbewerbsbeschränkend aus. Der Lizenzgeber wird die Kündigungsklausel nur im äußersten Fall anwenden, da mit der Kündigung der Vereinbarung gleichzeitig seine einzige Einnahmequelle aus der Technologie wegfällt.

118 Ebenfalls weniger problematisch werden Nichtangriffs- und Kündigungsklauseln in Bezug auf **Know-how-Vereinbarungen** gesehen. Für Know-how-Vereinbarungen ist charakteristisch, dass das Know-how, sobald es einmal preisgegeben wurde, nicht mehr zurückerlangt werden kann. Dies hat zur Folge, dass ein Nicht-

---

135 Vgl. Europ. Kommission, Technologietransfer-Leitlinien 2014/C 89/03, Rn 134.

136 Vgl. Europ. Kommission, Technologietransfer-Leitlinien 2014/C 89/03, Rn 139.

angriffspakt oder eine Kündigungsklausel keine drohende und innovationsanreizbeschränkende Wirkung entfalten kann. Im Gegenteil fördert eine solche Verpflichtung häufig sogar die Verbreitung neuer Technologien. So kann ein schwacher Lizenzgeber sein Know-how lizenzieren, ohne befürchten zu müssen, dass sein Know-how angefochten wird. In dieser Konstellation wirkt sich ein Nichtangriffspakt bzw. eine Kündigungsklausel sogar wettbewerbsfördernd aus und ist daher nicht von der Freistellung nach der TT-GVO ausgenommen.[137]

3. Einzelne Problembereiche

a) Standardessentielle Patente

Standardisierungen von Produkten sind inzwischen ein gängiges Verfahren, um insbesondere im Bereich der Hochtechnologien die Interoperabilität der Technologien untereinander zu gewährleisten. Dadurch können möglichst viele Marktteilnehmer an dem technischen Fortschritt teilhaben.[138] 119

Dabei gibt es zwei Arten von Standardisierung: Die *de facto*-Standardisierung ist das Ergebnis eines Konkurrenzkampfes zwischen Unternehmen, bei dem sich ein Unternehmen mit seiner technischen Lösung am Markt gegen andere Unternehmen durchsetzt und dadurch den Standard für die jeweilige Technologie setzt. Die *de iure*-Standardisierung ist hingegen das Ergebnis von Verhandlungen zwischen Marktteilnehmern, die sich in einer Standardisierungsorganisation zusammen finden und gemeinsam einen Standard beschließen.[139] Der Beschluss stellt eine Vereinbarung über Normen dar, die im Wesentlichen die Festlegung technischer oder qualitätsbezogener Anforderungen an Produkte enthält.[140] 120

Beispiel
Ein Mobiltelefon ohne UMTS-Technologie als technischer Standard könnte im Markt nicht bestehen. Wettbewerbsfähige Alternativen dazu sind entweder nicht vorhanden oder nicht realisierbar. Die Inhaber der UMTS-Patente (einzeln und zusammen) verfügen dadurch über eine erhebliche Marktmacht.

Die wesentlichen Probleme im Zusammenhang mit Patenten, die einen Standard darstellen („standardessentielle Patente"), beziehen sich auf den Missbrauch einer marktbeherrschenden Stellung im Sinne von Art. 102 AEUV und werden daher in diesem Kontext behandelt. 121

137 Vgl. Europ. Kommission, Technologietransfer-Leitlinien 2014/C 89/03, Rn 140.
138 *Picht*, GRUR Int. 2014, 1 (2).
139 *Picht*, GRUR Int. 2014, 1 (2).
140 Europ. Kommission, Horizontal-Leitlinien 2011/C 11/01, Rn 257 ff.

122 Jedoch kann auch in einigen wenigen Fällen das Horizontalverhältnis zwischen Wettbewerbern nach Art. 101 AEUV betroffen sein. Dabei enthält das geistige Eigentum an sich noch keine tatbestandsrelevante Vereinbarung oder Abstimmung.[141] Ein Verstoß gegen Art. 101 AEUV kommt erst dann in Betracht, wenn die Ausübung des Patents „Gegenstand, Mittel oder Folge einer Kartellabsprache“[142] ist. Dies ist immer dann der Fall, wenn die Standardisierung über ihren eigentlichen Vereinheitlichungszweck hinausgeht und auf eine Marktabschottung abzielt. Beispielsweise ging es in einem Urteil des EuGH in Bezug auf Vereinbarungen zwischen dem Rechteinhaber und einem Dritten darum, Einfuhren aus anderen Mitgliedstaaten zu verhindern und dadurch andere gezielt von der Standardisierungsmaßnahme fernzuhalten.[143] Zudem kann bei der Geltendmachung von Verletzungsansprüchen aus einem standardessentiellen Patent ein Verstoß gegen Art. 101 AEUV gegeben sein.[144] Denn die ***de jure*-Standardisierung** stellt aufgrund der Festlegung des Standards durch verschiedene Marktteilnehmer eine **Vereinbarung im Sinne von Art. 101 AEUV** dar, die nur zulässig ist, wenn sie bestimmte Grenzen einhält und nicht wettbewerbsbeschränkend ist. Vereinbarungen über Standards sind nur dann nicht wettbewerbsbeschränkend, wenn sie für alle zugänglich und transparent sind, alle Unternehmen uneingeschränkt am Normungsprozess teilnehmen können und die Wettbewerber nicht verpflichtet sind, die Standardisierungsvereinbarung einzuhalten, sondern weiterhin die Freiheit haben, andere Normen oder Produkte zu entwickeln.[145] Darüber hinaus muss die Standardisierungsvereinbarung vorsehen, dass Dritte den Zugang zum Standard zu fairen, zumutbaren und diskriminierungsfreien Bedingungen erhalten werden („Fair, Reasonable And Non-Discriminatory“, sog. **„FRAND-Bedingungen“**).[146] Wenn der Patentinhaber jedoch den Zugang zum standardessentiellen Patent in unzulässiger Weise verweigert, der Dritte aber dennoch das Patent nutzt und daraufhin vom Patentinhaber auf Unterlassung der Nutzung verklagt wird, dann kann sich diese Klage als Folge der Kartellabsprache und daher als Verstoß gegen Art. 101 AEUV darstellen. Dasselbe kann sich bei einer Verweigerung der Teilnahme eines Dritten an den Standardisierungsverhandlungen ergeben.[147] Auch bei der Bildung eines „Nachfragekartells“ bei Verhandlungen mit dem Rechteinhaber kann ein Verstoß gegen Art. 101 AEUV vorliegen.[148]

141 *Walz*, GRUR Int. 2013, 718 (719).
142 EuGH, Urt. v. 18.2.1971, Rs. 40/70, Rn 9 = GRUR Int. 1971, 279 (280) – *Sirena/Novimpex u.a.*
143 EuGH, Urt. v. 18.2.1971, Rs. 40/70, Rn 10 = GRUR Int. 1971, 279 ff. – *Sirena/Novimpex u.a.*
144 *Walz*, GRUR Int. 2013, 718 (719).
145 Europ. Kommission, Horizontal-Leitlinien 2011/C 11/01, Rn 280, 293.
146 Europ. Kommission, Horizontal-Leitlinien 2011/C 11/01, Rn 280.
147 *Barthelmeß/Gauß*, WuW 2010, 626 (629 f.).
148 *Picht*, GRUR Int. 2014, 1 (7).

Ein anderes Ergebnis kann sich aber in einem weiteren Beispielsfall ergeben: Eine private Normungsorganisation bestimmt im Rahmen eines offenen und fairen Verfahrens einen Standard, der die Beteiligten nicht zur Einhaltung der Norm verpflichtet und der Dritten unter FRAND-Bedingungen zur Verfügung gestellt wird. Wenn jedoch eine gesetzliche Vermutungsregelung auf die Norm Bezug nimmt und bestimmt, dass bei Einhaltung der Voraussetzungen der Norm eine gesetzliche Vermutung für die Erfüllung gesetzlich vorgegebener Qualitätsanforderungen spricht, dann ist die Befolgung der Norm faktisch nicht mehr freiwillig. Denn jede Abweichung von der Norm würde zur Folge haben, dass die gesetzliche Vermutungsregelung nicht mehr eingreift und einen Nachteil bedeuten. Daher stellt die private Normierung einer Organisation in Verbindung mit einer gesetzlichen Vermutungsregelung, die sich auf diese Normierung bezieht, per se eine Wettbewerbsbeschränkung dar, da der Wettbewerb um die Norm sowie der Qualitätswettbewerb ausgeschlossen werden.[149] 123

b) Technologiepools

Unter einem Technologiepool sind Vereinbarungen zwischen zwei oder mehr Parteien zu verstehen, durch die die Parteien die ihnen jeweils gehörenden Technologierechte zu einem Paket (z.B. einem „Patentpool“) vereinen, um sie sowohl an Mitglieder des Pools als auch an Dritte zu lizenzieren.[150] In vielen Fällen unterstützen die in den Technologiepools zusammengeführten Technologien Industriestandards.[151] 124

Beispiel

Hersteller, die technisches Zubehör für Mobilfunkgeräte der dritten Generation (3G-Mobilfunk) herstellen möchten, müssen einen speziellen Standard erfüllen, damit das Zubehör auch in Verbindung mit den Mobilfunkgeräten funktioniert. In einem Technologiepool sind dann sämtliche sich ergänzende Technologien zusammengefasst, die zur Erfüllung dieses Standards notwendig sind. Dies ist leichter für die Hersteller, da sie nicht einzelne Lizenzverträge für jede einzelne Technologie abschließen müssen, sondern nur einen Lizenzvertrag mit dem gesamten Technologiepool benötigen. Dabei kann der Pool einfach ausgestaltet werden, indem die Parteien zur Einrichtung des Pools miteinander Verträge schließen und bei der Lizenzierung ebenfalls als Vertragsparteien mitwirken. Oder die am Pool Beteiligten wählen eine aufwändigere Struktur, bei der eine komplexe Organisation gebildet wird, die wiederum mit einer separaten Stelle zum Zweck der Lizenzierung an Dritte ausgestattet wird.[152]

---

149 *Schweitzer*, EuZW 2012, 765 (769).
150 Wiedemann/*Klawitter*, Hdb. Kartellrecht, § 14 Rn 325.
151 Europ. Kommission, Technologietransfer-Leitlinien 2014/C 89/03, Rn 245.
152 Europ. Kommission, Technologietransfer-Leitlinien 2014/C 89/03, Rn 244.

125 In den TT-Leitlinien wird die grundsätzlich wettbewerbsfördernde Wirkung der Technologiepools anerkannt. Die Vorteile sieht die Europäische Kommission hier insbesondere in einer Senkung der Transaktionskosten und einer Begrenzung der Lizenzgebühren. Außerdem können die Lizenzen zentral vergeben werden. Dies ist insbesondere von Vorteil, wenn eine Vielzahl von Lizenzen für die Präsenz des Unternehmens am Markt benötigt wird.[153] Die Nachteile sind hingegen darin zu sehen, dass die Gefahr eines Preiskartells durch den gemeinsamen Absatz der Patente besteht.[154] Darüber hinaus existiert auch das Risiko, dass der Innovationswettbewerb zwischen den am Technologiepool beteiligten Parteien beeinträchtigt und der Marktzugang konkurrierender Technologien erschwert wird.[155]

126 Technologiepools sind nicht nach der TT-GVO gruppenfreigestellt, sondern sind nur einer Einzelfreistellung nach Art. 101 Abs. 3 AEUV unter Einbeziehung der TT-Leitlinien zugänglich.[156] Allerdings hat die Europäische Kommission in den TT-Leitlinien einen sog. Safe-Harbour-Bereich festgelegt. Innerhalb dieses Bereichs hat sich die Europäische Kommission verpflichtet, die Gründung und Verwaltung des Technologiepools einschließlich der Lizenzvergabe nicht wegen Verstoßes gegen Art. 101 Abs. 1 AEUV aufzugreifen. Dies ist immer dann der Fall, wenn folgende Voraussetzungen kumulativ erfüllt sind:[157]

- Die Beteiligung an der Gründung eines Pools muss allen interessierten Patentinhabern offenstehen.
- Die Parteien müssen ausreichende Vorkehrungen treffen, um sicherzustellen, dass nur sich gegenseitig ergänzende Technologien in den Pool aufgenommen werden.
- Die Parteien müssen ausreichende Vorkehrungen treffen, um den Austausch von sensiblen Informationen auf das für die Gründung und Verwaltung des Pools erforderliche Maß zu beschränken.
- Die Lizenzen dürfen nicht ausschließlich an den Pool vergeben werden.
- Die Lizenzen müssen in fairer, angemessener und nicht diskriminierender Weise (also zu FRAND-Bedingungen) an alle interessierten Lizenznehmer vergeben werden.
- Den Parteien muss freistehen, die Gültigkeit der Rechte sowie die Tatsache, dass die Technologien sich gegenseitig ergänzen, anzufechten.
- Den Parteien muss es weiterhin freistehen, konkurrierende Technologien zu entwickeln.

---

153 Europ. Kommission, Technologietransfer-Leitlinien 2014/C 89/03, Rn 245.
154 Europ. Kommission, Technologietransfer-Leitlinien 2014/C 89/03, Rn 246.
155 Wiedemann/*Klawitter*, Hdb. Kartellrecht, § 14 Rn 343.
156 Europ. Kommission, Technologietransfer-Leitlinien 2014/C 89/03, Rn 244 ff.
157 Europ. Kommission, Technologietransfer-Leitlinien 2014/C 89/03, Rn 261.

Als mögliche Vorkehrungsmaßnahmen zur Vermeidung unzulässigen Informationsaustauschs im Technologiepool nennt die Europäische Kommission hier die Einsetzung eines unabhängigen Sachverständigen oder eines unabhängigen lizenzerteilenden Organs. Diese könnten sicherstellen, dass Produktions- und Absatzdaten, die für die Berechnung und Kontrolle der Lizenzgebühren notwendig sind, nicht gegenüber Unternehmen offengelegt werden, die auf den jeweiligen Märkten konkurrieren. Die Art und Weise der getroffenen Vorkehrungen berücksichtigt die Europäische Kommission bei ihrer Beurteilung der Wettbewerbswidrigkeit.[158] **127**

Außerhalb dieses Safe-Harbour-Bereichs ist die Gefahr einer wettbewerbsschädigenden Wirkung eines Pools – neben anderen Parametern[159] – insbesondere abhängig von der Marktstellung des Pools. Je bedeutsamer die Stellung des Pools am Markt ist, desto größer ist das Risiko der Wettbewerbsbeschränkung.[160] **128**

c) Gerichtliche und außergerichtliche Vergleiche

Im Umfeld von Schutzrechten ist ein weiterer kartellrechtlicher Aspekt zu beachten: Rechtsstreitigkeiten werden häufig durch einen gerichtlichen oder außergerichtlichen Vergleich beigelegt. Dies gilt grundsätzlich auch für Patentstreitigkeiten oder Streitigkeiten über andere Schutzrechte. Diese Vergleiche können allerdings dann kartellrechtlich problematisch sein, wenn die Einigung beispielsweise darin liegt, dass **129**

- der Angreifer eines Patents seine Angriffe gegen eine Zahlung unterlässt (Nichtangriffsabrede),
- Gebiete zur Nutzung des streitgegenständlichen Patents aufgeteilt werden (Gebietsaufteilung),
- Zielgruppen oder Märkte aufgeteilt werden (Kundengruppenaufteilung),
- Vereinbarungen getroffen werden, die eine Produkteinführung verzögern oder beschränken („pay-for-delay-Klauseln“).[161]

Einerseits muss es grundsätzlich zulässig sein, Rechtsstreitigkeiten auf dem Vergleichswege zu lösen.[162] Auf der anderen Seite darf dies nicht zu einer Aushebelung des Kartellrechts führen.[163] **130**

158 Europ. Kommission, Technologietransfer-Leitlinien 2014/C 89/03, Rn 259.
159 Vgl. Europ. Kommission, Technologietransfer-Leitlinien 2014/C 89/03, Rn 264.
160 Wiedemann/*Klawitter*, Hdb. Kartellrecht, § 14 Rn 342.
161 *Besen/Slobodenjuk*, GRUR 2014, 740 (743).
162 BGH, Urt. v. 5.10.1951, Az. I ZR 74/50; BGHZ 3, 193 – *Tauchpumpe II*.
163 Zu diesen Konstellationen umfassend und mit weiteren Nachweisen: *Jansen/Johannsen*, EuZW 2012, 893; *Lorenz*, PharmR 2007, 221.

131 Für rein **nationale Sachverhalte** ohne Europarechtsbezug gilt nach der Rechtsprechung des BGH, dass die gütliche Einigung eines Patentstreits möglich sein muss. Das Kartellrecht stehe dem nicht generell entgegen.[164] Dies betrifft vor allen Dingen solche Fälle, bei denen der Vergleich die Reichweite des Schutzumfangs eines Patents festlegt, weil der Schutzbereich des Patents objektiv nicht feststellbar ist. Ein solcher Vergleich darf allerdings auch keine tatsächlich gewollte, versteckte marktpolitische Maßnahme sein.[165]

132 Nach Ansicht des BGH müssen folgende – eng auszulegende – Prüfungskriterien vorliegen, damit von der **Zulässigkeit des Vergleichs** ausgegangen werden kann: In objektiver Hinsicht muss sich die Vereinbarung über die Reichweite des Patents im Rahmen des – objektiv zweifelhaften – jeweiligen Schutzbereichs des Patents bewegen und darf nicht über diesen Schutzumfang hinausgehen. Zudem müssen die Parteien subjektiv in der Vorstellung gehandelt haben, dass der Vergleich dem Patent keinen weitergehenden Schutzbereich zubilligt, als ihm nach richtiger gesetzlicher Auslegung zusteht.[166]

133 Soweit aufgrund einer marktbeherrschenden Stellung des Patentinhabers das Diskriminierungsverbot nach Art. 102 AEUV gilt, darf der Vergleich die Vergleichspartei nicht schlechter stellen als andere Lizenznehmer des Patentinhabers. Dies setzt jedoch denklogisch voraus, dass es überhaupt weitere potentielle Lizenznehmer gibt, die die Nichtanwendbarkeit des Patents für sich beanspruchen könnten.[167]

134 Restriktiver ist die Situation in **grenzüberschreitenden Sachverhalten** zu beurteilen, wenn das europarechtliche Kartellverbot des Art. 101 AEUV zur Anwendung kommt. Dabei kann nach den TT-Leitlinien nicht mehr per se davon ausgegangen werden, dass Nichtangriffsabreden im Rahmen eines gerichtlichen Vergleichs in der Regel nicht unter das Kartellverbot des Art. 101 AEUV fallen und daher zulässig sind.[168] Die Reichweite des Vergleichs und einer darin geregelten Nichtangriffsabrede ist nun vielmehr für jeden Einzelfall gesondert zu beurteilen. Dabei dürften jedenfalls Nichtangriffsabreden, die sich auf offensichtlich ungültige Patente beziehen, nicht mehr freistellungsfähig sein.[169]

---

164 BGH, Urt. v. 5.10.1951, Az. I ZR 74/50; BGHZ 3, 193 – *Tauchpumpe II.*

165 BGH, Urt. v. 22.5.1975, Az. KZR 9/74 = WuW/E BGH 1385, 1387 – *Heilquelle*. Dort wird vom BGH festgestellt, dass ein solcher Vergleich nichtig wäre.

166 BGH, Urt. v. 5.10.1951, Az. I ZR 74/50; BGHZ 3/193, 199.

167 OLG Hamburg, Teil- und Schlussurteil v. 16.2.2017, Az 3 U 15/15 = GRUR-RS 2017, 113497.

168 Europ. Kommission, Technologietransfer-Leitlinien 2014/C 89/03, Rn 242ff.

169 Zu den dogmatischen Hintergründen und der argumentativen Herleitung siehe *Jansen/Johannsen*, EuZW 2012, 893 (896f.).

C. Exkurs: Horizontale Zugangsbeschränkung zu standardessentiellen Patenten als Missbrauch einer marktbeherrschenden Stellung

Die Grundlagen zum Missbrauch einer marktbeherrschenden oder marktstarken Stellung wurden bereits in Kapitel 1 (dort Rn 58 ff. und 2 (dort Rn 77 ff.) erläutert. An dieser Stelle wird lediglich der Spezialbereich der standardessentiellen Patente mit Bezug zu horizontalen Kooperationen behandelt. 135

Der bereits zuvor angesprochene Verstoß gegen Art. 101 AEUV im Zusammenhang mit standardessentiellen Patenten wird in der Mehrheit der Fälle in Verbindung mit einem Missbrauchstatbestand gem. Art. 102 AEUV relevant. Durch die Standardisierung erlangt der Patentinhaber ein Alleinstellungsmerkmal, das seine Marktmacht vergrößert. In diesem Kontext kann die Handhabung standardessentieller Patente zu einem Missbrauch einer marktbeherrschenden Stellung nach Art. 102 AEUV bzw. § 20 GWB führen. 136

1. Marktabgrenzung und marktbeherrschende Stellung

Auch bei standardessentiellen Patenten ist zunächst eine Marktabgrenzung erforderlich. Denn allein die Inhaberschaft des Patents führt noch nicht automatisch zur Marktbeherrschung durch den Patentinhaber.[170] Die Marktabgrenzung ist bei standardessentiellen Patenten aufgrund der großen Anzahl verschiedener Standardisierungen vielfältig und kann daher auf unterschiedliche Weise erfolgen. So kann die Einteilung in einen Technologiemarkt, einen Produktmarkt oder auch einen Komplementärmarkt vorgenommen werden.[171] Die Kriterien der Marktbeherrschung orientieren sich an dem allgemeinen Marktbeherrschungskonzept, das bereits in Kapitel 1 (dort Rn 58 ff.) beschrieben wurde. Von der Rechtsprechung wurden aber inzwischen auch speziell für die Schutzrechte anzuwendende Kriterien für die Feststellung von Marktmacht herausgearbeitet. So sind neben dem regelmäßig bedeutenden Marktanteil auch die Existenz und Ausübung des Schutzrechts, der Mehrwert der geschützten Technologie, die Pioniervorteile und die Markteintrittsschranken relevant.[172] Darüber hinaus ist regelmäßig auch zu bewerten, ob die Technologie in Kürze durch neuere Technologien abgelöst wird und der Patentinhaber sodann kein Schutzrecht mehr an der neuen Technologie hält.[173] 137

---

170 EuGH, Urt. v. 6.4.1995, Rs. C-241/91 P u. a., Rn 46 = GRUR Int 1995, 490 (492) – *Magill*.
171 *Picht*, GRUR Int. 2014, 1 (7).
172 *Picht*, GRUR Int. 2014, 1 (7).
173 *Picht*, GRUR Int. 2014, 1 (7).

2. Missbrauch einer marktbeherrschenden Stellung

138 Der marktbeherrschende Patentinhaber verhält sich missbräuchlich, wenn er die standardisierte Technologie nicht diskriminierungsfrei und zu angemessenen Bedingungen – also zu FRAND-Bedingungen[174] – an einen Dritten lizenziert. In diesen Fällen tritt inzwischen regelmäßig die Konstellation auf, dass der Dritte an einer Lizenzierung des Patents interessiert ist, sich in den Verhandlungen mit dem Patentinhaber jedoch nicht auf die Lizenzierungsbedingungen einigen kann und dann ungeachtet des nicht zustande gekommenen Lizenzvertrages die Technologie nutzt. In der Folge macht der Patentinhaber gerichtlich einen auf sein Patent gestützten Unterlassungsanspruch geltend, dem aber meist ein missbräuchliches Verhalten des Patentinhabers einerseits und ein möglicher Zwangslizenzeinwand des Dritten aus Art. 102 AEUV i.V.m. §§ 18, 19 Abs. 1 GWB entgegengehalten wird. Hinsichtlich des möglichen Missbrauchs der marktbeherrschenden Stellung des Patentinhabers bestehen unterschiedliche Auffassungen zwischen den deutschen Gerichten und dem EuGH.

139 Der **BGH** hat in seiner „Orange-Book-Standard"-Entscheidung[175] festgelegt, dass ein Kläger, der einen Unterlassungsanspruch aus einem de-facto-Standard geltend macht, nur unter folgenden Voraussetzungen seine marktbeherrschende Stellung missbraucht:

- Der Beklagte Dritte muss dem Kläger ein unbedingtes Angebot auf Abschluss eines Lizenzvertrages gemacht haben,
- an welches er sich gebunden hält
- und das der Kläger nicht ablehnen darf, ohne dass er den Beklagten unbillig behindert oder gegen das Diskriminierungsverbot verstößt.

140 Dabei steht es dem Beklagten nach Aufassung des BGH frei, auch ein in der Höhe der Lizenzgebühr unbeziffertes Angebot auf Abschluss eines Lizenzvertrags zu machen, wenn er die geforderten Lizenzgebühren des Klägers für missbräuchlich überhöht hält oder sich der Kläger weigert, die Lizenzgebühr zu beziffern.[176] Wenn der Beklagte das Patent nutzt, bevor die Lizenzvereinbarung mit dem Kläger abgeschlossen wurde, muss der Beklagte aber die Bedingungen seines Angebots einhalten. Dabei ist er auch verpflichtet, die Nutzung des Patents nach den Bedingungen eines nicht diskriminierenden Vertrags abzurechnen und seinen entsprechenden Zahlungsverpflichtungen nachzukommen.[177] Die Erfüllung der Zahlungsverpflichtung muss allerdings nicht dem Patentinhaber gegenüber direkt erfolgen. Er kann die Gebühr auch bei einem Amtsgericht hinterlegen.[178]

---

174 Siehe dazu in diesem Kapitel Rn 122.

175 BGH, Urt. v. 6.5.2009, Az. KZR 39/06 = GRUR 2009, 694 – *Orange-Book-Standard.*

176 BGH, Urt. v. 6.5.2009, Az. KZR 39/06, Rn 29 = GRUR 2009, 694 (696) – *Orange-Book-Standard.*

177 BGH, Urt. v. 6.5.2009, Az. KZR 39/06, Rn 29 = GRUR 2009, 694 (696) – *Orange-Book-Standard.*

178 LG Düsseldorf, Beschl. v. 21.3.2013, Az. 4b O 104/12, Rn 21 = GRUR Int. 2013, 547 (549).

Die **Europäische Kommission** hatte es hingegen für den Missbrauch einer marktbeherrschenden Stellung durch den Inhaber eines standardessentiellen Patents für ausreichend gehalten, dass 141
- das entsprechende Patent streitgegenständlich ist,
- der Patentinhaber gegenüber der Standardisierungsorganisation zugesagt hat, Lizenzen an diesem Patent zu FRAND-Bedingungen zur Verfügung zu stellen,
- und der Patentverletzer zu Verhandlungen bereit ist.[179]

Diese unterschiedlichen Ansichten des BGH einerseits, der ein Angebot des Patentverletzers fordert, und der Europäischen Kommission andererseits, die eine Verhandlungsbereitschaft auf Seiten des Patentverletzers ausreichen lässt, hat dazu geführt, dass das Landgericht Düsseldorf diese Rechtsfragen dem **EuGH** im Vorabentscheidungsverfahren vorgelegt hat.[180] Der EuGH hat die Fragen dahingehend beantwortet, dass ein marktbeherrschender Inhaber eines standardessentiellen Patents vor Erhebung einer Klage auf Unterlassung, Vernichtung oder Produktrückruf ein bestimmtes Prozedere einhalten muss, damit seine Klage gegen den angeblichen Patentverletzer nicht als missbräuchlich nach Art. 102 AEUV abgewiesen wird:[181] 142
1. Zunächst muss der Inhaber des standardessentiellen Patents den angeblichen Verletzer auf die Patentverletzung, die ihm vorgeworfen wird, hinweisen und ihn vorher anhören, selbst wenn das fragliche standardessentielle Patent von dem angeblichen Verletzer bereits benutzt wurde.
2. Hat der angebliche Verletzer daraufhin seinen Willen zum Ausdruck gebracht, einen Lizenzvertrag zu FRAND-Bedingungen abzuschließen, muss der Inhaber des standardessentiellen Patents ein konkretes schriftliches Lizenzangebot zu FRAND-Bedingungen unterbreiten und insbesondere die Lizenzgebühr sowie die Art und Weise ihrer Berechnung angeben.
3. Der angebliche Verletzer muss auf dieses Angebot nach Treu und Glauben reagieren, insbesondere darf er hierbei keine Verzögerungstaktik verfolgen.
4. Nimmt der angebliche Verletzer das Angebot nicht an, muss er dem Inhaber des standardessentiellen Patents innerhalb einer kurzen Frist schriftlich ein konkretes Gegenangebot unterbreiten, das FRAND-Bedingungen entspricht.
5. Benutzt der angebliche Verletzer das standardessentielle Patent bereits vor Lizenzerteilung, muss er ab dem Zeitpunkt, zu dem sein Gegenangebot abgelehnt

---

179 Vgl. die Pressemitteilung der Europäischen Kommission vom 21.12.2012, IP/12/1448 sowie die Ausführungen zur Ansicht der Europäischen Kommission in LG Düsseldorf, Beschl. v. 21.3.2013, Az. 4b O 104/12, Rn 24 = GRUR Int. 2013, 547 (549).

180 LG Düsseldorf, Beschl. v. 21.3.2013, Az. 4b O 104/12 = GRUR Int. 2013, 547.

181 EuGH, Urt. v. 6.7.2015, Rs. C-170/13 – *Huawei*; die Zusammenfassung der einzelnen Schritte des erforderlichen Vorgehens des Patentinhabers und Patentverletzers beruht auf *Lubitz*, NZKart 2017, 618 (619).

wird, eine angemessene Sicherheit für die Lizenzgebühren leisten, die auch vergangene Benutzungshandlungen einschließt.

Der Patentinhaber muss dem vermeintlichen Verletzer jedoch Gelegenheit zum Lizenzerwerb geben, bevor er seine Rechte gegen ihn durchsetzt. Macht er dem Verletzer ein schriftliches Angebot zum Lizenzerwerb unter FRAND-Bedingungen, und reagiert der Patentverletzer nicht mit der in dem betreffenden Bereich üblichen Sorgfalt und nach Treu und Glauben auf das Angebot, dann darf der Patentinhaber gegen ihn vorgehen.[182]

143 Der EuGH legt somit in seinem Urteil eine bestimmte Reihenfolge des Vorgehens für den Patentinhaber fest. Zunächst muss der vermeintliche Verletzer auf den Inhalt des Patents und den Verletzungsvorwurf hingewiesen werden. Zeigt sich dieser verhandlungsbereit, muss ihm der Patentinhaber ein schriftliches Angebot zum Lizenzerwerb unter Angabe der Lizenzgebühr und Art und Weise der Berechnung unterbreiten. Erst wenn der vermeintliche Verletzer nicht mit der gebotenen Sorgfalt auf das Angebot reagiert, aber das Patent dennoch weiter benutzt, darf der Patentinhaber seine Schutzrechte gegen ihn geltend machen.[183]

3. Kartellrechtlicher Zwangslizenzeinwand

144 Korrespondierend zur Unterlassungsklage gegen den vermeintlichen Patentverletzer kann letzterer bei Vorliegen der Voraussetzungen des Missbrauchs der marktbeherrschenden Stellung dem Unterlassungsanspruch einen kartellrechtlichen Zwangslizenzeinwand aus Art. 102 AEUV i. V. m. §§ 18, 19 Abs. 1 GWB als Verteidigungsmittel entgegenhalten.[184] Der Anspruch richtet sich dann auf die Erteilung einer Zwangslizenz durch den Patentinhaber. In seiner Orange-Book-Rechtsprechung hat der BGH den Zwangslizenzanspruch neben Art. 102 AEUV auch auf § 242 BGB gestützt.

D. Zusammenfassung und Checkliste

145 Zusammenfassend lässt sich festhalten, dass die kartellrechtliche Einschätzung der Zulässigkeit einer Kooperation zwischen Wettbewerbern komplex ist. Es gilt nicht nur, dass Vorschriften des deutschen und des Europäischen Rechts (gegebenenfalls sogar nebeneinander) Anwendung finden können, die geltende Rechtslage in wei-

---

182 EuGH, Urt. v. 16.7.2015, Rs. C-170/13 – *Huawei*.

183 So umgesetzt und näher erläutert durch OLG Düsseldorf, Beschl. v. 13.1.2016, Az. 15 U 65/15 = GRUR-RS 2016, 01679; weitergehend OLG Düsseldorf, Urt. v. 30.3.2017, Az. I-15 U 66/15 = NZKart 2017, 665 – *Sisvel/Haier*.

184 *Körber*, NZKart 2013, 87 (87 ff.).

ten Teilen durch Leitlinien, Bekanntmachungen oder Merkblätter weiter detailliert wird und sich die Kartellrechtskonformität somit nur aus einer Vielzahl von Rechtserkenntnisquellen erschließt. Es bestehen zwingende Verbote einerseits und die Möglichkeit der Gruppen- oder Einzelfreistellung andererseits, obwohl der Tatbestand des Kartellverbots grundsätzlich erfüllt wäre. Die Annahme, dass der konkrete Sachverhalt einer Einzelfreistellung zugänglich ist, führt zudem zu einer fortwährenden Rechtsunsicherheit. Hinzu kommen tatsächliche Probleme wie beispielsweise die Bestimmung des relevanten Marktes und der Marktanteilsschwellen.[185] Aber auch die in Teilen fehlende Stringenz und Logik der kartellrechtlichen Bestimmungen trägt ihr Übriges zur Komplexität bei. Aus diesen Gründen kann dieses Kapitel lediglich eine Hilfestellung zur ersten kartellrechtlichen Einschätzung einer geplanten Kooperation zwischen Wettbewerbern bieten. Hierfür empfiehlt sich für die erste Einschätzung folgende grobe Checkliste:

Checkliste

- Liegt ein kartellrechtlich relevanter Sachverhalt vor, weil im Anwendungsbereich einer Gruppenfreistellungsverordnung eine Kernbeschränkung oder eine sogenannte „graue Klausel“ betroffen ist? Falls ja, sollten Sie Rechtsrat einholen. Andernfalls muss weitergeprüft werden:
- Kann eine Kartellrechtsrelevanz ausgeschlossen werden, beispielsweise weil es sich um einen kartellfreien Sachverhalt handelt, der Anwendungsbereich des Art. 101 AEUV nicht tangiert ist oder weil es an der Spürbarkeit einer Wettbewerbsbeschränkung fehlt?
- Liegt eine Tatbestandsausnahme vom Kartellverbot („notwendige Nebenabrede“) vor?
- Ist eine Freistellung nach einer Gruppenfreistellungsverordnung möglich?
- Ist eine Freistellung nach Art. 101 Abs. 3 AEUV möglich? Falls Sie diesen Fall in Betracht ziehen, sollten Sie grundsätzlich zusätzlichen Rechtsrat einholen.
- Liegt in vorliegender Fallkonstellation eine Besonderheit vor, so etwa ein (ggf. zusätzlicher) Verstoß gegen Art. 102 AEUV und/oder §§ 18 ff. GWB (Missbrauch einer marktbeherrschenden Stellung)?

185 Viele Beispiele aus der Rechtsprechung des EuGH zur Definition des relevanten Marktes finden sich bei *Ezrachi*, EU Competition Law – An Analytical Guide to the Leading Cases, S. 29 ff.

Kapitel 6
Vertragliche Vereinbarungen über Wettbewerbsverbote, Gebiets- und Kundenschutz

Häufig hört man, dass Kartellrechtsverstöße „im Dunkeln“, also außerhalb von Verträgen und sonstigen „offiziellen“ Vereinbarungen, begangen werden. Diese Auffassung ist schlichtweg falsch. In der täglichen Praxis zeigt sich, dass gerade in Liefer- und Vertriebsverträgen oftmals kartellrechtswidrige Klauseln enthalten sind. Ob diese Verträge bewusst „hart auf Kante genäht“ wurden oder die Klausel versehentlich ohne kartellrechtliche Vorprüfung in den Vertrag aufgenommen wurde, ist in Bezug auf die **Rechtsfolgen** irrelevant: Die Klausel selbst ist nach § 134 BGB bzw. Art. 101 ff. AEUV nichtig. Im Einzelfall kann nach § 139 BGB der gesamte Vertrag unwirksam sein. Darüber hinaus drohen die Verhängung eines Bußgelds durch die Kartellbehörden und im Fall einer Schädigung eines Vertragspartners oder Dritter auch zivilrechtliche Schadensersatzpflichten. 1

Die Aufgabe von Unternehmensjuristen und externen Rechtsanwälten liegt darin, diese Fallstricke **so schnell wie möglich** zu erkennen. Idealerweise werden solche Klauseln noch vor Vertragsschluss angepasst oder ersatzlos gestrichen. Sollte eine kartellrechtswidrige Klausel in einem bereits geschlossenen Vertrag enthalten sein, ist zu prüfen, ob die Möglichkeit einer **Vertragsanpassung** besteht oder ob eine einseitige Erklärung gegenüber dem Vertragspartner möglich ist, von der Durchsetzung bestimmter Vertragsklauseln **abzusehen.** Handelt es sich um eine Vereinbarung zwischen Wettbewerbern, ist die Inanspruchnahme der kartellrechtlichen **Kronzeugenregelung** zu prüfen, **bevor** die Vertragsgegenseite auf die drohenden kartellrechtlichen Risiken hingewiesen wird. 2

Die **Rechtsunsicherheit** bei kartellrechtlich bedenklichen Vertragsklauseln liegt auf der Hand: Die Parteien müssen während der Vertragslaufzeit stets davon ausgehen, dass die Klauseln unwirksam sind und aus diesem Grund möglicherweise vertraglich verankerte Schutzmechanismen wegfallen oder sogar Schadensersatz- oder Rückabwicklungsansprüche drohen. Darüber hinaus ist es oftmals kaum absehbar, ob die Kartellbehörden eine entsprechende Klausel nur im Wege einer Abstellungsverfügung aufgreifen oder ein Bußgeld gegen eine oder mehrere Vertragsparteien verhängen. 3

Dies gilt auch dann, wenn eine Partei die andere Partei bewusst **im Unklaren** über die Kartellrechtswidrigkeit lässt und darauf hofft, dass die Klausel trotz ihrer Unwirksamkeit in der Praxis weiter von den Parteien „gelebt“ wird. Gerade Vertragsklauseln, die anfänglich keiner gesonderten kartellrechtlichen Prüfung unterzogen wurden, dienen **im Streitfall** oftmals dazu, die Nichtigkeit wesentlicher Vertragsbestandteile oder sogar des gesamten Vertrags herzuleiten. Um ein Auffinden entsprechender risikobehafteter Klauseln zu erleichtern, werden im Folgenden häu- 4

https://doi.org/10.1515/9783110550542-006

fige Konstellationen kartellrechtswidriger Klauseln in der Vertragsgestaltung dargestellt.

A. Wettbewerbsverbote

5 Oft vereinbaren Vertragsparteien, dass ein Vertragspartner während der Vertragslaufzeit und innerhalb eines bestimmten Zeitraums nach Beendigung des Vertragsverhältnisses weder unmittelbar noch mittelbar in Konkurrenz zu der anderen Vertragspartei treten darf. Dies soll verhindern, dass die betreffende Vertragspartei die im Rahmen der Vertragsbeziehung erlangten Kenntnisse unbillig zu ihrem eigenen Vorteil ausnutzt.

6 Verstößt eine Vertragspartei gegen ein **wirksames** Wettbewerbsverbot, kann der Vertragspartner nicht nur die **Unterlassung** der Konkurrenztätigkeit im konkreten Fall[1] und gegebenenfalls Schadensersatz[2] geltend machen, sondern zugleich auch **Auskunft** über alle weiteren Kunden fordern, mit denen die andere Vertragspartei unter Verletzung des Wettbewerbsverbots Geschäfte getätigt hat.[3] Um einen Auskunftsanspruch erfolgreich geltend zu machen, genügt bereits der **begründete Verdacht** eines Verstoßes gegen das vertragliche Wettbewerbsverbot und die **Wahrscheinlichkeit** eines daraus resultierenden Schadens.[4]

7 Beruft sich eine Partei hingegen auf die **Unwirksamkeit** eines Wettbewerbsverbots, kann dies im Wege einer Feststellungsklage[5] oder inzident im Rahmen einer Schadensersatz- oder Unterlassungsklage der Gegenseite erfolgen. Die Unwirksamkeit des Wettbewerbsverbots kann unter Umständen zu einer **Anpassung des Vertragsverhältnisses** wegen Störung der Geschäftsgrundlage nach § 313 BGB[6] oder im Falle einer Gesamtnichtigkeit des Vertrags gem. § 139 BGB zu einem **bereicherungsrechtlichen Herausgabeanspruch** nach § 812 Abs. 1 Satz 1 BGB führen.

---

i **Praxistipp**

Das beste Argument, um die eigenen Unternehmensmitarbeiter vor der Formulierung besonders „scharfer“ Wettbewerbsverbote zu warnen, ist ein Hinweis auf die Rechtsfolge der Unwirksamkeit. Auch hier gilt der Grundsatz „Lieber den Spatz in der Hand, als die Taube auf dem Dach“. Denn ein wirksam vereinbartes zeitlich, sachlich und räumlich beschränktes Wettbewerbsverbot schützt

---

1 BGH, Urt. v. 10.12.2008, Az. KZR 54/08 = NJW 2009, 1751 (1751) – *Subunternehmervertrag II.*

2 BGH, Urt. v. 24.6.2009, Az. VIII ZR 332/07 = NJW-RR 2009, 1404 (1405f.); OLG Naumburg, Urt. v. 19.9.2013, Az. 2 U 20/13 (Kart) = BeckRS 2013, 21552.

3 OLG Düsseldorf, Urt. v. 30.5.2007, Az. VI-U (Kart) 37/06 = BeckRS 2007, 11288.

4 BGH, Urt. v. 1.8.2013, Az. VII ZR 268/11 = NJW 2014, 155 (155).

5 BGH, Urt. v. 13.3.1979, Az. KZR 23/77 = GRUR 1979, 657 (658) – *Ausscheidungsvereinbarung.*

6 OLG Düsseldorf, Urt. v. 26.5.2004, Az. U (Kart) 36/03 = NJW-RR 2005, 288 (291).

besser vor unliebsamer Konkurrenz als eine kartellrechtlich unwirksame, weltweit und zeitlich unbegrenzt erstreckte Konkurrenzschutzabrede.
Selbst das weitreichendste Wettbewerbsverbot ist nichts wert, wenn es unwirksam ist. Bildet das Wettbewerbsverbot oder die vertraglich zugesicherte Exklusivität den Kern des Vertrags, kann ein unwirksames Wettbewerbsverbot im Einzelfall nach § 139 BGB sogar zur Unwirksamkeit des gesamten Vertrags führen.

Nur **vertragliche** Wettbewerbsverbote **zwischen Unternehmen** fallen in den Anwendungsbereich des Kartellrechts. Auf **gesetzliche** Wettbewerbsverbote findet das Kartellrecht hingegen **keine** Anwendung, da es sich dabei nicht um eine „Vereinbarung" nach §1 GWB handelt. Dies gilt auch dann, wenn der Inhalt eines gesetzlichen Wettbewerbsverbots im Vertragstext lediglich wiederholt wird, denn auch dann handelt es sich nicht um eine Parteivereinbarung, sondern lediglich um eine deklaratorische Wiederholung der gesetzlichen Regelung. Auch für vertragliche Wettbewerbsverbote zwischen einem **Arbeitgeber** und einem **angestellten Arbeitnehmer** gilt das Kartellrecht nicht, da es sich dabei nicht um eine Vereinbarung „zwischen Unternehmen" handelt.[7] Bezieht sich das Wettbewerbsverbot jedoch auf einen **Dienstvertrag zwischen einem Unternehmen und einem freiberuflichen Berater**, ist das Kartellrecht anwendbar, da in diesem Fall sowohl der Auftraggeber als auch der Auftragnehmer als eigenständige „Unternehmen" im kartellrechtlichen Sinne anzusehen sind.[8] 8

I. Weite Begrifflichkeit des „Wettbewerbsverbots" im deutschen und Europäischen Kartellrecht

Der Begriff des „Wettbewerbsverbots" ist im deutschen und Europäischen Kartellrecht weit gefasst. Nach der **Legaldefinition** in Art. 1 Abs. 1 lit. d) Vertikal-GVO, die nach § 2 Abs. 2 GWB auch unmittelbar Anwendung im deutschen Recht findet, ist ein Wettbewerbsverbot eine 9

– unmittelbare oder mittelbare Verpflichtung, die den Abnehmer veranlasst, **keine** Waren oder Dienstleistungen herzustellen, zu beziehen, zu verkaufen oder weiterzuverkaufen, die mit den Vertragswaren oder -dienstleistungen im Wettbewerb stehen, **oder**

7 Hier finden jedoch gem. §110 Satz 2 GewO die handelsrechtlichen Regelungen der §§74 ff. HGB Anwendung. Die Vereinbarung eines nachvertraglichen Wettbewerbsverbots mit einem Arbeitnehmer ist gem. §74a Abs. 1 Satz 1 HGB nur wirksam, soweit ein geschäftliches Interesse besteht, und zwar gem. §74a Abs. 1 Satz 3 HGB für einen Zeitraum von maximal zwei Jahren nach Beendigung des Dienstverhältnisses. Ein solches Wettbewerbsverbot ist nach §74 Abs. 2 HGB nur verbindlich, wenn eine Karenzentschädigung in Höhe der Hälfte der zuletzt bezogenen vertragsmäßigen Leistungen zugesagt wird.
8 Vgl. zum kartellrechtlichen Unternehmensbegriff Kap. 3 Rn 13.

– eine unmittelbare oder mittelbare Verpflichtung des Abnehmers, auf dem relevanten Markt **mehr als 80%** seines Gesamtbezugs an Vertragswaren oder -dienstleistungen und ihren Substituten, der anhand des Werts des Bezugs oder, falls in der Branche üblich, anhand des bezogenen Volumens im vorangehenden Kalenderjahr berechnet wird, vom Anbieter oder von einem anderen vom Anbieter benannten Unternehmen zu beziehen.

10 Das Wettbewerbsverbot kann somit als **negativ formulierte Klausel** ausgestaltet sein, die den Vertragspartner verpflichtet, bestimmte Waren oder Dienstleistungen nicht herzustellen, zu beziehen oder zu vertreiben. Es kann sich aber auch um eine **positiv formulierte Klausel** handeln, die den Vertragspartner verpflichtet, eine Mindestmenge von mehr als 80% des Gesamtbezugs oder die gesamte Menge bestimmter Waren oder Dienstleistungen ausschließlich bei einem bestimmten Anbieter zu beziehen.

11 Die Vertikal-GVO definiert nur Wettbewerbsverbote zu Lasten des **Abnehmers,** die sich auf Waren oder Dienstleistungen beziehen. Soweit die oben genannte Legaldefinition aber auf **alle Arten von Vertragspartnern** und **alle Arten von Leistungen** erstreckt wird, ist sie **verallgemeinerungsfähig** und kann somit für alle nachfolgend zu bewertenden Arten von Wettbewerbsverboten herangezogen werden. Die terminologische Einkleidung des Wettbewerbsverbots ist dabei ohne Bedeutung. Ob es als Know-how-Schutz-Klausel, Kundenschutzklausel, Konkurrenzschutzklausel, Exklusivbezugsverpflichtung oder Gesamtbedarfsdeckungsklausel bezeichnet wird, ist für die kartellrechtliche Bewertung irrelevant.

II. Wettbewerbsverbote zwischen Wettbewerbern

12 Wettbewerbsverbote zwischen unmittelbaren Konkurrenten sind kartellrechtlich **grundsätzlich unzulässig**, da sie eine Gebiets- oder Kundenaufteilung bewirken. Nur ausnahmsweise sind Wettbewerbsverbote zwischen Wettbewerbern kartellrechtlich freigestellt. Eine **Freistellung** kommt insbesondere in den nachfolgend genannten Fallgruppen in Betracht.

1. Wettbewerbsverbot zu Lasten des Veräußerers in einem Unternehmenskaufvertrag[9]

13 Wird in einem Unternehmenskaufvertrag vereinbart, dass der Veräußerer während eines bestimmten Zeitraums nicht in Wettbewerb zum Erwerber treten darf, kann

9 Dazu ausf. Kap. 7 Rn 90 ff.

dies kartellrechtlich zulässig sein. Nach Art. 6 Abs. 1 lit. b) UAbs. 2 und Art. 8 Abs. 1 UAbs. 2 und Abs. 2 UAbs. 3 der Fusionskontrollverordnung 139/2004[10] umfasst die fusionskontrollrechtliche Freigabe eines Zusammenschlussvorhabens auch die mit seiner Durchführung **unmittelbar verbundenen** und dafür **notwendigen** Einschränkungen des Wettbewerbs. Dies gilt unabhängig davon, ob die Zusammenschlussbeteiligten Wettbewerber oder Nicht-Wettbewerber sind.[11]

2. Wettbewerbsverbote zwischen den Beteiligten eines Gemeinschaftsunternehmens (Joint Venture)

Auch in Gemeinschaftsunternehmen ist eine Rechtfertigung von Wettbewerbsverboten zwischen den Muttergesellschaften oder zwischen den Muttergesellschaften und dem Gemeinschaftsunternehmen nur im Ausnahmefall möglich.[12] Die Tatsache, dass die Muttergesellschaften über das Gemeinschaftsunternehmen miteinander verbunden sind und „ein Unternehmen" im Sinne des Kartellrechts darstellen, ändert an der Anwendbarkeit der allgemeinen Grundsätze zu Wettbewerbsverboten nichts.[13] Denkbar ist ein zulässiges Wettbewerbsverbot beispielsweise dann, wenn sich die Muttergesellschaften aus dem sachlichen Markt, auf dem das Gemeinschaftsunternehmen oder die jeweils andere Muttergesellschaft tätig ist, zurückgezogen haben. Jedoch muss auch dieses Wettbewerbsverbot den allgemeinen Anforderungen in sachlicher, räumlicher und zeitlicher Hinsicht entsprechen.[14] 14

3. Wettbewerbsverbote zur Absicherung der Exklusivität einer kartellrechtlich zulässigen vertraglichen Zusammenarbeit

Des Weiteren sind Wettbewerbsverbote dann denkbar, wenn sie notwendig sind, 15
um überhaupt erst eine Zusammenarbeit zwischen Wettbewerbern zu ermöglichen. Beabsichtigen zwei Unternehmen folglich, eine kartellrechtlich zulässige Arbeitsgemeinschaft mit dem jeweils anderen nur unter der Bedingung einzugehen, dass dieser nicht im Geltungsbereich der Arbeitsgemeinschaft zugleich mit Dritten eine weitere Arbeitsgemeinschaft bildet, so dürfen sie zu diesem Zweck ein Wettbewerbsverbot vereinbaren. Dabei ist das Wettbewerbsverbot aber nur dann rechtmäßig, wenn die Parteien beabsichtigen, durch ihre Zusammenarbeit den Wettbewerb

---

10 Verordnung (EG) Nr. 139/2004 des Rates vom 20. Januar 2004 über die Kontrolle von Unternehmenszusammenschlüssen, ABl L 24/1 vom 29.1.2004.

11 Näher zur systematischen Einordnung von Wettbewerbsverboten in Unternehmenskaufverträgen Kap. 7 Rn 94 ff.

12 Hierzu vertieft Kap. 7 Rn 103 ff.

13 BGH, Beschl. v. 1.10.1985, Az. KVR 6/84 = NJW 1986, 1874 (1875) – *Mischwerke*.

14 BGH, Beschl. v. 1.10.1985, Az. KVR 6/84 = NJW 1986, 1874 (1875) – *Mischwerke*.

zu fördern, so etwa durch die exklusive Zusammenarbeit bei der Entwicklung eines Innovationsprodukts. Die Vereinbarung darf hingegen nicht zugleich darauf gerichtet sein, den Wettbewerb – so etwa durch die Etablierung eines Preiskartells – zu verhindern oder zu beschränken.

4. Wettbewerbsverbote zwischen einem Unternehmen und seinem Geschäftsführer oder seinen Gesellschaftern

16 Nachvertragliche Wettbewerbsverbote, die dem Geschäftsführer eines Unternehmens untersagen, nach Beendigung seiner Tätigkeit für das Unternehmen für einen Wettbewerber tätig zu werden, sind ebenfalls vom Kartellrecht umfasst.[15] Gleiches gilt für Wettbewerbsverbote zwischen einer GmbH und ihren Gesellschaftern.[16] Solche Klauseln sind **nur insoweit** wirksam, als sie in zeitlicher, örtlicher und gegenständlicher Hinsicht **erforderlich** sind, um das Unternehmen vor der **illoyalen Ausbeutung** der Erfolge seiner Arbeit zu schützen.[17]

17 Ein Wettbewerbsverbot, welches dem Geschäftsführer Tätigkeiten untersagt, die **keinen Bezug** zu seinem konkreten Tätigkeitsbereich im Unternehmen, seiner dort relevanten Fachkompetenz oder zu Kunden des Unternehmens aufweisen, geht über das sachlich erforderliche Maß hinaus und ist daher unwirksam. Ebenfalls über das erforderliche Maß hinaus ging nach Ansicht des Gerichts ein Verbot von Tätigkeiten des Geschäftsführers für ein mit einem Wettbewerber **verbundenes Unternehmen** sowie das Verbot von **Kapitalbeteiligungen an einem Wettbewerber** ohne unternehmerischen Einfluss.[18]

Musterklausel

Wettbewerbsverbot

Die Gesellschafter verpflichten sich jeweils einzeln gegenüber der Gesellschaft und jedem Mitgesellschafter, während der Dauer ihrer (direkten oder indirekten) Beteiligung an der Gesellschaft sowie während eines Zeitraums von zwei Jahren ab ihrem jeweiligen Ausscheiden als Gesellschafter der Gesellschaft jegliche Betätigung zu unterlassen, mit der sie unmittelbar oder mittelbar in Wettbewerb mit dem sachlich und räumlichen Geschäftsbetrieb der Gesellschaft treten würden oder die unmittelbar oder mittelbar einen solchen Wettbewerb zur Folge haben würde. Die Gesellschafter werden insbesondere kein Unternehmen gründen, sich an einem solchen Unternehmen beteiligen, ein solches Unternehmen beraten oder für ein solches Unternehmen arbeiten, jeweils soweit das betreffende Unternehmen in Konkurrenz zur Gesellschaft steht oder treten wird und die Tätigkeit des betreffenden Gesellschafters hiermit in Zusammenhang steht bzw. stehen würde.

Unter Konkurrenztätigkeit verstehen die Parteien jedwede Tätigkeit, die mit dem von der Gesellschaft in den letzten beiden Jahren vor dem Ausscheiden des jeweiligen Gesellschafters ausgeüb-

---

15 OLG Hamm, Urt. v. 8.8.2016, Az. 8 U 23/16 = BeckRS 2016, 20914.

16 BGH, Urt. v. 20.1.2015, Az. II ZR 369/13.

17 BGH, Urt. v. 20.1.2015, Az. II ZR 369/13.

18 OLG Hamm, Urt. v. 8.8.2016, Az. 8 U 23/16 = BeckRS 2016, 20914.

ten Geschäftsbetrieb identisch oder gleichartig ist. Das nachvertragliche Wettbewerbsverbot erstreckt sich räumlich auf die Gebiete, in denen die Gesellschaft bei Ausscheiden des jeweiligen Gesellschafters geschäftlich tätig ist oder zu diesem Zeitpunkt nachweislich die Aufnahme einer Geschäftstätigkeit geplant hat.
Nicht vom Wettbewerbsverbot umfasst ist der Besitz von rein kapitalistischen Beteiligungen an anderen Unternehmen ohne Möglichkeit der operativen Einflussnahme.
Von dem Wettbewerbsverbot nach dieser Ziffer sowie von einem bestehenden Wettbewerbsverbot für Geschäftsführer kann im Übrigen durch Gesellschafterbeschluss befreit werden.

5. Wettbewerbsverbote auf unterschiedlichen Produktions- oder Handelsstufen

Ausnahmsweise finden auf Wettbewerbsverbote zwischen Wettbewerbern auf der 18
Handelsebene die weniger strengen Grundsätze für Wettbewerbsverbote zwischen **Nicht-Wettbewerbern** (dazu der folgende Abschnitt) Anwendung. Diese Besonderheit gilt nach Art. 2 Abs. 4 Vertikal-GVO für die folgenden beiden Konstellationen:[19]

1. Der **Anbieter** ist Hersteller der vertragsgegenständlichen **Produkte** und vertreibt diese zugleich auch. Der **Abnehmer** ist hingegen ausschließlich im Vertrieb, aber nicht in der Herstellung der vertragsgegenständlichen Produkte tätig. Die Parteien sind somit **nur auf der Vertriebsebene** Wettbewerber.
2. Der **Anbieter** bietet die vertragsgegenständlichen **Dienstleistungen** auf mehreren Handelsstufen, so auch im Einzelhandel, an. Der **Abnehmer** bietet die vertragsgegenständlichen Dienstleistungen nur auf der Einzelhandelsstufe an. Die Parteien sind somit **nur auf der Einzelhandelsstufe** Wettbewerber.

III. Wettbewerbsverbote zwischen Nicht-Wettbewerbern

Wettbewerbsverbote zwischen Nicht-Wettbewerbern haben grundsätzlich eine we- 19
niger wettbewerbsbeschränkende Wirkung als Wettbewerbsverbote zwischen Wettbewerbern. Sie sind daher auch in größerem Umfang zulässig. Im Einzelfall dürfen sie sogar ohne zeitliche, räumliche und sachliche Begrenzung geschlossen werden.

Die häufigsten Anwendungsbereiche von Wettbewerbsverboten im Vertikal- 20
verhältnis sind Lieferverträge[20], Subunternehmerverträge[21], Franchise- und Outsourcing-Verträge[22] sowie vergleichbare Kooperationsvereinbarungen. Für Wettbewerbsverbote in all diesen Vertragstypen gilt grundsätzlich die nachfolgende rechtliche Bewertung.

---

19 Dazu auch das Praxisbeispiel in Kap. 4 Rn 46.

20 BGH, Urt. v. 14.1.1997, Az. KZR 41/95 = NJW 1997, 2324 (2324) – *Druckgussteile*; *Thomas*, WuW 2010, 177; Langen/Bunte/*Bahr*, Dt. KartellR, Nach 2 GWB Rn 276.

21 BGH, Urt. v. 10.12.2008, Az. KZR 54/08 = NJW 2009, 1751 (1752) – *Subunternehmervertrag II*; Loewenheim/Meessen/Riesenkampff/*J. Nordemann*, KartellR, Vertikalvereinbarungen Rn 29.

1. Kartellrechtlich grundsätzlich zulässige Klauseln

a) Räumlich, sachlich und zeitlich unbegrenzte Wettbewerbsverbote zum Schutz des Know-hows einer Vertragspartei

21 Kartellrechtlich unbedenklich sind unbegrenzte Wettbewerbsverbote, soweit sie zum Schutz **geheimen Know-hows** eines Vertragspartners vereinbart werden. Sie dürfen sich in diesem Fall aber nur soweit erstrecken, wie eine Vertragspartei dem anderen Vertragspartner geheime Kenntnisse übertragen hat und wie diese Know-how-Übertragung zur Erfüllung des Vertragszwecks erforderlich war.

22 Entsprechende Wettbewerbsverbote werden insbesondere im Zusammenhang mit der Übertragung bereits identifizierter **praktischer Kenntnisse** eines Vertragspartners vereinbart, wenn dieser das Know-how durch Erfahrung und Erprobung gewonnen hat, es nicht allgemein bekannt oder leicht zugänglich ist und für die Erfüllung des Vertragszwecks eine wesentliche Bedeutung hat.[23]

23 Der Begriff des Know-hows umfasst somit vor **allem technische Kenntnisse**, die im Versuchswege gewonnen wurden. Kundendaten fallen hingegen nicht unter den Begriff des „Know-hows" im kartellrechtlichen Sinne. Auf Kundenschutzvereinbarungen sind die hier genannten Grundsätze zum Know-how-Schutz daher nicht ohne Weiteres anwendbar.[24]

24 Für **Zuliefervereinbarungen**, in deren Rahmen ein Vertragspartner als „verlängerte Werkbank" für die andere Vertragspartei tätig wird, hat die Europäische Kommission die Ausnahmebereiche für unbegrenzt formulierte Wettbewerbsverbote in der sog. „Zulieferbekanntmachung"[25] konkretisiert. Es handelt sich dabei um eine Verwaltungsrichtlinie, die ausschließlich die Europäische Kommission in ihrer Verwaltungspraxis als Kartellbehörde hinsichtlich Zulieferverträgen bindet. Die darin festgehaltenen Grundsätze sind aber für vertikale Vertragsbeziehungen verallgemeinerbar und können grundsätzlich auch als Richtschnur für die Bewertung von Wettbewerbsverboten zum Know-how-Schutz verwendet werden.[26]

25 Hiernach erfasst das Kartellverbot **nicht** solche Vertragsklauseln, nach denen
- die vom Auftraggeber stammenden Kenntnisse oder Betriebsmittel nur zum Zweck der Vertragserfüllung benutzt werden dürfen,

---

22 OLG Düsseldorf, Beschl. v. 7. 9.2009, Az. I-16 U 62/08 = BeckRS 2009, 89466; OLG Hamm, Urt. v. 28.4.2009, Az. 4 U 13/09 = NJW-RR 2009, 1707 (1707).

23 Vgl. Art. 5 Abs. 3 Satz 2 i.V.m. Art. 1 lit. g) Vertikal-GVO.

24 Dazu aber unten Rn 64 ff.

25 Europ. Kommission, Bekanntmachung vom 18.12.1978 über die Beurteilung von Zulieferverträgen nach Artikel 85 Absatz 1 des Vertrages zur Gründung der Europäischen Wirtschaftsgemeinschaft, ABl C 1 vom 3.1.1979, S. 2-3.

26 Für Lieferverträge stellt Art. 5 Abs. 3 Satz 2 Vertikal-GVO nochmals ausdrücklich klar, dass zeitlich unbefristete Know-how-Schutz-Regelungen grundsätzlich zulässig sind. Die räumlich und sachlich erforderlichen Grenzen solcher Vereinbarungen lassen sich daraus aber nicht entnehmen.

- die vom Auftraggeber stammenden Kenntnisse oder Betriebsmittel Dritten nicht zur Verfügung gestellt werden dürfen **oder**
- die mit ihrer Hilfe hergestellten Erzeugnisse, erbrachten Dienstleistungen oder verrichteten Arbeiten nur für den Auftraggeber bestimmt sind oder nur für seine Rechnung ausgeführt werden dürfen, **wenn und soweit** diese Kenntnisse oder Betriebsmittel **erforderlich** sind, um den Zulieferer in die Lage zu versetzen, unter angemessenen Bedingungen die den Weisungen des Auftraggebers entsprechenden Erzeugnisse herzustellen, Dienstleistungen zu erbringen oder Arbeiten zu verrichten.

Diese Ausnahme vom Kartellverbot greift nach der Zulieferbekanntmachung regelmäßig ein, **soweit** die Erfüllung des Zuliefervertrags davon abhängt, dass der Zulieferer 26
- gewerbliche Schutzrechte in Form von Patenten, Gebrauchsmustern, Geschmacksmustern oder ähnlichen Rechten oder geheime technische Kenntnisse oder Herstellungsverfahren (Know-how) benutzt, die der Auftraggeber besitzt oder über die er verfügt, **oder**
- wenn der Zulieferer für die Erfüllung des Zuliefervertrags vom Auftraggeber oder für dessen Rechnung ausgearbeitete Entwürfe, Pläne oder sonstige Unterlagen oder dem Auftraggeber gehörende Stanzen, Formen oder Werkzeuge und deren Zubehör benötigt, für die zwar kein gewerbliches Schutzrecht besteht oder die keinen geheimen Charakter tragen, mit deren Hilfe aber ein Erzeugnis hergestellt werden kann, das sich nach Form, Funktion oder Zusammensetzung von anderen hergestellten oder auf dem Markt befindlichen Erzeugnissen unterscheidet.

Das Wettbewerbsverbot soll die Vertragspartei, die das Know-how offenlegt, stets davor schützen, dass ihr Vertragspartner dieses Know-how unbillig zu seinen eigenen Gunsten ausbeutet. Da das Know-how umfassend geschützt werden soll, bedarf es in dieser Hinsicht weder einer zeitlichen noch einer räumlichen noch einer sachlichen Beschränkung des Wettbewerbsverbots. 27

Verfügt der Vertragspartner jedoch ohnehin schon über dieses Know-how oder kann er es sich ohne größeren Aufwand beschaffen, greift der Schutzzweck **nicht** (mehr) ein. Vielmehr würde dem Vertragspartner dann durch das Wettbewerbsverbot die Möglichkeit genommen, auf Grundlage eigenen Know-hows eine selbständige wirtschaftliche Tätigkeit zu entfalten.[27] Es ist daher ratsam, ein unbegrenztes Wettbewerbsverbot zum Know-how-Schutz stets mit einer **Ausnahmeklausel** zu 28

---

27 Europ. Kommission, Bekanntmachung vom 18.12.1978 über die Beurteilung von Zulieferverträgen nach Artikel 85 Absatz 1 des Vertrages zur Gründung der Europäischen Wirtschaftsgemeinschaft, ABl C 1 vom 3.1.1979, S. 2, Ziff. 2.

versehen, in welchen Konstellationen es nicht eingreift. Fehlt es an dieser Ausnahmeklausel, ist das Wettbewerbsverbot oftmals zu weitreichend und somit kartellrechtlich unwirksam.

---

i **Praxistipp**

Bei der **Formulierung** eines zeitlich unbegrenzten Wettbewerbsverbots zum Schutz des Know-hows einer Vertragspartei sollte ausdrücklich festgehalten werden, dass das zeitlich unbegrenzte Wettbewerbsverbot **nicht** anwendbar ist, **soweit** der Vertragspartner bereits über die erforderlichen Kenntnisse oder Betriebsmittel verfügt, um die Vertragsprodukte herzustellen oder die vertraglich vereinbarten Dienstleistungen zu erbringen, oder wenn er sich diese Kenntnisse oder Betriebsmittel unter angemessenen Bedingungen rechtmäßig verschaffen kann.

Fehlt es an dieser ausdrücklichen Begrenzung, hängt die rechtliche Bewertung einer entsprechenden Vertragsklausel von ihrer **Auslegung** aus Sicht eines objektiven Erklärungsempfängers gem. §§ 133, 157 BGB ab. Ein solcher Auslegungsbedarf führt aber zu erheblicher **Rechtsunsicherheit**. Eine eindeutige Formulierung ist daher vorzugswürdig.

---

b) Auf die Vertragslaufzeit beschränktes Wettbewerbsverbot zu Lasten des Abnehmers in Räumlichkeiten im Eigentum des Lieferanten

29 Ebenfalls ohne zeitliche Begrenzung grundsätzlich zulässig sind Wettbewerbsverbote, soweit sie sich auf den Vertrieb der vertragsgegenständlichen Produkte oder Dienstleistungen während der Vertragslaufzeit in **Räumlichkeiten im Eigentum des Lieferanten** beziehen. Sofern die Marktanteile der Vertragspartner jeweils nicht mehr als 30% betragen, sind solche Wettbewerbsverbote nach Art. 5 Abs. 2 i.V.m. Art. 2 und Art. 3 Vertikal-GVO ausdrücklich freigestellt.

30 Im Falle höherer Marktanteile ist zu prüfen, ob es für den Lieferanten zumutbar ist, den Verkauf von Konkurrenzprodukten oder -dienstleistungen auf eigenem Grund und Boden zu dulden. Nach Auffassung der Europäischen Kommission kann jedoch normalerweise von einem Anbieter nicht erwartet werden, dass er den Verkauf konkurrierender Produkte in Räumlichkeiten oder auf Grundstücken, die in seinem Eigentum stehen, ohne seine Erlaubnis zulässt.[28]

31 Ein künstlicher „Zuschnitt" der Eigentumsverhältnisse auf diese Konstellation, so insbesondere die zeitlich begrenzte Übertragung von Eigentumsrechten durch den Abnehmer an den Lieferanten, kann allerdings – unabhängig von den Marktanteilen der Vertragsparteien – **nicht** zu einer kartellrechtlichen Freistellung eines zeitlich unbegrenzten Wettbewerbsverbots führen. Die Europäische Kommission geht hier vielmehr von einem Umgehungstatbestand aus, der kein schutzwürdiges Interesse des Lieferanten an einer Beschränkung des Wettbewerbs begründet.[29]

---

28 Europ. Kommission, Vertikal-Leitlinien 2010/C 130/01, Rn 67.

29 Europ. Kommission, Vertikal-Leitlinien 2010/C 130/01, Rn 67.

c) Wettbewerbsverbote zu Lasten des Lieferanten

Zeitlich, räumlich und sachlich unbegrenzte Wettbewerbsverbote zu Lasten des Lieferanten sind nach Art. 2 Abs. 1 Vertikal-GVO **gruppenfreigestellt**, solange die jeweiligen Marktanteile von Anbieter und Abnehmer auf dem vertragsgegenständlichen Markt nicht mehr als 30% betragen.[30] 32

Diese Schlussfolgerung lässt sich aus einem Umkehrschluss aus Art. 1 Abs. 1 lit. d) i.V.m. Art. 5 Abs. 1 lit. a) Vertikal-GVO entnehmen. Denn der Begriff des „Wettbewerbsverbots" nach Art. 1 lit. d) Vertikal-GVO umfasst nur Wettbewerbsverbote **zu Lasten des Abnehmers**. Die Gruppenfreistellung solcher Wettbewerbsverbote gilt nach Art. 5 Abs. 1 lit. a) Vertikal-GVO nur, wenn ihre Höchstlaufzeit auf fünf Jahre beschränkt ist. Da es hingegen an einer solchen gesetzlichen Beschränkung für anderweitige – d.h. zu Lasten von Lieferanten geltende – Wettbewerbsverbote fehlt, gelten diese auch bei Überschreiten dieser Höchstlaufzeit als kartellrechtlich freigestellt. 33

Vor einem **allzu leichtfertigen Umgang** mit zeitlich unbegrenzten Wettbewerbsverboten zu Lasten von Lieferanten sei dennoch **gewarnt**. Zum einen ist bislang ungeklärt, ob jedenfalls die Wertung von Art. 5 Abs. 1 lit. a) Vertikal-GVO auch auf Wettbewerbsverbote zu Lasten des Lieferanten herangezogen werden kann. So hat etwa das OLG Düsseldorf die zeitliche Begrenzung von Wettbewerbsverboten nach Art. 5 Abs. 1 Vertikal-GVO entgegen dem klaren Wortlaut der gesetzlichen Regelung auch auf Wettbewerbsverbote zu Lasten des Lieferanten angewandt.[31] Zum anderen wird die Wirksamkeit von Wettbewerbsverboten nicht nur in kartellrechtlicher, sondern auch in zivilrechtlicher Hinsicht beurteilt. Führt ein Wettbewerbsverbot dazu, dass eine Vertragspartei ihre berufliche Tätigkeit in einem bestimmten Geschäftsbereich faktisch aufgeben muss, ohne dass dies zum Schutz des im Rahmen des Vertragsverhältnisses übergegangenen Know-hows erforderlich ist, ist eine entsprechende Klausel in der Regel als **sittenwidrig** nach § 138 BGB anzusehen.[32] Dies kann insbesondere Wettbewerbsverbote zu Lasten kleiner und mittlerer Unternehmen betreffen, die sich auf die Herstellung eines bestimmten Produkts spezialisiert haben und aufgrund des Wettbewerbsverbots langfristig der Möglichkeit beraubt werden, andere (gegebenenfalls auch größere) Abnehmer als den Vertragspartner mit diesem Produkt zu beliefern. 34

Eine Sittenwidrigkeit liegt zudem auch dann nahe, wenn ein Wettbewerbsverbot zeitlich unbegrenzt ist oder in sachlicher, räumlicher oder zeitlicher Hinsicht weit über das Maß hinausgeht, das zur Durchführung des Vertragszwecks erforder- 35

---

30 *Schultze/Pautke/Wagener*, Vertikal-GVO, Rn 189; Langen/Bunte/*Nolte*, EU-KartellR, Nach Art. 101 AEUV Rn 564;

31 Vgl. OLG Düsseldorf, Urt. v. 29.1.2014, Az. VI-U (Kart) 19/13, Rn 39 = BeckRS 2014, 06495.

32 Vgl. OLG Düsseldorf, Urt. v. 26.5.2004, Az. U (Kart) 36/03 = NJW-RR 2005, 288 (290).

lich ist.[33] Wird das Wettbewerbsverbot darüber hinaus formularmäßig – etwa in einem Mustervertrag – verwendet, unterliegt es zudem der **AGB-Kontrolle**. Enthält es eine über das erforderliche Maß hinausgehende Wettbewerbsbeschränkung, kann es als unangemessene Benachteiligung einer Partei zu bewerten sein.[34] Sowohl die Sittenwidrigkeit als auch ein Verstoß gegen das AGB-Recht können somit zur Unwirksamkeit eines sachlich, räumlich oder zeitlich überschießenden Wettbewerbsverbots zu Lasten des Lieferanten führen. Darauf, dass das Wettbewerbsverbot nach der Vertikal-GVO freigestellt ist, kommt es dann nicht mehr an.

---

i **Praxistipp**

Bei der Formulierung und rechtlichen Überprüfung von Wettbewerbsverboten ist stets **neben** der kartellrechtlichen Bewertung auch zu berücksichtigen, ob das Wettbewerbsverbot die Vertragsgegenseite möglicherweise sittenwidrig in ihrer beruflichen Entfaltungsfreiheit beschränkt oder ob es als wirksam einbezogene AGB zu einer unangemessenen Benachteiligung des Vertragspartners führt.

---

d) Zeitlich, räumlich und sachlich beschränkte Wettbewerbsverbote zu Lasten des Abnehmers während der Vertragslaufzeit

36 Im Hinblick auf Wettbewerbsverbote zu Lasten des Abnehmers ist zu unterscheiden zwischen **„vertraglichen" Wettbewerbsverboten**, die sich auf wettbewerbliche Aktivitäten während der Vertragslaufzeit beziehen, und **„nachvertraglichen" Wettbewerbsverboten**, die sich auf wettbewerbliche Aktivitäten nach Ende der Vertragslaufzeit beziehen.

37 Sind **vertragliche Wettbewerbsverbote** zu Lasten des Abnehmers nicht allein auf den Schutz geheimen Know-hows des Anbieters und nicht auf den Vertrieb von Waren in Räumlichkeiten des Anbieters beschränkt, unterliegen sie ohne Weiteres dem Kartellverbot. Das Kartellrecht findet hier in einschränkender Auslegung von § 1 GWB[35] und Art. 101 AEUV[36] nur dann keine Anwendung, soweit ein Wettbewerbsverbot in sachlicher, zeitlicher und räumlicher Hinsicht erforderlich ist, um die berechtigten Interessen jedenfalls eines Vertragspartners aus der Durchführung des

---

33 BGH, Beschl. v. 31.5.2012, Az. I ZR 198/11, Rn 13 = BeckRS 2012, 16974; BGH, Urt. v. 10.12.2008, Az. KZR 54/08 = NJW 2009, 1751 (1753) – *Subunternehmervertrag II.*

34 Das OLG Jena hat etwa eine in den Transportbedingungen eines Subunternehmervertrags enthaltene Formulierung, wonach „absoluter Kundenschutz" gelte, als Verstoß gegen §§ 307 II Nr. 1, 310 I BGB angesehen, da die Regelung den Subunternehmer unangemessen benachteilige, vgl. OLG Jena, Urt. v. 5.10.2011, Az. 7 U 176/11 = BeckRS 2012, 17006.

35 BGH, Urt. v. 10.12.2008, Az. KZR 54/08 = NJW 2009, 1751 (1752) – *Subunternehmervertrag II.*

36 EuGH, Urt. v. 11.7.1985, Rs. 42/84 = GRUR Int 1986, 55 (56) – *Nutricia*; EuGH, Urt. v. 28.1.1986, Rs. 161/84 = NJW 1986, 1415 (1416) – *Pronuptia*; EuG, Urt. v. 18.9.2001, Rs. T-112/99 = WuW/E EU-R 469 Rn 104 ff. – *Metropole Television.*

Hauptvertrags zu schützen.[37] Mit anderen Worten: Der Hauptzweck eines Vertrags muss erreicht werden können, ohne dass ein Vertragspartner den Abfluss seiner Geschäftsidee oder seiner selbst akquirierten Kundenbeziehungen an den Vertragspartner befürchten muss.

Die Voraussetzungen einer hinreichenden **zeitlichen, räumlichen und sachlichen Beschränkung** müssen **kumulativ** vorliegen. Ist das Wettbewerbsverbot in nur einer Hinsicht zu weitreichend, führt dies bereits zur kartellrechtlichen Unwirksamkeit. Grundsätzlich sind diese strengen kartellrechtlichen Anforderungen nur dann anwendbar, wenn durch das Wettbewerbsverbot eine **spürbare** Wettbewerbsbeschränkung vorliegt.[38] In der Rechtsprechung zeigt sich jedoch im Zusammenhang mit Wettbewerbsverboten die Tendenz, dass für das Kriterium der Spürbarkeit nicht mehr die Bagatellschwelle eines Marktanteils von mindestens 15% maßgeblich sein soll, sondern dass die wettbewerbliche Spürbarkeit schon aus der unangemessen weiten Reichweite eines Wettbewerbsverbots hergeleitet wird.[39] Teilweise verzichten die Gerichte auch ganz auf eine Prüfung des ungeschriebenen Kriteriums der Spürbarkeit der Wettbewerbsbeschränkung.[40] 38

aa) Zeitlicher Umfang

Vertragliche Wettbewerbsverbote zwischen Parteien, deren jeweiliger Marktanteil 30% nicht überschreitet, sind nach Art. 2 Abs. 1 i.V.m. Art. 5 Abs. 1 lit. a) Vertikal-GVO für eine Laufzeit von **maximal fünf Jahren** freigestellt. Hat der Vertrag selbst eine längere Laufzeit oder verlängert er sich über fünf Jahre hinaus, muss das Wettbewerbsverbot ausdrücklich auf die maximal zulässige Höchstdauer von fünf Jahren beschränkt werden. Anderenfalls gilt das Wettbewerbsverbot nach Art. 5 Abs. 1 Satz 2 Vertikal-GVO als „für eine unbestimmte Dauer vereinbart" und ist kartellrechtlich nicht gruppenfreigestellt. 39

Praxistipp i

Den Parteien steht es auch im Falle eines auf fünf Jahre beschränkten Wettbewerbsverbots bei längerer Vertragslaufzeit offen, innerhalb eines angemessenen Zeitraums vor Ablauf von fünf Jahren ein neues Wettbewerbsverbot zu verhandeln. Es empfiehlt sich, eine solche **„Neuverhandlungsklausel"** bereits bei Vertragsschluss in das vertragliche Regelwerk aufzunehmen.

---

37 Ausf. *Bernhard*, NJW 2013, 2785 (2786 ff.).

38 Dazu Kap. 1 Rn 48 f. und Kap. 2 Rn 12 ff.

39 Vgl. BGH, Urt. v. 8.5.2001, Az. KVR 12/99 = WuW/E DE-R 711 (717) – *Ost-Fleisch*; OLG Düsseldorf, Beschl. v. 4.5.2011, Az. VI-Kart 7/10 (V) = WuW/E DE-R 3320 (3326) – *Hörgeräteakustiker*; OLG Düsseldorf, Urt. v. 29.1.2014, Az. VI-U (Kart) 19/13, Rn 29 f. = BeckRS 2014, 06495.

40 Vgl. OLG Naumburg, Urt. v. 20.12.2012, Az. 2 U 144/12 Kart = WRP 2013, 671 (673) – *Backwaren*.

40 Bei einem Marktanteil jedenfalls einer Vertragspartei von **über 30%** können vertragliche Wettbewerbsverbote im Rahmen einer Individualfreistellung nach Art. 101 Abs. 3 AEUV bzw. § 2 GWB gerechtfertigt werden. Eine Freistellung ist hier insbesondere möglich, wenn die Laufzeit des Wettbewerbsverbots oder die Reichweite der Exklusivität verringert werden. So sah der EuGH selbst bei einem Marktanteil von über 40% eine Maximallaufzeit von **zwei Jahren** für einen Vertrag mit einer vertraglich festgelegten Mindestbezugsmenge von über 80% des Bedarfs innerhalb der Vertragslaufzeit noch als kartellrechtlich zulässig an.[41] Das OLG Düsseldorf beurteilte zudem eine Laufzeit von maximal **vier Jahren** im Falle einer vertraglichen Mindestbezugsmenge von 50% bis 80% als wettbewerblich hinnehmbar.[42] Fehlt es an den Voraussetzungen einer Individualfreistellung, ist das Wettbewerbsverbot von vornherein unwirksam.[43]

41 Eine **längere Dauer** kann im Einzelfall auch dann gerechtfertigt sein, wenn Investitionsaufwendungen erst aufgrund einer längerfristigen Zusicherung von Exklusivität oder einem anderweitig vereinbarten Schutz vor Wettbewerb **amortisiert** werden können.[44] Allerdings dürfen die Investitionsaufwendungen zwischen den Parteien nicht „künstlich“ erhöht werden, um dadurch ein zeitlich längeres Wettbewerbsverbot rechtfertigen zu können. Die – wie auch immer geartete – Besserstellung eines Vertragspartners, um diesen dazu zu bewegen, sich wettbewerblicher Aktivitäten zu enthalten, wäre ein kartellrechtlich unzulässiger **Abkauf von Wettbewerb.**[45] Entgegen der selbst in manchen Rechtsabteilungen vorherrschenden Meinung kann die Verlängerung eines Wettbewerbsverbots oder der Zusicherung von Exklusivität folglich **nicht** dadurch „erkauft“ werden, dass für die Ware oder Dienstleistung ein höherer Preis gezahlt oder eine höhere Umsatzbeteiligung[46] gewährt wird. Gleiches gilt auch für Stilllegeprämien, mit denen der Wettbewerber dafür „abgegolten“ werden soll, dass er seine Produktion für einen bestimmten Zeitraum oder dauerhaft einstellt.[47]

42 Da die Einschätzung der „erforderlichen“ Dauer eines Wettbewerbsverbots zum Zeitpunkt seiner Vereinbarung einer nur schwer zu treffenden Prognose unterliegt,

---

41 EuGH, Urt. v. 11.7.1985, Rs. 42/84 = Slg. 1985-I, 2545 (2571), Rn 19 – *Remia/Kommission*; EuGH, Urt. v. 28.1.1986, Rs. 161/84, Slg. 1986-I, 353 (381), Rn 15 – *Pronuptia*.

42 OLG Düsseldorf, Beschl. v. 20.6.2006, Az. 2 Kart 1/06 = WuW 2006, 915 (917).

43 OLG Düsseldorf, Urt. v. 17.5.2017, Az. VI-U (Kart) 3/17 – *Taxi-App*.

44 Europ. Kommission, Erläuterungen zu den Prioritäten der Kommission bei der Anwendung von Artikel 82 des EG-Vertrags auf Fälle von Behinderungsmissbrauch durch marktbeherrschende Unternehmen (Prioritätenmitteilung), 2009/C 45/02, ABl. 2008, C 45/7, Rn 46.

45 Vgl. nur BGH, Urt. v. 3.12.1980, Az. I R 125/77 = BeckRS 1980, 22005568; OLG Düsseldorf, Urt. v. 20.7.2005, Az. VI-U (Kart) 17/05 = NZBau 2005, 654 (655); OLG Naumburg, Urt. v. 15.3.2001, Az. 7 U 46/00 = NZBau 2001, 579 (581).

46 OLG Frankfurt a.M., Urt. v. 7.2.1985, Az. 6 U 39/84 (Kart) = WuW/E OLG 3498 – *Nassauische Landeszeitung*.

47 KG Berlin, Urt. v. 11.9.1998, Az. Kart 2/98 = WuW/E DE-R 228 (230) – *Osthafenmühle*; OLG München, Urt. v. 23.9.1999, Az. 3 U 6412/98 = WuW/E DE-R 478 (479) – *Biegebetrieb*.

nimmt die Rechtsprechung im Fall eines nur zeitlich überschießenden Wettbewerbsverbots eine **geltungserhaltende Reduktion auf die erforderliche Laufzeit** vor.[48] Diese Möglichkeit wird allerdings nur dann anerkannt, wenn das Wettbewerbsverbot **nicht nach § 138 BGB sittenwidrig** ist. Von der Sittenwidrigkeit wird regelmäßig dann ausgegangen, wenn das Wettbewerbsverbot zeitlich unbegrenzt ist oder die Vertragspartei aufgrund anderweitig überschießender Gestaltung des Wettbewerbsverbots ihre berufliche Tätigkeit in einem bestimmten Geschäftsbereich faktisch aufgeben muss.[49]

bb) Sachlich-gegenständlicher Umfang

In sachlicher Hinsicht darf sich ein Wettbewerbsverbot, das nicht allein den Know- 43
how-Schutz der Vertragsparteien zum Gegenstand hat, nur auf Produkte oder Dienstleistungen beziehen, die mit den Vertragsprodukten oder -dienstleistungen in Konkurrenz stehen können. Dies betrifft sowohl die Vertragsprodukte bzw. -dienstleistungen selbst, als auch sonstige Produkte oder Dienstleistungen, die aus Kundensicht als austauschbar angesehen werden.

Welche Vertragsprodukte oder -dienstleistungen das Verbot wettbewerblicher 44
Geschäftstätigkeit umfasst, muss für den Adressaten des Wettbewerbsverbots klar erkennbar sein. Eine genaue Beschreibung des Vertragsgegenstands in der Präambel des Vertrags ist daher empfehlenswert. Es sollte jedoch nicht vergessen werden, das Wettbewerbsverbot auch auf „vergleichbare" Produkte und „die Herstellung oder den Vertrieb durch Dritte" zu erstrecken, um Umgehungsmöglichkeiten so weit wie möglich auszuschließen. Im Einzelfall bietet sich auch eine Erstreckung auf verbundene Unternehmen des Vertragspartners i.S.v. § 15 AktG an.

Geht ein Wettbewerbsverbot in sachlicher Hinsicht über das für die Vertrags- 45
durchführung erforderliche Maß hinaus, nimmt die Rechtsprechung **keine geltungserhaltende Reduktion** auf das noch zulässige Maß vor. Hier steht – wie im AGB-Recht[50] – der Sanktionsgedanke im Vordergrund, der überschießenden Regelungen durch die drohende Nichtigkeit von vornherein vorbeugen soll. Denn anderenfalls bestünde geradezu ein Anreiz, zu weitreichende Wettbewerbsverbote zu vereinbaren, da diese selbst im Falle ihrer Kartellrechtswidrigkeit in dem noch zulässigen Maße aufrechterhalten blieben.[51]

---

48 BGH, Urt. v. 10.12.2008, Az. KZR 54/08 = NJW 2009, 1751 (1753) = GRUR 2009, 698 – *Subunternehmervertrag II*; OLG Naumburg, Urt. v. 15.3.2001, Az. 7 U 46/00 = WRP 2013, 671 (673).
49 Vgl. OLG Düsseldorf, Urt. v. 26.5.2004, Az. U (Kart) 36/03 = NJW-RR 2005, 288 (290).
50 BGH, Urt. v. 20.6.1984, Az. VIII ZR 337/82 = NJW 1984, 2404 (2406); krit. MünchKommBGB/*Basedow*, § 306 BGB Rn 13.
51 Vgl. BGH, Urt. v. 11.10.2004, Az. KZR 39/02 = WuW/E DE-R 1305 (1306) – *Restkaufpreis*.

cc) Räumliche Reichweite

46 Bezieht sich eine Klausel nicht ausschließlich auf den Schutz von Unternehmens-Know-how, darf sich die entsprechende Regelung grundsätzlich nur auf den konkreten geographischen Geltungsbereich eines Vertrags erstrecken.[52] Es ist daher empfehlenswert, den tatsächlichen räumlichen Tätigkeitsbereich des durch das Wettbewerbsverbot begünstigten Vertragspartners in Bezug auf die vertragsgegenständlichen Produkte oder -dienstleistungen im Vertrag oder in einem Anhang zum Vertrag zu definieren. Um auch zukünftige Entwicklungen berücksichtigen zu können, empfiehlt sich auch die Aufnahme einer Aktualisierungsklausel, wonach die während der Vertragslaufzeit jeweils „aktuellen" räumlichen Geschäftsgebiete gemeint sind und der zu schützende Vertragspartner der anderen Partei auf Anforderung eine aktualisierte Liste dieser Gebiete vorlegen wird.

47 Auch in räumlicher Hinsicht nehmen die Gerichte im Falle zu weitreichender Klauseln **keine geltungserhaltende Reduktion** auf das noch zulässige Maß vor. Unabhängig von der Möglichkeit einer teleologischen Reduktion sind Wettbewerbsverbote aber stets nach §§ 133, 157 BGB im Lichte der sonstigen vertraglichen Regelungen **auszulegen.**[53] In räumlicher Hinsicht geht etwa ein Wettbewerbsverbot grundsätzlich nicht über das erforderliche Maß hinaus, das dem Vertragspartner zur Vermeidung von Umgehungstatbeständen Investitionen in Unternehmen verbietet, die im geschützten Gebiet einer Kundenschutzklausel tätig sind.[54] Zwar kann der Sitz dieses Investitionsobjekts auch außerhalb des geografisch geschützten Raums liegen. Maßgeblich für die Definition des Schutzbereichs ist aber nach verständiger Auslegung nicht der Unternehmenssitz, sondern die **konkrete Auswirkung auf den Wettbewerb in einem bestimmten geografischen Gebiet**. Ist ein Unternehmen folglich in dem räumlich geschützten Bereich als Wettbewerber des Vertragspartners tätig, so sind auch (weltweit) Investitionen der anderen Vertragspartei in dieses Unternehmen von dem Wettbewerbsverbot grundsätzlich wirksam umfasst.

e) Zeitlich, räumlich und sachlich beschränkte Wettbewerbsverbote zu Lasten des Abnehmers nach Ende der Vertragslaufzeit

48 **Nachvertragliche Wettbewerbsverbote** sind nach Art. 5 Abs. 3 Vertikal-GVO gruppenfreigestellt, wenn

- ihre Dauer auf **höchstens ein Jahr** nach Beendigung der Vertragslaufzeit begrenzt ist,
- sie sich in sachlicher Hinsicht auf Waren oder Dienstleistungen beziehen, die **mit den Vertragswaren oder -dienstleistungen im Wettbewerb** stehen,

---

52 BGH, Urt. v. 12.5.1998, Az. KZR 18–97 = NJW-RR 1998, 1508 (1509) – *Subunternehmervertrag I.*

53 Vgl. OLG Naumburg, Urt. v. 20.12.2012, Az. 2 U 144/12 Kart = WRP 2013, 671 (673) – *Backwaren.*

54 *Bernhard*, NJW 2013, 2785 (2789).

- sie sich geographisch auf **Räumlichkeiten und Grundstücke** beschränken, von denen aus der Abnehmer während der Vertragslaufzeit seine Geschäfte betrieben hat **und**[55]
- unerlässlich sind, um dem Abnehmer vom Anbieter übertragenes **Know-how** zu schützen.

In Einzelfällen kann nach deutschem Recht auch eine längere Dauer eines nachvertraglichen Wettbewerbsverbots gerechtfertigt sein. Dies kann auch für Aktivitäten gelten, die außerhalb von Räumlichkeiten und Grundstücken des früheren Betriebsgeländes aus getätigt werden. So hat die Rechtsprechung in der Vergangenheit ein nachvertragliches Wettbewerbsverbot für einen Zeitraum von zwei Jahren mit der Begründung anerkannt, dass der betroffene Vertragspartner ohne die Vereinbarung einer solchen Regelung hätte befürchten müssen, dass die andere Vertragspartei auf dem örtlichen Markt einen Konkurrenzbetrieb eröffnet und die während des Vertragsverhältnisses geschaffenen Kundenbindungen zu seinen Lasten nutzen würde.[56] Eine solche Wertung hängt im Wesentlichen von der Laufzeit bestehender Vertragsverhältnisse und der produkt- oder branchenspezifischen Kundenbewegungen ab. 49

Nicht gefolgt werden kann jedoch der Auffassung des OLG Naumburg[57], wonach nachvertragliche Wettbewerbsverbote **nach der Vertikal-GVO** bei einer zeitlichen Bindung von fünf Jahren **generell** vom Kartellverbot freigestellt sein sollen.[58] Nach Art. 5 Abs. 3 Vertikal-GVO sind nachvertragliche Wettbewerbsverbote ausdrücklich nur für einen Zeitraum von einem Jahr gruppenfreigestellt. Im Umkehrschluss daraus ergibt sich, dass die längere Gruppenfreistellung nach Art. 5 Abs. 1 lit. a) Vertikal-GVO nur für vertragliche Wettbewerbsverbote gilt. 50

Praxistipp i

Ein möglichst weitreichender Schutz vor ungewünschter Konkurrenz durch den Vertragspartner lässt sich am ehesten durch eine **geschickte Kombination** zeitlich unbegrenzter Know-how-Schutz-Klauseln, räumlich, zeitlich und sachlich begrenzter Wettbewerbsverbote während der Vertragslaufzeit und räumlich, zeitlich und sachlich begrenzter nachvertraglicher Wettbewerbsverbote erzielen.

---

55 Dass es sich um kumulative Voraussetzungen handelt, ergibt sich aus Rn 68 der Vertikal-Leitlinien 2010/C 130/01.

56 OLG Celle, Urt. v. 13.1.1999, Az. 13 U 220/98 = BeckRS 1999, 05957.

57 OLG Naumburg, Urt. v. 18.7.2013, Az. 2 U 76/13 (Kart) = WuW/E DE-R 3999 (4002) – *Hubarbeitsmaschinen.*

58 So auch *Gruber*, WuW 2014, 596 (597).

51 Auch die Kombination von Know-how-Schutz sowie vertraglichen und nachvertraglichen Wettbewerbsverboten muss aber in einem **angemessenen Umfang** erfolgen. Streitigkeiten über Wettbewerbsverbote bezogen sich in der jüngeren Rechtsprechung meist auf solche Kombinationen mehrerer Schutzklauseln.

Beispiel
Prüfen Sie selbst, ob das nachfolgend dargestellte Wettbewerbsverbot, das Gegenstand einer Streitigkeit vor dem OLG Naumburg[59] war, wirksam ist:

„Wird der Vertrag aufgelöst, so gelten die folgenden Bestimmungen:

Das Know-how zur Herstellung der vorstehend benannten Produkte gehört M. und steht ohne zeitliche und geografische Einschränkung M. zu.

F. darf während 10 Jahren nach Ablauf des Vertrages keine gekühlten Backwaren mit Butter- und Würzzubereitung wie sie vorstehend mit Ausnahme von Croissants/Gipfel aufgelistet sind, für sich selbst oder verwandte Unternehmen, andere Hersteller und Vertreiber oder Lizenznehmer produzieren, es sei denn, die Waren sind für das nicht geschützte Vertragsgebiet bestimmt. Das geschützte Vertragsgebiet wird verstanden als die Gebiete, in denen die M.-Gruppe direkt oder indirekt zum Zeitpunkt der Vertragsauflösung tätig ist. Diese Ein- bzw. Beschränkungen sind in den wirtschaftlichen Rahmenbedingungen und im Kaufpreis berücksichtigt.

Im Gegenzug verpflichtet sich M. für die Dauer der Kooperationsvereinbarung, für die Herstellung von Backwaren mit Butter- und Würzzubereitungen ausschließlich Backwaren von F. einzusetzen sowie auch keine eigenen Backwaren zu produzieren!“

Die Lösung liegt auf der Hand: Die zeitlich und räumlich unbegrenzte **Know-how-Schutz-Klausel** ist bei verständiger Auslegung nach §§ 133, 157 BGB kartellrechtlich unbedenklich. Das **nachvertragliche Wettbewerbsverbot** ist zeitlich überschießend, kann aber durch das überprüfende Gericht geltungserhaltend reduziert werden, sofern es nicht als sittenwidrig gem. § 138 BGB angesehen wird. Das **vertragliche Wettbewerbsverbot** ist hingegen räumlich ohne Begrenzung und somit wegen Verstoßes gegen § 1 GWB unwirksam.

---

2. Kartellrechtlich grundsätzlich unzulässige Klauseln

52 Kartellrechtlich **nicht freigestellt** sind gem. Art. 5 Vertikal-GVO
- unmittelbare oder mittelbare Wettbewerbsverbote während der Vertragslaufzeit, die für eine unbestimmte Dauer, eine Dauer von mehr als fünf Jahren oder einen Zeitraum von höchstens fünf Jahren mit stillschweigender Verlängerung vereinbart werden sowie
- unmittelbare oder mittelbare Verpflichtungen, die den Abnehmer veranlassen, Waren oder Dienstleistungen nach Vertragsende nicht herzustellen, zu bezie-

---

59 OLG Naumburg, Urt. v. 20.12.2012, Az. 2 U 144/12 Kart = WRP 2013, 671 (673) – *Backwaren*; näher *Bernhard*, EWiR 2013, 411 (412).

hen, zu verkaufen oder weiterzuverkaufen, ohne dass hierfür ein sachlich gerechtfertigter Grund besteht.

Darüber hinaus ist in selektiven Vertriebssystemen auch die unmittelbare oder mittelbare Verpflichtung der autorisierten Vertriebspartner, Marken bestimmter konkurrierender Anbieter nicht zu verkaufen, nach Art. 5 Abs. 1 lit. c) Vertikal-GVO kartellrechtlich grundsätzlich unzulässig. Eine solche Verpflichtung führt nach Auffassung der Europäischen Kommission zu einem kollektiven Boykott der vertraglich benannten konkurrierenden Lieferanten.[60] 53

3. Treuwidrigkeit der Berufung auf ein Wettbewerbsverbot im Einzelfall

Selbst wenn ein Wettbewerbsverbot **wirksam** ist, kann die Berufung auf das Wettbewerbsverbot im Einzelfall nach § 242 BGB ausgeschlossen sein. Umgekehrt fehlt es hingegen an der Treuwidrigkeit, wenn sich eine Partei auf die **Unwirksamkeit** eines Wettbewerbsverbots beruft. 54

a) Treuwidrigkeit der Berufung auf die Wirksamkeit des Wettbewerbsverbots

Hat eine Partei selbst gegen ein vertragliches oder nachvertragliches Wettbewerbsverbot verstoßen, so kann ihr Unterlassungsbegehren hinsichtlich eines Verstoßes der Gegenseite wegen unzulässiger Rechtsausübung nach § 242 BGB ausgeschlossen sein. Grundsätzlich begründet eine eigene Pflichtverletzung zwar nur eine Schadensersatzverpflichtung und führt nicht per se zu einem Wegfall eigener Ansprüche.[61] Ergibt aber eine Interessenabwägung, dass der betreffenden Partei auf Grund eigener Pflichtverletzung die Ausübung ihrer Rechtsposition verwehrt sein soll, darf sie sich auf den ihr zustehenden Anspruch nicht berufen. In Bezug auf den Verstoß gegen ein Wettbewerbsverbot fließt hier auch die Überlegung ein, inwiefern sich etwaige Schadensersatzansprüche überhaupt durchsetzen lassen. Lässt sich ein Schaden nicht beziffern, ist der Wegfall der eigenen Rechtsposition der vertragsbrüchigen Partei die einzige Sanktionierungsmöglichkeit des Verstoßes. Verletzt eine Partei folglich selbst ein wirksames vertragliches oder nachvertragliches Wettbewerbsverbot, darf sie in diesem Fall auch keine Unterlassung eines Verstoßes der Gegenseite gegen ein solches Wettbewerbsverbot verlangen.[62] Eine abweichende Bewertung kommt hingegen in Betracht, wenn der Verstoß gegen das Wettbewerbsverbot vertragsstrafenbewehrt ist. Ist in diesem Fall eine effektive Sanktionierung 55

60 Europ. Kommission, Entsch. v. 24.7.1992, ABl 1992 L 236/11 – *Parfums Givenchy*.

61 BGH, Urt. v. 28.10.2009, Az. IV ZR 140/08 = NJW 2010, 289 (289f.); Palandt/*Grüneberg*, BGB, § 242 BGB Rn 46.

62 OLG Naumburg, Urt. v. 20.12.2012, Az. 2 U 144/12 Kart = WRP 2013, 671 (673f.) – *Backwaren*.

gewährleistet, darf der Partei, die das Wettbewerbsverbot verletzt hat, die Berufung auf eine ihr wirksam zustehende Rechtsposition grundsätzlich nicht versagt werden.[63]

b) Treuwidrigkeit der Berufung auf die Unwirksamkeit eines Wettbewerbsverbots

56 An einem treuwidrigen Verhalten fehlt es generell, wenn sich eine Partei auf die Unwirksamkeit eines Wettbewerbsverbots beruft, obwohl sie die Unwirksamkeit bereits zum Zeitpunkt des Vertragsschlusses kannte. Dies gilt sowohl hinsichtlich der Berufung auf die Unwirksamkeit wegen Sittenwidrigkeit[64] als auch wegen Verstoßes gegen AGB-Recht[65] als auch bezüglich einer Verletzung des Kartellrechts[66]. Denn eine Berufung auf diese Normen dient nicht nur dem Schutz der einzelnen Vertragspartei, sondern auch dem Schutz derjenigen Dritten, die auf der Grundlage freien Wettbewerbs Geschäfte mit der durch das Wettbewerbsverbot beschränkten Partei tätigen wollen. Verstößt folglich eine Partei gegen ein Wettbewerbsverbot, darf sie sich auch dann auf dessen Nichtigkeit berufen, wenn sie es im vollen Bewusstsein über seine Unwirksamkeit abgeschlossen hatte.[67]

4. Konkurrenzschutzklauseln in Grundstücksmietverträgen

57 Auch mietvertragliche Konkurrenzschutzklauseln sind grundsätzlich an den kartellrechtlichen Maßstäben für Wettbewerbsverbote zu messen. Allerdings bedarf es hier regelmäßig einer Interessenabwägung zwischen dem Schutzbedürfnis des Mieters oder Vermieters einerseits und dem Schutz weiterer Mietinteressenten vor einer langfristigen Abschottung einzelner Flächen oder gar des ganzen räumlich relevanten Marktes.

58 Auf Miet- und Pachtverträge ist die Vertikal-GVO nicht anwendbar, da es sich bei der Bereitstellung von Mietflächen weder um einen Verkauf von Waren noch um ein Angebot von Dienstleistungen handelt.[68] Die Wertungen der Vertikal-GVO können jedoch im Einzelfall herangezogen werden, um die üblicherweise schutzwürdigen Grenzen vor fremder Konkurrenz zu konkretisieren.[69]

---

63 *Bernhard*, NJW 2013, 2785 (2790).

64 Staudinger/*Sack*/*Fischinger*, BGB, § 138 BGB Rn 181.

65 OLG Jena, Urt. v. 5.10.2011, Az. 7 U 176/11 = BeckRS 2012, 17006.

66 BGH, Urt. v. 21.2.1989, Az. KZR 18/84 = GRUR Int 1991, 734 (736); BGH, Urt. v. 31.5.1972, Az. KZR 43/71 = NJW 1972, 2180 (2183).

67 *Bernhard*, NJW 2013, 2785 (2790).

68 Europ. Kommission, Vertikal-Leitlinien 2010/C 130/01, Rn 26.

69 Vgl. OLG Düsseldorf, Urt. v. 29.1.2014, Az. VI-U (Kart) 19/13, Rn 39 = BeckRS 2014, 06495.

a) Konkurrenzschutzklauseln zu Gunsten gewerblicher Mieter

Konkurrenzschutzklauseln zu Gunsten eines gewerblichen Mieters sind nach der deutschen Rechtsprechung **grundsätzlich zulässig**, soweit sie nicht über den **vertragsimmanenten Konkurrenzschutz** hinausgehen. Nach der deutschen Rechtsprechung ist es Teil des „zum vertragsgemäßen Gebrauch geeigneten Zustands" der Mietsache nach § 535 Abs. 1 Satz 2 BGB, dem gewerblichen Mieter auch ohne ausdrückliche vertragliche Regelung Schutz vor Konkurrenz innerhalb des Mietobjekts zu gewähren.[70] Begründet wird dies mit der Bedeutung des „Umfelds" für den Ertrag eines Gewerbes innerhalb eines Mietobjekts. Insbesondere dann, wenn eine Konkurrenz zum Zeitpunkt des Abschlusses des Mietvertrags im Haus oder in der Nachbarschaft noch nicht bestanden hat, ergibt sich nach der Rechtsprechung die Annahme, dass der bereits niedergelassene Mieter durch neu hinzukommende Konkurrenz erheblich beeinträchtigt würde.[71] Die Schutzwürdigkeit des Mieters ergibt sich hier insbesondere daraus, dass Gewerberaummietverträge üblicherweise über eine feste Laufzeit geschlossen werden, der Mieter keine Möglichkeit zur vorzeitigen ordentlichen Kündigung und im Übrigen auch keine Einflussmöglichkeit auf die Auswahl der weiteren Mieter im Objekt hat. Müsste er Konkurrenten, die seine Profitabilität gefährden, im selben Mietobjekt dulden, wäre er faktisch in dem Mietvertrag „gefangen". Der mietvertragsimmanente Konkurrenzschutz bezieht sich nur auf das Kernsortiment des Mieters und reicht nur soweit, wie Konkurrenz im selben Haus dem Mieter ernstlich schaden würde und deshalb zur Sicherung des Mietverhältnisses erforderlich ist.[72] Ob sich der mietvertragliche Konkurrenzschutz nur auf ein einzelnes Gebäude oder einen ganzen Gebäudekomplex sowie angrenzende Flächen auf Grundstücken des Vermieters bezieht, ist bislang nicht geklärt. 59

Der mietrechtliche vertragsimmanente Konkurrenzschutz steht jedoch in **Konflikt** mit den wettbewerbsschützenden Regelungen des Kartellrechts. Während der mietvertragliche Konkurrenzschutz die wirtschaftliche Entfaltungsfreiheit des Mieters schützt, schützen die kartellrechtlichen Regelungen die Entfaltungsfreiheit der potenziellen Wettbewerber des Mieters. 60

Grundsätzlich sind die geschäftlichen Interessen des Mieters und die wettbewerblichen Interessen seiner Konkurrenten auch im Rahmen mietvertraglicher Konkurrenzschutzklauseln miteinander in Einklang zu bringen. Die Ermittlung der sachlichen, zeitlichen und räumlichen Grenzen von Wettbewerbsverboten in Mietverträgen erfolgt daher stets im Rahmen einer Interessenabwägung. So kann etwa im Fall größerer Bauprojekte zu Gunsten des Mieters unbebauter Flächen angeführt 61

70 BGH, Urt. v. 7.12.1977, Az. VIII ZR 101/76 = NJW 1978, 585 (586); BGH, Urt. v. 10.10.2012, Az. XII ZR 117/10 = NJW 2013, 44 (46).

71 BGH, Urt. v. 10.10.2012, Az. XII ZR 117/10 = NJW 2013, 44 (47).

72 OLG Frankfurt, Urt. v. 2.3.1989, Az. 6 U 68/87 (Kart) = WuW/E OLG 4488 (4490) – *Konkurrenz im selben Haus*.

werden, dass dieser nur dann zu Bau und Unterhaltung der betreffenden Gebäude bereit ist, wenn für ihn die hinreichende Aussicht bestand, ohne Konkurrenz eines weiteren vergleichbaren Betreibers von Gebäudeflächen den eigenen Betrieb am Markt einführen und die getätigten Investitionen amortisieren zu können.[73] Auch die Vermietung von Ladenflächen in einem Einkaufszentrum an einen Supermarktbetreiber unter der Bedingung, dass die Einwilligung des Supermarktbetreibers zur Vermietung der übrigen Ladenflächen an Dritte erforderlich ist, hat der EuGH nicht als zwingend wettbewerbsbeschränkend angesehen. Vielmehr muss jeweils anhand der Besonderheiten des konkreten Einzelfalls geprüft werden, ob durch eine solche Vereinbarung eine Wettbewerbsbeschränkung bewirkt wird.[74]

Beispiel[75]
Vereinbart ein Hotelbetreiber mit einem Flughafen, dass dieser während eines Zeitraums von 50 Jahren das Flughafengelände selbst und unmittelbar benachbarte Flächen in seinem Eigentum nicht an weitere Hotels vermieten darf, so überschreitet dieser Zeitraum mit hoher Wahrscheinlichkeit den für eine Amortisation der tatsächlichen Investitionskosten erforderlichen Rahmen. Dem kann auch nicht entgegengehalten werden, dass das Hotel im Gegenzug für die Exklusivität eine höhere Miete bezahlt hätte. Denn es handelt sich dabei nicht um Investitionskosten. Vielmehr ist eine Bezahlung als „Gegenleistung" für eine Verlängerung der maximal zulässigen Ausschließlichkeitsdauer als unzulässiger Abkauf von Wettbewerb anzusehen. Jedenfalls benachbarte Flächen des Flughafengeländes wären im Übrigen auch vom mietvertraglichen Konkurrenzschutz nicht umfasst. Ohnehin wäre der mietvertragliche Konkurrenzschutz kartellrechtskonform einzuschränken. Es liegt daher nahe, dass die hier getroffene Vereinbarung über das Wettbewerbsverbot unwirksam ist.

62 Hat der Vermieter eine **große Marktmacht** und würde ein Vermietungsverbot hinsichtlich der Konkurrenten des Mieters jeden wirksamen Wettbewerb mit dem Mieter ausschalten, ist ein für länger als fünf Jahre geltendes vertragliches Wettbewerbsverbot im Mietvertrag in aller Regel kartellrechtlich **unzulässig**. Zwingt der vereinbarte Konkurrenzschutz den Vermieter dazu, langfristig von einer Vermietung von Räumlichkeiten im selben Gebäude an Wettbewerber des Mieters abzusehen, so wandelt sich das Behinderungsverbot des § 19 GWB zu einem **Ausschreibungsgebot**. Der Vermieter ist hiernach verpflichtet, die Vermietung auf einen angemessenen Zeitraum (in aller Regel 5 Jahre) zu beschränken und die Vermietung der Räumlichkeiten vor Ablauf dieses Zeitraums neu auszuschreiben, um einen neuen Mieter transparent und diskriminierungsfrei auszuwählen.[76] Er ist jedoch nicht daran ge-

73 Vgl. OLG Düsseldorf, Urt. v. 29.1.2014, Az. VI-U (Kart) 19/13 = WuW 2015, 1144 – *Flughafenhotel*.
74 EuGH, Urt. v. 26.11.2015, Rs. C-345/14 = EuZW 2016, 180 (181) m. Anm. *Bernhard – Maxima Latvja*.
75 Nachgebildet anhand von OLG Düsseldorf, Urt. v. 29.1.2014, Az. VI-U (Kart) 19/13 = WuW 2015, 1144 – *Flughafenhotel*.
76 Vgl. BGH, Urt. v. 8.4.2003, Az. KZR 39/99 = WuW/E DE-R 1099 (1100) – *Konkurrenzschutz für Schilderpräger*.

hindert, den Altmieter erneut auszuwählen, wenn dieser der nach den Ausschreibungskriterien am besten geeignete Mieter ist.

Nachvertragliche Wettbewerbsverbote in Mietverträgen sind kartellrechtlich ebenfalls restriktiv zu sehen. Sie sind grundsätzlich nicht erforderlich, denn mit Ende des Mietvertrags besteht auch kein Erfordernis zur Sicherung und Aufrechterhaltung des Mietverhältnisses mehr.[77] 63

b) Radiusklauseln zu Lasten gewerblicher Mieter

In jüngerer Zeit sind auch Wettbewerbsverbote zu Lasten von Mietern in den Fokus 64 der Kartellbehörden geraten. Für Wettbewerbsverbote zu Lasten von Mietern greifen die Grundsätze des mietvertragsimmanenten Konkurrenzschutzes **nicht** ein, da diese nur den Schutz des Mieters, nicht aber des Vermieters bezwecken. Wettbewerbsverbote zu Lasten von Mietern sind daher grundsätzlich nach § 1 GWB daran zu messen, ob sie zur **Sicherung und Aufrechterhaltung des Mietverhältnisses** während der Vertragslaufzeit erforderlich sind. Fehlt es an diesem Erfordernis, müssen sie zumindest durch ein berechtigtes Interesse des Vermieters an der Bindung des Mieters gerechtfertigt sein.[78] Das Bundeskartellamt erkennt das Argument, die Unwirtschaftlichkeit des Mietverhältnisses durch ein Verbot zu Lasten des Mieters vor einer „Kannibalisierung" durch eigene Konkurrenz an anderen Standorten vermeiden zu wollen, nicht ohne Weiteres an. Auch dem Mieter steht es frei, zu entscheiden, an welchen Standorten er weitere Geschäfte eröffnet. In der Regel wird der Eröffnung des neuen Standorts eine Wirtschaftlichkeitsanalyse voraus gehen.

Der Vermieter kann sich daher nach Auffassung des Bundeskartellamts nicht 65 stets darauf berufen, dass die Eröffnung eines weiteren Ladengeschäfts seines Mieters innerhalb eines bestimmten Radius' um die vermieteten Räume dessen Profitabilität und somit schlussendlich die regelmäßigen Zahlungen der Miete gefährdet. Zumindest in einem Wettbewerbsverbot in einem Radius von über 50 km um ein Outlet-Center sah das Bundeskartellamt eine unzulässige Wettbewerbsbeschränkung. Unabhängig davon hielt das Amt die fragliche Klausel für kartellrechtswidrig, da sie die „für rechtlich zulässige Wettbewerbsverbote übliche" Höchstlaufzeit von 5 Jahren überschritt.[79] Hingegen mag es durchaus ein berechtigtes Interesse der Vermieter von Verkaufsflächen mit bestimmter Widmung sein, dass ihre Mieter jeweils ausreichend für diese Verkaufsfläche bestimmte Ware bereithalten, um die Kundennachfrage bedienen zu können. Ist absehbar, dass nicht genügend Ware zu diesem Zweck (etwa Restposten oder Outlet-Kleidungsstücke) zur Verfügung steht, um mehrere Läden innerhalb eines bestimmten Umkreises um die bestimmte Ver-

77 *Bechtold/Bosch*, GWB, § 1 Rn 58.
78 *Bechtold/Bosch*, GWB, § 1 Rn 58.
79 BKartA, Beschl. v. 26.2.2015, Az. B1-62/13, Rn 278 – *Factory-Outlet-Center*.

kaufsfläche bedienen zu können, kann dies zu einer Rechtfertigung der Radiusklausel führen. Hat der Mieter hingegen die Möglichkeit, sein Produktionsvolumen erhöhen, um seine Waren auf weiteren Verkaufsflächen vertreiben zu können, dürfte es an der Erforderlichkeit der Radiusklausel fehlen.

Beispiel
Ein Fashion Outlet Center (FOC) vereinbart mit seinen Mietern in einer „Radiusklausel" im Mietvertrag, dass sich diese verpflichten, innerhalb eines bestimmten Umkreises um das Outlet-Center herum (in der Regel weit über 100 km) keine Geschäfte zu betreiben oder betreiben zu lassen, in denen Sortimente mit den von ihnen im FOC verkauften Marken vertrieben werden.
Nach Auffassung des Bundeskartellamts verstößt eine solche Radiusklausel grundsätzlich gegen das Kartellrecht.[80] In Betracht kommt ein Verstoß gegen § 1 GWB, wenn die Klausel in sachlicher, zeitlicher oder räumlicher Hinsicht nicht als erforderlich angesehen wird, um den Mietvertrag abzusichern. Befindet sich das FOC in einer marktbeherrschenden Stellung, kommt zudem eine unbillige Behinderung der Mieter und anderer FOCs nach § 20 Abs. 1 GWB in Betracht. Zur Beurteilung, ob die vertragliche Verpflichtung einen Missbrauch von Marktmacht darstellt, ist zwischen dem Interesse des Mieters, alle regionalen Märkte in Outlet-Centern abzudecken, und dem Interesse des Outlet Centers, seine Attraktivität durch die exklusive Bereithaltung bestimmter Marken innerhalb eines bestimmten Radius zu erhalten, abzuwägen. Dabei ist vor allem auf die Ausweichmöglichkeiten des Mieters abzustellen. Sofern vergleichbare alternative Vertriebskanäle (Bsp.: Online-Outlet) zu dem betreffenden FOC zur Verfügung stehen, um die gleiche Kundengruppe anzusprechen, lässt sich das Wettbewerbsverbot eher rechtfertigen als im Fall fehlender Ausweichmöglichkeiten.

66 Als kartellrechtlich unzulässig wurde in der Vergangenheit auch das Verbot eines Vermieters gegenüber einem **Außenwerber** angesehen, die gemieteten Flächen an Wettbewerber des Vermieters zu vergeben.[81] Dabei ist irrelevant, dass der Vermieter selbst frei hätte entscheiden können, die Flächen nicht an seine Konkurrenten zu vermieten. Denn schaltet er einen Mieter dazwischen, wird auch dessen wettbewerbliche Freiheit durch das Kartellrecht geschützt, die Flächen an einen von mehreren Interessenten nach seinen eigenen Auswahlkriterien zu vergeben.

B. Kundenschutzklauseln

67 Durch die Vereinbarung einer Kundenschutzklausel beabsichtigt eine Partei, die dem Vertragspartner zur Vertragserfüllung bereitgestellten Kundendaten vor einer unberechtigten Ausnutzung zu dessen Geschäftszwecken oder unberechtigten Weitergabe an Dritte zu schützen. Im Gegensatz zu Wettbewerbsverboten untersagen

80 BKartA, Beschl. v. 26.2.2015, Az. B1-62/13 – *Factory-Outlet-Center*; zuvor bereits ähnlich der Oberste Gerichtshof Österreich, Urt. v. 12.12.2011, Az. 16 Ok 8/10, Rn 6.5.
81 LKartB Bayern, Verfügung. v. 6.12.2007, Az. W/2 – 5551d6/22/14 = WuW/E DE-V 1548 (1550 f.) – *Außenwerbeflächen*.

Kundenschutzklauseln dem Vertragspartner aber nicht die vollständige Aufnahme bestimmter geschäftlicher Aktivitäten in einem bestimmten sachlichen Bereich während eines bestimmten Zeitraums, sondern nur die Aufnahme geschäftlicher Beziehungen zu bestimmten Kunden.

Auch wenn Kundenschutzklauseln als „milderes Mittel“[82] im Vergleich zu Wett- 68
bewerbsverboten bezeichnet werden, sind sie kartellrechtlich weitgehend gleichläufig zu bewerten. Sie sind ebenfalls nur dann vom Kartellverbot freigestellt, wenn sie die zur Erfüllung des Vertragszwecks erforderlichen räumlichen, zeitlichen und sachlichen Grenzen einhalten. Insbesondere dürfen sie nur auf Kundendaten erstreckt werden, deren Offenlegung zur Durchführung des Hauptvertrags (z.B. Subunternehmervertrag) **erforderlich** war. Die Erforderlichkeit richtet sich danach, welche Kunden in diesem Rahmen beliefert werden mussten. Hingegen wäre eine Kundenschutzklausel unwirksam, wenn sie sich auf alle Kunden beziehen würde, die die eine Vertragspartei der anderen Seite jemals in jedwedem Zusammenhang offengelegt hatte. Anderenfalls wäre es ein leichtes, die Gegenseite durch Offenlegung möglichst vieler Informationen bösgläubig zu machen, um auf diese Weise eine möglichst weitreichende Geltung der Kundenschutzklausel zu erreichen. Dies wäre von dem „vertragsimmanenten“ Hauptzweck einer Kundenschutzabrede nicht mehr gedeckt.

In **sachlicher Hinsicht** ist eine Kundenschutzklausel folglich nur wirksam, 69
wenn sie sich auf das Verbot werblicher Ansprache von Kunden und potenziellen Auftraggebern des schutzbedürftigen Vertragspartners bezieht, von deren Existenz die andere Vertragspartei im Rahmen der vertraglichen Leistungserbringung Kenntnis erlangt hat.[83] Sowohl die aktive Ansprache dieser Kunden als auch die Aufnahme von Vertragsbeziehungen auf Wunsch des Kunden dürfen im Rahmen einer Kundenschutzklausel untersagt werden. Denn anderenfalls könnte das Schutzbedürfnis des Vertragspartners dadurch ausgehöhlt werden, dass die andere Vertragspartei jeweils auf die vermeintliche Ansprache durch den Kunden selbst abstellt.[84] Die sachliche Reichweite der Kundenschutzklausel muss sich auf die konkreten, im Vertrag geregelten Produkte oder Dienstleistungen beziehen. Welche Vertragsprodukte oder -dienstleistungen das Verbot wettbewerblicher Geschäftstätigkeit gegenüber Bestandskunden umfasst, muss für den Adressaten der Kundenschutzklausel klar erkennbar sein. Eine genaue Beschreibung des Vertragsgegenstands in der Präambel des Vertrags ist daher empfehlenswert. Ausdrücklich sieht es der *BGH* als nicht schützenswert an, einen Vertragspartner aus Gründen des Kundenschutzes während eines bestimmten Zeitraums nach Vertragsende *generell*,

82 *Rudersdorf*, RNotZ 2011, 509 (510).

83 OLG Düsseldorf, Urt. v. 2.12.2009, Az. VI-U (Kart) 8/09 = GRUR-Prax 2010, 117 (117) m. Anm. *Westermann*; OLG Düsseldorf, Urt. v. 30.5.2007, Az. VI-U (Kart) 37/06 = BeckRS 2007, 11288;.

84 *OLG Düsseldorf*, Urt. v. 30.5.2007, Az. VI-U (Kart) 37/06 = BeckRS 2007, 11288.

das heißt in Bezug auf alle Produkte und Dienstleistungen, als qualifizierten Subunternehmer von Mitbewerbern auszuschließen.[85]

70 In **räumlicher Hinsicht** darf sich die Reichweite einer Kundenschutzklausel auf alle Länder beziehen, in denen das zu schützende Unternehmen Kundenbeziehungen in Bezug auf die vertragsgegenständlichen Leistungen hat oder solche Beziehungen durch konkrete Investitionen oder Akquiseprojekte anbahnt. Maßgeblich dafür ist grundsätzlich der Kundenstamm des zu schützenden Unternehmens im Zeitpunkt der Vertragsunterzeichnung. Es kann daher sinnvoll sein, bereits bei Vertragsschluss eine Liste mit Ländern, in denen Kundenbeziehungen bestehen, dem Vertrag als Anlage beizufügen. Ebenso ist eine vertragliche Formulierung ratsam, wonach es dem zu schützenden Unternehmen freisteht, die Kundenliste zu aktualisieren, falls der Kundenkreis auf weitere Länder erstreckt oder anderweitig modifiziert wird. Kartellrechtlich unzulässig wäre es hingegen, die Kundenschutzklausel „vorsorglich" weltweit zu erstrecken, obwohl das zu schützende Unternehmen in bestimmten Ländern keine eigenen Geschäftsaktivitäten ausübt.

71 In **zeitlicher Hinsicht** darf eine Kundenschutzklausel höchstens auf den Zeitraum erstreckt werden, in dem Vertragsbeziehungen im relevanten Markt typischerweise Bestand haben.[86] Auch wenn es sich dabei um eine einzelfallbezogene Prognose handelt, orientiert sich die Rechtsprechung immer häufiger an typisierten Tatbeständen zu Wettbewerbsverboten aus dem Europäischen Recht. In Bezug auf Kundenschutzklauseln in Lieferverträgen gehen die Gerichte unter Bezugnahme auf § 2 Abs. 2 GWB i.V. mit Art. 5 Abs. 3 lit. d) Vertikal-GVO von einer Höchstdauer von nur einem Jahr aus.[87]

72 Eine längere Dauer einer Kundenschutzklausel im Vertikalverhältnis kann zulässig sein, bedarf aber einer genauen Rechtfertigung nach § 2 GWB bzw. Art. 101 Abs. 3 AEUV. Maßgeblich für ihre Bemessung sind insbesondere die Zeitspanne, die ein Unternehmen im relevanten Markt benötigt, um einen eigenen Kundenstamm aufzubauen, die Häufigkeit, mit der Verbraucher in der gegenständlichen Branche die Marke wechseln, und der Zeitraum, der erforderlich ist, um einen Abnehmer an einen neuen Lieferanten zu binden.[88] Die Rechtsprechung nimmt hier eine Einzelfallbetrachtung vor, wobei inzwischen von einer zulässigen Maximaldauer von zwei bis drei Jahren ausgegangen werden kann.[89]

---

85 BGH, Urt. v. 10.12.2008, Az. KZR 54/08 = NJW 2009, 1751 (1753) – *Subunternehmervertrag II.*

86 BGH, Urt. v. 3.11.1981, Az. KZR 33/80 = NJW 1982, 2000 (2001).

87 BGH, Urt. v. 10.12.2008, Az. KZR 54/08 = NJW 2009, 1751 (1752) – *Subunternehmervertrag II.*

88 Zusammenfassend MünchKommGWB/*Säcker*, § 1 GWB Rn 31f.

89 Vgl. etwa OLG Naumburg, Urt. v. 20.12.2012, Az. 2 U 144/12 Kart = WRP 2013, 671 (673) – *Backwaren*; OLG Düsseldorf, Urt. v. 30.6.1998, Az. U (Kart) 20/98 = NJWE-WettbewR 1999, 41 (44).

C. Beschränkung des Verkaufs an bestimmte Kundengruppen

Nicht mit Kundenschutzklauseln zu verwechseln sind **Vertriebsbindungen**, d.h. vertragliche Beschränkungen des Vertriebs an bestimmte Kundengruppen. In diesen Vertragsklauseln wird der Abnehmer verpflichtet, die Vertragsprodukte oder -dienstleistungen **nur** an bestimmte Abnehmer oder Gruppen von Abnehmern zu vertreiben.[90] Alternativ können die Klauseln auch so ausgestaltet sein, dass der Vertragspartner verpflichtet wird, die Vertragsprodukte oder -dienstleistungen **nicht** an bestimmte Abnehmer oder Gruppen von Abnehmern zu vertreiben. Klauseln über Kundengruppenbeschränkungen können darauf abzielen, dass die Belieferung dieser Kundengruppen dem Direktvertrieb des Herstellers vorbehalten bleibt oder diese Kundengruppen überhaupt nicht beliefert werden. 73

Beispiel
Ein Hersteller von Designer-Sofas verpflichtet seine Vertragshändler, die von ihm hergestellten Produkte nicht an Discounter und Restpostenmärkte weiterzuverkaufen.

Vertriebswege- und Kundengruppenbeschränkungen fallen – sofern sie spürbar sind – uneingeschränkt unter das **Kartellverbot** gem. Art. 101 AEUV bzw. § 1 GWB, da sie regelmäßig zu einer Beschränkung des Wettbewerbs der Händler hinsichtlich des Vertriebs bestimmter (Marken-)Produkte („intra-brand-Wettbewerb") führen.[91] 74

Nur bestimmte Konstellationen von Vertriebsbeschränkungen sind **gruppenfreigestellt**. Im Falle von Marktanteilen der beteiligten Vertragspartner von jeweils höchstens 30% sind etwa nach Art. 2 Abs. 1 i.V.m. Art. 4 lit. b) i) Vertikal-GVO vertragliche Beschränkungen des **aktiven Verkaufs**, d.h. der aktiven Ansprache abgrenzbarer Kundengruppen, **zulässig**, soweit sich der Lieferant diese Kundengruppe für den Eigenvertrieb oder den Vertrieb durch von ihm benannte Dritte vorbehalten hat. Im vorgenannten Beispiel müsste sich der Hersteller etwa die Belieferung von Discountern und Restpostenmärkten selbst vorbehalten und dürfte zugleich keine Verkäufe seiner Händler verbieten, die auf Ansprache der Betreiber von Discountern oder Restpostenmärkten zustande kamen („passiver Verkauf"). Im Falle **höherer Marktanteile** kommt nur eine Individualfreistellung nach Art. 101 Abs. 3 AEUV bzw. § 2 GWB in Betracht. Vertriebsbindungen sind daher bei Überschreiten der 30%-Schwelle **restriktiv** zu handhaben. 75

Ohne Unterscheidung zwischen aktiven und passiven Verkäufen ist bei Erfüllung der Freistellungsvoraussetzungen nach Art. 2 Abs. 1 i.V.m. Art. 4 lit. b) ii) Vertikal-GVO ein vertragliches Verbot gegenüber einem Großhändler als Vertrags- 76

90 *Lubbert/Schöner*, in: Wiedemann, Hdb. Kartellrecht, § 23 Rn 71.
91 Hierzu auch Kap. 4 Rn 117.

partner vom Kartellverbot freigestellt, unter Umgehung des Einzelhandels private oder gewerbliche Endverbraucher zu beliefern („**Sprunglieferungsverbot**").[92]

77 **Zulässig** ist im Falle eines Nichtüberschreitens der 30%-Marktanteilsschwelle nach Art. 2 Abs. 1 i.V.m. Art. 4 lit. b) iv) Vertikal-GVO auch die Verpflichtung des Abnehmers in einem Liefervertrag, die gelieferten Teile nicht an Wettbewerber des Lieferanten zu verkaufen, wenn diese die Teile zur Herstellung von Konkurrenzprodukten des Lieferanten verwenden könnten („**Rücklieferungsverbot**").

Beispiel
Ein Hersteller von Motorsägen verpflichtet seine Vertragshändler, die von ihm hergestellten Original-Ersatzteile nicht an andere Hersteller von Motorsägen weiterzuverkaufen.

78 Das Rücklieferungsverbot ist nach dem Wortlaut der Vertikal-GVO in der Lieferkette nur hinsichtlich der unmittelbaren Rückbelieferung „nach oben" freigestellt. Um jedoch auch eine Rückbelieferung von Wettbewerbern des Lieferanten durch nachgelagerte Vertragspartner des unmittelbaren Abnehmers zu vermeiden, ist die Wertung des Art. 4 lit. b) iv) Vertikal-GVO entsprechend auch im Hinblick auf eine Individualfreistellung vertraglicher Regelungen anzuwenden. Auf diese Weise dürfen grundsätzlich auch die unmittelbaren Vertragspartner des Lieferanten verpflichtet werden, ihren Abnehmern zu verbieten, Konkurrenten des Herstellers mit den betreffenden Vertragsprodukten zu beliefern („**durchgereichtes Rücklieferungsverbot**"). Von der restriktiv zu handhabenden Ausnahmeregelung des Art. 4 lit. b) iv) Vertikal-GVO ist das durchgereichte Rücklieferungsverbot hingegen nicht unmittelbar umfasst. Eine Gruppenfreistellung kommt daher nicht in Betracht.[93]

79 Die Vertriebsbeschränkung muss nicht **ausdrücklich** im Vertrag festgehalten sein, sondern kann auch durch **andere Mittel** bewirkt werden. Für die kartellrechtliche Einordnung einer Vertragsklausel als Vertriebsbindung ist bereits ausreichend, wenn die entsprechende vertragliche Regelung den Verkauf an bestimmte Kundengruppen oder über bestimmte Vertriebswege **wirtschaftlich unattraktiv** macht.

Beispiel
Ein Hersteller von Badezimmerarmaturen gewährt nur denjenigen Vertragshändlern hohe Rabatte und Boni, die die Vertragsprodukte an Sanitärhandwerker weiterverkaufen, die eine fachgerechte Montage und Inbetriebnahme der Produkte und einen adäquaten After-Sales-Service gewährleisten.[94] Vertragshändlern, die diese Boni nicht erhalten, verbleibt faktisch keine Gewinnmarge mehr. Ein Verkauf an reine Internethändler wird daher wirtschaftlich unattraktiv.

---

92 Immenga/Mestmäcker/*Ellger*, EU-WettbewerbsR, VO (EU) 330/2010 Rn 67.

93 *Schultze/Pautke/Wagener*, Vertikal-GVO, Rn 665; a.A. Langen/Bunte/*Nolte*, EU-KartellR, Nach Art. 101 AEUV Rn 521.

94 OLG Düsseldorf, Urt. v. 13.11.2013, Az. VI-U (Kart) 11/13 = NZKart 2014, 68 (69) – *Sanitärarmaturen*.

Im vorgenannten Beispiel führt die Rabatt- und Bonusgestaltung zu einem fakti- 80
schen Verbot des aktiven und passiven Verkaufs an Internethändler. Selbst wenn sich der Lieferant die Belieferung dieser Kundengruppe ausdrücklich selbst vorbehalten hätte, würde dies die betreffende Vertragsklausel nicht legalisieren. Denn da der Internetvertrieb als „passiver Verkauf" qualifiziert wird und Online-Kunden als „abgrenzbare Kundengruppe" angesehen werden, ist eine systematische Schlechterstellung des Online-Vertriebs (im Vergleich zum stationären Handel) stets als unzulässige Kernbeschränkung nach Art. 4 lit. b) Vertikal-GVO anzusehen.[95] **Zulässig** sein können hingegen vergleichbare Vertriebsbindungen in selektiven Vertriebssystemen, die die Auswahl der zu beliefernden Händler von der Erfüllung bestimmter **Qualitätsanforderungen** abhängig machen („**Fachhandelsbindung**").[96] Auch diese Anforderungen dürfen jedoch nicht zu einem faktischen Verbot des Vertriebs über das Internet führen.[97]

D. Gebietsbeschränkungen

Auch Gebietsbeschränkungen stellen als Unterart der Vertriebsbindung ein „milderes 81
Mittel" zu Wettbewerbsverboten dar, da sie dem Vertragspartner nicht vollständig wettbewerbliche Aktivitäten untersagen, sondern lediglich bestimmte geografische Gebiete von dessen Vertriebs- und Marketingaktivitäten ausnehmen. Im Vertikalverhältnis zwischen Herstellern und Händlern oder zwischen Groß- und Einzelhandel sind Gebietsbeschränkungen in eingeschränktem Umfang zulässig. Hingegen sind Maßnahmen, die darauf gerichtet sind, dem Vertragspartner einen absoluten Gebietsschutz einzuräumen, in jedem Fall unzulässig.[98] Gleiches gilt auch für Gebietsbeschränkungen zwischen Wettbewerbern, die zu einer Marktaufteilung führen.

Gebietsbeschränkungen dürfen sich stets nur auf **aktive Verkaufsaktivitäten** 82
des Vertragspartners beziehen, d.h. auf die aktive Ansprache von Kunden im Wege der Werbung, durch den Direktversand von Briefen oder E-Mails oder mittels persönlicher Kontakte.[99] Nach Art. 4 lit. b) i) i.V.m. Art. 2 Vertikal-GVO ist eine Beschränkung des aktiven Verkaufs bei einem Marktanteil der Vertragspartner von jeweils höchstens 30% vom Kartellverbot freigestellt. Dem betreffenden Händler darf der aktive Verkauf in Gebiete untersagt werden, die der Lieferant sich selbst oder einem anderen Händler **vorbehalten** hat. Der **passive Verkauf**, d.h. der Verkauf an Kunden, die von sich aus und ohne Aufforderung auf den Vertragspartner

---

95 EuGH, Urt. v. 13.10.2011, Rs. C-439/09 = EuZW 2012, 28 (30 f.) – *Pierre Fabre*.
96 Vgl. hierzu die Ausführungen in Kap. 2 Rn 64.
97 Vgl. dazu ausführlich Kap. 4 Rn 109 ff.
98 Langen/Bunte/*Hengst*, EU-KartellR, Art. 101 AEUV Rn 436.
99 Langen/Bunte/*Nolte*, EU-KartellR, Nach Art. 101 AEUV Rn 475.

zugegangen sind, darf jedoch nicht verboten werden. Dabei sind Werbemaßnahmen, die (auch) Kunden in Gebieten betreffen, die anderen Händlern zugewiesen sind, als passiver Verkauf einzuordnen, wenn sich die Werbemaßnahmen vernünftigerweise nicht auf das eigene Gebiet beschränken lassen.[100] Dazu zählt beispielsweise auch Werbung, die der Händler auf einer eigenen Webseite über das Internet verbreitet, da der Zugang im Internet vernünftigerweise nicht auf ein bestimmtes Gebiet begrenzt werden kann.[101]

Beispiel
Vereinbart ein Hersteller von Designer-Sofas, dass seine Produkte in Deutschland im Postleitzahlengebiet 8... nur durch den Vertriebshändler A und im Postleitzahlengebiet 7... nur durch den Vertriebshändler B verkauft werden sollen, ist eine solche Gebietsbeschränkung grundsätzlich zulässig, sofern A und B nicht daran gehindert werden, die Produkte auch in die Vertriebsgebiete des jeweils anderen zu verkaufen, wenn dort ansässige Kunden von sich aus auf A oder B zugehen. A und B darf auch nicht verwehrt werden, die Produkte in „außenstehende" Gebiete zu verkaufen, die weder einem anderen Händler noch dem Vertrieb durch den Hersteller selbst vorbehalten sind.

83 Zu beachten ist, dass die strengen kartellrechtlichen Vorgaben zu Gebietsbeschränkungen nicht nur innerhalb der **Europäischen Union**, sondern auch in Staaten gelten, die der **European Free Trade Association (EFTA)** angehören. Insbesondere in der Schweiz gehen die Kartellbehörden und Gerichte mit hohen Geldbußen gegen Beschränkungen von Kaufmöglichkeiten schweizerischer Kunden bei Händlern und Herstellern vor, die ihre Ware von außerhalb der Schweiz aus anbieten.[102] Etwaige Gebietsbeschränkungen in Vertriebsverträgen sind daher stets so zu formulieren, dass sie passive Verkäufe an Kunden mit Sitz in der Europäischen Union und den EFTA-Mitgliedstaaten nicht ausschließen.

Fettnäpfchen
Verwechseln Sie bei vertraglichen Formulierungen zu Vertriebsgebieten nicht den Europäischen Wirtschaftsraum (EWR) mit der European Free Trade Association (EFTA)! Der Europäische Wirtschaftsraum umfasst nicht die Schweiz. Die folgende Vertragsklausel wäre demnach als **bußgeldbehaftete Kernbeschränkung** nach schweizerischem Kartellrecht anzusehen:

„Der Vertragshändler wird die Vertragsprodukte innerhalb des Europäischen Wirtschaftsraums nicht aktiv in Gebiete außerhalb des Vertragsgebiets vertreiben, soweit der Hersteller den Vertrieb in diesen Gebieten sich selbst oder ausschließlich einem anderen Abnehmer zugewiesen hat. Der Vertragshändler ist nicht berechtigt, die Vertragsprodukte außerhalb des Europäischen Wirtschaftsraums zu vertreiben, außer sie sind für den Rückimport in Staaten des Europäischen Wirtschaftsraums bestimmt."

100 Europ. Kommission, Vertikal-Leitlinien 2010/C 130/01, Rn 51.
101 Europ. Kommission, Vertikal-Leitlinien 2010/C 130/01, Rn 52.
102 Bundesgericht, Urt. v. 28.6.2016, Az. 2C-180/2014 – *Gaba International AG* (Geldbuße 4,8 Mio. CHF); Bundesgericht, Urt. v. 24.10.2017, Az. 2C-63/2016 – *BMW* (Geldbuße 157 Mio. CHF).

Passive Verkäufe in die Schweiz wären nach der obenstehenden Klausel verboten. Ein Verbot passiver Verkäufe ist sowohl innerhalb der Europäischen Union (nach Art. 4 lit. b) i) Vertikal-GVO als auch innerhalb der Schweiz (nach Ziff. 12 Abs. 2 b) i) Vertikal-Bekanntmachung CH vom 28.6.2010 einschl. Änderungen vom 22.5.2017) als kartellrechtliche Kernbeschränkung anzusehen.

Nach dem in der Europäischen Union und den EFTA-Staaten anwendbaren Kartellrecht wäre eine entsprechende Klausel hingegen kartellrechtlich unbedenklich, wenn sie sich anstelle des Europäischen Wirtschaftsraums auf ***„die EU- und EFTA-Mitgliedstaaten"*** beziehen würde. Die Schweiz wäre dann als EFTA-Mitgliedsstaat von dieser Klausel umfasst.

Gebietsbeschränkungen werden insbesondere zwischen Herstellern und autorisierten Vertragshändlern in **selektiven Vertriebssystemen** vereinbart. Sie dienen in der Regel dazu, den Händlern einen hinreichenden Entfaltungsspielraum innerhalb „ihres" Vertriebsgebiets zuzusichern und die Kunden im betreffenden Vertriebsgebiet nach Möglichkeit einem einzigen Ansprechpartner zuzuleiten. Die Gebietsbeschränkung gilt aber auch hier **nicht** absolut. Denn wenn sich ein Hersteller entschlossen hat, seinen selektiven Vertrieb nach Gebieten aufzuteilen, darf er nach Art. 4 lit. d) Vertikal-GVO **innerhalb** dieses Vertriebssystems Lieferungen zwischen seinen Händlern **nicht** verbieten.[103] Die Ermöglichung systeminterner Querlieferungen soll vor allem dazu dienen, den Preiswettbewerb zwischen den Händlern innerhalb des Vertriebssystems zu stärken („intra-brand-Wettbewerb").[104] Sog. **„Querlieferungsverbote"** werden daher von den Kartellbehörden sowohl in Form von Vertragsklauseln als auch im Fall einer rein faktischen, außervertraglichen Durchsetzung als **unzulässig** angesehen. Hersteller dürfen folglich die Belieferung von Händlern, die Querlieferungen innerhalb des selektiven Vertriebssystems tätigen, nicht im Wege einer „Liefersperre" einstellen. Unzulässig ist auch, andere Händler zur Nichtbelieferung der querliefernden Händler aufzurufen, um letztere faktisch aus dem selektiven Vertriebssystem auszuschließen.[105] Ein solches Verhalten verstößt gegen § 1 GWB und kann zudem als unzulässiger Boykottaufruf nach § 21 Abs. 1 GWB angesehen werden. 84

Neuerdings treten Gebietsbeschränkungen im Online-Kontext in Form **vertraglicher Verpflichtung** von Herstellern gegenüber Händlern und Betreibern von Internetplattformen **zur Einrichtung von Geoblocking-Vorkehrungen** auf. Geoblo- 85

---

103 Der Hersteller darf seinen autorisierten Händlern hingegen untersagen, Händler zu beliefern, die nicht bzw. nicht mehr als zugelassener Vertriebspartner Teil des Selektivvertriebs sind, vgl. BKartA, Beschl. v. 6.5.2014, Az. B2-52/14 – *WALA Heilmittel II*. Täuscht ein außerhalb des selektiven Vertriebssystems stehender Händler seine Kaufberechtigung vor, indem er vorgibt, zum selektiven Vertriebssystem zu gehören, und verleitet er so den autorisierten Händler zum Vertragsbruch, so kann der Hersteller gegenüber dem außenstehenden Händler Unterlassungsansprüche nach § 3 Abs. 1, § 4 Nr. 10 UWG wegen unzulässigen Schleichbezugs geltend machen.

104 Langen/Bunte/*Nolte*, EU-KartellR, Nach Art. 101 AEUV, Rn 552.

105 BKartA, Beschl. v. 6.5.2014, Az. B2-52/14 – *WALA Heilmittel II*.

cking-Vorkehrungen sind elektronische Erkennungsmaßnahmen hinsichtlich der IP-Adressen von Kunden in Online-Shops und Vertriebsplattformen, die entweder den Zugriff bestimmter Kunden auf die betreffende Website vollständig blockieren, sie automatisch auf eine andere Homepage weiterleiten oder den betreffenden Kunden keine Bestellmöglichkeit zu den angebotenen Waren anzeigen. Da sich IP-Adressen nach der geographischen Herkunft des Internetaufrufs durch den jeweiligen Kunden richten, werden Geoblocking-Vorkehrungen insbesondere zur Beschränkung bestimmter Vertriebsgebiete von Händlern eingesetzt. Da das Geoblocking jedoch keine Unterscheidung zwischen aktiven und passiven Verkäufen zulässt, ist die vertragliche Verpflichtung von Händlern, den Zugriff von Kunden aus bestimmten Mitgliedstaaten der EU oder EFTA auf ihr Angebot durch Geoblocking zu verhindern, als **unzulässige Gebietsbeschränkung** nach Art. 4 Abs. 1 lit. b) Vertikal-GVO anzusehen. Eine Gruppenfreistellung vom Kartellverbot ist grundsätzlich nicht möglich, da Geoblocking-Vorkehrungen stets auch die Beschränkung **passiver Verkäufe** aus den betreffenden Gebieten mit sich bringen, d.h. der Kunde kann von sich aus schon die Homepage nicht ansteuern oder jedenfalls keine Bestellungen tätigen.[106] Als **kartellrechtlich zulässig** könnten allenfalls Geoblocking-Maßnahmen erachtet werden, die dem Kunden zwar keine Online-Bestellmöglichkeit eröffnen, ihm jedoch anstelle dessen eine Telefonnummer auf der Homepage nennen, über die er die Warenverfügbarkeit und den Preis der Ware erfragen kann. Auf diese Weise stünde die Möglichkeit passiver Verkäufe weiterhin offen, wenn der Kunde telefonisch auf den Anbieter der Ware zugeht.[107]

86 Ob Vereinbarungen über Geoblocking-Vorkehrungen oder sonstige Gebietsbeschränkungen auch gegenüber Kunden aus **Gebieten außerhalb der EU- und EFTA-Staaten** kartellrechtlich bedenklich sind, richtet sich nach dem jeweiligen dort anwendbaren nationalen Kartellrecht. Allerdings muss hinsichtlich absoluter Exportbeschränkungen in Gebiete außerhalb der EU- und EFTA-Staaten stets dann eine **Ausnahme** gemacht werden, wenn die dorthin exportierte Ware zum **Rück-Import in die EU- oder EFTA-Staaten** bestimmt ist.[108]

---

106 EuGH, Urt. v. 4.10.2011, Rs. C-403/08 und C-429/08, = Slg. 2011, I-9159 – *Football Association Premier League*; ebenso *Bernhard/Nemeczek*, GRUR-Int. 2012, 293 (298); *Just/Spahr/Peter*, KSzW 2015, 307 (313 f.).

107 Zusätzlich zu den kartellrechtlichen Vorschriften gilt innerhalb der Europäischen Union ab Ende 2018 die Geoblocking-Verordnung, die insbesondere eine Preisdiskriminierung von EU-Bürgern aus verschiedenen Mitgliedstaaten im Online-Handeln verhindern soll. Auch deren Vorgaben sind zu beachten.

108 EuGH, Urt. v. 28.4.1998, Rs. C-306/96 = WuW 1998, 611 (613 f.) – *Javico*.

E. Verwendungsbindungen

Als weitere, „abgemilderte" Form von Wettbewerbsverboten sind Verwendungsbindungen einzuordnen. Dem Vertragspartner wird darin zwar nicht vollständig untersagt, wettbewerbliche Aktivitäten aufzunehmen. Er wird jedoch verpflichtet, die Vertragsprodukte nicht oder nur nach Zustimmung des Vertragspartners zu bestimmten Zwecken zu verwenden. 87

Unter Verwendungsbindungen sind alle denkbaren Verbote oder Gebote zu fassen, die die Verwendung des dem Vertrag zugrundeliegenden Produkts oder der zugrundeliegenden Leistung beschränken. Oftmals zielen sie darauf ab, zu vermeiden, dass Konkurrenten des Lieferanten durch die Nutzung von dessen Produkten in Wettbewerb zu ihm treten können. 88

Beispiel
Die Deutsche Bahn vereinbart mit den Käufern gebrauchter Lokomotiven, dass diese sie nicht auf ihrem Streckennetz oder zu ihr im Wettbewerb einsetzen dürfen.[109]

Verwendungsbindungen fallen in den Anwendungsbereich des Kartellverbots nach Art. 101 bzw. § 1 GWB, sind aber für Unternehmen, deren Marktanteil im vertragsgegenständlichen Markt bei maximal 30% liegt, nach Art. 2 der Vertikal-GVO **grundsätzlich freigestellt.** 89

Führt die Verwendungsbindung jedoch zu einem **faktischen Wettbewerbsverbot**, müssen für eine Gruppenfreistellung **zusätzlich** die nach der Vertikal-GVO bestehenden Anforderungen an Wettbewerbsverbote beachtet werden. 90

Beispiel
Ein Hersteller von Pumpen vereinbart mit seinem Abnehmer, dass zum Betrieb der Pumpe nur die vom Anbieter ebenfalls hergestellten Schmieröle verwendet werden dürfen.
Führt diese Verwendungsbindung dazu, dass der Abnehmer mehr als 80% seines Bedarfs an vergleichbaren Schmierölen bei dem Pumpenhersteller tätigen muss, läge nach der Definition von Art. 1 lit. d) Vertikal-GVO ein Wettbewerbsverbot vor. Um nach Art. 2 Abs. 1 i.V.m. Art. 5 lit. a) Vertikal-GVO dennoch vom Kartellverbot freigestellt zu sein, müsste die Verwendungsbindung daher auf fünf Jahre beschränkt werden, könnte aber für den Zeitraum danach zwischen den Parteien neu verhandelt werden.

Hat die das Verbot oder Gebot auferlegende Vertragspartei eine **marktbeherrschende Stellung**[110], ist sie nach Art. 102 AEUV bzw. §§ 18 ff. GWB erhöhten Anforderungen an Verwendungs- und Vertriebsbindungen ausgesetzt. Verwendungsbin- 91

109 BKartA, Tätigkeitsbericht 1997, S. 144.
110 Vgl. hierzu die Ausführungen in Kap. 1 Rn 60 ff. und Kap. 4 Rn 118 ff.

dungen sind in diesem Fall zwar nicht per se missbräuchlich. Sie sind jedoch dann kartellrechtswidrig, wenn sie diskriminierend oder marktabschottend wirken. Insbesondere ist darauf zu achten, dass die Klauseln anhand objektiver Kriterien ausgestaltet sind und die so festgelegten Kriterien auf vergleichbare Sachverhalte auch gleichartig angewendet werden. Darüber hinaus müssen die Verwendungs- und Kundengruppenbindungen auch ein legitimes Verwendungs- und Vertriebsziel verfolgen und dürfen in ihrer Anwendung nicht über dieses Ziel hinausgehen.[111] Gewährt etwa ein Hersteller einem Kunden und dessen Zulieferer als Einkaufsgemeinschaft besonders günstige Rabatte, hat er ein legitimes Interesse daran, dass der Zulieferer die zur Weiterverarbeitung für den Kunden erworbenen Teile nicht zum Handel gegenüber Dritten verwendet.

An einem legitimen Interesse würde es hingegen fehlen, wenn der marktbeherrschende Hersteller den Zulieferer verpflichtet, bei Reparaturen nur von ihm hergestellte Original-Ersatzteile zu verwenden.

Beispiel

Ein marktbeherrschender Hersteller von Getränkeverpackungen und dazu gehörigen Abfüllanlagen verpflichtet seine Kunden, die Wartung und Reparatur ihrer Anlagen ausschließlich durch ihn durchführen zu lassen.

Die Europäische Kommission und der Europäische Gerichtshof sehen eine solche Verwendungsbindung als missbräuchlich an, da sie im Wesentlichen das Ziel habe, die Abnehmer ungewöhnlich stark an den Hersteller zu binden und künstlich jede Möglichkeit eines Wettbewerbs durch andere Reparatur- und Servicewerkstätten auszuschließen. Dem Abnehmer stehe es frei, den Dienstleister für Reparaturen selbst zu bestimmen. Eine Notwendigkeit für die Bindung an den Hersteller bestehe nicht.[112]

---

111 Immenga/Mestmäcker/*Fuchs*/*Möschel*, EU-WettbewerbsR, Art. 102 AEUV Rn 225.

112 EuGH, Urt. v. 14.11.1996, Rs. C-333/94, Slg. 1996, I-5987 (6011) – *Tetra Pak*.

Kapitel 7
Unternehmens- und Immobilientransaktionen

A. Fusionskontrolle in der EU und in Deutschland

1 Plant ein Unternehmen einen Zusammenschluss mit einem anderen Unternehmen oder beabsichtigt es, einen wesentlichen Teil von dessen Unternehmensvermögen (so etwa Produktionsmittel, Know-how oder Personal) oder dessen Geschäftsanteilen (so etwa Aktien) zu übernehmen, muss dieser Vorgang bei Überschreiten bestimmter Umsatzschwellen bei den zuständigen Kartellbehörden angemeldet und von diesen freigegeben werden. Das Fusionskontrollrecht ist somit als präventive Vorabkontrolle ausgerichtet und dient dazu, allzu große Marktmacht bei einem Unternehmen zu vermeiden. Es erfasst ausschließlich externes Wachstum durch Zukäufe von Vermögen oder Geschäftsanteilen und betrifft Wettbewerber und Nicht-Wettbewerber gleichermaßen. Internes („organisches") Wachstum wird hingegen von der Fusionskontrolle nicht erfasst.

2 Nachfolgend werden die wesentlichen Schritte der Anmeldung eines Zusammenschlussvorhabens zu den Kartellbehörden skizziert.

I. Verantwortlichkeit für die Anmeldung

3 Zunächst stellt sich die Frage, welcher der Beteiligten dafür verantwortlich ist, die gegebenenfalls erforderlichen Anmeldungen bei den zuständigen Fusionskontrollbehörden (in Deutschland das Bundeskartellamt und auf EU-Ebene die Europäische Kommission) einzureichen. Veräußert ein Unternehmer einen Unternehmensteil, spricht man vom „Veräußerer", „Erwerber" und dem „Zielunternehmen" als Objekt der Veräußerung.

4 Wenngleich die Verantwortlichkeit zur Einreichung der Anmeldung gesetzlich geregelt ist, steht es den Beteiligten frei, im Unternehmenskaufvertrag Regelungen darüber zu treffen, welcher Beteiligte die erforderlichen Anmeldungen vorbereitet und einreicht und damit gegebenenfalls auch die Anmeldepflichten weiterer Beteiligter miterfüllt.

1. Gesetzliche Bestimmungen

5 Im **deutschen Recht** ergibt sich die Verantwortlichkeit zur Einreichung der Anmeldung aus § 39 Abs. 2 GWB. Danach sind grundsätzlich die „am Zusammenschluss

https://doi.org/10.1515/9783110550542-007

Beteiligten" zur Anmeldung verpflichtet. Die Beteiligteneigenschaft ist abhängig vom Zusammenschlusstatbestand nach § 37 GWB:[1]

- Beim **Vermögenserwerb** sind (i) der Erwerber und (ii) der Veräußerer (allerdings nur hinsichtlich des übertragenen Vermögens) am Zusammenschluss beteiligt.
- Beim **Kontrollerwerb** sind (i) der Erwerber, (ii) die bisher an der Kontrolle teilhabenden Unternehmen und (iii) das kontrollierte Unternehmen am Zusammenschluss beteiligt.
- Beim **Anteilserwerb** sind (i) der Erwerber, (ii) das Unternehmen, an dem die Anteile erworben werden sollen und (iii) alle Unternehmen am Zusammenschluss beteiligt, die das Unternehmen, an dem die Anteile erworben werden sollen, kontrollieren oder an diesem Unternehmen Anteile von 25% oder mehr halten.
- Beim **Erwerb wettbewerblich erheblichen Einflusses** sind (i) der Erwerber und (ii) das beeinflusste Unternehmen am Zusammenschluss beteiligt.

6 Im **Europäischen Recht** ist die Verantwortlichkeit für die Einreichung der Anmeldung nicht explizit normiert. Aus Art. 14 Abs. 2 a) der Fusionskontrollverordnung (FKVO)[2] ergibt sich jedoch, dass es den am Zusammenschluss Beteiligten obliegt, die Anmeldung einzureichen[3]. Die Beteiligteneigenschaft ist auch im Europäischen Recht abhängig vom Zusammenschlusstatbestand:

- Bei der **Fusion** sind die einzelnen fusionierenden Unternehmen am Zusammenschluss beteiligt.
- Beim **Kontrollerwerb** sind (i) der Erwerber, (ii) die bisher an der Kontrolle teilhabenden Unternehmen und (iii) das kontrollierte Unternehmen am Zusammenschluss beteiligt.
- Bei der Gründung eines sog. **Vollfunktions-Gemeinschaftsunternehmens** sind die einzelnen an der Kontrolle über das gegründete Gemeinschaftsunternehmen (Joint Venture) beteiligten Muttergesellschaften am Zusammenschluss beteiligt.

---

1 Zu den einzelnen Zusammenschlusstatbeständen siehe Gliederungspunkt A.II. in diesem Kapitel.

2 Verordnung (EG) Nr. 139/2004 des Rates vom 20. Januar 2004 über die Kontrolle von Unternehmenszusammenschlüssen.

3 Siehe auch Punkt 1.3 von Anhang I und II der Durchführungsverordnung (EU) Nr. 1269/2013 der Kommission vom 5.12.2013 zur Änderung der Verordnung (EG) Nr. 802/2004 zur Durchführung der Verordnung (EG) Nr. 139/2004 des Rates über die Kontrolle von Unternehmenszusammenschlüssen, 2013 ABl L 336/1.

2. Regelungen im Unternehmenskaufvertrag

Ungeachtet der gesetzlichen Regelungen zur Verantwortlichkeit für die Einreichung 7
der Anmeldung entspricht es üblicher Praxis, dass der **Erwerber** fusionskontrollrechtliche Anmeldeerfordernisse überprüft, die erforderlichen Anmeldungen vorbereitet und einreicht, die gesamten Fusionskontrollverfahren (bis hin zur Erfüllung gegebenenfalls notwendiger Auflagen) begleitet und die hierdurch entstehenden Kosten trägt. Dahingehende Regelungen sollten jedoch, auch wenn dieser üblichen Praxis entsprochen werden soll, ausdrücklich im Unternehmenskaufvertrag festgehalten werden, da das Gesetz insbesondere die Kostentragung nicht regelt.

Diese Herangehensweise erscheint auch deshalb sinnvoll, weil die gesetzlichen 8
Bestimmungen den Erwerber immer, die anderen Beteiligten aber nicht zwangsläufig, zur Einreichung der Anmeldung verpflichten.

Mit der **Einreichung einer vollständigen Anmeldung** erfüllt der Erwerber 9
auch die Anmeldepflicht der anderen Beteiligten.[4] Hierbei ist es zur Vollständigkeit der Anmeldung auch nicht erforderlich, dass er die Anmeldung ausdrücklich im Namen aller zur Anmeldung verpflichteten Unternehmen einreicht. Es entspricht allerdings gängiger Praxis, dass sich der Erwerber hierbei eng mit den anderen zur Anmeldung verpflichteten Unternehmen abstimmt, allein schon, um zu gewährleisten, dass die in der Anmeldung gemachten Angaben richtig und vollständig sind und die anderen Beteiligten im Falle von fehlerhaften Angaben in die Verantwortung genommen werden können.

Die Folgen einer **Nichteinreichung** einer vollständigen Anmeldung, die bis zur 10
Entflechtung reichen können, treffen jedoch nicht nur den Erwerber, sondern auch die anderen zur Anmeldung verpflichteten Unternehmen. Daher empfiehlt es sich für **alle** gesetzlich zur Anmeldung verpflichteten Unternehmen, die Prüfung der fusionskontrollrechtlichen Anmelderfordernisse durch den Erwerber sowie die durch ihn getätigten Angaben entweder selbst vollumfänglich zu überprüfen, oder zumindest hinsichtlich derjenigen Angaben zu verifizieren, die nicht allein den Erwerber betreffen.

II. Anmeldepflichtige Zusammenschlusstatbestände

Sind die Verantwortlichkeiten geklärt, hat das für die Fusionskontrollanmeldung 11
zuständige Unternehmen zu prüfen, **ob** und gegebenenfalls **bei welcher Wettbewerbsbehörde** eine bestimmte M&A-Transaktion angemeldet werden muss. Die

4 Entgegen dem missverständlichen Wortlaut des § 39 Abs. 2 GWB ist nicht jeder Zusammenschlussbeteiligte „verpflichtet“, sondern lediglich berechtigt, eine eigene Anmeldung einzureichen, vgl. Wiedemann/*Richter*/*Steinvorth*, Hdb. Kartellrecht, § 21 Rn 10; a.A. Langen/Bunte/*Kallfaß*, Dt. Kartellrecht, § 39 GWB Rn 9.

Prüfung ist zweistufig. Eine solche Anmeldung ist immer dann erforderlich, wenn (i) die Transaktion einen **Zusammenschlusstatbestand** darstellt (dazu nachfolgend Ziff. 1. und 2.) und (ii) die hieran Beteiligten bestimmte gesetzlich festgelegte **Umsatzschwellen** überschreiten (dazu nachfolgend Ziff. III.).

1. Zusammenschlusstatbestände im deutschen Recht

12 Das deutsche Recht kennt vier Zusammenschlusstatbestände: Den Vermögenserwerb (§ 37 Abs. 1 Nr. 1 GWB), den Kontrollerwerb (§ 37 Abs. 1 Nr. 2 GWB), den Anteilserwerb (§ 37 Abs. 1 Nr. 3 GWB) und den Erwerb wettbewerblich erheblichen Einflusses (§ 37 Abs. 1 Nr. 4 GWB).

a) Vermögenserwerb (§ 37 Abs. 1 Nr. 1 GWB)

13 Der Erwerb des Vermögens eines anderen Unternehmens, entweder ganz oder zum wesentlichen Teil, stellt – bei Überschreiten der gesetzlich festgelegten Umsatzschwellen – einen Zusammenschlusstatbestand dar.

14 Der Begriff des **Erwerbs** ist weit auszulegen. Entscheidend ist der Übergang eines Vollrechtes (z.B. Eigentum). Die Einräumung von Nutzungsrechten ist nicht ausreichend, kann jedoch den Zusammenschlusstatbestand des Kontrollerwerbes erfüllen. Auf welchem Wege das Vollrecht übertragen wird, ist unerheblich.

15 Der Begriff des **Vermögens** ist ebenfalls weit auszulegen. Er umfasst alle geldwerten Güter eines Unternehmens ohne Rücksicht auf Art, Verwendung und Verwertbarkeit. Der Vermögensbegriff ist aber beschränkt auf unternehmerisch genutzte Vermögensgegenstände (typischerweise Betriebs- und Unternehmensteile)[5], umfasst also nicht die Gegenstände, die der Veräußerer im Rahmen seines Geschäftsbetriebes als Hersteller oder Händler veräußert.

16 Der Erwerb muss das Vermögen des anderen Unternehmens entweder ganz oder zu einem wesentlichen Teil umfassen.

- Die Fälle eines Erwerbs des Vermögens **im Ganzen** werfen regelmäßig keine Abgrenzungsschwierigkeiten auf. Ein Erwerb des Vermögens im Ganzen liegt etwa in den Fällen der wirtschaftlichen und rechtlichen Fusion vor, also insbesondere bei den im deutschen Umwandlungsgesetz geregelten Tatbeständen der Umwandlung, der Verschmelzung und der Vermögensübertragung.

5 Diese Einschränkung ist nicht bestritten. Allerdings ist in der Literatur die Frage aufgeworfen worden, ob diese Einschränkung schon den Begriff des Vermögens relativiert (so *Bechtold/Bosch*, GWB, § 37 GWB Rn 5) oder sich erst bei der Frage steht, ob der Erwerb eines wesentlichen Teils des Vermögens vorliegt (Immenga/Mestmäcker/*Thomas*, Dt. WettbewerbsR, § 37 GWB Rn 44). Praktisch dürfte diese Frage indes kaum relevant sein.

– Abgrenzungsschwierigkeiten kann es bei der Frage geben, ob der Erwerb des Vermögens **zu einem wesentlichen Teil** vorliegt. Der Rechtsprechung des BGH lässt sich allerdings entnehmen, dass (i) der betreffende Vermögensteil die tragende Grundlage der Stellung des Veräußerers sein muss und (ii) die Übertragung dieses Vermögensteils auch zu einer spürbaren Stärkung der Stellung des Erwerbers führen muss.[6] Bisher wurden etwa die folgenden Vermögensbestandteile als wesentlich anerkannt:[7] Produktions- und Vertriebsprogramm für Industrienähmaschinen[8]; abgegrenzter Geschäftsbereich mit gesonderten Betriebseinrichtungen für organische Pigmente[9]; Lebensmittel-Einzelhandelsfilialen[10]; Zementwerk eines Stahlunternehmens[11].

b) Kontrollerwerb (§ 37 Abs. 1 Nr. 2 GWB)

Der Erwerb der alleinigen oder gemeinsamen Kontrolle über die Gesamtheit oder über Teile eines anderen Unternehmens stellt – bei Überschreiten der gesetzlich festgelegten Umsatzschwellen – einen Zusammenschlusstatbestand dar. Er besteht **kumulativ** zu den Zusammenschlusstatbeständen des Anteils- und Vermögenserwerbs. Ein **anmeldepflichtiger Kontrollerwerb** kann daher auch dann vorliegen, wenn ein Unternehmen bereits zuvor jeweils das Überschreiten der 25%- und 50%-Anteilsschwelle angemeldet hatte, jedoch erst zu einem späteren Zeitpunkt die alleinige Kontrolle (etwa aufgrund des Wegfalls von Vetorechten des Minderheitsgesellschafters) erlangt. 17

Hingegen liegt **kein anmeldepflichtiger Kontrollerwerb** vor, wenn das Bundeskartellamt bereits eine Beteiligung des Erwerbers an über 50% der Geschäftsanteile **und** den Erwerb alleiniger Kontrolle freigegeben hat und der Erwerber lediglich zu einem späteren Zeitpunkt – etwa durch Ausübung einer Call- oder Put-Option – seine Anteile weiter aufstockt.[12] 18

Unter **Kontrolle** ist nach § 37 Abs. 1 Nr. 2 Satz 2 GWB die Möglichkeit zu verstehen, „*einen bestimmenden Einfluss auf die Tätigkeit eines Unternehmens auszuüben*". Erforderlich ist also nicht, dass ein bestimmender Einfluss tatsächlich ausgeübt 19

---

6 BGH, Beschl. v. 7.7.1992, Az. KVR 14/91 – *Warenzeichenerwerb.*

7 Weitere Beispiele finden sich bei Immenga/Mestmäcker/*Thomas*, Dt. WettbewerbsR, § 37 GWB Rn 55 ff.

8 BGH, Beschl. v. 12.2.1980, Az. KVR 4/79 – *Kettenstichnähmaschinen.*

9 BGH, Beschl. v. 29.5.1979, Az. KVR 2/78 – *Organische Pigmente.*

10 KG, Urt. v. 22.5.1985, Az. Kart. 21/83 = WuW/E OLG 3591 (3594) – *Coop Schleswig-Holstein/Deutscher Supermarkt.*

11 BGH, Beschl. v. 23.10.1979, Az. KVR 3/78 – *Zementmahlanlage II.*

12 Immenga/Mestmäcker/*Thomas*, Dt. Wettbewerbsrecht, § 37 GWB Rn 379; Langen/Bunte/*Kallfaß*, Dt. Kartellrecht, § 37 GWB Rn 62.

wird; die dahingehende Möglichkeit reicht aus. Erforderlich ist indes, dass die Kontrolle auf Dauer angelegt, also nicht nur vorübergehend ist.

aa) Gegenstand der Kontrolle

20 Gegenstand der Kontrolle sind die **Gesamtheit oder Teile eines oder mehrerer Unternehmen.** Der Begriff des Unternehmensteils entspricht dem des wesentlichen Teils des Vermögens beim Zusammenschlusstatbestand des Vermögenserwerbs[13]. Insoweit gelten die dortigen Ausführungen entsprechend.

21 Anders als beim Zusammenschlusstatbestand des Vermögenserwerbs ist beim Kontrollerwerb der Übergang des Vollrechts nicht erforderlich. Ein Kontrollerwerb kann daher insbesondere auch bei einer Betriebspacht bzw. Betriebsüberlassung vorliegen.

bb) Mittel der Kontrolle

22 Die Kontrolle kann insbesondere erworben werden durch **Rechte oder Verträge,** die einen bestimmenden Einfluss auf die Zusammensetzung, die Beratungen oder Beschlüsse der Organe des Unternehmens gewähren.

23 Der bedeutendste Fall des Kontrollerwerbs ist der Erwerb einer Stimmrechtsmehrheit. Dieser führt zum Erwerb der alleinigen Kontrolle über das Zielunternehmen.

24 Ein Kontrollerwerb kann auf faktischer Grundlage auch schon bei geringeren Beteiligungen vorliegen. So kann etwa eine Beteiligung von 30% oder 40% ausreichen, sofern wahrscheinlich ist, dass der Minderheitsgesellschafter angesichts des früheren Stimmverhaltens und der Position anderer Gesellschafter in der Hauptversammlung über eine stabile Stimmenmehrheit (sog. gesicherte Hauptversammlungsmehrheit) verfügen wird. Dies kann insbes. der Fall sein, wenn sich ein erheblicher Anteil der restlichen Beteiligungen im Streubesitz befindet und die damit verbundenen Einflussrechte bei der Hauptversammlung aller Wahrscheinlichkeit nach nicht wahrgenommen werden.

25 Auch jenseits der rechtlich oder faktisch bestehenden Stimmrechtsmehrheit liegt ein Kontrollerwerb vor, wenn es dem Erwerber auf andere Art ermöglicht (etwa vertraglich zugesichert) wird, dass er die Geschäftsstrategie des Zielunternehmens bestimmen kann. So wäre es denkbar, dass einem Minderheitsaktionär das Recht eingeräumt wird, mehr als die Hälfte der Mitglieder der Entscheidungsgremien des Zielunternehmens zu ernennen und damit bestimmenden Einfluss auf dessen Tätigkeit auszuüben.

---

13 Siehe zum Vermögenserwerb Rn 16 dieses Kapitels.

Kontrolle kann schließlich auch durch Vetorechte vermittelt werden, die den Erwerber in die Lage versetzen, Entscheidungen des Zielunternehmens zu verhindern. Diese Vetorechte müssen sich allerdings auf strategische Entscheidungen beziehen. Sie müssen über das hinausgehen, was in der Regel Minderheitsgesellschaftern an Vetorechten eingeräumt wird, um ihre finanziellen Interessen als Kapitalgeber des Unternehmens zu schützen. Dieser übliche Rechtsschutz für Minderheitsgesellschafter gilt für Entscheidungen, die das Wesen des Unternehmens berühren, wie Satzungsänderungen, Kapitalerhöhungen, Kapitalherabsetzungen oder Liquidation. Ein Vetorecht beispielsweise, mit dem ein Verkauf oder eine Abwicklung des Unternehmens verhindert werden kann, vermittelt dem Minderheitsgesellschafter noch keine Kontrolle. Vetorechte, die eine Kontrolle begründen, betreffen hingegen in der Regel Entscheidungen über Budget, Geschäftsplan, größere Investitionen und die Besetzung der Unternehmensleitung. 26

cc) Gemeinsame Kontrolle

Der Zusammenschlusstatbestand des Kontrollerwerbs umfasst auch den Erwerb gemeinsamer Kontrolle. Hierfür ist es **nicht** ausreichend, dass mehrere Unternehmen zwar nicht individuell, aber gemeinsam einen bestimmenden Einfluss auf die Tätigkeit eines Unternehmens ausüben könnten, indem sie strategische Entscheidungen gemeinsam herbeiführen oder blockieren könnten. Hinzukommen muss, dass diese Unternehmen entweder aufgrund einer Konsortialvereinbarung oder einer auf Dauer angelegten Interessensübereinstimmung die Geschäftspolitik des Zielunternehmens **einvernehmlich** festlegen und auch **tatsächlich** zusammenarbeiten. In Ermangelung einer Konsortialvereinbarung und einer starken Interessengemeinschaft wird in der Regel die Möglichkeit wechselnder Koalitionen unter den Minderheitsgesellschaftern die Entstehung einer gemeinsamen Kontrolle verhindern. 27

c) Anteilserwerb (§ 37 Abs. 1 Nr. 3 GWB)

Der Erwerb von **Anteilen** an einem anderen Unternehmen, die (mit bereits gehaltenen Anteilen) 50% oder 25% des Kapitals oder der Stimmrechte erreichen, stellt – bei Überschreiten der gesetzlich festgelegten Umsatzschwellen – jeweils einen eigenständig anmeldepflichtigen Zusammenschlusstatbestand dar. Hingegen ist eine spätere weitergehende Aufstockung der Anteile – etwa durch Ausübung einer Call- oder Put-Option –nicht mehr gesondert anmeldepflichtig, wenn der Erwerber bereits über 50% der Geschäftsanteile und alleinige Kontrolle erworben hat und diese Zusammenschlusstatbestände durch das Bundeskartellamt freigegeben wurden. 28

Fettnapf
Eine Anmeldepflicht besteht auch dann, wenn das erwerbende Unternehmen bereits Anteile (etwa 24%) an einem Unternehmen hält und dann (etwa an der Börse) weitere Anteile hinzuerwirbt. Bei Überschreiten der 25%-Schwelle ist die Anmeldepflicht zwingend. Im Falle eines Aktienerwerbs ohne die erforderliche Anmeldung läge ein bußgeldbewehrter Verstoß gegen das Vollzugsverbot vor. Werden die Aktien jedoch über die Börse erworben, führt der bloße Aktienerwerb nach § 41 Abs. 1a GWB nicht zu einem Verstoß gegen das Vollzugsverbot, wenn der Zusammenschluss unverzüglich nach dem Erwerb beim Bundeskartellamt angemeldet wird und der Erwerber die mit den Anteilen verbundenen Stimmrechte bis zur Freigabe des Zusammenschlusses nicht ausübt.

29 Es ergeben sich insofern Parallelen zum Zusammenschlusstatbestand des Vermögenserwerbs. Der Erwerb eines Vollrechts ist auch hier erforderlich und es kommt nicht darauf an, auf welchem Wege dieses Vollrecht übertragen wird. Der Zusammenschlusstatbestand kann daher auch beim originären Anteilserwerb, etwa bei Gründung einer Gesellschaft zusammen mit einem Dritten („Gemeinschaftsunternehmen“) oder bei Übernahme von Anteilen im Rahmen einer Kapitalerhöhung, erfüllt sein. Der Erwerb einer Beteiligung von 100% als Folge der Neugründung einer Gesellschaft als interne Umstrukturierungsmaßnahme im Konzern stellt hingegen keinen fusionskontrollrechtlich relevanten Anteilserwerb dar.

30 Die Erlangung einer bloßen **Option zum Anteilserwerb** verwirklicht in aller Regel noch nicht den Zusammenschlusstatbestand des Anteilserwerbs.[14] Anderes kann gelten, wenn der Optionsberechtigte bereits vor der einseitigen Ausübung der Option das Risiko der Beteiligung trägt und der Optionsgeber bei wirtschaftlicher Betrachtung die Stellung eines Treuhänders innehat. In solch einem Fall hat das Bundeskartellamt in der Vergangenheit die Anteile des Optionsgebers bereits vor der Optionsausübung dem Optionsnehmer zugerechnet und folglich den Zusammenschlusstatbestand des Anteilserwerbs bereits vor Ausübung der Option als erfüllt angesehen.[15] Beträgt der Ausübungszeitraum der Option jedoch länger als fünf Jahre, geht das Bundeskartellamt von einer unzulässigen Vorratsanmeldung aus und verweigert eine Freigabe.

31 Der Erwerb von mindestens **25%** bzw. mindestens **50%** des Kapitals bzw. der Stimmrechte an einem anderen Unternehmen stellen zwei **unabhängige** Zusammenschlusstatbestände dar. Beide müssen zum Bundeskartellamt angemeldet werden. Daher würde etwa die Erhöhung des Anteils von 30% auf 50% einen eigenen Zusammenschlusstatbestand verwirklichen, ungeachtet der Tatsache, dass der ursprüngliche Erwerb von 30% ebenfalls schon einen fusionskontrollrechtlich relevanten Zusammenschluss darstellte. Der Erwerb von mindestens 50% der Anteile, möglicherweise aber auch bereits der Erwerb von mindestens 25% der Anteile, ver-

14 Siehe BGH, Beschl. v. 27.5.1986, Az. KVR 7/84 – *Süddeutscher Verlag/Donau-Kurier*.
15 Siehe BKartA, Fall B7-161/82 = WuW/E BKartA, 2087 (2089) – *Klöckner/Seitz*.

wirklicht nicht nur den Zusammenschlusstatbestand des Anteilserwerbs, sondern führt gegebenenfalls daneben auch zu einem Kontrollerwerb.

Sofern mehrere Unternehmen gleichzeitig oder nacheinander Anteile an einem Zielunternehmen von jeweils mindestens 25% erwerben, so fingiert das deutsche Recht auch einen Zusammenschluss der sich beteiligenden Unternehmen untereinander. Diese Fiktion hat Auswirkungen darauf, welche Unternehmen als „an dem Zusammenschluss beteiligt" gelten. Während bei einem schlichten Erwerb von 25% der Anteile an einem anderen Unternehmen grundsätzlich nur der Erwerber und das Zielunternehmen beteiligt sind, erweitert sich der Kreis der Beteiligten nach dieser Zusammenschlussfiktion auf all jene Unternehmen, die ihrerseits mit mindestens 25% an dem Zielunternehmen beteiligt sind. Die Ausweitung des Kreises der Beteiligten ist für die Feststellung relevant, ob die gesetzlichen Umsatzschwellen erfüllt sind.[16] Diese beziehen sich nämlich, wie nachfolgend noch zu zeigen sein wird, auf **alle** an dem Zusammenschluss beteiligten Unternehmen. 32

d) Erwerb wettbewerblich erheblichen Einflusses (§ 37 Abs. 1 Nr. 4 GWB)

Auch der Erwerb wettbewerblich erheblichen Einflusses auf ein anderes Unternehmen stellt – bei Überschreiten der gesetzlich festgelegten Umsatzschwellen – einen Zusammenschlusstatbestand dar. 33

Voraussetzung ist zunächst, dass der Einfluss **gesellschaftsrechtlich vermittelt** wird, also durch eine Beteiligung am Kapital oder den Stimmrechten des Zielunternehmens abgesichert ist. Eine Untergrenze für eine solche Beteiligung lässt sich allerdings weder aus dem Gesetzestext noch aus den Gesetzesmaterialien entnehmen. Der Anteilserwerb unterhalb von 10% dürfte jedoch, selbst wenn es sich bei dem Zielunternehmen um einen Wettbewerber handelt, nicht allein ausreichen, um einen wettbewerblich erheblichen Einfluss anzunehmen.[17] 34

Im Regelfall muss darüber hinaus explizit anhand zweier kumulativer Voraussetzungen nachgewiesen bzw. geprüft werden, ob der Anteilserwerb tatsächlich einen wettbewerblich erheblichen Einfluss vermittelt. 35

– Hierfür ist erstens ein **Einfluss** auf das Zielunternehmen erforderlich. Einfluss verlangt mehr als bloße Information und weniger als Beherrschung. Erforderlich ist die Möglichkeit, an der Entscheidungsbildung des Zielunternehmens mitzuwirken.[18] Insofern reichen Mitwirkungsrechte, die durch die Beteiligung als solche vermittelt werden, wie etwa die schlichte Möglichkeit, an den Abstimmungen in der Gesellschaftsversammlung teilzunehmen, nicht aus. Hinzu-

16 Dazu nachfolgend Rn 42ff.

17 Vgl. BKartA, Fallbericht v. 6.11.2009, Az. B9-56/09 – *Air Berlin/TUI fly*.

18 *Bechtold/Bosch*, GWB, § 37 GWB Rn 41; Immenga/Mestmäcker/*Thomas*, Dt. WettbewerbsR, § 37 GWB Rn 307.

kommen müssen sog. Plusfaktoren, wie etwa Informations-, Mitsprache- und Einflussmöglichkeiten, die sich beispielsweise in einer personellen Verflechtung (wie z.B. ein Sitz im Aufsichtsrat) niederschlagen können. Diese Plusfaktoren müssen umso stärker ausgeprägt sein, je weniger die Beteiligung am Zielunternehmen an die Schwelle von 25% heranreicht.

– Dieser Einfluss muss zweitens **wettbewerblich erheblich** sein. Dies kann von vornherein nur bei Transaktionen gegeben sein, die eine horizontale Verbindung (jedenfalls potenzielles Wettbewerberverhältnis) oder vertikale Komponente (Lieferbeziehung oder Weiterverarbeitungsverhältnis) aufweisen, hingegen nicht bei einer rein konglomeraten Verbindung.[19] Bei einer Beteiligung an Wettbewerbern, Abnehmern oder Lieferanten liegt eine wettbewerbliche Erheblichkeit vor, wenn es der Anteilserwerb dem Erwerber ermöglicht, das Marktverhalten des Zielunternehmens zu beeinflussen und damit eigene Wettbewerbsinteressen zur Geltung zu bringen, so dass die Unternehmen nicht mehr unabhängig voneinander am Markt auftreten.[20]

2. Zusammenschlusstatbestände im EU-Recht

36 Das Europäische Recht kennt drei Zusammenschlusstatbestände: Die Fusion (Art. 3 Abs. 1 a) FKVO), den Kontrollerwerb (Art. 3 Abs. 1 b) FKVO) und die Gründung eines Vollfunktions-Gemeinschaftsunternehmens (Art. 3 Abs. 4 i.V.m. Art 3 Abs. 1 b) FKVO).

a) Fusion (Art. 3 Abs. 1 a) FKVO)

37 Eine Fusion liegt nicht nur vor, wenn zwei oder mehr bisher voneinander unabhängige Unternehmen so miteinander **verschmelzen**, dass sie ihre Rechtspersönlichkeit verlieren. Eine fusionskontrollrechtlich relevante (faktische) Fusion kann auch dann vorliegen, wenn zuvor unabhängige Unternehmen ihre **Aktivitäten** so **zusammenlegen**, dass eine wirtschaftliche Einheit entsteht, ohne dass von einer Fusion im rechtlichen Sinne gesprochen werden könnte.[21]

Beispiel
Auch der Abschluss eines langfristigen Exklusivliefervertrags, der das Hauptabsatzprodukt des einen Unternehmens und die Verarbeitung im Hauptproduktionsgegenstand des anderen Unternehmens betrifft, kann eine fusionskontrollrechtliche Anmeldepflicht begründen.

19 *Bechtold/Bosch*, GWB, § 37 GWB Rn 43.
20 Vgl. OLG Düsseldorf, Beschl. v. 6.7.2005, Az. VI-Kart 26/04 – *Bonner Zeitungsdruckerei*.
21 Konsolidierte Mitteilung der Kommission zu Zuständigkeitsfragen gemäß der Verordnung (EG) Nr. 139/2004 des Rates über die Kontrolle von Unternehmenszusammenschlüssen, 2009 ABl C 43/09 (im Folgenden: Mitteilung der Kommission zu Zuständigkeitsfragen), Rn 10.

Im Ergebnis deckt daher der Zusammenschlusstatbestand der Fusion im Europäischen Recht die überwiegende Anzahl von Transaktionen ab, die im deutschen Recht den Zusammenschlusstatbestand des Vermögenserwerbs erfüllen würden. In der Entscheidungspraxis der Europäischen Kommission spielen Fusionen indes nur eine untergeordnete Rolle. 38

b) Der Kontrollerwerb (Art. 3 Abs. 1 b) FKVO)

Der Zusammenschlusstatbestand des Kontrollerwerbs im europäischen Recht entspricht im Wesentlichen dem Kontrollerwerb des deutschen Rechts. Die obigen Ausführungen zum Kontrollerwerb gelten daher entsprechend.[22] 39

c) Gründung eines Vollfunktions-Gemeinschaftsunternehmens (Art. 3 Abs. 1 c) FKVO)

Nach Europäischem Recht stellt die Gründung eines Gemeinschaftsunternehmens (Joint Venture) nur dann einen Unterfall des Kontrollerwerbs[23] und damit einen Zusammenschlusstatbestand dar, sofern das Gemeinschaftsunternehmen **auf Dauer alle Funktionen einer selbständigen wirtschaftlichen Einheit** erfüllt (sog. Vollfunktions-Gemeinschaftsunternehmen).[24] **Vollfunktion** bedeutet im Wesentlichen, dass das Gemeinschaftsunternehmen auf einem Markt tätig sein und die Funktionen ausüben muss, die auch von den anderen Unternehmen in diesem Markt wahrgenommen werden. Deshalb muss das Gemeinschaftsunternehmen über ein sich dem Tagesgeschäft widmendes Management und ausreichende Ressourcen wie finanzielle Mittel, Personal sowie materielle und immaterielle Vermögenswerte verfügen, um im Rahmen der dem Gemeinschaftsunternehmen zugrunde liegenden Vereinbarung langfristig seine Tätigkeiten selbständig ausüben zu können.[25] 40

Es besteht bei diesem Zusammenschlusstatbestand die Besonderheit, dass die Europäische Kommission im Rahmen des Fusionskontrollverfahrens auch eine mögliche mit der Gründung des Vollfunktions-Gemeinschaftsunternehmens einhergehende Koordinierung des Wettbewerbsverhaltens der Muttergesellschaften auf die Vereinbarkeit mit Art. 101 AEUV (Kartellverbot) überprüft. Für die beteiligten Unternehmen liegen die Vorteile insbesondere in der abschließenden Entscheidung so- 41

---

22 Einzelheiten zum Begriff der Kontrolle und den an einem Kontrollerwerb beteiligten Unternehmen lassen sich der Mitteilung der Kommission zu Zuständigkeitsfragen (darin Rn 11 ff.) entnehmen.

23 Anders das deutsche Recht, das die Gründung eines Gemeinschaftsunternehmens als Anteilserwerb einordnet, vgl. Rn 28.

24 EuGH, Urt. v. 7.9.2017, Rs. C-248/16 = EuZW 2017, 816 – *Austria Asphalt*.

25 Einzelheiten zum Begriff der Vollfunktionalität lassen sich der Mitteilung der Kommission zu Zuständigkeitsfragen (darin Rn 91 ff.) entnehmen.

wohl über eine mögliche Marktbeherrschung als auch über mögliches koordinierendes Verhalten innerhalb der verhältnismäßig kurzen Fristen der Fusionskontrollverordnung.[26]

42 Wenn Unternehmen hingegen entweder die Umsatzschwellen nicht erfüllen oder ein Gemeinschaftsunternehmen gründen, das nicht die Kriterien der Vollfunktionalität erfüllt, dann liegt nach Europäischem Recht kein Zusammenschlusstatbestand vor. Die Fusionskontrollverordnung findet also keine Anwendung. Die kartellrechtliche Bewertung richtet sich dann ausschließlich nach dem anwendbaren nationalen Kartell- und Fusionskontrollrecht bzw. nach dem daneben anwendbaren Art. 101 AEUV (Kartellverbot).

III. Überschreiten gesetzlicher Umsatzschwellen

43 Ein Zusammenschlusstatbestand ist nur dann anmeldepflichtig, wenn **die am Zusammenschluss Beteiligten** im vorhergehenden Geschäftsjahr bestimmte gesetzliche Umsatzschwellen überschritten haben. Die Bestimmung der „am Zusammenschluss beteiligten Unternehmen“ ist abhängig vom Zusammenschlusstatbestand[27] und kann insbesondere bei einer komplexen Transaktionsstruktur schwierig sein. Anhaltspunkte zur Bestimmung der beteiligten Unternehmen lassen sich in solchen Fällen häufig der sog. Mitteilung der Europäischen Kommission zu Zuständigkeitsfragen[28] entnehmen. Diese Mitteilung gilt zwar unmittelbar nur für die EU-Fusionskontrolle, kann aber wegen der immer weiter fortschreitenden Angleichung der deutschen an die europäischen Fusionskontrollvorschriften auch bei Transaktionen herangezogen werden, die der deutschen Fusionskontrolle unterfallen.[29]

44 Zur Berechnung der Umsätze sind jeweils die im vor dem Zusammenschluss liegenden Geschäftsjahr durch die gesamten Unternehmensgruppen erzielten Umsätze aller am Zusammenschluss Beteiligten zugrunde zu legen, wobei Innenumsätze zwischen einzelnen Konzerngesellschaften außer Betracht bleiben. Wird lediglich ein **Teil** eines Unternehmens erworben, so sind **neben den Umsätzen des Erwerbers** grundsätzlich **nur die Umsätze miteinzubeziehen, die auf den zu erwerbenden Vermögensbestandteil entfallen**, sofern der Veräußerer nicht 25% oder mehr der Geschäftsanteile an diesem Unternehmensteil behält. In letzterem Fall

26 Das Bundeskartellamt behält sich hingegen eine Prüfung nach § 1 GWB auch außerhalb des Fusionskontrollverfahrens vor und ist dahingehend nicht fristgebunden.

27 Dazu in diesem Kapitel obenstehend Rn 11ff. die Berechnung, ob die gesetzlichen Umsatzschwellen überschritten werden, kann daher erst im zweiten Schritt erfolgen, nachdem als erster Schritt festgestellt wurde, welcher Zusammenschlusstatbestand erfüllt ist.

28 Mitteilung der Kommission zu Zuständigkeitsfragen, Rn 129ff.

29 Immenga/Mestmäcker/*Thomas*, Dt. WettbewerbsR, § 37 GWB Rn 239.

sind hingegen die gesamten Umsatzerlöse des Veräußerers in die Umsatzberechnung einzubeziehen.

1. Gesetzliche Schwellenwerte im deutschen Recht

a) Rein umsatzbasierte Anmeldeschwellen

Im **deutschen Recht** sind die Umsatzschwellen in § 35 Abs. 1 und 1a GWB geregelt.[30] 45
Danach besteht eine **Anmeldepflicht für die vorgenannten Zusammenschlusstatbestände, wenn** jeweils im letzten abgeschlossenen Geschäftsjahr vor dem Zusammenschluss
(i) alle Beteiligten gemeinsam einen weltweiten Gesamtumsatz von mehr als **EUR 500 Mio.** erzielten und
(ii) mindestens ein Beteiligter innerhalb Deutschlands einen Gesamtumsatz von mehr als **EUR 25 Mio.** erzielte und
(iii) mindestens ein weiterer Beteiligter innerhalb Deutschlands einen Gesamtumsatz von mehr als **EUR 5 Mio.** erzielte.[31]

Die vorgenannten Umsatzschwellen gelten nur vorbehaltlich der sog. **„Bagatellklausel“** nach § 35 Abs. 2 GWB. Diese sieht vor, dass ein Zusammenschluss trotz Überschreitens der vorgenannten Schwellen **nicht** der deutschen Fusionskontrolle unterliegt, wenn sich ein (unabhängiges[32]) Unternehmen, das im letzten abgeschlossenen Geschäftsjahr weltweit Umsatzerlöse von weniger als **EUR 10 Mio.** erzielte, mit einem anderen Unternehmen zusammenschließt. 46

Fettnapf !

Wird eine Unternehmensbeteiligung nicht durch ein anderes Unternehmen, sondern eine natürliche Person gehalten, sind sämtliche Umsätze von Unternehmen, die diese Person rechtlich oder faktisch beherrscht, ebenfalls in die Berechnung der für die Fusionskontrollpflicht maßgeblichen Schwellenwerte miteinzubeziehen. Klassischerweise betrifft dies Familienunternehmen. Das deutsche Kartellrecht fingiert hierzu die Unternehmenseigenschaft natürlicher Personen ausdrücklich in § 36 Abs. 3 GWB („Flick-Klausel“).

---

30 Die Berechnung der Umsatzerlöse richtet sich nach § 277 Abs. 1 HGB. Einzelheiten sind in § 38 GWB geregelt.

31 Werden die Anteile an einem Unternehmen durch eine Fondsgesellschaft gehalten, treten die an die Stelle der Umsätze die durch den Fonds erzielten Nettoerlöse (§ 38 Abs. 4 Satz 1 GWB).

32 Sofern das Unternehmen nicht unabhängig ist, also von einem anderen Unternehmen kontrolliert wird, sind den Umsätzen des Unternehmens auch die Umsätze der kontrollierenden Unternehmen hinzuzurechnen.

b) Umsatz- und transaktionswertbasierte Anmeldeschwellen

47 Mit der 9. GWB-Novelle hat der deutsche Gesetzgeber eine weitere Anmeldeschwelle („size-of-transaction-test“) auf Grundlage des **wirtschaftlichen Gegenwerts** (d.h. in aller Regel der Kaufpreis) einer Unternehmenstransaktion eingeführt, um auch Zusammenschlusstatbestände zu erfassen, für die zwar das Zielunternehmen die Umsatzschwelle für die Anmeldepflicht nicht erreicht, der hohe Kaufpreis aber ein hohes Marktpotenzial und eine große wirtschaftliche Bedeutung nahelegt.[33] Die Bagatellklausel nach § 35 Abs. 2 GWB greift hier nicht ein.[34]

Ein **Zusammenschlusstatbestand ist demnach auch dann anmeldepflichtig, wenn** jeweils im letzten abgeschlossenen Geschäftsjahr vor dem Zusammenschluss

(i) alle Beteiligten gemeinsam einen weltweiten Gesamtumsatz von mehr als EUR 500 Mio. erzielten und
(ii) mindestens ein Beteiligter innerhalb Deutschlands einen Gesamtumsatz von mehr als EUR 25 Mio. erzielte und
(iii) weder das zu erwerbende Unternehmen noch ein anderes beteiligtes Unternehmen Umsatzerlöse von jeweils mehr als 5 Millionen Euro erzielten und
(iv) der **Wert der Gegenleistung für den Zusammenschluss mehr als EUR 400 Mio.** beträgt und
(v) das zu erwerbende Unternehmen in erheblichem Umfang im Inland tätig ist.

48 Der Begriff der Gegenleistung umfasst nach § 38 Abs. 4a GWB den Kaufpreis, also alle Vermögensgegenstände und sonstigen geldwerten Leistungen, die der Veräußerer vom Erwerber im Zusammenhang mit dem Zusammenschluss erhält sowie den Wert etwaiger vom Erwerber übernommener Verbindlichkeiten. Unter welchen Umständen eine „erhebliche Inlandstätigkeit“ vorliegt, ist gesetzlich nicht regelt. Als Beispiel nennen die Gesetzgebungsmaterialien eine App des Zielunternehmens, die von über 1 Million Nutzern verwendet wird.[35] Unternehmen mit „marginaler Inlandstätigkeit“ sollen jedoch von der Anmeldepflicht ausgenommen sein.[36]

---

33 Ein Beispiel ist die Übernahme von WhatsApp durch Facebook für USD 19 Mrd., die weder die europäischen noch die deutschen Umsatzschwellen erreichte.

34 *Esser/Höft*, NZKart 2017, 259.

35 Begründung zum Regierungsentwurf, BT-Drucks. 18/10207, S. 75; kritisch *Esser/Höft*, NZKart 2017, 259 (261).

36 Begründung zum Regierungsentwurf, BT-Drucks. 18/10207, S. 75.

2. Gesetzliche Schwellenwerte im Europäischen Recht

Im **Europäischen Recht** ergeben sich die Umsatzschwellen aus Art. 1 FKVO[37], welcher zwei Alternativen vorsieht. Danach sind die Umsatzschwellen zunächst erfüllt, wenn jeweils im letzten abgeschlossenen Geschäftsjahr vor dem Zusammenschluss 49

(i) alle Beteiligten gemeinsam einen weltweiten Gesamtumsatz von mehr als **EUR 5 Mrd.** erzielten und
(ii) mindestens **zwei Beteiligte innerhalb der EU einen Gesamtumsatz von jeweils mehr als EUR** 250 Mio. erzielten und
(iii) die Beteiligten **nicht** mehr als **zwei Drittel** ihres jeweiligen Gesamtumsatzes in der EU in **ein und demselben Mitgliedstaat** erzielten.

Alternativ sind die Umsatzschwellen auch dann erfüllt, wenn jeweils im letzten abgeschlossenen Geschäftsjahr

(i) alle Beteiligten gemeinsam einen weltweiten Gesamtumsatz von mehr als **EUR 2,5 Mrd.** erzielten und
(ii) alle Beteiligten in mindestens drei Mitgliedsstaaten jeweils einen Gesamtumsatz von mehr als **EUR 100 Mio.** erzielten und
(iii) in **jedem** von diesen drei Mitgliedsstaaten mindestens zwei Beteiligte einen Gesamtumsatz von jeweils mehr als **EUR 25 Mio.** erzielten und
(iv) mindestens zwei Beteiligte in der EU einen Gesamtumsatz von jeweils mehr als **EUR 100 Mio.** erzielten und
(v) die Beteiligten **nicht** jeweils mehr als **zwei Drittel** ihres jeweiligen Gesamtumsatzes in der EU in **ein und demselben Mitgliedstaat** erzielten.

Praxistipp

Es empfiehlt sich, zur Beurteilung der Anmeldepflicht sowohl die Umsatzschwellen in der EU als auch den nationalen Regelungen in einer Art Checkliste zusammenzustellen, regelmäßig zu aktualisieren und diese im Fall einer geplanten Unternehmenstransaktion „abzuhaken" Auf diese Weise kann rasch vorab beurteilt werden, ob eine Anmeldepflicht besteht und bei welchen Wettbewerbsbehörden angemeldet werden muss. Dementsprechend kann auch der Kosten- und Zeitaufwand vorab eingeschätzt und frühzeitig in den Zeitplan der Transaktion miteinbezogen werden.

IV. Behördliche Zuständigkeiten, Kosten und Verweisungsmöglichkeiten

Grundsätzlich gilt, dass eine Transaktion, die einen Zusammenschluss im Sinne der 50
Fusionskontrollverordnung darstellt und eine gemeinschaftsweite Bedeutung hat, also die Umsatzschwellen der Fusionskontrollverordnung erfüllt, nur von der **Euro-**

---

37 Die Berechnung der Umsatzerlöse richtet sich nach Art. 5 FKVO. Einzelheiten sind auch in der Mitteilung der Kommission zu Zuständigkeitsfragen (darin Rn 157 ff.) geregelt.

päischen Kommission und nicht auch von den nationalen Kartellbehörden der EU-Mitgliedstaaten überprüft wird.[38] Nur wenn die Schwellenwerte nicht überschritten werden, sind die **nationalen Wettbewerbsbehörden in den einzelnen EU-Mitgliedstaaten** zuständig. Die behördlichen Gebühren für die Prüfung des Zusammenschlussvorhabens weichen je nach Wettbewerbsbehörde erheblich voneinander ab. Während die Europäische Kommission den Zusammenschlussbeteiligten keine Verwaltungsgebühren auferlegt, können etwa das Bundeskartellamt je nach Prüfaufwand und Bedeutung des Zusammenschlussvorhabens **Gebühren bis zu EUR 50.000,–** (§ 80 Abs. 2 Satz 2 Nr. 1 GWB) und die österreichische Bundeswettbewerbsbehörde neben einer stets zu bezahlenden **Pauschalgebühr von EUR 1.500,– bis zu weiteren EUR 30.000,– für eine vertiefte Prüfung** erheben.

51 Um die Verteilung der Zuständigkeiten zwischen der Europäischen Kommission und den nationalen Kartellbehörden der EU-Mitgliedstaaten flexibler handhaben zu können, sind jedoch **Verweisungsmöglichkeiten** in die Fusionskontrollverordnung integriert worden. Diese sehen vor, dass die Europäische Kommission unter bestimmten Voraussetzungen einen Zusammenschluss, bei dem die Umsatzschwellen der Fusionskontrollverordnung erfüllt sind und für den daher eigentlich die Europäische Kommission zuständig wäre, an die nationalen Kartellbehörden verweisen kann. Gleichfalls ist es möglich, dass ein Zusammenschluss, bei dem die Umsatzschwellen der Fusionskontrollverordnung nicht erfüllt sind und für den daher eigentlich die nationalen Kartellbehörden zuständig wären, an die Europäische Kommission verwiesen wird.[39] Diese Verweisungen können jeweils auf Antrag der Zusammenschlussbeteiligten oder von Amts wegen erfolgen.[40] Nicht zu vergessen ist, dass die Fusionskontrollverordnung eine parallele Zuständigkeit von **Wettbewerbsbehörden außerhalb der EU** nicht ausschließt. So kann eine Transaktion, die bereits durch die Europäische Kommission geprüft wird, im Einzelfall etwa auch in den USA oder China anmeldepflichtig sein.

---

i **Praxistipp**

Aufgrund internationaler Abkommen mit der EU[41] findet die Fusionskontrollverordnung auch in Island, Liechtenstein und Norwegen Anwendung. Werden die in der Fusionskontrollverordnung genannten Umsatzschwellen in den EWR-Staaten (EU und Island, Liechtenstein, Norwegen) überschrit-

---

38 Vgl. zu dieser sog. „One-stop-shop-Regelung" Art 21 Abs. 3 FKVO und § 35 Abs. 3 GWB.

39 Diese Verweisungsmöglichkeit ist in der Praxis besonders relevant, da so mitunter vermieden werden kann, dass ein Zusammenschluss in einer Vielzahl von EU-Mitgliedstaaten in jeweils gesonderten Verfahren überprüft werden muss.

40 Einzelheiten zu den Verweisungsmöglichkeiten ergeben sich aus den Art. 4 Abs. 4 und 5, sowie Art. 9 und Art. 22 FKVO sowie ergänzend aus der Mitteilung der Europäischen Kommission über die Verweisung von Fusionssachen, 2005 ABl C 56/2.

41 Abkommen über den Europäischen Wirtschaftsraum (EWR-Abkommen) vom 2.5.1992, ABl 1994 L 1/3.

ten, hat die Europäische Kommission eine ausschließliche Entscheidungskompetenz (Art. 57 Abs. 2 lit. a) EWR-Abkommen).

1. Vorgehen bei Unsicherheit über die Anmeldepflicht

In Einzelfällen können Zweifel bestehen, ob eine Transaktion bei den Fusionskon- 52 trollbehörden angemeldet werden muss. Dies kann insbesondere daran liegen, dass das Vorliegen eines Zusammenschlusstatbestands unklar ist. Im deutschen Recht wäre hier etwa an die mit Unsicherheiten behaftete Analyse eines wettbewerblich erheblichen Einflusses, im Europäischen Recht etwa an die mitunter schwierige Abgrenzung eines Vollfunktions- von einem Teilfunktions-Gemeinschaftsunternehmen zu denken.

In diesen Fällen bietet es sich an, mit dem Bundeskartellamt bzw. der Europäi- 53 schen Kommission **informell**, im Wege einer **Vorab-Konsultation vor der Einreichung einer Anmeldung**, in Kontakt zu treten und die im Hinblick auf eine Anmeldepflicht bestehenden Unklarheiten offen anzusprechen. Sowohl das Bundeskartellamt als auch die Europäische Kommission äußern sich in aller Regel, so zeigt es die praktische Erfahrung, informell dazu, ob aus ihrer jeweiligen Sicht eine Anmeldepflicht besteht. Die beteiligten Unternehmen legen dann zwar die geplante Transaktion offen, beugen aber zugleich einer möglichen Sanktionierung wegen der unterbliebenen Anmeldung vor.

V. Folgen bei Nichtanmeldung

Sowohl im deutschen Recht als auch im Europäischen Recht gilt grundsätzlich[42] das 54 sog. Vollzugsverbot. Danach dürfen anmeldepflichtige Transaktionen erst vollzogen werden, wenn sie durch das Bundeskartellamt bzw. die Europäische Kommission freigegeben wurden. **Vollzug** in diesem Sinne umfasst den rechtlichen Vollzug, die vorzeitige Einwirkung auf die Unternehmensführung der Zielgesellschaft sowie alle weiteren faktischen Vollzugsmaßnahmen (etwa die organisatorische Zusammenführung der einzelnen Unternehmen, die Aufnahme gemeinsamer Geschäftsaktivitäten, die Befolgung interner Weisungen des Erwerbers bzw. der zukünftigen Geschäftsführer/Anteilseigner, die Abstimmung und Anpassung von Produkten, die Abstimmung der beiderseitigen Marketing- und Absatzbemühungen, die Umbenennung und eine entsprechende Marketingkampagne sowie gemeinsamer Vertrieb,

42 Ausnahmen vom Vollzugsverbot gibt es im deutschen und im EU-Recht bei Zusammenschlüssen im Wege eines öffentlichen Übernahmeangebotes oder einer Reihe von Rechtsgeschäften mit Wertpapieren sowie auf Antrag der Beteiligten hin, wenn diese einen wichtigen Grund geltend machen können.

die Anwendung gleicher Preise oder die Aufteilung von Kunden).[43] Bis zur Freigabe haben sich Erwerber und Zielunternehmen weiterhin selbständig auf den Märkten zu bewegen. Der Verstoß gegen das Verbot vorzeitigen Vollzugs der Transaktion vor der kartellbehördlichen Freigabe hat schwerwiegende Auswirkungen:

1. Zivilrechtliche Unwirksamkeit/Entflechtungsverfahren

55 Zunächst sind nach deutschem Recht die Rechtsgeschäfte, die dem Vollzug eines anmeldepflichtigen, aber nicht vom Bundeskartellamt freigegebenen Zusammenschlusses zugrunde liegen, grundsätzlich[44] schwebend unwirksam. Schwebend unwirksam bedeutet, dass die Unwirksamkeit geheilt werden kann. Dies kann durch nachträgliche Anzeige des Zusammenschlusses beim Bundeskartellamt geschehen. Auf eine solche Anzeige hin leitet das Bundeskartellamt das sog. Entflechtungsverfahren zur Auflösung des Zusammenschlusses ein. Das Bundeskartellamt stellt das Entflechtungsverfahren ein, sofern es zu dem Ergebnis gelangt, dass die Untersagungsvoraussetzungen nicht vorlagen. Falls das Bundeskartellamt hingegen davon ausgeht, dass die Untersagungsvoraussetzungen vorlagen, verfügt es die zur Auflösung des Zusammenschlusses erforderlichen Maßnahmen.

56 Die Europäischen Regelungen entsprechen im Wesentlichen denen des deutschen Rechts. So geht auch das Europäische Recht von einer schwebenden Unwirksamkeit aus, die durch nachträgliche Anmeldung des Zusammenschlusses geheilt werden kann. Ebenso wie das Bundeskartellamt kann auch die Europäische Kommission die zur Auflösung des Zusammenschlusses erforderlichen Maßnahmen anordnen.

2. Bußgeldrisiko wegen Verstoßes gegen das Vollzugsverbot

57 Sowohl im deutschen als auch im Europäischen Recht ist der Verstoß gegen das Vollzugsverbot („gun jumping") eine Ordnungswidrigkeit, die mit einem Bußgeld in Höhe von bis zu 10% des von den Beteiligten erzielten letztjährigen gesamten Jahresumsatzes geahndet werden kann. Von dem Vollzugsverbot umfasst ist neben der Vollendung des Zusammenschlusses auch der faktische Vollzug. Darunter fallen alle Handlungen, die die wirtschaftlichen Wirkungen des geplanten Zusammenschlusses ganz oder teilweise vorwegnehmen, wie z.B. die Einwirkung auf die Unternehmensführung des Zielunternehmens, oder die die geplante Integration der beteiligten Unternehmen vorwegnehmen, wie z.B. die Zusammenlegung personeller Ressourcen oder gemeinsame Marketingmaßnahmen. Die Schließung von Unter-

43 Vgl. hierzu *Bechtold/Bosch*, GWB, § 41 GWB Rn 4.

44 Ausnahmen sieht das deutsche Recht zum Schutz der Publizitätswirkung von Grundbuch und Handelsregister vor (siehe § 41 Abs. 1 Satz 3 Nr. 1 und 2 GWB).

nehmensteilen fällt jedoch nur dann unter das Vollzugsverbot, wenn dadurch einer der Zusammenschlussbeteiligten schrittweise aus dem Markt ausscheidet, In diesem Fall kann das Bundeskartellamt solche Maßnahmen ausdrücklich verbieten.[45] Obwohl dieser Bußgeldrahmen bisher nicht annähernd ausgeschöpft wurde, haben sowohl das Bundeskartellamt[46] und andere nationale Kartellbehörden[47] als auch die Europäische Kommission[48] schon sehr beträchtliche Bußgelder verhängt.

3. Vorgehen in der Praxis

Die Beteiligten sollten in den dem Zusammenschluss zugrunde liegenden Verträgen 58 unbedingt regeln, dass die Transaktion erst vollzogen wird, **nachdem** alle erforderlichen fusionskontrollrechtlichen Freigaben vorliegen.

Es sollte überdies geregelt werden, **welcher Beteiligte** für die Einreichung der 59 Fusionskontrollanmeldung(en) zuständig ist. Dies ist für gewöhnlich der Erwerber.[49] Der Erwerber sollte zudem verpflichtet werden, den jeweiligen Fusionskontrollbehörden sog. **Zusagenangebote** zu machen, sofern die Behörden signalisieren, dass sie den Zusammenschluss nicht so wie angemeldet, sondern nur unter Auflagen oder Bedingungen freigeben werden.

Ebenfalls bietet es sich an, die Möglichkeit eines **Rücktritts** für den Fall vorzu- 60 sehen, dass die erforderlichen Freigaben nicht innerhalb einer bestimmten Frist (sog. „long stop date") vorliegen.

Zumindest bei Zusammenschlüssen, die fusionskontrollrechtlich bedenklich er- 61 scheinen und unter hohem Zeitdruck stehen (z.B. aufgrund Insolvenz eines der am Zusammenschluss Beteiligten), kann erwogen werden, ein Rücktrittsrecht auch für den Fall vorzusehen, dass eine Kartellbehörde das sog. Hauptprüfverfahren eröffnet, also Zweifel im Hinblick auf die Vereinbarkeit des Zusammenschlusses mit dem Kartellrecht hegt.[50]

---

45 OLG Düsseldorf, Beschl. v. 26.10.2016, Az. VI-Kart 5/15 (V).

46 Das Bundeskartellamt hat etwa gegen die Druck- und Verlagshaus Frankfurt am Main GmbH wegen Verstoßes gegen das Vollzugsverbot im Jahr 2009 ein Bußgeld von EUR 20 Mio. verhängt (siehe Fallbericht vom 5.2.2009, Az. B6-50/08).

47 Exemplarisch sei das Bußgeld der französischen Autorité de la concurrence i.H.v. EUR 80 Mio. gegen die Telekommunikationsunternehmen Altice Luxembourg und SFR wegen Nichtanmeldung eines Zusammenschlusses und Verstoßes gegen das Vollzugsverbot genannt (Autorité de la concurrence, Entscheidung vom 8.11.2016, Az. 16-D-24).

48 Der Europäische Gerichtshof hat die Rechtmäßigkeit einer Geldbuße der Europäischen Kommission in Höhe von EUR 20 Mio. gegen Electrabel SA bestätigt, die allein wegen Verstoßes gegen das Vollzugsverbot verhängt wurde – und das, obwohl das Zusammenschlussvorhaben materiellrechtlich freigabefähig gewesen wäre (siehe EuGH, Urt. v. 3.7.2014, Rs. C-84/13 P – *Electrabel/Kommission*).

49 Siehe in diesem Kapitel obenstehend unter Rn 7.

50 Vgl. § 40 Abs. 1, Abs. 2 GWB; Art. 6 Abs. 1 c) FKVO.

VI. Form und Inhalt der Anmeldung

62 Die Beteiligten sollten schon allein deswegen darauf achten, die Fusionskontrollanmeldungen **vollständig und in der vorgeschriebenen Form** einzureichen, da die Fusionskontrollbehörden die Anmeldung anderenfalls zurückweisen können, so dass die Überprüfungsfristen (zunächst) nicht zu laufen beginnen.

63 Im **deutschen Recht** richten sich Form und Inhalt der Anmeldung nach § 39 GWB. Danach sind insbesondere Angaben erforderlich zur Form des Zusammenschlusses und zu den am Zusammenschluss beteiligten Unternehmen (insbesondere Art des Geschäftsbetriebs, Umsatzerlöse und Marktanteile, sofern diese 20% übersteigen). Die Anmeldung selbst bedarf keiner besonderen Form. Sie kann per Post, per Telefax und auch per E-Mail erfolgen, wobei die vom Bundeskartellamt eigens hierfür eingerichtete De-Mail-Adresse verwendet werden muss.

64 Die Vorbereitung und Einreichung einer Anmeldung bei der **Europäischen Kommission** ist deutlich aufwendiger. Zunächst ist die Verwendung von bestimmten Formblättern vorgeschrieben. Es stehen zwei Formblätter zur Auswahl: Erstens das sog. „Formblatt CO", welches im normalen Fusionskontrollverfahren zu verwenden ist und zweitens das sogenannte „Vereinfachte Formblatt CO", das im vereinfachten Fusionskontrollverfahren zu verwenden ist.[51] Die Frage, ob die Europäische Kommission den Zusammenschluss im vereinfachten oder im (nochmals deutlich aufwendigeren) normalen Fusionskontrollverfahren prüft, richtet sich in erster Linie nach den Marktanteilen der Beteiligten. Sofern ein horizontaler Zusammenschluss vorliegt, die Beteiligten also Wettbewerber sind, ist das normale Fusionskontrollverfahren zu durchlaufen, wenn der gemeinsame Marktanteil der Beteiligten bei mindestens 20% liegt. Sofern ein vertikaler Zusammenschluss vorliegt, die Beteiligten also durch eine Lieferbeziehung miteinander verbunden sind, ist das normale Fusionskontrollverfahren zu durchlaufen, wenn der Marktanteil entweder auf Lieferantenseite oder auf der Nachfrageseite bei mindestens 30% liegt.[52] Was die Form der Einreichung anbelangt, so sieht das Europäische Recht vor, dass ein unterzeichnetes Original auf Papier, drei Papierkopien sowie zwei elektronische Kopien bei der Europäischen Kommission in Brüssel einzureichen sind.[53]

51 Das Formblatt CO und das vereinfachte Formblatt CO sind als Anhang I und II der Durchführungsverordnung (EU) Nr. 1269/2013 der Kommission vom 5.12.2013 zur Änderung der Verordnung (EG) Nr. 802/2004 zur Durchführung der Verordnung (EG) Nr. 139/2004 des Rates über die Kontrolle von Unternehmenszusammenschlüssen, 2013 ABl L 336/1, beigefügt.

52 Einzelheiten ergeben sich aus der Bekanntmachung der Kommission über ein vereinfachtes Verfahren für bestimmte Zusammenschlüsse gemäß der Verordnung (EG) Nr. 139/2004 des Rates, 2013 ABl C 366/5.

53 Siehe dazu die Mitteilung nach Art. 3 Abs. 2, Art. 6 Abs. 2, Art. 13 Abs. 3, Art 20 Abs. 1 und 1a sowie Art. 23 Abs. 4 der Verordnung (EG) Nr. 802/2004 der Kommission zur Durchführung der Verordnung (EG) Nr. 139/2004 des Rates über die Kontrolle von Unternehmenszusammenschlüssen,

Praxistipp

i

Bei der Erstellung der Anmeldung empfiehlt sich der Grundsatz „So viel wie nötig, so wenig wie möglich". Zu berücksichtigen ist dabei, dass den Kartellbehörden nur ein begrenztes Zeitfenster zur Verfügung steht, um das Zusammenschlussvorhaben rechtlich zu bewerten. Inhalte ohne Relevanz für die materiell-rechtliche Prüfung stoßen daher auf Unverständnis. Zugleich sind die Zusammenschlussbeteiligten aber verpflichtet, den Behörden alle erforderlichen Angaben vollständig zur Verfügung zu stellen. Es dürfen daher keine prüfungsrelevanten Inhalte vorenthalten werden. Angesichts der Möglichkeit weiterer Verfahrensbeteiligter (so unter Umständen auch Wettbewerber der Zusammenschlussbeteiligten), Einsicht in die Fusionskontrollakten zu nehmen, sollte aber auf die zu weitreichende Nennung vertraulicher Unternehmensdaten tunlichst verzichtet werden. Stets sollte auch hinterfragt werden, inwiefern etwaige Angaben (so etwa zur Marktabgrenzung) nachteilig in anderen Kartellverfahren zu Lasten der Zusammenschlussbeteiligten wirken könnten. Eine besonders enge Marktabgrenzung, die die Zusammenschlussbeteiligten im Fusionskontrollverfahren vorgeschlagen hatten, um unter die Bagatellmarktklausel nach § 36 Abs. 1 Nr. 2 GWB zu fallen, könnte etwa von der Kartellbehörde in einem – davon unabhängigen – Verfahren wegen Marktmachtmissbrauchs als Indiz für das Vorliegen einer marktbeherrschenden Stellung auf diesem Markt betrachtet werden. Im Missbrauchsverfahren gilt die Bagatellmarktklausel nicht.

Bei der Erstellung einer nicht-vertraulichen Fassung der Anmeldung sollten die 65
Zusammenschlussbeteiligten von ihrer Möglichkeit, **Geschäfts- und Betriebsgeheimnisse** zu schwärzen, großzügig Gebrauch machen.

VII. Verfahren

1. Vorabkonsultation

Während die Europäische Kommission dazu rät, mindestens zwei Wochen vor der 66
formellen Einreichung der Anmeldung mit ihr in Kontakt zu treten, ist eine derartige Vorabkonsultation des Bundeskartellamtes jedenfalls bei Zusammenschlussvorhaben unüblich, bei denen keine durchgreifenden kartellrechtlichen Bedenken bestehen.

2. Prüfverfahren

Nach formeller Einreichung der Anmeldung tritt das Bundeskartellamt in das **Vor-** 67
prüfverfahren ein. Dieses dauert bis zu einem Monat. Diese Frist ist nicht verlängerbar.

---

zuletzt geändert durch die Durchführungsverordnung (EU) Nr. 1269/2013 der Kommission, 2014 ABl C 25/4.

Praxistipp
Es besteht jedoch die Möglichkeit, die Anmeldung jederzeit zurückzunehmen und (gegebenenfalls unverändert) neu einzureichen, um die Monatsfrist erneut in Gang zu setzen. Dieses Vorgehen ist sinnvoll, um ein Hauptprüfverfahren abzuwenden, wenn das Bundeskartellamt lediglich zusätzlichen Zeitbedarf signalisiert, aber keine erheblichen materiell-rechtlichen Bedenken geltend macht.

68 Wenn das Bundeskartellamt die Monatsfrist entweder verstreichen lässt oder die Beteiligten in einem formlosen Schreiben darüber informiert, dass es nicht in das Hauptprüfverfahren eintreten will und der Zusammenschluss daher vollzogen werden kann, gilt der angemeldete Zusammenschluss als freigegeben.

69 Anderenfalls informiert das Bundeskartellamt die Beteiligten in dem sog. Monatsbrief darüber, dass es das sog. **Hauptprüfverfahren** eingeleitet hat, da es eine weitere Prüfung des Zusammenschlusses für erforderlich hält. Das sich anschließende Hauptprüfverfahren dauert bis zu drei weitere Monate und verlängert sich um einen weiteren Monat, wenn die Beteiligten Zusagenangebote machen, also anbieten, den angemeldeten Zusammenschluss so umzugestalten, dass er nicht mehr auf kartellrechtliche Bedenken stößt. Überdies kann das Bundeskartellamt im Hauptprüfverfahren die Frist mit Zustimmung der anmeldenden Unternehmen verlängern. Die Überprüfungsfrist wird zudem gehemmt, wenn die Beteiligten ein Auskunftsverlangen des Bundeskartellamts nicht richtig oder nicht vollständig beantwortet haben. Die Hemmung endet mit der vollständigen Übermittlung der Antworten. Das Hauptprüfverfahren endet entweder mit der Freigabe (gegebenenfalls unter Auflagen/Bedingungen), der Rücknahme der Anmeldung oder mit der Untersagung des Zusammenschlusses.

70 Die Europäische Kommission tritt nach Einreichung der Anmeldung ebenfalls in das **Vorprüfverfahren** (Phase-I-Verfahren) ein. Dieses dauert 25 Arbeitstage.[54] Die Frist verlängert sich um 10 Arbeitstage, wenn die Beteiligten anbieten, Verpflichtungen einzugehen, um den angemeldeten Zusammenschluss so umzugestalten, dass er nicht mehr auf kartellrechtliche Bedenken stößt. Das Vorprüfverfahren endet damit, dass die Europäische Kommission den Zusammenschluss entweder freigibt (mit oder ohne Auflagen/Bedingungen) oder das Hauptprüfverfahren einleitet.

71 Das sich gegebenenfalls anschließende **Hauptprüfverfahren** (Phase-II-Verfahren) dauert bis zu 90 Arbeitstage; diese Frist verlängert sich auf 105 Arbeitstage, wenn die Beteiligten rechtzeitig anbieten, den angemeldeten Zusammenschluss so umzugestalten, dass er nicht mehr auf kartellrechtliche Bedenken stößt. Die Frist kann überdies um bis zu 20 Arbeitstage verlängert werden. Ähnlich wie im deutschen Recht wird der Fristablauf gehemmt, wenn die Beteiligten die Beantwortung

54 Als Arbeitstage gelten nicht Samstage, Sonntage und die jährlich im Amtsblatt veröffentlichten Feiertage der EU-Institutionen.

eines Auskunftsersuchens der Kommission verzögern, weil sie etwa nicht rechtzeitig, unvollständig oder unrichtig antworten. Wie auch im deutschen Recht, endet das Hauptprüfverfahren entweder mit der Freigabe (gegebenenfalls unter Auflagen/Bedingungen), der Rücknahme der Anmeldung oder mit der Untersagung des Zusammenschlusses.

VIII. Materielle Prüfung und Entscheidung

Der Prüfungsmaßstab ist im deutschen und im Europäischen Recht identisch. Die 72 Behörden prüfen jeweils, ob der Zusammenschluss wirksamen Wettbewerb erheblich behindern würde, insbesondere weil zu erwarten ist, dass er eine marktbeherrschende Stellung begründet oder verstärkt. Die Überprüfung des Zusammenschlusses erfolgt an Hand konkreter Beurteilungsmaßstäbe, bei denen unter anderem die Marktanteile der Beteiligten eine (allerdings nicht allein) entscheidende Rolle spielen. Diese Beurteilungsmaßstäbe haben die Behörden in Leitlinien zusammengefasst.[55]

1. Freigabe

Sofern der Zusammenschluss nach Ansicht der zuständigen Fusionskontrollbehör- 73 de(n) nicht zu einer erheblichen Beeinträchtigung wirksamen Wettbewerbs führt, wird er freigegeben.

2. Freigabe unter Bedingungen/Auflagen

Sofern der Zusammenschluss in der angemeldeten Fassung nach Ansicht der Fusi- 74 onskontrollbehörden wirksamen Wettbewerb erheblich behindern würde, so wird das den Beteiligten zur Kenntnis gebracht. Die Beteiligten haben dann die Möglichkeit, den Fusionskontrollbehörden vorzuschlagen, wie der Zusammenschluss geändert werden kann, damit keine erhebliche Behinderung wirksamen Wettbewerbs eintritt. Solche Angebote beinhalten insbesondere den Verkauf bestimmter Unternehmensteile an Dritte. Sofern diese Zusagenangebote die wettbewerblichen Bedenken beseitigen können, wird der Zusammenschluss unter entsprechenden Auflagen/Bedingungen freigegeben.

55 Vgl. insoweit auf deutscher Ebene den Leitfaden zur Marktbeherrschung in der Fusionskontrolle vom 29.3.2012 und auf europäischer Ebene die Leitlinien zur Bewertung horizontaler Zusammenschlüsse gemäß der Ratsverordnung über die Kontrolle von Unternehmenszusammenschlüssen, 2004 ABl C 31/5, und die Leitlinien zur Bewertung nichthorizontaler Zusammenschlüsse gemäß der Ratsverordnung über die Kontrolle von Unternehmenszusammenschlüssen, 2008 ABl C 265/6.

75 In Deutschland sind die Beteiligten (im Falle einer Freigabe) verpflichtet, dem Bundeskartellamt den Vollzug des Zusammenschlusses anzuzeigen. Hier genügt allerdings ein einfaches Schreiben, so dass es sich hierbei um eine leicht zur erfüllende Formalie handelt. Das Europäische Recht kennt eine solche Verpflichtung nicht.

3. Untersagung

76 Sofern der Zusammenschluss in der angemeldeten Fassung nach Ansicht der Fusionskontrollbehörden wirksamen Wettbewerb erheblich behindern würde und die Beteiligten entweder keine Zusagenangebote gemacht haben oder die Fusionskontrollbehörden der Ansicht sind, dass die Zusagenangebote die wettbewerblichen Bedenken nicht beseitigen können, wird der Zusammenschluss untersagt.

IX. Rechtsschutzmöglichkeiten der Zusammenschlussbeteiligten

77 Die am Zusammenschluss Beteiligten werden sich in erster Linie gegen eine Untersagung wenden wollen. Darüber hinaus kann es für die Zusammenschlussbeteiligten in Betracht kommen, gegen eine nur bedingte oder mit Auflagen verbundene Freigabe vorzugehen.

78 Im **deutschen Recht** ist das Rechtsmittel gegen die Entscheidung des Bundeskartellamtes die **Beschwerde**. Im Beschwerdeverfahren wird der Zusammenschluss vollumfänglich erneut überprüft. Über die Beschwerde entscheidet das Oberlandesgericht Düsseldorf. Die Beschwerde muss innerhalb eines Monats nach Zustellung der Entscheidung des Bundeskartellamts eingelegt werden. Die Beschwerde hat keine aufschiebende Wirkung; die Beteiligten können aber die Anordnung der aufschiebenden Wirkung beim OLG Düsseldorf beantragen. Sofern die aufschiebende Wirkung nicht angeordnet wird, bleibt die Untersagungsentscheidung bis zum Abschluss des gerichtlichen Verfahrens in Kraft. Der Zusammenschluss darf dann weiterhin nicht vollzogen werden. Hierdurch kann es zu einer faktischen Begrenzung des Rechtsschutzes der Beteiligten kommen.[56] Sofern das OLG Düsseldorf die Unter-

---

56 Sofern sich die Beteiligten dazu entschließen, das Zusammenschlussvorhaben aufzugeben, trotzdem aber ein berechtigtes Interesse an der gerichtlichen Überprüfung geltend machen können, kommt eine sog. Fortsetzungsfeststellungbeschwerde in Betracht. Damit können die Beteiligten beantragen, dass das OLG Düsseldorf feststellt, dass die Untersagung des Bundeskartellamtes rechtswidrig gewesen sei (vgl. zum Verfahrensverlauf BGH, Beschl. v. 8.6.2010, Az. KVR 4/09 – *Springer/Pro Sieben II*). Im Einzelfall kann auch die Geltendmachung von Schadensersatz im Wege einer Amtshaftungsklage gegenüber dem Bundeskartellamt in Betracht kommen (vgl. OLG Düsseldorf, Urt. v. 26.3.2014, Az. VI-U (Kart) 43/13 – *GN Store Nord A/S*).

sagung für rechtswidrig hält, hebt es diese auf. Spätestens mit Rechtskraft der Aufhebung der Untersagung entfällt auch das Vollzugsverbot.[57] Der Zusammenschluss darf dann vollzogen werden. Das Bundeskartellamt wird mit dem Vorgang also nicht erneut befasst. Sofern das OLG Düsseldorf die Untersagung für rechtmäßig hält, weist es die Beschwerde der Beteiligten zurück. Gegen diese Entscheidung kann Rechtsbeschwerde eingelegt werden, wenn das OLG Düsseldorf diese zugelassen hat. Falls die Rechtsbeschwerde nicht zugelassen worden sein sollte, können die Beteiligten dagegen die Nichtzulassungsbeschwerde erheben.

Für die Beteiligten empfiehlt es sich oftmals auch, einen Erlaubnisantrag beim 79 Bundeswirtschaftsministerium zu stellen. Dieses kann den Zusammenschluss ungeachtet der Untersagung durch das Bundeskartellamt durch eine sog. **„Ministererlaubnis"** freigeben, wenn es zu der Ansicht gelangt, dass im Einzelfall die Wettbewerbsbeschränkungen von den gesamtwirtschaftlichen Vorteilen des Zusammenschlusses aufgewogen werden oder der Zusammenschluss durch ein überragendes Interesse der Allgemeinheit gerechtfertigt ist.[58] Dieses Erlaubnisverfahren sollte innerhalb eines Monats nach Zustellung der Untersagungsverfügung eingeleitet werden; in diesem Fall beginnt die Frist für die Einlegung der Beschwerde beim OLG Düsseldorf nämlich erst mit der Zustellung der Entscheidung des Bundeswirtschaftsministeriums. Die beiden Verfahren können dann nacheinander durchlaufen werden.

Im **Europäischen Recht** können sich die Beteiligten mit der sog. **Nichtigkeits-** 80 **klage** nach Art. 263 AEUV gegen Untersagungsentscheidungen der Europäischen Kommission wenden. Die Klage muss innerhalb von zwei Monaten beim Gericht der Europäischen Union (EuG) erhoben werden. Hat die Klage Erfolg, hebt das EuG die Untersagungsentscheidung auf. Dies gilt indes nicht als Freigabe des Zusammenschlusses. Die Europäische Kommission wird erneut mit dem Zusammenschluss befasst; das Prüfverfahren beginnt also von neuem. Gegen eine abweisende Entscheidung des EuG können die Beteiligten ein (auf Rechtsfragen beschränktes) Rechtsmittel beim Europäischen Gerichtshof (EuGH) einlegen.

X. Anfechtung einer Freigabeentscheidung durch Dritte

Dritte, die durch einen Zusammenschluss wirtschaftlich berührt werden, können 81 sich gegen die (gegebenenfalls bedingte oder mit Auflagen verbundene) Freigabe

---

57 Siehe hierzu *Bechtold/Bosch*, GWB, § 41 GWB Rn 2.

58 So etwa bei der Übernahme von Tengelmann durch Edeka, die durch das Bundeskartellamt untersagt worden war (Beschl. v. 31.3.2015 – B2-96/14 – *EDEKA/Tengelmann*), im Wege der Ministererlaubnis dann aber mit Nebenbestimmungen freigegeben wurde (Beschl. v. 9.3.2016 – I B 2 – 22 08 15/01).

eines Zusammenschlusses wenden. Diese Option ist insbesondere für Wettbewerber von Zusammenschlussbeteiligten interessant, wenn sie durch den Zusammenschluss das Entstehen eines neuen, „übermächtigen" Wettbewerbers zu ihren Lasten befürchten.

1. Beschwerde als Rechtsmittel nach deutschem Recht

82 Im **deutschen Recht** ist das Rechtsmittel zur Anfechtung einer Freigabeentscheidung die **Beschwerde**. Mit der Beschwerde können allerdings nur formelle „Verfügungen" des Bundeskartellamts angefochten werden. Hieraus folgt, dass Dritte die formlosen Entscheidungen im Vorprüfverfahren (seien sie nun herbeigeführt durch einen „formlosen Freigabebescheid" oder schlicht dadurch, dass das Bundeskartellamt die Monatsfrist hat verstreichen lassen) nicht mit der Beschwerde anfechten können. Das damit einhergehende Rechtsschutzdefizit hat der Gesetzgeber bewusst in Kauf genommen.[59] Mit der Beschwerde kann somit **nur** die **förmliche Freigabeentscheidung im Hauptprüfverfahren** angefochten werden. Beschwerdebefugt sind grundsätzlich nur formell Verfahrensbeteiligte. Dritte sollten sich daher möglichst zum Verfahren beim Bundeskartellamt **beiladen** lassen.

83 Beigeladene haben die vollen Rechte eines Verfahrensbeteiligten.[60] Sie können bereits im Rahmen des kartellbehördlichen Verfahrens Eingaben zu ihrer Sichtweise im Hinblick auf die wettbewerblichen Auswirkungen des Zusammenschlussvorhabens machen, die durch die zuständigen Behörden zu berücksichtigen sind. Eine Beiladung erfordert eine **erhebliche Interessenberührung**. Eine solche wird jedenfalls dann anzunehmen sein, wenn der Dritte auf einem von dem Zusammenschluss betroffenen Markt tätig ist und es nach seiner Behauptung durch den Zusammenschluss zu einer erheblichen Behinderung wirksamen Wettbewerbs auf diesem Markt käme.[61] Sofern das Bundeskartellamt eine erhebliche Interessenberührung des Dritten annimmt, eine Beiladung aber aus Gründen der Verfahrensökonomie ablehnt, so ist der Dritte zwar **nicht** formell am Verfahren vor dem Bundeskartellamt beteiligt, aber ausnahmsweise **dennoch beschwerdebefugt**.[62]

84 Die Beschwerde hat keine aufschiebende Wirkung. Der Dritte kann zwar die Anordnung der aufschiebenden Wirkung beim OLG Düsseldorf beantragen; der Antrag dürfte aber regelmäßig zurückgewiesen werden, da eine Verletzung subjektiver Rechte vorliegen muss und der Dritte eine solche im Regelfall nicht geltend machen kann.[63] Sofern die aufschiebende Wirkung nicht angeordnet wird, bleibt die Freiga-

59 Siehe hierzu Immenga/Mestmäcker/*Thomas*, Dt. WettbewerbsR, § 40 GWB Rn 12 ff.

60 Immenga/Mestmäcker/*Bach*, Dt. WettbewerbsR, § 54 GWB Rn 32.

61 Siehe Immenga/Mestmäcker/*Thomas*, Dt. WettbewerbsR, § 40 GWB Rn 100.

62 Vgl. BGH, Beschl. v. 7.11.2006, Az. KVR 37/05 – *pepcom*.

63 Vgl. *Bechtold*/*Bosch*, GWB, § 65 GWB Rn 9.

beentscheidung also in Kraft, so dass der Zusammenschluss zunächst vollzogen werden kann. Die Beschwerde des Dritten hat Erfolg, wenn die Grundlagen der Entscheidung nicht tragfähig sind und nach dem Erkenntnisstand in der mündlichen Verhandlung beim OLG Düsseldorf eine Untersagung ernsthaft in Betracht kommt. Die Aufhebung der Freigabeentscheidung führt indes nicht zur Untersagung, sondern nur dazu, dass sich das Bundeskartellamt erneut mit dem Zusammenschluss befassen muss. Sofern das OLG Düsseldorf die Freigabeentscheidung für rechtmäßig hält, weist es die Beschwerde des Dritten zurück. Gegen diese Entscheidung kann Rechtsbeschwerde eingelegt werden, wenn das OLG Düsseldorf diese zugelassen hat. Falls die Rechtsbeschwerde nicht zugelassen worden sein sollte, kann der Dritte dagegen die Nichtzulassungsbeschwerde erheben.

2. Nichtigkeitsklage im Europäischen Recht

Im **Europäischen Recht** können sich Dritte mit der **Nichtigkeitsklage** gegen Frei- 85
gabeentscheidungen der Europäischen Kommission wenden. Tauglicher Beschwerdegegenstand ist hier auch die Freigabe im Vorprüfverfahren.[64] Die Klage muss innerhalb von zwei Monaten beim EuG erhoben werden. Dritte sind klagebefugt, wenn sie durch die Freigabeentscheidung unmittelbar und individuell betroffen werden. Eine solche unmittelbare und individuelle Betroffenheit liegt grundsätzlich vor, wenn ein Marktteilnehmer durch einen Zusammenschluss unmittelbar in seinen Wettbewerbsmöglichkeiten begrenzt wird. Hat die Klage Erfolg, hebt das EuG die Freigabeentscheidung auf. Die Europäische Kommission wird dann erneut mit dem Zusammenschluss befasst; das Prüfverfahren beginnt also von neuem. Gegen eine abweisende Entscheidung des EuG kann der Dritte ein (auf Rechtsfragen beschränktes) Rechtsmittel beim EuGH einlegen.

XI. Besonderheiten bei Immobilientransaktionen

Im Hinblick auf den Erwerb von Immobilien gelten fusionskontrollrechtlich einige 86
Besonderheiten. Bei Immobilientransaktionen liegt ein anmeldepflichtiger Zusammenschluss nur dann vor, wenn der „Erwerb des Vermögens eines anderen Unternehmens ganz oder zu einem wesentlichen Teil“ i.S.v. § 37 Abs. 1 Nr. 1 GWB gegeben ist.

Für die Berechnung, ob die Umsatzschwellenwerte überschritten werden, sind 87
auf der Erwerberseite regelmäßig deren Gesamtumsätze und auf Seiten eines vermieteten Erwerbsobjekts (Zielunternehmen) regelmäßig die **Miet- oder Pachteinnah-**

64 *Steinberger*, WuW 2000, 345 (352 ff.).

men sowie etwaige sonstige mit der Immobilie verbundene Umsätze (Bsp: Facility Management oder Catering des Veräußerers) als „Umsatz" einzubeziehen. Keine Relevanz haben hinsichtlich Umsätze der Mieter einer Immobilie (so etwa Baumärkte oder Lebensmitteleinzelhandel). Stehen auf der Erwerberseite Kapitalanlagegesellschaften, wie beispielsweise Immobilienfonds, werden diese regelmäßig von ihren Obergesellschaften – überwiegend Kreditinstitute – beherrscht und deshalb als verbundene Unternehmen behandelt. Dies hat zur Folge, dass auch die Umsätze der beherrschenden Bank sowie die Umsätze aller anderen von ihr verwalteten Fondsvermögen dem erwerbenden Fonds bei einer Immobilientransaktion zugerechnet werden.

88 Laut Bundeskartellamt sind bei der Bewertung der Erwerb des Betriebsgrundstücks und der Erwerb des darauf befindlichen Gebäudes als einheitlicher Zusammenschlussvorgang zu behandeln.[65] Um einen wesentlichen Teil eines Immobilienportfolios handelt es sich, wenn die Immobilie geeignet ist, die **Marktposition des Erwerbers** auf dem – lokal abzugrenzenden – **Immobilienmarkt** zu verbessern. Dabei ist eine Verbesserung der Marktposition des Erwerbers beispielsweise schon dann anzunehmen, wenn mit der Vermietung eines Bürogebäudes Erträge erwirtschaftet werden. Hingegen liegt eine Verbesserung im fusionskontrollrechtlichen Sinne **nicht** vor, wenn der Erwerber ein unbebautes, bisher nicht genutztes Grundstück erwirbt. Denn eine Verbesserung der Marktposition tritt erst dann ein, wenn der Erwerber das Grundstück betrieblich nutzt. Findet die betriebliche Nutzung jedoch erst **nach** dem Erwerb statt, handelt es sich um **rein internes Wachstum** des Erwerbers, das fusionskontrollrechtlich nicht relevant ist. Aus diesem Grund ist der Erwerb unbebauter Grundstücke in der Regel nicht anmeldepflichtig.

B. Fusionskontrolle in anderen Ländern

89 Eine Transaktion kann auch in anderen Mitgliedstaaten der Europäischen Union (sofern nicht die Europäische Kommission zuständig ist) und auch in Drittländern angemeldet werden müssen. Das Unterlassen einer erforderlichen Anmeldung kann auch insofern die oben aufgezeigten negativen Konsequenzen (insbes. Bußgeld und zivilrechtliche Unwirksamkeit) haben. Hierbei gilt ebenso wie im deutschen und Europäischen Recht, dass eine Anmeldung erforderlich ist, wenn die Transaktion nach dem jeweiligen nationalen Fusionskontrollrecht (1) einen Zusammenschlusstatbestand verwirklicht und (2) die Beteiligten die jeweils anwendbaren Aufgreifschwellen (häufig handelt es sich hier, wie im deutschen und im Europäischen

65 BKartA, Fallbericht vom 19.1.2010, Az. B2 – 80/09 – *ZG Raiffeisen/Wurth Agrar.*

Recht, ebenfalls um Umsatzschwellen) erfüllen. Dies muss im Einzelfall, gegebenenfalls unter Hinzuziehung externen Rechtsrates, geprüft werden.

Praxistipp

Für eine Vorsortierung der in Betracht kommenden Länder empfiehlt sich folgende Vorgehensweise:

- Die Beteiligten sollten sich auf die Länder konzentrieren, in denen mindestens einer der Beteiligten im letzten abgeschlossenen Geschäftsjahr Umsätze erzielt hat.
- Eine Pflicht zur Anmeldung in einem Land, in dem keiner der Beteiligten im letzten abgeschlossenen Geschäftsjahr Umsatzerlöse erzielt hat, ist nicht völlig ausgeschlossen, aber sehr unwahrscheinlich.
- Eine Pflicht zur Anmeldung in einem Land, in dem nur der Erwerber, nicht aber das Zielunternehmen im letzten abgeschlossenen Geschäftsjahr Umsatzerlöse erzielt hat, ist nicht ausgeschlossen, aber eher unwahrscheinlich.

C. Wettbewerbsverbote im Zusammenhang mit M&A-Transaktionen

Nach Europäischem Recht erfasst die Freigabe eines Zusammenschlusses durch die 90
Europäische Kommission automatisch auch die mit seiner Durchführung unmittelbar verbundenen und für diese notwendigen wettbewerblichen Einschränkungen (sog. Nebenabreden). Dies betrifft insbesondere gesellschaftsrechtliche Wettbewerbsverbote zwischen den am Zusammenschluss Beteiligten. Die Europäische Kommission nimmt hierzu aber in der Freigabeentscheidung nicht explizit Stellung und beantwortet grundsätzlich auch keine dahingehenden Anfragen der Beteiligten. Die Beteiligten müssen also selbst bewerten, inwieweit die Nebenabreden für die Durchführung des Zusammenschlusses notwendig und somit von der Freigabe erfasst sind. Um den Beteiligten Rechtssicherheit zu verschaffen, hat die Kommission in der sog. Bekanntmachung zu Nebenabreden[66] Kriterien für die Auslegung des Begriffes der Nebenabreden veröffentlicht. Diese Bekanntmachung stellt keine allgemeinverbindliche Auslegung des Europäischen Rechts dar, sondern bindet zunächst nur die Kommission selbst. Allerdings fußt die Bekanntmachung auf langjähriger Entscheidungspraxis und berücksichtigt die Rechtsprechung der EU-Gerichte. Sie ist daher von großer praktischer Bedeutung.

Es erscheint daher vertretbar, bei der Prüfung von gesellschaftsrechtlichen Wett- 91
bewerbsverboten die Bekanntmachung zu Nebenabreden heranzuziehen, selbst wenn sich die Beurteilung eines gesellschaftsrechtlichen Wettbewerbsverbotes im

66 Bekanntmachung der Kommission über Einschränkungen des Wettbewerbs, die mit der Durchführung von Unternehmenszusammenschlüssen unmittelbar verbunden und für diese notwendig sind, 2005 ABl C 56/24 (im Folgenden: „Bekanntmachung zu Nebenabreden“).

Einzelfall[67] nach deutschem Kartellrecht richten sollte.[68] Dies gilt insbesondere, weil die deutschen Gerichte bei der Beurteilung von gesellschaftsrechtlichen Wettbewerbsverboten keine von den in der Bekanntmachung zu Nebenabreden wesentlich abweichenden Grundsätze anwenden[69] und die Bekanntmachung zu Nebenabreden von den deutschen Gerichten ohnehin als Auslegungshilfe herangezogen wird.[70]

92 Sofern also ein Wettbewerbsverbot nicht in den Anwendungsbereich der Bekanntmachung zu Nebenabreden fällt, da der Zusammenschluss selbst nicht der europäischen Fusionskontrolle unterliegt, so spricht dennoch eine Vermutung dafür, dass das Wettbewerbsverbot entweder keine Wettbewerbsbeschränkung im Sinne des Art. 101 Abs. 1 AEUV/§ 1 GWB bezweckt oder bewirkt oder nach Art. 101 Abs. 3 AEUV/§ 2 GWB freigestellt ist, wenn es den Wertungen der Bekanntmachung zu Nebenabreden entspricht. Gleichfalls sind gesellschaftsrechtliche Wettbewerbsverbote zwar nicht automatisch kartellrechtswidrig, wenn sie die in der Bekanntmachung zu Nebenabreden beschriebenen Voraussetzungen nicht erfüllen. In diesen Fällen müssen jedoch insbesondere die durch das Wettbewerbsverbot begünstigten Beteiligten Umstände darlegen, derentwegen das Wettbewerbsverbot entgegen der Wertungen der Bekanntmachung über Nebenabreden ausnahmsweise zulässig sein soll.[71]

93 Die Bekanntmachung zu Nebenabreden unterscheidet zwischen Wettbewerbsverboten im Zusammenhang mit der Übernahme eines Unternehmens (dazu nachfolgend Ziff. I.) und Wettbewerbsverboten im Zusammenhang mit der Gründung eines Vollfunktions-Gemeinschaftsunternehmens (dazu nachfolgend Ziff. II).[72]

---

67 Eine isolierte Bewertung nach deutschem Kartellrecht kommt ohnehin nur in Betracht, wenn der Zusammenschluss nicht der europäischen Fusionskontrolle unterfällt, denn nur dann bleibt Raum für die Anwendung des nationalen Kartellrechts. Dieses darf allerdings nur in einer Weise angewendet werden, die mit Art. 101 AEUV übereinstimmt, sofern das gesellschaftsrechtliche Wettbewerbsverbot dazu geeignet ist, den Handel zwischen den Mitgliedstaaten zu beeinträchtigen.

68 Zustimmend *Weidenbach/Mühle*, EWS 2010, 353 f.

69 Siehe BGH, Urt. v. 23.6.2009, Az. KZR 58/07, Rn 23 – *Gratiszeitung Hallo*: „Auf der Grundlage der danach mit dem Gemeinschaftsrecht übereinstimmenden Rechtsprechung des Senats zur Anwendung von § 1 GWB auf satzungsmäßige Wettbewerbsverbote [...]"; *Linsmeier/Lichtenegger*, BB 2011, 328.

70 Siehe BGH, Urt. v. 23.6.2009, Az. KZR 58/07, Rn 21 – *Gratiszeitung Hallo*.

71 Ebenso *Weidenbach/Mühle*, EWS 2010, 353 f.

72 Siehe zum Begriff des Vollfunktions-Gemeinschaftsunternehmens Rn 39 dieses Kapitels.

I. Wettbewerbsverbote im Zusammenhang mit der Übernahme eines Unternehmens

Um zu gewährleisten, dass der Erwerber im Nachgang einer M&A-Transaktion den vollständigen Wert der auf ihn übertragenden Anteile oder Vermögenswerte erhält, muss er in gewissem Umfang vor Wettbewerbshandlungen des Veräußerers geschützt werden, so dass er das Vertrauen der Kunden gewinnen und sich das zur Unternehmensführung erforderliche Know-how aneignen und nutzen kann. 94

Schutzbedürftig ist der Erwerber allerdings nur dann, wenn er entweder das **Vermögen** eines Unternehmens übernommen oder die **alleinige oder gemeinsame Kontrolle** über das Unternehmen erworben hat. Erwerber von (nicht kontrollierenden) Minderheitsbeteiligungen haben kein schützenswertes Interesse daran, von Wettbewerbshandlungen der Veräußerer geschützt zu werden, da dies nicht erforderlich ist, um zu gewährleisten, dass der Erwerber den vollständigen Wert einer solchen Minderheitsbeteiligung erhält. In einem solchen Fall ist es nicht der Erwerber, sondern der Veräußerer (und gegebenenfalls weitere Unternehmen), der die Geschicke des Unternehmens, an dem der Erwerber (nur) eine Minderheitsbeteiligung erwirbt, weiterhin bestimmt. 95

Wettbewerbsverbote sind nach der Bekanntmachung zu Nebenabreden jedoch nur dann gerechtfertigt, wenn sie im Hinblick auf ihre Geltungsdauer, ihren räumlichen und sachlichen Geltungsbereich sowie die betroffenen Personen nicht über das zur Erreichung dieses Ziels erforderliche Maß hinausgehen.[73] 96

1. Notwendigkeit des Wettbewerbsverbots in zeitlicher Hinsicht

Werden zusammen mit dem Unternehmen sowohl der Geschäftswert als auch das Know-how übertragen, so ist ein Wettbewerbsverbot mit einer Geltungsdauer von bis zu **drei Jahren** gerechtfertigt. Sofern nur der Geschäftswert übertragen wird, verkürzt sich die maximal zu rechtfertigende Dauer auf **zwei Jahre**.[74] 97

Innerhalb dieses Zeitraums dürfte es dem Erwerber gelingen, den Wert des erworbenen Unternehmens tatsächlich für seine Einflusssphäre zu sichern. Eine **längere Dauer** kann im Einzelfall zulässig sein, bedarf aber stets einer gesonderten Rechtfertigung. In Fällen, in denen es offenkundig ist, dass diese Sicherung auch schneller erfolgen kann, sollten die Beteiligten eine **kürzere Dauer** des Wettbewerbsverbotes wählen oder ganz auf das Wettbewerbsverbot verzichten. Beschränkt sich die Übertragung auf materielle Vermögenswerte wie Grundstücke, Maschinen 98

---

73 Siehe Bekanntmachung zu Nebenabreden, Rn 19, m.w.N. zur Entscheidungspraxis der Europäischen Kommission.

74 Bekanntmachung zu Nebenabreden, Rn 20 f., m.w.N. zur Entscheidungspraxis der Europäischen Kommission.

oder ausschließliche gewerbliche Schutzrechte, fehlt es etwa nach Auffassung der Europäischen Kommission an der Erforderlichkeit eines Wettbewerbsverbots.[75]

2. Unmittelbare Verbindung des Wettbewerbsverbots zum Gegenstand des Zusammenschlusses in räumlicher, sachlicher und personeller Hinsicht

a) Räumlicher Geltungsbereich

99 In räumlicher Hinsicht muss sich das Wettbewerbsverbot auf das Gebiet beschränken, in dem der Veräußerer die betreffenden Waren oder Dienstleistungen bereits vor der Unternehmensübertragung angeboten hat. Grundsätzlich muss der Erwerber in den Gebieten, in denen der Veräußerer zuvor nicht präsent war, auch nicht geschützt werden; der räumliche Geltungsbereich des Wettbewerbsverbotes kann jedoch auf Gebiete erstreckt werden, in denen der Veräußerer zum Zeitpunkt der Unternehmensübertragung geschäftlich tätig zu werden plante, sofern der Veräußerer bereits dahingehende Investitionen getätigt hatte.[76]

b) Sachlicher Geltungsbereich

100 Wettbewerbsverbote verbieten dem Veräußerer, dem verkauften Unternehmen Konkurrenz zu machen, sei es durch die Entwicklung, die Herstellung oder den Vertrieb von Wettbewerbsprodukten. Mit einem Wettbewerbsverbot darf aber auch das Recht des Veräußerers eingeschränkt werden, Anteile an einem Unternehmen zu erwerben oder zu halten, das mit dem übertragenen Unternehmen im Wettbewerb steht. Der Veräußerer darf allerdings nicht daran gehindert werden, Anteile allein zu Investitionszwecken zu erwerben oder zu halten, ohne dass damit direkt oder indirekt Leitungsfunktionen oder ein materieller Einfluss im Konkurrenzunternehmen verbunden wären. In der Praxis bietet es sich an, dem Veräußerer auch die Beteiligung an Wettbewerbern zu untersagen, um auch die Ausübung einer Konkurrenztätigkeit „durch die Hintertür" zu vermeiden. Eine solche vertragliche Regelung muss jedoch ausdrücklich auf Beteiligungen, die eine strategische Einflussnahmemöglichkeit erlauben, beschränkt sein. Wettbewerbsverbote, die auch reine Finanzbeteiligungen an Wettbewerbern ohne unternehmerische Einflussnahmemöglichkeit umfassen, werden von der Rechtsprechung als sachlich überschießend und somit unwirksam angesehen.[77]

---

75 Bekanntmachung zu Nebenabreden, Rn 21, m.w.N. zur Entscheidungspraxis der Europäischen Kommission.

76 Bekanntmachung zu Nebenabreden, Rn 22 f., m.w.N. zur Entscheidungspraxis der Europäischen Kommission.

77 OLG Hamm, Urt. v. 8.8.2016, Az. 8 U 23/16 = WuW 2017, 95.

In sachlicher Hinsicht muss sich das Wettbewerbsverbot auf die Geschäftstätigkeiten im Bereich von Waren (einschließlich verbesserter oder aktualisierter Versionen sowie Nachfolgemodelle) und Dienstleistungen beschränken, die den Geschäftsgegenstand des übertragenen Unternehmens bilden. Hierzu können nach der Bekanntgabe zu Nebenabreden auch Waren und Dienstleistungen zählen, die sich zum Zeitpunkt der Übertragung in einem fortgeschrittenen Entwicklungsstadium befinden, sowie fertig entwickelte Erzeugnisse, die das übertragene Unternehmen allerdings noch nicht vermarktet hat.[78] 101

Beispiel
Ob ein Wettbewerbsverbot zulässig oder unzulässig ist, hängt stets vom Kontext ab. So war etwa die folgende Klausel in einem notariell beurkundeten Unternehmenskaufvertrag zwischen einem portugiesischen und einem spanischen Telekommunikationsunternehmen Gegenstand eines Kartellverfahrens vor der Europäischen Kommission:

„§ 9 Wettbewerbsverbot
Soweit gesetzlich zulässig, verpflichtet sich jede Partei, im Zeitraum 27. September 2010 bis 31. Dezember 2011 innerhalb des spanischen Markts im Bereich des Telekommunikationsgeschäfts (einschließlich Festnetz- und Mobiltelefondienste, Internet- und Fernsehdienste, aber ausgenommen etwaiger Investments oder Geschäftstätigkeiten, die bereits in der Vergangenheit oder zum Zeitpunkt des Zusammenschlusses getätigt wurden) keinerlei wettbewerbliche Tätigkeiten zur jeweils anderen Partei aufzunehmen und nicht in Unternehmen zu investieren, die innerhalb dieses Bereichs im Wettbewerb zur jeweils anderen Partei stehen.“

Die Klausel wäre grundsätzlich zulässig gewesen, wenn sich der Unternehmenskauf auf den **spanischen Markt für Telekommunikationsdienstleistungen** bezogen hätte und das Wettbewerbsverbot nur zu Lasten des Veräußerers ausgestaltet gewesen wäre. Tatsächlich hatten die Parteien aber einen Vertrag über den Kauf von Geschäftsanteilen an einer ausschließlich auf dem **brasilianischen** Markt tätigen Tochtergesellschaft für Mobilfunkdienste geschlossen. Ein Wettbewerbsverbot hätte sich daher auch nur auf die Erbringung von Mobilfunkdiensten im brasilianischen Geschäftsgebiet durch den Veräußerer beziehen dürfen.[79] Da sich das vermeintliche Wettbewerbsverbot jedoch auf einen völlig anderen Bereich erstreckte, beurteilte die Europäische Kommission die Vertragsklausel als unzulässige Marktaufteilung zwischen Wettbewerbern, die lediglich „bei Gelegenheit“ eines Unternehmenskaufs geschlossen wurde und nicht unmittelbar mit diesem verbunden war. Da die Klausel zudem gegenseitig ausgestaltet war, hatten nach Auffassung der Europäischen Kommission beide Parteien ein erhebliches Interesse daran, sie auch zu befolgen. Der Zusatz „soweit gesetzlich zulässig“ sei daher irrelevant.
Die Europäische Kommission verhängte wegen Verstoßes gegen Art. 101 AEUV ein Bußgeld in Höhe von EUR 79 Mio. gegen die Parteien des Unternehmenskaufvertrags.

78 Siehe Bekanntmachung zu Nebenabreden, Rn 23 f., m.w.N. zur Entscheidungspraxis der Europäischen Kommission.
79 EuG, Urt. v. 28.6.2016, verb. Rs. T-208/13, T-216/13 = EWS 2016, 225; zuvor bereits Europ. Kommission, Beschl. v. 23.1.2013, Fall AT.39839, Rn 43 – *Telefónica/Portugal Telecom.*

c) Betroffener Personenkreis

102 Das Wettbewerbsverbot kann dem Veräußerer sowie dessen Tochtergesellschaften und Handelsvertretern auferlegt werden. Der Begriff des Veräußerers ist in der Bekanntmachung zu Nebenabreden nicht näher umschrieben. Ausgehend vom Sinn und Zweck des Wettbewerbsverbotes erscheint es vertretbar, das Wettbewerbsverbot auf alle Veräußerer zu erstrecken, die durch Entfaltung einer Konkurrenztätigkeit eine wie auch immer geartete nachträgliche „Wertminderung" des übertragenen Unternehmens herbeizuführen in der Lage wären.[80] Hierzu zählen nicht nur (mit-)kontrollierende Veräußerer, sondern unter Umständen auch solche Veräußerer, die lediglich (nicht kontrollierende) Minderheitsgesellschafter des veräußerten Unternehmens waren.[81]

II. Wettbewerbsverbote im Zusammenhang mit der Gründung eines Vollfunktions-Gemeinschaftsunternehmens

103 Wettbewerbsverbote im Verhältnis der Gründerunternehmen zu einem Vollfunktions-Gemeinschaftsunternehmen (Joint Venture) können durch die Notwendigkeit begründet sein, den Gutglaubensschutz während der Verhandlungen zu gewährleisten, die Vermögenswerte des Gemeinschaftsunternehmens in vollem Umfang zu nutzen und dem Gemeinschaftsunternehmen die Aneignung des Know-hows und des Geschäftswerts der Gründer zu ermöglichen. Des Weiteren werden Wettbewerbsverbote im Zusammenhang mit Vollfunktions-Gemeinschaftsunternehmen vereinbart, um die Interessen der einzelnen Gründer am Gemeinschaftsunternehmen vor Wettbewerbshandlungen zu schützen. Durch diese Maßnahme wird dem privilegierten Zugang der Gründungspartner zu dem Know-how oder dem Geschäftswert Vorschub geleistet, welches bzw. welcher auf das Vollfunktions-Gemeinschaftsunternehmen übertragen oder von diesem selbst aufgebaut wurde.[82]

104 Wettbewerbsverbote dieser Art sind nach der Bekanntmachung zu Nebenabreden ebenfalls nur dann gerechtfertigt, wenn sie im Hinblick auf ihre Geltungsdauer, ihren räumlichen und sachlichen Geltungsbereich sowie die betroffenen Personen nicht über das zur Erreichung dieses Ziels erforderliche Maß hinausgehen.[83]

---

80 So auch *Linsmeier/Lichtenegger*, BB 2011, 328 (330).

81 *Linsmeier/Lichtenegger*, BB 2011, 328 (330); *Weidenbach/Mühle*, EWS 2010, 353 (356); *Kapp/Schumacher*, WuW 2010, 481 (487 f.)

82 Siehe Bekanntmachung zu Nebenabreden, Rn 36 m.w.N. zur Entscheidungspraxis der Europäischen Kommission.

83 Bekanntmachung zu Nebenabreden, Rn 36 ff. m.w.N. zur Entscheidungspraxis der Europäischen Kommission.

1. Notwendigkeit des Wettbewerbsverbots in zeitlicher Hinsicht

Das Wettbewerbsverbot ist nach der Bekanntgabe zu Nebenabreden jedenfalls so- 105 lange zulässig, wie das Vollfunktions-Gemeinschaftsunternehmen besteht.[84] Ein darüber hinausreichendes (nachvertragliches) Wettbewerbsverbot zu Lasten eines ausscheidenden Gründungspartners bedarf einer besonderen Rechtfertigung, kommt aber grundsätzlich in Betracht, soweit es erforderlich ist, um die verbleibenden Gründungspartner vor einer illoyalen Verwertung der Erfolge der Zusammenarbeit zu schützen.[85] In der Rechtsprechung wird insofern üblicherweise ein Zeitraum von zwei Jahren für vertretbar gehalten.[86]

2. Unmittelbare Verbindung des Wettbewerbsverbots zum Gegenstand des Gemeinschaftsunternehmens in räumlicher, sachlicher und personeller Hinsicht

a) Räumlicher Geltungsbereich

In räumlicher Hinsicht muss sich das Wettbewerbsverbot grundsätzlich auf das Ge- 106 biet beschränken, in dem die Gründer die betreffenden Waren oder Dienstleistungen vor der Gründung des Vollfunktions-Gemeinschaftsunternehmens bereits abgesetzt bzw. erbracht haben oder dies zumindest planten und auch schon dahingehende Investitionen getätigt hatten.[87]

b) Sachlicher Geltungsbereich

Das Wettbewerbsverbot muss sich in sachlicher Hinsicht auf die Waren oder 107 Dienstleistungen beschränken, die den Geschäftsgegenstand des Vollfunktions-Gemeinschaftsunternehmens bilden (sollen), wobei hierzu auch Waren und Dienstleistungen zählen können, die sich zum Zeitpunkt der Gründung in einem fortgeschrittenen Entwicklungsstadium befinden oder bereits fertig entwickelt, aber noch nicht vermarktet worden sind.[88]

---

84 Bekanntmachung zu Nebenabreden, Rn 36 ff. m.w.N. zur Entscheidungspraxis der Europäischen Kommission.

85 Siehe Immenga/Mestmäcker/*Körber*, EU-WettbewerbsR, Art. 8 FKVO, Rn 67, und *Weidenbach/Mühle*, EWS 2010, 353 (357).

86 Vgl. etwa BGH, Urt. v. 29.9.2003, Az. II ZR 59/02.

87 Bekanntmachung zu Nebenabreden, Rn 37 m.w.N. zur Entscheidungspraxis der Europäischen Kommission.

88 Bekanntmachung zu Nebenabreden, Rn 38 f. m.w.N. zur Entscheidungspraxis der Europäischen Kommission.

c) Betroffener Personenkreis

108 Aus der Bekanntgabe zu Nebenabreden ergibt sich, dass ein Wettbewerbsverbot nicht zu Lasten von Gründern ohne Beherrschungsmacht vereinbart werden darf.[89] Hieraus lässt sich folgern, dass Wettbewerbsverbote nur solchen Gesellschaftern auferlegt werden dürfen, die an der (gemeinsamen) Kontrolle über das Vollfunktions-Gemeinschaftsunternehmens, sei es mittelbar oder unmittelbar, positiv oder negativ teilhaben.

109 Wenngleich sich sicherlich Argumente für die Rechtfertigung eines Wettbewerbsverbotes zu Lasten von (nicht kontrollierenden) Minderheitsgesellschaftern eines Vollfunktions-Gemeinschaftsunternehmens finden ließen[90], ist davon angesichts der Rechtsprechung des BGH[91] und der klaren Stellungnahme der Europäischen Kommission in der Bekanntgabe zu Nebenabreden abzuraten.

III. Folgen kartellrechtswidriger Wettbewerbsverbote

110 Die Vereinbarung eines aus kartellrechtlichen Gründen unzulässigen Wettbewerbsverbotes hat zivilrechtliche und bußgeldrechtliche Folgen.

1. Zivilrechtliche Folgen

111 Zunächst sehen sowohl das deutsche Recht (vgl. § 1 GWB i.V.m. § 134 BGB) als auch das Europäische Recht (vgl. Art. 101 Abs. 2 AEUV) kartellrechtswidrige Vereinbarungen (und damit auch kartellrechtswidrige gesellschaftsrechtliche Wettbewerbsverbote) als nichtig und damit **unwirksam** an.

112 Es stellt sich indes die Frage, ob ein mit dem Vorgang gegebenenfalls befasstes Zivilgericht ein kartellrechtswidriges Wettbewerbsverbot durch eine sog. **geltungserhaltende Reduktion** auf das gerade noch zulässige Maß zurückführen oder ob es das Wettbewerbsverbot als vollständig unwirksam ansehen und behandeln wird. In dieser Hinsicht hat sich in der Rechtsprechung die Tendenz herausgebildet, dass ein überlanges Wettbewerbsverbot auf das **zeitlich** gerade noch zulässige Maß reduziert werden kann.[92] Hingegen gehen die Gerichte überwiegend davon aus, dass ein sachlich oder räumlich zu weitgehendes Wettbewerbsverbot einer geltungserhal-

---

89 Bekanntmachung zu Nebenabreden, Rn 40.

90 Siehe Immenga/Mestmäcker/*Körber*, EU-WettbewerbsR, Art. 8 FKVO, Rn 62; *Linsmeier/Lichtenegger*, BB 2011, 328 (334); *Kapp/Schumacher*, WuW 2010, 481 (489ff.); *Weidenbach/Mühle*, EWS 2010, 353 (357).

91 BGH, Urt. v. 23.6.2009, Az. KZR 58/07, Rn 21 a.E. – *Gratiszeitung Hallo.*

92 Vgl. BGH, Urt. v. 10.12.2008, Az. KZR 54/08, Rn 25 – *Subunternehmervertrag II.*

tenden Reduktion nicht zugänglich ist, also als unwirksam behandelt und nicht auf das gerade noch zulässige Maß zurückgeführt wird.[93]

Aus praktischer Sicht empfiehlt sich daher die Vereinbarung zweier salvatorischer Klauseln, nämlich der sog. Erhaltungsklausel und der sog. Ersetzungsklausel: 113

- Die **Erhaltungsklausel** regelt, dass die Unwirksamkeit einer Klausel die Wirksamkeit des Gesamtvertrages nicht berühren soll. Folge der Vereinbarung der Erhaltungsklausel ist, dass der Beteiligte, der die Unwirksamkeit des Gesamtvertrags behauptet, beweisen muss, dass die Beteiligten den Vertrag ohne die nichtige Klausel nicht abgeschlossen hätten.[94] Ohne diese Erhaltungsklausel wäre der Beteiligte beweisbelastet, der sich trotz des unwirksamen Wettbewerbsverbotes auf die Unwirksamkeit des Gesamtvertrages beruft.
- Mit der **Ersetzungsklausel** können die Beteiligten vorsehen, dass jeder Beteiligte die Vereinbarung eines neuen, gerade noch zulässigen Wettbewerbsverbotes verlangen kann, sobald sich das ursprünglich vereinbarte Wettbewerbsverbot als unwirksam herausstellt. Gegenüber einer gerichtlichen Anpassung birgt die Ersetzungsklausel den Vorteil, dass sie sich auch auf Wettbewerbsverbote beziehen kann, die in sachlicher oder räumlicher Hinsicht zu weitgehend und daher unwirksam sind.[95]

2. Kartellrechtliche Folgen

Schließlich verwirklichen die Beteiligten einen **Bußgeldtatbestand**, wenn sie ein gesellschaftsrechtliches Wettbewerbsverbot vereinbaren, das den kartellrechtlichen Vorgaben nicht entspricht und damit gegen § 1 GWB bzw. gegen Art. 101 AEUV verstößt. Wird ein Wettbewerbsverbot in- oder außerhalb des Unternehmenskaufvertrags über den notwendigen Bereich hinaus vereinbart, ist es nicht mehr unmittelbar mit dem Zusammenschluss verbunden und fällt dann uneingeschränkt unter das Kartellverbot. Solange die Beteiligten jedoch das Maß des nach den obigen Grundsätzen Erlaubten nicht wesentlich überschreiten, dürften sowohl die Europäische Kommission als auch das Bundeskartellamt von der Verhängung eines Bußgelds absehen. 114

Handelt es sich bei den am Zusammenschluss beteiligten Unternehmen jedoch um Wettbewerber, ist ein Wettbewerbsverbot, das sich räumlich oder sachlich auf Gebiete außerhalb des Zusammenschlusses erstreckt, als kartellrechtswidrige Marktaufteilung nach Art. 101 Abs. 1 lit. c) AEUV bzw. § 1 GWB zu bewerten.[96] 115

93 Vgl. BGH, Urt. v. 10.12.2008, Az. KZR 54/08, Rn 25 – *Subunternehmervertrag II*.

94 BGH, Urt. v. 24.9.2002, Az. KZR 10/01 – *Tennishallenpacht*.

95 Siehe auch *Weidenbach/Mühle*, EWS 2010, 353 (360).

96 EuG, Urt. v. 28.6.2016, verb. Rs. T-208/13, T-216/13 = EWS 2016, 225 – *Telefónica/Portugal Telecom*.

D. Informationsaustausch im Vorfeld von M&A-Transaktionen

I. Allgemeine Grundsätze des Informationsaustauschs

116 Nach Europäischem und dem insoweit inhaltsgleichen deutschen Kartellrecht sind Vereinbarungen zwischen Unternehmen, Beschlüsse von Unternehmensvereinigungen und aufeinander abgestimmte Verhaltensweisen verboten, wenn diese eine Verhinderung, Einschränkung oder Verfälschung des Wettbewerbs bezwecken oder bewirken. Auch der schlichte Austausch von Informationen unter Wettbewerbern kann kartellrechtlich untersagt sein, da hierin häufig eine abgestimmte Verhaltensweise zu sehen sein wird, die (abhängig von den jeweiligen Marktgegebenheiten und Art und Umfang der ausgetauschten Informationen) eine Beschränkung des Wettbewerbs bewirkt.

1. Abgestimmte Verhaltensweise

117 Nach dem Grundgedanken des Kartellrechts soll jedes Unternehmen seine Geschäftspolitik selbständig bestimmen (sog. Selbständigkeitspostulat).[97] Dementsprechend liegt auch eine abgestimmte Verhaltensweise nicht erst vor, wenn zwei Unternehmen einen Plan zum gemeinsamen Vorgehen auf dem Markt ausarbeiten, sondern bereits dann, wenn die Unternehmen eine praktische Zusammenarbeit an die Stelle des mit Risiken verbundenen Wettbewerbs treten lassen.[98] Solch eine praktische Zusammenarbeit kann auch durch eine nur einseitige Informationsweitergabe[99] bewirkt werden, insbesondere wenn hierdurch die Ungewissheit über das Marktverhalten des Wettbewerbers verringert wird.

2. Bewirkung einer Wettbewerbsbeschränkung

118 Ein Informationsaustausch bewirkt eine Wettbewerbsbeschränkung, wenn er Rückschlüsse auf das künftige Marktverhalten eines Wettbewerbers ermöglicht und sich damit negativ auf mindestens einen Wettbewerbsparameter wie Preis, Produktionsmenge, Produktqualität, Produktvielfalt oder Innovation auswirkt. Dies hängt sowohl von den wirtschaftlichen Bedingungen auf den relevanten Märkten[100] als auch von der Art und dem Umfang der ausgetauschten Informationen[101] ab.

---

97 Vgl. EuGH, Rs. C-7/95, Slg. 1998 I-3111, Rn 86 – *John Deere v Commission*.

98 Vgl. EuGH, Rs. C-8/08, Slg. 2009 I-4529, Rn 26 – *T-Mobile Netherlands*.

99 Vgl. EuG, Rs. T-25/95, Slg. 2000 II-491, Rn 1849 – *Cimenteries CBR v Kommission*.

100 Vgl. hierzu die Leitlinien zur Anwendbarkeit von Art. 101 des Vertrags über die Arbeitsweise der Europäischen Union auf Vereinbarungen über horizontale Zusammenarbeit, 2011 ABl C 11/1 (sog. „Horizontal-Leitlinien"), Rn 77 ff.

101 Vgl. hierzu die Horizontal-Leitlinien, Rn 86 ff.

II. Anwendung dieser Grundsätze auf den Informationsaustausch im Vorfeld von M&A-Transaktionen

Auch für den (transaktionsbezogenen) Informationsaustausch im Vorfeld von M&A-Transaktionen gelten die allgemeinen kartellrechtlichen Regelungen zum Informationsaustausch. Sonderregelungen existieren nicht. Unbestritten ist jedoch, dass im Vorfeld von M&A-Transaktionen ein Informationsaustausch erforderlich ist, um den Beteiligten die Entscheidung über das Ob und die Konditionen der M&A-Transaktion zu ermöglichen.[102] 119

Die Gefahr, bei dem Informationsaustausch im Vorfeld von M&A-Transaktionen gegen das Kartellrecht zu verstoßen, wird maßgeblich von der Art der Erwerbsinteressenten beeinflusst. Abhängig davon sollten, insbesondere wenn es sich bei den Zusammenschlussbeteiligten um (potenzielle) Wettbewerber handelt, die nachfolgenden Maßnahmen zur Risikobegrenzung getroffen werden. 120

1. Art der Erwerbsinteressenten

Sofern das Zielunternehmen und der Erwerbsinteressent weder aktuelle noch potenzielle Wettbewerber sind, ist der Informationsaustausch im Vorfeld einer M&A-Transaktion im Grundsatz unbedenklich. Ein Unternehmen gilt als **aktueller Wettbewerber**, wenn es auf demselben sachlichen und geographischen Markt wie das andere Unternehmen tätig ist. Ein Unternehmen gilt als **potenzieller Wettbewerber**, wenn es auf demselben sachlichen und geographischen Markt noch nicht tätig ist, aber im Falle eines Preisanstiegs innerhalb kurzer Zeit (im Regelfall höchsten drei Jahre) in diesen Markt eintreten würde. 121

Je enger das Wettbewerbsverhältnis und je größer der gemeinsame Marktanteil des Zielunternehmens und des Erwerbsinteressenten sind, desto höher ist das Risiko, dass der Informationsaustausch im Vorfeld einer M&A-Transaktion kartellrechtlich bedenklich ist. So lässt sich aus den jeweiligen Bagatellbekanntmachungen der Europäischen Kommission[103] und des Bundeskartellamtes[104] entnehmen, dass diese nicht von einer spürbaren Wettbewerbsbeschränkung ausgehen, sofern der gemeinsame Marktanteil unterhalb einer Schwelle von 10% liegt und keine Kernbeschränkung (Festsetzung der Preise beim Verkauf an Dritte, Be- 122

---

102 Vgl. *Bechtold/Bosch*, GWB, §41 GWB Rn6, und (ausführlich) *Besen/Gronemeyer*, CCZ 2013, 137 (141).

103 Siehe Bekanntmachung der Kommission über Vereinbarungen von geringer Bedeutung, die den Wettbewerb gemäß Artikel 81 Absatz 1 des Vertrages zur Gründung der Europäischen Gemeinschaft nicht spürbar beschränken, 2001 ABl C 368/13, Rn 7a.

104 Siehe Bekanntmachung Nr. 18/2007 des Bundeskartellamtes über die Nichtverfolgung von Kooperationsabreden mit geringer wettbewerbsbeschränkender Bedeutung, Rn 8.

schränkung der Produktion oder des Absatzes, Aufteilung von Märkten oder Kunden) vorliegt.

2. Maßnahmen zur Risikobegrenzung

a) Weitergabe von strategischen Informationen auf „need-to-know-Basis"

123 Die Weitergabe strategischer Informationen ist kartellrechtlich besonders sensibel. **Strategische Informationen** sind solche, die die strategische Ungewissheit auf dem Markt verringern. Strategische Informationen können sich beziehen auf Preise (z.B. aktuelle Preise, Preisnachlässe, -erhöhungen, -senkungen und Rabatte), Kundenlisten, Produktionskosten, Mengen, Umsätze, Verkaufszahlen, Kapazitäten, Qualität, Marketingpläne, Risiken, Investitionen, Technologien sowie Forschungs- und Entwicklungsprogramme und deren Ergebnisse. Strategisch am wichtigsten sind im allgemeinen Preis- und Mengeninformationen, gefolgt von Informationen über die Kosten und die Nachfrage.

124 Die Weitergabe strategischer Informationen sollte daher nur erfolgen, soweit dies zur Entscheidung über das Ob und die Konditionen der M&A-Transaktion zwingend erforderlich ist („need-to-know-Grundsatz"). Insofern sollte sich die Weitergabe von Informationen an Erwerbsinteressenten soweit wie möglich auf öffentlich verfügbare, aggregierte oder historische Informationen beschränken:

- Die Weitergabe **echter öffentlicher Informationen** an Erwerbsinteressenten dürfte selbst dann unbedenklich sein, wenn es sich um strategische Informationen handelt. Echte öffentliche Informationen sind Informationen, zu denen alle Wettbewerber und Kunden gleichermaßen leicht Zugang haben. Dies wäre etwa bei Informationen der Fall, die in den veröffentlichten Geschäftsberichten des Veräußerers enthalten, oder aber auf der Website des Veräußerers für jedermann einsehbar sind.
- Die Weitergabe **aggregierter Informationen** an Erwerbsinteressenten ist vergleichsweise weit weniger sensibel als die Weitergabe spezifischer Informationen. Sofern es erforderlich sein sollte, an den Erwerbsinteressenten nicht öffentlich verfügbare Informationen (wie etwa Finanzkennzahlen, Absatzmengen, Marktanteile, Angaben zu den Personalkosten und zur Personalstruktur, Betriebskosten, Gewinnmargen) weiterzugeben, sollte dies vorzugsweise in aggregierter Form erfolgen.
- Die Weitergabe **historischer Informationen** an Erwerbsinteressenten ist ebenfalls vergleichsweise weit weniger sensibel als die Weitergabe aktueller Informationen. Es gibt zwar keine festgelegte Schwelle, ab der die Informationen als historisch angesehen werden. Als Faustregel kann aber herhalten, dass individuelle Daten, die älter als 12 Monate sind, wahrscheinlich keinen Aufschluss über das künftige Marktverhalten mehr geben werden und die Weitergabe solcher Daten an Erwerbsinteressenten daher im Regelfall kartellrechtlich vertretbar sein dürfte.

b) Stufenweises Vorgehen bei der Informationsweitergabe

Bei der Weitergabe von Informationen an Erwerbsinteressenten empfiehlt sich ein stufenweises Vorgehen. 125

So sollte das erste, für gewöhnlich noch an eine Vielzahl von Erwerbsinteressenten gerichtete Anbahnungsdokument nur solche Informationen enthalten, die die Erwerbsinteressenten zwingend benötigen, um darüber entscheiden zu können, ob sie an der Transaktion interessiert sind und daher in die nächste Verhandlungsphase eintreten wollen. Hierbei sollte sich der Veräußerer möglichst auf eine Beschreibung der Transaktion sowie die Weitergabe öffentlicher und/oder aggregierter und/oder historischer Informationen an die Erwerbsinteressenten beschränken. 126

Wenn sich der Kreis der Erwerbsinteressenten in der nächsten Verhandlungsphase verkleinert hat, dürfte auch die Weitergabe sensiblerer und detaillierterer Informationen kartellrechtlich gerechtfertigt sein, sofern diese Daten zwingend erforderlich sind, um den Erwerbsinteressenten die Entscheidung über das Ob und die Konditionen der Transaktion zu ermöglichen.[105] 127

c) Beschränkung der Informationskanäle

Auf der Seite des Veräußerers sollte nur ein abgegrenzter Personenkreis mit der Weitergabe von Informationen an die Erwerbsinteressenten betraut werden. Hierdurch lässt sich ein unkontrollierter Informationsfluss vermeiden. Dieser Personenkreis sollte mit den kartellrechtlichen Regelungen zum Informationsaustausch vertraut gemacht werden. 128

Auf Erwerberseite sollten die Informationen grundsätzlich nur solchen Mitarbeitern zugänglich gemacht werden, die an der Transaktion beteiligt sind, und die diese Informationen daher tatsächlich benötigen. Sofern in der letzten Verhandlungsphase die Weitergabe aktueller oder zukunftsbezogener, nicht öffentlich verfügbarer und nicht aggregierter strategischer Informationen notwendig wird, so muss durch zusätzliche Maßnahmen sichergestellt werden, dass der Erwerber diese Daten vor Vollzug der M&A-Transaktion nicht strategisch nutzt. Daher dürfen diese Informationen auf Seiten des Erwerbers nur einem sog. **Clean-Team**, also solchen Mitarbeitern zugänglich gemacht werden, die zumindest vorübergehend nicht mit dem operativen Geschäft befasst sind und damit keinen Einfluss auf das strategische Marktverhalten des Erwerbers haben.[106] Im Einzelfall kann es auch erforderlich sein, dass wettbewerblich sensible Daten nur gegenüber einem zur Verschwiegenheit verpflichteten Dritten (etwa einem Rechtsanwalt oder Wirtschaftsprüfer) offengelegt werden, der diese auswertet und dem Erwerber nur in aggregierter Form zur Verfügung stellt. 129

---

105 Ausf. *Schubert*, ZWeR 2013, 54 (65ff.).

106 Siehe hierzu auch *Besen/Gronemeyer*, CCZ 2013, 137 (143).

d) Clean-Team-Vereinbarung

130 Im Vorfeld des Informationsaustausches sollte jedenfalls eine Clean-Team-Vereinbarung abgeschlossen werden. Diese Clean-Team-Vereinbarung sollte das konkrete M&A-Projekt beschreiben und insbesondere regeln, dass strategische Informationen (i) nur insoweit vom Veräußerer an den Erwerbsinteressenten weitergegeben werden, wie dies zur Entscheidung über das Ob und die Konditionen der M&A-Transaktion zwingend erforderlich ist, (ii) nur einer bestimmten Personengruppe auf Seiten des Erwerbsinteressenten zugänglich gemacht werden, (iii) vom Erwerbsinteressenten nur verwendet werden, um eine Entscheidung über das Ob und die Konditionen der M&A-Transaktion zu treffen, (iv) vom Erwerbsinteressenten nicht an Dritte weitergegeben werden und (v) sofern körperlich verfügbar, zurückgegeben und ansonsten beim Erwerbsinteressenten vernichtet werden, sobald sich herausstellt, dass sich der Erwerbsinteressent nicht mehr an der Transaktion beteiligt.

131 Sofern in der letzten Verhandlungsphase die Weitergabe aktueller oder zukunftsbezogener, nicht öffentlich verfügbarer und nicht aggregierter strategischer Informationen notwendig wird, so sollten der Veräußerer, der Erwerbsinteressent und die Mitglieder des Clean-Teams eine gesonderte Geheimhaltungsvereinbarung (auch „Clean-Team-Vereinbarung“ genannt) schließen. Darin sollte auf die bestehende Geheimhaltungsvereinbarung zwischen dem Veräußerer und dem Erwerbsinteressenten Bezug genommen werden. Zusätzlich sollte geregelt werden, dass Mitglieder des Clean-Teams (zumindest vorübergehend) nicht mit dem operativen Geschäft befasst sind, also vor Vollzug der M&A-Transaktion keinen Einfluss auf das strategische Marktverhalten des Erwerbers haben. Daneben sollte vereinbart werden, dass diese Informationen nur den Mitgliedern des Clean-Teams oder externen Beratern des Erwerbsinteressenten zugänglich gemacht werden. Sofern die Informationen den Entscheidungsträgern des Erwerbers zugänglich gemacht werden sollen, müssen sie zuvor hinreichend aggregiert werden. Erst nach der kartellbehördlichen Freigabe des Zusammenschlusses dürfen diese Informationen in nicht-aggregierter Form offengelegt werden.

Beispiel

Eine Clean-Team-Vereinbarung könnte etwa wie folgt formuliert werden (wäre jedoch gegebenenfalls anhand der Besonderheiten des Einzelfalls anzupassen):

PRÄAMBEL

Den Parteien ist bekannt, dass die Erwerberin im Zusammenhang mit den Verkaufsverhandlungen sowie zur rechtlichen und wirtschaftlichen Bewertung und zur Durchführung des Transaktionsvorhabens Einblick in interne Unterlagen der Veräußerin benötigt. Um den wirtschaftlichen Interessen der Parteien Rechnung zu tragen und sowohl die Vertraulichkeit der sensiblen Daten zu schützen als auch die Vereinbarkeit des Informationsaustauschs mit kartellrechtlichen Bestimmungen sicherzustellen, vereinbaren die Parteien Folgendes:

§ 1 Sensible Informationen

(1) Wirtschaftlich oder wettbewerblich sensible Informationen im Sinne dieser Vereinbarung sind alle aus oder im Zusammenhang mit dem Transaktionsvorhaben stehenden Umstände und Informationen (nachstehend „sensible Informationen“ genannt).

(2) Nicht zu den sensiblen Informationen gehören Informationen, die (i) öffentlich zugänglich sind oder werden, (ii) bereits rechtmäßig im Besitz der Erwerberin sind, (iii) der Erwerberin durch einen Dritten übermittelt werden, ohne dass dieser gegen eine Geheimhaltungsverpflichtung oder kartellrechtliche Bestimmungen verstößt oder (iv) von der Erwerberin unabhängig und ohne Rückgriff auf von der Veräußerin überlassene Informationen erarbeitet werden.

§ 2 *Clean Team*

(1) Für die Behandlung der sensiblen Informationen hat die Erwerberin ein Clean Team zusammengestellt, welches sich ausschließlich aus den in *Anlage 1* aufgeführten Mitgliedern zusammensetzt (nachfolgend „CLEAN TEAM" genannt). Die Erwerberin ist nur mit Zustimmung der Veräußerin berechtigt, weitere Mitglieder des CLEAN TEAMS zu benennen.

(2) Die Erwerberin stellt sicher, dass sämtliche Mitglieder des CLEAN TEAMS die in *Anlage 2* enthaltene Geheimhaltungsverpflichtung unterzeichnen, bevor diesen sensible Informationen zugänglich gemacht oder mitgeteilt werden.

(3) Im Falle eines Abbruchs des Transaktionsvorhabens wird die Erwerberin die Mitglieder des CLEAN TEAMS für eine Dauer von drei (3) Jahren nicht mit Vertriebsaufgaben betrauen, bei welchen die Erwerberin als Wettbewerber des Zielunternehmens auftritt oder auftreten könnte.

§ 3 *Behandlung der sensiblen Informationen*

(1) Die Veräußerin wird die sensiblen Informationen ausschließlich den Mitgliedern des CLEAN TEAMS zugänglich machen.

(2) Die Mitglieder des CLEAN TEAMS werden die sensiblen Informationen vertraulich behandeln und diese vorbehaltlich der Regelung in Abs. (4) ausschließlich mit anderen Mitgliedern des CLEAN TEAMS erörtern. Die Mitglieder des CLEAN TEAMS werden insbesondere keine ungefilterten sensiblen Informationen gegenüber der Erwerberin, deren Organen und Mitarbeitern, oder gegenüber Dritten offenbaren, soweit diese nicht aufgrund zwingender gesetzlicher oder behördlicher Pflichten hierzu verpflichtet sind.

(3) Die sensiblen Informationen dürfen nur im Zusammenhang mit dem Transaktionsvorhaben verwendet werden. Insbesondere wird die Erwerberin die sensiblen Informationen nicht für ihre von dem Transaktionsvorhaben unabhängigen wirtschaftlichen Tätigkeiten verwenden.

(4) Zum Zwecke der Bewertung und Durchführung des Transaktionsvorhabens ist es den Mitgliedern des CLEAN TEAMS gestattet, Analysen, Ergebnisse und Empfehlungen, die unter Verwendung der sensiblen Informationen erstellt wurden, an die Geschäftsführung der Erwerberin weiterzugeben. Voraussetzung ist dabei, dass die sensiblen Informationen derart aggregiert, anonymisiert oder geschwärzt werden, dass die weitergegebenen Informationen keine wettbewerblich sensiblen Informationen im Sinne der kartellrechtlichen Bestimmungen darstellen.

(5) Die sensiblen Informationen verbleiben im Eigentum der Veräußerin. Die Veräußerin ist jederzeit berechtigt, Unterlagen mit sensiblen Informationen zurückzufordern. Für den Fall, dass das Transaktionsvorhaben abgebrochen wird, wird die Erwerberin sämtliche erhaltenen Unterlagen und Dokumente, die sensible Informationen enthalten, an die Veräußerin zurückgeben oder vernichten.

(6) Im Falle eines Abbruchs des Transaktionsvorhabens gelten die vorstehenden Regelungen im Hinblick auf die sensiblen Informationen für einen Zeitraum von mindestens drei (3) Jahren fort. Für den Fall, dass die Transaktion ganz oder teilweise erfolgreich durchgeführt wird, gilt der vorstehende Satz nur für sensible Informationen, die nicht im Rahmen

der Transaktion gemeinsam mit dem Zielunternehmen durch die Erwerberin übernommen werden.

(7) Verstößt die Erwerberin (wobei der Verstoß eines Mitglieds des CLEAN TEAMS der Erwerberin zugerechnet wird) gegen die ihr aus diesem Vertrag obliegenden Pflichten, insbesondere gegen die Verpflichtung, die sensiblen Informationen ausschließlich zur Prüfung des Transaktionsvorhabens zu verwenden, ist die Erwerberin zur Zahlung einer Vertragsstrafe in Höhe von EUR 100.000,00 an die Veräußerin verpflichtet, es sei denn, die Erwerberin hat den Verstoß nicht zu vertreten. Die Geltendmachung eines höheren Schadens ist nicht ausgeschlossen; die Vertragsstrafe ist jedoch auf den Schadenersatzanspruch anzurechnen.

§ 4 *Schlussbestimmungen*

(1) Im Falle von Widersprüchen zwischen dieser Vereinbarung und sonstigen zwischen den Parteien geschlossenen Vereinbarungen geht diese Clean-Team-Vereinbarung im Hinblick auf sensible Informationen vor.

(2) Mündliche Nebenabreden bestehen nicht. Änderungen oder Ergänzungen dieses Vertrages bedürfen der Schriftform. Dies gilt auch für den Verzicht auf das Schriftformerfordernis.

(3) Diese Vereinbarung unterliegt dem Recht der Bundesrepublik Deutschland unter Ausschluss der kollisionsrechtlichen Bestimmungen. Gerichtsstand für Streitigkeiten aus oder im Zusammenhang mit dieser Vereinbarung ist [...].

(4) Sollten sich einzelne oder mehrere Bestimmungen dieses Vertrags als unwirksam, nichtig oder lückenhaft erweisen, so bleibt die Wirksamkeit der übrigen Bestimmungen des Vertrags hiervon unberührt. Die Parteien werden die unwirksame oder nichtige Bestimmung durch eine solche rechtliche wirksame Regelung ersetzen bzw. die Vertragslücke durch eine solche rechtliche wirksame Regelung ausfüllen, mit denen der von ihnen verfolgte wirtschaftliche Zweck am ehesten erreicht werden kann.

E. Checkliste: Fusionskontrolle bei Unternehmens- und Immobilientransaktionen

- Ist vertraglich geregelt, wer zur Überprüfung der fusionskontrollrechtlichen Anmeldeerfordernisse zuständig ist?
- Ist vertraglich geregelt, wer für die Durchführung der gegebenenfalls erforderlichen Fusionskontrollverfahren zuständig ist?
- Ist vertraglich geregelt, wer die mit der Überprüfung/Durchführung der gegebenenfalls erforderlichen Fusionskontrollverfahren verbundenen Kosten trägt?
- Ist vertraglich geregelt, dass der Zusammenschluss erst vollzogen werden darf, wenn alle gegebenenfalls erforderlichen fusionskontrollrechtlichen Freigaben vorliegen?
- Ist erwogen worden, ob vertraglich ein Rücktrittsrecht für den Fall vereinbart werden soll, dass die fusionskontrollrechtlichen Freigaben nicht innerhalb einer bestimmten Frist vorliegen?
- Ist erwogen worden, ob vertraglich ein Rücktrittsrecht für den Fall vereinbart werden soll, dass (insbes. bei besonders zeitkritischen Zusammenschlüssen) eine Fusionskontrollbehörde das sog. Hauptprüfverfahren eröffnet?

- Sind die fusionskontrollrechtlichen Anmeldeerfordernisse (EU, Deutschland, andere Länder) vollständig überprüft und ist das Ergebnis dieser Prüfung dokumentiert?
- Sind die gegebenenfalls erforderlichen Fusionskontrollanmeldungen inhaltlich mit den anderen Beteiligten abgestimmt?
- Sind Wettbewerbsverbote im Zusammenhang mit der M&A-Transaktion kartellrechtlich bewertet? Insbesondere: Halten sich solche Wettbewerbsverbote in sachlicher, personeller und zeitlicher Hinsicht und was den betroffenen Personenkreis anbelangt im Rahmen des kartellrechtlich Erlaubten?
- Sind Vorkehrungen dafür getroffen, dass der Informationsaustausch im Vorfeld der M&A-Transaktion kartellrechtlich vertretbar bleibt? Sofern zwischen Erwerber und Veräußerer ein Wettbewerbsverhältnis besteht, ist hier insbesondere daran zu denken, dass (i) strategische Informationen nur auf „need-to-know-Basis" weitergegeben werden sollen, (ii) stufenweise vorgegangen werden soll, (iii) die Informationskanäle beschränkt werden sollen und (iv) eine Geheimhaltungsvereinbarung abgeschlossen werden soll.

Kapitel 8
Privatrechtliche Geltendmachung und Abwehr kartellrechtlicher Ansprüche

A. Offensive Durchsetzung des Kartellrechts vor den Zivilgerichten

Die Durchsetzung des Kartellrechts ist nicht allein der Europäischen Kommission 1
und den Kartellbehörden der Mitgliedstaaten (in Deutschland im Wesentlichen dem Bundeskartellamt) vorbehalten. Vielmehr können auch **private Rechtsträger**, insbesondere Unternehmen, Kommunen, Verbände, Privatpersonen und sonstige von einem Kartellrechtsverstoß Betroffene, ihre Rechte vor den Zivilgerichten durchsetzen und andere zur Einhaltung des Kartellrechts zwingen (**Kartellzivil- oder Kartelldeliktsrecht**). Dies gilt unabhängig davon, ob eine Kartellbehörde bereits ein Ermittlungsverfahren eingeleitet hat und die Zivilklage auf deren Ermittlungsergebnis aufsetzt (**„follow-on-Klage“**) oder ob ein Kartellbetroffener aufgrund eigenständiger Wahrnehmung und Beurteilung eines Verhaltens als Kartellrechtsverstoß eine Klage vor einem Zivilgericht einreicht (**„*stand-alone*-Klage“**).

Dem Einzelnen gewährt das Recht hierzu **zivilrechtliche Ansprüche**, die es ihm 2
ermöglichen, gegen kartellrechtswidriges Verhalten anderer gegebenenfalls auch gerichtlich vorzugehen, sei es mit Hilfe von **Unterlassungs- und Beseitigungsklagen**, um dem verbotenen Verhalten Einhalt zu gebieten, oder im Wege von **Schadensersatzklagen**, um nachträglich Ersatz für hierdurch erlittene Schäden zu verlangen.

Die privatrechtliche Durchsetzung des Kartellrechts (**„*private enforcement*“**) 3
tritt **kumulativ** neben die öffentlich-rechtliche Durchsetzung durch die Kartellbehörden. Gegenstand der privatrechtlichen Durchsetzung sind keine Geldbußen, sondern in aller Regel Schadensersatzansprüche. Eine Parallele lässt sich hier zum Verhältnis von Zivil- und Strafverfahren ziehen: Eine Verurteilung durch ein Strafgericht (etwa wegen Betruges) schließt nicht aus, dass ein Geschädigter parallel vor einem Zivilgericht zur Kompensation des eigenen Schadens Schadensersatz von dem Täter einklagt.

I. Wer klagt gegen wen?

Anspruchsberechtigt, d.h. zur Geltendmachung von Unterlassungs-, Beseitigungs- 4
und Schadensersatzklagen befugt, ist **jeder**, der durch den Kartellrechtsverstoß **betroffen** ist. Gemäß § 33 Abs. 3 GWB ist betroffen, wer als Mitbewerber oder sonstiger Marktbeteiligter durch den Verstoß beeinträchtigt ist.

Wesselburg

https://doi.org/10.1515/9783110550542-008

5 Somit ist jeder anspruchsberechtigt, der aufgrund eines Kartellrechtsverstoßes bereits einen finanziellen Schaden erlitten hat oder dem ein solcher Schaden unmittelbar droht. Im Hinblick auf die in der Praxis besonders relevanten Schadensersatzklagen hat der BGH zur Definition der „sonstigen Marktbeteiligten" im Gleichlauf mit der Rechtsprechung des EuGH[1] entschieden, dass nicht nur unmittelbaren Abnehmern eines Kartellbeteiligten, sondern auch indirekten Abnehmern, d.h. den Kunden der Kunden eines Kartellbeteiligten,[2] ein Schadensersatzanspruch zusteht, wenn sie durch das wettbewerbswidrige Verhalten einen Schaden erlitten haben.[3] Dies gilt bei Verstößen gegen das deutsche und europäische Kartellrecht gleichermaßen. Zur Erhebung von Unterlassungs- und Beseitigungsklagen sind Mitbewerber und sonstige Marktbeteiligte dementsprechend berechtigt, wenn ihnen aufgrund eines kartellrechtswidrigen Verhaltens eines Rechtsverletzers ein Schaden zu entstehen droht.

6 Bei Preis- und Quotenabsprachen, d.h. bei Kartellabsprachen im Sinne des § 33a Abs. 2 Satz 3 GWB, und im Fall des Ausbeutungsmissbrauchs klagen üblicherweise die **Kunden** auf Ersatz der Preisdifferenz zwischen dem Marktpreis und dem sich aufgrund des Kartellverstoßes ergebenden überhöhten Preis. Bei missbräuchlicher Rabattgestaltung, Kampfpreismissbrauch und Ausschließlichkeitsabreden klagen hingegen typischerweise die aus dem Markt ferngehaltenen **Wettbewerber** (Mitbewerber) auf Ersatz des entgangenen Gewinns.

7 Die Klagen richten sich gegen die jeweiligen Akteure, die **„Rechtsverletzer"** (§ 33 Abs. 1 GWB), denen das kartellrechtswidrige Verhalten zur Last gelegt wird. In der Praxis werden üblicherweise allein die an einem Kartellrechtsverstoß beteiligten Unternehmen und nicht die für sie handelnden natürlichen Personen in Anspruch genommen.[4]

II. Typische Fallkonstellationen in der Praxis – Erfolgschancen einer Klage

8 Bevor eine Klage erhoben wird, sollte nüchtern durchgerechnet werden, ob sich der Klageaufwand überhaupt lohnt. In der Praxis hängt die Klagebereitschaft maßgeblich von der Schadenshöhe und den Erfolgsaussichten einer Klage vor Gericht ab. So

1 EuGH, Urt. v. 20.9.2001, Rs. C-453/99, Slg. 2001, I-6297, Rn 29 – *Courage*; EuGH, Urt. v. 13.7.2006, Rs. C-295/04, Slg. 2006, I-6619, Rn 62 – *Manfredi*.

2 Oder anders gesagt, den Abnehmern auf der zweiten Markt- bzw. Absatzstufe.

3 BGH, Urt. v. 28.6.2011, Az. KZR 75/10 = NJW 2012, 928, Rn 23 – *ORWI*.

4 Anders jedoch OLG Düsseldorf, Urt. v. 13.11.2013, VI-U (Kart) 11/13, NZKart 2014, 68 (72) – *Badarmaturen*. Hier hatte ein Online-Händler nicht nur ein Herstellerunternehmen von Sanitärarmaturen, sondern auch dessen geschäftsführenden Gesellschafter verklagt, der an einer Beschränkung des Vertriebs über Online-Händler mitgewirkt hatte.

ist etwa die Berechnung der Schadenshöhe bei diskriminierender Preisgestaltung marktbeherrschender Unternehmen besonders leicht, da sich der Schaden hier aus der Differenz zwischen der besseren und schlechteren Kondition ergibt. Hingegen lässt sich der Schaden bei Absprachen über Verkaufsquoten meist nur schwer schätzen, da hier zunächst (teils unter erheblichem Aufwand von Zeit und Kosten) ein hypothetisches kartellfreies Marktpreisniveau ermittelt werden muss, um überhaupt die Differenz zum kartellbedingt überhöhten tatsächlichen Preisniveau berechnen zu können. Dazu bedarf es oftmals komplexer (und kostspieliger) ökonomischer Gutachten.

Vor einer gerichtlichen Geltendmachung etwaiger Ansprüche empfiehlt sich, 9 das mit der Klageerhebung verbundene Kostenrisiko und die Erfolgschancen einer Klage gegeneinander abzuwägen. Auf der **Kostenseite** ist zu berücksichtigen, dass die unterliegende Partei gemäß § 91 Abs. 1 ZPO grundsätzlich die gesamten Kosten des Rechtsstreits, also neben den eigenen Anwaltskosten auch die Gerichtskosten und die Rechtsanwaltsgebühren des Gegners in Höhe der Vergütungssätze nach dem Rechtsanwaltsvergütungsgesetz (RVG), zu tragen hat. Auf der **Nutzenseite** sind der Grad der Beeinträchtigung durch einen Kartellrechtsverstoß und die Höhe eines realistischerweise durchsetzbaren Schadens zu betrachten. In die Abwägung ist miteinzubeziehen, dass es im Rahmen von **Unterlassungs- oder Beseitigungsansprüchen** stets dem Anspruchsberechtigten obliegt, den Kartellrechtsverstoß darzulegen und zu beweisen. Hat bereits die Europäische Kommission oder eine nationale Kartellbehörde in der Europäischen Union den Kartellrechtsverstoß bestandskräftig festgestellt, kann sich ein Kläger mit Bindungswirkung für das Zivilgericht nach Art. 16 VO 1/2003 bzw. § 33b GWB auf dieses Ergebnis berufen. Soll hingegen losgelöst von kartellbehördlichen Ermittlungen eine Zivilklage erhoben werden, muss der Kläger den Kartellrechtsverstoß selbst (meist auf Grundlage eigener aufwändiger Ermittlungen) darlegen und beweisen, obwohl er weniger Ermittlungsbefugnisse hat als die Kartellbehörden. Im Falle einer **Schadensersatzklage** hat der Anspruchsberechtigte zusätzlich noch den ersatzfähigen Schaden darzulegen und zu beweisen. Der Nachweis des entstandenen Schadens ist in der Praxis umso schwerer zu führen, je entfernter vom kartellierten Markt die Schäden eintreten. Darüber hinaus kommt es bei Verstößen gegen das Kartellrecht nicht selten zu Streuschäden, d.h. der entstandene Schaden verteilt sich auf den entfernteren Absatzstufen immer weiter auf immer mehr Akteure – bis hin zu den privaten Endabnehmern –, aus deren Sicht schließlich ein aufwändiger, teurer und langwieriger Schadensersatzprozess oft nicht sinnvoll erscheint.

Selbst wenn ein Anspruch „auf dem Papier“ mit Sicherheit besteht, sollten ne- 10 ben rechtlichen Erwägungen ganz besonders auch wirtschaftliche Überlegungen zum Tragen kommen. Sofern ein Kartellbetroffener nicht nur „aus Prinzip“ klagen möchte, dürften Geschädigte in der Regel nur dann gewillt sein, Schadensersatzklage gegen die Kartellbeteiligten zu erheben, wenn die im Erfolgsfall von dem bzw. den Beklagten zu zahlende Klagesumme das Prozesskostenrisiko, d.h. die im Falle des Unterliegens zu zahlenden Gerichtskosten und die Rechtsanwaltsgebühren, deutlich übersteigt. Hingegen sehen Kartellgeschädigte regelmäßig von einer Schadensersatzklage ab, wenn sie auf bestimmte potenzielle beklagte Unternehmen – etwa als wichtige Lieferanten – angewiesen sind und im Falle einer Klageerhebung die Beendigung der Geschäftsbeziehung droht, aber derzeit noch keine hinreichenden Ausweichmöglichkeiten bestehen.

11 Schließlich kommt gerade bei Kartellschadensersatzklagen ein weiteres nicht unerhebliches Kostenrisiko durch den Beitritt von anderen Kartellbeteiligten und/oder von Unternehmen auf anderen Vertriebsstufen als Streithelfer (Nebenintervenient) hinzu. Ein solcher Beitritt eines Streithelfers auf Seiten einer Partei wird dabei häufig durch eine Streitverkündung der Hauptpartei veranlasst, wenn die Geltendmachung von Regressansprüchen im Raum steht. Im Falle seines Unterliegens hat der Schadensersatzkläger auch die Rechtsanwaltsgebühren der Streithelfer nach Maßgabe des RVG zu erstatten. Ob in diesen Fällen im Verhältnis der unterlegenen Hauptpartei zum Streithelfer eine Möglichkeit der Herabsetzung des Streitwerts besteht, wurde in der obergerichtlichen Rechtsprechung unterschiedlich beurteilt.[5] Das hiermit verbundene Kostenrisiko ist mit Inkrafttreten des neuen § 89a Abs. 3 GWB im Zuge der 9. GWB-Novelle lediglich begrenzt, nicht aber beseitigt worden. Nach dessen Satz 2 darf bei mehreren Nebeninterventionen die Summe der Gegenstandswerte der einzelnen Nebeninterventionen zumindest den Streitwert der Hauptsache nicht übersteigen.

B. Rechtliche Grundlagen

I. Europarechtlicher Hintergrund

12 Die Regelungen zu Kartellschadensersatzklagen im deutschen Recht beruhen weitgehend auf europarechtlichen Vorgaben. Um die Rechtsentwicklung voranzutreiben und das Kartellzivilrecht in den einzelnen Mitgliedstaaten zu harmonisieren, hat der Rat der Europäischen Union am 10.11.2014 eine Richtlinie für Schadensersatzklagen wegen Verletzung des Europäischen Kartellrechts (**Kartellschadensersatzrichtlinie**) verabschiedet. Erklärtes Ziel der Richtlinie ist, dass Unternehmen und Verbraucher, die durch einen Kartellverstoß einen Schaden erlitten haben, Schadensersatzansprüche künftig einfacher und effektiver durchsetzen können. Die Vorgaben der Richtlinie sind mit Inkrafttreten der **9. GWB-Novelle** am 9.6.2017 in nationales Recht umgesetzt worden.

5 Dafür OLG München, Beschl. v. 3.4.2012, Az. W 416/12 Kart., dagegen OLG Düsseldorf, Beschl. v. 18.2.2015, Az. VI-W (Kart) 1/15 – *Zementkartell (CDC)*.

Soweit die neuen Regelungen im deutschen Recht nicht eindeutig sind, sind sie anhand des Original-Wortlauts und der Systematik der Kartellschadensersatzrichtlinie auszulegen. Gemäß Art. 2 der Kartellschadensersatzrichtlinie sind im Einzelfall zwei zentrale europarechtliche Grundsätze zu beachten: Nach dem **Äquivalenzgrundsatz** darf das Schutzniveau des nationalen Verfahrensrechts für die Anspruchsteller hinsichtlich grenzüberschreitender Sachverhalte in der Europäischen Union nicht geringer sein als bei rein nationalen Sachverhalten. Darüber hinaus darf die Durchsetzung des EU-Kartellrechts durch das nationale Recht nicht praktisch unmöglich gemacht oder übermäßig erschwert werden (**Effektivitätsgrundsatz**).[6] 13

Die neu eingefügten oder durch die 9. GWB-Novelle geänderten gesetzlichen Bestimmungen sind gemäß § 186 Abs. 3 Satz 1 GWB nur auf Schadensersatzansprüche anwendbar, die **nach** dem 26.12.2016 (also nach Ablauf der Umsetzungsfrist der Kartellschadensersatzrichtlinie) entstanden sind. 14

II. Die maßgeblichen Vorschriften im deutschen Recht

Die zentralen Regelungen des deutschen **Kartelldeliktsrechts**, die Ansprüche von Betroffenen bzw. Geschädigten bei Verstößen gegen das deutsche und europäische Kartellrecht regeln, finden sich seit Inkrafttreten der 9. GWB-Novelle am 9.6.2017 in den §§ 33 bis 33h GWB. 15

1. Anspruchsgrundlagen

Die einzelnen Anspruchsgrundlagen im Kartellzivilrecht sind nach Inkrafttreten der 9. GWB-Novelle in § 33 GWB (Unterlassungs- und Beseitigungsanspruch) und neuerdings daneben auch in § 33a GWB (Schadensersatzanspruch) geregelt. Die weiteren Einzelheiten dazu ergeben sich nun aus den neu eingefügten §§ 33b bis 33h GWB. 16

2. Anspruchsberechtigte

Unterlassungs-, Beseitigungs- und Schadensersatzansprüche kann **jedermann** geltend machen, der von dem Kartellrechtsverstoß **betroffen** ist (§§ 33 Abs. 1 und Abs. 3, 33a GWB). Nach der Legaldefinition in § 33 Abs. 3 GWB ist betroffen, wer als 17

6 Vgl. bereits zuvor EuGH, Urt. v. 14.6.2011, Rs. C-360/09, Slg. 2011, I-5161, Rn 24 – *Pfleiderer*; EuGH, Urt. v. 20.9.2010, Rs. C-453/99, Slg. 2001, I-6297, Rn 29 – *Courage*; EuGH, Urt. v. 13.7.2006, Rs. C-295/04, Slg. 2006, I-6619, Rn 62 – *Manfredi*; EuGH, Urt. v. 6.6.2013, Rs. C-536/11, Rn 27 – *Donau Chemie*.

Mitbewerber oder **sonstiger Marktbeteiligter** durch den Verstoß beeinträchtigt ist.

18 § 33 Abs. 4 Nr. 1 GWB erweitert den Kreis der Anspruchsberechtigten auf bestimmte **Verbände zur Förderung gewerblicher oder selbstständiger beruflicher Interessen.** Hierzu zählen insbesondere Industrie- und Branchenverbände. Darüber hinaus steht das Klagerecht auch bestimmten **Verbraucherverbänden** zu (§ 33 Abs. 4 Nr. 2 GWB), die bei Massen- oder Streuschäden Ansprüche auf Unterlassung und Vorteilsabschöpfung geltend machen können.

3. Zivilrechtliche Haftung für alle Kartellrechtsverstöße

19 Zentraler Haftungstatbestand ist weiterhin § 33 Abs. 1 GWB, der Bezug nimmt auf alle im ersten Teil des GWB (§§ 1 bis 47l GWB) und in Art. 101 und 102 AEUV normierten Verbotstatbestände (im Folgenden und zuvor verallgemeinernd als „Kartellrechtsverstöße" bezeichnet). Auch der nunmehr in § 33a GWB geregelte Schadensersatzanspruch verweist in seinem ersten Absatz auf § 33 Abs. 1 GWB.

4. Besondere Regelungen für Kartellschadensersatzklagen

a) Gesetzliche Vermutung für Schadenseintritt dem Grunde nach

20 § 33a Abs. 2 GWB statuiert eine widerlegliche **Vermutung** dafür, dass bei einem Kartell ein **Schaden eingetreten** ist. Auf die Ermittlung der konkreten Schadenshöhe hat diese Regelung keinen Einfluss, da von der Vermutungswirkung nur das „Ob" des Schadenseintritts erfasst wird. § 33a Abs. 2 Satz 2 GWB enthält nunmehr erstmals eine Legaldefinition des Begriffs „Kartell"; in Satz 3 der Vorschrift werden zudem typische Erscheinungsformen in der Praxis genannt.

b) Erweiterte Möglichkeit einer Schätzung der Schadenshöhe

21 Die bisherigen Regelungen zur **erweiterten Möglichkeit der Schadensschätzung** (§ 33 Abs. 3 Satz 3 GWB a.F.) finden sich nunmehr in § 33a Abs. 3 GWB. Ergänzend zu den allgemeinen Vorgaben nach § 287 ZPO, wonach das Gericht auf Grundlage der durch den Kläger vorgebrachten Ausgangs- oder Anknüpfungstatsachen die Schadenshöhe schätzen darf, hat das Gericht nach § 33a Abs. 3 GWB auch die Möglichkeit, auf den erzielten Kartellgewinn als Anhaltspunkt für die Höhe des durch einen Kartellrechtsverstoß verursachten Schadens zurückzugreifen.

c) Verzinsung ab Schadenseintritt

22 § 33a Abs. 4 GWB begründet die seit dem Inkrafttreten der 7. GWB-Novelle bekannte Verpflichtung der Rechtsverletzer, Geldschulden bereits **ab dem Eintritt des Schadens** – und nicht erst bei Verzug (§ 286 BGB) oder ab Rechtshängigkeit der Klage

(§ 291 ZPO) – in Höhe von fünf Prozentpunkten über dem jeweiligen Basiszinssatz der Europäischen Zentralbank **zu verzinsen**. Dadurch soll verhindert werden, dass den Schadensersatzgläubigern in der Zeit, in der sie die Entscheidung der Kartellbehörde abwarten oder die Schadensersatzklage vorbereiten, Nachteile durch die inflationsbedingte, schleichende Geldentwertung entstehen. Darüber hinaus soll der den Rechtsverletzern drohende Zinsschaden auf potenzielle Kartellteilbeteiligte zusätzlich abschreckend wirken.

d) Verringerung der Schadenshöhe durch Weiterwälzung auf nachfolgende Abnehmer

§ 33c GWB regelt einen Aspekt der sog. **passing-on defence**[7]. Nach diesem von dem Geschädigten erhobenen Einwand kann der Ersatzanspruch ausgeschlossen sein oder gemindert werden, wenn der Geschädigte den von ihm entrichteten kartellbedingten Preisaufschlag auf seine Kunden weiter- bzw. abwälzt. Die Regelung in § 33c GWB stellt in diesem Zusammenhang (wie die gleichlautende Vorgängernorm § 33 Abs. 3 Satz 2 GWB a.F.) klar, dass eine solche Abwälzung des kartellbedingten Vermögensnachteils nicht bereits die Entstehung eines Schadens ausschließt. 23

e) Gesamtschuldnerische Haftung von Kartellbeteiligten und Privilegierung des Kronzeugen im Gesamtschuldner-Innenregress

Wenn mehrere Rechtsverletzer vorhanden sind (wie dies typischerweise bei Kartellabsprachen der Fall ist), ordnet § 33d GWB in Einklang mit der bisherigen Rechtsprechung eine gesamtschuldnerische Haftung unter den Schädigern an und verweist auf die allgemeinen zivilrechtlichen Regeln der Gesamtschuld in den §§ 830, 840 Abs. 1 BGB sowie in den §§ 421 ff. BGB. 24

Sofern ein Kartellbeteiligter (von mehreren Kartellteilnehmern) mit einem Geschädigten einen Vergleich über einen Kartellschadensersatzanspruch geschlossen hat, sind im Rahmen des **Gesamtschuldnerausgleichs**, also der sich im Innenverhältnis ergebenden Ausgleichsansprüche (§ 426 BGB), die Vorgaben des § 33f GWB zu berücksichtigen. Ferner ergibt sich aus § 33f Abs. 1 Satz 2 GWB grundsätzlich auch eine Beschränkung der Haftung im Außen- und Innenverhältnis (entsprechend dem Institut der **beschränkten Gesamtschuld**).[8] 25

Gemäß § 33e GWB ist der Kronzeuge (aus dem Bußgeldverfahren) nur zum Ersatz desjenigen Schadens verpflichtet, der seinen unmittelbaren und mittelbaren Abnehmern oder Lieferanten aus dem Verstoß entsteht (**Privilegierung des Kronzeugen**). Anderen Geschädigten ist der Kronzeuge hingegen nur subsidiär zum Er- 26

7 Vgl. hierzu Rn 187 ff. dieses Kapitels.
8 Vgl. hierzu Rn 36 ff. dieses Kapitels.

satz des darüber hinausgehenden Schadens verpflichtet, wenn sie von den übrigen Rechtsverletzern keinen vollständigen Ersatz erlangen konnten.

f) Bindung der Zivilgerichte an kartellbehördlich festgestellten Kartellrechtsverstoß

27 Schließlich kommt bestands- und rechtskräftigen Entscheidungen der deutschen Kartellbehörden, der Europäischen Kommission sowie der Kartellbehörden anderer Mitgliedstaaten der Europäischen Union in späteren Verfahren vor den deutschen Zivilgerichten gemäß 33b GWB eine **Bindungswirkung** zu (wie zuvor § 33 Abs. 3 GWB a.F.). Flankiert wird diese Bestimmung bei Vorliegen einer Entscheidung der Europäischen Kommission durch den der nationalen Vorschrift in seinem Anwendungsbereich vorgehenden Art. 16 VO 1/2003.[9]

Praxistipp
Aus Sicht des Geschädigten wird es im Regelfall ratsam sein, zunächst die Entscheidung der Europäischen Kommission oder der nationalen Kartellbehörde abzuwarten, bevor eine Schadensersatzklage erhoben wird. Allerdings können sich aufgrund des Zeitablaufs mitunter später Beweisschwierigkeiten ergeben, die sich zulasten des beweispflichtigen Schadensersatzgläubigers auswirken können. Außerdem ist darauf zu achten, dass der Schadensersatzanspruch vor der gerichtlichen Geltendmachung – trotz der nunmehr gemäß § 33h GWB verlängerten Verjährungsfristen – nicht verjährt.

---

5. Verjährung von Ansprüchen im Kartellzivilrecht

a) Verjährungseintritt

28 Unterlassungs-, Beseitigungs- und Schadensersatzansprüche gemäß §§ 33, 33a GWB verjähren nach Inkrafttreten der 9. GWB-Novelle im Rahmen der **regelmäßigen Verjährung** nicht mehr wie früher in drei, sondern erst in **fünf Jahren** (§ 33h Abs. 1 GWB).

29 Die regelmäßige Verjährungsfrist **beginnt** gemäß § 33h Abs. 2 GWB mit dem Schluss des Jahres, in dem der Anspruch entstanden ist (Nr. 1), der Anspruchsberechtigte von den Umständen, die den Anspruch begründen, und davon, dass sich daraus ein Verstoß nach § 33 Abs. 1 GWB ergibt, sowie von der Identität des Rechtsverletzers Kenntnis erlangt hat oder ohne grobe Fahrlässigkeit hätte erlangen müssen (Nr. 2) und der den Anspruch begründende Verstoß beendet worden ist (Nr. 3).

---

9 Vgl. hierzu Rn 140 ff.

Fettnapf

!

Es ist kaum möglich, den Eintritt der Verjährung mit dem Argument zu verhindern, dass man während Presseveröffentlichungen über den Abschluss eines Kartellverfahrens längere Zeit im Urlaub war und daher keine Kenntnis von dem Kartellrechtsverstoß erlangen konnte. Die Verjährungsfrist beginnt – nach Beendigung des Verstoßes – bei **grob fahrlässiger Unkenntnis** auch **vor** der tatsächlich erfolgten Kenntnisnahme zu laufen. Dies ist dann der Fall, wenn ein Geschädigter von dem Bestehen des Kartellrechtsverstoßes bei normalem Geschäftsgang hätte Kenntnis erlangen müssen und ihm die Kenntnis deshalb fehlt, weil er ganz naheliegende Überlegungen nicht angestellt und nicht beachtet hat, was im gegebenen Fall aber jedem hätte einleuchten müssen. Die Rechtsprechung hat diesbezüglich mitunter einen vergleichsweise strengen Maßstab angelegt und argumentiert, dem Geschädigten hätten die maßgeblichen Umstände nicht verborgen bleiben können, weil die Presse über den Kartellrechtsverstoß in Zusammenhang mit der kartellbehördlichen Entscheidung ausführlich und intensiv berichtet habe.[10]

Nach den in § 33h Abs. 3 GWB geregelten **absoluten Fristen** tritt die Verjährung 30
unabhängig von der Kenntnis des Betroffenen spätestens **zehn Jahre nach Beendigung** des Verstoßes oder letztlich **30 Jahre nach dem Verstoß**, der den Schaden ausgelöst hat (§ 33h Abs. 4 GWB), ein.

b) Verjährungshemmung

Die **Verjährung** eines Unterlassungs-, Beseitigungs- oder Schadensersatzanspruchs 31
ist gemäß § 33h Abs. 6 GWB **gehemmt**, wenn eine deutsche Kartellbehörde, die Europäische Kommission oder die Wettbewerbsbehörde eines anderen Mitgliedstaats der Europäischen Union ein Verfahren wegen eines Kartellrechtsverstoßes einleitet oder gegen den Schädiger eine Klage auf Auskunft oder Herausgabe von Beweismitteln nach § 33g GWB erhoben wird. Die Hemmung endet nach Inkrafttreten der 9. GWB-Novelle nicht mehr wie zuvor sechs Monate, sondern **ein Jahr** nach der bestands- und rechtskräftigen Entscheidung oder der anderweitigen Erledigung des Verfahrens. Dadurch soll gewährleistet werden, dass Geschädigte ausreichend Zeit haben, um sich die erforderlichen Informationen für die Geltendmachung von Schadensersatzansprüchen verschaffen zu können.

Von den Obergerichten nicht einheitlich beurteilt und bislang höchstrichterlich 32
nicht geklärt ist die Rechtsfrage, ob die inhaltsgleiche Vorgängernorm zur Verjährungshemmung, § 33 Abs. 5 GWB a.F., auch auf sog. **Altfälle** anwendbar ist. Nach einer Auffassung sind vor dem Inkrafttreten der 7. GWB-Novelle entstandene Kartellschadensersatzansprüche einer Verjährungshemmung zugänglich, sofern sie zum Zeitpunkt des Inkrafttretens dieser Vorschrift am 1.7.2005 nicht bereits verjährt

10 LG Düsseldorf, Urt. v. 17.12.2013, Az. 37 O 200/09 (Kart), Rn 102 – *Zementkartell (CDC)*, in Abgrenzung zu KG Berlin, Urt. v. 1.10.2009, Az. 2 U 17/03, Rn 26 ff.

gewesen sind und das kartellbehördliche Verfahren vor dem Inkrafttreten der Norm nicht bereits bestands- und rechtskräftig abgeschlossen worden ist.[11] Nach anderer Auffassung greift der Hemmungstatbestand nur, wenn die maßgebliche Anspruchsgrundlage des Schadensersatzanspruchs der ab dem 1.7.2015 geltende § 33 Abs. 3 GWB a.F. ist.[12]

C. Außergerichtliche Einigung

1. Einvernehmliche Streitbeilegung vor und während eines Prozesses

33 Statt ein langwieriges, zeit- und kostenintensives Gerichtsverfahren zu betreiben, können sich die Parteien **vorgerichtlich** durch **Abschluss eines Vergleichs** (§ 779 BGB) auf die Zahlung eines Geldbetrages zur einvernehmlichen Streitbeilegung einigen. Zusätzlich zu etwaigen für die Rechtsberatung bereits angefallenen Rechtsanwaltsgebühren entstehen mit Klageerhebung in Abhängigkeit von der Höhe des Streitwerts teils erhebliche Gerichts- und Anwaltskosten gemäß den Gebührentatbeständen des GKG und RVG. Diese entfallen im Falle eines Vergleichsschlusses **im Vorfeld** einer möglichen Klageerhebung.

34 Wie viele Schadensersatzklagen vorab durch Vergleich erledigt werden, ist schwer zu beurteilen. In der Praxis werden Vergleichsabschlüsse zwischen potenziellen Schadensersatzklägern und Kartellteilnehmern regelmäßig nicht publik, da die Parteien vertraglich meist Stillschweigen über den Vergleichsinhalt vereinbaren. Dabei scheinen die oben beschriebenen Schwierigkeiten bei der Durchsetzung von Schadensersatzansprüchen (z.B. im Rahmen des Schadensnachweises) – insbesondere auf Seiten der Anspruchsteller – die Vergleichsbereitschaft merklich erhöht zu haben. Beispielsweise ist bekannt geworden, dass sich die Deutsche Bahn mit Teilnehmern des Schienenkartells vergleichsweise geeinigt hat[13]; die Hersteller von Feuerwehrfahrzeugen zahlten zum Ausgleich für die durch ein Quotenkartell entstandenen Schäden EUR 6,74 Mio. in einen Entschädigungsfonds.

35 Auch im gerichtlichen Verfahren ist der Abschluss eines **(Prozess-)Vergleichs**, gegebenenfalls auf Vorschlag des Gerichts, jederzeit noch möglich (§ 278 ZPO), wie die Beilegung der Klage der belgischen Gesellschaft Cartel Damage

---

11 OLG Düsseldorf, Urt. v. 18.2.2015, Az. VI-U (Kart) 3/14, Rn 36 – *Zementkartell (CDC)*; Thüringer Oberlandesgericht, Urt. v. 22.2.2017, Az. 2 U 583/15 Kart, Rn 92 ff. – *Schienenkartell*.

12 OLG Karlsruhe, Urt. v. 9.11.2016, Az. 6 U 204/15 Kart (2), Rn 81 – *Grauzementkartell*, vgl. hierzu auch *Nuys/Gayk*, NZKart 2017, 518.

13 Voestalpine zahlte EUR 50 Mio., Thyssen-Krupp mehr als EUR 150 Mio. Schadensersatz (vgl. https://www.brandeins.de/archiv/2017/wettbewerb/kartell-deutsche-bahn-das-milliarden-spiel/ und http://www.sueddeutsche.de/wirtschaft/illegale-preisabsprachen-schienenkartell-deutsche-bahn-treibt-hunderte-millionen-euro-schadenersatz-ein-1.2915565, beide zuletzt abgerufen am 15.3. 2018).

Claims (CDC) gegen Evonik Degussa und andere Teilnehmer des Wasserstoffperoxidkartells vor dem Landgericht Dortmund zeigt.[14] Der Prozessvergleich beinhaltet einen materiell-rechtlichen Vertrag nach § 779 BGB und beendet gleichzeitig das Zivilverfahren. Er stellt – wie ein Urteil – eine endgültige Regelung und einen von den Parteien zu befolgenden, vollstreckbaren Titel dar. Rechtsanwaltsgebühren nach dem RVG lässt ein erst **nach** Klageerhebung erzielter Vergleich indes nicht entfallen. Vielmehr entsteht hierdurch – im Gegenzug für die sich reduzierenden Gerichtskosten – noch eine sog. Einigungsgebühr nach den Nrn. 1000, 1003 und 1004 VV RVG.

2. Auswirkungen der außergerichtlichen Einigung nach § 33f GWB

Der im Zuge der 9. GWB-Novelle eingefügte § 33f GWB soll die einvernehmliche 36
Streitbeilegung fördern, indem die Wirkungen eines Vergleichs im Außenverhältnis zu den Geschädigten und im Innenverhältnis zu den übrigen Kartellteilnehmern erstmals geregelt werden. Die gesetzliche Regelung entspricht im Wesentlichen den von der Rechtsprechung entwickelten Grundsätzen der **beschränkten Gesamtwirkung eines Vergleichs** bei gesamtschuldnerischer Haftung (§§ 421 ff. BGB). Wenn nicht anders vereinbart, muss der sich vergleichende Kartellteilnehmer im Außenverhältnis für die Haftungsanteile der übrigen Kartellteilnehmer grundsätzlich nicht mehr als Gesamtschuldner einstehen. Die übrigen Kartellteilnehmer haften gegenüber den Geschädigten nach Abschluss eines Vergleichs für den verbleibenden Schaden – also für die Haftungsanteile der nicht an dem Vergleich beteiligten Kartellteilnehmer – weiterhin gesamtschuldnerisch (vgl. § 33f Abs. 1 Satz 2 GWB).

Die Außenhaftung der Kartellteilnehmer gegenüber anderen, nicht an einem 37
Vergleich beteiligten Geschädigten bleibt von einem Vergleich mit einzelnen Geschädigten unberührt, da eine vertragliche Regelung zulasten Dritter nicht möglich ist.

Für das **Innenverhältnis** unter den Kartellteilnehmern ergibt sich Folgendes: 38
Der sich vergleichende Kartellteilnehmer haftet gegenüber den übrigen Kartellteilnehmern nur für seinen eigenen Haftungsanteil; insoweit besteht auch schon keine Haftung der übrigen Kartellteilnehmer im Außenverhältnis. § 33f Abs. 2 GWB schließt darüber hinaus eine Innenhaftung des an dem Vergleich beteiligten Kartellteilnehmers für die Haftungsanteile der übrigen Kartellteilnehmer aus.[15]

---

14 LG Dortmund, Beschl. v. 29.4.2013, Az. 13 O (Kart) 23/09, Rn 7.

15 Einer Auslegung der Vergleichsvereinbarung bedarf es insofern nicht. Nach früherer Rechtslage erforderte dies den erkennbaren Willen der Vergleichsparteien, den Gesamtschuldner auch von dem Risiko des späteren Regresses durch die anderen Gesamtschuldner zu befreien vgl. BGH, Urt. v. 22.12.2011, Az. VII ZR 7/11, Rn 22 f.

D. Informationsgewinnung zur Vorbereitung einer Klage

I. Ausgangslage

39 Gelingt eine außergerichtliche Einigung nicht, steht im Mittelpunkt der Vorbereitung einer Zivilrechtsklage regelmäßig das Gewinnen von Informationen zu der kartellrechtswidrigen Absprache oder Verhaltensweise. Dies betrifft insbesondere das Ausmaß (die betroffenen Produkte bzw. Leistungen), die konkret betroffenen Beschaffungsvorgänge, die genaue Funktionsweise des in Rede stehenden kartellrechtswidrigen Verhaltens, die Dauer des Verstoßes und den betroffenen räumlichen Markt sowie – im Falle einer Schadensersatzklage – auch die Höhe des dadurch verursachten Schadens. Aufgrund des damit verbundenen erheblichen Zeitaufwands verlaufen außergerichtliche Einigungsversuche und die Informationsgewinnung zur Vorbereitung einer Klage in aller Regel parallel.

40 Die privatrechtliche Durchsetzung des Kartellrechts ist wegen der geltenden Darlegungs- und Beweislastverteilung in der Praxis immer wieder geprägt von Hindernissen. Eine besondere Hürde stellt dabei oft die herrschende **Informationsasymmetrie** dar: Die fraglichen Vereinbarungen werden, gerade bei Hardcore-Kartellen, aber auch bei abgestimmten Verhaltensweisen ebenso wie die Hintergründe für ein bestimmtes einseitiges, möglicherweise kartellrechtswidriges Verhalten meist bewusst im Geheimen gehalten, nicht nach außen kundgetan und nicht schriftlich fixiert. Soweit entsprechende Dokumente existieren, die den Kartellrechtsverstoß belegen oder nahelegen könnten, sind die Beteiligten bemüht, zu verhindern, dass diese publik werden oder in die Hände von potenziellen Klägern gelangen. Von außen betrachtet sind so oft nur die Auswirkungen der Wettbewerbsbeschränkung erkennbar.

41 Dies hat insofern negative Auswirkungen auf die private Rechtsdurchsetzung, als vor deutschen Gerichten der **Beibringungsgrundsatz** gilt, d.h. die Parteien haben selbständig alle relevanten Tatsachen vorzubringen, auf deren Grundlage das Gericht später seine Entscheidung zu fällen hat. Eine Amtsermittlung, also eine eigenständige Erhebung von Beweisen durch das Gericht, findet nicht statt.

42 Für das Vorliegen eines Verstoßes gegen Europäisches Kartellrecht trägt auch im Zivilprozess gemäß Art. 2 Satz 1 VO 1/2003 diejenige Partei die **Beweislast**, die den Vorwurf des rechtswidrigen Verhaltens erhebt (im Fall einer Schadensersatzklage also der Kläger). Gleiches gilt nach der allgemeinen Beweislastregel im deutschen Zivilprozess auch für Klagen bei Verstößen gegen das deutsche Kartellrecht.[16]

---

16 Gleichwohl wird auch hier überwiegend für eine entsprechende Anwendung des Art. 2 Satz 1 VO 1/2003 plädiert, vgl. *Bechtold/Bosch*, GWB, § 33 GWB Rn 6.

Danach trägt derjenige, der einen Anspruch geltend macht, die Beweislast dafür, dass die tatsächlichen Voraussetzungen für den Anspruch vorliegen.

Vor diesem Hintergrund ist der Nachweis eines Kartellrechtsverstoßes im Rahmen einer alleinstehenden Zivilrechtsklage vor Abschluss eines Bußgeldverfahrens vor der Europäischen Kommission oder einer mitgliedstaatlichen Kartellbehörde (**stand-alone-Klage**) äußerst schwierig. Soweit ersichtlich, gab es bislang in Deutschland nur eine erfolgreiche Schadensersatzklage ohne vorherige kartellbehördliche Entscheidung.[17] Hinzu kommt, dass selbst dann, wenn eine für die Gerichte bindende Entscheidung einer Kartellbehörde vorliegt (**follow-on-Klage**), dies den Kläger nicht von dem Nachweis des von ihm eingeklagten, durch den Kartellrechtsverstoß kausal entstandenen Schadens entbindet. Diese Umstände werden von der in § 33b GWB bzw. Art. 16 VO 1/2003 geregelten Bindungswirkung nicht erfasst.[18] 43

II. Verfügbare Informationen der Kartellbehörden im Internet

Die **Europäische Kommission** veröffentlicht auf ihrer Internetseite eine um Geschäfts- und Betriebsgeheimnisse bereinigte Bußgeldentscheidung (nicht-vertrauliche Kommissionsentscheidung) üblicherweise mehrere Monate nach deren Erlass. Die jeweiligen Entscheidungen können anhand des Entscheidungsdatums, der Fallnummer oder eines Stichworts in der Entscheidungsdatenbank unter http://ec.europa.eu/competition/elojade/isef/index.cfm abgerufen werden. 44

Das **Bundeskartellamt** veröffentlicht hingegen auf seiner Internetseite keine nicht-vertrauliche Fassungen seiner Bußgeldentscheidungen, sondern nur zusammenfassende Fallberichte. Diese enthalten lediglich rudimentäre Informationen, die potenziell Kartellgeschädigten meistens nur einen ersten Anhaltspunkt für eine mögliche Kartellbetroffenheit bieten, jedoch in aller Regel nicht für die Begründung einer Kartellschadensersatzklage ausreichend sind. Nach der neu eingefügten Vorschrift des § 53 Abs. 5 GWB soll das Bundeskartellamt zu jeder Bußgeldentscheidung wegen eines Verstoßes gegen § 1 oder §§ 19 bis 21 GWB oder Art. 101 oder Art. 102 AEUV spätestens nach Abschluss des behördlichen Bußgeldverfahrens auf seiner Internetseite bestimmte Mindestinformationen mitteilen. Dies sind: 45

- Angaben zu dem in der Bußgeldentscheidung festgestellten Sachverhalt,
- Angaben zu der Art des Verstoßes und dem Zeitraum, in dem der Verstoß begangen wurde,
- Angaben zu den Unternehmen, die an dem Verstoß beteiligt waren,
- Angaben zu den betroffenen Waren und Dienstleistungen,

17 OLG Frankfurt, Urt. v. 21.12.2010, Az. 11 U 37/09 (Kart) = WuW/E DE-R 3163.

18 Vgl. Rn 143 dieses Kapitels.

- den Hinweis, dass Personen, denen aus dem Verstoß ein Schaden entstanden ist, Ersatz dieses Schadens verlangen können, sowie,
- (nur wenn die Bußgeldentscheidung bereits rechtskräftig ist), den Hinweis auf die Bindungswirkung von Entscheidungen einer Wettbewerbsbehörde nach § 33b GWB.

46 Da es sich bei § 53 Abs. 5 GWB um eine Soll-Vorschrift handelt, obliegt es dem Bundeskartellamt, ob es diese Angaben freiwillig veröffentlicht oder nicht. Die in jüngerer Zeit veröffentlichten Mitteilungen des Bundeskartellamts zu abgeschlossenen Kartellverfahren enthalten meist nur überschlägige Angaben und entsprechen letztlich der vom Bundeskartellamt bereits geübten Praxis zur Veröffentlichung von Zusammenfassungen in Gestalt von sog. Fallberichten. Einen brauchbaren Mehrwert für Kartellgeschädigte enthalten sie in aller Regel nicht. Ihre Veröffentlichung löst jedoch typischerweise den Beginn der Regelverjährungsfrist[19] aus.

III. Einschränkungen bei der Verwertung und Gewinnung weiterer Informationen

1. Beweisverwertungs- und Beweiserhebungsverbote

47 Bei der „Planung" einer Kartellschadensersatzklage ist – ebenso wie bei der Durchsetzung von Unterlassungs- und Beseitigungsansprüchen auch – zu berücksichtigen, dass bestimmte weitergehende Dokumente aus den Akten der Kartellrechtsbehörden für die gerichtliche Geltendmachung von vornherein ausgenommen sind oder im Rahmen der Beweiserhebung nicht erlangt werden können. Dabei handelt es sich oftmals gerade um diejenigen Dokumente, die potenziellen Klägern den höchsten Informationsgehalt versprechen.

48 Gemäß § 89d Abs. 2 GWB dürfen **Kronzeugenerklärungen** und **Vergleichsausführungen**, die allein durch Einsicht in die Akten einer Behörde oder eines Gerichts oder im Wege der Offenlegung aus der Behördenakte nach § 89c GWB erlangt worden sind, als Beweismittel in Kartellschadensersatzprozesses nicht verwertet werden. In Umsetzung der Art. 6 Abs. 5 und 6 sowie Art. 7 Abs. 1 und 2 der Kartellschadensersatzrichtlinie hat der deutsche Gesetzgeber somit ein Beweisverwertungsverbot statuiert.[20]

49 Entsprechende bei der Kartellbehörde vorhandene Dokumente sind zum Schutz der Kronzeugenprogramme und der Vergleichsverfahren gemäß § 89c Abs. 4 Nr. 1 und 2 GWB bereits von der Offenlegungspflicht der Behörde ausgenommen, so dass insoweit neben dem Beweisverwertungs- auch bereits im Vorfeld ein Beweiserhebungsverbot besteht. Dementsprechend schließt § 33g Abs. 4 GWB auch die Heraus-

---

19 Vgl. Rn 29 dieses Kapitels.

20 *Preuß*, in: Kersting/Podszun, 9. GWB-Novelle, Kapitel 10, Rn 116.

gabe von Kronzeugenerklärungen und Vergleichsausführungen, die sich im Besitz eines Kartellbeteiligten oder Dritter befinden, an potenzielle Anspruchsteller aus, **soweit die darin enthaltenen Informationen nicht ohnehin unabhängig von dem kartellbehördlichen Verfahren vorliegen.**

Für Erklärungen im Rahmen von Verfahren, die mit einer Verpflichtungszusage 50
der Kartellbehörde enden (§ 32b GWB und Art. 9 VO 1/2003), bei denen es sich ebenfalls um eine Art vergleichsweiser Einigung handelt, dürften die vorgenannten Einschränkungen nicht gelten. Der BGH hat zuletzt in seiner Rechtsprechung zu entsprechenden Konstellationen entschieden, dass außenstehenden Dritten wegen der mitunter einschneidenden Folgen einer solchen behördlichen Entscheidung im Einzelfall ein berechtigtes Auskunftsinteresse zusteht.[21]

Ob der generelle Ausschluss der Akteneinsicht in Kronzeugenerklärungen und 51
Vergleichsausführungen mit der Rechtsprechung des EuGH in Einklang steht, kann durchaus bezweifelt werden. Schließlich hat der EuGH in Sachen Donau Chemie eine österreichische Gesetzesvorschrift mit dem EU-Recht für unvereinbar erklärt, die den Zugang zu Kronzeugenanträgen praktisch generell ausschloss.[22]

2. Beschränkte Verwertbarkeit von Beweismitteln aus Akten der Kartellbehörden

Gemäß § 89d Abs. 1 GWB können Beweismittel, die allein durch Einsicht in die Ak- 52
ten einer Kartellbehörde oder im Wege der Offenlegung aus der Behördenakte nach § 89c GWB erlangt worden sind, nur Beweis in einem Rechtsstreit über einen Kartellschadensersatzanspruch erbringen, wenn derjenige, dem die Einsicht gewährt worden ist, oder dessen Rechtsnachfolger **Partei** in dem Rechtsstreit ist. Diese Regelung soll einem Missbrauch des Akteneinsichtsrechts vorbeugen, um eine „Mehrfachverwertung“ von einmal im Wege der Akteneinsicht erlangten Informationen (etwa durch eine Rechtsanwaltskanzlei) für eine Vielzahl von Rechtsstreitigkeiten unterschiedlicher Kläger zu vermeiden.

Aus § 89d GWB ergibt sich ferner in zeitlicher Hinsicht die Einschränkung, dass 53
entsprechend erlangte Beweismittel erst dann verwendet werden dürfen, wenn die Kartellbehörde ihr Verfahren vollständig durch Erlass einer Entscheidung oder in anderer Weise gegen jeden Beteiligten beendet hat.

Vor Abschluss eines kartellbehördlichen Verfahrens gegen alle Beteiligten ist 54
die Herausgabe von Beweismitteln, die sich im Besitz eines Kartellbeteiligten oder Dritten befinden, nach § 33g Abs. 5 GWB generell ausgeschlossen, soweit sie außerhalb der Kronzeugenerklärung eigens für das kartellbehördliche Verfahren erstellte Informationen, Mitteilungen der Kartellbehörde an die Verfahrensbeteiligten oder zurückgezogene Vergleichsausführungen enthalten.

---

21 BGH, Beschl. v. 14.7.2015, Az. KVR 55/14, Rn 16 und 21 – *Trinkwasserpreise.*
22 EuGH, Urt. v. 6.6.2013, Rs. C-536/11 – *Donau Chemie.*

IV. Informationsgewinnung durch Anspruch auf Offenlegung inter partes

1. Offenlegungsanspruch für Informationen im Besitz von Kartellbeteiligten und Dritten

55 Eine der bedeutendsten Änderungen der 9. GWB-Novelle ist der neu eingeführte Anspruch auf Herausgabe von Beweismitteln bzw. Auskunftserteilung zur Begründung eines sich aus § 33a GWB ergebenden Schadensersatzanspruchs, der als materiell-rechtlicher Anspruch von dem Geschädigten gegen den Rechtsverletzer (oder einen Dritten) in einer Art *pre trial discovery* geltend gemacht werden kann. Da dieser zwischen den Parteien (inter partes) bestehende Offenlegungsanspruch gemäß § 89c Abs. 5 Satz 1 GWB vorrangig gegenüber der Akteneinsicht bei den Kartellbehörden ist, kann der in § 33g GWB geregelte Offenlegungsanspruch nicht gegen die Kartellbehörde gerichtet werden, die im Besitz von Beweismitteln ist (§ 89c Abs. 5 Satz 3 GWB).

56 Neben dem Anspruch auf Herausgabe von Beweismitteln (§ 33g Abs. 1 bis 9 GWB) besteht auch ein Anspruch auf Auskunftserteilung (§ 33g Abs. 10 GWB), weswegen zusammenfassend vereinfachend auch vom Offenlegungsanspruch gesprochen wird. Gegenstand des Offenlegungsanspruchs sind Beweismittel, die prinzipiell der Herausgabe unterliegen können, so typischerweise Urkunden und Augenscheinsobjekte.

57 Der Offenlegungsanspruch steht **während und auch schon im Vorfeld eines Kartellschadensersatzprozesses** nach § 33g Abs. 1 i.V.m. § 89b Abs. 5 GWB **jedem** zu, der **glaubhaft machen kann, dass er einen Kartellschadensersatzanspruch hat**. Das Kriterium der Glaubhaftmachung setzt nach europarechtskonformer Auslegung gemäß Art. 5 Abs. 1 Satz 1 der Kartellschadensersatzrichtlinie lediglich eine plausible Darlegung der kartellbedingten Schädigung voraus. Dabei genügt nach § 294 Abs. 1 ZPO bereits eine eidesstattliche Versicherung, so etwa hinsichtlich des Kaufs eines Produkts von einem kartellbeteiligten Unternehmen während des Kartellzeitraums, ohne dass ein Kaufnachweis (etwa in Form eines Kassenbons) vorliegen muss.[23]

58 Anspruchsgegner des Offenlegungsanspruchs können nicht nur die Kartellbeteiligten selbst, sondern auch Dritte sein, die im Besitz der in Rede stehenden Beweismittel sind. Anders als bei § 142 Abs. 1 ZPO, bei dem das konkrete Beweismittel äußerst genau beschrieben werden muss, sind an die exakte Bezeichnung der Beweismittel keine übertriebenen Anforderungen zu stellen; die erforderlichen Informationen müssen jedoch zumindest bestimmbar sein. Angesichts des regelmäßig bestehenden Informationsasymmetrie dürfte es ausreichen, wenn der Anspruchsberechtigte die Beweismittel abschließend nach Kategorien bezeichnet, so etwa in Be-

23 *Bernhard*, Concurrences 3-2017, Conférence, S. 12 (17); *Preuß* in: Kersting/Podszun, 9. GWB-Novelle, Kapitel 10, Rn 9 ff.

zug auf „alle internen E-Mails die sich auf Kontakte mit den kartellbeteiligten Unternehmen A, B und C beziehen" oder auf „alle Rechnungen über Lieferungen des Produkts X im Zeitraum Y an das Unternehmen Z". Maßgeblich ist allein, dass für den Verpflichteten zweifelsfrei klar ist, welche Auskünfte von ihm gefordert werden.[24]

Um Waffengleichheit zu gewährleisten, steht dem mutmaßlichen Schädiger ein spiegelbildlicher Offenlegungsanspruch ab dem Zeitpunkt der Rechtshängigkeit einer Schadensersatzklage zu. Erhebt der Schädiger bereits zuvor eine negative Feststellungsklage, steht ihm schon ab dem Zeitpunkt dieser Klageerhebung ein Auskunftsanspruch nach § 33g Abs. 2 Satz 2 GWB zu. Diesen Anspruch verliert er aber, wenn er im Rahmen der negativen Feststellungsklage die Beteiligung am Kartellrechtsverstoß bestreitet. 59

Sind Geschäftsgeheimnisse oder andere vertrauliche Informationen in den offen zu legenden Dokumenten enthalten, kann der Verpflichtete ein Geheimhaltungsinteresse nach § 89b Abs. 7 GWB geltend machen. Das Gericht wird dann die erforderlichen Maßnahmen treffen, um den im Einzelfall gebotenen Schutz von Betriebs- und Geschäftsgeheimnissen und anderen vertraulichen Informationen zu gewährleisten. 60

V. Subsidiäres Akteneinsichtsrecht von Kartellbetroffenen bei den Kartellbehörden

Obwohl in § 89c Abs. 5 Satz 1 GWB die Anwendung der §§ 406e und 475 StPO, die gemäß § 46 Abs. 1 OWiG die Einsicht in die kartellbehördliche Akte in Bußgeldverfahren regeln, mit Ausnahme des Einsichtsrechts in den Bußgeldbescheid (§ 89c Abs. 5 Satz 2 GWB) nunmehr ausdrücklich ausgeschlossen wird, sind die Grundsätze zur Akteneinsicht nach dem vor Inkrafttreten der 9. GWB-Novelle geltenden Recht nicht obsolet. 61

Die nationale gesetzliche Regelung kann jedenfalls das im EU-Recht geregelte Einsichtsrecht Dritter in die Akten der Europäischen Kommission von vornherein nicht beschränken. Gleiches gilt, da die §§ 406e und 475 StPO hier von vornherein nicht anwendbar sind, für den Auskunftsanspruch nach dem Informationsfreiheitsgesetz (IFG) und für die Akteneinsicht außenstehender Dritter in Kartellverwaltungsverfahren vor deutschen Kartellbehörden, denen ergänzend zu § 29 VwVfG ein Akteneinsichtsrecht nach pflichtgemäßen Ermessen der Behörde (§ 40 VwVfG) zusteht. Nach zutreffender Ansicht besteht im Übrigen auch in Kartellbußgeldverfahren das nach deutschem Recht gewährleistete Akteneinsichtsrecht subsidiär fort.[25] 62

24 *Bernhard*, Concurrences 3-2017, Conférence, S. 12, (17).

25 *Seifert*, NZKart 2017, 512, (518); a.A. wohl *Preuß*, in: Kersting/Podszun, 9. GWB-Novelle, Kapitel 10, Rn 91; vgl. hierzu noch Rn 67 dieses Kapitels.

1. Zugang zu Verfahrensakten der Europäischen Kommission

63 Das EU-Recht enthält **keine spezielle Regelung zur Akteneinsicht Dritter** im Kartellverfahren. Nach Maßgabe der VO 773/2004 haben lediglich die am Kartellverfahren beteiligten Unternehmen und – mit gewissen Einschränkungen[26] – auch die Beschwerdeführer, also die Anzeigeerstatter, auf die die Einleitung des Kartellverfahrens zurückgeht, ein verfahrensbezogenes Akteneinsichtsrecht, wobei Geschäftsgeheimnisse (wie z.B. Know-how, Produktionsgeheimnisse, Marktanteile, Kunden- und Händlerlisten, Kosten- und Preisstruktur) sowie sonstige vertrauliche Informationen ausgenommen sind.[27]

64 Im Einzelfall kann potenziellen Klägern nach den Vorschriften der VO 1049/2001 (**Transparenzverordnung**)[28], die grundsätzlich jedem EU-Bürger das Recht zur Einsichtnahme in Dokumente der Europäischen Kommission gewährt, ein Recht auf **Zugang zur Verfahrensakte oder zu einzelnen der darin enthaltenen Dokumente** zustehen. Das Akteneinsichtsrecht wird indes nur unter dem Vorbehalt einer Abwägung mit einem eventuell überwiegenden öffentlichen Interesse zum Schutz geschäftlicher Interessen Einzelner oder zum Schutz des Zwecks von Untersuchungstätigkeiten der Europäischen Kommission gewährt (Art. 4 Abs. 2 erster und dritter Gedankenstrich VO 1049/2001). Nach der Rechtsprechung des EuGH darf die Europäische Kommission im Rahmen der Abwägung vermuten, dass die vorgenannten Gründe für einen Ausschluss der Akteneinsicht eingreifen, sofern der Antragsteller dieser Vermutung nicht ausdrücklich widerlegt hat.[29] Damit dürfte für potenzielle Schadensersatzkläger künftig eine Einsicht in die Verfahrensakte im Normalfall ausgeschlossen sein.

65 **Herausgegeben** wird in der Regel nur die **nicht-vertrauliche Fassung der Bußgeld- oder Abstellungsentscheidung** der Europäischen Kommission. Diese um vertrauliche Informationen bereinigte Fassung enthält nur eine allgemeine Beschreibung der Zuwiderhandlung, ohne Beweisstücke (wie aussagekräftige Urkunden) konkret zu benennen. Ferner sind dort sämtliche Hinweise geschwärzt, die es erlauben würden, eine natürliche Person (etwa auch über ihre Funktion im Unternehmen) zu identifizieren, so dass sie als Zeuge im Zivilverfahren nicht benannt werden kann.

---

26 Siehe dazu *Wesselburg*, Drittschutz bei Verstößen gegen das Kartellverbot, S. 74 f.

27 Vgl. hierzu Mitteilung der Kommission vom 22.12.2005 über die Regeln für die Einsicht in Kommissionsakten in Fällen einer Anwendung der Artikel 81 und 82 EG-Vertrag, Artikel 53, 54 und 57 des EWR-Abkommens und der Verordnung (EG) Nr. 139/2004, ABl EG Nr. C 325/7 Rn 18 f.

28 Verordnung (EG) Nr. 1049/2001 des Europäischen Parlaments und des Rates v. 30.5.2001 über den Zugang der Öffentlichkeit zu Dokumenten des Europäischen Parlaments, des Rates und der Kommission, ABl EG Nr. L 145/43.

29 EuGH, Urt. v. 27.2.2014, Rs. C-365/12 P, Rn 65 f. – *EnBW/Kommission*.

2. Zugang zu Verfahrensakten deutscher Kartellbehörden

In **Kartellbußgeldverfahren** kann gemäß §89c Abs. 5 Satz 2 GWB – wie bisher – Einsicht in Bußgeldbescheide über §§406e Abs. 1, 475 StPO i.V.m. §46 Abs. 1, Abs. 3 Satz 4 a.E. OWiG verlangt werden, soweit hierfür ein **berechtigtes Interesse** dargelegt wird. Ein berechtigtes Interesse an der Akteneinsicht besteht insbesondere dann, wenn sie der Prüfung der Frage dienen soll, ob und in welchem Umfang der Verletzte gegen den Beschuldigten Schadensersatzansprüche geltend machen kann.[30] Hierfür reicht ein schlüssiger Vortrag aus, eine Glaubhaftmachung ist nicht erforderlich. 66

In der Vergangenheit gewährte das Bundeskartellamt potenziellen Schadenser- 67
satzklägern im Rahmen einer Ermessensentscheidung auf deren Antrag Einsicht in einzelne Teile der Verfahrensakte, insbesondere stellte es den Geschädigten den Bußgeldbescheid zur Verfügung, in dem zuvor Geschäfts- und Betriebsgeheimnisse der Betroffenen geschwärzt worden waren (nicht-vertrauliche Fassung der Bußgeldentscheidung).[31] Diese Praxis, die im Einklang mit der Rechtsprechung des EuGH in Sachen *Donau Chemie*[32] stand, ist von den Gerichten hierzulande bestätigt worden; gleichzeitig haben die Gerichte das Recht auf eine umfassende Akteneinsicht in die gesamte Verfahrensakte abgelehnt.[33] Eine solche Ermessensentscheidung im Einzelfall, die über die Zurverfügungstellung der nicht-vertraulichen Fassung des Bußgeldbescheides hinausgeht, scheint es nach Inkrafttreten der 9. GWB-Novelle nach dem Konzept des nationalen Gesetzgebers nicht mehr zu geben. Dies erscheint im Lichte der Rechtsprechung des EuGH in Sachen Donau Chemie bedenklich, da dies einem generellen Ausschluss des Akteneinsichtsrechts nahe kommt. Daher spricht vieles dafür, dass auch in Kartellbußgeldverfahren das nach deutschem Recht gewährleistete Akteneinsichtsrecht subsidiär fortbesteht.[34]

Darüber hinaus kann der Kartellgeschädigte nunmehr (wie unten unter VI. dar- 68
gestellt) **in einem laufenden Gerichtsverfahren** nach § 89c GWB über das Gericht Einsicht in Verfahrensakten erlangen. Kronzeugenerklärungen und Vergleichsausführungen, die nicht zurückgezogen wurden, können in diesem Rahmen gemäß § 89c Abs. 4 GWB von der Akteneinsicht ausgenommen werden.

---

30 OLG Düsseldorf, Beschl. v. 22.8.2012, Az. V-4 Kart 5 und 6/11 (OWi) = WuW/E DE-R 3662 (3666) – *Kaffeeröster*; AG Bonn, Beschl. v. 18.1.2012, Az. 51 Gs 53/09, Rn 13 – *Pfleiderer II* unter Hinweis auf BVerfG, Beschl. v. 4.12.2008, Az. 2 BvR 1043/08; AG Bonn, Beschl. v. 24.9.2008, Az. 51 Gs 1456/08 = WuW/E DE-R 2503, Rn 21 – *Listenpreis*; *Meyer-Goßner/Schmitt*, StPO, 56. Aufl., § 406 e Rn 3.

31 Entscheidung v. 19.6.2008, wiedergegeben in Rn 1-3 des Beschlusses des AG Bonn v. 24.9.2008, Az. 51 Gs 1456/08 = WuW DE-R 2503 – *Listenpreis*.

32 EuGH, Urt. v. 6.6.2013, Rs. C-536/11, Rn 27 – *Donau Chemie*.

33 OLG Düsseldorf, Beschl. v. 22.8.2012, Az. V-4 Kart 5 und 6/11 (OWi), Rn 44ff. – *Kaffeeröster* = WuW/E DE-R 3662; AG Bonn, Beschl. v. 18.1.2012, Az. 51 Gs 53/09 – *Pfleiderer II*.

34 *Seifert*, NZKart 2017, 512, (518); a.A. wohl *Preuß*, in: Kersting/Podszun, 9. GWB-Novelle, Kapitel 10, Rn 91.

69 Im **Kartellverwaltungsverfahren** besteht zudem die Möglichkeit der Akteneinsicht nach den Regelungen im Informationsfreiheitsgesetz (IFG). Erlässt das Bundeskartellamt im Rahmen eines Verwaltungsverfahrens eine Abstellungsverfügung oder erklärt es nach einer entsprechenden Verpflichtungszusage eines Unternehmens diese für verbindlich, so steht nach § 1 Abs. 1 IFG grundsätzlich jedermann ein Anspruch auf Zugang zu amtlichen Informationen zu. Gleiches gilt, wenn ein Unternehmen ein bestimmtes Verhalten nach Einleitung eines Verwaltungsverfahrens durch das Bundeskartellamt ohne eine entsprechende Zusage freiwillig einstellt. Der Nachweis eines berechtigten Interesses an der Akteneinsicht ist in diesem Fall nicht erforderlich. Will die Behörde den Zugang zu bestimmten Dokumenten verweigern, muss sie das Vorliegen einer Ausnahme vom Zugang darlegen. In Betracht kommt insbesondere die Regelung in § 3 Nr. 1 lit. d) IFG, wonach der Anspruch auf Informationszugang nicht besteht, wenn das Bekanntwerden der Information nachteilige Auswirkungen auf Kontroll- oder Aufsichtsaufgaben der Wettbewerbsbehörden haben kann. Zur Beantwortung des Akteneinsichtsgesuchs steht es dem Bundeskartellamt nach § 1 Abs. 2 IFG frei, anstelle der Gewährung der Akteneinsicht lediglich Auskunft über den Akteninhalt zu erteilen. Dies ist insbesondere dann möglich, wenn gemäß § 8 IFG Dritte als Träger von Geschäftsgeheimnissen zu beteiligen wären und bei der Gewährung der Akteneinsicht ein „deutlich höherer Verwaltungsaufwand" entstünde, weil die komplette Akte zuvor um die darin enthaltenen Geschäftsgeheimnisse zu bereinigen wäre.

VI. Einsichtsrechte des Zivilgerichts in Akten der nationalen Kartellbehörden

70 Nach § 89c Abs. 1 GWB kann das Gericht in einem Rechtsstreit wegen eines Anspruchs nach § 33a Abs. 1 GWB oder nach § 33g Abs. 1 oder 2 GWB auf Antrag einer Partei bei der Kartellbehörde die Vorlegung von Urkunden und Gegenständen ersuchen, die sich in deren Akten zu einem Verfahren befinden oder in einem Verfahren amtlich verwahrt werden, wenn die antragstellende Partei glaubhaft macht, dass sie einen Anspruch auf Schadensersatz nach § 33a Abs. 1 GWB gegen eine andere Partei hat und die in der Akte vermuteten Informationen nicht mit zumutbarem Aufwand von einer anderen Partei oder einem Dritten erlangen kann. Eine Überprüfung angeblicher Kronzeugenerklärungen ist hier ebenso wenig möglich wie die Freigabe von Berufs- und Geschäftsgeheimnissen (§ 89c Abs. 2 Satz 3 und Abs. 4 Satz 1 Nr. 1 und Nr. 2 GWB).[35]

35 *Preuß* in: Kersting/Podszun, 9. GWB-Novelle, Kapitel 10, Rn 11.

VII. Einsichtsrecht des Zivilgerichts in Akten der Staatsanwaltschaft (§ 474 StPO)

Hat in einem Kartellsachverhalt auch eine Staatsanwaltschaft ermittelt (etwa wegen Submissionsbetrugs nach § 298 StGB), kann das zuständige Zivilgericht schließlich auch gemäß § 273 Abs. 2 Nr. 2 ZPO i.V.m. § 474 StPO Einsicht in die bei der Staatsanwaltschaft geführte Akte nehmen, indem es diese beizieht. Auf diesem Wege kann es – wie in einem vom OLG Hamm entschiedenen Fall[36] – nicht nur Einsicht in die vollständige, nicht-vertrauliche Fassung der Kommissionsentscheidung, sondern auch in vorhandene Kronzeugenanträge erhalten, sofern sich diese Dokumente auch in der Ermittlungsakte der Staatsanwaltschaft befinden. Das Recht zur Aktenbeiziehung nach § 474 ZPO wird durch die im Wege der 9. GWB-Novelle neu eingeführten Regelungen nicht ausgeschlossen. 71

Sobald dem Zivilgericht die Akten der Staatsanwaltschaft vorliegen, kann es nach pflichtgemäßem Ermessen entscheiden, inwieweit die Daten und Informationen im Zivilprozess unter Berücksichtigung schützenswerter Interessen der Kartellanten verwendet und den Schadensersatzklägern zugänglich gemacht werden können. Will das Zivilgericht die Informationen verwenden, muss es die jeweiligen Vor- und Nachteile abwägen, wobei etwaige Grundrechtseingriffe ebenso berücksichtigt werden müssen wie der im Zivilrecht geltende Beibringungsgrundsatz. Freilich können die so gewonnenen zusätzlichen Informationen einer späteren Entscheidung des Zivilgerichts nur dann zugrunde gelegt werden, wenn die Parteien zuvor die Möglichkeit zur Kenntnis- und Stellungnahme hatten (Art. 103 Abs. 1 GG).[37] 72

E. Ermittlung des zuständigen Gerichts – im Inland oder im Ausland klagen?

I. Wahl des geeigneten Gerichtsstands als entscheidende Weichenstellung

Den zivilrechtlichen Streitigkeiten in Kartellsachen liegen nicht selten grenzüberschreitende Sachverhalte zugrunde. In diesen Fällen stellt sich die Frage nach der internationalen Zuständigkeit der Gerichte ebenso wie nach dem anwendbaren Recht. Privatrechtliche Ansprüche sind unabhängig davon, ob nationales oder europäisches Kartellrecht Anwendung findet, vor den **nationalen Gerichten** geltend 73

36 OLG Hamm, Beschl. v. 26.11.2013, Az. III – 1 VAs 116/13 – 120/13 und 122/13 – *Akteneinsicht in Kronzeugenanträge*.

37 OLG Hamm, Beschl. v. 26.11.2013, Az. III – 1 VAs 116/13 – 120/13 und 122/13, Rn 43 – *Akteneinsicht in Kronzeugenanträge* sowie den hierzu ergangenen Nichtannahmebeschl. des BVerfG v. 6.3.2014, Az. 1 BvR 3541/13, 1 BvR 3543/13, 1 BvR 3600/13, Rn 25 ff.

zu machen. Sind mehrere Gerichte zuständig, obliegt es dem Kläger, den Gerichtsstand zu wählen, an dem die höchsten Erfolgsaussichten für seine Klage bestehen. Maßgeblich dafür kann etwa sein, inwieweit ein Gericht befugt oder gewillt ist, dem Kläger bei der Beweiswürdigung (etwa durch Heranziehung des *prima-facie*-Beweises) oder der Schadensschätzung (etwa durch Anerkennung einer bestimmten Ermittlungsmethode für den hypothetischen Marktpreis) als „managing judge" entgegen zu kommen. Ebenfalls eine Rolle spielen können die Prozesskosten nach dem jeweils anwendbaren Verfahrensrecht, die übliche Verfahrensdauer, die Möglichkeit einer Anspruchsbündelung (etwa im Wege einer *class action* oder einer sonstigen Form der Gruppenklage), die Existenz und Reichweite von Auskunftsansprüchen gegenüber den Klagegegnern, gesetzliche Vermutungsregelungen zu Gunsten des Klägers sowie die nationalen Verfahrensregeln zur Beweislastverteilung und die Reichweite einer etwaigen Bindung des Zivilgerichts an vorherige kartellbehördliche Entscheidungen.

74 Das im Kartellzivilrecht geltende Auswirkungsprinzip führt im Falle von Kartellen mit grenzüberschreitender Auswirkung in der Regel zu mehreren international zuständigen Gerichtsständen und mehreren anwendbaren Rechtsordnungen. Die jeweiligen nationalen Besonderheiten bei der Umsetzung der Kartellschadensersatzrichtlinie haben bewirkt, dass an jedem dieser Gerichtsstände (jedenfalls in der Europäischen Union) die Erfolgsaussichten einer Kartellzivilklage unterschiedlich zu bewerten sind.

75 Stehen einem Kläger mehrere Gerichtsstände kumulativ zur Verfügung ist es keineswegs missbräuchlich, von dieser Wahlmöglichkeit bewusst Gebrauch zu machen. Vielmehr ist es ausdrücklich eine im Internationalen Zivilprozessrecht zulässige Möglichkeit, die Klage vor dem Gericht zu erheben, das aus Sicht des Klägers am ehesten die Durchsetzung seiner individuellen Zielsetzung verspricht. Art. 6 Abs. 3 lit. b) Rom II-VO 864/2007[38] (im Folgenden: Rom-II-VO) erlaubt zusammen mit den Regelungen der Brüssel Ia-VO 1215/2012[39] (im Folgenden: EuGVVO) das sog. *forum shopping*. Danach haben geschädigte Unternehmen bei internationalen Kartellabsprachen die Wahl, welches Kartellmitglied sie an seinem Sitzstaat verklagen, um dort über Art. 6 Nr. 1 EuGVVO auch die übrigen Kartellmitglieder gerichtlich in Anspruch zu nehmen. Bereits die Wahl des geeigneten Gerichtsstands kann somit streitentscheidend sein.

38 Verordnung (EG) Nr. 864/2007 des Europäischen Parlaments und des Rates vom 11. Juli 2007 über das auf außervertragliche Schuldverhältnisse anzuwendende Recht.

39 Verordnung (EU) Nr. 1215/2012 des Europäischen Parlaments und des Rates vom 12.12.2012, ABl EU Nr. L 351/1 über die gerichtliche Zuständigkeit und die Anerkennung und Vollstreckung von Entscheidungen in Zivil- und Handelssachen, welche die Vorgängerverordnung (EG) Nr. 44/2001 vom 22.12.2000 (Brüssel-I-Verordnung) ersetzt.

1. Internationale Zuständigkeit nach der EuGVVO

Die internationale Zuständigkeit eines Gerichts zur Entscheidung von Kartellzivilverfahren folgt aus der am 10.1.2015 in Kraft getretenen EuGVVO. In der Praxis haben für Kartellschadensersatzprozesse insbesondere der allgemeine Gerichtsstand im Sitzstaat des Beklagten (Art. 4 Abs. 1 EuGVVO), der besondere Gerichtsstand der unerlaubten Handlung (Art. 7 Nr. 2 EuGVVO) sowie der Gerichtsstand der Streitgenossenschaft (Art. 8 Nr. 1 EuGVVO) Bedeutung erlangt. Subsidiär findet § 32 ZPO auch im Rahmen der internationalen Zuständigkeit Anwendung, wenn der Beklagte seinen Sitz nicht in der Europäischen Union hat und keine Gerichtsstandsvereinbarung zu Gunsten eines Gerichts in einem Mitgliedstaat getroffen wurde.[40] 76

a) Gerichtsstände nach der EuGVVO

Sofern die Parteien keine vorrangige anderweitige Gerichtsstandsvereinbarung nach Art. 23 EuGVVO getroffen haben[41], können Gesellschaften und juristische Personen gemäß Art. 4, 63 Abs. 1 EuGVVO unter dem **allgemeinen Gerichtsstand** an ihrem Sitz verklagt werden. 77

Daneben ist im Fall von Kartellrechtsverstößen auch der **besondere Gerichtsstand der unerlaubten Handlung** gemäß Art. 7 Nr. 2 EuGVVO[42] eröffnet, so dass Ansprüche nach Wahl des Klägers sowohl am Handlungsort (Ort des schadensursächlichen Geschehens) als auch am Erfolgsort (Ort der Verwirklichung des Schadenserfolgs) geltend gemacht werden können. Zwischen den Gerichten des Ortes, an dem das schädigende Ereignis eingetreten ist, und dem Rechtsstreit besteht eine besonders enge Beziehung, welche nicht zuletzt wegen der Möglichkeit zur effektiven Aufklärung des Sachverhaltes eine Abweichung vom Grundsatz der Zuständigkeit der Gerichte am Sitz des Beklagten rechtfertigt.[43] Nach der Rechtsprechung des BGH liegt der Erfolgsort bereits dann in Deutschland, wenn die Auswirkungen der wettbewerbswidrigen Verhaltensweise (auch) in Deutschland zu spüren sind (**Auswirkungsprinzip**).[44] Der EuGH bestimmt den Erfolgsort bei internationalen Kartellen demgegenüber nicht nach den von der wettbewerbswidrigen Verhaltensweise betroffenen Märkten, sondern anhand des Sitzes des mutmaßlich Geschädigten. Bei dem Gericht des Ortes, an dem das geschädigte Unternehmen seinen Sitz hat, kann – abweichend von der sog. Shevill-Doktrin[45] – nicht nur der in diesem Staat erlittene 78

---

40 OLG Düsseldorf, Urt. v. 10.11.2010, Az. VI-U (Kart) 19/10, Rn 30.

41 Vgl. dazu LG Dortmund, Beschl. v. 29.4.2013, Az. 13 O (Kart) 23/09, Rn 42ff.

42 Art. 5 Nr. 3 der Vorgängerverordnung (EG) Nr. 44/2001.

43 EuGH, Urt. v. 21.5.2015, Rs. C-352/13, Rn 38ff. – *CDC Hydrogen Peroxide/Akzo Nobel.*

44 BGH, Urt. v. 29.1.2013, KZR 8/10, Rn 16 = WuW/E DE-R 3830 (3833) – *Internationale Zuständigkeit.*

45 EuGH, Urt. v. 7.3.1995, Slg. 1995 I-415, Rn 33 – *Shevill.*

Schaden, sondern der **gesamte, gegebenenfalls in verschiedenen Mitgliedstaaten entstandene Schaden** eingeklagt werden.[46] Dabei reicht ein zumindest schlüssiger Vortrag der die Zuständigkeit begründenden (doppelrelevanten) Tatsachen – wie im Rahmen des § 32 ZPO – aus.

79 Der **besondere Gerichtsstand der Streitgenossenschaft** (Art. 8 Nr. 1 EuGVVO[47]) ermöglicht es dem Kläger darüber hinaus, mehrere Kartellmitglieder vor demselben Gericht zu verklagen, sofern ein Kartellmitglied dort seinen allgemeinen Gerichtsstand hat und zwischen den Klagen gegen die einzelnen Streitgenossen eine so enge Beziehung besteht, dass eine gemeinsame Verhandlung und Entscheidung geboten erscheint, um zu vermeiden, dass in getrennten Verfahren sich widersprechende Entscheidungen ergehen könnten. Diese Voraussetzungen liegen nach Ansicht des EuGH jedenfalls dann vor, wenn sich die Streitgenossen an einem in einer Kommissionsentscheidung festgestellten, einheitlichen und fortgesetzten Verstoß gegen das Kartellverbot – wenn auch örtlich und zeitlich unterschiedlich – beteiligt haben und sie nunmehr als Gesamtschuldner auf Schadensersatz in Anspruch genommen werden.[48] Die Kartellmitglieder sind insofern nicht schutzwürdig, als sie damit rechnen mussten, vor den Gerichten eines Mitgliedstaats verklagt zu werden, in dem einer von ihnen ansässig ist.

b) „Torpedoklagen"

80 Droht ein potenziell Kartellbetroffener mit der Erhebung einer Kartellzivilklage, sind der oder die angeblichen Rechtsverletzer nicht machtlos. Der vermeintliche Schädiger kann insbesondere versuchen, sein Schicksal dadurch selbst in die Hand zu nehmen, indem er noch vor der Erhebung einer Schadensersatzklage (an einem für ihn ungünstigen Gerichtsstand) selbst eine negative Feststellungsklage bei dem Gericht eines anderen Mitgliedstaates der Europäischen Union einreicht (sog. Torpedoklage). Dies führt dazu, dass bei vorliegender Identität des Streitgegenstands und der Parteien das Verfahren durch ein später angerufenes Gericht ausgesetzt wird, solange das Erstgericht nicht über seine Zuständigkeit entschieden hat (Art. 29 Abs. 1 EuGVVO). Sobald sich das Erstgericht für zuständig erklärt hat, ist das Zweitgericht verpflichtet, die Klage nunmehr wegen **anderweitiger Rechtshängigkeit** abzuweisen (Art. 29 Abs. 3 EuGVVO). Da es dem vermeintlichen Schädiger meist auch darauf ankommen wird, das Verfahren möglichst lange hinauszuzögern, sind Torpedoklagen in der Vergangenheit insbesondere vor italienischen sowie belgischen Gerichten erhoben worden, da diese Gerichtsbarkeiten für ihre teils besonders lange Verfahrensdauer bekannt sind. Der BGH hat jüngst unter Bezugnahme auf das

---

46 EuGH, Urt. v. 21.5.2015, Rs. C-352/13, Rn 52, 54 – *CDC Hydrogen Peroxide/Akzo Nobel.*

47 Art. 6 Nr. 1 der Vorgängerverordnung (EG) Nr. 44/2001.

48 EuGH, Urt. v. 21.5.2015, Rs. C-352/13, Rn 33 – *CDC Hydrogen Peroxide/Akzo Nobel.*

Urteil des EuGH in einem von ihm angestrengten Vorabentscheidungsverfahren entschieden, dass eine negative Feststellungsklage mit dem Antrag festzustellen, dass keine Haftung aus einer unerlaubten Handlung besteht, vom Anwendungsbereich des Art. 7 Nr. 2 EuGVVO erfasst ist.[49] Gleichwohl bewegen sich Torpedoklagen auch künftig im Spannungsfeld zwischen der legitimen Abwehr unberechtigter Forderungen und der rechtsmissbräuchlichen bewussten Verzögerung von Zivilverfahren.

Sofern eine Gerichtsstandsvereinbarung zwischen den Parteien besteht, 81 schränken Art. 31 Abs. 2 und 3 EuGVVO die Möglichkeit der Verfahrensverzögerung durch Torpedoklagen ein, da das Verfahren an einem abweichenden Gerichtsstand so lange auszusetzen ist, bis das nach der Gerichtsstandsvereinbarung zuständige Gericht über seine Zuständigkeit entschieden hat. Nur wenn sich dieses Gericht für unzuständig erklärt, darf das anderweitig angerufene Gericht das Verfahren fortführen.

2. Gerichtliche Zuständigkeit in Deutschland

Für bürgerliche Rechtsstreitigkeiten, welche die Anwendung der Art. 101, 102 AEUV 82 oder Vorschriften des GWB betreffen, sind unabhängig vom Streitwert gemäß § 87 GWB sachlich ausschließlich die **Landgerichte** zuständig. In den einzelnen Bundesländern kann durch Rechtsverordnung einem Landgericht die Zuständigkeit mehrerer Landgerichtsbezirke zugewiesen werden (§ 89 Abs. 1 GWB).

Mit Ausnahme von Kartellschadensersatzklagen (§ 95 Abs. 2 Nr. 1 GVG) sind 83 kartellrechtliche Rechtsstreitigkeiten Handelssachen, die bei den Landgerichten vor die Kammer für Handelssachen kommen, sofern dies rechtzeitig entweder direkt in der Klageschrift oder in der Klageerwiderung beantragt wird (§§ 95 Abs. 1, 98 Abs. 1 GVG).

Neben dem Landgericht, in dessen Bezirk der Beklagte seine gewerbliche oder 84 selbständige berufliche Niederlassung hat (§§ 12, 17 ZPO), ist insbesondere auch das Landgericht, in dessen Bezirk die unerlaubte Handlung begangen worden ist, örtlich zuständig. Hierzu zählen insbesondere auch die Orte, an denen sich die in Rede stehende Wettbewerbsbeschränkung auswirkt (z.B. der Sitz des geschädigten, boykottierten oder durch eine kartellrechtswidrige vertikale Vereinbarung gebundenen Unternehmens).[50] Zur Begründung des Gerichtsstands der unerlaubten Handlung genügt es, dass der Kläger schlüssig Tatsachen behauptet, aus denen sich ergibt, dass die be-

---

49 BGH, Urt. v. 29.1.2013, Az. KZR 8/10, Rn 6, 13 = WuW/E DE-R 3830 (3833) – *Internationale Zuständigkeit*; zuvor EuGH, Urt. v. 25.10.2012, Rs. C-133/11 = GRUR 2013, 98 (100) – *Folien Fischer*.

50 OLG Köln, Beschl. v. 30.5.2016, Az. 8 AR 24/16, Rn 11; LG Düsseldorf, Zwischenurteil v. 21.2.2007, Az. 34 O (Kart) 147/05, Rn 58 ff.

anstandete unerlaubte Handlung zumindest teilweise im Gerichtsbezirk begangen wurde.[51]

Praxistipp
Der Kläger muss sich vor Klageerhebung darüber im Klaren sein, dass die Zivilgerichte verpflichtet sind, der Europäischen Kommission oder dem Bundeskartellamt kartellrechtliche Streitigkeiten zu melden und auf Verlangen Abschriften von Schriftsätzen, Verfügungen, Entscheidungen und den Protokollen der mündlichen Verhandlungen, zu übersenden (§§ 90, 90a GWB). Außerdem sind die Kartellbehörden berechtigt, im zivilgerichtlichen Verfahren Stellungnahmen als amicus curiae abzugeben. Es kann sein, dass die Kartellbehörden nach Kenntnis des Sachverhalts gegebenenfalls selbst weitere Nachforschungen anstellen.

II. Anwendbares Recht nach der Rom-II-VO

85 Auch wenn ein deutsches Gericht international zuständig ist, über eine Kartellzivilklage zu entscheiden, ist damit noch nicht geklärt, ob auch das deutsche Kartellzivilrecht Anwendung findet. Die Frage, welches materielle Recht auf ein bestimmtes Rechtsverhältnis anwendbar ist, beantwortet das **Internationale Privatrecht**. Die allgemeine Vorschrift in Art. 40 EGBGB zum Deliktsstatut sowie § 130 Abs. 2 GWB werden seit dem 11.1.2009 in ihrem Anwendungsbereich durch die europarechtliche Regelung in Art. 6 Abs. 3 Rom II-VO verdrängt. Nach Art. 6 Abs. 3 lit. a) Rom II-VO ist bei Verstößen gegen das Kartellrecht das Zivilkartellrecht desjenigen Staates anzuwenden, dessen Markt beeinträchtigt ist oder wahrscheinlich beeinträchtigt wird (sog. **Mosaikprinzip**). Liegt die Beeinträchtigung mehrerer einzelstaatlicher Märkte vor, so kann ein Geschädigter, der vor einem Gericht im Mitgliedstaat des Wohnsitzes des Beklagten klagt, seinen Anspruch insgesamt aber auch auf das Recht des Mitgliedstaats des angerufenen Gerichts stützen, sofern der Markt in diesem Mitgliedstaat zu den Märkten gehört, die unmittelbar und wesentlich durch das den Wettbewerb einschränkende Verhalten beeinträchtigt sind (Art. 6 Abs. 3 b) Rom II-VO).

51 Es handelt sich um eine doppelrelevante Tatsache, vgl. BGH, NJW-RR 2010, 1554 (1554).

F. Häufige Klagetypen

I. Feststellungsklage

1. Feststellung eines Anspruchs auf Belieferung

a) Allgemeine Voraussetzungen des Belieferungsanspruchs

Der Belieferungsanspruch ist im GWB nicht ausdrücklich geregelt. Gleichwohl ist in der Rechtsprechung anerkannt, dass einem Abnehmer unter bestimmten Voraussetzungen ein Anspruch auf Belieferung durch einen bestimmten Lieferanten zustehen kann, was aus dessen Sicht im Ergebnis einem **Kontrahierungszwang** gleichkommt.[52] 86

Ein solcher Belieferungsanspruch kann sich aus einem Missbrauch der Marktmacht ergeben, insbesondere bei einem Verstoß gegen das Diskriminierungs- und Behinderungsverbot (Art. 102 AEUV bzw. §§ 19 Abs. 2 Nr. 1, 20 Abs. 1, Abs. 2 GWB). Ein Kontrahierungszwang kommt allerdings nur dann in Betracht, wenn das Ermessen des Lieferanten bzw. Verkäufers so weit reduziert ist, dass die Diskriminierung oder Behinderung praktisch nur durch die Belieferung beseitigt werden kann. Während der BGH den Belieferungsanspruch rechtlich als einen Schadensersatzanspruch in Form der Naturalrestitution einordnet,[53] geht die obergerichtliche Rechtsprechung zusammen mit weiten Teilen des Schrifttums davon aus, dass der verschuldensunabhängige Beseitigungs- und Unterlassungsanspruch in § 33 Abs. 1 GWB als Anspruchsgrundlage heranzuziehen ist.[54] In der Praxis ergeben sich dadurch im Ergebnis meist keine Unterschiede, da ein Verschulden des Normadressaten bereits dann anzunehmen ist, wenn dieser hätte erkennen können, dass keine (sachlichen) Gründe zur Abschlussverweigerung bestanden. 87

Diskutiert wird ferner, ob potenzielle Abnehmer auch bei einem Verstoß gegen das Kartellverbot **Anspruch auf Zugang zu einem (selektiven) Vertriebssystem** haben können, aus dem sich sodann ein fortlaufender Belieferungsanspruch ergibt. In Sachen Depotkosmetik hat der BGH festgestellt, dass sich ein Belieferungsanspruch als Schadensersatzanspruch nicht aus einem Verstoß eines selektiven Vertriebssystems gegen Art. 101 AEUV ableiten lässt,[55] und zwar auch dann nicht, wenn der Händler die zulässigen qualitativen Aufnahmevoraussetzungen erfüllt. Das Kartellverbot verbiete es einem Hersteller zwar, seine Waren unter unzulässiger Be- 88

52 BGH, Urt. v. 20.11.1975, Az. KZR 1/75 = WuW/E BGH 1391 – *Rossignol*; BGH, Urt. v. 22.1.1985, Az. KZR 35/83 = NJW 1985, 2135 = WuW/E BGH 2125 – *Technics*.

53 BGH, Urt. v. 20.11.1975, Az. KZR 1/75 = WuW/E BGH 1391, 1395 – *Rossignol*; BGH, Urt. v. 12.5.1998, Az. KZR 23/96 = WuW/E DE-R 206 – *Depotkosmetik*.

54 OLG Karlsruhe, Urt. v. 14.11.2007, Az. 6 U 57/06 = GRUR-RR 2008, 103 – *Versandbuchhändler*; OLG Karlsruhe, Urt. v. 8.11.1978, Az. 6 U 192/77 Kart WuW/E OLG 2085, 2091 – *Multiplex*; KG Berlin, Urt. v. 12.10.1979, Az. Kart U 540/79 WuW/E OLG 2210, 2212 – *Rote Liste*. So auch *Bechtold*/Bosch, GWB, § 33 GWB Rn 17 und Wiedemann/*Lübbert*/*Schöner*, Hdb. Kartellrecht, § 25, Rn 5.

55 Urt. v. 12.5.1998, Az. KZR 23/96 = WuW/E DE-R 206 (208 f.) – *Depotkosmetik*.

schränkung des Wettbewerbs in einem einzelne Händler diskriminierenden Vertriebssystem abzusetzen, es gebiete ihm aber nicht, sämtliche Wiederverkäufer, die für den Absatz seiner Produkte fachlich geeignet sind, zu beliefern. Eine Pflicht zur Belieferung ergibt sich danach weder aus dem Zweck des Verbots wettbewerbsbeschränkender Vereinbarungen noch aus schadensersatzrechtlichen Überlegungen. Schließlich stehe es dem Hersteller frei, den Verstoß gegen Art. 101 AEUV, der in der Verweigerung der Aufnahme des geeigneten Wiederverkäufers in das selektive Vertriebssystem begründet liege, entweder durch eine diskriminierungsfreie Belieferung von Außenseitern oder durch eine Aufgabe oder Änderung seines Vertriebssystems zu beenden.[56] Den betroffenen Wiederverkäufern gewährt der BGH im Ergebnis somit **lediglich einen Ersatzanspruch in Geld** (auf Ersatz des entgangenen Gewinns) und keinen Anspruch auf Zugang zum selektiven Vertriebssystem.

b) Besonderheiten eines Anspruchs auf Neubelieferung

89 Wenn der potenzielle Abnehmer von dem beklagten Unternehmen bisher nicht beliefert worden ist, lässt sich der Belieferungsanspruch bei Vorliegen der oben dargestellten Voraussetzungen prozessual regelmäßig mit Hilfe einer **positiven Feststellungsklage** durchsetzen. Eine Leistungsklage auf Lieferung bestimmter Waren Zug um Zug gegen Zahlung des Kaufpreises ist nur zulässig, wenn nicht nur die zu liefernde Ware (Marke, Modell, Typenbezeichnung, Stückzahl etc.), sondern auch die Konditionen der Lieferung (bezüglich der Menge, Preise und weiterer Einzelheiten der Vertragsdurchführung) so genau bezeichnet werden, dass dies dem Bestimmtheitsgebot genügt (§ 253 Abs. 2 Nr.2 ZPO), was bei sich ändernden Lieferbedingungen Schwierigkeiten bereitet. Eine auf wiederkehrende Lieferung gerichtete Leistungsklage ist daher in der Praxis oft nicht statthaft. Die Rechtsprechung bejaht in diesen Fällen häufig großzügig das Feststellungsinteresse, um eine Klärung der Streitfrage zu ermöglichen, insbesondere dann, wenn schon das Feststellungsurteil zur endgültigen Beilegung des Rechtsstreits führt und eine erneute Inanspruchnahme der Gerichte zur Durchsetzung des streitgegenständlichen Anspruchs nicht zu erwarten ist.[57]

---

i **Praxistipp**
An einer hinreichenden Bestimmtheit des Klageantrags fehlt es u.U., wenn die Beklagte schlicht Bestellungen „zu marktüblichen Konditionen" bzw. Zug um Zug gegen Zahlung „nichtdiskriminie-

---

56 Urt. v. 12.5.1998, Az. KZR 23/96 = WuW/E DE-R 206 (208 f.) – *Depotkosmetik*.

57 BGH, Urt. v. 26.1.2016, Az. KZR 41/14, Rn 11 – *Jaguar-Vertragswerkstatt*; OLG Düsseldorf, Urt. v. 21.12.2011, Az. VI-U (Kart) 19/11 = BeckRS 2012, 09274.

render Preise" ausführen soll.[58] Daher sollte der Feststellungsantrag möglichst präzise, wie folgt gefasst werden:[59]

> „Es wird festgestellt, dass der Lieferant verpflichtet ist, den Abnehmer mit der [genau bezeichneten Ware] in handelsüblichen Mengen zu seinen bei gleicher Mengenabnahme bisher üblichen Preisen und Konditionen [genau beschreiben] zu beliefern."

Das klagestattgebende Feststellungsurteil ist für die zwangsweise Durchsetzung eines Belieferungsanspruchs nicht geeignet, weil hieraus nicht vollstreckt werden kann. Falls der Lieferant trotz des Feststellungsurteils nicht liefern sollte, kann der Abnehmer Einzellieferungen kurzfristig im Wege des einstweiligen Rechtsschutzes durchsetzen.[60] 90

Der Belieferungsanspruch kann prinzipiell auch im **einstweiligen Verfügungsverfahren** durchgesetzt werden. Da es sich in diesen Fällen wegen der Vorwegnahme der Hauptsache regelmäßig um eine Leistungsverfügung handelt, liegt der erforderliche Verfügungsgrund nur bei bestehender oder zumindest drohender Notlage des Antragstellers vor. Dieser muss so dringend auf die Belieferung angewiesen sein, dass ihm ein Zuwarten bei der Durchsetzung seines Anspruchs oder eine Verweisung auf die spätere Geltendmachung von Schadensersatzansprüchen nicht zuzumuten ist.[61] Das ist typischerweise nur dann der Fall, wenn eine **wirtschaftliche Notlage für das Unternehmen insgesamt** und nicht nur für einzelne Unternehmensteile besteht oder droht.[62] 91

c) Besonderheiten eines Anspruchs auf Fortsetzung bisheriger Belieferung

Sofern zwischen dem Abnehmer und dem Lieferanten zum Zeitpunkt der Klageerhebung (noch) eine Vertragsbeziehung besteht, der Vertriebsvertrag jedoch gekündigt worden ist, ist das Klagebegehren auf die **Fortsetzung der Vertragsbeziehung** gerichtet. 92

Beispiel

Da in diesen Fällen ein vertraglicher Rahmen für die weitere Belieferung, d.h. zu den vereinbarten Konditionen, besteht, reicht folgender Feststellungsantrag aus:

58 OLG Düsseldorf, Urt. v. 25.6.2014, Az. VI-U (Kart) 46/13, Rn 75; großzügiger BGH, Urt. v. 6.10.2015, Az. KZR 87/13, Rn 25 – *Porsche-Tuning*.

59 BGH, Urt. v. 30.6.1981, Az. KZR 19/80 = WuW/E 1885 (1886) – *Adidas*; BGH, Urt. v. 22.1.1985, Az. KZR 35/83 = NJW 1985, 2135 – *Technics*; OLG Karlsruhe, Urt. v. 14.11.2007, Az. 6 U 57/06, Rn 14; Immenga/Mestmäcker/*Markert*, Dt. WettbewerbsR, § 20 GWB Rn 234.

60 *Schockenhoff*, NJW 1990, 152 (156 f.).

61 OLG Düsseldorf, Urt. v. 10.11.2010, Az. VI-U (Kart) 19/10, Rn 63.

62 LG Düsseldorf, Urt. v. 11.9.2012, Az. 37 O 095/12 (Kart) = WuW 2013, 302 – *Flugportal*.

„Es wird festgestellt, dass das Vertragsverhältnis zwischen den Parteien nicht durch Kündigung beendet worden ist, sondern fortbesteht."[63]

93 Grundsätzlich kann ein Lieferant eine Vertriebsvereinbarung – auch nach langjähriger Geschäftsbeziehung – ordentlich kündigen, ohne dass er die Kündigung begründen müsste, um einem Gericht die Überprüfung zu ermöglichen, wenn er dem von ihm abhängigen Vertragspartner durch eine angemessene Kündigungsfrist eine ausreichende Umstellungszeit gewährt.[64] Wird dennoch eine Begründung für die Kündigung gegeben, besteht die Gefahr, dass das Gericht diese nachprüft und als Verstoß gegen das Diskriminierungsverbot (§ 20 Abs. 1 GWB) wertet.[65]

94 Etwas anderes gilt hingegen dann, wenn der Kündigende einem Kontrahierungszwang, z.B. einer Belieferungspflicht oder einer Bezugspflicht, unterliegt. In diesem Fall kann ein laufendes Vertragsverhältnis nicht ohne weiteres, sondern nur bei Vorliegen besonderer Gründe gekündigt werden. Denn der Kündigende wäre aufgrund des Kontrahierungszwangs (siehe oben F.I.1.a)) zum sofortigen erneuten Vertragsabschluss verpflichtet.[66]

2. Feststellung der Nichtigkeit einer Vereinbarung

95 Die Feststellungsklage dient darüber hinaus dazu, im Streitfall gerichtlich klären zu lassen, ob eine wettbewerbsbeschränkende Vereinbarung (etwa ein vertragliches Wettbewerbsverbot oder eine Kundenschutzklausel), die ein Unternehmen als Berechtigter durchsetzen oder deren Anwendung es als Verpflichteter verhindern will, wirksam oder unwirksam ist.[67]

96 Nichtig sind nicht nur Vereinbarungen, die gegen das Kartellverbot (Art. 101 Abs. 2 AEUV bzw. § 1 GWB i.V.m. § 134 BGB) verstoßen, sondern auch solche Vereinbarungen, die das Diskriminierungs- und Behinderungsverbot verletzen (Art. 102 AEUV bzw. § 20 Abs. 1 GWB). Im letzteren Fall muss sich der Verstoß unmittelbar aus dem betreffenden Rechtsgeschäft ergeben und darf nicht ohne die Anordnung der Nichtigkeit beseitigt werden können. Sind einzelne Bestimmungen eines Vertra-

63 Alternativ kann auch beantragt werden, festzustellen, dass die Kündigung des Vertrages rechtsunwirksam ist, vgl. BGH, Urt. v. 24.6.2003, Az. KZR 32/01 = NJW-RR 2003, 1348 – *Schülertransporte*.

64 BGH, Urt. v. 21.2.1995, Az. KZR 33/93 = NJW-RR 1995, 1260 = WuW/E BGH 2983 (2988) – *Citroën-Vertragshändler*; BGH, Urt. v. 24.6.2003, Az. KZR 32/01 = NJW-RR 2003, 1348 = WuW/DE-R 1144 (1145) – *Schülertransporte*.

65 So im Fall BGH, Urt. v. 24.6.2003, Az. KZR 32/01, NJW-RR 2003, 1348 = WuW/DE-R 1144 (1145) – Schülertransporte.

66 BGH, Urt. v. 24.6.2003, Az. KZR 32/01 = NJW-RR 2003, 1348 = WuW/DE-R 1144 (1146) – *Schülertransporte*; BGH, Urt. v. 7.3.1989, Az. KZR 15/87, WuW/E BGH 2584 (2587) – *Lotterievertrieb*.

67 Immenga/Mestmäcker/*K. Schmidt*, Dt. WettbewerbsR, § 87 GWB Rn 15; LG Köln, Urt. v. 15.3.2011, Az. 21 O 95/10, zur begehrten Feststellung der Nichtigkeit eines Bierlieferungsvertrages.

ges wegen eines Kartellrechtsverstoßes nichtig, so führt dies zur Teilnichtigkeit oder über § 139 BGB zur Nichtigkeit des gesamten Vertrages.[68]

Praxistipp
Zu beachten ist, dass eine Partei nicht gegen die Grundsätze von Treu und Glauben nach § 242 BGB verstößt, wenn sie sich vor dem Zivilgericht auf die Nichtigkeit einer vertraglichen Vereinbarung mit wettbewerblicher Ausschlusswirkung beruft, obwohl sie diese im vollen Bewusstsein ihrer Kartellrechtswidrigkeit abgeschlossen hat. Dies wird damit begründet, dass die Berufung auf die kartellrechtliche Unwirksamkeit nicht nur dem Schutz der davon profitierenden Vertragspartei, sondern auch dem Schutz Dritter dient, die auf der Grundlage freien Wettbewerbs Geschäfte mit den Vertragsparteien tätigen wollen.[69]

---

3. Negative Feststellungsklage

Die negative Feststellungsklage dient dazu, das Nichtbestehen eines Rechtsverhältnisses festzustellen. Das Interesse an der alsbaldigen Feststellung ist insbesondere dann gegeben, wenn sich der Beklagte eines Anspruchs gegen den Kläger berühmt, so etwa wenn ein Kunde einem Hersteller mit einer Schadensersatzklage droht. 97

Mit der negativen Feststellungsklage kann ein Lieferant auch gerichtlich feststellen lassen, dass eine Lieferverpflichtung gegenüber einem bestimmten Abnehmer nicht besteht, wenn sich dieser zuvor eines entsprechenden Anspruchs berühmt hat.[70] 98

4. Isolierte Feststellungsklage hinsichtlich des Bestehens eines Schadensersatzanspruchs

Mit einer Feststellungsklage kann der Kläger auch isoliert gerichtlich klären lassen, ob im Verhältnis zwischen den Parteien ein konkretes Rechtsverhältnis in Form eines Schadensersatzanspruchs besteht. Die Feststellungsklage ist dann zu wählen, wenn lediglich das Rechtsverhältnis zwischen Kläger und Beklagtem geklärt werden soll, oder wenn ein Kartellschaden geltend gemacht werden soll, der Schaden aber zum Zeitpunkt der Klageerhebung noch nicht (oder allenfalls teilweise) beziffert werden kann. 99

---

68 Vgl. hierzu und zur Auswirkung einer salvatorischen Klausel *Bunte*, GRUR 2004, 301 (301ff.).
69 Vgl. zur Berufung auf die Nichtigkeit einer Nichtangriffsabrede in einem Patentlizenzvertrag BGH, Urt. v. 21.2.1989, Az. KZR 18/84 = GRUR Int. 1991, 734 (736) – *Kaschierte Hartschaumplatten*; zur Berufung auf die Nichtigkeit einer Ausschließlichkeitsbindung BGH, Urt. v. 31.5.1972, Az. KZR 43/71 = GRUR 1973, 97 (100) – *Eiskonfekt*.
70 BGH, Urt. v. 20.11.1975, Az. KZR 1/75 = NJW 1976, 801 (803) = WuW/E 1391 (1395) – *Rossignol*.

100 Ob eine Feststellungsklage im Kartellschadensersatzverfahren zulässig ist, oder eine Leistungsklage erhoben werden muss, hängt davon ab, inwieweit es dem Kläger zum Zeitpunkt der Klageerhebung möglich ist, den Schaden zu beziffern. Nur wenn die Schadensbezifferung nicht möglich ist und daher keine vorrangige Leistungsklage erhoben werden kann, hat der Kläger ein Feststellungsinteresse.

101 Nach einer im Vordringen befindlichen Ansicht ist das Feststellungsinteresse auch dann zu bejahen, wenn der Kläger den (gesamten) Schaden erst nach Durchführung einer umfassenden Begutachtung durch einen gerichtlichen Sachverständigen abschließend beziffern kann.[71]

Praxistipp

Ist die Schadensentwicklung im Zeitpunkt der Klageerhebung bereits vollständig abgeschlossen, ist zu überlegen, ob auf Grundlage eines kostspieligen ökonomischen Privatsachverständigengutachtens ein Schadensbetrag geschätzt werden soll, um mit der Erhebung einer Leistungsklage – einer Klage auf Schadensersatz mit einem unbezifferten Zahlungsantrag (§ 253 Abs. 2 Nr. 2 ZPO i.V.m. § 287 ZPO[72]) – auf Nummer sicher zu gehen. Dies steht im Einklang mit der bisherigen Rechtsprechung des BGH, wonach der Vorrang der Leistungsklage nicht schon deshalb entfällt, weil die Bemessung des bereits entstandenen Schadens und damit letztlich die Bezifferung des Klageantrags die Darstellung hypothetischer Marktverhältnisse und schwieriger Schätzungsgrundlagen erfordern.[73] Im Bereich des gewerblichen Rechtsschutzes ist der BGH bereits jetzt weniger restriktiv.[74] Es bleibt abzuwarten, ob sich die Ansicht des OLG Karlsruhe durchsetzt. Mit der ökonomischen Schadensanalyse werden die ohnehin bereits komplexen Kartellschadensersatzprozesse mit einer Vielzahl weiterer tatsächlicher wie rechtlicher Probleme belastet.

Checkliste

- Die Verfahrensdauer einer Feststellungsklage ist in der Regel deutlich kürzer, da es keiner Schadensschätzung bedarf – ohnehin entscheiden die Gerichte bei Erhebung einer Klage auf Schadensersatz mit einem unbezifferten Zahlungsantrag (auf Grundlage einer Schadensschätzung) oft vorab im Wege eines Grundurteils ebenso nur über die Haftung dem Grunde nach.
- Die Reduzierung des Streitwerts führt zu reduzierten Gerichtskosten und Rechtsanwaltsgebühren.
- Auf Grundlage eines positiven Feststellungsurteils sind die Kosten der ökonomischen Schadensanalyse als Teil des zu ersetzenden Schadens von den Kartellteilnehmern zu tragen, und zwar unabhängig davon, ob sich nach der ökonomischen Schadensanalyse tatsächlich ein ersatzfähiger Schaden ergibt.
- Nach Vorliegen eines Feststellungsurteils erhöht sich erfahrungsgemäß die Vergleichsbereitschaft der Beklagten. Oftmals bedarf es daher keiner nachfolgenden Leistungsklage mehr.

71 OLG Karlsruhe, Urt. v. 9.11.2016, Az. 6 U 204/15 Kart (2), Rn 51 – *Grauzementkartell*; vgl. hierzu auch Wiedemann/*Ollerdißen*, Hdb. Kartellrecht, § 61 Rn 8 ff.

72 Vgl. BGH, Beschl. v. 7.4.2009, Az. KZR 42/08 = GRUR-RR 2009, 319 – *Zementkartell*.

73 So früher bis zu der vorzitierten Entscheidung noch das OLG Karlsruhe, NJW 2004, 2243 (2245) = WuW/E DE-R 1229 unter Hinweis auf BGH, NJW 1996, 2097 (2098).

74 BGH, Urt. v. 28.6.2007, Az. I ZR 132/04, Rn 16.

II. Unterlassungs- und Beseitigungsklage

1. Anspruchsberechtigung

§ 33 Abs. 1 GWB gewährt dem Betroffenen bei Kartellrechtsverstößen verschuldensunabhängig einen Beseitigungs- sowie bei Vorliegen einer Begehungs- oder Wiederholungsgefahr einen Unterlassungsanspruch. Anspruchsberechtigt ist, wer zum Kreis derjenigen zählt, denen durch die fragliche Verhaltensweise (z.B. den konkret verwirklichten Missbrauchstatbestand) kausal ein Schaden zu entstehen droht. 102

2. Eilrechtsschutz

In besonders eilbedürftigen Fällen können Beseitigungs- und Unterlassungsansprüche gemäß § 33 Abs. 1 i.V.m. § 19 oder § 20 GWB außerdem auch im einstweiligen Verfügungsverfahren (§§ 935ff. ZPO) geltend gemacht werden. Eine Dringlichkeitsvermutung, wie sie § 12 Abs. 2 UWG für das Lauterkeitsrecht vorsieht, existiert im Kartellrecht nicht und ist daher entsprechend darzulegen. 103

3. Besonderheiten des Unterlassungsanspruchs

Mit Hilfe des Unterlassungsanspruchs können Betroffene verhindern, dass kartellrechtswidrige Vereinbarungen und Verhaltensweisen künftig (erneut) umgesetzt werden. Der Unterlassungsanspruch gemäß § 33 GWB setzt einen bereits begangenen Kartellrechtsverstoß und eine hierauf bezogene Wiederholungsgefahr oder einen erstmals drohenden Kartellrechtsverstoß voraus.[75] Die Darlegungs- und Beweislast für das Vorliegen der anspruchsbegründenden Tatbestandsvoraussetzungen trägt derjenige, der sich des Unterlassungsanspruchs berühmt, in der üblichen Situation einer Unterlassungsklage also der Kläger. 104

Der Unterlassungsanspruch richtet sich zum einen gegen denjenigen, der zuvor einen Kartellrechtsverstoß begangen hat und bei dem deswegen eine tatsächliche, widerlegliche Vermutung begründet ist, dass er ihn erneut begehen wird.[76] An einer **Wiederholungsgefahr** fehlt es jedoch, wenn der Rechtsverletzer vorgerichtlich bereits eine strafbewehrte Unterlassungserklärung abgegeben hat. Zulässig ist gemäß § 33 Abs. 2 GWB zum anderen auch eine vorbeugende Unterlassungsklage, wenn die ernst zu nehmende Gefahr eines baldigen (erstmaligen) Kartellrechtsverstoßes besteht (Erstbegehungsgefahr). Der Betroffene muss in diesem Fall nicht erst die Begehung der aus seiner Sicht kartellrechtswidrigen Handlung abwarten, sondern 105

---

75 OLG Düsseldorf, Urt. v. 22.6.2010, Az. VI-U (Kart) 9/10, Rn 14.

76 *Bechtold*/Bosch, GWB, § 33 GWB Rn 16; Immenga/Mestmäcker/*Emmerich*, Dt. WettbewerbsR, § 33 GWB Rn 96.

kann sofort „vorbeugend“ Unterlassung derselben verlangen. Im Übrigen finden die zu § 8 Abs. 1 UWG entwickelten Grundsätze Anwendung.

106 In der Praxis werden Unterlassungs- und Beseitigungsansprüche überwiegend von wirtschaftlich unterlegenen Marktteilnehmern gegen die missbräuchliche Ausnutzung von Marktmacht[77] (Art. 102 AEUV bzw. §§ 19, 20 GWB) oder zur Abwehr einer einseitigen vertikalen Preisbindung (§ 21 Abs. 2 GWB) geltend gemacht.

Beispiel[78]

Ein Lebensmittelhändler bezieht von einem Lieferanten seit mehreren Jahren eine türkische Knoblauchwurst, auf deren Verpackung (ohne weitere Zusätze) ein unabänderlicher Preis aufgedruckt ist. Er begehrt von seinem Lieferanten Unterlassung der Angabe eines verbindlichen Preises auf der Verpackung des Produkts (Verbot der Preisbindung der zweiten Hand). Das Gericht verurteilte den Lieferanten dazu, es zu unterlassen, Produkte zu vertreiben, auf denen ein Preis ohne Hinweis auf seine Unverbindlichkeit abgedruckt ist.

---

107 Denkbar ist aber auch, dass sich ein betroffener Marktteilnehmer gegen die Kooperation eines Wettbewerbers mit einem anderen Unternehmen wendet, etwa dann, wenn ein Fall des verbotenen **Abkaufs von Wettbewerb** vorliegt.

Beispiel[79]

Der Briefzusteller TNT begehrte eine gerichtliche Unterlassungsverfügung gegen die Deutsche Post AG, die zusammen mit der WAZ-Gruppe in einem letter of intent erklärt hatte, dass sie zukünftig Zustellleistungen für die WAZ übernehmen würde. Das Gericht sah in dieser Erklärung keinen Verzicht der WAZ-Gruppe auf eine eigene bisher ausgeübte Marktteilnahme, sondern eine autonome Entscheidung, das defizitäre Zustellgeschäft einzustellen, und lehnte daher die Annahme eines bereits eingetretenen oder drohenden Kartellverstoßes ab.

---

4. Besonderheiten des Beseitigungsanspruchs

108 Sofern ein objektiv rechtswidriger Verstoß gegen das Kartellverbot oder Art. 102 AEUV bzw. §§ 19 bis 21 GWB vorliegt, steht dem Betroffenen gemäß § 33 Abs. 1 GWB ein Anspruch auf Beseitigung des kartellrechtswidrigen Verhaltens zu. Dadurch soll der rechtmäßige Zustand wiederhergestellt werden. Der konkrete Inhalt des Beseitigungsanspruchs richtet sich nach der jeweiligen Art des Kartellrechtsverstoßes. Im Übrigen finden die allgemeinen Grundsätze zur **Störerhaftung** Anwendung.[80] Voraussetzung für einen Beseitigungsanspruch ist daher, dass dem Kartellteilnehmer

---

77 OLG München, *Urteil* vom 23.3.2017 – U 3702/16 Kart = NZKart 2017, 382 – *Videoberichterstattung im Amateurfußball.*

78 LG Düsseldorf, Urt. v. 18.3.2010, Az. 14c O 24/09 = BeckRS 2010, 18049 – *Knoblauchwurst.*

79 OLG Düsseldorf, Urt. v. 22.6.2010, Az. VI-U (Kart) 9/10, Rn 19 ff.

80 Vor der 7. GWB-Novelle wurde der Anspruch aus § 1004 Abs. 1 Satz 1 BGB analog hergeleitet.

oder dem marktbeherrschenden oder marktstarken Unternehmen als Störer die Beseitigung der Folgen des Eingriffs im Einzelfall möglich und zumutbar ist.

Beispiel[81]

Der Veranstalter der regional einzigen Dentalmesse ließ die Klägerin nicht als Ausstellerin zur Messe zu, da sie ihre Dentalprodukte nicht zumindest zum Teil über die Vertriebswege des Veranstalters vertrieb. Das Gericht verurteile den Veranstalter zur Zulassung zur Messe, da er in seiner Funktion als Messeveranstalter als marktbeherrschendes Unternehmen diskriminierungsfrei Zugang gewähren musste.

III. Klage auf Rückforderung des durch ungerechtfertigte Bereicherung Erlangten

1. Verhältnis des Bereicherungsanspruchs zum Kartellschadensersatz

In Einzelfällen kann ein materieller Ausgleich auch über das Bereicherungsrecht 109
erreicht werden, ohne dass es einer Schadensersatzklage (mit entsprechendem Aufwand für den Schadensnachweis) bedarf. Der Anspruch auf Herausgabe einer ungerechtfertigten Bereicherung gemäß § 812 Abs. 1 BGB dient dazu, Vermögensverschiebungen rückgängig zu machen, die ohne rechtlichen Grund erfolgt und daher missbilligt sind.[82] Grundsätzlich stehen der Bereicherungs- und der deliktische Schadensersatzanspruch selbständig nebeneinander (**Anspruchskonkurrenz**).[83] Eine kumulative Geltendmachung der beiden Ansprüche in voller Höhe ist indes ausgeschlossen, weil der Bereicherungsschuldner in dem Umfang, in dem er Schadensersatz leistet, nicht mehr bereichert ist.[84]

2. Anspruchsberechtigung

a) Bereicherungsrechtliche Ansprüche der Beteiligten untereinander

Ein Bereicherungsanspruch gemäß § 812 Abs. 1 Satz 1 Alt. 1 BGB kommt insbesonde- 110
re in Betracht, wenn ein Kartellteilnehmer die Rückgewähr derjenigen Vermögensvorteile geltend macht, welche ein anderer Kartellteilnehmer durch Leistung auf der Grundlage der von Anfang an nichtigen[85] Vereinbarung erlangt hat. Auch ein Unternehmen, das an einem Kartellrechtsverstoß beteiligt war, ist anspruchsbe-

---

81 OLG Düsseldorf, Beschl. v. 10.3.2010, Az. VI-U (Kart) 14/09.

82 BeckOK BGB/*Wendehorst*, § 812 BGB Rn 3.

83 BGH, Urt. v. 22.7.2014, Az. KZR 27/13 = NJW 2014, 3089 (3092) – *Stromnetznutzungsentgelt VI.*

84 *Dreier*, Kompensation, S. 409 f.

85 Die Nichtigkeit von Vereinbarungen kann sich insbesondere aus Art. 101 Abs. 2 AEUV bzw. § 1 GWB sowie aus § 19 Abs. 1 GWB oder § 20 Abs. 1, Abs. 2 GWB i.V.m. § 134 BGB ergeben. Ein bereicherungsrechtlicher Rückzahlungsanspruch ergibt sich sowohl bei Teilnichtigkeit der vertraglichen Preisvereinbarung als auch bei Gesamtnichtigkeit des Vertrags.

rechtigt, wenn es keine erhebliche Verantwortung für die Wettbewerbsverzerrung trägt.[86] Anspruchsberechtigt sind daher zumindest die gebundenen Unternehmen, die im Rahmen vertikaler Vereinbarungen in unzulässiger Weise in ihrer Wettbewerbsfreiheit beschränkt werden.[87] Regelmäßig nicht anspruchsberechtigt sind hingegen die anderen Kartellmitglieder bei horizontalen Vereinbarungen und die bindenden Unternehmen bei vertikalen Vereinbarungen.

b) Anspruch des Abnehmers gegen den Lieferanten

111 Eine Leistungskondiktion gemäß § 812 Abs. 1 Satz 1 Alt. 1 BGB kommt in Betracht, wenn der Abnehmer den mit dem Kartellmitglied geschlossenen Liefervertrag, der als sog. Folgevertrag grundsätzlich nicht von der Nichtigkeitsfolge der Art. 101ff. AEUV bzw. § 134 BGB i.V.m. §§ 1ff. GWB erfasst wird, wegen arglistiger Täuschung gemäß § 123 Abs. 1 BGB angefochten hat.[88] Da bei einer wirksamen Anfechtung das Rechtsgeschäft als von Anfang an nichtig anzusehen ist (§ 142 Abs. 1 BGB), sind auch hier die empfangenen Leistungen zurückzugewähren. Die Anfechtung muss rechtzeitig erklärt werden, also innerhalb eines Jahres nach positiver Kenntnis der den Täuschungsvorwurf begründenden Umstände (§ 124 Abs. 1 BGB).

112 In der Rechtsprechung nicht abschließend geklärt ist, unter welchen Voraussetzungen ein Lieferant einen Abnehmer arglistig über den Kartellrechtsverstoß täuscht. In Betracht kommt eine **Täuschung** über die **Beteiligung an dem Kartell** oder über den **kartellbedingt zu zahlenden Mehrpreis**. Letztere wird als Anfechtungsgrund von dem insofern darlegungs- und beweisbelasteten Abnehmer außer im Fall eines Submissionskartells[89] in der Praxis nicht ohne weiteres nachzuweisen sein.[90] Eine zur Anfechtung berechtigende Täuschung liegt zumindest dann vor, wenn der Lieferant dem Abnehmer (gegebenenfalls auf Nachfrage) vor Vertragsschluss ausdrücklich zugesichert hat, dass die von ihm zu erbringende Leistung nicht Gegenstand einer kartellrechtswidrigen Abrede unter seiner Beteiligung ist.[91] Eine solche ausdrückliche Zusicherung dürfte in der Praxis eher die Ausnahme bilden. Umso wichtiger ist es, eine entsprechende **Zusicherung im Wege einer Compliance-Klausel oder eines von den Vertragsparteien einzuhalten-**

---

86 EuGH, Urt. v. 20.9.2011, Rs. C-453/99, Slg. 2001, I-6297, Rn 31 – *Courage*.

87 OLG Düsseldorf, Urt. v. 14.10.2009, Az. VI-U (Kart) 7/09, LG Berlin, Urt. v. 9.8.2005, Az. 102 O 19/05 Kart.

88 BGH, Beschl. v. 28.1.2010, Az. VII ZR 50/09, Rn 17 f.; Langen/Bunte/*Bornkamm*, Dt. KartellR, § 33 GWB Rn 99; Immenga/Mestmäcker/*Emmerich*, Dt. WettbewerbsR, § 33 GWB Rn 116.

89 Vgl. OLG München, Urt. v. 19.2.2002, Az. 9 U 3318/01 = NJW-RR 2002, 886 (887).

90 Vgl. hierzu zu den Problemen beim Schadensnachweis Rn 100 und 134.

91 *Mayer*, WuW 2010, 29 (31 f.).

den Code of Conduct einzufordern und vertraglich zu regeln.[92] Teilweise wird Abnehmern auch geraten, in ihren Einkaufsverträgen standardmäßig die Klausel aufzunehmen, wonach sich der Lieferant rechtskonform verhält und insbesondere nicht an einem Kartell beteiligt ist.[93]

Praxistipp i

Im Rahmen der Vertragsgestaltung empfiehlt es sich daher, eine Compliance-Klausel aufzunehmen, die ausdrücklich auch die Verpflichtung zur Einhaltung der geltenden kartellrechtlichen Vorschriften umfasst.

Eine **Täuschung durch Unterlassen** dürfte nur selten in Betracht kommen, da ein Lieferant – ohne Hinzutreten besonderer Umstände – nicht verpflichtet ist, seinen Abnehmer ungefragt über alle Umstände aufzuklären, die für dessen Willensbildung von Bedeutung sein könnten.[94] Schließlich hat sich der Abnehmer grundsätzlich selbst darüber zu vergewissern, ob der Abschluss des Vertrages für ihn vorteilhaft ist oder nicht.[95] Unter Berücksichtigung des typischen Verhaltens im geschäftlichen Verkehr kann von einem Lieferanten jedenfalls nicht erwartet werden, dass dieser sich selbst eines Kartellrechtsverstoßes bezichtigt und sich damit der Gefahr der Verfolgung durch die Kartellbehörden aussetzt. 113

3. Bereicherungsrechtliche Einzelfragen

a) Kein Ausschluss der Rückforderung gemäß § 817 Satz 2 BGB

Bereicherungsansprüche im Rahmen eines kartellrechtlich unwirksamen Vertrages werden im Fall einer Beteiligung des Anspruchstellers am Kartellrechtsverstoß nicht durch § 817 Satz 2 BGB ausgeschlossen. Die Rechtsprechung legt diese Kondiktionssperre wegen des ihr ansonsten zukommenden Strafcharakters zu Recht einschränkend aus. Demzufolge ist die Rückforderung nur dann ausgeschlossen, wenn die Leistung des Kartellteilnehmers – für sich gesehen – einen Verstoß gegen ein gesetzliches Verbot oder die guten Sitten begründet[96], was regelmäßig nicht der Fall sein dürfte. 114

---

92 Vgl. dazu Kap. 9 Rn 62ff.

93 *von Criegern/Engelhoven*, WRP 2013, 1441 (1443); *Dück/Schultes*, NZKart 2013, 228 (230).

94 *Mayer*, WuW 2010, 29 (32).

95 BGH, Urt. v. 13.7.1988, Az. VIII ZR 224/87 = NJW 1989, 763 (764).

96 BGH, Urt. v. 8.11.1979, Az. VII ZR 337/78 = NJW 1980, 452 (453) für den Fall der verbotenen Arbeitnehmerüberlassung; OLG Frankfurt, Urt. v. 5.10.2010, Az. 11 U 31/09 (Kart), für überhöhte Netznutzungsentgelte.

b) Wertersatz und Saldotheorie

115 Bei wirksam erklärter Anfechtung sind die empfangenen Leistungen jeweils zurückzugewähren, wobei angesichts des Rechtsverstoßes des Kartellteilnehmers nicht die Saldo-, sondern die Zweikondiktionentheorie angewandt wird.[97] Dies führt dazu, dass der Kartellteilnehmer nicht nur die kartellbedingte Preisüberhöhung, sondern im Ausgangspunkt – Zug um Zug gegen Herausgabe der gekauften Ware – den gesamten Kaufpreis zu erstatten hat. Sofern die erhaltene Ware indes beim unmittelbaren Abnehmer des Kartellteilnehmers nicht mehr vorhanden ist, d.h. die Herausgabe des Erlangten und damit eine vollständige Rückgewähr des jeweils Erlangten nicht (mehr) möglich ist, ist Geld- bzw. Wertersatz zu leisten (§ 818 Abs. 2 BGB). Maßgeblich ist grundsätzlich der **Verkehrswert** im Zeitpunkt der Entstehung des Bereicherungsanspruchs. Da sich der zu leistende Geldersatz (für die erlangte Ware) nach dem Wert bemisst, der sich bei freiem Spiel der Kräfte am Markt gebildet hätte,[98] ist im Wege einer Saldierung die Differenz zwischen dem (hypothetischen) Marktpreis und dem tatsächlich gezahlten Preis für die Ware zurückzugewähren (im Fall von überhöhten Nutzungs- oder Netzentgelten sind folglich die geleistete Überzahlungen zu erstatten).

c) Praktische Unterschiede zum Schadensersatzverlangen

116 In der Praxis kann es von Vorteil sein, einen Bereicherungsanspruch statt eines Schadensersatzanspruches geltend zu machen. Dies beruht im Wesentlichen auf den folgenden Erwägungen:

Checkliste
- Der Bereicherungsanspruch setzt kein Verschulden voraus.
- Die Grundsätze der Vorteilsausgleichung finden im Bereicherungsrecht keine Anwendung,[99] so dass der Einwand des Kartellteilnehmers, der Anspruchsteller habe den Schaden auf die nächste Marktstufe abgewälzt, ausgeschlossen sein dürfte[100].
- Der Anspruch auf Wertersatz gemäß § 818 Abs. 2 BGB ist mit Zinsen in Höhe von acht[101] und nicht wie ein Schadensersatzanspruch mit Zinsen in Höhe von fünf Prozentpunkten über dem jeweiligen Basiszinssatz zu verzinsen.

---

97 Kling/*Thomas*, § 23, Rn 96 und *Dreher*, FS Canenbley, 2012, S. 167 (175 f.); a.A. LG Berlin, Urt. v. 9.8.2005, Az. 102 O 19/05 Kart, Rn 74.

98 OLG Saarbrücken, Urt. v. 9.5.1984, Az. 1 U 13/81 = WuW/E OLG 3243.

99 BGH, Urt. v. 4.12.2007, Az. XI ZR 227/06 = NJW 2008, 845, Rn 34; OLG München, Urt. v. 20.5.2010, Az. U (K) 4653/09 = WuW/E DE-R 3031 (3038).

100 Offen gelassen durch den BGH, Urt. v. 22.7.2014, Az. KZR 27/13, Rn 52 = NJW 2014, 3089 – *Stromnetznutzungsentgelt VI*.

101 OLG München, Urt. v. 20.5.2010, Az. U (K) 4653/09, Rn 90; Palandt/*Grüneberg*, BGB, § 288 BGB Rn 8, § 286 BGB Rn 27.

Nachteile ergeben sich insofern, als der Bereicherungsanspruch nur von dem direkten Abnehmer gegenüber dem eigenen Vertragspartner geltend gemacht werden kann. Auch eine gesamtschuldnerische Inanspruchnahme mehrerer Kartellteilnehmer ist ausgeschlossen. 117

IV. Schadensersatzklage

Kartellschadensersatzklagen sind innerhalb weniger Jahre zur häufigsten Art der zivilrechtlichen Durchsetzung von Ansprüchen wegen Kartellrechtsverstößen geworden. Die Gründe dafür sind nicht ganz durchschaubar. Die Rechtslage hat sich in den vergangenen Jahren jedenfalls nicht erkennbar zu Gunsten von Kartellschadensersatzklägern verbessert. Die zahlreichen durch die 9. GWB-Novelle neu eingeführten Beschränkungen des Akteneinsichtsrechts bei den Kartellbehörden haben die Gewinnung von Informationen zur Anspruchsdurchsetzung eher erschwert. Möglicherweise hat die medienwirksame Erhebung von Kartellschadensersatzklagen mit hohen Klagesummen eine Anreizwirkung für weitere Kläger erzeugt – auch wenn bislang noch unklar ist, ob solch hohe Schadensersatzbeträge jemals vor Gericht durchgesetzt werden können. 118

Checkliste

Eine erfolgreiche Durchsetzung einer Kartellschadensersatzklage nach § 33a GWB setzt voraus, dass der Kläger

- einen schuldhaft begangenen Kartellrechtsverstoß des Beklagten nachweisen oder sich auf die gesetzliche Bindungswirkung der kartellbehördlichen Feststellung eines solchen Verstoßes berufen kann,
- von diesem Kartellrechtsverstoß „betroffen", d.h. unmittelbar oder mittelbar beeinträchtigt ist oder sich einen Anspruch von derartig Betroffenen wirksam hat abtreten lassen,
- kausal bedingt durch den Kartellrechtsverstoß einen Schaden erlitten hat und
- hinreichende Anknüpfungs- und Hinweistatsachen für die Höhe des Schadens darlegen und beweisen kann, die eine Schadensschätzung durch das Gericht ermöglichen.

Da die Auflistung der Anspruchsvoraussetzungen allein dem Leser dieses Werks noch keine Anhaltspunkte gibt, ob er etwaige eigene Kartellschadensersatzansprüche mit Erfolg geltend machen können wird oder ob er sich – spiegelbildlich – mit Erfolg gegen drohende Ansprüche Dritter verteidigen kann, werden nachfolgend die typischen Strategien und Argumentationspunkte auf Kläger- und Beklagtenseite näher dargestellt. Dies soll dem Leser einen ersten Eindruck über seine Erfolgsaussichten auf Kläger- oder Beklagtenseite in einem etwaigen Kartellschadensersatzprozess vermitteln. 119

G. Typische Strategie und Argumentation auf Klägerseite in einer Kartellschadensersatzklage

I. Individuelle Anspruchsdurchsetzung oder Anspruchsbündelung

1. Klage des einzelnen Geschädigten

120 Weit überwiegend ist es das jeweils geschädigte Unternehmen selbst, das vor Gericht eine Kartellschadensersatzklage erhebt. In Einzelfällen wird ergänzend zu dem im eigenen Unternehmen eingetretenen Schaden auch der Schaden eines anderen (u.U. konzernverbundenen) Unternehmens eingeklagt, das zuvor seine Kartellschadensersatzansprüche an das klagende Unternehmen abgetreten[102] oder dieses ermächtigt hat, die Ansprüche im eigenen Namen geltend zu machen. Im letzteren Fall handelt es sich um eine sog. gewillkürte Prozessstandschaft, die nur zulässig ist, wenn eine entsprechende Ermächtigung vorliegt und ein berechtigtes Interesse des Prozessstandschafters an der Geltendmachung des fremden Rechts im eigenen Namen besteht.

2. Formen des kollektiven Rechtsschutzes

121 Sammel- bzw. Gruppenklagen wie im anglo-amerikanischen Recht zur Geltendmachung von (insb. bei Verbrauchern eingetretenen) Streuschäden existieren bislang weder im deutschen noch im Europäischen Recht. Die Europäische Kommission hat sich in ihrer Empfehlung vom 13.6.2013[103] für die Einführung von Gruppenklagen auf Ebene der Mitgliedstaaten ausgesprochen, wobei der Anschluss an die Klage von der Zustimmung des Geschädigten abhängen soll („Opt-in“-Prinzip). Da es sich hierbei lediglich um eine für die Mitgliedstaaten nicht rechtsverbindliche Meinungsäußerung der Europäischen Kommission handelt, erscheint es zweifelhaft, ob in Deutschland in absehbarer Zukunft Sammelklagen im Bereich des Kartellrechts eingeführt werden. Die Kartellschadensersatzrichtlinie 2014 enthält jedenfalls keine Regelung zu Gruppenklagen, so dass der deutsche Gesetzgeber nicht verpflichtet war, bei der Umsetzung in nationales Recht entsprechende kollektive Rechtsdurchsetzungsmechanismen zu regeln.

---

102 So macht die Deutsche Bahn AG im LKW-Kartell neben den eigenen Schadensersatzansprüchen auch die Ansprüche der Bundeswehr und weiterer 40 Unternehmen geltend, die ihre Schadensersatzansprüche jeweils an die Deutsche Bahn AG abgetreten haben (vgl. http://www.deutschebahn.com/de/presse/pressestart_zentrales_uebersicht/16499082/Klage_LKW-Kartell.html, zuletzt abgerufen am 15.3.2018).

103 Empfehlung der Kommission v. 11.6.2013, Gemeinsame Grundsätze für kollektive Unterlassungs- und Schadensersatzverfahren in den Mitgliedstaaten bei Verletzung von durch Unionsrecht garantierten Rechten, ABl EU Nr. L 201/60.

In der Praxis hat sich in Deutschland einstweilen eine andere Form des kollektiven Rechtsschutzes etabliert, bei der einzelne Schadensersatzansprüche kartellgeschädigter Unternehmen an ein eigens hierzu gegründetes professionelles Klagedurchsetzungsunternehmen („Klagevehikel") abgetreten werden und sodann gebündelt im eigenen Namen durch das Klagevehikel gerichtlich geltend gemacht werden. Prominentes Beispiel für ein solches Vorgehen sind die belgischen Aktiengesellschaften „Cartel Damage Claims" (CDC), die vor deutschen Gerichten Schadensersatzklagen gegen die Teilnehmer des Zement-, Wasserstoffperoxid-, Zucker- und LKW-Kartells erhoben haben. Die Rechtsprechung hat die Zulässigkeit der gebündelten Geltendmachung von Kartellschäden durch ein Klagevehikel prinzipiell anerkannt.[104] Allerdings sind die Abtretungen an das Klagevehikel wegen Verstoßes gegen § 138 Abs. 1 BGB für nichtig erklärt worden, weil die Zweckgesellschaft zum Zeitpunkt der Abtretung nicht hinreichend mit Finanzmitteln ausgestattet war, so dass zumindest damals die Gefahr bestand, dass sie etwaige Kostenerstattungsansprüche nicht hätte bedienen können.[105] Eine generelle Unzulässigkeit der Anspruchsbündelung im Abtretungswege geht damit aber nicht einher. Bei hinreichender Finanzausstattung und Registrierung des Klagevehikels im Rechtsdienstleistungsregister dürfte jedenfalls die Abtretung der individuellen Schadensersatzansprüche an das Klagevehikel wirksam sein. 122

II. Prüfung der eigenen Anspruchsberechtigung

1. Anspruchsberechtigte

Welcher Grad an Betroffenheit vorliegen muss, um Schadensersatzansprüche wegen eines Kartellrechtsverstoßes geltend machen zu können, hat der BGH im Jahr 2011 in der Rechtssache ORWI geklärt. Danach ergibt sich folgendes Bild: 123

a) Mitbewerber

Betroffen im Sinne der §§ 33a Abs. 1, 33 Abs. 1 und 3 GWB sind zunächst regelmäßig die Mitbewerber, also diejenigen Unternehmen, die mit den Kartellteilnehmern in Konkurrenz stehen. Die Beeinträchtigung ihrer wirtschaftlichen Interessen ergibt sich meist daraus, dass ihnen der Marktzutritt verweigert oder erschwert wird. Dadurch entsteht ihnen ein Schaden in Form des entgangenen Gewinns. Ein Mitbewerber ist beispielsweise betroffen, wenn ihm durch eine wettbewerbsbeschrän- 124

104 OLG Düsseldorf, Urt. 14.5.2008, Az. VI-U (Kart) 147/05, BGH, Beschl. v. 7.4.2009, Az. KZR 42/08.

105 OLG Düsseldorf, Urt. v. 18.2.2015, Az. VI-U (Kart) 3/14, Rn 64 – *Zementkartell (CDC)*. Danach dürfen Forderungsabtretungen nicht dazu missbraucht werden, dem Prozessgegner die Möglichkeit zu nehmen, seinen Rechtsanspruch auf Erstattung der Anwalts- und Gerichtskosten zu verwirklichen, vgl. hierzu auch *Bernhard*, Kartellrechtlicher Individualschutz durch Sammelklagen, S. 168.

kende Vereinbarung (z.B. in Form einer Gebietsabsprache) der Marktzutritt erschwert wird, ihm aufgrund einer kartellrechtswidrigen Ausschließlichkeitsbindung ein Kunde verloren geht oder ein gegen ihn gerichteter Behinderungsmissbrauch (z.B. in Form eines Boykottaufrufs) vorliegt.

b) Kunden des Kartellteilnehmers (unmittelbare Abnehmer)

125 Auch die unmittelbaren Abnehmer zählen als Akteure der „eigentlich" betroffenen Marktgegenseite zum Kreis der anspruchsberechtigten Marktbeteiligten, sofern sich die wettbewerbsbeschränkende Vereinbarung dort auswirkt. Klassisches Beispiel sind die unmittelbaren Abnehmer der Kartellteilnehmer bei einem Quoten- oder Preiskartell, die für die von ihnen in Anspruch genommene Leistung kartellbedingt einen Mehrpreis gezahlt haben. Aufgrund der gesamtschuldnerischen Haftung der Kartellbeteiligten nach § 33d Abs. 1 und 2 GWB können betroffene Abnehmer nicht nur ihren unmittelbaren Lieferanten, sondern auch jeden anderen, insbesondere den solventesten Kartellteilnehmer verklagen. Dadurch verringert sich das von dem Abnehmer zu tragende Risiko einer Insolvenz einzelner Kartellteilnehmer. Umgekehrt sehen sich in dieser Situation die anderen Kartellteilnehmer einem erhöhten Klagerisiko ausgesetzt, da die Kunden des wirtschaftlich schwächeren Mitkartellanten bevorzugt sie verklagen werden.

c) Kunden der Kunden des Kartellteilnehmers (mittelbare Abnehmer)

126 Wie bereits eingangs erwähnt, hat der BGH in Sachen ORWI unter Bezugnahme auf die Courage-Rechtsprechung des EuGH entschieden, dass es auch nachgelagerten Abnehmern in der Absatzkette prinzipiell möglich ist, Schadensersatzansprüche gegen die Kartellteilnehmer geltend zu machen, sofern der geltend gemachte Schaden kausal auf die Kartellabsprache zurückgeht.[106] Die zentrale Bedeutung des Kartellverbots für die Wirtschaftsordnung erfordert es, auch dem mittelbaren Abnehmer (und den weiteren Folgeabnehmern auf den nachgelagerten Marktstufen) deliktsrechtlichen Schutz zu gewähren, wenn auf dessen Kosten ein kartellrechtlich verbotenes Verhalten praktiziert wird.[107]

127 Während der mittelbare Abnehmer nach früherer Rechtslage die Darlegungs- und Beweislast dafür trug, dass ihm ein Schaden entstanden ist, er also nachweisen musste, dass der kartellbedingte Preisaufschlag auf die nachfolgende Marktstufe

106 BGH, Urt. v. 28.6.2011, Az. KZR 75/10 = NJW 2012, 928, Rn 34 f. – *ORWI*. Tatsächliche oder rechtliche Vermutungen zu Gunsten des mittelbaren Abnehmers gab es nach früherer Rechtslage nicht.

107 BGH, Urt. v. 28.6.2011, Az. KZR 75/10 = NJW 2012, 928, Rn 25 – *ORWI*.

(d.h. auf ihn selbst) abgewälzt wurde,[108] wird nunmehr zu seinen Gunsten dem Grunde nach vermutet, dass der Preisaufschlag und mit ihm der Schaden auf ihn abgewälzt wurde, wenn der Rechtsverletzer einen Verstoß gegen § 1 oder § 19 GWB oder die Art. 101, 102 AEUV begangen hat, der Verstoß einen Preisaufschlag für den unmittelbaren Abnehmer des Rechtsverletzers zur Folge hatte und der mittelbare Abnehmer Waren oder Dienstleistungen erworben hat, die (ohne verarbeitet oder wesentlich verändert worden zu sein) Gegenstand des Verstoßes waren oder unmittelbar oder mittelbar aus Waren oder Dienstleistungen hervorgegangen sind, die Gegenstand des Verstoßes waren (§ 33c Abs. 2 GWB). Diese Vermutung gilt indes nur zu Gunsten des mittelbaren Abnehmers in dessen Prozess. Im Verhältnis zum unmittelbaren Abnehmer gilt sie nicht.

Die Vermutung der Schadensabwälzung gemäß § 33c Abs. 2 GWB ist bereits dann 128 widerlegt, wenn lediglich glaubhaft gemacht wird, dass der Preisaufschlag nicht oder nicht vollständig an den mittelbaren Abnehmer weitergegeben wurde. Damit weicht dieses Konzept deutlich von dem Modell ab, das der BGH im Fall ORWI entwickelt hat und welches darauf beruhte, dass die Schadensweiterwälzung auf die nächste Marktstufe von den Akteuren jeweils darzulegen und zu beweisen war.

d) Kunden von Wettbewerbern des Kartellteilnehmers (Drittabnehmer)

Aufgrund des deliktischen Charakters der Haftung gemäß § 33 Abs. 3 GWB können 129 Betroffene auch dann anspruchsberechtigt sein, wenn zwischen ihnen und dem Kartellteilnehmer keinerlei unmittelbare oder mittelbare vertragliche Austausch- oder Geschäftsbeziehung bestand. Betroffen sind Fälle, in denen eine bestehende Kartellabsprache allgemein zu einer Preiserhöhung im Markt geführt hat und auch am Kartell nicht beteiligte Unternehmen ihren Preis „im Windschatten" des kartellbedingten Preisanstiegs erhöht haben (sog. **umbrella pricing** bzw. **Preisschirmeffekte**). Sofern das Verhalten der Kartellteilnehmer ursächlich ist für die Preisschirmeffekte, können auch Kunden von am Kartell nicht beteiligten Unternehmen gegenüber den Kartellteilnehmern Schadensersatzansprüche geltend machen.[109]

e) Lieferanten der Kartellteilnehmer

Handelt es sich um ein Nachfragerkartell, das zu einer finanziellen Schädigung der 130 Lieferanten der Kartellteilnehmer führt (so etwa im Fall einer Absprache der Nach-

108 Anders war die Beweislast dann verteilt, wenn *un*mittelbare Abnehmer die Kartellteilnehmer auf Schadensersatz verklagen. In diesem Fall musste der Kartellteilnehmer nachweisen, dass der Schaden auf die nächste Absatzstufe abgewälzt wurde, vgl. Rn 188 dieses Kapitels.

109 EuGH, Urt. v. 5.6.2014, Rs. C-557/12 Rn 22, 34 – *Kone*; zur Kausalitätsproblematik siehe Rn 186 dieses Kapitels.

frager über Maximalhöhen der zu akzeptierenden Einkaufspreise), sind die betroffenen Lieferanten der kartellbeteiligten Unternehmen ebenfalls aktivlegitimiert.

f) Kartellvertragspartner und Gebundene bei vertikalen Vereinbarungen

131 Die Kartellvertragspartner selbst sind als (Mit-)Urheber der wettbewerbsbeschränkenden Vereinbarung grundsätzlich nicht betroffen im Sinne der §§ 33a Abs. 1, 33 Abs. 1 und Abs. 3 GWB. Denn sie sind weder Teil des „betroffenen" Markts noch liegt eine Beeinträchtigung ihrer wirtschaftlichen Interessen vor. Im Gegenteil ist davon auszugehen, dass ihr Schutz zur effektiven Durchsetzung des Kartellrechts nicht erforderlich ist, da sie von der Zuwiderhandlung, auf deren Ausgestaltung sie wesentlichen Einfluss hatten, selbst profitiert haben.[110]

132 Da bei vertikalen Vereinbarungen die Ausschlusswirkungen zu Lasten Dritter besonders häufig mit der wirtschaftlichen Abhängigkeit des gebundenen Unternehmens zusammentreffen, können letztere aber auch anspruchsberechtigt sein. Bei vertikalen Vereinbarungen ist nach Ansicht des EuGH die Geltendmachung von Schadensersatzansprüchen für das durch die wettbewerbsbeschränkende Abrede gebundene Unternehmen jedenfalls nicht bereits deshalb ausgeschlossen, weil der Kartellrechtsverstoß auf einem mit ihm geschlossenen Vertrag beruht.[111] Vielmehr kann dem gebundenen Unternehmen ein Schadensersatzanspruch zustehen, wenn es für die Wettbewerbsbeschränkung unter Berücksichtigung ihrer Art und der eigenen Rolle nicht erheblich verantwortlich ist.

III. Auswahl des geeigneten Anspruchsgegners

133 Passivlegitimiert, d.h. zum Ersatz des entstandenen Schadens verpflichtet, ist grundsätzlich dasjenige Unternehmen, das den Kartellrechtsverstoß begangen hat. Als Anspruchsgegner kommen daher in erster Linie die **Unternehmen** selbst bzw. die Unternehmensträger in Betracht. Neben natürlichen Personen (im Fall eines einzelkaufmännischen Unternehmens) sind dies in der Praxis vorwiegend juristische Personen (wie AG und GmbH) und Personenhandelsgesellschaften (z.B. OHG oder KG).

134 **Natürliche Personen**, die selbst keine Unternehmenseigenschaft besitzen, sondern lediglich als Organe für das Unternehmen handeln (wie z.B. der Vorstand einer AG oder der Geschäftsführer einer GmbH), haften gegenüber den Geschädigten –

110 BGH, Urt. v. 9.7.2013, Az. KZR 15/12, Rn 24 – *Calciumcarbid*.

111 EuGH, Urt. v. 20.9.2001, Rs. C-453/99, Slg. 2001, I-6297, Rn 28 – *Courage*.

also im Außenverhältnis[112] – grundsätzlich nicht, weil als Normadressaten in den Verbotstatbeständen des Kartellrechts nur die Unternehmen genannt werden.[113] Nach Ansicht des Oberlandesgerichts Düsseldorf können ausnahmsweise auch die persönlich Handelnden (also das Management eines Unternehmens, die Vorstände und Geschäftsführer etc.) von den Geschädigten in Anspruch genommen werden, wenn sie das Unternehmen zum Kartellrechtsverstoß angestiftet oder Beihilfe hierzu geleistet haben. Dies folge aus den deliktischen Regelungen der §§ 830 Abs. 2, 840 BGB, die auch bei einem Kartellschadensersatzanspruch heranzuziehen seien.[114] Diese Entscheidung ist indes teilweise als systemwidrig bezeichnet und kritisiert worden, weil das Handeln eines Organs nicht als Gehilfentätigkeit eingeordnet werden könne, sondern Teil des Handelns des Unternehmens sei.

Sofern an dem Verstoß (z.B. wie bei einer Kartellabsprache) mehrere beteiligt 135
sind, haftet jeder Beteiligte als **Gesamtschuldner** vollumfänglich für den entstandenen Schaden (§ 33d Abs. 1 und 2 GWB).[115] Ein Geschädigter kann daher nach seinem Belieben jedes Kartellmitglied – unter den Bedingungen des § 33e GWB auch den Kronzeugen – in Anspruch nehmen (§ 421 BGB). Demnach kann der Geschädigte sich aussuchen, gegen welche(n) Kartellteilnehmer er Klage erhebt. Ihm steht die Möglichkeit offen, lediglich ein (besonders zahlungskräftiges) Kartellmitglied zu verklagen. Typischerweise wird er hier ein Kartellmitglied auswählen, von dem er nicht (etwa in Form fortgesetzter Belieferung) abhängig ist. Er hat gleichermaßen jedoch auch die Möglichkeit, alle Kartellbeteiligten kumulativ zu verklagen. Letztere Variante ist insbesondere dann attraktiv, wenn Anhaltspunkte für eine Vergleichsbereitschaft jedenfalls eines Teils der Kartellbeteiligten bestehen und der Kläger in der Folge die weiteren (noch nicht vergleichsbereiten) Kartellbeteiligten durch den Abschluss von Vergleichen während des Gerichtsverfahrens unter Druck setzen kann, die Streitigkeit ebenfalls beizulegen. Zu berücksichtigen sind dabei stets die Prozesskostenrisiken sowie die Gefahr von Streitverkündungen, die weitere Kosten auslösen können.

---

112 Eine Haftung kann sich – anders als bei Geldbußen (vgl. hierzu Landesarbeitsgericht Düsseldorf, Teilurt. v. 20.1.2015, 16 Sa 459/14) – jedoch mittelbar ergeben, wenn sie im Innenverhältnis von dem Unternehmen in Anspruch genommen werden (z.B. kann ein Vorstand einer AG gemäß § 93 Abs. 2 AktG und ein Geschäftsführer gemäß § 43 Abs. 2 GmbH im Regresswege haften).

113 *K. Schmidt*, ZWeR 2010, 15 (29 f.); Kling/*Thomas*, § 23, Rn 72 f. m.w.N.

114 OLG Düsseldorf, Urt. v. 13.11.2013, VI-U (Kart) 11/13, NZKart 2014, 68 (72) – *Badarmaturen*.

115 So bereits zur früheren Rechtslage BGH, Urt. v. 28.6.2011, Az. KZR 75/10 = NJW 2012, 928, Rn 80 – *ORWI*.

IV. Nachweis eines Kartellrechtsverstoßes oder Verweis auf Bindungswirkung einer kartellbehördlichen Entscheidung

1. Eigenständiger Nachweis eines Kartellrechtsverstoßes

136 Der Kläger ist nur dann darlegungs- und beweispflichtig für das Vorliegen eines Kartellrechtsverstoßes des Beklagten, soweit eine Kartellbehörde nicht zuvor bestandskräftig einen solchen Kartellrechtsverstoß festgestellt hat. In Betracht kommen hier drei Konstellationen:

- Fordert ein Kläger Schadensersatz, ohne dass zuvor eine Kartellbehörde ein Verfahren eingeleitet hat, muss er eigenständig einen Kartellrechtsverstoß des Klagegegners nachweisen (sog. *stand-alone*-Klage).
- Ist eine Schadensersatzklage entscheidungsreif, bevor ein kartellbehördliches Verfahren bestands- oder rechtskräftig abgeschlossen ist, muss der Kläger ebenfalls spätestens bis zum Ende der letzten mündlichen Verhandlung nachgewiesen haben, dass ein Kartellrechtsverstoß vorliegt.
- Sieht der Kläger die Marktabgrenzung in einer vorangegangenen kartellbehördlichen Entscheidung als zu eng an oder stellt der Kläger darauf ab, dass ein Kartellrechtsverstoß sich abweichend von den Feststellungen der Kartellbehörde in räumlicher oder sachlicher Hinsicht auf weitere Märkte erstreckte[116], ist er insoweit darlegungs- und beweispflichtig, wie seine Annahme des Kartellrechtsverstoßes über den bereits zuvor kartellbehördlich festgestellten Kartellrechtsverstoß hinausgeht.

Im Übrigen können sich Kläger auf die nachfolgend dargestellte gesetzliche Bindung der Zivilgerichte an eine zuvor bestands- oder rechtskräftig gewordene kartellbehördliche Feststellung des Kartellrechtsverstoßes berufen.

2. Bindungswirkung der kartellbehördlichen Feststellung eines Kartellrechtsverstoßes

137 Folgt eine Kartellzivilklage der kartellbehördlichen Feststellung eines Kartellrechtsverstoßes nach (sog. *follow-on*-Klage), erleichtern sowohl Art. 16 VO 1/2003 als auch § 33b GWB die private Durchsetzung des Kartellrechts, da der Geschädigte dann den behaupteten Kartellrechtsverstoß nicht mehr nachweisen muss, weil die Zivilgerichte an die kartellbehördliche Entscheidung gebunden sind.

138 Bindungswirkung für ein späteres Zivilverfahren entfalten nicht nur bestandskräftige Bußgeldentscheidungen (Art. 23 VO 1/2003, § 81 GWB), sondern auch Entscheidungen, die eine Zuwiderhandlung gegen das Kartellrecht feststellen und ab-

116 Zum Kriterium des Einfügens in sachlicher, räumlicher und zeitlicher Hinsicht im Rahmen der Prüfung der Kartellbetroffenheit siehe Rn 152 dieses Kapitels.

stellen (Art. 7 VO 1/2003, § 32 GWB), und zwar auch dann, wenn es sich bei der verfahrensabschließenden Entscheidung um ein *settlement agreement* handelt.[117]

Einer für verbindlich erklärten Verpflichtungszusage gemäß Art. 9 VO 1/2003 139
kommt zumindest de facto eine Bindungswirkung zu, da die Zivilgerichte die Entscheidung der Europäischen Kommission zu beachten haben und diese selbst davon auszugehen scheint, dass die Einhaltung der Verpflichtungszusage selbst vor den nationalen Gerichten durchgesetzt werden kann.[118] Ob dies für Verpflichtungszusagen deutscher Kartellbehörden gemäß § 32b GWB entsprechend gilt, ist fraglich. Eine Entscheidung gemäß Art. 9 VO 1/2003 oder § 32b GWB lässt jedenfalls keinen Rückschluss dahingehend zu, dass das ursprünglich beanstandete, vor der kartellbehördlichen Zusagenentscheidung praktizierte Verhalten einen Kartellrechtsverstoß darstellte.[119]

a) Bindungswirkung von Kommissionsentscheidungen

Gemäß Art. 16 Abs. 1 VO 1/2003 sind die Zivilgerichte der Mitgliedstaaten verpflich- 140
tet, keine Entscheidungen zu erlassen, die einer von der Europäischen Kommission in dieser Sache bereits getroffenen oder beabsichtigten Entscheidung zuwiderlaufen. Inhaltlich wird damit eine Bindungswirkung statuiert, die derjenigen des § 33b Satz 1 GWB gleichkommt und zumindest die Feststellung des Kartellrechtsverstoßes umfasst.[120]

Art. 16 VO 1/2003 genießt, soweit er sachlich anwendbar ist, nach europarecht- 141
lichen Grundsätzen im Verhältnis zu § 33b Satz 1 GWB Anwendungsvorrang. In Bezug auf Kommissionsentscheidungen handelt es sich somit in § 33b Satz 1 GWB lediglich um eine deklaratorische Regelung, da von Entscheidungen der Europäischen Kommission (auch wenn diese nicht bestandskräftig sind) bereits nach Art. 16 Abs. 1 VO 1/2003 eine Bindungswirkung ausgeht.[121]

---

117 OLG Karlsruhe, Urt. v. 31.7.2013, Az. 6 U 51/12 (Kart), Rn 47 – *Feuerwehrfahrzeuge*.

118 Kling/*Thomas*, § 9, Rn 14 m.w.N.

119 BGH, Beschl. 14.7.2015, Az. KVR 55/14, Rn 22 – *Trinkwasserpreise*; OLG Düsseldorf, Beschl. v. 15.3.2017, Az. VI-Kart 10/15 (V), Rn 83 – *Rundholzvermarktung*.

120 Die Vorschrift normiert die Rechtsprechungsgrundsätze aus dem Urteil des EuGH v. 14.12. 2000, Slg. 2000 I-11369, 11431, Rn 60 – *Masterfoods*. Nach Ansicht des LG Köln soll auch ein etwaiges Verschulden von der Bindungswirkung des Art. 16 VO 1/2003 erfasst werden, Teilurteil v. 17.1.2013, Az. 88 O 5/11, Rn 171.

121 LG Köln, Teilurteil v. 17.1.2013, Az. 88 O 5/11, Rn 147; MünchKommGWB/*Lübbig*, § 33 GWB Rn 115.

b) Bindungswirkung von Entscheidungen deutscher und anderer mitgliedstaatlicher Kartellbehörden

142 Gemäß § 33b Satz 1 GWB sind die deutschen Zivilgerichte in Schadensersatzprozessen an eine bestandskräftige Entscheidung der Europäischen Kommission, einer deutschen Kartellbehörde oder einer in einem anderen Mitgliedstaat ansässigen Kartellbehörde insofern gebunden, als dort ein Verstoß gegen Art. 101 oder 102 AEUV oder gegen eine Vorschrift des GWB festgestellt worden ist. Wird die kartellbehördliche Entscheidung angefochten, aber bestätigt, kommt gemäß § 33b Satz 2 GWB der rechtskräftigen Gerichtsentscheidung die maßgebliche Bindungswirkung zu.

143 Die Bindungswirkung nach § 33b Satz 1 GWB erstreckt sich auf die Feststellung des Kartellrechtsverstoßes in rechtlicher und tatsächlicher Hinsicht, d.h. sie erfasst nicht nur den Tenor, sondern auch die tragenden Gründe der Entscheidung. Von ihr erfasst werden alle im vorangegangenen Verfahren getroffenen tatsächlichen Feststellungen, die den Lebenssachverhalt bilden, bezüglich dessen ein Kartellrechtsverstoß festgestellt wurde, und die seine rechtliche Einordnung als Verstoß tragen.[122] Von der Bindungswirkung umfasst sind insbesondere auch die kartellbehördlichen Feststellungen zu dem üblichen Vorgehen bei der Umsetzung der kartellrechtswidrigen Grundabsprache, was für das Eingreifen des Anscheinsbeweises im Rahmen der Kartellbefangenheit der einzelnen in Rede stehenden Lieferung(en) von besonderem Interesse ist.

144 Ob auch das Verschulden erfasst wird, ist streitig; im Ergebnis dürften die Zivilgerichte an die tatsächlichen Feststellungen, die Grundlage für Beurteilung des Verhaltens sind, gebunden sein, über die subjektive Vorwerfbarkeit des Verhaltens haben sie auf dieser Grundlage dann selbständig zu entscheiden.

145 Die Bindungswirkung erstreckt sich hingegen nicht auf die Höhe des eingetretenen Schadens oder die Kausalität des Kartellrechtsverstoßes für den geltend gemachten Schaden.[123]

146 Da das Bundeskartellamt gegen den Kronzeugen, dem das Bußgeld auf Grundlage der Kronzeugenregelung vollständig erlassen worden ist, kein Bußgeldbescheid erlässt, kann zu dessen Lasten auch keine Bindungswirkung eintreten. Allerdings ergibt sich unter Bezugnahme auf die Bußgeldbescheide gegen die übrigen Kartellteilnehmer regelmäßig ein entsprechender Anscheinsbeweis.

147 Allgemein anerkannt ist, dass die Bindungswirkung des § 33b Satz 1 GWB bzw. § 33 Abs. 4 GWB a.F. in zeitlicher Hinsicht auch auf Kartellverstöße Anwendung fin-

---

122 BGH, Urt. v. 12.7. 2016, Az. KZR 25/14, Rn 14 – *Lottoblock II*.

123 LG Berlin, Grund- u. Teilendurteil v. 6.8.2013, Az. 16 O 193/11 Kart = NZKart 2014, 37 (38) – *Fahrtreppen*; OLG München, Urt. v. 21.2.2013, Az. U 5006/11 Kart, Rn 90 – *Fernsehvermarktung*, indes zu restriktiv im Hinblick auf die vom BKartA im Bußgeldbescheid festgestellte Marktabschottungswirkung, die ebenfalls bindend festgestellt worden ist.

det, die vor dem Inkrafttreten der 7. GWB-Novelle am 1.7.2005 begangen bzw. beendet wurden. Aufgrund des prozessualen Charakters der Norm ist allein maßgeblich, wann das kartellbehördliche Verfahren bestands- bzw. rechtskräftig abgeschlossen wurde.[124]

V. Verschuldensnachweis

Dem Geschädigten obliegt ferner der Verschuldensnachweis, für den in der Praxis 148 jedoch bei Vorliegen eines objektiven Kartellrechtsverstoßes nur geringe Anforderungen gestellt werden. Verschulden setzt vorsätzliches oder fahrlässiges Handeln voraus. Fahrlässig handelt, wer nach einem objektiv-abstrakten Maßstab die im Verkehr erforderliche Sorgfalt außer Acht lässt (§ 276 Abs. 2 BGB). Demzufolge reicht es aus, wenn die zuständigen Mitarbeiter eines Unternehmens die tatsächlichen Umstände kannten und sie infolge dessen hinreichend Anlass für die Annahme eines Kartellrechtsverstoßes hatten. Regelmäßig reicht daher zur Darlegung des (subjektiven) Verschuldens der Hinweis auf das objektiv rechtswidrige Verhalten der Kartellbeteiligten ohne Weiteres aus.

Das Handeln von verfassungsmäßig berufenen Vertretern einer Gesellschaft 149 (wie z.B. dem Vorstand einer AG) sowie von anderen höherrangigen Repräsentanten des Unternehmens, die nach der tatsächlichen Übung wichtige Aufgabenbereiche selbständig und eigenverantwortlich erfüllen, wird dem Unternehmen über § 31 BGB zugerechnet. Bei anderen Mitarbeitern kann sich unter dem Gesichtspunkt des Organisationsverschuldens oder aus § 831 BGB eine Haftung des Unternehmens ergeben, wenn der Mitarbeiter nicht hinreichend überwacht worden ist.[125]

VI. Prima-facie-Beweis hinsichtlich Kausalität zwischen Kartellrechtsverstoß und Schadenseintritt

Nach allgemeinen zivilrechtlichen Grundsätzen hat der Geschädigte auch darzule- 150 gen und zu beweisen, dass das kartellrechtswidrige Verhalten die Ursache für den Schadenseintritt war. Das bedeutet, der ihm entstandene Schaden muss **kausal** auf den Kartellrechtsverstoß zurückzuführen sein, wobei bereits die Mitursächlichkeit des Verstoßes ausreicht. Ob durch eine kartellrechtswidrige Verhaltensweise überhaupt ein Schaden entstanden ist, ist – ebenso wie die Höhe des entstandenen Schadens – eine Frage der haftungsausfüllenden Kausalität (§ 287 ZPO). Deshalb

---

124 OLG Karlsruhe, Urt. v. 9.11.2016, Az. 6 U 204/15 Kart (2), Rn 61 – *Grauzementkartell*; OLG Düsseldorf, Urt. v. 18.2.2015, Az. VI- U (Kart) 3/14, Rn 36 – *Zementkartell (CDC).*

125 § 278 BGB ist im Rahmen der deliktischen Haftung nach § 33 GWB nicht anwendbar.

genügt eine deutlich überwiegende Wahrscheinlichkeit für einen Schadenseintritt.[126]

151 Relevant wird der Nachweis der Schadenskausalität insbesondere bei follow-on-Klagen, wenn die Kartellteilnehmer einwenden, dass die einzelnen streitgegenständlichen Erwerbsvorgänge, aus denen der Schadensersatzkläger seinen Schaden herleitet, von der kartellbehördlich bindend festgestellten **Kartellabsprache** („Grundabsprache") **nicht betroffen** seien. Die Kläger stellen insoweit typischerweise auf den **Beweis des ersten Anscheins** (*prima-facie*-Beweis) ab.

152 Mehrere Obergerichte und Instanzgerichte haben in diesem Zusammenhang für Schäden, die **vor** dem 26.12.2016 entstanden sind (§ 186 Abs. 3 Satz 1 GWB), mit überzeugender Begründung einen gestuften Anscheinsbeweis anerkannt.[127] Danach besteht unter bestimmten Voraussetzungen auf erster Stufe ein Anscheinsbeweis für die Tatsache, dass sich Kartelle (insb. Quotenkartelle) allgemein preissteigernd auswirken. Darauf aufbauend ergibt sich auf zweiter Stufe im Wege eines weiteren Anscheinsbeweises, dass auch die in Rede stehenden Erwerbsvorgänge von dem Kartell betroffen waren, wenn sich die einzelnen Erwerbsvorgänge nahtlos in den zeitlichen, sachlichen und räumlichen Bereich der durch die Kartellbehörde festgestellten Absprachen einfügen. Folglich hat der Schadensersatzkläger das nahtlose Einfügen der streitgegenständlichen Erwerbsvorgänge in die kartellrechtswidrige Grundabsprache näher darzulegen. Dem Kartellteilnehmer bleibt vorbehalten, den gestuften Anscheinsbeweis zu erschüttern, indem er eine ernsthafte Möglichkeit eines anderen Hergangs aufzeigt.[128] Hierfür ist konkreter und detaillierter Vortrag zur Funktionsweise der Kartellabsprache erforderlich.

153 Für Schäden, die **nach** dem 26.12.2016 entstanden sind (§ 186 Abs. 3 Satz 1 GWB), ergibt sich aus § 33a Abs. 2 GWB – insofern für die Schadensersatzkläger noch günstiger – nicht nur eine tatsächliche, sondern sogar eine **gesetzliche Vermutung für einen Schadenseintritt**, die von den Kartellteilnehmern nur durch Beweis des Gegenteils widerlegt werden kann (§ 292 ZPO).

154 Problematisch ist der Kausalitätsnachweis zudem dann, wenn Schäden geltend gemacht werden, die bei dem Bezug der kartellierten Ware von **Kartellaußenseitern** entstanden sind, die ihre Preise autonom „im Windschatten" des Kartells erhöht haben (sog. **umbrella pricing** oder **Preisschirmeffekte**). Nach der Rechtsprechung des Europäischen Gerichtshofs sollen die Kartellteilnehmer für Preiserhö-

---

126 OLG Düsseldorf, Urt. v. 29.1.2014, Az. VI-U (Kart) 7/13, Rn 76ff. – *Intertemporales Verjährungsrecht*; OLG Düsseldorf, Urt. v. 13.11.2013, Az. VI-U (Kart) 11/13, Rn 97 – *Badarmaturen*.

127 Grundlegend OLG Karlsruhe, Urt. v. 31.7.2013, Az. 6 U 51/12 (Kart), Rn 54f. und 56f. – *Feuerwehrfahrzeuge*; OLG Karlsruhe, Urt. v. 9.11.2016, Az. 6 U 204/15 Kart (2), Rn 63f. – *Grauzementkartell*; Thüringer Oberlandesgericht, Urt. v. 22.2.2017, Az. 2 U 583/15 Kart, Rn 68 – *Schienenkartell*; ähnlich Grund- u. Teilendurteil v. 6.8.2013, Az. 16 O 193/11 Kart, NZKart 2014, 37 (38) – *Fahrtreppen*.

128 Siehe hierzu Rn 185 dieses Kapitels.

hungen Dritter nur haften, wenn erwiesen ist, dass das Kartell nach den Umständen des konkreten Falles und insbesondere den Besonderheiten des betreffenden Markts ein „umbrella pricing“ durch eigenständig handelnde Dritte zur Folge haben konnte, und wenn diese Umstände und Besonderheiten den Kartellbeteiligten nicht verborgen bleiben konnten.[129] Mehrerer Obergerichte und Instanzgerichte[130] wenden auch in diesem Zusammenhang einen Anscheinsbeweis an, was indes weitaus fraglicher ist als in der zuvor dargestellten Situation bei der im Streit stehenden Kartellbetroffenheit der einzelnen Erwerbsvorgänge beim Bezug von den Kartellteilnehmern. Die im Vergleich zum Vor-Kartellzeitraum höheren Preise eines Kartellaußenseiters sind zwar üblicherweise kartellbedingt höher, weil sich auch dessen Angebot regelmäßig daran orientiert haben wird, welcher Preis am Markt zu erzielen war. Ob dies ausreicht, um von einem für den Anscheinsbeweis erforderlichen typischen Geschehensablauf auszugehen, ist indes fraglich. Das OLG Karlsruhe hat in seiner jüngsten Entscheidung zum Schienenkartell die Annahme eines Anscheinsbeweises für Preisschirmeffekte damit begründet, dass begünstigende Strukturelemente (wie z.B. eine hohe Marktabdeckung durch die Kartellteilnehmer, eine längere Dauer der Zuwiderhandlung und ein verhältnismäßig transparenter Markt) im konkreten Fall vorlagen.[131] Ohne Darlegung und ggf. Beweis der begünstigenden Strukturelemente erscheint die Annahme eines Anscheinsbeweises zu weitgehend.[132]

VII. Heranziehung der gesetzlichen Vermutung hinsichtlich des Schadenseintritts dem Grunde nach

Der Verstoß gegen das Kartellrecht muss bei dem Anspruchsteller zu einem Schaden 155 geführt haben, den dieser darzulegen und zu beweisen hat. Der Schadensersatzanspruch ist primär auf Naturalrestitution gerichtet, d.h. auf die Wiederherstellung des Zustandes, der ohne das schädigende Ereignis bestehen würde (§ 249 BGB). Abgesehen von dem oben dargestellten Belieferungsanspruch, bei dem durch die (Wieder-)Aufnahme der Belieferung der rechtmäßige Zustand wiederhergestellt werden kann, schuldet der Schädiger in der Regel Geldersatz nach § 251 BGB und/ oder entgangenen Gewinn gemäß § 252 BGB.

Die Verpflichtung zum Schadensersatz besteht dabei unabhängig von etwaigen 156 von der Europäischen Kommission oder den mitgliedstaatlichen Kartellbehörden

129 EuGH, Urt. v. 5.6.2014, Rs. C-557/12, Rn 34 – *Kone*.

130 Grundlegend OLG Karlsruhe, Urt. v. 31.7.2013, Az. 6 U 51/12 Kart, Rn 57f. – *Feuerwehrfahrzeuge*; zuletzt OLG Karlsruhe, Urt. v. 9.11.2016, Az. 6 U 204/15 Kart (2), Rn 67 – *Grauzementkartell*; Thüringer Oberlandesgericht, Urt. v. 22.2.2017, Az. 2 U 583/15 Kart, Rn 65 – *Schienenkartell*.

131 OLG Karlsruhe, Urt. v. 9.11.2016, Az. 6 U 204/15 Kart (2), Rn 67 – *Grauzementkartell*.

132 *Fritzsche*, NZKart 2017, 581 (583).

verhängten Geldbußen. Die Geldbuße als „Strafe“ wird weder auf den zu zahlenden Schadensersatz angerechnet noch bei der Bemessung der Schadensersatzhöhe irgendwie berücksichtigt. Besonderheiten ergeben sich gemäß § 33e GWB lediglich in Bezug auf die Haftung des Kronzeugen im Bußgeldverfahren.

157 Gemäß § 33a Abs. 2 Satz 1 GWB wird seit Inkrafttreten der 9. GWB-Novelle widerleglich vermutet, dass ein Kartell einen Schaden verursacht. Die gesetzliche Vermutung, die gemäß § 292 ZPO durch Beweis des Gegenteils widerlegt werden kann, betrifft lediglich das „Ob“ des Schadenseintritts, nicht aber die Schadenshöhe. Kläger können sich daher zunächst auf die gesetzliche Vermutungsregelung berufen und müssen nur dann substantiiert zum Schadenseintritt vortragen, wenn die Beklagte(n) substantiiert vorgetragen haben, aus welchem Grund es schon an einem Schadenseintritt dem Grunde nach fehlt.

VIII. Darlegung hinreichender Hinweis- und Anknüpfungstatsachen zur Ermöglichung einer Schätzung der Schadenshöhe

158 Unabhängig davon, ob es sich um eine follow-on-Klage oder eine stand-alone-Klage handelt, hat der Schadensersatzkläger hinreichende Hinweis- und Anknüpfungstatsachen zur Schätzung der Schadenshöhe darzulegen und zu beweisen. Eines Vollbeweises hinsichtlich der konkret eingetretenen Schadenshöhe bedarf es nicht, soweit dieser nicht exakt bezifferbar ist.

1. Differenz zwischen Marktpreis und kartellbedingt überhöhtem Preis als Grundlage der Schadensberechnung

159 Die Ermittlung der Schadenshöhe bleibt von der zuvor dargestellten Schadensvermutung unberührt. Der Umfang des vom Schädiger zu leistenden Schadensersatzes bestimmt sich nach Maßgabe der **Differenzhypothese**. Danach ergibt sich die Höhe des Schadensausgleichs aus einem **rechnerischen Vergleich der durch das schädigende Ereignis eingetretenen Vermögenslage mit derjenigen, die sich ohne dieses Ereignis ergeben hätte.** In kartellrechtlichen Streitigkeiten ist somit als Vergleichsmaßstab auf die Vermögenslage abzustellen, wie sie bestünde, wenn es den Kartellrechtsverstoß nicht gegeben hätte. Bei Preis- oder Quotenkartellen und im Fall des Preismissbrauchs ergibt sich der Schadensumfang demnach aus Sicht des Geschädigten rechnerisch aus der Differenz zwischen dem Preis, den dieser für das Produkt tatsächlich gezahlt hat, und dem Preis, den er bei funktionierendem Wettbewerb gezahlt hätte, multipliziert mit der von ihm gekauften Menge „x“.[133]

---

133 KG Berlin, Urt. v 1.10.2009, Az. 2 U 10/03 (Kart), Rn 31 – *Transportbeton* für ein Quotenkartell; OLG Frankfurt, Urt. v. 21.12.2010, Az. 11 U 37/09 (Kart), Rn 34 zu Preismissbrauch.

Um die Geschädigten in ihrem Bestreben nach einem finanziellen Ausgleich zu unterstützen, hat die Europäische Kommission einen rechtlich unverbindlichen „Praktischen Leitfaden“[134] zur Ermittlung der kartellbedingten Schadenshöhe veröffentlicht, der gewissermaßen als Handreichung für die Gerichte der Mitgliedstaaten konzipiert ist. Rechtsverbindliche Wirkung entfaltet der Praktische Leitfaden gleichwohl nicht, d.h. die mitgliedstaatlichen Gerichte sind nicht verpflichtet, sich bei der Bemessung des Schadens an dem Praktischen Leitfaden zu orientieren. 160

2. Schadensschätzung durch das Zivilgericht

§ 287 Abs. 1 ZPO ermöglicht es, den Schaden durch das Gericht schätzen zu lassen. 161
Um die Schätzung des kartellbedingten Schadens (notfalls auch eines Mindestschadens) zu ermöglichen, muss der Kläger schlüssig **hinreichende Ausgangs- oder Anknüpfungstatsachen** darlegen, auf deren Basis das Gericht den Schaden schätzen kann.

Hinreichende Ausgangs- und Anknüpfungstatsachen für das Vorliegen eines **Preisüberhöhungsschadens** (*damnum emergens*) können Daten von Statistikbehörden über die Preisentwicklung in sachlich oder räumlich benachbarten, nicht kartellbetroffenen Märkten sein. Ebenso kann eine Nachzeichnung der statistisch erfassten Preisentwicklung im kartellierten Markt vor oder nach dem Zeitraum des Kartells als Ausgangs- oder Anknüpfungstatsache taugen. Darüber hinaus kann auch ein – für ein Gericht nachvollziehbare – konkrete Schadensberechnung in einem ökonomischen Privatgutachten als hinreichende Anknüpfungs- und Hinweistatsache taugen, auch wenn „Zahlenschlachten“ mit unterschiedlichen Berechnungsmethoden in abweichenden Privatgutachten auf der Kläger- und Beklagtenseite häufig ohne Mehrwert bleiben, da das Gericht ohnehin einen Sachverständigen bestellt, um auf eigenständiger Grundlage eine Schadensschätzung vornehmen zu können. In diesem Fall genügt die Bereitstellung des verifizierten Zahlenmaterials für die Schadensschätzung durch den gerichtlich bestellten Sachverständigen, ohne dass es eines kostspieligen Privatgutachtens bedurfte. Soweit das Privatgutachten jedoch ausdrücklich zum Bestandteil des klägerischen Vortrags gemacht wird, kann dieses zumindest die Pflicht des Beklagten nach § 138 ZPO auslösen, die darin enthaltenen Tatsachen substantiiert zu bestreiten. 162

Wird hingegen als Kartellschaden der **entgangene Gewinn** (*lucrum cessans*) aufgrund eines kartellbedingt vereitelten Geschäftsmodells geltend gemacht, können 163

---

134 Vgl. hierzu den Praktischen Leitfaden der Europäischen Kommission zur Ermittlung des Schadensumfangs bei Schadensersatzklagen im Zusammenhang mit Zuwiderhandlungen gegen Artikel AEUV Artikel 101 oder AEUV Artikel 102 des Vertrages über die Arbeitsweise der Europäischen Union – Arbeitsunterlage der Kommissionsdienststellen abrufbar unter http://ec.europa.eu/competition/antitrust/actionsdamages/quantification_guide_de.pdf.

aussagekräftige Anknüpfungstatsache in diesem Zusammenhang bereits eine dem angestrebten Geschäftsmodell zugrunde liegende Marktanalyse oder auch die eigene Geschäftsplanrechnung des Kartellgeschädigten sein.[135] Bereits diese Darlegung gelingt den Schadensersatzklägern indes häufig nicht, da ihnen der Zugang zu den benötigten Informationen über den Verlauf des Kartellrechtsverstoßes verwehrt ist oder eine abstrakte Darlegung der hypothetischen Marktentwicklung (d.h. der unterstellten Marktentwicklung bei Fehlen eines Kartellrechtsverstoßes) nicht gelingt.[136]

164 Daneben bietet § 33a Abs. 3 Satz 2 GWB dem Schadensersatzgläubiger eine **erweiterte Möglichkeit zur Schadensschätzung**, indem der anteilige Gewinn, den der Kartellbeteiligte durch den Verstoß erlangt hat, berücksichtigt werden kann. Soweit ersichtlich, haben die Gerichte bislang noch nicht von der darin zum Ausdruck kommenden Möglichkeit der Schätzung anhand des Verletzergewinns Gebrauch gemacht. Letztlich steht es nach § 287 ZPO im Ermessen des Gerichts, ob es bei der Schadensschätzung auf diesen Mehrgewinn abstellt.

IX. Vertragliche Vereinbarung einer Schadenspauschale für Kartellverstöße

165 Die Darlegung hinreichender Anknüpfungs- und Hinweistatsachen kann auf der Klägerseite dann entbehrlich sein, wenn sich der Geschädigte mit dem Kartellbeteiligten bereits im Vorfeld der Schadensersatzklage vertraglich eine Schadensersatzpauschale für den Fall eines Kartellrechtsverstoßes wirksam vereinbart hat.

166 Angesichts der in der Praxis bestehenden Schwierigkeiten, den Schaden im Einzelfall zu berechnen und nachzuweisen, ist es ratsam, bereits vorab in den entsprechenden Verträgen (z.B. in die Einkaufsverträge mit einem Lieferanten) eine **Vertragsklausel zur Pauschalierung von Kartellschadensersatzansprüchen** aufzunehmen, um zumindest einen Teil der eingetretenen Schäden möglichst einfach durchsetzen zu können. Die Rechtsprechung hält entsprechende Klauseln mit Schadenspauschalen auch im Kartellrecht überwiegend für wirksam.[137] Bei diesen Klauseln handelt es sich regelmäßig um Allgemeine Geschäftsbedingungen (§ 305 Abs. 1 BGB), die der Inhaltskontrolle der §§ 307 ff. BGB unterliegen. Dabei darf die Schadenspauschale bei der Verwendung gegenüber einem Verbraucher in den ge-

135 OLG Düsseldorf, *Urt. v.* 9.4.2014, Az. VI-U (Kart) 10/12 = WuW 2014, 1114 – *Lottogesellschaft*.

136 *Bernhard*, NZKart 2013, 488 (489); *von Criegern/Engelhoven*, WRP 2013, 1441 (1442).

137 BGH, Urt. v. 21.12.1995, Az. VII ZR 286/94 = BGHZ 131, 356 zu einem pauschalierten Schadensersatz von 3% der Auftragssumme bei einer Submissionsabsprache; LG Mannheim, Urt. v. 4.5.2012, Az. 7 O 436/11 Kart, bestätigt durch OLG Karlsruhe, Urt. v. 31.7.2013, Az. 6 U 51/12 Kart – *Feuerwehrfahrzeuge*: 15% der Auftragssumme; dieser Entscheidung folgend nun auch Thüringer Oberlandesgericht, Urt. v. 22.2.2017, Az. 2 U 583/15 Kart, Rn 84 – *Schienenkartell*: ebenfalls 15%.

regelten Fällen den nach dem gewöhnlichen Lauf der Dinge zu erwartenden Schaden nicht übersteigen (§ 309 Nr. 5 a) BGB).

Auch wenn im Geschäftsverkehr zwischen Unternehmen gemäß § 310 Abs. 1 Satz 2 BGB die Klauselverbote der §§ 308, 309 BGB nicht direkt Anwendung finden, geht von den darin zum Ausdruck kommenden Wertungen bei der Frage, ob eine unangemessene Benachteiligung des Vertragspartners des Klauselverwenders vorliegt, eine gewisse Indizwirkung aus. In Anlehnung an das Klauselverbot in § 309 Nr. 5 lit. b) BGB muss es daher dem Vertragspartner gestattet sein, im Einzelfall nachzuweisen, dass kein Schaden oder ein wesentlich niedrigerer Schaden als in Höhe der vereinbarten Schadenspauschale entstanden ist.[138] 167

Eine unangemessene Benachteiligung im Sinne des § 307 BGB liegt aber auch dann vor, wenn der vorab in der Klausel festgelegte pauschale Schadensersatz so hoch bemessen ist, dass er deutlich über dem liegt, was dem Geschädigten durch gerichtliche Festsetzung der Schadenshöhe zugesprochen würde. Die Beweislast dafür, dass eine Pauschale dem typischen Schadensumfang entspricht, trägt dabei der Verwender. Die Gerichte nehmen im Rahmen der AGB-Prüfung bislang überwiegend eine konkrete Betrachtungsweise ein und überprüfen, ob die Schadenspauschale in Anbetracht des tatsächlich vorliegenden Kartellverstoßes unangemessen hoch erscheint. Dies entspricht dem Sinn und Zweck der Schadenspauschalierung und berücksichtigt die lediglich indizielle Wirkung des § 309 Nr. 5 lit. b) BGB im kaufmännischen Geschäftsverkehr zwischen Unternehmen, zumal der Vertragspartner des Verwenders auch deshalb weniger schutzwürdig ist, da er als Kartellteilnehmer deliktisch gehandelt hat. Demgegenüber hat das LG Potsdam in zwei Entscheidungen bei abstrakter Betrachtung unter Bezugnahme auf den Wortlaut („in den geregelten Fällen") geprüft, ob die in Rede stehende Klausel bei jeglichen denkbaren Kartellverstößen, also auch bei den von der Klausel ebenfalls erfassten, weniger gravierenden Rechtsverstößen, noch angemessen wäre und dies entsprechend verneint, weil der Verwender der Klausel nicht nachgewiesen hatte, dass bei allen in der Klausel geregelten Kartellverstößen nach dem gewöhnlichen Lauf der Dinge stets ein Schaden von 15% der Auftragssumme zu erwarten ist.[139] 168

Für die Vertragspraxis gilt daher: Die Schadenspauschale ist bis zu einer höchstrichterlichen Klärung so auszugestalten, dass sie den nach dem gewöhnlichen Verlauf zu erwartenden Schaden in den von der Klausel geregelten Fällen nicht übersteigt. Die Höhe der Schadenspauschale ist im Einzelfall anhand der Kalkulationsfaktoren der betroffenen Branchen im Wege einer Durchschnittsbetrachtung zu bestimmen, wobei bei der Bemessung der Schadenspauschale tendenziell auf die weniger schwerwiegenden Fälle abgestellt werden sollte. Eine Differenzie- 169

138 BGH, Urt. v. 21.12.1995, Az. VII ZR 286/94, Rn 21.

139 LG Potsdam, Urt. v. 13.4. 2016, Az. 2 O 23/15, Rn 24 ff. – *Schienenkartell*; LG Potsdam, Urt. v. 22.10.2014, Az. 2 O 29/14, Rn 15 ff. = NZKart 2016, 240 (240f.) – *Pauschalierter Schadensersatz.*

rung der Schadenspauschale nach Art des Kartellverstoßes in der Klausel ist nicht geboten[140] und im Übrigen auch nicht ratsam, um Wertungswidersprüche zu vermeiden.

170 Da die Rechtsprechung an die Wirksamkeit einer Vertragsstrafenklausel nicht zuletzt wegen einer drohenden „Doppelahndung" hohe Anforderungen stellt,[141] ist bei der Formulierung der Klausel zur Schadenspauschalierung schließlich darauf zu achten, dass keine Anhaltspunkte für die Annahme einer Vertragsstrafe bestehen, weshalb insbesondere auf die Verwendung des Wortes „(Vertrags-)Strafe" verzichtet werden sollte. Ist eine Schadensersatzpauschalierung wirksam vereinbart worden, bedarf es nur dann eines klägerischen Vortrags zur Schadenshöhe, wenn der Schädiger substantiiert vorgetragen hat, dass es an einem Schadenseintritt fehlte oder dass der tatsächliche Schaden niedriger lag als die vertraglich vereinbarte Schadensersatzpauschale.

Klauselmuster für eine Kartellschadensersatzpauschale[142]

Wenn der [Vertragspartner] nachweislich eine schuldhafte Absprache getroffen hat, die eine unzulässige Wettbewerbsbeschränkung darstellt, hat er [z.B. 5, 10 oder 15] v. H. der Netto-Abrechnungssumme dieses Vertrages an den [Klauselverwender] zu zahlen. Der Nachweis eines höheren oder niedrigeren Schadens bleibt beiden Vertragsparteien vorbehalten. Die Zahlungsverpflichtung gilt auch, wenn der Vertrag gekündigt wird oder bereits erfüllt ist. Sonstige vertragliche oder gesetzliche Ansprüche des Auftraggebers bleiben unberührt.

Unzulässige Wettbewerbsbeschränkungen sind insbesondere wettbewerbswidrige Verhaltensweisen und Absprachen mit anderen Unternehmen über

- die zu fordernden Preise,
- Bindungen sonstiger Entgelte,
- Gewinnaufschläge,
- Verarbeitungsspannen und andere Preisbestandteile,
- Zahlungs-, Lieferungs- und andere Bedingungen, soweit sie unmittelbar den Preis beeinflussen,
- Entrichtung von Ausfallentschädigungen oder Abstandszahlungen und
- Gewinnbeteiligung oder andere Abgaben

sowie entsprechende Empfehlungen, es sei denn, dass die Verhaltensweisen und Absprachen nach dem Gesetz gegen Wettbewerbsbeschränkungen (GWB) zulässig sind.

---

140 Thüringer Oberlandesgericht, Urt. v. 22.2.2017, Az. 2 U 583/15 Kart, Rn 84 – *Schienenkartell.*

141 BGH, Urt. v. 23.6.1988, Az. VII ZR 117/87, Rn 28, 30.

142 Angelehnt an die Klausel, die der Entscheidung des OLG Karlsruhe zugrunde lag, Urt. v. 31.7.2013, Az. 6 U 51/12 (Kart.), vgl. auch *von Criegern/Engelhoven*, WRP 2013, 1441 (1446).

Der Anspruch auf Restschadensersatz

Auch nach Ablauf der im Kartellrecht nunmehr geltenden fünfjährigen Verjährungsfrist (33h GWB) ist es nicht ausgeschlossen, zumindest noch einen Teil des kartellbedingt entstandenen Schadens, den sog. Restschadensersatz, geltend zu machen. Gemäß § 852 BGB ist ein nach den deliktsrechtlichen Regelungen zum Schadensersatz Verpflichteter innerhalb eines Zeitraums von zehn Jahren nach Entstehung des Anspruchs noch zur Herausgabe des durch die unerlaubte Handlung Erlangten verpflichtet. Nach dieser Vorschrift bleibt der Anspruch aus unerlaubter Handlung trotz Verjährung erhalten, wird jedoch in seinem Umfang auf die ungerechtfertigte Bereicherung beschränkt. 171

Die Herausgabepflicht nach § 818 Abs. 3 BGB ist auf die verbliebene Bereicherung des Kartellbeteiligten beschränkt, weshalb lediglich noch der Ersatz des Schadens in Gestalt des kartellbedingt gezahlten Mehrpreises durchgesetzt werden kann, nicht aber Ersatz für entgangenen Gewinn oder finanzielle Einbußen bei kartellbedingten Preiserhöhungen Dritter (*umbrella pricing*) verlangt werden kann. 172

Die Berufung auf eine etwaige eigene Entreicherung nach § 818 Abs. 3 BGB bleibt den jeweiligen Kartellbeteiligten grundsätzlich möglich. Häufig wird der Entreicherungseinwand aber wegen Bösgläubigkeit gem. §§ 818 Abs. 4, 819 Abs. 1 i.V.m. § 142 Abs. 2 BGB ausgeschlossen sein.[143] 173

H. Klassische Einwände zur Abwehr einer Kartellschadensersatzklage

In Anbetracht der oben beschriebenen Beweislastverteilung kann sich das in Anspruch genommene Unternehmen zur Verteidigung gegen kartellrechtliche Ansprüche regelmäßig zunächst auf Klageleugnen, also das einfache Bestreiten der anspruchsbegründenden Tatsachen, beschränken. Soweit hinsichtlich einzelner Tatbestandsmerkmale die Annahme eines Anscheinsbeweises im Raum steht (wie z.B. bei der Kartellbefangenheit der einzelnen streitgegenständlichen Lieferung) oder eine gesetzliche Vermutung eingreifen könnte, ist darüber hinaus substantiiert vorzutragen und Beweis anzubieten. Typischerweise tragen Beklagte im Kartellschadensersatzprozess die nachfolgend genannten Einwände vor. 174

143 *Bernhard*, NZKart 2014, 432 (435 f.).

I. Bestreiten des Kartellrechtsverstoßes

175 Das in Anspruch genommene Unternehmen kann das Vorliegen eines Kartellrechtsverstoßes unter Berücksichtigung der prozessualen Wahrheitspflicht (§ 138 Abs. 1 ZPO) nur bestreiten, wenn es sich tatsächlich nicht kartellrechtswidrig verhalten hat, was insbesondere dann der Fall ist, wenn es an dem behaupteten Kartellrechtsverstoß nicht beteiligt war.

176 Sofern eine (bestands- oder rechtskräftige) kartellbehördliche oder gerichtliche Entscheidung vorliegt und die Bindungswirkung gemäß Art. 16 VO 1/2003 und § 33b Satz 1 GWB greift, ist ein solches Bestreiten von vornherein unerheblich, da die Teilnahme an der kartellrechtswidrigen Grundabsprache damit für die Zivilgerichte bindend feststeht.

177 Als beklagtes, aber nicht im Bußgeldbescheid genanntes Unternehmen empfiehlt es sich, substantiiert die Beteiligung an der kartellrechtswidrigen Verhaltensweise oder Vereinbarung zu bestreiten (sofern dies dem tatsächlichen Geschehen entspricht), um nicht Gefahr zu laufen, dass das Gericht im Wege des Anscheinsbeweises vom Vorliegen eines Kartellrechtsverstoßes ausgeht.

178 Bei einem Kronzeugen, dem das Bußgeld vom Bundeskartellamt vollständig erlassen wurde und der daher im Bußgeldbescheid des Bundeskartellamts namentlich nicht genannt wird, dürfte ein solches Bestreiten – sofern es sich auf die Grundabsprache bezieht – mit Blick auf die prozessuale Wahrheitspflicht meist nicht möglich sein.

II. Berufung auf fehlendes Verschulden bei der Begehung des Kartellrechtsverstoßes

179 Die Schadenersatzverpflichtung nach § 33 a GWB umfasst ausdrücklich nur schuldhaft begangene Kartellrechtsverstöße. Den Beklagten steht daher als Verteidigungsargument offen, dass der Kartellbeteiligte in einem **entschuldbaren Rechtsirrtum** (Verbotsirrtum) gehandelt habe.

180 Ein Rechtsirrtum schließt das Verschulden des Kartellbeteiligten aus, sofern der Irrtum nicht seinerseits auf Fahrlässigkeit beruht, d.h. wenn der Handelnde auch bei Anwendung der erforderlichen und ihm zumutbaren Sorgfalt (gegebenenfalls auch nach Prüfung durch einen mit der Rechtsmaterie vertrauten Juristen) nicht hätte erkennen können, dass sein Handeln rechtswidrig ist. Fahrlässig handelt jedoch bereits, wer sich erkennbar in einem Grenzbereich des rechtlich Zulässigen bewegt, in dem er eine von der eigenen Einschätzung abweichende Beurteilung der rechtlichen Zulässigkeit des fraglichen Verhaltens in Betracht ziehen muss.[144] Dies

144 BGH, Urt. v. 16.12.1986, Az. KZR 36/85, Rn 19 – *Taxizentrale Essen.*

wird insbesondere bei zweifelhaften Rechtsfragen der Fall sein, die nicht durch höchstrichterliche Entscheidungen geklärt sind.[145]

Bei rechtlichen Zweifeln kommt ein entschuldbarer Rechtsirrtum aber nur in Betracht, wenn ein Unternehmen **sachkundigen Rechtsrat**[146] eingeholt hat, auf dessen Grundlage es nicht mit einer abweichenden Rechtsauffassung durch die Gerichte rechnen musste.[147] 181

III. Bestreiten der Betroffenheit der Klägerin (Aktivlegitimation)

Darüber hinaus kann die Aktivlegitimation des Klägers bestritten werden, wenn zweifelhaft ist, ob der Kläger durch den Kartellrechtsverstoß tatsächlich betroffen ist. Häufig vorgetragen wird insofern, dass es **an der Kartellbetroffenheit fehlt**, weil 182

- die kartellrechtswidrige Vereinbarung oder Verhaltensweise durch den Beklagten nicht umgesetzt worden sei (etwa, weil sich der Beklagte nur „zum Schein" daran beteiligt habe) und daher auch keine Auswirkungen auf die Preissetzung des Beklagten gehabt habe,
- die „Grundabsprache", wie sie in der Bußgeldentscheidung der Kartellbehörde festgestellt wurde, nicht flächendeckend bzw. in allen Einzelfällen tatsächlich auch durchgesetzt worden sei (siehe dazu sogleich unter III.),
- der Kläger die Ware nicht von einem der kartellbeteiligten Unternehmen, sondern von Kartellaußenseitern (d.h. nicht am Kartellrechtsverstoß beteiligten Dritten) abgenommen habe, auf deren Preissetzung der Kartellrechtsverstoß keine Auswirkung gehabt habe,
- die geltend gemachten Schadenspositionen – bezogen auf die einzelnen Lieferungen – in einen Zeitraum vor oder nach der Dauer des Kartellrechtsverstoßes fielen, in dem der Kartellrechtsverstoß keine Auswirkungen gehabt habe oder
- sich die geltend gemachten Schadenspositionen auf andere Waren als die im Bußgeldbescheid genannten Produkte bezögen.

Zu Gunsten der Beklagten spricht insoweit vor allem die Rechtsprechung des OLG Nürnberg, wonach nicht ohne weiteres davon ausgegangen werden kann, dass sich eine Kartellabsprache auch auf Produkte aus einem anderen sachlich abgegrenzten 183

---

145 OLG Düsseldorf, Urt. v. 30.9.2009, Az. VI-U (Kart) 17/08 (V), U (Kart) 17/08 (V), Rn 46f. = WuW/E DE-R 2763.

146 Zu den Anforderungen *Fleischer*, EuZW 2013, 326 (329).

147 OLG Düsseldorf, Urt. v. 13.11.2013, Az. VI-U (Kart) 11/13 = NZKart 2014, 68 (70f.) – *Fachhandelsvereinbarung Sanitär*.

Marktsegment bezieht, wenn dies im Bußgeldbescheid nicht ausdrücklich festgestellt ist.[148]

IV. Bestreiten der Kausalität des Schadens

184 Teilnehmer eines Quotenkartells oder einer Submissionsabsprache können sich darüber hinaus damit verteidigen, dass der konkrete, mit der Klage geltend gemachte Schaden einem Vertragsschluss zugrunde liegt, der (ausnahmsweise) **nicht kartellbefangen** ist. Dies gilt insbesondere dann, wenn ein Kläger im Falle einer nichtdurchgehend praktizierten Kartellabrede lediglich pauschal vorgetragen hat, dass alle Warenlieferungen der kartellbeteiligten Unternehmen kartellbefangen gewesen seien, aber nicht substantiiert dargelegt hat, welche Warenlieferungen durch welchen Kartellrechtsverstoß betroffen gewesen seien.

185 Ein einfaches Bestreiten ist insoweit nicht ausreichend, wenn die Existenz einer allgemeinen Kartellabrede aufgrund einer bindenden kartellbehördlichen Entscheidung feststeht. Die teils von Instanzgerichten[149] aufgestellten Beweisanforderungen, wonach der Geschädigte hinsichtlich jedes einzelnen Beschaffungsvorgangs konkret darlegen und beweisen müsse, dass dieser von dem Kartellrechtsverstoß betroffen sei, erscheinen insoweit überzogen. In diesen Fällen dürfte vielmehr regelmäßig ein **Anscheinsbeweis** dafür sprechen, dass auch das streitgegenständliche Geschäft kartellbefangen ist, weil es dem typischen Geschehensablauf entspricht, dass auch der konkrete Erwerbsvorgang von der kartellrechtswidrigen Abrede erfasst ist, wenn sich dieser nahtlos in den zeitlichen, sachlichen und räumlichen Bereich der durch die Kartellbehörde festgestellten Absprachen einfügt.[150] Um den Anscheinsbeweis zu erschüttern, muss das in Anspruch genommene Unternehmen daher die ernsthafte Möglichkeit eines anderen Hergangs aufzeigen, so dass der typische Geschehensablauf in Zweifel zu ziehen ist. Hierzu bedarf es eines substantiierten und detaillierten Vortrags zu den üblichen Abläufen bei Umsetzung der Kartellabsprache und zu den konkreten Umständen bei Abschluss des streitgegenständlichen Vertrages, aus dem sich ergibt, dass der konkrete Erwerbsvorgang unbeeinflusst von der Kartellabsprache blieb. Der pauschal gehaltene Vortrag, dass nicht in jedem Fall Kartelldisziplin bestanden habe, reicht insofern nicht aus. Insbesondere dann, wenn das Kartell über viele Jahre, in großer Intensität und flächendeckend betrie-

---

148 OLG Nürnberg, Urt. v. 19.7.2013, Az. 3 U 116/16, Rn 76 = WuW 2016, 603 – *Drehleiterkartell.*

149 LG Stuttgart, Urt. v. 25.2.2013, Az. 11 O 225/12, S. 7 (n. veröffentl.) – *Drehleiterkartell*; LG Stuttgart, Urt. v. 31.1.2013, Az. 41 O 39/12 (n. veröffentl.); ähnlich LG München, 25.4.2012, Az. 37 O 16434/11 (n. veröffentl.) – *Auftausalz.*

150 Siehe oben Rn 152 dieses Kapitels.

ben worden ist, sind hohe Anforderungen an eine solche Erschütterung des Anscheinsbeweises zu stellen.[151]

Der Kausalzusammenhang sollte auch von einem in Anspruch genommenen **Kartellaußenseiter** bestritten werden, wenn also der geltend gemachte Schaden aufgrund einer Preiserhöhung eines Unternehmens entstanden ist, das selbst nicht an der Kartellabrede beteiligt war, sondern lediglich „im Windschatten" der kartellbedingten Preiserhöhungen seine eigenen Preise erhöht (***umbrella pricing***) und insofern von dem Kartell profitiert hat. In diesen Fällen dürfte die Annahme eines Anscheinsbeweises nur unter bestimmten Voraussetzungen gerechtfertigt sein.[152] 186

V. Bestreiten des Eintritts des Schadens

Den Kartellteilnehmern ist ferner der Einwand gestattet, die unmittelbaren oder mittelbaren Abnehmer hätten tatsächlich gar keinen Schaden erlitten, weil es ihnen gelungen sei, die kartellbedingten Preiserhöhungen ganz oder doch zumindest teilweise an ihre Abnehmer weiterzugeben (Einwand der **Schadensabwälzung** oder engl. ***passing-on defence***). 187

1. Heranziehung der Grundsätze zur Vorteilsausgleichung

In der Sache nach handelt es sich bei der passing-on defence um den Einwand der **Vorteilsausgleichung**, der durch die gesetzliche Regelung in § 33c Abs. 1 Satz 2 GWB nicht ausgeschlossen ist. Mit dieser Regelung hat der Gesetzgeber lediglich klargestellt, dass es sich bei der Schadensabwälzung nicht um eine Frage der Schadensentstehung, sondern um eine solche der Vorteilsausgleichung handelt.[153] Denn der Schaden ist ungeachtet eines späteren Weiterverkaufs mit dem Erwerb der Ware in Höhe der Differenz aus dem Kartellpreis und dem hypothetischen Wettbewerbspreis bereits eingetreten. 188

Nach den Grundsätzen der Vorteilsausgleichung muss sich der Geschädigte diejenigen Vorteile anrechnen lassen, die ihm adäquat kausal mit dem Schadensereignis zufließen, da er nicht besser gestellt sein soll, als er ohne das schädigende Ereignis stünde. Entsprechend anzurechnende Vorteile können sich ergeben, wenn der Geschädigte die kartellbedingt erhöhten Preise an die nächste Marktstufe weitergeben konnte. Eine Anrechnung hat aber nur zu erfolgen, wenn die Preiserhöhung in adäquatem Kausalzusammenhang mit dem kartellbedingten Preisaufschlag steht und sie darüber hinaus dem Sinn und Zweck der Schadensersatzpflicht entspricht. 189

---

151 Thüringer Oberlandesgericht, Urt. v. 22.2.2017, Az. 2 U 583/15 Kart, Rn 66 – *Schienenkartell.*

152 Vgl. hierzu Rn 154 dieses Kapitels.

153 BGH, Urt. v. 28.6.2011, Az. KZR 75/10 = NJW 2012, 928, Rn 57 ff. – *ORWI.*

190 Nach den allgemein zivilprozessualen Regeln liegt die Darlegungs- und Beweislast für die tatsächlichen Voraussetzungen der Vorteilsausgleichung beim Schädiger, ohne dass darin ein Verstoß gegen den europarechtlichen Effektivitätsgrundsatz zu sehen ist. Der Kartellteilnehmer, der den Schaden des Anspruchstellers unter dem Gesichtspunkt der Vorteilsausgleichung bestreitet, muss daher zunächst anhand der allgemeinen Marktverhältnisse plausibel dazu vortragen, dass eine Weiterwälzung der kartellbedingten Preiserhöhung zumindest ernsthaft in Betracht kommt. Dies ist nur im Fall eines geltend gemachten Schadens wegen kartellbedingter Preisüberhöhung möglich, nicht hingegen im Fall der Berufung auf entgangenen Gewinn.[154] Weiter hat er darzutun und gegebenenfalls nachzuweisen, dass der Weiterwälzung keine Nachteile des Abnehmers (insbesondere kein Nachfragerückgang) gegenüberstehen, durch die dessen Preiserhöhung (ganz oder teilweise) kompensiert worden ist.[155] Aufgrund dieser hohen Anforderungen wird eine Schadensabwälzung in der Praxis meist nur in Fällen der Weiterlieferung von Produkten, nicht aber bei der Weiterverarbeitung gelingen.

191 Eine Vorteilsausgleichung kommt nicht in Betracht, wenn es ausschließlich von den Absatzbemühungen, der Kalkulation und vom geschäftlichen Erfolg des Geschädigten abhängt, ob und zu welchem Grad der gezahlte überhöhte Preis kompensiert werden konnte.[156]

2. Schadloshaltung durch Streitverkündung

192 Klagen unmittelbare und mittelbare Abnehmer in getrennten Prozessen gegen einen Kartellteilnehmer, ist es möglich, dass dieser gegenüber dem unmittelbaren Abnehmer erfolgreich den Nachweis der Schadensabwälzung führt und gleichzeitig gegenüber dem mittelbaren Abnehmer die Vermutung der Schadensabwälzung auf diesen widerlegt. Im Ergebnis würde bei einem solchen Ausgang der beiden Prozesse eine Haftung des Kartellteilnehmers insgesamt entfallen, obwohl zumindest auf einer Stufe ein Schaden entstanden sein müsste.

193 Ebenso denkbar ist es, dass dem Kartellteilnehmer gegenüber dem unmittelbaren Abnehmer in einem Prozess der Nachweis der Schadensabwälzung nicht gelingt und er sich gleichzeitig in einem anderen Prozess gegenüber dem mittelbaren Abnehmer nicht erfolgreich gegen die Vermutung, dass der Schaden auf den mittelbaren Abnehmer abgewälzt wurde, verteidigen kann. In dieser Konstellation würde der Kartellteilnehmer für denselben Schaden mehrfach haften.

194 Die Mitgliedstaaten sollen zur Verhinderung einer solchen Überkompensation gemäß Art. 12 Abs. 2 Kartellschadensersatzrichtlinie Verfahrensvorschriften festle-

---

154 *Bernhard/Holterhus*, RIW 2012, 470 (476).

155 BGH, Urt. v. 28.6.2011, Az. KZR 75/10 = NJW 2012, 928, Rn 64 – *ORWI*.

156 OLG Düsseldorf, Urt. v. 27.6.2007, Az. VI-2 U (Kart) 9/05, 2 U (Kart) 9/05, Rn 59.

gen, die geeignet sind zu gewährleisten, dass der Ersatz der eingetretenen Vermögenseinbuße auf keiner Vertriebsstufe den dort erlittenen Schaden in Form des Preisaufschlags übersteigt. Um zu verhindern, dass Schadensersatzklagen von Klägern verschiedener Vertriebsstufen zu einer mehrfachen Haftung oder fehlenden Haftung des Kartellteilnehmers führen, müssen die Mitgliedstaaten ferner gemäß Art. 15 Abs. 1 lit. a) Kartellschadensersatzrichtlinie gewährleisten, dass die Gerichte (andere) Schadensersatzklagen, die dieselbe Zuwiderhandlung gegen das Wettbewerbsrecht betreffen, aber von Klägern auf anderen Vertriebsstufen erhoben wurden, gebührend berücksichtigen können.

Nach deutschem Recht besteht allein über das äußerst kostenintensive Institut 195
der Streitverkündung (§ 72 ZPO) die Möglichkeit, eine einheitliche Klärung der streitigen Rechtsfrage durch die Interventionswirkung im Folgeprozess (§§ 74, 68 ZPO) herbeizuführen. Diese bewirkt, dass der Streitverkündete bei einem eventuellen Folgeprozess an die Entscheidungen des Vorprozesses gebunden ist. Der BGH hat die grundsätzliche Zulässigkeit der Streitverkündung zwar bereits in der Entscheidung ORWI festgestellt,[157] bis heute ist dieses allerdings zur Herstellung synchroner Entscheidungen Mittel nicht zuletzt wegen der damit verbundenen erheblichen Mehrkosten in der Praxis nicht genutzt worden.

VI. Bestreiten der Schadenshöhe

Die Strategie der Beklagten im Hinblick auf das Bestreiten der Schadenshöhe ist 196
abhängig davon, ob der Kläger lediglich Anknüpfungs- und Hinweistatsachen für die richterliche Schadensschätzung nach § 287 ZPO darlegt oder ob er den kartellbedingt entstandenen Schaden im Rahmen eines Privatgutachtens zu beziffern versucht.

Legt der Kläger lediglich Anknüpfungs- und Hinweistatsachen vor, verfolgen 197
die Beklagten typischerweise die Strategie, deren Validität anhand anderslautender Daten anzuzweifeln oder auf die Ungeeignetheit der vorgetragenen Anhaltspunkte für die richterliche Schadensschätzung hinzuweisen.

Errechnet der Kläger – üblicherweise im Rahmen eines Privatgutachtens – be- 198
reits seinen mutmaßlichen Schaden, können die Beklagten darüber hinaus die Berechnungsmethoden oder die mathematische Berechnung selbst als fehlerhaft angreifen. Beliebte Verteidigungsargumente sind etwa, auf die **nicht-repräsentative Datenbasis** abzustellen, auf **„technische Fehler"** sowie die fehlende Nachvollziehbarkeit oder fehlende Offenlegung der einzelnen Berechnungsschritte hinzuweisen oder auf die **fehlende Berücksichtigung von Ereignissen** (so etwa infla-

157 BGH, Urt. v. 28.6.2011, Az. KZR 75/10 = NJW 2012, 928, Rn 73 – *ORWI*.

tionsbedingte Preiserhöhungen oder konjukturbedingte Umsatzrückgänge) Bezug zu nehmen, die zu einer Reduzierung der Schadenshöhe führen.

VII. Streitverkündung gegenüber weiteren Kartellbeteiligten

199 Soweit nicht ohnehin alle Beteiligten eines Kartellrechtsverstoßes verklagt werden, kommt es häufig vor, dass die Beklagte(n) den nicht-verklagten Mitkartellanten den Streit verkünden, um diese zu einem Streitbeitritt zu bewegen. Dieses Vorgehen verfolgt drei Zielrichtungen: Erstens beabsichtigen die Beklagten, **Verbündete** für ihr Vorbringen zu gewinnen und somit ihre Argumentationsposition vor Gericht zu stärken. Da die weiteren Kartellbeteiligten im Falle eines Unterliegens riskieren würden, einen Teil der Schadensersatzsumme im Wege des Gesamtschuldner-Innenregresses erstatten zu müssen, ist naheliegend, dass sie – wie die Beklagte(n) – in eigenen Schriftsätzen argumentieren werden, dass es an der Kartellbetroffenheit oder jedenfalls einem Schaden des Klägers fehlte. Zweitens führt die Streitverkündung zu einer **Erhöhung des Prozesskostenrisikos**, was wiederum die Vergleichsbereitschaft der Klägerseite erhöhen dürfte. Drittens streben die Beklagten durch die Streitverkündung an, von der **Bindungswirkung der §§ 74 Abs. 1, 68 ZPO** profitieren, so dass die weiteren Kartellbeteiligten in einem etwaigen Folgeprozess betreffend den Innenausgleich zwischen den Gesamtschuldnern an die Entscheidung des Vorprozesses gebunden sind.

VIII. Anteilige Rückerstattung des Schadensersatzes durch weitere Kartellbeteiligte (Innenregress)

200 Wurde ein Kartellbeteiligter auf Ersatz des gesamten durch den Kartellrechtsverstoß verursachten Schadens des Klägers verurteilt, kann er einen Teil des Schadensersatzes in Form des Innenregresses von den weiteren Kartellbeteiligten zurückerstattet erhalten. Der **interne Ausgleich zwischen den Schädigern** richtet sich nach § 426 Abs. 1 Satz 2 und Abs. 2 BGB, nicht aber nach § 426 Abs. 1 Satz 1 BGB (auf den § 33d Abs. 2 Satz 2 GWB nicht verweist), da dieser eine Festlegung der Haftungsanteile der einzelnen Gesamtschuldner nach Kopfteilen vorsieht. Vielmehr sollen wie bei § 254 Abs. 1 BGB die Haftungsanteile der Gesamtschuldner von den Umständen abhängen, insbesondere davon, in welchem Maß sie den Schaden verursacht haben (§ 33d Abs. 2 Satz 1 GWB).[158] Für die Lastenverteilung im Innenverhältnis sind somit die Verursachungsbeiträge abzuwägen, wobei insbesondere auf die Umsätze mit den kartellbefangenen Produk-

---

158 So bereits BGH, Urt. 18.11.2014, Az. KZR 15/12, Rn 41 f. – *Calciumcarbid*.

ten, die Art des Tatbeitrags sowie die relative Größe der Unternehmen abzustellen ist. In erster Linie wird es dabei auf die im Zusammenhang mit dem Kartell erwirtschafteten Vorteile ankommen.[159]

Der **Kronzeuge**, dem im Rahmen eines Kronzeugenprogramms der vollständige 201
Erlass der Geldbuße gewährt wurde, ist gemäß § 33e Abs. 1 Satz 1 GWB im Gesamtschuldnerausgleich **privilegiert**, da er nur zum Ersatz desjenigen Schadens verpflichtet ist, der **seinen eigenen** unmittelbaren und mittelbaren Abnehmern oder Lieferanten aus dem Verstoß entstanden ist. Gemäß § 33e Abs. 1 Satz 1 GWB ist der Kronzeuge den anderen Geschädigten gegenüber erst dann zum Schadensersatz verpflichtet, wenn diese von den übrigen Kartellteilnehmern keinen vollständigen Ersatz erlangen konnten. § 33e Abs. 3 GWB beschränkt die Haftung entsprechend im Innenverhältnis zu den anderen Kartellteilnehmern.

Schließlich beschränkt § 33d Abs. 3 GWB zu Gunsten von **kleinen und mittel-** 202
ständischen Unternehmen (KMU) sowie Kleinstunternehmen – vorbehaltlich der in Abs. 5 geregelten Ausnahmen – die Schadensersatzpflicht im Außenverhältnis unter bestimmten Bedingungen auf den Ersatz des Schadens, der den unmittelbaren und mittelbaren Abnehmern oder Lieferanten (innerhalb der Lieferkette) aus dem Verstoß gegen das Kartellverbot oder gegen Art. 102 AEUV bzw. § 19 GWB entsteht. § 33d Abs. 4 GWB beschränkt die Haftung von KMU und Kleinstunternehmen entsprechend auch im Innenverhältnis zu den anderen Kartellteilnehmern.

159 OLG München, Urt. v. 9.2.2012, Az. U 3283/11 Kart, Rn 29 = WuW/E DE-R 3835 (3838).

Kapitel 9
Eckpunkte einer effektiven Kartellrechts-Compliance

A. Gegenstand dieses Kapitels

1 In diesem letzten Teil steht **nicht** das **materielle Recht** im Vordergrund. Hier geht es ausschließlich um die aus der rechtlichen Wertung der § 130 OWiG, § 43 GmbHG und § 93 AktG resultierende zentrale Aufgabe der Unternehmensleitung, **praktische Maßnahmen** zu treffen, um Kartellrechtsverstöße in einer komplexen Unternehmensorganisation gar nicht erst geschehen zu lassen. Diese Maßnahmen werden unter dem Begriff „Compliance" zusammengefasst.

2 Wie so oft im wirtschaftlichen Kontext erlangt ein rechtliches Thema vor allem Popularität, wenn es sich wirtschaftlich „rentiert". Das ist nun auch für das Thema Compliance der Fall: In der Vergangenheit wurden Compliance-Maßnahmen in Unternehmen oft erst dann als sinnvoll empfunden, wenn es bereits zu einem Rechtsverstoß gekommen war, eine (hohe) Geldbuße verhängt wurde und die Kosten für die Einführung eines Compliance Management Systems damit gerechtfertigt werden konnten, dass durch geeignete Compliance-Maßnahmen vergleichbare Geldbußen in der Zukunft verhindert werden könnten, da es im Fall funktionierender Vorbeugungsmaßnahmen schon gar nicht mehr zu Rechtsverstoßen kommen würde.

3 Erst durch ein Urteil des Bundesgerichtshofs aus dem Jahr 2017 ist der wirtschaftliche Nutzen von Compliance-Maßnahmen auch für den Fall offensichtlich geworden, dass es noch gar nicht zu Rechtsverstößen gekommen ist. Nach der neuen Rechtsprechung ist ein auf die Vermeidung von Rechtsverstößen angelegtes, effektives Compliance Management System **bußgeldmindernd zu berücksichtigen**, falls es wider Erwarten doch zu einem Rechtsverstoß kommen sollte.[1] Gerade im Falle üblicherweise sehr hoher Kartellgeldbußen liegt es durchaus nahe, dass die Höhe der Bußgeldminderung die Kosten für die Einführung eines Compliance Management Systems deutlich übersteigen wird. Im Übrigen hat ein solches Compliance-System den positiven „Nebeneffekt", dass auch die Geschäftsführung **persönliche Schadensersatzpflichten** nach § 43 Abs. 2 GmbHG oder § 93 Abs. 2 AktG vermeidet, wenn sie ihrer Pflicht, Rechtsverletzungen aus der Sphäre des Unternehmens zu unterbinden, nachkommt.

4 Kaum war das Urteil veröffentlicht, fluteten schon die Newsletter unzähliger Anbieter von Compliance-Schulungen und -managementprogrammen fluten den Markt und oft bekamen Syndikusrechtsanwälte, insbesondere Ein-Mann-Rechtsabteilungen, von der Geschäftsführung kurzerhand ein Bestellungsschreiben als „Chief-

1 BGH, Urt. v. 9.5.2017, Az. 1 StR 265/16, Rn 118 = WuW 2017, 456 (457).

https://doi.org/10.1515/9783110550542-009

Compliance-Officer" überreicht. Damit ist es aber nicht getan. Vielmehr läuft der Begriff „Compliance" Gefahr, abgenutzt zu wirken. Auf Empfänger- und Anwenderseite wird Compliance als „Show-Stopper" oder „Vertriebshemmnis" wahrgenommen, wenn Compliance nicht effizient verankert wird. Umso mehr gilt es, dem Compliance-Hype zu widerstehen und auf die unternehmensspezifischen Besonderheiten bei der Verankerung von Maßnahmen zur Vorbeugung von Kartellrechtsverstößen zu achten.

5 Nichts ist ärgerlicher als Compliance-Maßnahmen, die ins Leere laufen, weil sie auf vermeintliche Risiken ausgerichtet sind, die es in der konkreten Situation des Unternehmens gar nicht gibt. Ist nur eine Compliance-Maßnahme offensichtlich nutzlos, werden auch alle weiteren – sinnvollen – Compliance-Maßnahmen von den Mitarbeitern nicht mehr befolgt werden. Zunächst ist daher zu klären, welche Risiken realistischerweise überhaupt bestehen und wie ihnen ohne überbordernde Bürokratie begegnet werden kann. Im Kartellrecht bieten sich dazu etwa die folgenden „Testfragen" an: In welcher Branche ist das Unternehmen tätig? Wie hoch sind die Marktanteile? Wie sind überhaupt die Märkte definiert? Vertreibt das Unternehmen über Handelsvertreter oder Vertragshändler oder gar direkt? Existieren Kooperationen mit Wettbewerbern? Ist das Unternehmen im Bereich der Standardsetzung tätig? Welche Risiken ergeben sich daraus für welche Mitarbeiterkreise? All diese Fragen sind zu klären, bevor passende Compliance-Maßnahmen erarbeitet werden.

6 Der wirksame Aufbau einer Compliance-Organisation hängt von ihrer **Akzeptanz bei den Mitarbeitern** ab. Diese kann ausschließlich durch Kommunikation und Transparenz verbessert werden.

7 Compliance bedeutet daher zunächst **Kommunikation**. Compliance wird inzwischen von vielen Unternehmen zwar als selbstverständlich deklariert, aber in der Ausführung und Befolgung oft als lästig empfunden und als autoritär „von oben" aufgezwungen. Daher ist es unerlässlich, zu erklären, warum die Befolgung bestimmter Compliance-Maßnahmen nicht nur rechtlich erforderlich, sondern auch nützlich für das Unternehmen und seine Mitarbeiter ist.

8 Compliance bedeutet zugleich **Transparenz**. Wer effektive Maßnahmen zur Vorbeugung von Rechtsverstößen eingeführt hat, hat keinen Grund, diese zu verbergen. Nur wer Zweifel an der Ausgestaltung oder Akzeptanz seiner Compliance-Maßnahmen hat, wird diese nach Möglichkeit immer intern halten und nur dann offenlegen, wenn es zwingend notwendig ist (etwa im Falle von eingeforderten Compliance-Erklärungen von Zulieferern oder Fördermittelgebern). Man kann daran sehr deutlich erkennen, wer sich nur nach außen hin „compliant" zeigt und wer Compliance-Maßnahmen glaubwürdig nach innen lebt und auch entsprechend kommuniziert.

9 Compliance erfordert immer auch eine **neue innerorganisatorische Ordnung**. Deren Aufbau und Aufrechterhaltung ist neben dem Kerngeschäft durchaus aufwändig.

10 Die Einführung von Compliance-Systemen ist nach einem Vorfall, wie auch nur einer Anhörung oder gar einem Bußgeldverfahren mit einem gewissen Rückenwind möglich, muss aber in der Praxis oft neben *anderen Veränderungen* bewerkstelligt

werden. Die anderen Veränderungen können *post merger integration* – Prozesse sein oder auch eigene strategische Neuausrichtungen, bei denen viele Veränderungen auf Management und Belegschaft einströmen. Eine *Vision* und eine *Mission*, oder ein *Leitbild* („*Nordstern*") sind jedenfalls von erheblicher Bedeutung. Die Art der Kommunikation ist daher sehr wichtig. Die Einführung eines Complianceprogramms selbst kann auch die Kommunikation weiterer Veränderungen unterstützen.

Die Verwendung des Begriffs Compliance ist überdies missverständlich und all- 11
zu oft viel zu pauschal. Dabei bedarf es des englischen Begriffs gar nicht immer.

Compliance ist ein **offener Begriff,** vergleichbar mit der „öffentlichen Sicher- 12
heit und Ordnung" der Polizeigesetze in den Bundesländern oder den seit jeher im Gesellschaftsrecht verankerten Legalitätspflichten im Unternehmen. Er erfasst sämtliche **praktische Maßnahmen zur Einhaltung der Rechtsordnung und interner Unternehmens-Richtlinien.** Die internen Richtlinien können im Einzelfall sogar strenger ausgestaltet sein als die geltende Gesetzeslage. Auch die Unternehmens-Compliance geht in diesem Fall über die gesetzlichen Anforderungen hinaus.

Die Etablierung einer **Compliance-Kultur** fängt dort an, wo genauer hingesehen 13
wird. Wer nicht genauer hinsieht, bleibt zwangsläufig als „Opfer" einer Pauschalisierung zurück und wiegt sich nur vermeintlich in Sicherheit. Eine Unternehmensführung, die nichts ändert, nimmt Compliance nur als oberflächlichen, pauschalen Werbeslogan in Anspruch. Werbung mit einem Qualitätsversprechen, das nicht eingehalten wird, führt aber häufig zu Misstrauen und Frustration nach innen und zu einem Reputationsverlust nach außen. Compliance-Bemühungen als reine PR-Maßnahme oder inhaltsleeren TOP auf der Aufsichtsratssitzung verfehlen ihren Zweck. Sie führen weder zu einer Reduzierung des Risikos von Rechtsverstößen im Unternehmen noch zu einer Enthaftung der Geschäftsleitung. Gerade die komplexe Materie des Kartellrechts werden die Mitarbeiter im Falle unzureichender Compliance-Maßnahmen lieber im Dunklen lassen und sich darauf berufen, sie hätten nicht gewusst, dass ihr Verhalten verboten ist. Unwissenheit schützt aber – jedenfalls im Kartellrecht – vor Strafe nicht.

Compliance bedarf zunächst einer **Bestandsaufnahme.** Wo Abteilungen des Fi- 14
nanz- und Rechnungswesens, wie Buchführung, Steuern oder auch Controlling, seit jeher sehr spezialisierte Compliance-Abteilungen darstellen, sind **Kartellrechtsabteilungen** als Vorstandsressort oder Geschäftsführungsbereiche in Organigrammen weitestgehend rar. Dabei betrifft das Kartellrecht normalerweise Regeln, deren Einhaltung für den Umgang mit Kunden und Wettbewerbern unabdingbar ist und jeder Geschäftsleitung geläufig sein dürften. Das wirklich „Neue" an Compliance ist lediglich „die Einbettung in einen größeren Zusammenhang"[2].

Wer den Rahmen etwas weiter zieht und Compliance **nicht** nur als **temporäre** 15
Modeerscheinung sieht, hat bereits den ersten Schritt erfolgreich getan. Außerdem

2 Wecker/Ohl/*Vetter*, Compliance in der Unternehmerpraxis, S. 33.

hat offenbar die Bestandsaufnahme (Risk Assessment) ergeben, dass ein Risiko im Bereich des Kartellrechts besteht.

16 Wer also konkret vor der Aufgabe steht, organisatorische Maßnahmen zur Einhaltung des Kartellrechts im eigenen Unternehmen einzuführen, sollte die kartellrechtlichen Anknüpfungspunkte im eigenen Unternehmen zuerst identifizieren:
- Verknüpfung von Abteilungen/Personen zu Tatbeständen des Kartellrechts,
- Erfassung des nutzbaren rechtlichen Rahmens,
- Statuierung von Spielregeln,
- glaubwürdige Kommunikationsstrategie.

17 In diesem Kapitel werden Anregungen gegeben, aus Erfahrung und Gesprächen mit Kollegen oft gehörte und häufig eingeführte Eckpfeiler beschrieben. Jede Compliance-Organisation muss auf das Unternehmen **maßgeschneidert** werden. Dazu gehört es auch, furchtlos Dinge anders zu machen, als sie vorher waren, Fehler zu machen und so nach und nach ein effektives Compliance-System einzurichten.

18 Als erste Anknüpfungspunkte können Compliance Management Systeme, die in der Rechtsprechung[3] und kartellbehördlichen Mitteilungen[4] beschrieben werden, dienen. Auch der für die Zertifizierung durch den TÜV Rheinland verwendete Compliance-Standard TR CMS 101:2011[5], das Toolkit zur kartellrechtlichen Compliance des International Chamber of Commerce[6], oder die Leitlinie des Deutschen Instituts für Compliance (DICO) zur Kartellrechts-Compliance[7], können Anhaltspunkte im Hinblick auf den „state of the art" zeitgemäßer Compliance-Maßnahmen bieten. Selbstverständlich hilft auch der Blick auf die Konkurrenz: Wie Wettbewerber ihr Compliance Management System aufgebaut und dies auf ihrer Homepage dargestellt haben, kann auch Anregungen dafür geben, welche Compliance-Maßnahmen daraus auf das eigene Unternehmen übertragen oder dafür entsprechend abgewandelt werden können.

---

3 Immer noch aktuell: LG München I, Urt. v. 10. 12. 2013, Az. 5 HK O 1387/10, gut verständlich dargestellt von *Fett* in CCZ 2014, 142.

4 Österreichische Bundeswettbewerbsbehörde, Broschüre „Kartellrecht und Compliance" vom 21.10.2016, S. 16 f., abrufbar unter https://www.bwb.gv.at/Documents/Broschüre%20-%20Kartellrecht%20und%20Compliance.pdf; Europ. Kommission, Handbuch „Wettbewerbsrechtliche Compliance", 2011, S. 14–17, abrufbar unter https://publications.europa.eu/en/publication-detail/-/publication/78f46c48-e03e-4c36-bbbe-aa08c2514d7a/language-de (beide zuletzt abgerufen am 15.3.2018).

5 Abrufbar unter https://www.tuv.com/media/germany/60_systeme/csr_nachhaltigkeit_compliance/compliance/faktenblaetter/compliance_standard_tr.pdf (zuletzt abgerufen am 15.3.2018).

6 Abrufbar unter http://www.iccgermany.de/fileadmin/user_upload/Content/Wettbewerb/ICC_Compliance_Toolkit_final.pdf (zuletzt abgerufen am 15.3.2018)

7 Leseprobe abrufbar unter http://www.dico-ev.de/wp-content/uploads/2017/06/L06_Kartellrecht_12S_2016_WEB.pdf; vollständige Version der dazugehörigen Dos and Don'ts abrufbar unter http://www.dico-ev.de/wp-content/uploads/2017/06/L06_Kartellrecht_12S_2016_WEB.pdf (beide zuletzt abgerufen am 15.3.2018).

Kurz gesagt: Ein effektives Compliance Management System lebt vom **Erfahrungsaustausch**, von ständigen **Funktionsfähigkeitstests** und von seiner **Weiterentwicklung** im Hinblick auf die Veränderungen, denen das eigene Unternehmen unterliegt. 19

Bei der Effizienzbetrachtung schätze ich den **menschlichen Einfluss** der Compliance-Verantwortlichen auf das Verhalten der übrigen Mitarbeiter und die Einflussfaktoren auf die Arbeitsleistung als sehr hoch ein. 20

Wenn Compliance Kommunikation bedeutet, kann Compliance jedenfalls den Lesern dieses Buches, die sich gerne mit ihren Kollegen im Unternehmen unterhalten, auch Freude bereiten. Das nachfolgend Dargestellte resultiert aus eigenen praktischen – sowohl leidvollen als auch freudvollen – Erfahrungen. 21

B. Offensives und defensives Auftreten im Wettbewerb

I. Unternehmerische Lebenslagen

Das Kartellrecht erfasst in der Praxis faktisch alle Unternehmen, alle Lebensbereiche und alle Unternehmensmitarbeiter. Es gibt keine Situation oder Branche, die a priori ausgeklammert werden kann. Daher ist die grundlegende These, dass man sich dauerhaft effizient auf einige wenige kartellrechtliche Schwachstellen im Unternehmen beschränken kann, schlicht falsch. 22

Auch der Ansatz, dass in der eigenen Branche „andere Spielregeln" gelten oder man als kleines Unternehmen unter dem Radar der Kartellbehörden bleibt, ist falsch. Zwar sind die Kartellbehörden mangels Ressourcen nicht in allen Bereichen gleich aktiv, sie ändern ihre Schwerpunkte jedoch regelmäßig. Auch gegen kleine Unternehmen werden Bußgelder verhängt.[8] Wichtige Grundlage ist daher die Erkenntnis, dass Verstöße gegen das Kartellrecht **auch für das eigene Unternehmen Risiken** bergen. 23

Eine Konzentration auf **offensichtliche Schwachstellen** ist allerdings in der ersten Zeit ratsam. Die Betonung liegt auf „in der ersten Zeit". Setzen Sie keine Scheuklappen auf. Eine **Beschränkung des Horizonts gefährdet** das neu zu schaffende Compliance-System, weil neue oder veränderte Gefahrenquellen übersehen werden können. 24

Es gibt typische Situationen, die in vielen Unternehmen vorkommen, so etwa die Gefahr von Preisabsprachen oder unzulässigem Informationsaustausch mit Wettbewerbern durch Vertriebsmitarbeiter. Eines vorgefertigten Katalogs bedarf es hierfür nicht zwingend. Suchen Sie nicht aktiv danach, sondern überlegen Sie sich, 25

8 So z.B. gegen mittelständische Hersteller von Hydranten, wovon der kleinste 30 Mitarbeiter hatte, BKartA, Pressemitteilung v. 16.12.2011 – *Hydrantenkartell*.

wer Sie in der Vergangenheit aufgrund welcher „Themen“ konsultiert hat. Ihr individuelles „Handbuch“ wird von ganz allein im Laufe der Zeit immer dicker.

26 Betrachten Sie schlicht die Praxis in Ihrem Unternehmen. Dass in der Vergangenheit „alles gut gegangen ist“, kann kein Argument sein, fragwürdige Praktiken nicht zu hinterfragen und gegebenenfalls sofort abzustellen. Schon allein aus der Existenz fragwürdiger Praktiken im Unternehmen ergibt sich zwangsläufig der individuelle Handlungsbedarf. Das vorherige Abbilden theoretischer Modelle und Szenarien halte ich hingegen für ineffizient und rate davon ab. Sie würden nämlich einen Weg einschlagen, der Sie zunächst von dem Innenleben Ihres Unternehmens ablenkt und auf eine übergeordnete rein theoretische Ebene führt. Der Ausgangspunkt muss **Ihr Unternehmen** sein.

27 Gehen Sie vor, wie Sie es von Risiko Assessments (Analysen) her kennen. Schreiben Sie sich verschiedene Unternehmensszenarien und ihre Auswirkungen auf. Ordnen Sie die Vorgänge. Beim Ordnen werden Ihnen automatisch Differenzierungsmöglichkeiten und Varianten der Szenarien einfallen. Sie werden außerdem eine Rangfolge und damit eine erste Gefährlichkeitsskala entwickeln. Es gibt diverse Softwareangebote, die Sie dabei unterstützen können. Hierauf wird in der Folge ebenfalls eingegangen.

28 Effektive Kartellrechts-Compliance findet **im alltäglichen Leben** der Organisation statt. Dazu gehören in aller Regel nicht M&A-Aktivitäten, bei denen wegen des Umfangs und der Komplexität meistens externe Berater hinzugezogen werden. Das Kartellrecht „lebt“ vielmehr bei Vertragsabschlüssen und alltäglichen Gesprächen mit Lieferanten, Endkunden und Händlern im Einkauf und Vertrieb und beim „zwanglosen“ Austausch mit Wettbewerbern auf Branchentreffen und Messen. Häufig kommt es dabei nicht auf das Geschriebene in einem Vertrag an, sondern vielmehr auf die Praxis, wie der Vertrag umgesetzt wird oder wie sich Unternehmensmitarbeiter – jenseits irgendwelcher rechtlicher Überlegungen – tatsächlich verhalten.

Beispiel 1

In der X GmbH ist es üblich, regelmäßige Branchentreffen zu Gesprächen über Trends und Neuerscheinungen zu nutzen. Hierzu ist ein Vertriebsleiter Y („ein alter Hase“) gemeinsam mit einem jüngeren Produktentwickler (einem kreativen Erfinder) von der Geschäftsführung entsandt worden. Die Kollegen witzeln: „Da fragen Sie mal den Y, der kann da viel zu sagen. Der Y hat seine Ohren wirklich überall. Sehr nützlich!“

29 Bei der Zuordnung von Personen/Organisationseinheiten zu kartellrechtlichen Sachverhalten kann man sich bspw. einer **Mind-Mapping-Methode** bedienen oder eines **Stufenmodells**[9].

9 Wecker/Ohl/*Vetter*, Compliance in der Unternehmerpraxis, S. 41 ff.

Bei näherer Betrachtung der Konstellation in Beispiel 1 kann auffallen, dass es sich bei der Zielgruppe der Treffen um Mitarbeiter der Entwicklungsabteilung handelt. Dass dort ein Mitarbeiter des Vertriebs teilnimmt, sollte hinterfragt werden. Es ist erfahrungsgemäß nicht unüblich, dass bei Tagungen Absprachen getroffen oder zumindest wettbewerblich relevante geheime Informationen ausgetauscht werden. Hier gilt es, sensibel, hellhörig und misstrauisch zu werden. Das sind die Kartellbehörden nämlich auch. Man denke nur an Gesprächsrunden, die sich später als Bierkartell, Süßwarenkartell oder Schienenkartell in Pressemitteilungen des Bundeskartellamts wiederfanden. 30

1. Gesundes Misstrauen

Zweifellos charmant und in kommunikativer Hinsicht vorteilhaft, aber kartellrechtlich sehr anfällig sind Unternehmen, die tatsächlich 31
- in flachen Hierarchien arbeiten,
- projektbezogene Teams zusammenstellen,
- interdisziplinär arbeiten.

Hier kommt es nicht nur unbewusst zur **Vermischung von Zuständigkeiten und Tätigkeitsgebieten.** Meist werden sogar Mitarbeiter bewusst zu Treffen geschickt, um Ohren und Augen offen zu halten. 32

Einige Unternehmensbereiche können tendenziell als „affin" für kartellrechtliche Verstöße eingeordnet werden. Anfällige Bereiche sind Entwicklung, Einkauf und Vertrieb in Bezug auf 33
- Preis- und Konditionenabsprachen,
- Markt- und Gebietsaufteilungen,
- Missbrauch der Marktstellung.

Der regulatorische Rahmen des Kartellrechts greift so weit in unternehmerische Freiheiten ein, dass **kreatives, kaufmännisches Denken** sozusagen zu **„gefahrgeneigter Arbeit"** wird. 34

Bei einer Organisation, die bislang gar keine Berührungspunkte mit Kartellrechts-Compliance hatte, dürfen Sie ruhig vollkommen frei fragen: Warum sollten hier eigentlich keine Verstöße oder angreifbaren Handlungen praktiziert werden? 35

Dabei handelt es sich auch nicht um Vorurteile, sondern um misstrauische Arbeitshypothesen. Vertrauen Scheidungsanwälte etwa auf den „ewigen Bund der Ehe"? 36

Effektive Compliance erfordert **Misstrauen.** Erfahrene Juristen sind von Berufs wegen misstrauisch, weil ihre Branche Erfahrungen mit sich bringt, die oft auf gescheitertem Vertrauen basieren. Sie merken es bereits sprachlich: Eine Partnerschaft „zerbricht". 37

38 Bevor das Zerbrechen aufgrund äußeren Drucks erfolgt, hilft Ihnen Compliance, **potenzielle Bruchstellen** im System aufzuspüren. Suchen Sie die polierte, glänzende, scheinbar makellose Oberfläche nach möglichen Bruchstellen ab. Jedes Unternehmen hat eine Oberfläche, die unauffällig erscheint. Diese Oberfläche muss regelmäßig durchleuchtet werden.

Beispiel 2
Die A-GmbH vertreibt ihre Produkte über selbständige, verantwortungsvolle Händler. Der Außendienst der A-GmbH bevorzugt umsatzstarke Händler und solche, die „etwas für die Marke tun".

Der Vertriebsvertrag beinhaltete unter anderem die Wendungen:
„Beide Seiten sind sich im Klaren darüber, dass nur bei Erfüllung der versprochenen beziehungsweise geforderten Leistungen die angestrebten Erfolge erzielt werden können. (...)
Der Partner bekennt sich zu den Grundsätzen der wirtschaftlichen beziehungsweise kaufmännischen Vernunft.
Der Partner stimmt Werbemaßnahmen im Vorfeld mit dem Außendienst ab."

---

39 Hier wird versucht, verklausuliert eine Preisbindung vertraglich zu regeln. Die **„verbindliche Empfehlung"** ergibt sich aus dem Zusammentreffen der Vokabeln „geforderte Leistung" und **„kaufmännische Vernunft"**, sowie „Maßnahmen/Abstimmung".

2. Ungesunde Naivität

40 Warum sollte das auch nicht so sein? Wenn ein gelernter Handwerker Material verkauft, dann „ist es doch nur gut", wenn er sich nicht um eine eigene Preiskalkulation kümmern muss. Die eigene Kalkulation wird ihm dann vom Hersteller „abgenommen".

Beispiel 3
Auf Nachfrage des Händlers, was denn die geforderte Leistung laut Vertriebsvertrag (Beispiel 2) genau sei, wird ihm entgegnet: „Haltet die Preise (mit Sternchenvermerk nur als unverbindlich gekennzeichnet) verbindlich ein, dann passiert Euch allen nichts. Ihr wisst ja: kaufmännische Vernunft!"

---

41 So könnte sich beispielsweise der Hinweis des Außendienstes bei Händlerbesuchen anhören. Diese beschriebene Verfahrensweise ist hochgradig gefährlich, da sie eine Kernbeschränkung des Wettbewerbs darstellt. Auch wenn sie „gefühlt" niemandem schadet, wird der Händler in seiner Wettbewerbsfreiheit eingeschränkt. Ein solches Verhalten ist rechtswidrig.

42 Die Anforderung *„etwas für die Marke zu tun"* bedeutet bei Markenherstellern oft im Wesentlichen, dass der Handel die „unverbindlichen Preisempfehlungen" verbindlich befolgen soll, weil die Qualität der Marke über die Preisstellung im Markt

wahrgenommen wird. An die „kaufmännische Vernunft" kann faktisch wirksam, aber kartellrechtlich unzulässig appelliert werden, wenn man Rabatte unterbinden möchte.

Rabattwerbung wie „20% auf alles, außer Produkte von A" ist wirtschaftlich 43 fragwürdig. Warum sind gerade die Produkte von A ausgenommen? Es spricht einiges dafür, dass A unzulässigerweise auf die Preisgestaltung des Händlers eingewirkt hat. Die Werbekampagne einer großen Baumarktkette ist legendär. Ihre Insolvenz ging 2013 durch die Presse.

Abstimmungsvorbehalte und Appelle an die kaufmännische Vernunft sind 44 intransparent. Sie zeigen nicht deutlich, was gewollt ist und praktiziert wird. Man kann sie so oder so auslegen.

Aber gibt es überhaupt eine **legale Lesart**, sozusagen eine **Reduktion** auf das 45 rechtlich Zulässige? Oft findet man nur **Scheinargumente.** Ein Händler, der dies beabsichtigt zu tun, müsste nach der in Beispiel 2 dargelegten Vertragsbestimmung jede Anzeige in der Lokalpresse mit dem Außendienst abstimmen.

Praxistipp

i

Bei fragwürdigen Abstimmungsvorbehalten, die die Händler zur Rücksprache anhalten sollen, fragen Sie die zuständige Stelle in Ihrem Hause, wie die Praxis aussieht. Im Beispiel 2 sollten Sie in der Zentrale fragen, welche Regeln zur Freigabe für Werbemaßnahmen gelten und nach welchen Kriterien diese freigegeben werden. Hier kommen neben dem Corporate Design auch zu nutzende Kampagnenvorlagen und Slogans in Betracht. Hingegen dürfen die Werbepreise keiner Freigabepflicht unterliegen. Wenn in der zuständigen Abteilung **keine klaren Regeln** vorliegen, muss man von einer starken Tendenz zur Verschleierung ausgehen. Die Kartellrechts-Compliance hat dann die Aufgabe, klare Regeln über kartellrechtlich zulässiges Verhalten aufzustellen.

Die Klauseln in Beispiel 2 sind nicht per se illegal. Sie können einen Kartellrechts- 46 verstoß aber indizieren. Bei der Vielzahl der Fälle und der Kasuistik, die die Kartellbehörden in den letzten Jahren geschaffen haben, kann bereits eine unklare und auslegungsbedürftige Bestimmung in einem Vertriebsvertrag Anhaltspunkt genug sein, um die Einleitung eines kartellbehördlichen Verfahrens zu rechtfertigen. Es ist Aufgabe der Kartellrechts-Compliance, missverständliche Regelungen von vornherein zu unterbinden. Nur auf diese Weise kann vermieden werden, dass sich Unternehmensmitarbeiter dazu eingeladen fühlen, einen auf dem Papier rechtskonformen Vertrag in kartellrechtswidriger Weise zu „leben".

3. Das „Kehrwochenprinzip"

Die (schwäbische) Kehrwoche bezweckt, dass alle Hausbewohner unabhängig von- 47 einander ein Ziel verfolgen und dieses systematisch abarbeiten. Nach einem Plan im Treppenhaus wird das Ziel eines kontinuierlich sauberen Hauses verfolgt, damit alles stets betretbar bleibt, unangemeldet Besuch kommen kann und nichts unvorzeigbar ist.[10]

48 Das tragende Prinzip effektiver Compliance und zugleich ein sprachlich anschauliches Bild ist das **„Kehrwochenprinzip"**. Hierauf wird im Folgenden wiederholt eingegangen werden.

Praxistipp
„Kehrwochenprinzip" bedeutet in diesem Zusammenhang regelmäßiges „Aufkehren" einer Unternehmensoberfläche, damit Fehlstellen und Schäden aufgedeckt werden können.

---

49 Im Schwäbischen wird aus der Sicht manches Norddeutschen auch gekehrt, obwohl alles sauber ist. Compliance ist nichts anderes. Kehren Sie, um „Bruchstellen" an der Oberfläche zu entdecken. Immer wieder.

4. Nutzung des regulatorischen Rahmens als „Spielfeld"

50 Jedes Unternehmen muss seinen individuell zur Verfügung stehenden Raum erkennen und markieren (Spielfeld). Die Maßnahmen sollen schließlich den wirtschaftlichen Erfolg nicht verhindern, sondern dauerhaft sichern. Die **Markierung des Spielfeldes** muss daher auf den Bedarf des Unternehmens individuell zugeschnitten sein. Die Linien, außerhalb derer Handlungen nicht mehr geduldet und abgepfiffen werden, sind durch die in den vorherigen Kapiteln dargestellte Rechtslage markiert. Dies ist der regulatorische Rahmen.

51 Ist dieser Raum festgelegt, kann er innerhalb des so definierten Spielfeldes sicher genutzt werden. Die Mannschaft läuft sich frei und jedes Teammitglied weiß genau, wie weit der Raum reicht. Dieses positive Wissen soll dem Unternehmen auch die nötige Sicherheit geben, sich auf die Kernkompetenzen zu konzentrieren.

52 In dem oben genannten Beispiel 1 muss ein Compliance-Verantwortlicher eingreifen. Wenn Verbandstreffen nur besucht werden, um wettbewerbssensible Informationen der Konkurrenz zu erlangen und das eigene Wettbewerbsverhalten entsprechend auszurichten, droht akute Gefahr. Das Verhalten muss unverzüglich geändert werden, um regelkonform zu arbeiten.

53 Im Beispiel 2 sollte weiter untersucht werden, ob mit zulässigen Mitteln ein für den Hersteller und Handel attraktives Preisniveau erreicht werden kann. Ausgangspunkt kann hier die Selektion des Handels sein. Wer nur mit leistungsstarken Händlern zusammenarbeiten möchte, sollte diese zuvor selektieren. Im Rahmen des selektiven Markenvertriebs sind oft gute Ergebnisse zulässigerweise erzielbar[11].

---

10 http://de.wikipedia.org/wiki/Schwäbische_Kehrwoche.

11 Näher dazu Kap. 4 Rn 27.

II. Analyse des kartellrechtlichen Risikos

Eine sachgerechte und weiterführende Risikoanalyse im Rahmen eines Compliance-Systems sollte mit folgenden Fragen beginnen: 54
- Wie ist das Wettbewerbsumfeld? Wie ist die Marktstellung?
- Hat die Branche „Erfahrungen" mit Kartellbehörden gemacht?
- Hat das Unternehmen „Erfahrungen" mit Kartellbehörden?
- Ist das Unternehmen bereits bebußt worden?
- Sind Wettbewerber, Lieferanten, Abnehmer bereits bebußt worden oder wurde gegen sie ermittelt?

Sehen Sie sich Ihr Ermittlungsobjekt genau an.

Wer eine Vertriebsorganisation durchleuchten muss, benötigt ihr Vertrauen. Zu schnell gerät man als Außenstehender ins Abseits und wird „ausgetrickst". Dies liegt an zwei grundsätzlichen Mechanismen: 55

1. Zielvorstellung

Der Mitarbeiter im Vertrieb hat in der Regel drei Interessen: 56
- Preise erhöhen/halten,
- Märkte erweitern/halten,
- Verkaufszahlen vergrößern/verbessern.

Viele Vertriebsorganisationen sind der Auffassung, dass sich der Unternehmenswert einzig aus diesen Faktoren zusammensetzt. Sicherlich beziehen sie konkurrenzfähige Produkte in ihre Betrachtungen mit ein. Doch ein „guter Vertrieb" verkauft auch fehlerhafte und veraltete Produkte. So ist häufig die Denkweise. 57

2. Vertrieb ist Win-Win-Denken

Ein guter Verkäufer schafft einen Interessensausgleich im Rahmen von Verhandlungen. Im ersten Schritt schafft er es, dem Kunden eine Lösung für ein zuvor nicht existierendes Problem anzudienen. Im zweiten Schritt entledigt er sich dem Stigma „lediglich etwas verkaufen zu wollen" dadurch, dass er einen Ausgleich herbeiführt. Jeder hat schließlich Nutzen von der Geschäftsbeziehung. 58

Achten Sie bei Unternehmensveranstaltungen einmal auf die Kommentare von langjährigen Vertriebsmitarbeitern. Alles, was administrativer Natur ist, wird ignoriert und persifliert. 59

Selbstverständlich ist die Welt nicht schwarz-weiß, sondern durchaus bunt. Gleichwohl liegen zwischen einem Regionalvertriebsleiter und einem Leiter Steuern oder Leiter Recht tiefe Gräben. Dem Juristen oder Steuerberater ist es grundsätzlich verwehrt, einen Ausgleich herbeizuschaffen. Entweder der Weg über die verschie- 60 denen Ermächtigungs- und Anspruchsgrundlagen taugt etwas, oder es muss ein anderer eingeschlagen werden. Der Vertrieb geht seinen Weg und räumt erforderlichenfalls Hürden beiseite.

61 Mit diesen Haltungen muss sich ein Compliance-Beauftragter abfinden, kann dieses Verhalten aber auch nutzen, wenn er Bewusstsein schafft, auch zu kartellrechtlichen Regeln einen Ausgleich schaffen zu können.

Praxistipp
Nehmen Sie Systemkritik vorweg. Sie als Bote und Übersetzer des Kartellrechts geben die Rechtsmaterie „nur" wieder.
Nutzen Sie Formulierungen wie: „Es mag antiquiert klingen, aber …"

---

62 In der Kommunikation wird es erforderlich sein, abstrakten Normen ein Gesicht zu geben. Dies sollte über die Abbildung der Justitia für Recht oder die geschriebene Rechtsordnung hinausgehen.

Beispiel 3
Handelnde Personen, wie etwa einen Richter am BGH oder den Abteilungsleiter der zuständigen Beschlussabteilung des Bundeskartellamts, beim Namen zu nennen und seine (mutmaßliche) Sichtweise in Diskussionen wiederzugeben, erleichtert Ihren Zuhörern den Zugang zu den Inhalten. Man hat nun einen Interessenträger skizziert, der anschaulich und zugänglich wirkt. Es scheint, wie wenn diese Person selbst im Raum wäre und ihre Meinung gesagt hätte. Oftmals fällt es leichter, durch unterstützende Hinzuziehung der Meinung eines Dritten zu überzeugen und Ihr Publikum in seiner Willensbildung zu beeinflussen. Damit ist der Weg ins Win-Win oder einen Interessenausgleich geebnet. Nutzen Sie im Einzelfall auch die Erfahrung und Glaubwürdigkeit externer Referenten (etwa erfahrene Kartellrechtsanwälte oder ehemalige Kartellbeamte), die Sie für Impulsvorträge einladen oder zur Erklärung von speziellen Themen hinzuziehen können.
Aber nicht nur im Vertrieb, auch im Einkauf, bei der Zusammenarbeit im Bereich Forschung und Entwicklung, bei der Gestaltung von Arbeitsverträgen, oder bei der Entwicklung neuer Vermarktungskonzepte kann das Kartellrecht eine Rolle spielen.

Praxistipp
Typische Risikofaktoren im Wettbewerb sind:
- Formeller und informeller Informationsaustausch (auf Messen, in Verbänden, durch Zusendung von Preislisten, etc.)
- Gebietsbeschränkungen oder -aufteilungen (z.B. Verbot der Lieferung außerhalb von Gebiet X)
- Direkte oder indirekte Preisbindung (z.B. gemeinsame Strategie von Hersteller und Händler, ein bestimmtes Preisniveau bei anderen Händlern durchzusetzen)
- *Ausschließlichkeitsbindungen oder Know-How-Schutz-Klauseln, die über das erlaubte Maß hinausgehen*

III. Spielregeln als Compliance-Versprechen

Basis eines effektiven Compliance-Systems ist es, die grundlegenden, internen Regeln präzise und individuell festzulegen. Auf die Präzision und den individuellen Zuschnitt kann aus Gründen der Akzeptanz nicht genug Wert gelegt werden. Der *Code of Conduct* oder auch *Code of ethics* (siehe unter B.II.) stellt das Unternehmensgrundgesetz („Unternehmensintegrität") dar. Er bewegt sich innerhalb der gesetzlichen Vorgaben und spiegelt die individuelle, unternehmensspezifische Herangehensweise wider. Bestenfalls ist der Code of Conduct mit einem **Wertekanon** hinterlegt. 63

Beispiel 4: Werte
„Das sind unsere Unternehmenswerte:
- Respekt
- Veränderungsbereitschaft
- Integrität
- Glaubwürdigkeit."

---

oder

Beispiel 5: Darstellung von Werten
„Wertschätzung" und „Vertrauen" liegen im Zentrum eines Kreises, der von den Werten im Uhrzeigersinn
- Klare Ziele,
- Engagement, Kompromissfähigkeit,
- Klarheit,
- Methodenkompetenz,
- Fachkompetenz,
- Offenheit,
- Innovationsbereitschaft und
- Selbstverantwortung

gebildet wird.[12]

Dieser Wertekanon kann mehr oder weniger ausgeprägt sein. Von erheblicher Bedeutung ist jedoch, dass immer **wiederkehrend** auf die Werte Bezug genommen wird. Das kann beispielsweise in Mitarbeiter-Feedbackgesprächen/Beurteilungen erfolgen. Ebenso wichtig ist, dass jeder (!) im Unternehmen sich die Einhaltung der Werte von jedem (!) vorhalten lassen muss. 64

---

12 Vgl. etwa https://www.stroeer.com/unternehmen/profil/leitbild.html (beachtenswert ist der Punkt „Innovation" als Wert bei einem Unternehmen der Außenwerbung). Dass Unternehmenswerte auch bei Bewerbern als Entscheidungskriterium für einen Arbeitgeber maßgeblich sein können, zeigt die Internetseite https://www.festool-group.com/wir-als-arbeitgeber/unser-wertesystem (beide Seiten zuletzt abgerufen am 15.3.2018).

65 Es kann praktisch sein, einen vorgefertigten Code of Conduct als Arbeitsgrundlage heranzuziehen. Die Akzeptanz steht und fällt jedoch mit unternehmensspezifischen Aspekten, die identifikationsstiftend für die Anwender wirken.

Praxistipp

„Kehrwochenprinzip" bedeutet in diesem Zusammenhang, dass jeder, der sich mit dem Unternehmen identifiziert, so handelt, dass alles jederzeit „vorzeigbar" ist. Die Vorzeigbarkeit ist eine subjektive Wertung. Durch die Identifikation mit Unternehmenswerten werden objektive Regeln verinnerlicht.

---

66 Erfahrungsgemäß führt in manchen Unternehmen bereits die englische Bezeichnung als „Code of Conduct" zu mangelnder Akzeptanz. Es bieten sich daher auch andere Bezeichnungen an, wie etwa „Firma KG-Verhaltensrichtlinien" oder „Firma KG-Integrität".

67 Keinesfalls darf die Rechtsabteilung oder die Compliance-Stelle allein das „Marketing" des Compliance-Versprechens übernehmen. Hier sind zwingend etwaige vorhandene Stellen der Unternehmenskommunikation, **PR oder Marketing und Werbung** nach ihrem Wissen zu befragen und einzubinden. Der Code of Conduct ist ein Produkt, das nachgefragt werden soll. Es gibt in der Wahrnehmung der Anwender aber zunächst kein Bedürfnis hierfür. Die Haltungen lauten meist:

- *„Wofür benötigen wir jetzt das?"*
- *„Machen wir jetzt jede Mode mit?"*
- *„Haben wir noch nie gebraucht"*
- *„Wir handeln ohnehin alle mit Selbstverantwortung"*.

68 Der Code of Conduct muss daher für alle Mitarbeiter so attraktiv ausgestaltet sein, dass sie bereit sind, ihn zu leben. Dazu gehört die sprachliche und graphische Ausgestaltung, der „Lesespaß", die entgegengebrachte Wertschätzung für die individuellen Unternehmenserfolge und die jederzeitige Verfügbarkeit des Code of Conducts für alle Mitarbeiter.

69 Wer die Werte „lebt", bedient sich automatisch der unternehmensgesetzlichen Ausprägungen namens Code of Conduct. Um den Code of Conduct zu erläutern und eine **praxisgerechte Handhabung** zu ermöglichen, empfiehlt sich eine gesonderte – und vor allem unjuristische – Aufbereitung einzelner Bereiche in Form von Verhaltensleitfäden, von der Unterschriftsrichtlinie bis hin zur Reisekostenrichtlinie.

70 Eine bedingungslose Unterwerfung unter die internen Regeln muss auch arbeitsrechtlich in Form einer **Compliance-Klausel** als **im Arbeitsvertrag verankerte Verpflichtung** oder Ergänzung im Rahmen einer **Mitarbeitervereinbarung** sichergestellt werden.

Mit der Akzeptanz der internen Regeln und dem unbefangenen Umgang aller mit einer Umorganisation werden kartellrechtskonformes Verhalten gefördert und künftige Verstöße effektiv verhindert.[13] 71

C. Effektive Präventionsmaßnahmen

Die Europäische Kommission macht in ihrem Compliance-Leitfaden unmissverständlich klar, dass einzig wirklich relevantes Kriterium für eine gelungene Kartellrechst-Compliance die **Effektivität** ist. Es kommt nicht darauf an, wie sehr ein Unternehmen sich bemüht, das Wettbewerbsrecht einzuhalten, sondern dass es tatsächlich eingehalten wird.[14] Anders als bei der Effizienz als Maßstab einer Wirtschaftlichkeitsbetrachtung kommt es bei der **Effektivitätsmessung** somit nur auf das erzielte Ergebnis an. Die hierfür eingesetzten Mittel bleiben außer Betracht. 72

Hierzu wird zur Frage der Organhaftung vertreten, dass solche Aufsichtsbemühungen ausreichend seien, die die Grenze des realistischerweise Zumutbaren nicht überschreiten.[15] 73

Was objektiv zumutbar ist, wird bei Zurechnungsfragen, wie etwa § 130 OWiG, erst im Schadensfall betrachtet. Dabei wird dann das tatsächlich Umgesetzte ins Verhältnis zum Schaden/Verstoß gesetzt. Dieses Vorgehen ist für Compliance-Bemühungen jedoch unwägbar und daher nicht zu empfehlen. 74

Wer ein Compliance-Versprechen abgibt, ist solange verpflichtet, bis das Ziel erreicht ist. Dabei ist nicht der Weg das Ziel, sondern der Weg des Unternehmens muss durch ein fortwährendes kartellrechtkonformes Verhalten geprägt sein. Man schaut nie zurück, wie im Rahmen einer Zurechnungsfrage, bei der (zurückliegendes) Verhalten auf Vorwerfbarkeit überprüft wird. Sie schauen vielmehr immer nach vorn, um präventiv kartellrechtswidriges Verhalten zu vermeiden. 75

Um sicherzustellen, dass das Compliance-Management im Unternehmen tatsächlich wirksam ist, bedarf es einer klaren Strategie. Diese muss sich aus den ermittelten spezifischen Anforderungen des Unternehmens ergeben. 76

---

13 Zur Kommunikation interner Compliance-Regeln siehe auch Rn 81 ff. dieses Kapitels.

14 Europäische Kommission, Wettbewerbsrechtliche Compliance, S. 8, abrufbar unter https://publications.europa.eu/de/publication-detail/-/publication/78f46c48-e03e-4c36-bbbe-aa08c2514d7a (zuletzt abgerufen am 15.3.2018).

15 BGH, Urt. v. 11.3.1986, Az. KRB 7/85.

I. Kommunikationskultur (nach innen)

77 Ein essentielles Element der Kartellrechts-Compliance ist die Kommunikation. Nur, wenn alle Beteiligten ihre kartellrechtlichen Rechte und Pflichten kennen, können sie sich auch danach richten. Wer als Unternehmensleitung kein offenes Wort duldet, oder selbst immer das letzte Wort haben möchte, der hat es schwer, später eine Whistleblower-Hotline einzurichten oder einen Vertrauensmann oder Ombudsmann wirksam zu etablieren.

78 Wird mit der Geschäftsführung respektvoll kommuniziert und erfolgt dies auch umgekehrt, sind wichtige Weichen gestellt.

---

i **Praxistipp**

„Kehrwochenprinzip" bedeutet in diesem Zusammenhang:

Keine reinen Lippenbekenntnisse und PR-Maßnahmen!

Das Bekenntnis zu transparentem Handeln muss einer Unabänderlichkeitsgarantie unterworfen werden.

Jeder muss bereit sein, sein Vorgehen hinterfragen zu lassen und zu ändern.

Die jederzeitige Vorzeigbarkeit bei unangekündigtem „Besuch" ist unabdingbar.[16]

II. Code of Conduct, interne Richtlinien usw.

79 Unternehmensziele werden in Codices zusammengefasst. Die Unternehmensrichtlinien einschließlich des Code of Conduct, die zusammengefasst auch als „Herzstück"[17] der Unternehmens-Compliance bezeichnet werden, können in Form einer Normenpyramide dargestellt werden:

---

16 Vgl. zur Berufung auf die Nichtigkeit einer Nichtangriffsabrede in einem Patentlizenzvertrag BGH, Urt. v. 21.2.1989, Az. KZR 18/84 = GRUR Int. 1991, 734 (736) – *Kaschierte Hartschaumplatten*; zur Berufung auf die Nichtigkeit einer Ausschließlichkeitsbindung BGH, Urt. v. 31.5.1972, Az. KZR 43/71 = GRUR 1973, 97 (100) – *Eiskonfekt*.

17 *Moosmayer*, Compliance, S. 49.

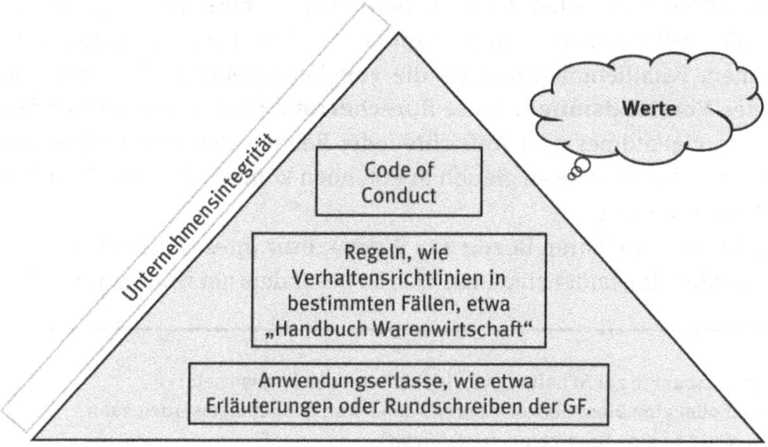

Ein **Standardentwurf** kann dabei guter Ausgangspunkt sein, muss **allerdings** auf das Unternehmen zugeschnitten und **individualisiert** werden. Kleineren Unternehmen reicht möglicherweise ein Werk, in dem teilweise abstrakt und teilweise konkret Verhaltensrichtlinien adressiert werden. Komplexere Organisationen, die aus vielen selbständigen Einheiten bestehen, sollten ihre Aussagen aufteilen. 80

Die **Akzeptanz** eines **Code of Conducts** steht und fällt mit der Kommunikationsmethode. Der Verfasser wurde bereits mit Aussagen von „compliance-gequälten" Geschäftsführern konfrontiert, wie etwa *„Wir sollten das in ein Handbuch oder eine Richtlinie schreiben. Dann bleibt es bestimmt unbeachtet!"*. Mit diesem Ansatz kommt man nicht weiter. Die Kommunikation des „Unternehmensziels Compliance" muss authentisch erfolgen. Kartellrechtliche Compliance ist **Chefsache.**[18] Oft wird in diesem Zusammenhang auch vom „Tone from the top" gesprochen. 81

Beispiel 6
„Die Geschäftsleitung nimmt daher die Tradition und die Grundsätze der Eigentümerfamilie auf und bekennt sich selbst kompromisslos zur Gesetzestreue und Transparenz. Die Einhaltung fordern wir von jedem Einzelnen von Ihnen!"

Dabei ist es wichtig, das richtige Maß zu halten. Der Ausdruck des „Forderns" ist für ein Arbeitsverhältnis manchmal zu viel des Guten. Viele Mitarbeiter, erst recht die engagierten, fühlen sich hier und da überfordert. Der Ton(e from the top) macht die Musik! Daher muss auf die maßvolle Formulierung allergrößten Wert gelegt werden. 82

18 Wecker/Ohl/*Janssen*, Compliance in der Unternehmerpraxis, S. 214.

83 Wählen Sie auch den Sprecher für die Verkündung der Botschaft sorgfältig aus. Ist der Vorstandsvorsitzende trotz „top"-Position nicht authentisch genug (etwa, weil ihm in einem Familienunternehmen die Familienzugehörigkeit fehlt), kann auch ein anderes **Vorstandsmitglied die Sprecherrolle** übernehmen. Es ist auch denkbar, dass ein Eigentümer oder Aufsichts- oder Beiratsvorsitzender diese Rolle übernimmt. Die Mitarbeiter müssen glaubhaft erkennen können, dass der Tone from the top „von Herzen" kommt.

84 Stellen Sie den unmittelbaren **Bezug zur Wertekultur** Ihres Unternehmens her. Schaffen Sie Identifikationsmöglichkeiten! Was ist besonders am Unternehmen?

Beispiel 7

Denkbare Anknüpfungspunkte zur Schaffung von Identifikationen können sein:

- Hat ein Produkt oder eine Dienstleistung bereits einen Ruf, der genutzt werden kann?
- Knüpfen Ihre Werte an eine Unternehmensvision an?
- Werden Ihre Werte von großen Vorbildern, wie etwa dem Unternehmensgründer, verkörpert?
- Können Sie sich bevölkerungstypische, kulturelle Charakteristika zu Nutzen machen, um Identifikationsmöglichkeiten zu schaffen?

Beispiel 8

Bezüge zur individuellen Wertekultur des Unternehmens können sein:

„Präzision für Sie und für uns. Präzise Maschinen, präzise Aussagen. Jederzeit. Dafür stehen wir mit unseren Werten, die sich in unseren Unternehmensleitlinien widerspiegeln."

oder

„So wie unser Gründer im Jahre 1804 immer sehr viel Wert auf klare Worte gelegt hat, so bitten wir auch Sie heute: Sagen Sie, was Sie denken und denken Sie, was Sie sagen. Handeln Sie berechenbar."

oder

„Geschäftsabläufe so verlässlich wie ein Dieselmotor der Marke xy."

---

85 Wie in frühen Beispielen in dem Claim „Only clean business is Siemens business"[19] bietet es sich auch an, ein Mission Statement, das an einer Vision entwickelt wird, mit dem Tone from the top zu verknüpfen.

86 Diese „Missionsaussagen" (mission statements) richten sich an alle Bereiche eines ganzen Unternehmens. Fordern Sie damit transparentes Verhalten ein („**Kehrwochenprinzip**"). Alles was die Organisation tut, muss jederzeit vorzeigbar sein und der Überprüfung durch Dritte Stand halten.

19 *Moosmayer*, Compliance, S. 119.

Praxistipp

„Üben" Sie regelrecht mit Ihren Mitarbeitern, wie sie sich in drei Schritten zu distanzieren haben[20], wenn sie unaufgefordert wettbewerbssensible Informationen erhalten:

1. Ich habe die Informationen nicht angefordert.
2. Ich werde die Informationen nicht verwenden.
3. Bitte senden Sie mir künftig keine vergleichbaren Informationen mehr zu.

Daher muss eine Kultur, die „augenzwinkernd" nach außen etwas anderes kommuniziert als nach innen praktiziert, unbedingt vermieden werden. 87

Ein Code of Conduct wird auch eher von den Mitarbeitern angenommen, wenn er möglichst anschaulich und praxisbezogen gestaltet ist. Die Formulierung konkreter Handlungsempfehlungen mit Bezug zu alltäglichen Situationen hat sich in der Praxis bewährt. Prägnante Vorgaben, die den Leser direkt ansprechen, können zum Beispiel im Anschluss an eine allgemeine Regel in Form von „Tun Sie nicht...", und „Tun Sie..."-Listen gestaltet werden. 88

Formulierungsbeispiel

Der Austausch wettbewerbssensibler Informationen mit Konkurrenten kann einen Verstoß gegen Kartellrecht darstellen. Tauschen Sie sich daher **nicht** mit einem Wettbewerber über folgende Themen aus:

- Preise und Konditionen
- Kunden
- mit bestimmten Kunden/in bestimmten Gebieten erzielte Umsätze
- Umsatzmengen
- Produktionskosten
- Forschungs- und Entwicklungsvorhaben/Investitionsvorhaben/geplante Änderungen in Produktion oder Vertrieb

Dies bedeutet jedoch nicht, dass jeglicher Austausch mit Konkurrenten verboten ist. Sie **dürfen** sich weiterhin mit Wettbewerbern austauschen, z.B. über

- allgemeine Marktentwicklungen,
- technische und regulatorische Fragen,
- gemeinsame Lobbying-Bemühungen,
- alle Daten und Fakten, die öffentlich zugänglich sind.

Eine weitere Möglichkeit, den Code of Conduct anschaulich und praxisnah zu gestalten, ist die Aufteilung bestimmter alltäglicher Situationen in „verbotene", „bedenkliche" und „unbedenkliche" Handlungen. Dies kann etwa mit einem Ampel-System dargestellt werden. Auch die konkrete Beantwortung von im Unternehmen häufig auftretender Fragen zum korrekten Verhalten in einer bestimmten Situation kann hilfreich sein. 89

20 EuGH, Urt. v. 21.1.2016, Rs. C-74/14 = EuZW 2016, 737 – *Eturas*.

Formulierungsbeispiel
Bei einer Verbandssitzung wird der allgemeine Trend der steigenden Rohstoffkosten diskutiert. Ein Teilnehmer äußert, dass sich dieser Trend nicht auf die eigene Marge auswirken dürfe, und man den Preisanstieg auf der Handelsebene weitergeben müsse. Ein anderer Teilnehmer stimmt zu. Wie reagieren Sie?
Dieser Austausch kann schon als kartellrechtswidrige Preisabsprache gewertet werden. Sie müssen sich daher ausdrücklich von der Aussage distanzieren. Gehen Sie wie folgt vor:
1. Erklären Sie den übrigen Teilnehmern, dass eine Absprache über eine Preiserhöhung gegen das Kartellrecht verstößt, und dass Sie sich nicht an einer solchen Absprache beteiligen.
2. Verlassen Sie umgehend die Veranstaltung, falls andere Teilnehmer weiter diskutieren.
3. Sorgen Sie dafür, dass ihre Einwände (und Ihr Verlassen der Veranstaltung) im Protokoll vermerkt werden.
4. Bewahren Sie das Protokoll auf und wenden Sie sich unverzüglich an Ihren Compliance-Beauftragten.

III. Risikomanagement als operationalisiertes Compliance-Versprechen

90 Die systematische Risikoerfassung ist Ausprägung der Business Judgment Rule und der gesetzlichen Legalitätspflicht, Teil des Deutschen Corporate Governance Kodex, Teil des IDW Prüfungsstandards 340 und Gegenstand vielfältiger Empfehlungen im Rahmen der Implementierung von Corporate Governance Strukuren auch in mittelständischen Familienunternehmen. Erfahrene Unternehmer stellen grundsätzlich – ob systematisch oder aus dem Bauchgefühl heraus – jeden Tag immer wieder potenzielle Schadensausmaße und Eintrittswahrscheinlichkeit einander gegenüber.

91 Unbestreitbar steht fest:
Risikomanagement ist Bestandteil der kaufmännischen Sorgfaltspflicht.

Praxistipp:
Softwareunterstütztes CMS

Um die identifizierten Risiken zu bewältigen, bieten sich softwaregestützte Compliance-Managementsysteme an.

Ein effektives operatives Risikomanagement erfordert neben einem gesetzlichen und richtlinienbasierten Rahmen, fest niedergelegte Prozesse, bspw. nach ISO 31000 und auf Compliance Management bezogen nach ISO 19600.

Wenn Sie hierzu Software finden können, die solche Prozesse unterstützt und vorgibt, schlagen Sie „zwei Fliegen mit einer Klappe". Mit Hilfe der Software etablieren Sie einen Prozess und Sie sind in der Befüllung mit ihrem untenehmensspezifischen Inhalt verpflichtet, klare Verknüpfungen zu Verantwortlichkeiten zu ziehen. Das zwingt – soweit Sie Lizenzkosten nicht versinken lassen wollen – zur einer Präzision, die für effizientes Compliance-Management unabdingbar ist.

Einen guten Überblick über CM-Software findet man unter:
https://www.3grc.de/thema/cms-compliance-management-system/

Eine Software führt sie dann über das Risk Assessment (Anlayse & Bewertung) zu dem Risk-Treatment, der Bewältigung. Die Softwareunterstützung im Assessment erfolgt mit konkreten Fragen. Es bietet sich an, etwa Arbeitshilfen der Behörden zu nutzen, um zumindest im ersten Zugriff eine ähnliche Eindringtiefe wie Aufsichts- und Ermittlungsbehörden zu erhalten. Zu Zwecken des Risk-Assesments sollten Sie Fragen in Form eines Umfrage-Wizards einstellen können. 92

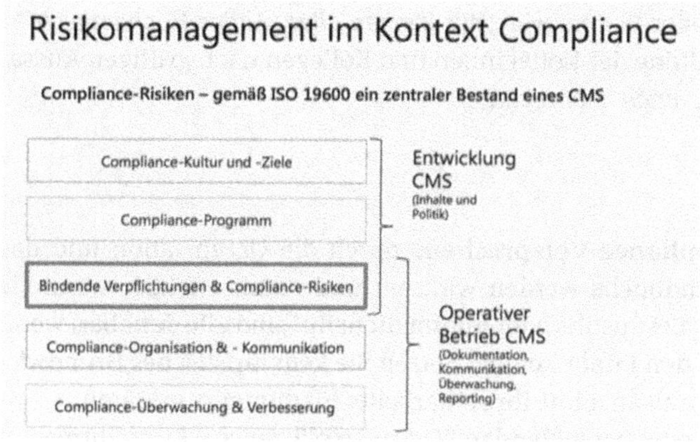

Abdruck mit freundlicher Genehmigung der otris Software AG[21]

IV. Schulung/Wiederholung

Im Rahmen der Delegation kennen viele Unternehmen die Auffrischungserfordernisse der Kenntnisse des Delegationsempfängers. 93

Schulung bedeutet aber nicht wiederholtes Wiederholen der Wiederholung, wie die Präsentationen des Brandschutzbeauftragten. Wenn Sie Kartellrechts-Compliance-Maßnahmen einführen und erstmalig schulen, dann achten Sie auf den Spaßfaktor und die ständige Aktualität. Denn so manchem ist der Unrechtsgehalt der verletzten Normen nur schwer vermittelbar. Verzichten Sie auf Paragraphen, die Begrifflichkeiten „Bezwecken und Bewirken“ und auf Urteile aus dem Jahr 1958. Bilden Sie anstelle dessen einen Spannungsbogen, indem Sie Ergebnisse aus Durchsuchungen durch Kartellbehörden[22] abbilden, typische kartellrechtlich verfängliche Gespräche aus dem Geschäftsalltag nachzeichnen („Neulich auf dem Weg zur Messe ...“) und eine emotionale Verbindung zu Ihrem Unternehmen herstellen. 94

21 https://www.otris.de/produkte/otris-compliance-richtlinienmanagement/

22 Instruktiv dazu *Mathys/Carron*, AnwaltsRevue 2009, 422 (424 ff.), abrufbar unter https://www.swlegal.ch/CMSPages/GetFile.aspx?disposition=attachment&guid=183821db-d407-4985-8cae-e51470d132cd (zuletzt abgerufen am 15.3.2018).

1. Unternehmensfilm

95 Um ein Werteversprechen zu transportieren, legen Sie es in die Hände der Anwender. Gehen Sie zur Basis. Der *tone from the top* ist hier nur von untergeordneter Bedeutung.

96 Fangen Sie **Stimmungen** ein und bündeln sie **Emotionen**. Nehmen Sie Originaltöne hinzu. Das Ziel ist, innerhalb von Sekunden Ihre Kolleginnen und Kollegen für sich selbst zu begeistern. Sie und ihre Kollegen werden feststellen, dass die **Begeisterung** für sich und die Arbeit eine Begeisterung für das Unternehmen mit sich bringt.

97 Suchen Sie sich entweder Claims wie *„Wir können alles. Außer Hochdeutsch!“*[23] oder filtern Sie die Originaltöne der Kolleginnen und Kollegen nach griffigen Aussagen, wie *„Was ’mer mache, mach ’mer recht!“*[24]

2. Erklärfilm

98 Das Ausrollen eines **Compliance-Versprechens** durch die Organisation und das Bekanntmachen eines Handbuchs werden wirksam und damit effektiv, wenn sie visuell unterstützt werden. Bei ausufernder Informationsflut sind alle dankbar, wenn etwas kurz und knapp auf den Punkt kommt. Setzen Sie kein juristisches Grundwissen voraus. Fangen Sie bei null an, ohne Ihre Mitarbeiter für dumm zu erklären.

99 Zeigen Sie im Intranet oder bei fehlenden PC-Arbeitsplätzen auf Bildschirmen in Pausenräumen und in der Empfangshalle einen erklärenden Kurzfilm. Gute Erfolge haben die Produzenten von Erklärfilmen mit gezeichneten Figuren erzielt.

Beispiel 8

23 Claim des Landes Baden-Württemberg. Näheres dazu unter: http://www.s-f.com/group/de/creation/classics/baden_wurttemberg_landerwerbung/89/ (zuletzt abgerufen am 15.3.2018).

24 Mitarbeiter O-Ton im Unternehmensfilm „Rhythm & Tools“ Elektro- und Druckluftwerkzeuge Festool, siehe http://www.youtube.com/watch?v=XWvfqUSsNSU (zuletzt abgerufen am 15.3.2018).

Dieses Bild eines ca. zweiminütigen Filmes stellt die gesamthaft transportierte Information dar.
Das mit Ziffer 1 markierte Geschehen ist die Ausgangssituation. Die Kollegen Tom und Anna treffen sich in der Kantine. Tom weiß oft nicht genau, wie er sich korrekt verhält und wo er nachsehen bzw. mit wem er diskutieren kann.
Denn sein Verhalten hat juristische und kaufmännische Auswirkungen (Ziffer 2).
Anna erklärt Tom, dass er die richtige Richtung seines Verhaltens mit den Unternehmensrichtlinien (Code of Conduct) (Ziffer 3) abgleichen kann.
Anna fügt hinzu, dass der Abgleich Tom die notwendige Sicherheit gibt und dies der Eigentümerfamilie auch sehr wichtig ist (Ziffer 4).
Hier sieht man nur zum Schluss die **personifizierte Wertekultur** und die Verkörperung des **tone from the top.**

3. Workshops

Die kartellrechtlichen Vorschriften, welche für das Unternehmen relevant sind, sollten nicht nur passiv in Form von Leitfäden, Handbüchern und Filmen vermittelt werden, sondern auch aktiv. Dazu eignen sich besonders Compliance-Workshops, bei denen die Mitarbeiter nicht nur passiv die Grundzüge des Kartellrechts erklärt bekommen, sondern Fallbeispiele aus ihrem Arbeitsalltag durchspielen. Am besten funktioniert dies, wenn die Workshops jeweils für einen bestimmten Bereich im Unternehmen (z.B. Geschäftsführung, Einkauf, Vertrieb, Entwicklung) durchgeführt werden, und inhaltlich genau auf diesen Bereich zugeschnitten sind. Die Workshops können von der Rechtsabteilung oder auch von externen Beratern durchgeführt werden. 100

Praxistipp

Der Vertrieb ist typischerweise besonders anfällig für Kartellrechtsverstöße. Es lohnt sich daher, eigene Schulungen für die Vertriebsmittarbeiter einzuführen, in denen alltägliche Szenarien durchgespielt und Fragen wie „Wie gehe ich damit um, wenn der Kunde mir die Angebotsliste des Konkurrenten vorlegt?" oder „Was mache ich, wenn ich sehe, dass ein Kunde unsere Produkte im Internet verramscht?" beantwortet werden. Oft wird erst durch solche Schulungen ein Bewusstsein für die Rechtslage geschaffen.

V. Organisationstruktur schärfen

Üblicherweise wird ein Compliance-Management in einem dreistufigen System implementiert.[25] 101

25 Näher *Bürkle*, in: Hauschka/Moosmayer/Lösler, Corporate Compliance, § 8 Rn 10 ff.

1. Die drei Compliance-Ebenen

102 Oberste und erste Ebene ist die **Geschäftsleitung** (Pflicht zur Organisation und Überwachung und Pflicht zum Hinwirken auf Compliance-Organisation).[26]

103 Zweite Ebene ist der **Compliance-Beauftragte**, der als Schnittstelle dient und auch die Steuerung übernimmt. Er verzahnt Prozesse und Richtlinien, prüft den Stand der Bemühungen zur ständigen Verbesserung und dokumentiert.

104 Die dritte Ebene ist horizontal ausgerichtet. Sie umfasst **weitere Compliance-Beauftragte**, die dezentral „an Ort und Stelle" der Handlungen mit Rat zur Seite stehen und ebenso rückmelden, welche Ereignisse compliance-relevant sein können.[27]

2. Rolle der Rechtsabteilung

105 Es ist auch für mittelgroße und mittelständische Unternehmen nicht selbstverständlich, eine eigene Rechtsabteilung zu unterhalten. Die Motivation der Schaffung steigt oft, wenn man sieht, dass „Legal & Compliance" gegebenenfalls sogar in Personalunion wahrgenommen werden können. Dies stößt zumindest auf Bedenken und – erfahrungsgemäß – auch auf Zielkonflikte.

106 Die Rolle der Rechtsabteilung in einem Unternehmen unterscheidet sich von der eines Compliance-Beauftragten in einem wesentlichen Punkt:

107 Der **Syndikus ermöglicht Projekte** und sichert wirtschaftliches Verhalten ab. Wo Flanken offen sind, lenkt er das Bewusstsein hin und berät. Er zeigt aber auch die Stärken des Projekts und sieht den wirtschaftlichen Nutzen. Er formuliert den Vertrag so aus, dass er transparent und rechtskonform das Gewollte abbildet. Die Anmerkung des Syndikus ist darauf gerichtet, dass die den Vertrag ausführenden Kollegen bei der Ausführung des Projektes bestimmte vorbesprochene Bewegungen ausführen. Er kommentiert Vertragsklauseln, bspw. „Ziff. 4.3 ist so zu verstehen, dass ..." oder „...ermöglicht die taugliche Argumentation, dass..."; es ist darauf zu achten, dass auch tatsächlich ...; es darf nicht vergessen werden, dass ...".

108 Der **Compliance-Beauftragte zielt grundsätzlich auf ein Unterlassen von Handlungen ab.** Nach der Schutzplanke ist Schluss. Dies gilt, obwohl seine Aussagen im Einzelfall gleichlautend mit denjenigen des Syndikus sein können. Seine Aufgabe ist es, nicht den einzelnen Vertrag rechtlich machbar umzuformulieren, sondern typische tatsächliche, gefährdende Verhaltensmuster zu erkennen und Ihrer Ausführung vorzubeugen. Er erstellt Muster und Anleitungen, nach denen auch die Rechtsabteilung prüfen kann. Ein umfassendes Compliance-Programm beinhaltet schließlich nicht nur die hier schwerpunktartig betrachtete Kartellrechts-

---

26 Ziff. 4.3.1. des Deutschen Corporate Governance Kodex.

27 Ausführlich zum Ganzen *Bürkle*, in: Hauschka/Moosmayer/Lösler, Corporate Compliance, § 8 Rn 10 ff.

Compliance, sondern den Einbezug verschiedenster Disziplinen, wie des Umweltschutzes oder des Datenschutzes.

Der Compliance-Beauftragte sieht nicht nur das aktuelle Projekt, den derzeit stattfindenden Ballwechsel, sondern hat eine Gesamtsicht auf die Vorgänge. 109

Kleinere Rechtsabteilungen zeichnen sich dadurch aus, dass ihre Akteure einen weiten Blickwinkel auf das Unternehmen haben, aber auch oft genug viel zu viel zu tun haben, um auch die zusätzlichen Aufgaben des Compliance-Beauftragten wahrzunehmen. Die Hauptursache, weswegen **beide Rollen in Personalunion nicht unmittelbar zu vereinen sind,** liegt im **häufigen Perspektivwechsel.** 110

Gleichzeitig eignet sich die Rolle des Unternehmensjuristen für die Aufgabe des Chief Compliance Officers wegen der entsprechende Rechtskenntnisse und der unmittelbaren Anbindung an die Geschäftsleitung. 111

Sofern Compliance-Beauftragte und Rechtsabteilung nebeneinander existieren, muss eine Verzahnung zwischen beiden Funktionen erfolgen. Denn klar ist: Die Einbeziehung der Compliance-Abteilung allein genügt nicht. Der **Einbezug der Rechtsabteilung** ist von erheblichem Mehrwert für ein Compliance-Projekt. Die Rechtsabteilung kann auch externen Rechtsrat optimal und treffsicher punktuell einbinden und findet erfahrene Referenten für interne Schulungen. 112

Denken Sie ergebnisoffen und ohne Reflexe. Die Verortung der Aufgabe „Compliance-Beauftragter“ muss demnach nicht zwingend in der Rechtsabteilung erfolgen, sondern kann in allen Bereichen des Unternehmens liegen. 113

VI. Risikomanagement vs. Wertekultur (Compliance-Versprechen als Grenze des Risikomanagements)

Das Risiko geht immer mit. Wirtschaftliche Betätigung ist ohne Risiko undenkbar. Die unternehmensspezifisch zu ermittelnde Risikoaffinität muss daher im Code of Conduct einen klaren Niederschlag finden. Bei der Implementierung eines Risikomanagementsystems wird eine der ersten Fragen an die Organisation sein, wie risikoaffin sich das Unternehmen einschätzt. In die Beantwortung dieser Frage fließen zwangsläufig Branchenspezifika und die Positionierung im Markt ein. 114

Praxistipp

Nehmen Sie klare Aussagen in ihren unternehmensspezifischen Code of Conduct auf, die Sie in der Spielfeldabgrenzung (vgl. A. II.) festgelegt haben, wie etwa:

„Nutzen Sie alle Chancen, die Produkte bestmöglich platziert zu sehen, halten Sie engen Kontakt zum Fachhandel ...“

– Appell, das Spielfeld zu nutzen –

„... aber verstoßen Sie keinesfalls gegen folgende Verhaltensanweisungen ...“

– hier wird die Nulltoleranzgrenze, das „Aus“ definiert, bei dessen Überteten der Abpfiff ertönt. –

115 Ein Risikomanagementhandbuch und der Code of Conduct müssen zwingend aufeinander abgestimmt sein. Ein effizientes Compliance-System findet die Balance zwischen Legalität und Legitimität. Dabei kommt dem Risikomanagementhandbuch eine Richtlinienqualität zu. Es steht in der Normenpyramide unterhalb des Code of Conduct.

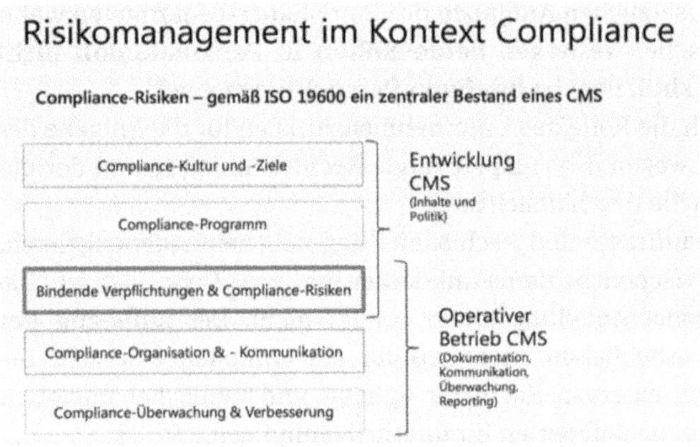

1. Recht zur Nutzung („Vorsichtiger Weg")

116 Wer im Dunkeln „tappt", bewegt sich langsam, um keinen Fehltritt zu tun. Diese so sehr **menschliche Haltung** ist indes schlicht falsch, wenn man sie auf unternehmerisches Handeln überträgt. Die Einbettung von Entscheidungen einzelner Mitarbeiter in Gremien oder Abstimmungsbedürfnisse mit Compliance-Verantwortlichen hat nur Auswirkungen auf die Geschwindigkeit, wenn der Mitarbeiter sich selbst gar nicht für Compliance-verantwortlich hält.

Beispiel 10
Der X, ein ausgezeichneter Konstrukteur bei der A GmbH, befindet sich in Gesprächen mit einem Wettbewerber, der B GmbH. Diese soll eine bestimmte Komponente zu einem OEM-Produkt zuliefern, das anschließend sowohl A als auch B zur Vermarktung unter eigener Marke zustehen soll. Als Konstrukteur kümmert ihn die Vermarktung eigentlich wenig. Er denkt jedoch wie ein Unternehmer und entwirft dazu verschiedene Modelle von Vereinbarungen, die einerseits Gebietsaufteilungen für die Vermarktung vorsehen, die andererseits auch darin münden, dass das Produkt in unterschiedlichen Marktsegmenten angeboten werden kann.

Beispiel 11
Wie Beispiel 10. X übergibt seine Konstruktion dem Produktmarketing, das Ideen zu Zielgruppen und Gebieten erarbeitet. Beide übergeben die Ideen an den Compliance-Verantwortlichen und die Rechtsabteilung mit der Bitte um Prüfung.

Die Beispiele sollen verdeutlichen, dass ein Stehenbleiben innerhalb der eigenen Zuständigkeit zwar der sichere Weg sein mag. Wer sich selbst aber für Teile nicht zuständig hält, ist darauf angewiesen, auf andere zu warten. Das bedeutet zwangsläufig Zeitverlust. 117

Es ist gefährlich, wenn die Compliance-Verantwortlichen darauf warten, dass ihnen Mitarbeiter ihre Vorhaben einreichen, bevor sie sie in die Tat umsetzen. Compliance-Verantwortliche müssen ihre Ohren „in den Abteilungen" haben, d.h. sich zunächst aktiv über zukünftige Projekte informieren und diese Vorhaben dann proaktiv begleiten. Anderenfalls besteht die Gefahr, dass Projekte mit gut gemeinten, aber kartellrechtlich unzulässigen Ideen, nach dem „Silo-Prinzip" in einem Desaster enden. 118

Silo A läuft zuerst voll. Dann schwappt es auf Silo B über, bis dieses voll ist. Dann füllt sich Silo C mit dem Output von A und B usw. Irgendwann ist das unternehmensinterne Silo gefüllt und der weitere Output schwappt nach außen. Außen erhalten Wettbewerber und Kunden Kenntnis von den Vorgängen und reichen eine Beschwerde bei den Kartellbehörden ein. Der Fortgang des Szenarios lässt sich leicht ausmalen. 119

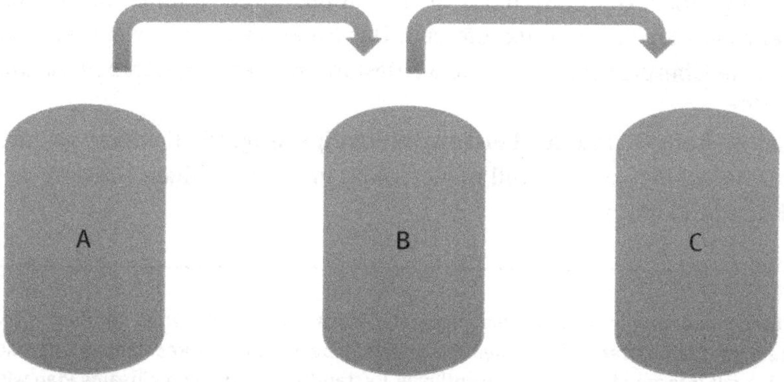

Ein ungewollter Nebeneffekt von nicht durchdachten Compliance-Systemen ist die **Demotivation der Mitarbeiter**. Wer langsam geht, meint schließlich, nichts falsch zu machen. Ihre Kollegen fühlen sich wie einem falsch übersetzten Getriebe. Sie fahren im fünften Gang am Berg an. Die Konsequenz ist dann ausbleibende Leistung. Daran kann kein Unternehmen ein Interesse haben. 120

Praxistipp

Um Demotivation oder schleichende, innere Kündigungshaltung zu vermeiden, honorieren Sie Verhalten, welches zügiges Agieren genauso wie präzises Abstimmen mit der Rechts- und/oder Compliance-Abteilung beinhaltet. Diese Honorierung muss nicht unbedingt entgeltlich sein. Es reicht im Projektgespräch das lobende Erwähnen oder Herausstellen des 360°-Denkens.

121 Situationen wie in Beispiel 10 und 11 dürfen folglich gar nicht erst entstehen. Denn Beispiel 10 enthält die Gewissheit eines Kartellrechtsverstoßes und Beispiel 11 enthält die Ungewissheit, ob „alles gut gehen wird". Dem Compliance-Verantwortlichen obliegt aber gerade die Aufgabe, Gewissheit zu schaffen, dass er alles Mögliche getan hat, um Rechtsverstöße im Unternehmen zu vermeiden. Kommt er dieser Aufgabe nicht nach, kann er sowohl gesellschaftsrechtlich in Haftung genommen[28] als auch strafrechtlich sanktioniert[29] werden.

2. Vorsichtiges Ausreizen

122 Das selbstbewusste Vorangehen funktioniert in erster Linie, wenn Sicherheit gegeben wird, Sicherheiten durch Leitplanken oder auch Schutzplanken. Das vorsichtige, langsame Vorantasten entfällt, wenn anhand von Compliance-Regeln Sicherheit vermittelt wird. Eine solche Sicherheit kann aber nur vermittelt werden, wenn die Einbeziehung von Rechtsprüfungen auch für die Unternehmensmitarbeiter selbstverständlich ist oder zumindest selbstverständlich wird.

123 Die Übergabe der Konstruktion an das Produktmarketing und die Überprüfung durch Recht/Compliance-Abteilung muss nicht chronologisch aufeinander folgen. Sie soll vielmehr parallel, sternförmig erfolgen. Das funktioniert nur, wenn klar ist, dass die rechtliche Überprüfung wesentlicher Bestandteil der Projektarbeit ist und nicht nur eine Kür.

124 Compliance ist **kein Grund zur Leistungsverweigerung**. Die Etablierung einer Compliance-Kultur schlägt sich überall nieder, auch im gegenseitigen Umgang und der internen Kommunikation.

Praxistipp

„Kehrwochenprinzip" bedeutet in diesem Zusammenhang, dass alle Teilnehmer an der Kehrwoche miteinander sprechen („schwätzen"), bei denen die offene Einbeziehung der Rechtsabteilung oder der offene Abgleich mit internen Regeln ein wesentlicher Bestandteil ist. Der gemeinsame Plan wird von niemandem in Frage gestellt.

3. Abwägung und Umsetzung („Unternehmensintegrität")

125 *"That's our way to do things"* könnte ein selbstbewusstes Compliance-Management überschrieben sein. Geben Sie sich Regeln, die Sicherheit vermitteln.

126 Es ist klar zu unterscheiden zwischen dem das Risiko gegen Regeln zu verstoßen (Compliance-Risiko des Eintritts) und die Risikobewertung nach Compliance-Verstö-

28 LG München I, Urt. v. 10.12.2013, Az. 5 HKO 1387/10 = CCZ 2014, 142.
29 BGH, Urt. v. 17.7.2009, Az. 5 StR 394/08 = NJW 2009, 3173.

ßen (Schadensbeurteilung). Im Rahmen eines Compliance-Versprechens muss gelten, dass **Compliance-Verstöße keiner Risikobewertung** zugänglich sind, also niemand das Risiko dadurch minimieren kann, indem er den voraussichtlich eintretenden **Schaden** oder die Wahrscheinlichkeit des Entdeckens ab- und bewertet.

Fettnapf

!

Tabu sind künftig Aussagen wie
- *„Man kann nicht immer alles nach Kirche und Schule machen, aber das Risiko ist gering."*
- *„Das ist ein todsicherer Tipp."*

Gemeint ist indes:
- *„Man kann nicht immer alles nach Kirche und Schule machen, aber das Risiko, **entdeckt zu werden**, ist **ohnehin** gering.*
- *„Hör auf mich. Ich weiß es besser als Du. Dann wird Dir auch nichts passieren."*

Letzteres ist gängiger Sprachgebrauch von Spielern und Kriminellen. Hier wird die Handlung (Nutzen), welche strafbedroht ist (Schaden), mit einer Schadenseintrittswahrscheinlichkeit bewertet. Es wird in Kenntnis einer Illegalität das Risiko des Auffallens bewertet.

Wer die Kronzeugenregelungen bei Kartellbehörden betrachtet, wird schnell lernen, 127
dass er immer Gefahr läuft, aufzufallen. Gerade im Kartellrecht besteht die besondere Gefahr, dass (vor allem ehemalige) Mitarbeiter „plaudern", um Straffreiheit zu erlangen. Dies erhöht das Risiko, dass Rechtsverstöße an die Öffentlichkeit gelangen. Bewusste Non-Compliance für Teilbereiche, in denen eine vermeintlich geringe Entdeckungswahrscheinlichkeit besteht, macht daher keinen Sinn.

Es muss kategorisch bei Compliance-Verstößen gelten: 128

Keine Risikobewertung zur bewussten Non-Compliance; Sie schwächen sonst ihr eigenes System.

Praxistipp

i

„Kehrwochenprinzip" bedeutet in diesem Zusammenhang:
Es wird überall gründlich gefegt und nicht nur da, wo derzeit alle hinsehen. Die Nachbarn entdecken alles!
„Kein Risikomanagement in der Illegalität/Non-Compliance!"

VII. Pläne schmieden (FAQs)

1. Überwachungsplan (Compliance-Review)

Ein Compliance-System ist wie die **Klinge eines Messers**. Es wird stumpf und nutzt 129
sich ab, je öfter es benutzt wird. Daher gehört ein großes Maß an Selbstkritik dazu, auch die Gesamtheit der geschaffenen Maßnahmen zu hinterfragen und stets ein offenes Ohr zu haben.

Der Compliance-Beauftragte muss zuhören können und das Nachfragen beherr- 130
schen. Gehen Sie regelmäßig zu Beginn durchaus zweimal im Jahr mit den anfäl-

ligen Bereichen **Fragebögen** durch. Werten Sie diese aus und erkennen Sie dabei Wiederholungsbedarf (vgl. auch C.I.2.).

131 Die mildere und greifbare Form sind **Präsenzschulungen** unter Zuhilfenahme eines erfahrenen Referenten, der ein Auftaktreferat hält. Dabei und danach wird gelernt, indem diskutiert wird.

2. Aktion „Mitmachen"

132 Aufgrund unterschiedlicher Zielvorstellungen (siehe unter VI.) muss ein Compliance-Beauftragter sich die Ziele Dritter nutzbar machen.

---

i **Praxistipp**

Da Sie die Vertriebskollegen wahrscheinlich nicht ändern werden, machen Sie sich Ihr Denken zu eigen!

---

133 Es kann nur jedem geraten werden, sich selbst einmal im Vertrieb trainieren zu lassen. Die angebotenen Schulungen und Coachings tragen Namen wie „Kreatives Verkaufen, Teil I". All dies soll nicht in Frage gestellt werden und es wird durchaus zugestanden, dass Marketing und Vertrieb die Nachfrage verändern. Wer hätte etwa vor einigen Jahren gedacht, dass Apple ein ernst zu nehmender Telefonhersteller wird? Ohne „Trommeln" gibt es kein Geschäft. Auch Sie müssen jetzt die Compliance-Trommel schlagen, indem Sie Ihren Mitarbeitern die Compliance schmackhaft machen, um deren Haftung zu vermeiden. Vielleicht war dem Vertriebsmitarbeiter gar nicht bewusst, dass er für ein bestimmtes Tun oder Unterlassen haftet? Zeigen Sie ihm dieses für ihn zuvor „nicht existierende Problem" auf und bieten Sie ihm im gleichen Atemzug eine „Lösung des Problems" in Form konkreter Verhaltensregeln zum kartellrechtskonformen Verhalten. Wenn Ihnen der Mitarbeiter entgegnet, dass ihm eh schon alles bekannt sei, er sein Verhalten nicht ändern werde und bislang ohnehin immer alles gut gegangen sei, weisen Sie ihn auf eine (neue) striktere Verfolgungspraxis der Kartellbehörden oder eine (neue) strengere interne Ahndung von Compliance-Verstößen im Unternehmen hin. Er wird sich nun über sein Verhalten nochmals Gedanken machen und seine bisherigen Verhaltensweisen ändern. Ändert er sich trotz Ihrer Bemühungen nicht, trägt er nunmehr die alleinige Verantwortung für sein Verhalten und kann sich nicht mehr darauf berufen, er habe von der Rechtswidrigkeit nichts gewusst.

---

i **Praxistipp**

Dokumentieren Sie penibel jedes Compliance-Mitarbeitergespräch mit Ort, Datum, Name und Position des Mitarbeiters, Inhalten der Besprechung und gegebenenfalls anwesenden weiteren Mitarbeitern. Als Compliance-Verantwortlicher stehen Sie stets in der Schusslinie – und zwar nicht für ein aktives Tun, sondern für ein Unterlassen hinreichender Compliance-Maßnahmen. Nur durch hinreichende Dokumentation können Sie darlegen, dass Sie alles Erforderliche getan haben.

---

3. Ableitung von erwünschtem Verhalten

„Wie soll gehandelt werden, wenn ...?“ und „Wer kann von wem was fordern ...?“ – diese Fragen gehören in die Verhaltensrichtlinien und, wenn sie sehr speziell sind, in Einzelanweisungen. 134

a) Verträge anpassen, Handlungsanweisungen festlegen

„Vertrag“ kommt von „sich vertragen“. Er ist nicht nur Urkundsbeweismittel in der Zivilprozessordnung, sondern dient im Rahmen der partnerschaftlichen Zusammenarbeit der Dokumentation des gemeinsamen Verständnisses von Rechten und Pflichten. Auch Ihre Verträge müssen Sie nach dem „Kehrwochenprinzip“ stets vorzeigen können, d.h. sie müssen auf dem aktuellen Stand sein. Nicht nur, wer was (einfordern) und tun darf, muss in den Verträgen selbst klar festgelegt sein. Auch wer in Ihrem Unternehmen regelmäßige Vertrags-Reviews durchführt, um etwaigen Änderungen der Rechtslage oder der kartellbehördlichen Verwaltungspraxis Rechnung zu tragen und die Verträge entsprechend anzupassen, muss im Rahmen Ihrer Compliance-Richtlinien klar geregelt sein. 135

Praxistipp i

„Kehrwochenprinzip“ bedeutet in diesem Zusammenhang:

Partnerverträge (etwa zum selektiven Markenvertrieb) aktuell halten, Anlagen austauschen und an das gegenseitige Leistungsspektrum anpassen.

Wenn über das Internet vertrieben wird, wie werden die Produkte präsentiert? Wer darf was?

Je weniger Rechtsrat intern erforderlich ist, desto besser ist der Vertrag verständlich.

---

b) Pädagogische Betrachtung

Nach der Festlegung des erwünschten Verhaltens müssen bestimmte Verhaltensweisen gefördert und eingeübt werden. Die reine Bestrafung rechtswidrigen Verhaltens durch autoritäre Rituale, wie arbeitsrechtliche Sanktion oder Abmahnung von unerwünschtem Verhalten, ist langfristig nicht zielführend.[30] 136

Als „Realität der Compliance“[31] muss man erkennen, dass Unternehmensangehörige zwar rational im eigentlichen Sinne handeln, aber nicht immer im Unternehmensinteresse. Insbesondere werde kurzfristiger Erfolg gegenüber dem Risiko für das Unternehmen und sogar dem Handelnden selbst als viel zu hoch eingestuft. 137

Das deutsche Strafrecht verfolgt zwar neben der repressiven Funktion auch einen präventiven Ansatz. Gleichwohl darf die Effektivität und erst recht die Effizienz (konstruktiv) rein repressiver Maßnahmen in Frage gestellt werden. 138

---

30 So auch *Jäger/Campos Nave/Rödl*, Praxishandbuch Corporate Compliance, S. 65 ff.

31 *Schneider/Geckert*, Verhaltensorientierte Compliance, S. 28

139 Aus der pädagogischen Psychologie stammt der empirische Beleg, dass beispielsweise das Beurteilungsverhalten von Lehrern das Klassenklima und die **Motivationsstruktur von Lernenden** beeinflusst. Die Beurteilung wirkt dabei als Bezugsnorm und motiviert den Schüler.[32] Hier wird eine positive Beurteilung als Belohnung empfunden und das erwünschte Verhalten positiv verstärkt.

140 Im Ergebnis ist daher der Weg über Compliance-orientierte immaterielle oder sogar materielle Belohnungssysteme durchaus sinnvoll.[33] Zunächst ist damit klargestellt, dass Compliance einen festen Bestandteil der Organisationsperformance darstellt. Außerdem wird erwünschtes Verhalten jedes Einzelnen gefördert.

141 Wie die Messkriterien aufgestellt werden, kann aber nicht ausschließlich der Kreativität der Personalabteilung überlassen werden. Ziele müssen messbar und flexibel sein. „Pekuniäre Anreize führen doch irgendwie zur besseren Leistung", ist ein verbreiteter Irrglaube in Personalabteilungen und Unternehmensleitungen. Unternehmen, die mit flexiblen Zielen arbeiten, sind dauerhaft erfolgreicher.[34]

Beispiel 12

Das Individualziel eines Vertriebsleiters im Hinblick auf einen Bonus kann sich etwa wie folgt zusammensetzen:

- Aufbau eines Arbeitskreises „Selektionskriterien des Handels"; Auswahl der Teilnehmer (Regionalleiter/Betreuer); Festlegung der Themen 25%
- Mindestens quartalsweise Treffen zur Weiterentwicklung der Leistungskriterien mit Ergebnisprotokollierung25%
- Eigener Programmpunkt/Erfahrungsbericht in der halbjährlichen Compliance-Schulung 40%
- Dokumentierte Weitergabe von Compliance-Zielen an Mitarbeiter 10%

142 Eine Vergütung mit dem Messkriterium der **Leistungssteigerung** gegenüber dem Vorjahr kann redlicherweise nicht unendlich angewendet werden, weil Leistung nicht ad infinitum steigerbar ist; dies gilt auch für die Einführung und Durchsetzung von Compliance-Programmen. Im Rahmen der Einführungsphase kann die Steigerung gegenüber dem Vorjahr allerdings gut gemessen werden.

143 Die Integration von Compliance in Personalprozesse und Mitarbeiterziele (Bsp.: Anzahl Compliance-Trainings, erreichte Ergebnispunkte in Fragebögen zur Mitarbeiterschulung etc.) wurde in der Praxis bereits erfolgreich durchgeführt. Auch in diesem Fall wurde nur für einen Einführungszeitraum eine entsprechende **Incentivierung** der Führungskräfte für Compliance-Bemühungen ausgelobt.[35]

32 *Krapp/Weidemann*, Pädagogische Psychologie, S. 237.

33 *Moosmayer*, Compliance, S. 82.

34 *Pfläging*, Führen mit flexiblen Zielen, S. 201.

35 *Moosmayer*, Compliance, S. 126.

Praxistipp
Nehmen Sie Compliance-Bemühungen in schriftlich festgehaltene Zielvereinbarungen für Ihre Mitarbeiter und das nachfolgende individuelle Beurteilungsgespräch auf. Achten Sie dabei **in erster Linie auf Lob** und anerkennendes Hervorheben der Bemühungen und staffeln Sie die Zielsetzungen angemessen.
Wenn Sie mit finanziellen Anreizen arbeiten, geben Sie Ihr Feedback zu Wiederholungstests und bemessen sie variable Bestandteile entsprechend der messbaren Erfolge.

Als weiterführenden Literaturtipp zu den Auswirkungen von Führungsgrundsätzen 144 und Bemühungen im Rahmen von Compliance kann ich Ihnen die Lektüre des Kapitels 2.7 Das Individuum/Motivation" von Schneider/Geckert, Verhaltensorientierte Compliance, ESV Verlag, 2017 nahelegen. Es ermöglicht einen guten Überblick über Führungsgrundsätze und Managementlehren der letzten Jahre und stellt einen praxisrelevanten Bezug zu der Effizienz von Compliance-Systemen dar. Insbesondere muss danach darauf geachtet werden, dass Compliancebemühungen nicht als Unzufriedenheitsfaktoren, wie „Unternehmenspolitik/Verwaltung" wahrgenommen werden, sondern als Motivatoren.

4. Offenes Ohr

Jedes noch so motivierende und anschauliche Compliance-System kann jedoch 145 nicht funktionieren, wenn die Mitarbeiter nicht das Gefühl haben, dass Regelverstöße ernst genommen werden und das Unternehmen als Ganzes hinter dem Konzept steht. Neben dem oben erwähnten *tone from the top* muss das Unternehmen daher auch über ein System verfügen, über das Probleme angesprochen werden können. Es kann hilfreich sein, einen Ombudsmann einzurichten – entweder bei einer internen Vertrauensperson oder extern – der anonyme Hinweise zu Regelverstößen entgegennimmt. Vor allem aber muss es für jeden Mitarbeiter ein offenes Ohr geben, an das er seine Fragen zum Umgang mit Grauzonen oder konkreten Situationen, die er für bedenklich hält, richten kann. Diese Anlaufstellen sind in der Regel die Compliance-Verantwortlichen. Schon im Code of Conduct kann darauf hingewiesen werden, wer unter welchen Umständen zu kontaktieren ist.

Formulierungsbeispiel
Prüfen Sie ihr Verhalten anhand dieser Fragen:
Steht meine Entscheidung im Einklang mit den Gesetzen und Regeln des Code of Conduct?
Habe ich ein gutes Bauchgefühl bei der Entscheidung?
Würde meine Entscheidung einer Überprüfung durch Dritte (Kollegen, Freunde, aber auch die Medien) standhalten?
Wenn Sie sich bei einer Entscheidung unsicher sind, holen Sie sich Rat bei Ihrer Führungskraft oder wenden Sie sich an den Compliance-Beauftragten.

D. Wirksame Reaktion bei der Aufdeckung von Kartellrechtsverstößen

I. Identifizierten Verstoß stoppen – Wurzel des Übels erkennen

1. Task-Force

146 Jedes Unternehmen, das Kartellrechtsverstöße identifiziert, muss mit gleicher Intensität handeln wie eine Kartellverfolgungsbehörde. Hierfür ist eine **schlagkräftige Truppe** zusammenzustellen. Sie besteht bestenfalls aus der Geschäftsführung, einem lokalen Juristen und mindestens einem Vertreter des betreffenden Fachbereichs. Es empfiehlt sich oft, auch einen externen Berater hinzuzuziehen, da er nicht „betriebsblind" ist. Diese „Truppe" ist mit umfassenden Kompetenzen auszustatten und nimmt sich prioritär des konkreten Themas an.

147 Erstellen Sie **Amnestieregeln für lückenloses Aufdecken** und Kooperation mit der Task-Force. Aber warten Sie nicht ab, bis jemand „singt". Der soziale Druck kann immens sein.

2. Fragebögen als Auftakt

148 Fragen Sie selbst und warten Sie nicht, bis andere fragen. Selbst frühzeitig zu fragen, bedeutet, den Kartellbehörden einen Schritt voraus zu sein.[36]

Praxistipp
Ein Fragebogen für interne Ermittlungen bei vermuteten Preisbindungen kann etwa wie folgt ausgestaltet sein:

Datum:
Name:
Beschäftigt seit:
Verantwortlich seit:
Vertriebsregion:

1. Wen betreuen Sie mit Ihrem Team?
2. Wie erfolgt die Betreuung? (Allgemein)
3. Wie wirken Sie auf den Verkauf durch die Händler ein? (Konkret)
4. Zu welchen Gelegenheiten sprechen Sie mit den Händlern?
5. Sprechen Sie regelmäßig mit den Händlern?
6. Haben Sie Präsentationen zu Strategien gehalten? Welche? Bitte zeigen.
7. Welche Themen wurden bei diesen Gelegenheiten erörtert, die nicht in Präsentationen oder Verträgen stehen?
8. Werden die Händler gebeten zu bestimmten Aspekten unaufgefordert Feedback zu geben? Zu welchen Aspekten?

---

36 Im Ergebnis wohl derselben Ansicht: *Moosmayer*, Compliance, S. 95.

9. Fragen Sie aktiv nach Entwicklungen? Zu welchen Themen?
10. Von welchen Faktoren werden die Einkaufskonditionen der Händler beeinflusst?
11. Gibt es Gespräche über Endpreise?
12. Was passiert bei Abweichungen von den UVP? Reagieren Sie darauf? Mit welchen Mitteln?
13. Erklären Sie den Händlern die UVP oder deren Handhabung?
14. Stimmen Sie die Preisgestaltung der Händler ab? Legen Händler Ihnen ihre Spannen vor? Erörtern Sie diese?
15. Verlangen Sie konkrete Preise von den Händlern, gegebenenfalls auch Aktionspreise?
16. Wie erfolgt die Kommunikation mit dem Händler? Mündlich/per E-Mail?
17. Haben Sie konkret Fälle in Erinnerung, die Sie gern einmal mitteilen möchten?
18. Würden Sie uns Ihre Korrespondenz (Schriftverkehr/E-Mails) zur Verfügung stellen? Gestatten Sie uns eine generelle Einsichtnahme?
19. Was ist Ihnen in den letzten Jahren aufgefallen, was Sie uns mitteilen möchten?

Bauen Sie am besten Ihre Fragebögen so auf, dass sie vom Allgemeinen ins Speziel- 149
le gehen. Dabei können Sie punktuell konkrete Verletzungshandlungen ansprechen. Fragen Sie aber auch nach **nicht dokumentierter Kommunikation** oder grundlegenden Informationen. Sie müssen erfahren, wie ein Vertrag „gelebt" wird.

Wer ein Bild vom Unternehmen zeichnet, der spricht auch mit Außenstehenden, 150
Kunden und Lieferanten. Er fragt nach der Wahrnehmung des Unternehmens von außen.

II. Pläne entwerfen und konsequentes Ausführen

1. Dawn-Raid-Plan

Der Vollständigkeit halber muss auf überraschende Ermittlungen und plötzliches 151
Erscheinen von Ermittlungsbehörden eingegangen werden.[37] Im Sprachgebrauch hat sich der militärische Ausdruck der „Dawn-Raid" (Razzia im Morgengrauen) etabliert. Auch die Kartellbehörden rücken meistens morgens um acht an. Nahezu alle ernst zu nehmenden Kanzleien, die im Kartellrecht beraten, haben Dawn-Raid-Teams gebildet, die Unternehmen auf **unangemeldete Besuche** vorbereiten, Musterpläne für Telefonketten erstellen und im „Notfall" ihre (auch strafrechtlich versierten) Anwälte kurzfristig entsenden.

Aus der Unternehmensinnensicht sind folgende Aspekte maßgeblich: 152

1. Wägen Sie ab, welches **Beratungsangebot** Sie dauerhaft benötigen. Besuche von Ermittlungsbehörden sind nicht an der Tagesordnung. Ein näheres Hinsehen kann nicht schaden. Ein Aufschieben der Überprüfung schadet dann, wenn man es nicht mehr reparieren kann.

37 Vgl. dazu auch Kap. 10 Checkliste 6.

2. Bei Unternehmen mit Niederlassungen oder dezentraler Organisation muss **an jedem Ort eine Kanzlei** gefunden werden, die kurzfristig präsent sein kann.
3. Nutzen Sie Kanzleien, die Ihnen jemanden schicken, wenn es soweit ist. **Tag und Nacht.** Es muss einen Notdienst geben. Schauen Sie nicht so sehr auf die Stundensätze der Kanzlei als auf die Erfahrung und den Service.
4. Stellen Sie interne Teams zusammen. Diese werden geschult. Sinn der Schulung ist:
   a) Das Team begleitet die Beamten und kennt die Besonderheiten im **Umgang.**
   b) Das Team sorgt für **kontinuierliches Kopieren** der beschlagnahmten Unterlagen.
   c) Das Team sorgt für **Ruhe** innerhalb des Unternehmens, besorgt Besprechungsräume und Essen & Trinken.
5. Seien Sie bei Durchsuchungen niemals „proaktiv"! **Interpretieren Sie Fragen nicht**, sondern beantworten sie diese. Beispiel: Der Ermittlungsbeamte fragt nach Herrn Meier. Dieser komme aus der x-Abteilung ihres Unternehmens. Sie wissen, Herr Meier hat kürzlich in die y-Abteilung gewechselt, war aber auch gar nicht dafür verantwortlich, sondern Frau Meyer aus der x-Abteilung. Sie führen den Beamten zu Herrn Meier in die y-Abteilung. Mehr nicht. Damit kommen Sie seiner Bitte nach und helfen bereits, da er nicht lange in der x-Abteilung herumsucht und herumfragt.
6. Mit einem Verhalten wie unter 5. dargestellt, sorgen Sie auch für betriebliche Ruhe.

---

i **Praxistipp**
Simulieren Sie in Ihrem Unternehmen eine Razzia im Morgengrauen. Entweder Sie engagieren hierzu eine externe Kanzlei, oder Sie führen sie selbst durch. Weihen Sie nur wenige ein. Auch die Geschäftsführung sollte so wenig wie möglich vorher wissen.

---

2. Sprachregelungen

153 Alle im Unternehmen müssen mit einer Stimme sprechen. Es ist daher gleichgültig, ob Sie sich in einer Krisensituation befinden, oder ob Sie regelmäßige Veränderungen anstoßen. Erstellen Sie hierfür einen **Unternehmenskommunikationsleitfaden.** Nehmen Sie darin vor allem auf das **„Kehrwochenprinzip"** Rücksicht.

---

i **Praxistipp**
Kehrwochenprinzip bedeutet in diesem Zusammenhang,
- nichts unter den Teppich zu kehren,
- den Besen so zu benutzen, dass jedermann jede Bewegung deutlich sieht und nachvollziehen kann, und
- niemand im Unternehmen in eine andere Richtung kehren zu lassen.

Erfassen Sie Ihr Reputationsschadensrisiko („Wie werden wir wahrgenommen?") und managen Sie es. Sie werden erstaunt sein, was Sie damit für Potentiale heben können (vgl. Kommunikation nach außen unter C. IV.). 154

III. Umorganisation

1. Verhindern der Wiederholung

Wenn Unternehmerpersönlichkeiten lange Zeit eine Geschäftspraxis geprägt haben, kann es sein, dass sie neuen Compliance-Maßnahmen sehr skeptisch gegenüberstehen. Es wird erheblichen Aufwand bedeuten, die Kolleginnen oder Kollegen zu überzeugen. Man wird sich auch fragen müssen, ob und welche personellen Konsequenzen zu ziehen sind. Dies ist ein Change-Management-Prozess, ein Schwungrad. Sie merken sehr schnell, wer sich mit Ihnen dreht und wer nicht. 155

2. Personelle Konsequenzen

Der viel strapazierte *tone from the top* ist hier von erheblicher Bedeutung. Wenn die Unternehmensleitung das Ziel, sich zu ändern und zu hinterfragen, glaubwürdig vertritt, dann ist die Brücke zur Verständlichkeit gebaut. Sie haben dann die Möglichkeit, die Sinnhaftigkeit nicht einzeln zu diskutieren, sondern über die Emotion zu transportieren. Ihr Ziel muss sein, dass Compliance für die Führungsebene Ihres Unternehmens nicht nur verständlich, sondern **selbstverständlich** wird. 156

Praxistipp

Fördern Sie **emotionale Identifikationskritik:** *„Für wen arbeitet Ihr eigentlich?"* *„Wer so handelt, handelt* **nicht mehr im Interesse** *des Unternehmens."*

Erreichen Sie damit nichts, muss **konsequent** eine Trennung von der betreffenden Person erfolgen. Eine solche Trennung insbesondere von Vorständen oder Aufsichtsräten oder anderen Persönlichkeiten hat eine **katharsisch reinigende** Funktion für alle im Unternehmen. 157

IV. Kommunikationskultur (nach außen)

Die Potenziale einer **professionellen Krisenkommunikation** werden oft nicht erkannt und umgesetzt. Unter dem Eindruck des Schadens und der „vielen Probleme" wird oft falsch reagiert. Aus mangelnder Erfahrung werden erhebliche Potenziale nicht genutzt. Dabei bietet eine professionelle Krisenkommunikation erhebliche 158

Schadensbegrenzung und beschleunigt sogar Möglichkeit des Umschwungs.[38] Tue Gutes und sprich darüber, bzw. lass‘ andere darüber sprechen.

Beispiel 13
Exemplarisch sei eine Pressemeldung nach aufgedecktem Kartellrechtsverstoß (hier: Preisbindung des Handels) dargestellt:

A-GmbH entwickelt neuen Handelspartnervertrag

Klares Bekenntnis zum Spitzenanspruch der Qualitätsmarken

Konzentration auf exklusives Vertriebsnetzwerk

Gezielte Leistungsförderung für Handelspartner

A-Ort, Datum – Der bekannte Hersteller A-GmbH geht neue Wege im Vertrieb und entwickelt hierfür auch einen neuen Partnervertrag für den Handel.

Im Fokus sämtlicher Maßnahmen soll der konsequente Premiumanspruch der angebotenen Marken stehen. Das Unternehmen setzt daher auch in Zukunft bewusst auf ein exklusives Netzwerk von Fachhändlern für den Vertrieb der Produkte. „Wir möchten gezielt auf Handelspartner setzen, welche das anspruchsvolle Qualitäts- und Leistungsversprechen unserer Marken dauerhaft und umfänglich zu den Endkunden tragen“, unterstreicht xx, von der A-GmbH „Wesentliche Schlüsselfaktoren hierfür sind aus unserer Sicht u.a. die Markenkompetenz und der Marktauftritt des Fachhändlers, ein klarer Kundenfokus und natürlich die Qualifikation des Personals.“
Um die entsprechenden Leistungen des Fachhandels bestmöglich zu fördern, möchte A-GmbH die Vertragsregelungen für die Handelspartner anpassen und weiter verbessern. „Wir rücken zukünftig die individuelle Händlerleistung noch stärker in den Fokus“, erläutert xx. „Wir möchten den Handel dazu motivieren, gemeinsam mit uns die Premiumpositionierung weiter auszubauen und die maximale Zufriedenheit der Endkunden dauerhaft sicherzustellen.“ Das Unternehmen setzt sich das ehrgeizige Ziel, insbesondere hinsichtlich der Transparenz und Nachvollziehbarkeit des Konditionensystems neue Maßstäbe zu setzen.
Die inhaltliche Ausgestaltung des neuen Vertrags befindet sich aktuell in der Detailplanung und soll bis zum [Datum] umgesetzt werden.
Das Unternehmen war im Herbst in die Kritik der Europ. Kommission geraten, da das vorhandene Vertriebssystem im Verdacht stand, den Handel in seiner Preisfestsetzungsfreiheit einzuschränken und einem Preis- und Rabattwettbewerb entgegenzuwirken. Ein entsprechendes Verfahren konnte jedoch in enger Kooperation einvernehmlich beendet werden. „Wir haben die aufgeworfenen Fragen und auch Vorwürfe als Chance genutzt, um das Unternehmen positiv weiterzuentwickeln und auch in seinen Strukturen und Vertriebsprozessen weiter zu verbessern – nicht zuletzt gegenüber dem Wettbewerb“, erklärt xx.“ [Mit Genehmigung der *Orca van Loon Communications GmbH*, Hamburg]

---

159 Hier werden die Konsequenzen in den Vordergrund gestellt. Der Anlass (nämlich die Einleitung eines kartellbehördlichen Bußgeldverfahrens), mit dem die Organisation heftig geweckt wurde, wird als – fast schon uninteressante Hintergrundinformation – zuletzt genannt.

---

38 So auch *Jahn*, in: Hauschka/Moosmayer/Lösler, Corporate Compliance, § 35 Rn 14.

In der öffentlichen Wahrnehmung kann man Fehler machen, aber man muss dazu stehen. Es gibt kaum etwas, das der Reputation mehr schadet, als ein Kommunikationsverhalten, das nach der Salamitaktik vorgeht. Denken Sie nur sehr kurz an das Kommunikationsverhalten der Herren Karl-Theodor zu Guttenberg, Christian Wulff und Bischof Tebartz van-Elst in heiklen Situationen und gehen Sie niemals so vor. 160

V. Kontinuierliches Hinterfragen/Diskussionskultur

Letztlich die wirksamste Reaktion ist die Überprüfung der Präventionsmaßnahmen und Etablierung einer Lernorganisation. 161

Beispiel 14
Maßnahmen können sein:
- Auffrischung von Mitarbeiterschulungen durch e-learning,
- Regelmäßige Mitarbeiter-Tests mit Dokumentation der Ergebnisse,
- Kooperation mit der Personalentwicklung,
- Einbindung in Beurteilungsgespräche und Dokumentation mit einem Vermerk zur Personalakte.

Im Rahmen von Präsenzschulungen kann erwünschtes Verhalten auch anhand von **Rollenspielen** mit konkreten Bezügen, wie etwa Auseinandersetzungen über die Auslegung des gemeinsamen Liefer- oder Einkaufsvertrags, **vorgelebt** werden. Scheuen Sie sich nicht, sich selbst in die Rolle Dritter hineinzudenken und geben Sie den Dritten gleichfalls Raum, ihre Rolle zu spielen. 162

Praxistipp
„Kehrwochenprinzip" bedeutet in diesem Zusammenhang,
regelmäßig Compliance-Schulungen zu organisieren. Auch ohne konkreten Anlass zu kehren, fördert Kommunikation, stärkt das Wir-Gefühl. („Wir haben jetzt alle wieder den Intranet-E-Learning-Test erfolgreich bestanden"; „Bei der Compliance-Schulung ist folgendes aktuelles Thema hochgekommen ...").

Aus der Tatsache, dass wir es mit menschlichem Verhalten zu tun haben, müssen sich Compliance-Systeme mit dem Bewusstsein beschäftigen. Eine wirkungsvolle Compliance muss das Bewusstsein der Mitarbeiter erreichen. Die Bereitschaft, sich erreichen zu lassen, bildet dabei die Grundlage. Alle Mittel und Wege wie Schulungen, Filme, Workshops, Assessment-Center u.v.m. kommen im Laufe der Diskussion zu „Legalität und Legitimität".[39] 163

---

39 *Schneider/Geckert*, Verhaltensorientierte Compliance, S. 191 ff.

164 Legalität und Legitmität sind jedoch selten deckungsgleich. In der Fallgruppe „legitim, aber illegal“ muss Compliance ansetzen. Die Mittel sind Beratung und Förderung erwünschten Verhaltens. So kann beim Einzelnen unbeobachtet von Compliancesystemen am Arbeitsplatz eine Abwägung erfolgen. Die Grenzen der Legitimität sind die Werte des Code of Conduct.

165 *„Kein Mensch handelt auf Dauer illegitim, jeder wünscht ein „stimmiges“ Leben, welches er vor Dritten, vor allem aber vor sich selber rechtsfertigen kann. Ein typisches Beispiel din die kruden Argumente, die sich Betroffene zu Recht legen, die sich auf Kosten des Unternehmens persönlich bereichert haben. (...) Ein Unternehmen, dass zwar legale aber illegitime Mittel einsetzt, etwa Steuern sparen um jeden Preis, unzumutbare Zustände bei Zulieferern abtut oder Freiberufler legal korrekt aber menschlich fragwürdig behandelt, kann kein „anständiges“ Verhalten bei den eigenen Mitarbeitern erwarten.“*[40]

E. Zusammenfassung „Kehrwochenprinzip“

166 **Eckpfeiler effektiver Compliance** sind die Ziele und Maßnahmen zu ihrer Umsetzung:

- Die Unternehmensoberfläche wird regelmäßig aufgekehrt, damit Bruchstellen und Schäden aufgedeckt werden können.
- Alle Teilnehmer orientieren sich an einem allgemeingültigen Plan.
- Jeder, der sich mit dem Unternehmen identifiziert, handelt so, dass alles jederzeit vorzeigbar ist.
- Das Bekenntnis zu transparentem Handeln ist einer Unabänderlichkeitsgarantie unterworfen.
- Es wird immer gründlich gefegt und nicht nur da, wo derzeit alle hinsehen. Die Nachbarn entdecken alles!
- Es darf kein Risikomanagement in der Illegalität (bewusste Non-Compliance in bestimmten Teilbereichen) vorgenommen werden.
- Verträge werden stets aktuell gehalten und der geltenden Rechtslage und kartellbehördlichen Praxis angepasst.
- Es wird nichts unter den Teppich gekehrt.

167 Es wird dauerhaft sichergestellt, dass letztlich niemand – auch nicht die Unternehmensleitung – in eine andere Richtung kehrt.

40 *Schneider/Geckert*, Verhaltensorientierte Compliance, S. 199.

Kapitel 10
Checklisten

Checkliste 1: Typische Rechtsbereiche mit kartellrechtlichen Berührungspunkten im Unternehmen

Um ungewollte Kartellrechtsverstöße zu vermeiden, kann es hilfreich sein, in einer internen Anweisung auf die Berücksichtigung des Kartellrechts insbesondere in den folgenden Bereichen hinzuweisen:

- Zusammenarbeit oder sonstige Kontaktaufnahme mit Wettbewerbern
- Verträge zur Aufteilung von Herstellungs- und Serviceleistungen
- Abschluss von „Kooperationsvereinbarungen"
- Einflussnahme auf Preise von Vertriebspartnern
- Vertragsklauseln zur Beschränkung von Vertriebswegen (Internetvertrieb, Verkauf in Discountern o.ä.)
- Regelungen mit Vertragshändlern zur Beschränkung des Verkaufs in bestimmte geographische Gebiete oder an bestimmte Kunden
- Exklusivlieferungsverträge und Ausschließlichkeitsklauseln
- Vereinbarung von Wettbewerbsverboten und Kundenschutzklauseln
- „Ausschlussklauseln" bzgl. bestimmter Lieferanten oder Abnehmer
- Vereinbarung von Rabatten und Boni mit Abnehmern und Lieferanten
- Klauseln zur pflichtgemäßen Verwendung bestimmter Produkte
- Abschluss von Forschungs- und Entwicklungsvereinbarungen
- Regelungen über die ausschließliche Zuweisung von Schutzrechten (insb. Lizenzen)
- Nichtangriffsklauseln über Rechte des geistigen Eigentums
- Erwerb von Betriebsteilen anderer Unternehmen
- Erwerb von Geschäftsanteilen an anderen Unternehmen (auch durch Erweiterung bestehender Beteiligungen)

https://doi.org/10.1515/9783110550542-010

Checkliste 2: Fünf sinnvolle Maßnahmen zur Vermeidung von Kartellrechtsverstößen

Problembewusstsein schaffen

- Schaffen Sie ein **Risikobewusstsein** innerhalb des Unternehmens über die Folgen von Kartellrechtsverstößen (Bußgelder, Schadensersatzansprüche, Unwirksamkeit von Verträgen, Auftragssperren und Imageschäden). Machen Sie Ihren Mitarbeitern deutlich, dass es keine kartellrechtlichen „Grauzonen" gibt. Wenn den Mitarbeitern im Unternehmen klar ist, welches Verhalten verboten ist und welche Verhaltensweisen zulässig sind, werden sie im Zweifel auch keine kartellrechtlichen Risiken eingehen.
- Ein besonders effektives Mittel zur Schaffung von Bewusstsein ist die **Durchführung unternehmensspezifischer Mitarbeiterschulungen** für bestimmte Personengruppen oder Fachbereiche (Einkauf bzw. Vertrieb). Wir haben in unseren Schulungen vielfach die Rückmeldung erhalten, dass diese Schulung gerade keine „unnötige Zeitverschwendung" war, sondern dass sich der Zeitaufwand gelohnt habe, weil jetzt klar sei, was erlaubt und was verboten ist. Eine solche positive Resonanz auf Schulungen ist aber nur möglich, wenn sich die Mitarbeiter in der Schulung thematisch „wiederfinden". Die Durchführung einer „Standard-Schulung" zum Kartellrecht unabhängig vom jeweiligen Unternehmen bzw. Teilnehmerkreis wird in den meisten Fällen nur geringen Erfolg haben.

Gedächtnisstützen bereitstellen

- Die Schulungsinhalte sind durch entsprechende **Praxisleitfäden mit konkreten Verhaltensanweisungen** abzurunden und zu vertiefen. Auch hier gilt: Je individueller und kürzer diese Leitfäden ausgestaltet sind, desto eher werden die Mitarbeiter darauf zurückgreifen und dort nochmals zu einzelnen Fragen nachlesen. Wichtig ist insoweit stets, dass die rechtlichen Vorgaben nicht nur deskriptiv dargestellt sind, sondern anhand von konkreten Beispielen aus der Unternehmenspraxis erläutert werden. Machen Sie insbesondere deutlich, wann sich Mitarbeiter von kartellrechtswidrigen Verhaltensweisen anderer Unternehmen aktiv distanzieren müssen.

Lippenbekenntnisse vermeiden

- Schaffen Sie eine offene Unternehmenskultur, in der die Bekenntnisse zur Kartellrechts-Compliance nicht nur bloße Lippenbekenntnisse sind, sondern auch tatsächlich gelebt werden. Dies bedeutet, dass die Rechtsabteilung, die Compliance-Verantwortlichen und die Unternehmensleitung stets ein offenes Ohr für mögliche Rückfragen zum Kartellrecht haben und auch selbst stets **kartellrechtskonformes Verhalten vorleben** müssen.

- **Stellen Sie tradierte Verhaltensweisen in Frage!** Hilfreich ist dabei etwa die Überlegung, ob Unternehmensvertreter an einem bestimmten „Gesprächskreis" mit Wettbewerbern teilnehmen, weil die Teilnehmer „nett" sind oder weil sie sich aus den Gesprächen wertvolle Informationen über das Wettbewerberverhalten erhoffen, die sie für die eigene Unternehmenspraxis nutzen können. In den meisten Fällen wird letzteres der Fall sein. Dann liegt allerdings ein kartellrechtlich bedenklicher Informationsaustausch nahe und es sind entsprechende Reaktionen zu prüfen.

Konsequenzen aufzeigen

- Machen Sie Ihren Mitarbeitern hinreichend deutlich, dass Kartellrechtsverstöße **keine Kavaliersdelikte** sind, sondern für das Unternehmen schwerwiegende Folgen nach sich ziehen können. Ein augenzwinkerndes „Wir nehmen keinen Einfluss auf die Weiterverkaufspreise unserer Vertriebspartner" von Vertriebsmitarbeitern ist nicht ohne weiteres hinzunehmen, sondern kritisch zu hinterfragen. Beachten Sie bei Verträgen, dass die „Papierform" allein nicht entscheidend ist. Zusätzlich muss ermittelt werden, wie die Verträge tatsächlich „gelebt" werden.

Interne und externe Kommunikation „sauber" halten

- Machen Sie Ihren Mitarbeitern klar, dass die **interne Kommunikation** des Unternehmens von entscheidender Relevanz ist: Wichtig ist, insbesondere in E-Mails, aber auch in Telefonaten oder Telefaxen, die Verwendung von Begriffen wie „aus dem Markt drängen", „kreuzigen", „plattmachen" o.ä. strikt zu unterlassen. Sämtliche Mitarbeiter sollten sich stets darüber im Klaren sein, dass jegliche Kommunikation möglicherweise von Kartellbehörden und Gerichten gelesen wird.
- Wahren Sie auch eine **defensive externe Kommunikation** gegenüber Wettbewerbern und Vertriebspartnern. Wir haben es schon häufiger erlebt, dass vermeintlich „harmlose" E-Mails von Vertriebspartnern oder Wettbewerbern bei den Empfängern zu großer Aufregung geführt haben, weil die Erklärungen als Versuch einer kartellrechtlich verbotenen Verhaltensabstimmung interpretiert wurden. Hier muss das Unternehmen, das die Erklärung veranlasst hat, schnell „zurückrudern", um weitere Schäden zu verhindern. Es ist auch wenig hilfreich, wenn sich ein Unternehmen auf seiner Homepage als „Marktführer" darstellt, zugleich aber in einem kartellbehördlichen Verfahren behauptet, es habe nur einen äußerst geringen Marktanteil.

Checkliste 3: Vereinfachtes Prüfungsschema zum Kartellverbot

1. **Ist eine Vertragsklausel (bei unterstellter Wirksamkeit) oder ein bestimmtes Verhalten geeignet, den Wettbewerb zu beschränken?**
2. **Wirkt sich die Wettbewerbsbeschränkung grenzüberschreitend in der EU aus (EU-Kartellrecht) oder nur in einem einzelnen Staat (nationales Kartellrecht)?**
   - § 185 Abs. 2 GWB, Art. 3 VO 1/2003, Art. 6 Abs. 3 Rom-II-VO 864/2007
3. **Ist das Kartellverbot anwendbar oder handelt es sich um eine Tatbestandsausnahme als „notwendige Nebenabrede"?**
   - Europ. Komm., Bekanntmachung 2005/C 56/03 und Zulieferbekanntmachung v. 18.12.1978
   - Rspr. mit Stichwort „Immanenztheorie" oder „notwendige Nebenabrede"
4. **Greifen Bagatellschwellen (fehlende Spürbarkeit) ein?**
   - Europ. Komm., De-minimis-Bekanntmachung 2014/C 291/01
   - BKartA, Bagatellbekanntmachung 18/2007
   - Irrelevanz der Spürbarkeitsschwelle bei Kernbeschränkungen (diese gelten stets als spürbar)
5. **Falls keine Bagatellschwelle eingreift: Ist eine Vereinbarung gruppenfreigestellt?**
   - § 2 Abs. 2 GWB i.V.m. mit Anwendungsbereich der jeweiligen EU-Gruppenfreistellungsverordnung (Vertikal-GVO 330/2010, TT-GVO 316/2014, FuE-GVO 1217/2010, Spezialisierungs-GVO 1218/2010 u.a.)
6. **Falls keine Gruppenfreistellung eingreift: Ist eine Einzelfreistellung wahrscheinlich?**
   - § 2 Abs. 1 GWB; Art. 101 Abs. 3 AEUV; Leitlinien der Kartellbehörden; Rspr.
7. **Falls keine Einzelfreistellung eingreift: Welche Rechtsfolgen sind wahrscheinlich?**
   - Bußgeldrisiko gering (bei ungeklärten Rechtsfragen und einzelfallbezogener Prüfung) oder Bußgeldrisiko hoch (bei Kernbeschränkungen und durch die Rspr. geklärten vergleichbaren Sachverhalten)?
   - Unwirksame Kernbeschränkung (dann Einzelfreistellung kaum möglich) oder lediglich nicht-gruppenfreigestellte Klausel (dann Einzelfreistellung denkbar)?
   - Einschätzung anhand kartellbehördlicher Praxis in vergleichbaren Fällen: Abstellungsverfügung, Verpflichtungszusage oder Bußgeld?
   - Schadensersatzrisiko (Nachweisbarkeit, Einzel- oder Streuschaden)?

Checkliste 4: Relevante Marktanteilsschwellen zu Kartellverbot und Missbrauchskontrolle

Die folgenden Marktanteilsschwellen sollten im Rahmen einer kartellrechtlichen Prüfung stets berücksichtigt werden. Im Normalfall genügt eine verlässliche Schätzung der Marktanteile auf Grundlage plausibler Daten.

Unabhängig vom Marktanteil eines Unternehmens: Anwendbarkeit des Kartellrechts auf sog. „Kernbeschränkungen" (insb. Preisabsprachen, Zuweisung von Märkten oder Kunden, Beschränkung des passiven Verkaufs etc.)

≥ 40% jeweils einzelner Marktanteil eines Unternehmens: Anwendbarkeit der verschärften gesetzlichen Anforderungen an das Verhalten marktbeherrschender Unternehmen nach Art. 102 AEUV bzw. §§ 18 ff. GWB

≤ 30% jeweils einzelner Marktanteil eines Unternehmens: Freistellung wettbewerbsbeschränkender Vereinbarungen, die keine Kernbeschränkung enthalten, zwischen Nicht-Wettbewerbern, soweit die Voraussetzungen der Vertikal-GVO oder der Technologietransfer-GVO erfüllt sind

≤ 25% gemeinsamer Marktanteil von Unternehmen: Kartellrechtliche Freistellung von Forschungs- und Entwicklungsvereinbarungen zwischen Unternehmen, soweit die Voraussetzungen der FuE-GVO 1217/2010 erfüllt sind

≤ 20% gemeinsamer Marktanteil von Unternehmen: Kartellrechtliche Freistellung von Spezialisierungsvereinbarungen, soweit die Voraussetzungen der Spezialisierungs-GVO 1218/2010 erfüllt sind, sowie von Technologietransfervereinbarungen zwischen Wettbewerbern, soweit die Voraussetzungen der Technologietransfer-GVO 316/2014 vorliegen

≤ 15% gemeinsamer Marktanteil von Unternehmen: Keine Anwendbarkeit des Kartellrechts auf Einkaufskooperationen und Vertriebsgemeinschaften, soweit diese keine Kernbeschränkungen enthalten

≤ 10% gemeinsamer Marktanteil von Unternehmen: Mangels Spürbarkeit keine Anwendbarkeit des Kartellrechts auf sonstige wettbewerbsbeschränkenden Verhaltensweisen, soweit diese keine Kernbeschränkungen sind.

Heranzuziehen sind jeweils die **Marktanteile auf dem sachlich und räumlich relevanten Markt** für die Produkte oder Dienstleistungen, die Gegenstand der Vereinbarung oder des tatsächlichen Verhaltens der Unternehmen sind.

Checkliste 5: Erste Reaktionsschritte bei Verdacht auf einen Kartellrechtsverstoß im eigenen Unternehmen

Es ist stets besser, einen Kartellrechtsverstoß im eigenen Unternehmen kontrolliert und frühzeitig abzustellen, bevor es zu einer Durchsuchung durch eine Kartellbehörde kommt. Dabei empfehlen sich die folgenden Schritte:

- Sammeln Sie zunächst in der Rechts- oder Compliance-Abteilung **Unterlagen und Beweise**, die auf den Kartellrechtsverstoß eines Mitarbeiters hindeuten.
- Ziehen Sie so schnell wie möglich einen im Kartellrecht spezialisierten externen Rechtsanwalt hinzu und überreichen Sie diesem das Dokumentenmaterial persönlich oder durch einen vertrauenswürdigen Boten zur Prüfung. Auf diese Weise unterfallen die Dokumente in den Kanzleiräumlichkeiten dem sog. **Anwaltsprivileg** und sind einem kartellbehördlichen Zugriff, etwa im Wege einer Durchsuchung, entzogen. Beachten Sie, dass Ihr E-Mail-Verkehr vor Einleitung eines etwaigen kartellbehördlichen Ordnungswidrigkeitenverfahrens nicht dem Anwaltsprivileg unterfällt. Auch die Kommunikation mit Ihrer Rechtsabteilung ist nicht davon umfasst. Kommunizieren Sie daher weder intern noch extern per E-Mail über belastende Vorgänge.
- Treffen Sie zusammen mit Ihrem Anwalt eine Entscheidung, ob sie – falls möglich – die kartellrechtliche **Kronzeugenregelung** in Anspruch nehmen. In diesem Fall sind Sie verpflichtet, die zuständige(n) Kartellbehörde(n) vollumfänglich über den kartellrechtswidrigen Vorgang zu unterrichten, um einen Bußgelderlass bzw. eine Bußgeldreduktion zu erhalten. Beachten Sie im Rahmen Ihrer Abwägung, dass mögliche Schadensersatzklagen Ihrer Kunden oder Wettbewerber nicht von der Kronzeugenregelung umfasst sind.
- Führen Sie mit den betroffenen Mitarbeitern – ggf. auch parallel zur Stellung eines Kronzeugenantrags – **Gespräche**, um über sämtliche Aspekte des Vorgangs Kenntnis zu erlangen. Klären Sie mit Ihrem Rechtsanwalt ab, inwiefern gegenüber den Mitarbeitern eine Freistellungs- oder Erstattungszusage vereinbart werden darf.
- Sorgen Sie – ggf. auch nach Rücksprache mit den Kartellbehörden im Falle der Inanspruchnahme der Kronzeugenregelung – dafür, dass das kartellrechtswidrige Verhalten **sofort beendet** wird.

Checkliste 6: Was tun bei einer Durchsuchung durch die Kartellbehörden?

Die besten Vorkehrungsmaßnahmen können manchmal nicht verhindern, dass dennoch Rechtsverstöße im Unternehmen geschehen. Für den Fall einer Durchsuchung durch die Kartellbehörden sollten Sie daher nicht unvorbereitet sein. Lassen Sie nach Möglichkeit einen unternehmensspezifischen Leitfaden für den Durchsuchungsfall erstellen und hinterlegen Sie diesen bei den Entscheidungsträgern Ihres Unternehmens und bei Mitarbeitern, die mit einer möglichen Durchsuchung konfrontiert werden können. Darüber hinaus sollten die nachfolgenden Hinweise einen geordneten Ablauf der Durchsuchung sicherstellen.

Vorbereitung

- Kommunizieren Sie der Empfangszentrale Ihres Unternehmens schon im Vorfeld einer etwaigen Durchsuchung, welche Personen sie im Falle der Ankunft von Kartellbeamten sofort benachrichtigen muss. Hierzu sollte mindestens ein Mitarbeiter der IT-Abteilung gehören.
- Hinterlegen Sie am Empfang (gegebenenfalls auch von Tochterunternehmen und Nebenstandorten) die interne Durchwahl der betreffenden Personen im Unternehmen und die Telefonnummern (Büro und mobil) eines sofort zu kontaktierenden Rechtsanwalts mit Spezialisierung im Kartellrecht. Benennen Sie auch die Telefonnummer eines Stellvertreters, falls der genannte Rechtsanwalt nicht erreichbar sein sollte.

Erste Schritte

- Geraten Sie nicht in Panik. Die Durchsuchung ist eine normale Diensthandlung der Kartellbehörde. Behandeln Sie die Beamten mit Respekt und verhalten Sie sich ruhig.
- Überprüfen Sie die Identität und die Durchsuchungsberechtigung der Kartellbeamten anhand von Personal- und Dienstausweisen sowie dem Behörden- oder Gerichtsbeschluss, der Grundlage für die Durchsuchung ist. Beachten Sie, dass nur das Bundeskartellamt einen richterlichen Durchsuchungsbeschluss benötigt. Die Europäische Kommission darf hingegen auf Grundlage einer (von ihr selbst erstellten!) Nachprüfungsentscheidung durchsuchen.
- Benachrichtigen Sie die Geschäftsführung, den Leiter der Rechtsabteilung sowie den Compliance-Officer des Unternehmens über die Durchsuchung. Leiten Sie diesen Personen Kopien der Identitätsnachweise und der Durchsuchungsberechtigung weiter. Halten Sie den Kreis der zu informierenden Personen zunächst klein.

- Rufen Sie einen im Kartellrecht spezialisierten Rechtsanwalt an und bitten Sie ihn, sofort an den Ort der Durchsuchung zu kommen.
- Prüfen Sie so schnell wie möglich, welche Reaktionsmöglichkeiten bestehen, insbesondere ob die Kronzeugenregelung in Anspruch genommen werden kann/soll.
- Prüfen Sie genau, welches Unternehmen bzw. welcher Geschäftsbereich betroffen ist. Der Umfang der Durchsuchung ist darauf beschränkt.
- Beamte der Europäischen Kommission müssen vor der Durchsuchung eine angemessene, wenn auch nur kurze Zeit (in der Regel 30–45 Minuten) bis zum Eintreffen Ihres Rechtsbeistandes warten, die deutschen Kartellbehörden erfahrungsgemäß nicht. Sie haben aber das Recht, telefonischen Rat bei Ihrem Anwalt einzuholen.
- Wichtig: Verweigern Sie den Beamten auf keinen Fall den Zutritt zum Unternehmensgebäude.

Umgang mit den Kartellbeamten

- Stellen Sie bereits vorab ein Kompetenzteam für den Durchsuchungsfall zusammen und benennen Sie bei Beginn der Durchsuchung einen Ansprechpartner, der für die Kartellbeamten jederzeit erreichbar ist.
- Stellen Sie sicher, dass jeder Beamte während der Durchsuchung von einem vorher ausgewählten und auf die Situation vorbereiteten Mitarbeiter („shadow“) begleitet wird, der das Vorgehen kontrolliert und genau protokolliert.
- Protokollieren Sie stets die folgenden Punkte: Wer bzw. was wurde durchsucht und beschlagnahmt? Wer wurde gefragt und was wurde geantwortet?
- Sorgen Sie dafür, dass die Arbeit der Beamten von niemandem behindert wird und keine Unterlagen vernichtet werden. Informieren Sie alle von der Durchsuchung betroffenen Mitarbeiter und Sekretariate darüber, dass während der Durchsuchung keine Unterlagen geschreddert oder in sonstiger Weise „beiseite“ geschafft werden dürfen. Dies kann hohe Bußgelder nach sich ziehen!
- Signalisieren Sie Ihre Kooperationsbereitschaft (indem Sie den Beamten etwa einen Kopierer, einen Arbeitsraum und einen Kaffee anbieten).

Reichweite der Durchsuchungsbefugnisse

- Die deutschen Kartellbehörden dürfen grundsätzlich alle Räume, Gegenstände und Personen selbst durchsuchen sowie Dokumente und Datenträger beschlagnahmen. Bitten Sie die Beamten darum, von elektronischen Datenträgern nur Kopien mitzunehmen, da die Auswertung mehrere Monate dauern kann.
- Das Recht der Europäischen Kommission beschränkt sich darauf, Räume zu betreten und die Vorlage von Geschäftsunterlagen zu fordern. Die Beamten dür-

fen nur Kopien, keine Original-Dokumente oder Datenträger beschlagnahmen. Stellen Sie den Beamten Ihre Passwörter zur Verfügung und halten Sie einen Mitarbeiter bereit, der beim Kopieren der beschlagnahmten Unterlagen helfen kann. Während der Durchsuchung kann eine kommissionseigene Forensik-Software auf die Unternehmenssoftware gespielt und die Unterstützung durch Mitarbeiter der IT-Abteilung gefordert werden (etwa im Hinblick auf die Vergabe von Administratorrechten oder die Blockade von E-Mail-Konten).
- Für die Korrespondenz mit einem externen Anwalt, die zur Verteidigung im laufenden Ermittlungsverfahren erstellt wurde, gilt das sogenannte Verteidigerprivileg: Sie darf weder eingesehen noch beschlagnahmt werden. Gegenüber der Europäischen Kommission sind auch Unterlagen geschützt, die bereits im Vorfeld der Durchsuchung zur Vorbereitung der Korrespondenz mit dem externen Anwalt erstellt wurden. Kennzeichnen Sie solche rechtlich privilegierten Unterlagen hinreichend deutlich!
- Grundsätzlich geschützt sind ebenso rein private Unterlagen sowie Dokumente und Gegenstände, die unternehmensfremden Dritten gehören.
- Wichtig: Erklären Sie bei jeder Beschlagnahme ausdrücklich Ihren Widerspruch gegen die Beschlagnahme.

Beantworten von Fragen

- Beantworten Sie Fragen zur Person wahrheitsgemäß.
- Denken Sie daran, dass Fragen zu den Vorwürfen nicht beantwortet werden müssen. Bitten Sie die Beamten gegebenenfalls, mit der Beantwortung bis zum Eintreffen eines Rechtsanwalts zu warten und klären Sie eine etwaige Antwort mit diesem ab.
- Beachten Sie, dass Beamte der Europäischen Kommission Auskünfte zu Tatsachen oder Unterlagen verlangen dürfen, die im Zusammenhang mit dem Durchsuchungsgegenstand stehen (z.B. zum Standort von Unterlagen, der Bedeutung von Namenskürzeln oder der Position bestimmter Personen im Unternehmen). Abgesehen davon haben Sie das Recht, zu schweigen. Vor allem müssen Sie sich nicht selbst oder das Unternehmen belasten. Sehen Sie insbesondere davon ab, die Beamten „aktiv“ zu möglicherweise kartellbefangenen Mitarbeitern zu leiten bzw. auf möglicherweise relevante Unterlagen oder Tatsachen hinzuweisen.
- Halten Sie Ihre Antworten kurz, sachlich und präzise und stellen Sie keine Mutmaßungen an. Notieren Sie alle Fragen und Antworten.
- Klären Sie im Zweifel mit Ihrem Rechtsbeistand, ob, in welchem Umfang und auf welche Weise eine Frage beantwortet werden muss.

Vorgehen am Ende der Durchsuchung

- Stellen Sie sicher, dass alle geprüften und beschlagnahmten Unterlagen und Gegenstände, die von den Beamten gestellten Fragen und die entsprechenden Antworten sowie Widersprüche protokolliert worden sind. Lassen Sie Kopien von allen von den Kartellbehörden kopierten oder beschlagnahmten Unterlagen anfertigen und leiten Sie diese Kopien an die Geschäftsführung, den Leiter der Rechtsabteilung, den Compliance-Officer und den externen Rechtsbeistand weiter.
- Bitten Sie um eine Kopie der von den Beamten angefertigten Liste der Dokumente, die diese beschlagnahmt oder kopiert haben und bitten Sie um eine Aushändigung der Niederschrift über Fragen und Antworten.
- Verlangen Sie ein Protokoll über die Durchsuchung und legen Sie gegebenenfalls Rechtsmittel ein.
- Sorgen Sie dafür, dass Räume, die nicht unmittelbar durchsucht werden konnten und daher versiegelt wurden, in keinem Fall betreten und die Siegel gebrochen werden. Das bloße Abschließen ist nicht ausreichend. Bei Verstößen drohen hohe Bußgelder. Informieren Sie daher vor Dienstschluss alle Mitarbeiter (auch Reinigungspersonal) über die erfolgte Durchsuchung und Versiegelung der Räumlichkeiten. Weisen Sie auf die Vertraulichkeit der Sache hin.
- Steuern Sie die Kommunikation mit Ihren Mitarbeitern, auch im Hinblick auf mögliche Anfragen aus der Presse und anderen Medien. Weisen Sie im Zweifel darauf hin, dass Sie Fragen zum laufenden Verfahren nicht beantworten können. Vermeiden Sie vorschnelle Antworten auf ungeklärte Fragen.

Checkliste 7: Relevante Umsatzschwellen für die Anmeldepflicht zur Fusionskontrolle

Europäisches Kartellrecht

Alternative 1:

- Die beteiligten Unternehmen haben **zusammen weltweit** einen Gesamtumsatz von mehr als **EUR 5 Milliarden** erzielt UND
- mindestens zwei Unternehmen haben jeweils einen Gesamtumsatz in der **Europäischen Union** von mehr als **EUR 250 Millionen** erzielt UND
- die beteiligten Unternehmen erzielen nicht jeweils mehr als zwei Drittel ihres gemeinschaftsweiten Einzelumsatzes in ein und demselben Mitgliedstaat der Europäischen Union.

→ **Erfordernis einer Fusionskontrollanmeldung bei der Europäischen Kommission**

Alternative 2:

- Die beteiligten Unternehmen haben **zusammen** einen **weltweiten** Gesamtumsatz von **EUR 2,5 Milliarden** erzielt UND
- die beteiligten Unternehmen haben **zusammen** mindestens in **drei Mitgliedstaaten jeweils** einen Gesamtumsatz von mehr als **EUR 100 Millionen** erzielt UND
- in jedem von mindestens drei dieser **Mitgliedstaaten** übersteigt der Einzelumsatz von mindestens **zwei Unternehmen** jeweils **EUR 25 Millionen** UND
- mindestens **zwei** am Zusammenschluss beteiligte **Unternehmen** haben **jeweils** einen Einzelumsatz in der **Europäischen Union** von mehr als **EUR 100 Millionen** erzielt UND
- die beteiligten Unternehmen erzielen nicht jeweils mehr als zwei Drittel ihres gemeinschaftsweiten Einzelumsatzes in ein und demselben Mitgliedstaat der Europäischen Union.

→ **Erfordernis einer Fusionskontrollanmeldung bei der Europäischen Kommission**

Deutsches Kartellrecht

Alternative 1:

- Die beteiligten Unternehmen haben **zusammen weltweit** Umsatzerlöse von mehr als **EUR 500 Millionen** erzielt UND

- mindestens **ein beteiligtes Unternehmen** hat in Deutschland Umsatzerlöse von mehr als **EUR 25 Millionen** und ein **anderes beteiligtes Unternehmen** einen Umsatz von mehr als **EUR 5 Millionen** erzielt UND
- an dem Zusammenschluss ist kein unabhängiges Unternehmen beteiligt, das weltweit Umsätze von weniger als EUR 10 Millionen erzielt hat.

→ **Erfordernis einer Fusionskontrollanmeldung beim Bundeskartellamt**

Alternative 2:
- Die beteiligten Unternehmen haben **zusammen weltweit** Umsatzerlöse von mehr als **EUR 500 Mio.** erzielt UND
- **ein beteiligtes Unternehmen** hat in Deutschland Umsatzerlöse von mehr als **EUR 25 Mio.**, aber weder das zu erwerbende Unternehmen noch ein anderes beteiligtes Unternehmen haben jeweils einen Umsatzerlös von mehr als EUR 5 Mio. erzielt, UND
- der **Wert der Gegenleistung** für den Zusammenschluss (i.d.R. Kaufpreis) beträgt mehr als **EUR 400 Mio.** UND
- das zu erwerbende Unternehmen ist **in erheblichem Umfang im Inland tätig.**

Sowohl im Europäischen als auch deutschen Fusionskontrollrecht sind jeweils die **Außenumsätze** der am Zusammenschluss beteiligten Unternehmen heranzuziehen. Bisherige (konzerninterne) Innenumsätze sind nur dann ausnahmsweise maßgeblich, wenn sie zukünftig (d.h. bei Durchführung des Zusammenschlussvorhabens) zu Außenumsätzen werden.

Die **geographische Umsatzzuordnung** richtet sich nach der Lieferung an den jeweiligen Kundensitz (d.h., wenn Produkte an einen Kunden in Deutschland geliefert werden, handelt es sich um einen „deutschen" Umsatz). Maßgeblich ist der tatsächliche Lieferort und nicht der Sitz der Unternehmenszentrale.

Fusionskontrolle in Drittstaaten

Bedenken Sie, dass häufig auch (gegebenenfalls parallele) Anmeldepflichten zu **anderen nationalen Kartellbehörden** in Betracht kommen, die sich wiederum an eigenen Umsatzschwellen orientieren.

Checkliste 8: Die zehn häufigsten Ausreden zu Kartellrechtsverstößen (und warum sie nicht anerkannt werden)

1. **„Der Markt hält dicht. Was hier besprochen wird, erfährt ohnehin niemand."**
   Der Markt hält im Zweifel nicht dicht. Die Verlockung, bei einer Inanspruchnahme der Kronzeugenregelung einen vollständigen Bußgelderlass zu erlangen, ist zu groß. Bei Streitigkeiten oder Zerwürfnissen zwischen Geschäftspartnern geben vermeintlich vertrauenswürdige Personen mit „Insider-Kenntnissen" ihre Informationen den Kartellbehörden zudem oft aus Rache oder zur Gewissenserleichterung preis.
2. **„Was kann ich dagegen tun, wenn mich mein Kollege einfach anruft und losplaudert? Ich wollte das ja eigentlich gar nicht hören, was er gesagt hat."**
   Der Einwand, sich nicht wehren zu können, zählt nicht. Wer wettbewerblich sensible Informationen zu Gehör bekommt, die er nicht hören darf, muss sich unverzüglich davon distanzieren. Er muss (1) die Informationen ausdrücklich zurückweisen, (2) erklären, dass er sie nicht verwenden wird und (3) darauf hinweisen, dass er keine vergleichbaren Informationen mehr erhalten möchte. All dies muss dokumentiert werden. Wer diese Distanzierung nicht unternimmt, gilt als Beteiligter eines Kartellrechtsverstoßes.
3. **„Als Geschäftsführer hafte ich nicht. Ich habe nämlich alle Aufgaben delegiert."**
   Eine umfassende Enthaftung durch Pflichtendelegation existiert nicht. Wer Aufgaben delegiert, muss stets ihre Einhaltung kontrollieren, sich Bericht erstatten lassen, Stichproben nehmen und die Zuverlässigkeit der Delegationsperson regelmäßig überprüfen. Die Letztverantwortung verbleibt somit auch im Falle einer Aufgabendelegation beim Geschäftsführer.
4. **„Es gab keine Absprachen, die den Verbrauchern geschadet haben."**
   Ob Absprachen zwischen Wettbewerbern den Verbrauchern geschadet haben, ist irrelevant. Das Kartellrecht schützt den Wettbewerb und nicht die Verbraucher. Selbst Absprachen über Preissenkungen sind daher kartellrechtlich unzulässig.
5. **„Ich wusste nicht, dass das verboten ist."**
   Eine Berufung auf den sog. „Verbotsirrtum" ist beliebt, fruchtet aber nicht. Der Europäische Gerichtshof geht nur dann von einem schutzwürdigen Verbotsirrtum aus, wenn der Betroffene auf Grundlage einer verbindlichen Zusicherung gehandelt hat, die eine Kartellbehörde im Rahmen ihrer Kompetenzen gegeben hat. Dieser Fall kommt aber in der Praxis kaum vor.
6. **„Unser Marktanteil ist so gering. Da fallen wir unter die Bagatellgrenzen."**
   Für schwerwiegende Kartellrechtsverstöße wie Preisabsprachen, die Zuweisung von Kunden oder Vertriebsgebieten sowie die Preisbindung von Händlern gelten keine Bagatellgrenzen. Jedem Unternehmen – und sei es auch noch so klein –

sind derartige Verhaltensweisen verboten. Auch Verkäufer von Gemüse auf dem Wochenmarkt dürfen daher die Verkaufspreise für Tomaten nicht untereinander absprechen.

7. **„Wir haben dem Händler nichts verboten. Das war eine völlig unverbindliche Diskussion am Telefon."**
   Die rechtliche Bewertung einer Diskussion am Telefon richtet sich ausschließlich nach der objektiven Sichtweise des Angerufenen. Lassen Inhalt oder Umstände des Gesprächs darauf schließen, dass der Anrufer eine Einflussnahme auf seine Preisgestaltung beabsichtigt, wird dies von den Gerichten bereits als unzulässige Preisbindung der zweiten Hand beurteilt.
8. **„Das waren nicht wir. Das war der Händler X, der uns aufgefordert hat, seinen Kollegen abzumahnen."**
   Wer einer Aufforderung zu kartellrechtswidrigem Verhalten nachkommt, handelt als Täter. So wie der Einwand, man sei zu einer Straftat angestiftet worden, im Strafrecht nicht entlastend wirkt, lässt auch der Einwand, man habe lediglich auf Aufforderung eines Dritten gehandelt, den Vorwurf eines Kartellrechtsverstoßes nicht entfallen.
9. **„Wir mussten den Vertrieb über das Internet beschränken, um den stationären Einzelhandel zu schützen".**
   Zum Schutz des stationären Einzelhandels lässt das Kartellrecht nur eine fixe Prämie zur Förderung besonderer Verkaufsbemühungen im stationären Handel zu. Der Internetvertrieb darf dadurch nicht beschränkt werden.
10. **„Wenn unsere Produkte so billig verramscht würden, wie es die Händler wollen, ginge unser hochwertiges Image kaputt."**
    Das deutsche Recht erkennt einen Schutz vor Verramschung nur zu Gunsten von Buchautoren an. Verleger sind daher grundsätzlich so lange an die Buchpreisbindung gebunden, bis der Autor einer Aufhebung des Endverkaufspreises zur „Verramschung" eines unverkäuflichen Werks zugestimmt hat. Auf das Kartellrecht ist diese Ausnahmeregelung nicht übertragbar.

Checkliste 9: Deutsche Fachzeitschriften mit kartellrechtlichen Bezügen

WuW – Wirtschaft und Wettbewerb
Handelsblatt Fachmedien Verlag
ISSN 0043-6151
Weithin bekannte deutsche Fachzeitschrift mit kartellrechtlichem Fokus

NZKart – Neue Zeitschrift für Kartellrecht
Verlag C.H. Beck
ISSN 2195-2833
Praxisorientierte Aufbereitung aktueller kartellrechtlicher Themen

ZWeR – Zeitschrift für Wettbewerbsrecht
RWS Verlag
ISSN 0723-9416
Wissenschaftliche Erörterung kartellrechtlicher Fallgestaltungen

EuZW – Europäische Zeitschrift für Wirtschaftsrecht
Verlag C.H. Beck
ISSN 0937-7204
Erläuterung der Entscheidungspraxis der Europäischen Gerichte und der Europäischen Kommission zum Kartellrecht

WRP – Wettbewerb in Recht und Praxis
Deutscher Fachverlag; Fachmedien Recht und Wirtschaft
ISSN 0172-049X
Aufsätze zu den Schnittstellen von Lauterkeits-, Marken- und Kartellrecht

ZVertriebsR – Zeitschrift für Vertriebsrecht
Verlag C.H. Beck
ISSN 2193-5769
Behandlung insbesondere von Fragestellungen zum Vertriebskartellrecht

CCZ – Corporate Compliance Zeitschrift
Verlag C.H. Beck
ISSN 1865-3952
Praxisbeiträge zu Compliance-Vorkehrungen u.a. gegen Kartellrechtsverstöße

BB – Betriebs-Berater
Deutscher Fachverlag, Fachmedien Recht und Wirtschaft
ISSN 0340-7918
Kompakte Darstellung u.a. kartellrechtlicher Aspekte mit Unternehmensbezug

CB – Compliance-Berater
Deutscher Fachverlag, Fachmedien Recht und Wirtschaft
ISSN 2195-6685
Darstellung von Compliance-Maßnahmen u.a. zur Vermeidung von Kartellrechtsverstößen

Checkliste 10: Hat Ihnen dieses Buch einen Mehrwert gebracht?

1. Wissen Sie, bei welchen **Stichworten** Sie bei der Vertragsprüfung und in der Kommunikation mit den Fachabteilungen an das Kartellrecht denken sollten?
2. Haben Sie ein Gefühl dafür bekommen, welche **konkreten kartellrechtlichen Risiken** Ihr Unternehmen betreffen könnte?
3. Können Sie einschätzen, welche Verhaltensweisen **eindeutig kartellrechtswidrig** sind und welche **Zweifelsfälle** Sie oder ein externer Anwalt vertieft prüfen sollten?
4. Haben Sie Anregungen erhalten, mit welchen **praktischen Compliance-Maßnahmen** Sie Kartellrechtsverstößen in Ihrem Unternehmen effektiv vorbeugen können**?**
5. Haben Sie eine Hilfestellung erhalten, im Falle einer **Durchsuchung durch eine Kartellbehörde** richtig zu reagieren?

Die Herausgeber dieses Handbuchs sind der Leserschaft jederzeit für konstruktive **Kritik, Anmerkungen und Ergänzungsvorschläge zu diesem Werk dankbar.**
Sie erreichen die Herausgeber wie folgt:

Dr. Stefan Meßmer
Menold Bezler Rechtsanwälte
Rheinstahlstraße 3
70469 Stuttgart
stefan.messmer@menoldbezler.de

Dr. Jochen Bernhard
Menold Bezler Rechtsanwälte
Rheinstahlstraße 3
70469 Stuttgart
jochen.bernhard@menoldbezler.de

Stichwortverzeichnis

https://doi.org/10.1515/9783110550542-011